beck **|**sche **reihe**

b

Katharina Schlenstuber

Das Interesse an der Kirchengeschichte und an ihren Wechselwirkungen mit Philosophie und Recht, Kunst und Literatur, Musik und vielen anderen Bereichen ist groß. Das Lexikon von Manfred Heim will auf solider wissenschaftlicher Grundlage allgemeinverständlich den Zugang zur Kirchengeschichte eröffnen. In mehr als 3000 Stichworten informiert der Autor über die christlichen Kirchen und ihre Institutionen im Wandel der Geschichte, über wichtige Begriffe und Realien. Ob der Leser unter Abendmahl oder Ablass, Bilderstreit oder Brevier, Zölibat oder Zwinglianismus nachschlägt – stets erhält er eine knappe Information über die Bedeutung des Ausdrucks und über den von ihm bezeichneten Sachverhalt.

Manfred Heim, geb. 1961, lehrt als Professor für Bayerische Kirchengeschichte an der Ludwig-Maximilians-Universität München. Bei C. H. Beck erschienen u. a. «Orden und Klöster» (3. Aufl. 2008), «Kirchengeschichte in Daten» (2006) sowie «Kleines Lexikon der Päpste» (2. Aufl. 2005).

Manfred Heim

Von Ablass bis Zölibat

Kleines Lexikon
der Kirchengeschichte

Verlag C. H. Beck

Diesem Buch liegt das «Kleine Lexikon der Kirchengeschichte» von Manfred Heim zugrunde, das 1998 in gebundener Form im Verlag C.H.Beck erschienen ist und für die Neuausgabe in der Beck'schen Reihe vollständig überarbeitet und erweitert wurde.

Originalausgabe
© Verlag C.H.Beck oHG, München 2008
Umschlagentwurf: malsyteufel, willich
Umschlagbild: Stifterbild aus dem Obleibuch des Stiftes Öhringen,
Mitte 15. Jahrhundert
Foto: Landesarchiv Baden-Württemberg,
Stadtarchiv Ludwigsburg
Satz: Janß GmbH, Pfungstadt
Druck und Bindung: Druckerei C.H.Beck, Nördlingen
Printed in Germany
ISBN 978 3 406 57356 9

www.beck.de

Inhalt

Vorwort
Seite 7

Artikel A bis Z
Seite 9

Anhang

Literaturhinweise
Seite 443

Chronologische Papstliste
Seite 449

Ökumenische (Allgemeine) Konzilien
Seite 454

Namen und Abkürzungen
der biblischen Bücher
Seite 456

Abkürzungen ausgewählter Ordensbezeichnungen
Seite 458

Sonstige Abkürzungen
Seite 461

Vorwort

Das Christentum hat von der Spätantike über das Mittelalter und die frühe Neuzeit bis hin zur neuesten Zeit die abendländische Geschichte geprägt. Es gründet in der Botschaft Jesu Christi und entfaltete sich in der Gestalt der Kirche und der Kirchen. Weil Kirchengeschichte von ihrem Gegenstand her zugleich eine theologische und historische Disziplin ist (Kirchen-Geschichte), ist ihr Studium eine wichtige Voraussetzung nicht nur der Theologie, sondern auch vieler anderer Fächer, etwa der allgemeinen Geschichte, der Kunst- und Kulturgeschichte und der Volkskunde.

Das vorliegende Lexikon geht auf das erfolgreiche, erstmals 1998 ebenfalls im Verlag C.H.Beck erschienene «Kleine Lexikon der Kirchengeschichte» zurück, das für die Neuausgabe vollständig überarbeitet und erweitert wurde. Es will in den Grund- und Aufbauwortschatz der Kirchengeschichte einführen, erste Begriffsbestimmungen ihrer komplexen Fachsprache leisten und Orientierung geben. Verweispfeile (↑) führen zu Artikeln, die weitere Erklärungen und Ergänzungen zum gesuchten Begriff enthalten. Von wenigen Ausnahmen abgesehen, wird dabei auf sehr häufig begegnende Artikel wie Jesus, Christus, Kirche und auf Lemmata zu den verschiedenen Bekenntnissen nicht verwiesen.

Mein von Herzen kommender Dank für vielfache Beratung und Hilfe gilt zunächst den zahlreichen aufmerksamen Lesern und Rezensenten für ihre Anregungen, Ergänzungen und Verbesserungsvorschläge, die mich seit Erscheinen der ersten Ausgabe erreicht und dieses kleine, annähernd 3300 Begriffe umfassende Nachschlagewerk bereichert haben. Ulrich Nolte vom Verlag C.H.Beck danke ich für seine gewohnt professionell-freundschaftliche Begleitung und Betreuung im Lektorat. Gewidmet ist dieses Buch in tiefer Dankbarkeit, Liebe und Verehrung dem Andenken einer wunderbaren Frau, meiner Mutter Radegundis Heim. Sie ist mir am 30. Juni des vergangenen Jahres, siebenundachtzigjährig und viel zu früh, vorangegangen im Geheimnis des Glaubens an die Auferstehung.

München, am 18. April 2008   *Manfred Heim*

Artikel A bis Z

A

Aachener Regel, unter Kaiser Ludwig dem Frommen auf der Aachener Synode von 816 als Gesetz festgeschrieben, wurde mit ihr erstmals das Gemeinschaftsleben der ↑Kanoniker und ↑Kanonissen geregelt, diese Lebensform zugleich deutlich von der Lebensweise des auf die ↑Benediktregel verpflichteten ↑Mönchtums geschieden. ↑Karolingische Reform

abbas nullius ↑Abt

Abbate (it.), Bezeichnung für ↑Äbte und ↑Weltgeistliche in Italien, früher auch für Ärzte und Advokaten.

Abbé (frz.), in Frankreich Titel für ↑Äbte und ↑Weltgeistliche, früher auch für ↑Kleriker mit den niederen Weihen. ↑Dom

Abbreviator (von lat. *brevis* = kurz; auch Breviator, Minutant), seit dem 13. Jh. ein Beamter in der Abbreviatur der ↑Apostolischen Kanzlei, der Entwürfe (lat. *minuta*) für Briefe, Urkunden und sonstige Aktenstücke (↑Breve, ↑Bulle) anfertigte. Er musste über besondere Kenntnisse des jeweils gängigen Abkürzungssystems (↑Abbreviaturen) verfügen. Das seit dem 15. Jh. bestehende Abbreviatorenkolleg wurde 1908 aufgehoben, seine Aufgaben übernahm der ↑Apostolische Protonotar.

Abbreviaturen (wie ↑Abbreviator), Abkürzungen von Namen und Worten (auf Münzen, Siegeln, Denkmälern und in Handschriften) zur Raum-, Material- und Zeitersparnis, entweder durch Suspension (nur der oder die ersten Buchstaben eines oder mehrerer Wörter werden geschrieben) oder Kontraktion (Teile des Wortinneren werden ausgelassen). Die Kürzungen wurden jeweils durch Punkte oder Striche kenntlich gemacht und bildeten oft Zeichen (Siglen) mit feststehender Bedeutung.

Abendland (Okzident, von lat. *[sol] occidens* = Sonnenuntergang, Abend, Westen), die Länder im Westen, besonders der von antikem Erbe und Christentum geistig geprägte westeuropäische Kulturkreis (christlich-abendländische ↑Tradition), im Unterschied zum ↑Morgenland.

Abendländisches Schisma, Spaltung (↑Schisma) der abendländischen Kirche im ↑Papsttum von 1378 bis 1417, als gleichzeitig zwei bzw. drei Päpste die höchste kirchliche Gewalt beanspruchten (auch Großes Abendländisches Schisma genannt); nicht zu verwechseln mit der Glaubensspaltung in der ↑Reformation. ↑Konziliarismus

Abendläuten ↑Angelus

Abendmahl, das von Jesus vor seinem Tod am ↑Kreuz mit den Jüngern gefeierte «Letzte Abendmahl» (↑Passah), auch Herrenmahl genannt, das, so sein Auftrag, zu seinem Gedächtnis weiterhin so begangen werden sollte («Tut dies zu meinem Gedächtnis»). Die Feier der ↑Liturgie wird katholisch als heilige ↑Messe, ↑Messopfer und ↑Eucharistiefeier, evangelisch als Abend- oder Nachtmahl und Abendmahlsgottesdienst bezeichnet. Über die Art und Weise der Gegenwart Christi in den (konsekrierten) Gestalten Brot und Wein (↑Konsekration) gab und gibt es unterschiedliche Auffassungen (Abendmahlsstreitigkeiten im Mittelalter und in der Zeit der ↑Reformation; ↑Marburger Religionsgespräch; ↑Realpräsenz). ↑Gründonnerstag

Abendmahlsbulle, seit dem 13. Jh. belegte Sammlung päpstlicher ↑Exkommunikations- ↑Sentenzen, die in einer endgültigen Fassung von 1627 als ↑Bulle im Gottesdienst bis 1770 jährlich am ↑Gründonnerstag verlesen wurde.

Abendmahlsgemeinschaft, gegenseitige Zulassung zum ↑Abendmahl von Kirchen mit gleichem ↑Bekenntnis (katholisch: Interkommunion), wobei die katholische Kirche und orthodoxe Kirchen keine Abendmahlsgemeinschaft mit anderen Konfessionen kennen.

Abendmahlsprobe, im Mittelalter die Verwendung der ↑Eucharistie oder ihre Darreichung im ↑Abendmahl als Beschwörungsmittel zur Herbeiführung eines ↑Gottesurteils.

Aberacht (Oberacht), die für das ganze ↑Heilige Römische Reich ausgesprochene ↑Acht (Reichsacht), die über einen bereits Geächteten, der sich nicht binnen Jahr und Tag nach dem Achturteil dem Gericht gestellt hatte, verhängt wurde und mit der die volle Friedlosigkeit eintrat.

Aberglaube, «falscher» Glaube (früher Ab-, Über- und Afterglaube), der vom «wahren» Glauben abweicht und auch mit gewissen Bräuchen und Formeln überirdische Mächte für diesseitige Wünsche und Anliegen zu gewinnen sucht.

Abgaben (an kirchliche Stellen), Geld- oder Sachleistungen, auch Reichnisse (von Darreichen) zum Unterhalt kirchlicher Personen und Einrichtungen sowie für Dienstleistungen, z. B. ↑Annaten, ↑Census, ↑Peterspfennig, ↑Stolgebühren, ↑Taxe, ↑Zehnt. ↑Immunität, ↑Kollektor, ↑Pfründe

Abgott, Abgötterei ↑Götze, Götzendienst

Ablass (ahd. *ablaz,* auch ↑Antlass), kirchlicher Nachlass (Indulgenz, von lat. *indulgentia,* ↑Indult) zeitlicher Strafen für ↑Sünden, die hinsichtlich der Schuld schon im ↑Bußsakrament getilgt sind. Das Ablasswesen entwickelte sich in der ↑Bußpraxis der katholischen Kirche seit dem 10./11. Jh. (↑Beichte, ↑Kirchenschatz). Die für die «Gewinnung» des Ablasses (Nachlass aller Sündenstrafen im vollkommenen Ablass [Plenarablass], teilweiser Nachlass im unvollkommenen Ablass), damit die für die Lossprechung (↑Absolution) erforderlichen Bußwerke konnten aber durch verschiedene Leistungen «ersetzt» werden, z. B. durch die Teilnahme an einem ↑Kreuzzug, den Beitrag zum Bau einer Kirche oder Kapelle, durch Geld und ↑Almosen. In besonderer Weise führten Geldablässe und Ablässe für Verstorbene (↑Fegfeuer) seit dem Spätmittelalter zu schweren Missbräuchen, zu denen auch Ablass- oder ↑Bußprediger mit ihrer «pastoralen Strategie der Angst» (Jean Delumeau) beitrugen. Der skandalöse Geldablass zum Neubau der Peterskirche in Rom führte zum öffentlichen Hervortreten Martin Luthers 1517 und zur ↑Reformation. Eine Neuregelung der Ablasspraxis erfolgte auf dem Konzil von Trient (1545–1563), zuletzt auf dem ↑Vaticanum II (1962–1965). ↑Beichtbriefe, ↑Heiliges Jahr, ↑Jubiläum, ↑Portiunkula, ↑Rechtfertigungslehre, ↑Redemption, ↑Suffragium

Ablegat ↑Apostolischer Legat

Abschwörung, 1. bei der ↑Taufe die Widersagung gegen (Absage an) den ↑Teufel und seine bösen Werke; 2. die Abschwörung von ↑Häresien bei Wiederaufnahme in die kirchliche Gemeinschaft (nach der ↑Exkommunikation) und bei der ↑Konversion.

absegnen, von ↑Segen, segnen abgeleitet, wird dieses kirchenhistorisch unübliche Wort heute allgemein gebraucht für annehmen, befürworten, verabschieden.

Absenz (lat.), Abwesenheit eines Klerikers von seinem kirchlichen ↑Amt, seiner ↑Pfründe oder dem ↑Chor-dienst; sie war bei Verletzung der ↑Residenz-Pflicht mit Strafen bedroht. Absenzgeld oder Absent meint die Gebühr für die Befreiung von der Residenzpflicht, das Strafgeld für säumige Pfründeninhaber oder (bei Verzicht auf das Kirchenamt oder Beurlaubung) der dem Pfründeninhaber vorbehaltene Teilbezug des Einkommens aus der Pfründe.

Absolution (von lat. *absolutum* = losgelöst, losgesprochen, entbunden), 1. Wiederversöhnung bzw. sakramentale Lossprechung im ↑Bußsakrament; 2. Fürbitte, häufig in Verbindung mit dem ↑Ablass; 3. Lossprechung von ↑Zensuren, z. B. von ↑Bann und ↑Exkommunikation durch den Papst oder von der ↑Acht durch den König bzw. Kaiser; 4. die Erteilung der sakramentalen Lossprechung ohne vorausgehendes Einzelbekenntnis der ↑Sünden (z. B. bei Todesgefahr), im weiteren Sinn werden auch verschiedene Formen des ↑Apostolischen Segens Generalabsolution genannt. ↑Redemption, ↑Rekonziliation

Absolutismus (lat., wie ↑Absolution), Staats- und Regierungsform (der Monarchie), in der der Herrscher die ungebundene, unbeschränkte, absolute Gewalt verkörpert und ausübt. Im konfessionellen, dann auch aufgeklärten Absolutismus des 16. bis 18. Jh.s (↑Konfessionelles Zeitalter, ↑Aufklärung) beanspruchte der Fürst aus religiösen und machtpolitischen Gründen sowie im Staatsinteresse ein religiös-kirchliches Sorge- und Aufsichtsrecht; die höchste Gewalt des Herrschers leitete sich demnach vom Ziel der Glaubenseinheit her. ↑cuius regio, eius religio, ↑Gottesgnadentum, ↑Territorialsystem

Abstinenz (lat.), völliger oder teilweiser Verzicht auf (bestimmte) Speisen, Getränke, Genussmittel und auf sexuelle Aktivität. Abstinenztage sind in der katholischen Kirche festgelegte Tage, an denen Enthaltung vom Fleisch warmblütiger Tiere geboten ist, so die Freitage zum Gedenken des Kreuzestodes Christi, auch heute besonders ↑Aschermittwoch und Karfreitag (↑Kartage). ↑Askese, ↑Fasten

Abt, Äbtissin (aram. *aba,* gr. und lat. *abbas* = Vater), Vorsteher bzw. Vorsteherin eines ↑Konvents, besonders in den alten Orden, z.B. ↑Benediktiner, ↑Zisterzienser, einer ↑Abtei. An der Spitze einer ↑Reichsabtei stand bis zum Ende der ↑Reichskirche ein Reichsabt, einer ↑gefürsteten Abtei ein Fürstabt bzw. eine Reichs- und Fürstäbtissin. Im Mittelalter gab es auch ↑Kommendatar- und Laienäbte. Zu einer ↑Kongregation verbundene Abteien haben einen Erzabt, Abtpräses oder Generalabt, die ↑Konföderation der Benediktiner und ↑Augustiner-Chorherren den in Rom residierenden Abtprimas an der Spitze. Der «abbas nullius» des katholischen ↑Kirchenrechts besitzt in dem mit der Abtei verbundenen ↑Sprengel bischöfliche Jurisdiktion über Klerus und Volk, dazu besondere Vollmachten in der ↑Sakramenten-Spendung. In den Ostkirchen entspricht dem Abt der ↑Ar-

chimandrit oder ↑Hegumenos. In einzelnen evangelischen Kirchen Deutschlands blieb der Titel eines Abtes oder einer Äbtissin (bzw. ↑Domina) in Anstalten erhalten, die auf vorreformatorische Klöster zurückgehen.

Abtei (lat. *abbatia*), seit dem 11. Jh. Bezeichnung für ein selbständiges ↑Kloster samt ↑Konvent unter Leitung eines ↑Abtes bzw. einer Äbtissin mit zugehörigem Besitz (Abtsgut), Vermögens- und Verwaltungsrecht.

Abtpräses, Abtprimas ↑Abt

Acht, im mittelalterlichen Recht die Friedloserklärung eines aus der Rechts- und Friedensgemeinschaft ausgestoßenen oder verbannten (↑Bann), nunmehr «vogelfreien» Schwerverbrechers mit daraus folgender Rechtlosigkeit und Einziehung seines Vermögens, wobei die volle Friedlosigkeit mit Verhängung der ↑Aberacht erst eintrat, wenn sich der Geächtete nicht binnen Jahr und Tag nach dem Achturteil dem Gericht stellte. Die für das ganze Reich ausgesprochene Acht, die Reichsacht, konnte nur vom Kaiser oder seinen Gerichten verhängt werden. Die Lösung von der Acht war durch ↑Absolution möglich. Die zunächst gewohnheitsrechtlich verhängten weltlichen Strafen für ↑Häresie wurden 1220 mit der «Confoederatio cum principibus ecclesiasticis» (mit der Friedrich II. den geistlichen Reichsfürsten wichtige ↑Regalien und Hoheitsrechte gewährte) gesetzlich festgelegt, d.h. die weltliche Strafe der

Acht als schärftstes reichsrechtliches Mittel folgte auf den kirchlichen Bann, wenn dieser länger als sechs Wochen andauerte; sie sollte zudem erst nach Lösung vom Bann wieder aufgehoben werden. Noch im 13. Jh. wurde (in schweren Fällen) auch der Feuertod als Folge der Acht üblich.

Acta Apostolicae Sedis (lat., abgekürzt AAS), seit 1909 anstelle der Acta Sanctae Sedis (seit 1865, AAS) monatlich erscheinendes amtliches Gesetz- und Verordnungsblatt des ↑Apostolischen Stuhls.

Acta Martyrum (lat.), Berichte über das Martyrium von Christen (↑Märtyrer) in der Zeit der ↑Christenverfolgungen.

Acta Sanctorum ↑Bollandisten

Actus Apostolorum ↑Apostelgeschichte

AD, A. D., Abkürzung für ↑Anno Domini.

Adaptation ↑Akkomodation

Adiaphoristische Streitigkeiten. Innerhalb des Protestantismus bezeichnete Philipp Melanchthon, mit Nachdruck im ↑Leipziger Interim 1548, gewisse katholische Formen und Gebräuche, darunter die ↑Heiligenverehrung und die ↑Sakramente, als «Mitteldinge» (gr. *adiaphora; adiaphoron* = nicht unterschieden, indifferent), welche die Reinheit der evangelischen Lehre nicht gefährdeten. In der Folge entstand über deren Bedeutung bzw. Zulässigkeit ein heftiger Streit zwischen den Parteien um Philipp Melanchthon (↑Philippisten) und Matthias Flacius Illyricus (↑Gnesiolutheraner), der 1552 zu dessen Gunsten entschieden wurde. Zu einem zweiten Streit kam es seit 1681 zwischen ↑Lutheranern und ↑Calvinisten, die weltliche Vergnügungen wie Spiel, Tanz, Theater für sündhaft hielten, während die Lutheraner sie als indifferent betrachteten. ↑Kryptocalvinismus

Ad-limina-Besuch (lat. *visitatio ad limina [Apostolorum], visitatio [sacrorum] liminum* = Besuch der [heiligen] Schwellen [der Apostel bzw. der Heiligen], gemeint sind die Gräber der Apostelfürsten Petrus und Paulus in Rom), die 1585 von Papst Sixtus V. festgelegte Verpflichtung der Ortsoberhirten (↑Bischof) zum Besuch des ↑Papstes in Rom; sie ist verbunden mit der Berichterstattung über ihren Sprengel (↑Statusbericht).

Administrator (lat.), Verwalter (Verweser) einer durch ↑Erledigung freigewordenen ↑Pfründe, häufig einer ↑Pfarrei (Pfarradministrator oder -provisor) und, als vom Papst bestellter Apostolischer Administrator, einer ↑Apostolischen Administratur oder eines ↑Bistums (Bistums- oder Diözesanadministrator, hier auch der ↑Kapitelsvikar, früher gelegentlich auch Administratoren aus fürstlichem Hause ohne höhere Weihen), auf Zeit oder Dauer. ↑Apostolischer Vikar

Admissio (lat.), in der katholischen Kirche die offizielle Zulassung als Priesterkandidat (↑Presbyter) durch den zuständigen ↑Bischof. ↑Akoluth

Adoptianismus (lat.), als Irrlehre abgelehnte Richtung in der ↑Christologie des 2./3. Jh.s, nach der Jesus Christus seiner menschlichen Natur nach nur ein von Gottes prophetischem Geist besonders erfüllter Mensch gewesen sei, der sich aber erst durch ein Leben in Tugend und Gehorsam habe bewähren müssen, um von Gott an Sohnes statt angenommen, «adoptiert» zu werden («Bewährungschristologie»). Im Abendland kam es nochmals Ende des 8. Jh.s zum Adoptianismus- oder Adoptianischen Streit.

Adorant (lat.), in der bildlichen und plastischen Kunst die Darstellung einer meist auf Knien die ↑Trinität anbetenden oder zur ↑Gottesmutter betenden Gestalt. ↑Adoration, ↑Engel

Adoration (lat.), 1. in der katholischen Kirche und den orthodoxen Kirchen die Anbetung Gottes; 2. im ↑profanen Bereich die Huldigung vor höhergestellten Personen. ↑Adorant, ↑Proskynese, ↑Triduum

Adveniat ↑Caritas

Advent (lat. *adventus* = Ankunft), seit dem 4. Jh. belegte, von vielen Bräuchen begleitete Vorbereitungszeit auf die Geburt Jesu Christi, beginnend mit dem 4. ↑Sonntag vor ↑Weihnachten, der zugleich Anfang eines neuen katholischen und evangelischen ↑Kirchenjahres ist. ↑Rorate

Adventisten (von ↑Advent), Anhänger einer 1831 von William Miller in den USA gegründeten Gemeinschaft, die die baldige Wiederkunft Christi und den ↑Jüngsten Tag (↑Endzeit) erwarten; deren Hauptgruppe sind die 1860 gegründeten Adventisten des Siebenten Tages (Seventh-Day-Adventists). ↑katholisch-apostolische Gemeinden

Advocatus diaboli (lat. = Anwalt des Teufels), ironische Bezeichnung für den in der römischen ↑Ritenkongregation tätigen Glaubensanwalt (lat. *Promotor fidei*), der bei Heilig- und Seligsprechungsprozessen (↑Kanonisation, ↑Beatifikation) die katholischen Glaubensgrundsätze zu beobachten hat, daher gegebenenfalls auch zum Gegner eines/einer Selig- oder Heiligzusprechenden, und damit zum «Teufelssachwalter» werden kann. ↑Postulator

Aedificium (lat.), Gebäude, Bauwerk, im Mittelalter häufig auch Bezeichnung für das Hauptgebäude einer ↑Kloster-Anlage.

Äon ↑Alpha und Omega

Affiliation (von lat. *ad* = zu, hin und *filia* = Tochter), seit dem Mittelalter 1. die (formlose) Angliederung einer Person an einen ↑Orden oder eine ↑Bruderschaft; 2. der Wechsel eines Ordensangehörigen in ein anderes ↑Kloster oder eine andere ↑Ordensprovinz; 3. die nicht förmliche, sondern geistige («gesinnungsmäßige») Zugehörigkeit zu einem Orden, wie sie in den «affiliierten Gesellschaften» der ↑Jesuiten vermutet wurde, weswegen der ↑Antijesuitismus sich auch gegen diese Verdächtigen richtete. ↑Filiation

Agape (gr. = Liebe), das in den christlichen Gemeinden bis in das 4. Jh. hinein übliche gemeinsame Liebesmahl mit Armenspeisung (↑Armen- und Krankenpflege, ↑Kollekte) zur Erinnerung an das Letzte ↑Abendmahl Jesu und zur Einheit der Gläubigen, besonders in Zeiten der ↑Christenverfolgungen. ↑ Opfergang

Agende (lat. *agendum, agenda* = was zu tun ist), 1. altchristliche Bezeichnung für liturgische Handlungen (↑Liturgie) und diesbezügliche Vorschriften; 2. in den evangelischen Kirchen ein amtliches Buch, das jeweils für eine ↑Landeskirche die Ordnung für den ↑Gottesdienst und sonstige ↑Amts-Handlungen beschreibt, in der katholischen Kirche ↑Rituale genannt; 3. die von König Friedrich Wilhelm III. verordnete Einführung einer einheitlichen evangelischen Agende in Preußen 1822 stieß bei den Lutheranern auf Widerstand; es kam zum Agendenstreit, einer Auseinandersetzung um das ↑landesherrliche Kirchenregiment, der erst 1829 mit einem Kompromiss beigelegt werden konnte. ↑Common Prayer Book, ↑Weihe

Agentie, Agenzie (lat.), früher offizielle Vertretung eines ↑Bischofs bei den Behörden der ↑Römischen Kurie.

aggiornamento (it. aggiornare = auf den heutigen Stand bringen), von Papst Johannes XXIII. (1958–1963) wiederholt gebrauchtes Wort für die Aufgaben der Kirche in der gegenwärtigen Welt, besonders auch während des ↑Vaticanum II. ↑ecclesia semper reformanda

Agnesschwestern, nach der heiligen Märtyrerin Agnes (3./4. Jh.) benannte Ordensgemeinschaften, so die Augustinerinnen von Dordrecht (1326–1572), die Schwestern (von) der hl. Agnes (Sœurs de St. Agnès, seit 1645) und die Schwestern der Mutter Agnes vom Dritten Orden des hl. Dominikus (seit 1634).

Agnoëten (von gr. *agnoeo* = nicht [er-]kennen, verkennen), Anhänger einer im 6. Jh. begegnenden Sekte des ↑Monophysitismus, die aus der Streitfrage der Erkenntnis Christi hervorging; angeführt vom alexandrinischen Diakon Themistios, werden sie auch Themistianer genannt.

Agnus Dei (lat. = Lamm Gottes), Bezeichnung und Sinnbild für Jesus Christus: 1. als Teil des ↑Abendmahls seit dem 7. Jh. ein vor der ↑Kommunion gebeteter oder gesungener ↑Hymnus; 2. Schlusssatz der musikalischen ↑Messe; 3. (geweihte) Wachstafel mit dem Bild des Lammes; 4. in der griechisch-orthodoxen Kirche ein Tuch mit dem Bild des Lammes zum Bedecken des ↑Kelches.

Akademie, die 385 v. Chr. gegründete Philosophenschule Platons am Hain des Akademos bei Athen. Seit ↑Renaissance und ↑Humanismus entstanden zu den bereits bestehenden ↑Universitäten Akademien als gelehrte Gesellschaften und Vereinigungen für die Forschung, zuerst in Italien und Frankreich. Im Zuge der ↑Aufklärung kam es im 18. Jh. zu zahlreichen Gründungen von (auch päpstlichen) «Akademien der Wissenschaften». In Deutschland wurde nach dem Zweiten Weltkrieg eine Reihe katholischer und evangelischer Akademien zur Begegnung von Kirche und Welt eingerichtet.

Akazianisches Schisma, von 484 bis 519 (↑Hormisdas-Formel) währendes ↑Schisma zwischen ↑Abendland und ↑Morgenland, nachdem in der Auseinandersetzung um den ↑Monophysitismus Papst Felix II. (III.) über den Patriarchen Akazius (Akakios) von Konstantinopel ↑Bann und Absetzung ausgesprochen hatte.

Akklamation (lat.), Zustimmung, Beifallskundgebung zu Wahlen, Personen und Vorgängen. Eine lateinische Sonderform bildeten seit dem 8. Jh. dabei die «Lobgesänge auf den König» (lat. Laudes regiae), Huldigungsrufe an Jesus Christus, die mit Fürbittrufen für den christlichen Herrscher verbunden waren, v. a. an den kirchlichen Hochfesten sowie bei der Salbung und Krönung des Königs und Kaisers. ↑Sakrales Herrschertum

Akkomodation (lat.), in der ↑Mission das Bemühen, die christliche Botschaft der religiösen Vorstellungswelt, Kultur und Sprache anderer Völker anzupassen, auch als Adaptation, Assimilation, In- oder Akkulturation bezeichnet. ↑Ritenstreit.

Akkulturation ↑Akkomodation

Akoimeten (gr. = die nicht Schlafenden), byzantinische ↑Mönche, die in ständiger Ablösung ununterbrochen das ↑Chorgebet verrichteten.

Akoluth, Akolyth (gr.), der Diener eines Geistlichen (↑Presbyter), dann auch der Bote eines ↑Bischofs, in der katholischen Kirche früher ein ↑Kleriker mit der vierten niederen Weihe; heute steht das Akoluthat am Beginn der ↑Admissio. ↑Weihegrade.

Akten (lat. *actum, acta* = das Geschehene), amtliche oder private Dokumente über Personen und Geschehnisse, z. B. über ↑Heilige (Acta Sanctorum; ↑Bollandisten) und ↑Märtyrer (Märtyrerakten). Neuere, für den unmittelbaren Gebrauch benötigte Akten werden in der ↑Registratur, ältere im ↑Archiv verwahrt. Die Edition bedeutender Akten und Schriftstücke gehört zu den wichtigsten Quellenpublikationen der Geschichtswissenschaft.

Albe (lat. *alba [tunica, vestis]* = weiße Tunika), in der katholischen Kirche das bis zu den Füßen reichende, langärmelige, weiße liturgische (Unter-) Gewand aus Leinen. ↑liturgische Gewänder

Albigenser, nach der Stadt Albi bei Toulouse benannte Gruppe der ↑Katharer im 12./13. Jh., manchmal auch mit diesen synonym gebraucht; in den Albigenserkriegen (1209–1229) wurden sie fast völlig ausgerottet.

Albrechtsleute, Albrechtsbrüder, nach Jakob Albrecht (1759–1808) benannte deutsche ↑Methodisten in Nordamerika, die sich seit 1816 als

↑Evangelische Gemeinschaft bezeichnen.

Alexandrien, 331 v. Chr. von Alexander dem Großen gegründete Stadt in Ägypten, einer der fünf Patriarchensitze (↑Pentarchie), besonders in der ↑Alten Kirche von großer Bedeutung durch herausragende Bischöfe und Theologen. ↑Alexandrinische Schule, ↑Septuaginta

Alexandrinische Schule, christliche Theologen- und Katechetenschule in ↑Alexandrien, die seit Ende des 2. Jh.s griechische ↑Philosophie und ↑Christentum zu verbinden suchte (Clemens von Alexandrien, Origenes). Im 4./5. Jh. war sie führend im christologischen Streit (Athanasius, Cyrill; ↑Christologie). Nach hellenistischer und spätjüdischer Gelehrtentradition (Philo von Alexandrien) waren ↑Philologie und ↑Hermeneutik (im Unterschied zur ↑Antiochenischen Schule) wichtige Elemente ihrer Methode der ↑Exegese.

Alexianer, nach dem hl. Alexios von Edessa benannte, vor dem 14. Jh. entstandene Ordensgemeinschaften von ↑Laienbrüdern zur Pflege von Kranken und Bestattung von Toten (lat. *cella* = Grab, daher auch Celliten, Zelliten oder Zellenbrüder genannt); auch als ↑Barmherzige oder arme Brüder und ↑Lollarden bezeichnet, nahmen sie 1472 die ↑Augustinusregel an. Alexianerinnen, ↑Augustinerinnen, Cellitinnen oder Christenserinnen sind die weiblichen Gemeinschaften desselben Ursprungs.

Allegorese (gr. *allegorein* = anders, bildlich reden; ↑Allegorie), Auslegung, Deutung, Interpretation v. a. religiöser und mythischer Schriften, die als Teil der ↑Hermeneutik hinter dem Wortlaut einen verborgenen (Mehrfach-) Sinn sucht. ↑Emblem, ↑Exegese

Allegorie (etymologisch wie ↑Allegorese), Verbildlichung, Veranschaulichung eines Begriffs oder Vorgangs (Sinnbild), oft als Person (z. B. Darstellung des Todes als Sensenmann, Schnitter oder Schütze) oder (Fabel-) Tier (z. B. ↑Basilisk) verkörpert, auch gleichnis- oder bildhafte, im übertragenen Sinn gestaltete Redeform.

Alleinseligmachende Kirche, als theologisches Prinzip Ausdruck der Überzeugung, dass allein die (katholische) Kirche von Jesus Christus den Auftrag und die Mittel empfangen habe, die Menschen zur ewigen ↑Seligkeit zu führen, wie sie schon im 3. Jh. bei Bischof Cyprian von Karthago begegnet: «Außerhalb der Kirche gibt es kein Heil» (lat. *Extra ecclesiam nulla salus*).

Alleluja ↑Halleluja

Allerchristlichster König (frz. *Roi très chrétien, Sa Majesté très-chrétienne,* lat. *Rex christianissimus*), Titel des französischen Königs, erstmals von Papst Paul III. (1534–1549) anerkannt, später auch von anderen katholischen Herrschern gebraucht.

Allerheiligen, Fest zum Gedächtnis aller ↑Heiligen, hervorgegangen aus einem Gedenktag aller ↑Märtyrer in der ↑Alten Kirche, in der lateinischen Kirche am 1. November. ↑Allerseelen, ↑Litanei

Allerheiligstes, in der katholischen Kirche die konsekrierte ↑Hostie (↑Konsekration), das ↑Altarsakrament. ↑Corpus Christi, ↑Ewige Anbetung, ↑Prostratio, ↑Seraph, Seraphim

Allerkatholischste Majestät ↑Katholische Majestät

Allerseelen, seit dem Hochmittelalter eingeführter Gedächtnistag für die Verstorbenen (Armen Seelen) am Tag nach ↑Allerheiligen.

Allgemeines Konzil ↑Konzil

Allgemeines Priestertum ↑Priestertum aller Gläubigen

Allianz ↑Heilige Allianz

Almosen (von gr. *eleemosyne* = Mitleid), milde Gabe, Spende zugunsten der Armen und Notleidenden (↑Armen- und Krankenpflege), Ausdruck christlicher ↑Barmherzigkeit und ↑Caritas; bei Königen, Päpsten und Bischöfen früher häufig institutionalisiert im Amt des Almosen- und Armenpflegers (Almosenier, frz. aumônier). ↑Kollekte

Almuzia (lat.), eine seit dem 11. Jh. bezeugte Kopfbedeckung der ↑Kanoniker im ↑Chor, später ein meist aus Pelz gefertigtes oder pelzgefüttertes, bis heute noch getragenes Schultermäntelchen.

Alombrados ↑Alumbrados

Alpha und Omega (abgekürzt A und O), erster und letzter Buchstabe des griechischen Alphabets, im übertragenen Sinn (und als Anfangsbuchstaben) gebraucht für Anfang und Ende, für Schöpfer und Schöpfung, Weltende und Vollendung, bezogen auf Gott und Jesus Christus (Offb 1,8), dem neuen Äon (gr. = Weltzeitalter, Ewigkeit).

Altar (lat. *alta ara* = erhöhter Opferplatz, *altare, mensa* = [Altar-] Tisch oder -Platte, ↑Mensa). 1. Als Mittelpunkt der ↑Eucharistiefeier durchlief der christliche Altar in Gestalt, Form und Funktion, als ↑Hoch- oder Hauptaltar, Neben- oder Seitenaltar, als ↑Kreuz- und ↑Schreinaltar eine komplexe Entwicklung. Er begegnet als Tischaltar, ↑Flügelaltar, Trag- oder Reisealtar (Portatile), Kastenaltar mit Hohlraum zur Aufbewahrung von ↑Reliquien, oft auch Zugang zu einem darunter befindlichen ↑Märtyrer-Grab, Blockaltar mit Steinblock oder -mauer als Träger der Mensa, im Barock häufig der ↑Sarkophag-Altar; vielgestaltig auch die künstlerische Ausstattung des Altar- oder Klerikerraumes (↑Presbyterium) mit Hochaltar, Altarblatt, -bild oder -gemälde (↑Retabel, ↑Diptychon), ↑Tabernakel, ↑Antependium und ↑Lettner. 2. Altare privilegiatum (lat. = Altar mit Privileg): Bestimmte, heute nicht mehr bestehende Vorrechte bei der Eucharistiefeier am entsprechenden Altar, so die Möglichkeit der Zuwendung eines vollkommenen ↑Ablasses an einen Verstorbenen oder der Feier einer ↑Votivmesse. ↑Chor, ↑Ostung

Altarist, ein Priester, der nur die heilige ↑Messe liest (Messpriester, auch

↑Frühmesser), oft an einem festgelegten ↑Altar, ohne feste Seelsorgeaufgaben; besonders häufig im Spätmittelalter.

Altarplatte ↑Mensa

Altarraum ↑Altar, ↑Chor, ↑Presbyterium, ↑Sanktuarium

Altarsakrament, im katholischen Verständnis das ↑Sakrament des ↑Altares, d. h. Leib und Blut Christi in den Gestalten von Brot und Wein durch ↑Konsekration in der heiligen ↑Messe. ↑Allerheiligstes, ↑Corpus Christi, ↑Transsubstantiation

Altarschranken ↑Chorschranken

Altarstipes ↑Stipes

Altartisch ↑Mensa

altchristlich, altchristliche Kirche ↑Alte Kirche

altchristliche Kunst ↑früh- oder altchristliche Kunst

altchristliche Literatur, literarische Zeugnisse, die für die Entwicklung des christlichen Glaubens innerhalb der ↑Epoche der ↑Alten Kirche von Bedeutung sind (auch frühchristliche Literatur). ↑Patristik, Patrologie

Alte Kirche, die christliche Kirche von den Anfängen (↑Urgemeinde, Urkirche), insbesondere vom Ende des 1. Jh.s bis zum Pontifikat Papst Gregors I. des Großen (590–604), als Disziplin der ↑Theologie auch als Alte Kirchengeschichte oder Kirchengeschichte des ↑Altertums und der ↑Patrologie. ↑Antike und Christentum, ↑Frühchristentum

alter Glaube, häufig gebrauchte Wendung zur Kennzeichnung des katholischen Glaubens im Unterschied zum «neuen Glauben» und zur «neuen Lehre» der ↑Reformation.

Altertum, Zeitraum, dessen ↑Epochen-Grenzen auch heute unterschiedlich gezogen werden; in Abgrenzung zur Vor- und Frühgeschichte wird häufig das Einsetzen der Schriftlichkeit und schriftlicher Überlieferung (im Zweistromland und in Ägypten um 3000 v. Chr.) als Beginn der Geschichte des Altertums oder Alten Geschichte betrachtet, ihr Ende, je nach Sichtweise, in das 4. bis 6. Jh. n. Chr. datiert. «Christliches Altertum» meint die Zeit der ↑Alten Kirche.

Altgläubige (russ. Starowerzen), Angehörige einer Gruppe innerhalb der russisch-orthodoxen Kirche, die sich den Reformen des Patriarchen Nikon für eine liturgische Einheit mit den anderen orthodoxen Kirchen widersetzte. 1654 kam es zur Spaltung (russ. raskol), daher werden sie auch Raskolniken genannt.

altkatholische Kirche, kirchliche Gemeinschaft, die sich aus der Gegnerschaft zum ↑Vaticanum I (1869/70), besonders zum Dogma von der Unfehlbarkeit des Papstes (↑päpstlicher Primat) entwickelte. Die altkatholische (in der Schweiz seit 1875: christkatholische) Kirche, die mit der römisch-katholischen Kirche seit dem ↑Vaticanum II Beziehungen pflegt, hält an kirchlichen Traditionen aus der Zeit vor dem ↑Morgenländischen Schisma (1054) fest, besteht aus bischöflich und synodal verfassten Kirchen des lateinischen Westens (mit weitreichender Beteiligung der ↑Laien), die sich 1889 in der ↑Utrechter Union zusammenschlossen.

altkirchlich ↑Alte Kirche

Altlutheraner, Angehörige der ersten deutschen lutherischen ↑Freikirche (↑Freie evangelische Gemeinden), die 1830 in Breslau entstand, als sich in Preußen ↑Lutheraner der königlich verordneten Einführung der Union mit den Reformierten (↑reformierte Kirche) widersetzten (auch Separierte Lutheraner, lutherische Renitenz); 1972 schlossen sie sich mit anderen lutherischen Freikirchen zur Selbständigen Evangelisch-Lutherischen Kirche zusammen.

altorientalische Kirchen ↑orthodoxe Kirchen

altprotestantische Orthodoxie, Altprotestantismus, die seit dem ↑Augsburger Religionsfrieden (1555) entwickelte, im 17. Jh. vorherrschende und bis in die Mitte des 18. Jh.s prägende Gestalt der evangelischen ↑Theologie, heute auch als lutherische Barocktheologie bezeichnet.

Alumbrados, Alombrados (span. = Erleuchtete), Angehörige einer der ↑Mystik ähnlichen ↑Illuminaten-Bewegung in Spanien vom Ende des 15. bis zum 17. Jh., die, der ↑Ketzerei verdächtigt, seit der ersten Hälfte des 16. Jh.s von der ↑Inquisition verfolgt wurden.

Alumne (lat. = Zögling, Schüler), künftiger ↑Kleriker in der kirchlichen Ausbildung, meist im ↑Seminar (Alumnat).

Amanuensis (lat., von *manus* = Hand), Sekretär, (Geheim-) Schreiber, Kopist, im Mittelalter auch der im ↑Skriptorium schreibende Mönch.

Ambitus (lat. = Umgang), ↑Kreuzgang eines ↑Klosters, auch Kreuz- oder Umgang bei einer ↑Wallfahrts-Kirche (Ambitusanlage), wie sie besonders zahlreich in Böhmen und Mähren anzutreffen sind.

Ambo (von gr. *anabainein* = hinaufgehen), ein bereits in altchristlichen Kirchen in Stein, Holz oder Metall gefertigtes Podest mit Brüstung und Pult zum Auflegen des ↑Evangeliars und ↑Lektionars; in großen Kirchen gab es seit dem Hochmittelalter meist zwei Ambonen, einen größeren an der ↑Evangelienseite, einen kleineren an der ↑Epistelseite. Im Spätmittelalter wurde die Anlage zudem oft in den ↑Lettner eingefügt, später durch die ↑Kanzel ersetzt. Auch heute gibt es in evangelischen und katholischen Kirchen (wieder) Ambonen in einfacher Form und Gestalt.

Ambrosiana ↑Biblioteca Ambrosiana

Ambrosianer, 1. eine im 14. Jh. in Mailand entstandene, 1441 zur ↑Kongregation erhobene und im 17. Jh. erloschene Gemeinschaft von ↑Eremiten mit ↑Augustinusregel, die nach der ambrosianischen ↑Liturgie (benannt nach Bischof Ambrosius von Mailand [† 397]) die ↑Messe feierten. Der weibliche Zweig besteht seit dem 15. Jh. 2. Die «Oblaten des hl. Ambrosius und Karl Borromäus» sind eine um 1578 gegründete Gemeinschaft von Weltgeistlichen besonders auch zur ↑Armen- und Krankenpflege.

Ambrosiaster, ein von Erasmus von Rotterdam († 1536) so benannter, bis dahin fälschlich Bischof Ambrosius von Mailand († 397) zugeschriebener lateinischer Kommentar aus dem 4. Jh. zu den Briefen des ↑Apostels Paulus.

Amen (hebr. = wahrlich, so sei es, es geschehe), Ruf in der ↑Liturgie als bekräftigende Zustimmung zu einem ↑Segens-Spruch und als Schlusswort in Gebeten und Gesängen; u. a. in Frankreich heute auch in wörtlicher Bedeutung noch verwendet (ainsi soit il).

Amikt (lat., auch Humerale), Hals und Schultern bedeckendes Tuch (↑Schultertuch), das der Priester in der Liturgie unter der ↑Albe trägt. ↑liturgische Gewänder

Amortisation (lat.), allgemein die Schuldentilgung, im besonderen die Übertragung von Vermögen und Gütern an die ↑Tote Hand der Kirche. ↑Amortisationsgesetze

Amortisationsgesetze, die erstmals im 9. Jh., besonders seit dem 13. Jh. durch weltliche und geistliche Fürsten verfügten Beschränkungen und Verbote des Grund- und Gütererwerbs (↑Amortisation) durch die Kirche. Sie resultierten aus den Bedenken seitens der Territorialherren, die wegen der Unveräußerlichkeit von Gütern der ↑Toten Hand der Kirche wirtschaftlich nachteilige Folgen befürchteten. Angestoßen durch die ↑Aufklärung, wurde in der zweiten Hälfte des 18. Jh.s eine Reihe von Amortisationsgesetzen erlassen, besonders in Frankreich, Spanien, Bayern und Österreich (↑Josephinismus).

Ampel (lat. *ampulla* = kleine Flasche, Ölgefäß), das ↑Ewige Licht.

Amt, geistliches/kirchliches (Kirchenamt), eine Einrichtung zur Wahrnehmung bestimmter Aufgaben in Kirchen und Gemeinden. In der geschichtlichen Entwicklung und theologischen Beurteilung gibt es bis zur Gegenwart erhebliche Unterschiede im «Amtsverständnis». ↑Annaten, ↑Kollation, ↑Pfründe, ↑Provision, ↑Sprengel

Amt (liturgisch), feierliche, gesungene heilige ↑Messe, auch als ↑Hochamt.

Ämterhäufung ↑Kumulation

Amtskirche, nicht selten begegnende Bezeichnung für die katholische Kirche, wenn sie wesentlich mit ihren Amts- und Würdenträgern bzw. ihren Behörden gleichgesetzt, damit auf diese reduziert verstanden wird.

Anabaptisten ↑Täufer

Anachoret (von gr. *anachorein* = entweichen), im östlichen ↑Mönchtum früher Vertreter einer sehr strengen Form der ↑Askese, der sich in die völlige Einsamkeit, oft in unwirtliche Gegenden (Wüsten und Gebirge) zurückzog; als ↑Eremit begegnet er nachweislich seit dem 3. Jh. ↑Inkluse

Anagoge ↑Exegese

Anagramm (gr.), Umstellung von Buchstaben in einem Wort zur Bildung eines neuen Wortes oder Begriffes, z. B. Veronika zu ↑Vera Icon. Die im 16./17. Jh. besonders beliebten Anagramme wurden ausgeweitet auf Wortspiele aller Art, etwa: «Den Toren packt die Reisewut, indes im Bett der Weise ruht.»

analogia entis (gr. = Analogie des Seins), Begriff der ↑Scholastik, wonach jedes endliche geschaffene Seiende an dem Sein Gottes in unterschiedlicher Weise teilhat, also Gottähnlichkeit gegeben ist.

Anathem (gr. = Verfluchung), ↑Bann und ↑Exkommunikation gegen ↑Häretiker.

Anbetung ↑Adoration

Ancien Régime (frz. = alte Regierungsform), Umschreibung für Frankreich vor der ↑Französischen Revolution (1789), auch für die (kirchen-) politische und gesellschaftliche Situation des alten Europa und des alten Reiches bis zum Ende des ↑Heiligen Römischen Reiches (1806).

Andacht, Ausrichtung der Gedanken auf Verehrungswürdiges, feierliche Stimmung, Versenkung, auch kurzer ↑Gottesdienst, z. B. ↑Maiandacht. ↑Devotion, ↑Frömmigkeit.

Andachtsbild, ein unter dem Einfluss der ↑Mystik seit dem 13. Jh. begeg-

nendnes Bildwerk für die persönliche, mitempfindende ↑Andacht, ↑Beschauung und Betrachtung (auch Devotionsbild genannt); zum Typ des Andachtsbildes gehören z. B. ↑Pietà (↑Vesperbild), ↑Schmerzensmann (↑Ecce homo, ↑Erbärmdebild, ↑Passion), ↑Heiliges Grab, ↑Bildstock, ↑Anna Selbdritt, ↑Gnadenstuhl, ↑Christkind, Christus in der Rast, kreuztragender Christus, Christus an der Geißelsäule, Christus im Kelter, Schweißtuch der Veronika (↑Vera Icon), Herz-Jesu-Bild. Weit verbreitet waren seit dem 14. Jh. auch kleine (gemalte oder graphisch gestaltete) Andachtsbilder, die mit einem erbaulichen Text versehen sein konnten. Der Übergang zum ↑Dedikationsbild ist hier oft fließend. ↑Fleißbildchen

Anekdote (gr. *anekdotos* = nicht veröffentlicht), kurze, einprägsam gestaltete Erzählung über eine (auch erfundene) Begebenheit, die – oft mit unerwarteter Wendung – kennzeichnend für eine Zeit und ihren «Geist», eine Person oder Gesellschaftsschicht ist. Besonders im 13. Jh. bedienten sich Prediger (v. a. ↑Franziskaner, ↑Dominikaner) der Sprache des Volkes und gebrauchten dabei auch für alle Zuhörer verständliche Anekdoten und beispielhafte Gleichnisse (↑Exempel), welche die Leute in Stadt und Land gelegentlich auch in heitere Stimmung versetzen sollten, um sie so in der ↑Christenlehre auf unterhaltsame Art zu unterweisen.

angelsächsische Mission, im Unterschied zur irofränkischen Mönchsbewegung (↑irisches Mönchtum) die ↑Mission angelsächsischer benediktinischer Missionare (↑Benediktiner) im 7. und 8. Jh. Angelsachsen waren germanische Stämme der Angeln, Sachsen und Jüten, die im 5./6. Jh. Britannien eroberten und zum Kern des englischen Volkes wurden. In enger Verbindung zugleich mit den Hausmeiern des Fränkischen Reiches (↑Karolingische Reform) und mit dem ↑Papsttum (Missionsauftrag, Überreichung des ↑Palliums) festigten sie auf dem europäischen Festland das Christentum, v. a. durch die entscheidende Erneuerung der fränkischen Kirche als romverbundener ↑Landeskirche und die Schaffung einer kanonischen Organisation mit der Errichtung von ↑Bistümern im Raum des heutigen Deutschland, herausragend durch Willibrord, den «Apostel der Friesen», und Winfrid Bonifatius, den «Germanischen Legaten des Apostolischen Stuhls», auch «Apostel der Deutschen» genannt (↑Apostel). Dessen Grab befindet sich im ↑Dom zu Fulda, weshalb hier auch die jährliche Tagung der ↑Deutschen Bischofskonferenz stattfindet.

Angelus (lat. = Bote, ↑Engel), der «Engel des Herrn», in der katholischen Kirche nach diesem Anfangswort benanntes Gebet, das an die Verkündigung Mariä und die Menschwerdung Christi erinnert. Das Angelus-, Ave- oder Gebetläuten der Kirchenglocken am Morgen, Mittag und Abend (↑Vesper-Läuten) ruft den «Englischen Gruß» (↑Ave Maria) wach und lädt zum Gebet ein. ↑Annuntiationsstil

Anglikanische Kirche, englische Staatskirche (Church of England), die 1534 durch den Bruch Heinrichs VIII. von England mit dem ↑Papsttum entstand; der König ließ sich zum Oberhaupt der Kirche erklären. Die erst später einsetzende Reformierung fand ihren Ausdruck im ↑Common Prayer Book und in den 39 Artikeln des ↑Glaubensbekenntnisses von 1563. Die weltweit verbreitete Kirche mit selbstständigen Tochterkirchen – sie ist formell die Mutterkirche der «Anglican Communion», Primas ist der Erzbischof von Canterbury – hält u. a. an der ↑Apostolischen Sukzession fest und wird in der Hauptsache durch drei Richtungen bestimmt: Die High Church (↑Hochkirchliche Bewegung mit katholisierender Tendenz), die Low Church (niederkirchliche oder evangelische Bewegung) sowie die Broad Church (breitkirchliche Bewegung mit liberalen Tendenzen). ↑Westminstersynode

Anhomöer, radikale Anhänger des ↑Arianismus seit etwa 355, nach deren Lehre Christus dem Vater unähnlich (gr. *anhomoios*) sei. ↑Homöer

Anna Selbdritt, seit dem Spätmittelalter weitverbreitetes ↑Andachtsbild, das die heilige Mutter Anna mit ihrer Tochter Maria (↑Gottesmutter) und dem Jesuskind (↑Christkind) darstellt.

Annalen (lat. = Jahrbücher, von *annus* = Jahr), nach Jahren eingeteilte, von der ↑Chronik zu unterscheidende Aufzeichnungen von herausragenden Ereignissen in der chronologischen Jahresfolge. Die Geschichtswerke wurden im Früh- und Hochmittelalter v. a. in ↑Klöstern und in ↑Bischofskirchen in ↑lateinischer Sprache verfasst. ↑Kirchengeschichtsschreibung

Annales ecclesiastici (lat.), 1588 bis 1607 in Rom erschienene, bis zum Jahr 1198 reichende ↑Kirchengeschichte in zwölf Bänden des Caesar Baronius, katholisches Gegenstück zu den protestantischen ↑Magdeburger Zenturien.

Annaten (lat.), ↑Abgaben, ↑Taxen an die ↑Römische Kurie bei Verleihung höherer Kirchenämter (↑Amt, kirchliches/geistliches), meist im (vollen) Umfang der Einkünfte des ersten Jahres (lat. *annus* = Jahr). Dazu gehörten auch die Servitien (von lat. *servitium* = Sklaverei, Dienst; ↑Gottesdienst) anlässlich der päpstlichen Ernennung bzw. Bestätigung von ↑Bischöfen und ↑Äbten. Diese Geldgeschäfte wurden seit dem Hochmittelalter weiter ausgebaut, besonders im Stellenbesetzungs- und Finanzsystem des ↑Papsttums in Avignon im 14. Jh. (↑Papstfinanz), erregten innerhalb der Kirche wachsenden Unmut und spielten in den Anfängen der ↑Reformation eine verhängnisvolle Rolle.

Anno Domini (lat. = im Jahr des Herrn), bei der Angabe von Jahreszahlen die lange übliche Formel, abgekürzt AD oder A. D.

Annuario Pontificio (it. = Päpstliches Jahrbuch), amtliches Nachschlagewerk des ↑Apostolischen Stuhls mit historischen und aktuellen Daten über Päpste, Kardinäle, Patriarchen, Bischöfe, Teilkirchen, Organe und Institutionen der katholischen Kirche.

Annuntiationsstil, Berechnung und Festsetzung des Jahresanfangs auf das Fest Verkündigung (lat. *annuntiatio*) Mariä am 25. März (↑Angelus, ↑Ave Maria), in England seit dem 11. Jh. der offizielle Jahresanfang bis 1751, zeitweilig in Norditalien, im Mittelalter im Erzbistum Trier, gelegentlich auch in päpstlichen und anderen Kanzleien.

Annunziaten (wie ↑Annuntiationsstil), 1. Ordensgemeinschaften von der Verkündigung Mariä, namentlich Frauenorden strenger ↑Beschaulichkeit mit ↑Augustinusregel: Lombardische (seit 1408), Französische (seit 1501), Italienische (seit 1604) Annunziatinnen; 2. der 1364 gegründete ↑Ritterorden der Annunziaten war bis zu seiner Aufhebung 1951 der höchste weltliche Orden in Italien.

Anstaltspfarrei ↑Pfarrei

Anstand ↑Frankfurter Anstand, ↑Nürnberger Anstand

ante/post Christum natum (lat.), vor/nach der Geburt Jesu Christi. Die Zeitrechnung «nach Christus» geht zurück auf den Mönch Dionysius Exiguus († nach 550), der in seiner

↑Ostertafel ab 532 die Jahre mit der Geburt Christi beginnen ließ, die er mit 754 *ab urbe condita* (lat. = seit Gründung der Stadt Rom) etwa sechs bis sieben Jahre zu spät ansetzte.

Antependium (lat. = Vorhang), Verkleidung der Vorderseite (Frontale), auch der Seiten des ↑Altars als kostbarer Stoffbehang, Vorsatztafel aus Metall (meist mit Goldschmiedearbeiten) oder auß Holz (mit Malereien und Schnitzereien); Schmuck auch des ↑Ambo und der ↑Kanzel.

Anthologie ↑Florilegium

Anthologion (gr.), eine seit dem 12. Jh. überlieferte Sammlung aus liturgischen Büchern der byzantinischen Kirche. ↑Florilegium

Antichrist (Gegenchristus), vornehmlich aus der ↑Apokalypse (Offb 12) entwickelte Vorstellung einer widergöttlichen Geschichtsmacht, die der Wiederkunft Jesu Christi und dem Weltende (↑Endzeit, ↑Jüngster Tag, ↑Weltrichter) vorangehe und als Christusfeind viele zum Abfall vom Glauben (↑Apostasie) bringe (auch 1 Joh 2,18: «Meine Kinder, es ist die letzte Stunde. Ihr habt gehört, dass der Antichrist kommt, und jetzt sind viele Antichriste gekommen. Daran erkennen wir, dass es die letzte Stunde ist.»). Innerhalb der (Kirchen-)Geschichte wurden verschiedene Phänomene, Personen und Institutionen als «Vorläufer des Antichrist» empfunden. ↑Ludus de Antichristo

Antijesuitismus, auf den ↑Jansenismus zurückgehende, in der ↑Aufklä-rung aufbrechende Strömung gegen den als übermächtig empfundenen Einfluss der Jesuiten auf Kirche, Staat und Geistesleben, hier besonders auf ihr Bildungsmonopol; in der zweiten Hälfte des 18. Jh.s steigerte sie sich gelegentlich zum «Jesuitenhass» und trug wesentlich zur Aufhebung des Ordens 1773 bei. ↑Reduktionen

Antijudaismus, die religiös motivierte Judenfeindschaft, die auch als Vorläufer des ↑Antisemitismus gilt. ↑Ritualmord

Antike und Christentum, Begriff für Einwurzelung und Entfaltung, auch die «Hellenisierung» des Christentums in der Welt der griechisch-römischen Antike, vor allem in der Kaiserzeit und im darauffolgenden Zeitraum, der christlichen Spätantike, Synonym für den «heimlichen Bund» zwischen «Antike und Christentum». Unter diesem Titel erschien 1929 bis 1940/50 die von Franz Joseph Dölger herausgegebene Zeitschrift, fortgesetzt als «Reallexikon für Antike und Christentum» (seit 1941), dann auch als «Jahrbücher für Antike und Christentum» (seit 1958); die «Zeitschrift für Antikes Christentum» führt seit 1997 diese Tradition fort. ↑Griechisch, griechische Sprache, ↑Latein, lateinische Sprache

Antiklerikalismus, die gegen den Einfluss zunächst des ↑Klerus, dann überhaupt der Kirche auf Gesellschaft, Staat und Geistesleben gerichtete Bewegung, die mit aller Macht in der ↑Aufklärung aufbrach (Voltaire:

«Écrasez l'infâme» = Zertretet die Infame [= Kirche]) und in der ↑Französischen Revolution zum Höhepunkt gelangte, als ihre radikalen Anhänger in den Jahren 1792/93 mit dem Ziel der Dechristianisierung den «Kultus der Vernunft» zu etablieren und das Christentum zu beseitigen suchten. ↑Antijesuitismus, ↑Jansenismus, ↑Klerikalismus

Antimension (gr.), in der griechisch-orthodoxen Kirche ein dem ↑Korporale entsprechendes geweihtes Tuch mit eingestickten oder -gedruckten Bildern und eingenähten ↑Reliquien zur Unterlage von ↑Hostie, ↑Kelch und ↑Patene.

● **Antimodernisteneid,** von Papst Pius X. 1910 allen Geistlichen vorgeschriebener, durch Papst Paul VI. 1967 aufgehobener Eid gegen Irrtümer des ↑Modernismus.

Antinomistische Streitigkeiten (gr. *antinomia* = der unaufhebbare Widerspruch zwischen zwei Sätzen), im Rahmen der ↑Rechtfertigungslehre geführte theologische Auseinandersetzungen zwischen Martin Luther und Philipp Melanchthon auf der einen, Johann Agricola auf der anderen Seite, der das Gesetz mit dem ↑Dekalog (die Zehn Gebote) des AT gleichsetzte und es für Christen nicht mehr gelten ließ, da nur das ↑Evangelium den Glauben wecke, das alttestamentliche Sittengesetz (gr. *nomos*) dagegen auf das Rathaus gehöre. Für Luther überführe das Gesetz jedoch den Christen zeitlebens der ↑Sünde

und lasse ihn die ↑Gnade des Evangeliums verstehen. Nach Auffassung seiner Gegner, die Luther als «Antinomi» bezeichnete, bewirke allein der Anblick des Gekreuzigten Umkehr und ↑Buße. Die in den Wittenberger ↑Disputationen von 1537 verschärften Differenzen führten zum Bruch zwischen den Parteien.

Antiochenische Schule, im 4./5. Jh. in ↑Antiochien eine Richtung der ↑Theologie, die sich um die kritische Sicherung der Bibel bemühte und eine im Gegensatz zur ↑Alexandrinischen Schule stehende, den Wortsinn suchende Methode der ↑Exegese betrieb. Kennzeichnend für ihre ↑Christologie ist die Betonung der Menschheit Christi (↑Trennungschristologie, im Unterschied zur Einigungschristologie; Hauptvertreter: Lukian von Antiochien, Diodor von Tarsus, Theodor von Mopsuestia, Johannes Chrysostomos). Ihre Traditionen fanden Eingang in die ↑Nestorianische Kirche.

Antiochenisches Schisma, Spaltung (↑Schisma) innerhalb der Großstadtgemeinde von ↑Antiochien nach der ↑Exkommunikation des zuletzt 268 als ↑Häretiker verurteilten antiochenischen Bischofs Paul von Samosata, die erst nach 380 beigelegt werden konnte. ↑Monarchianismus, ↑Adoptianismus

Antiochien (Antiochia) am Orontes, heute Antakije, Hauptstadt der Seleukiden in Syrien, gegründet 330 v. Chr., einer der fünf Patriarchensitze (↑Pentarchie). ↑Antiochenische Schule.

Antipapa ↑Gegenpapst

Antiphon (gr.-lat. = entgegentönend, antwortend), seit dem 4. Jh. der liturgische Wechselgesang von ↑Psalmen und ↑Hymnen, mit dem die ↑Gemeinde einer Vorsängergruppe (↑Schola) im Kehrvers antwortete (↑Responsorium), besonders gebräuchlich beim ↑Stundengebet (↑Chordienst). Das Antiphonar war im Mittelalter das Buch mit den Antiphonen und Responsorien, heute Antiphonale genannt. ↑Introitus, ↑Invitatorium

Antisemitismus, 1879 erstmals gebrauchter Begriff für die seit vorchristlicher Zeit religiös, wirtschaftlich, sozial und politisch, v. a. rassisch begründete und motivierte Judenfeindschaft und -verfolgung. Irrige und ungerechte Auslegungen des NT (u. a. wurden die Juden unter Berufung auf Mt 27,25 für den Kreuzestod Jesu verantwortlich gemacht und als «Gottesmörder» beschuldigt) verursachten Gefühle der Feindschaft, die sich besonders seit den ↑Kreuzzügen in vielfacher Diskriminierung, genährt durch antijüdische (↑Antijudaismus) Legenden (↑Hostienfrevel, Ritualmord, Brunnenvergiftung) und die Zinsen für Geld- und Pfandleihe (die Christen verboten war), manifestierte und auch in Vertreibungen und Zwangsbekehrungen mündete. Gerade in Krisenzeiten (Hungersnöte, Kriege, Seuchen, soziale Spannungen) wurde die in den Städten oft in abgesonderten ↑Judengassen oder Ghettos lebende jüdische Minderheit zum «Sündenbock» und zum Opfer von Gewalt und Plünderungen bis hin zu Massakern. Nach der bürgerlichen Gleichstellung der Juden im 18./ 19. Jh. nahm der Judenhass im Verlauf des 19. Jh.s aus nationalistischen, politischen, wirtschaftlichen und v. a. rassischen Gründen zu und führte zu schweren Pogromen (russ. = Hetze und blutige Ausschreitungen), besonders in Russland. Seine schlimmste und furchtbarste Ausprägung erhielt der Antisemitismus unter Hitlers nationalsozialistischer Gewaltherrschaft seit 1933 mit der «Endlösung der Judenfrage», der angestrebten völligen Ausrottung des Judentums, der systematischen millionenfachen Vernichtung der Juden in den Konzentrationslagern (Völkermord, Genozid); sie wird mit dem aus der Sakralsprache des jüdischen Gottesdienstes entnommenen Begriff «Holocaust» (gr. = Ganzverbrennung, Ganzopfer), auch mit dem Wort «Schoah» (hebr. = plötzlich hereinbrechendes Unheil, Katastrophe) umschrieben. Als mit dem Christentum absolut unvereinbar wurde der Antisemitismus von der katholischen Kirche seit 1931 in Hirtenbriefen und Ansprachen verurteilt, in feierlicher Form in der in den Kirchen Deutschlands verlesenen ↑Enzyklika Papst Pius' XI. «Mit brennender Sorge» von 1937, was zu schweren Angriffen und Sanktionen gegen Mitglieder des Klerus und kirchliche Einrichtungen führte. Ausdrückliche Verurteilungen durch die Kirchen erfolgten seit Kriegsende wiederholt, so 1961 durch den Weltkirchenrat und auf dem ↑Vaticanum II (1962–1965); hier werden in Artikel 4 der «Erklärung zu den nichtchristlichen Religionen» die Juden als «unsere von Gott geliebten Brüder und Schwestern» genannt, das Verhältnis zu den Juden als Gegenstand der christlichen Theologie, als Inhalt des christlichen Glaubens gewürdigt. Eine kollektive Mitschuld der katholischen Kirche, besonders Papst Pius' XII. am Holocaust lehnte der Apostolische Stuhl in einer offiziellen Erklärung der «Päpstlichen Kommission für die religiösen Beziehungen zu den Juden» vom 16. März 1998 zwar ab, bekannte aber ausdrücklich: «Am Ende dieses Jahrtausends möchte die katholische Kirche ihr tiefes Bedauern über das Versagen ihrer Söhne und Töchter aller Generationen zum Ausdruck bringen. Dies ist ein Akt der Umkehr und Reue (hebr. teshuva), da wir als Glieder der Kirche sowohl an den Sünden als auch an den Verdiensten all ihrer Kinder teilhaben. Mit tiefem Respekt und großem Mitgefühl begegnet die Kirche der Erfahrung der Vernichtung, der Schoah, die das jüdische Volk im Zweiten Weltkrieg durchlitten hat. Es handelt sich nicht um bloße Worte, sondern um eine wirklich verbindliche Verpflichtung … Wir möchten erreichen, dass das Wissen um vergangene Sünden in den festen Vorsatz mündet, eine neue Zukunft aufzubauen, in der es keinen Anti-Judaismus unter Christen oder anti-christliche Ressentiments unter den Juden mehr geben wird, sondern vielmehr eine gegenseitige Achtung, wie sie jenen zukommt, die den einen Schöpfer und Herrn anbeten und einen gemeinsamen Vater im Glauben haben, Abraham.» ↑Mea culpa

Antistes (gr.-lat. = Vorsteher, Aufseher), vom Christentum aus der Antike übernommener Ehrentitel für einen Oberhirten, für ↑Bischof, ↑Abt und ↑Prälat, in einigen Schweizer Kantonen Titel des reformierten obersten Stadtgeistlichen.

Antitrinitarier, Gegner der ↑Trinitäts-Lehre, in der ↑Alten Kirche besonders ↑Monarchianismus, ↑Sabellianismus, seit dem 16. Jh. ↑Sozinianismus und ↑Unitarier.

Antlass (oberdt.), allgemein Entlassung, auch ↑Ablass; Antlasstag ist der ↑Gründonnerstag.

Antonianer, Antoniusorden, verschiedene im 17.–19. Jh. entstandene Ordensgemeinschaften der katholischen Ostkirchen, benannt nach dem Mönchsvater Antonius dem ↑Eremiten (4. Jh.), nicht zu verwechseln mit den ↑Antonitern.

Antoniter, benannt nach Antonius dem Eremiten (4. Jh.; ↑Antonianer), entstand der Orden um 1095 in Südfrankreich als ↑Bruderschaft zur Betreuung der Pilger (↑Wallfahrt), zur ↑Armen- und Krankenpflege, daher auch ↑Hospitaliter vom hl. Antonius genannt, 1776 den ↑Johannitern inkorporiert. Antoniusfeuer, Antoniusschwein (oder Rennsau) sind nach ihnen benannt.

A und O, deutsche Abkürzung für ↑Alpha und Omega.

Apokalypse (gr. = Enthüllung), letztes Buch des NT, die (Geheime) Offenbarung des Johannes, die das bald zu erwartende Weltende (↑Endzeit, ↑Weltenrichter) beschreibt, in der mittelalterlichen ↑Buchmalerei oft dargestellt. Apokalyptiker werden religiöse Bewegungen genannt, die jeweils zu ihrer Zeit die nahe Wiederkunft Christi und den ↑Jüngsten Tag erwarten. Als apokalyptische Reiter werden die vier Reiter der Apokalypse gedeutet, die Pest, Krieg, Hungersnot und Tod über die Welt bringen. ↑Antichrist, ↑Apokalyptisches Weib, ↑Chiliasmus, ↑Eschatologie, ↑Schwarmgeister

Apokalyptisches Weib, in der Kunst die seit dem frühen Mittelalter begegnende, auf die ↑Gottesmutter und die Kirche bezogene Darstellung einer vom Drachen bedrohten Frau, «mit der Sonne bekleidet; der Mond war unter ihren Füßen und ein Kranz von zwölf Sternen auf ihrem Haupt. Sie war schwanger und schrie vor Schmerz in ihren Geburtswehen … Der Drache stand vor der Frau, die gebären sollte; er wollte ihr Kind verschlingen, sobald es geboren war.» (Offb 12,1–4). Dieser Bildtyp der Mondsichelmadonna gehört zu den bedeutendsten Motiven der ↑Apokalypse.

Apokrisiar (gr.-lat.), zunächst eine Einrichtung der byzantinischen Diplomatie (Gesandter eines ↑Patriarchen), vom 5. bis 8. Jh. gewöhnlich der geistliche Vertreter und Gesandte des ↑Papstes in ↑Byzanz, im Frühmittelalter auch Berater weltlicher Herrscher in kirchlichen Angelegenheiten, zugleich Vertreter des Papstes.

Apokryphen (gr. = verborgen), 1. nach katholischem Sprachgebrauch die Schriften, die nicht zu den vom Konzil von Trient (1545–1563) als kanonisch und inspiriert anerkannten 45 Büchern des AT und 27 Büchern des NT gehören (↑Kanon der ↑Heiligen Schriften); nach protestantischem Sprachgebrauch werden diese nichtkanonischen Schriften als ↑Pseudepigraphen bezeichnet. 2. Als Apokryphen werden nach protestantischem Sprachgebrauch dagegen einige in griechischer Sprache verfasste Bücher des AT (Tob, Jdt, 1/2 Makk, Weish, Sir, Bar, Teile aus Est und Dan) genannt, die wiederum von der katholischen Kirche zusammen mit einigen jüngeren Schriften des NT als deuterokanonisch (gr. *deuteros* = der zweite, in zweiter Linie stehend) zur Heiligen Schrift gerechnet, in der Lutherbibel im Anhang aufgeführt werden.

Apollinarismus, auf Apollinaris von Laodicea († um 390) zurückgehende extreme Gegenposition zum ↑Arianismus: In der ↑Inkarnation habe sich der ↑Logos nicht mit einer vollständigen menschlichen Natur, sondern nur mit dem menschlichen Fleisch zu einer einzigen Natur (gr. *mia physis*) vereinigt (↑Einigungschristologie, im

Unterschied zur ↑Trennungschristologie). Seit 385 als ↑Häresie verfolgt, sollte die Formel von der «mia physis» im ↑Nestorianischen Streit eine Rolle spielen und im ↑Monophysitismus fortleben. Die Anhänger des Apollinarismus werden auch Synusiasten (von gr. zusammen/mit-sein) genannt.

Apologet (gr.), Verteidiger der christlichen Lehre; v. a. im 2./3. Jh. traten griechische und lateinische Schriftsteller als Apologeten mit ↑Apologien hervor.

Apologetik (gr.), Verteidigung und Rechtfertigung der christlichen Lehre (↑Apologie), als Disziplin der ↑Theologie weiterentwickelt zur Fundamentaltheologie. ↑Kirchengeschichtsschreibung

Apologie (gr. = Rechtfertigung), eine Rede oder Schrift zur Verteidigung, besonders der christlichen Lehre (durch ↑Apologeten). ↑Kirchengeschichtsschreibung

Apologie der Augustana, Philipp Melanchthons Verteidigungsschrift (↑Apologie) der ↑Confessio Augustana von 1531 gegen die ↑Confutatio.

Apophthegmata patrum (gr.-lat. = Aussprüche der Väter), nach Personen alphabetisch geordnete Spruchsammlungen des frühen ↑Eremitentums in Ägypten.

Apostasie (gr.), im Unterschied zur ↑Häresie der Abfall (die Trennung) vom christlichen Glauben oder der Übertritt zu einer nichtchristlichen Religionsgemeinschaft; Apostat ist der vom Glauben Abgefallene. ↑Antichrist

Apostel (gr. = Sendbote), die zwölf Jünger Jesu, im weiteren Sinn die zur Verkündigung des ↑Evangeliums Ausgesandten, auch Ehrentitel der Haupt- ↑Missionare oder Schutz-↑Patrone eines Landes (so gilt Winfrid Bonifatius als «Apostel der Deutschen»; ↑angelsächsische Mission). ↑Apostelgeschichte, ↑Apostelkonzil, ↑Didache

Apostelbrüder, nach den ↑Aposteln benannte Gemeinschaften von ↑Eremiten in Italien (13.–17. Jh.) mit ↑Augustinusregel; auch Selbstbezeichnung der Angehörigen der ↑Neuapostolischen Gemeinde.

Aposteldekret, die auf dem ↑Apostelkonzil gefassten Beschlüsse, die ein ungestörtes Zusammenleben zwischen ↑Judenchristen und ↑Heidenchristen in gemischten Gemeinden ermöglichen sollten, auch Jakobusklauseln genannt.

Apostelfürsten, Beiname der ↑Apostel Petrus und Paulus, deren Fest in der katholischen Kirche am 29. Juni begangen wird. ↑Attribute

Apostelgemeinden, von den ↑Aposteln gegründete Gemeinden (↑Urgemeinde, Urkirche).

Apostelgeschichte (lat. *Actus Apostolorum*), Buch des NT, in griechischen Textausgaben seit dem 2. Jh. mit «Taten der Apostel» (Praxeis Apostolon) betitelt, das hauptsächlich von der Tätigkeit der ↑Apostel Petrus und Johannes, vom missionarischen Wirken (↑Mission) des Paulus sowie von Stepanus, Philippus, Barnabas und Jakobus berichtet und so die Ausbreitung des ↑Christentums von der ↑Urgemeinde nach ↑Rom beschreibt, damit den Anfang der ↑Kirchengeschichtsschreibung markiert; als ihr Verfasser gilt nach altkirchlicher Tradition der ↑Evangelist Lukas.

Apostelkonzil, die in der ↑Apostelgeschichte (15,1–35) beschriebene Zusammenkunft (↑Konzil) der ↑Apostel und Ältesten der ↑Urgemeinde (vermutlich um 48/49 n. Chr.) zur Beratung der (schließlich verneinten) Frage, ob die ↑Heidenchristen zur Einhaltung des jüdischen Gesetzes verpflichtet seien; die dort gefassten Beschlüsse sind dokumentiert im ↑Aposteldekret. ↑Didache

Apostellehre ↑Didache

Apostolat, (Sendungs- und Zeugen-) ↑Amt eines ↑Apostels, betontes Glaubenszeugnis der ↑Laien (Laienapostolat) und katholische ↑Gebetsverbrüderung. ↑Katholische Aktion

Apostoliker (von ↑Apostel), Angehörige einer 1274 durch das Konzil von Lyon verbotenen, den ↑Geißlern nahestehenden ↑Bruderschaft, die durch ↑Armut und ↑Buße Vollkommenheit zu erreichen suchten, sich als Teil einer vollkommenen «Geisteskirche» betrachteten und die hierarchisch gegliederte, vom ↑Papsttum repräsentierte «Fleischeskirche» ablehnten. Fra Dolcino aus Novara übernahm

1300 – mit diesem Jahr ließ er (im Anschluss an den ↑Joachimitismus) ein viertes ↑Zeitalter beginnen – die Führung der ↑Sekte, für die er mehrere tausend Anhänger gewinnen konnte. Am 1. 6. 1307 wurde er wegen ↑Häresie zusammen mit seiner Gefährtin Margherita von Trient und weiteren Sektenmitgliedern in Vercelli auf dem Scheiterhaufen verbrannt. Dante Alighieri hielt die besonders in Italien lebendig gebliebene Erinnerung an Fra Dolcino und die Dolcinianer in seiner ↑Göttlichen Komödie fest; auch Umberto Eco machte die Bewegung in seinem weltberühmten Roman «Der Name der Rose» (↑Rose) zum Gegenstand.

Apostolikum (gr.-lat.), Abkürzung für das ↑Apostolische Glaubensbekenntnis.

Apostolikumsstreit, in den evangelischen Kirchen 1845 bis 1911 ausgetragene Auseinandersetzungen um die Verbindlichkeit der drei altkirchlichen ↑Glaubensbekenntnisse.

apostolisch, auf die ↑Apostel zurückgehend, ihren Lehren entsprechend.

Apostolische Administratur, in der katholischen Kirche ein ↑Bistum, Teil eines Bistums oder keinem Bistum zugehöriges kirchliches Territorium, das gegebenenfalls von einem vom ↑Papst bestellten ↑Administrator verwaltet wird, z. B. bei ↑Sedisvakanz oder Behinderung des Bischofs. ↑Apostolischer Vikar

Apostolische Datarie (von lat. *dare* = geben), im 15. Jh. aus der ↑Apostolischen Kanzlei hervorgegangene Behörde der ↑Römischen Kurie zur Erledigung von ↑Gnaden-Sachen, zur Bewilligung bzw. Erteilung u. a. von ↑Dispensen, ↑Suppliken, ↑Pfründen, ↑Privilegien. Benannt wurde die Gnadenbehörde nach dem bedeutenden ↑Amt des Datars oder Prodatars, das auch von ↑Kardinälen (Kardinaldatar) bekleidet war. Nach der Kurienreform von 1908 allmählich bedeutungslos geworden, wurde sie unter Papst Paul VI. 1967 aufgelöst.

Apostolische Gemeinde, Selbstbezeichnung der Irvingianer (↑Katholisch-Apostolische Gemeinden). ↑Neuapostolische Gemeinde

Apostolische Kammer, Finanzverwaltung der ↑Römischen Kurie, an deren Spitze der ↑Camerlengo steht.

Apostolische Kanzlei, Verwaltungsbehörde des ↑Apostolischen Stuhles, die u. a. mit der Ausfertigung päpstlicher Schreiben und Urkunden (z. B. ↑Breve, ↑Bulle) betraut ist.

Apostolische Kleriker vom hl. Hieronymus ↑Jesuaten

Apostolische Konstitutionen, Sammlung von ↑Kirchenordnungen (Ende 4. Jh.) mit angeblich auf die ↑Apostel zurückgehenden rechtlichen und liturgischen Vorschriften. ↑Constituta

Apostolische Majestät, Titel der Könige von Ungarn, von Papst Clemens XIII. Maria Theresia (1740–1780) und ihren katholischen Nachfolgern übertragen.

Apostolische Nuntiatur, ständige diplomatische Vertretung des ↑Heiligen Stuhls bei einer Staatsregierung; an ihrer Spitze steht der ↑Apostolische Nuntius.

Apostolische Pönitentiarie (von lat. *poena* = Strafe, Buße), Gerichtsbehörde der ↑Römischen Kurie, die für innere Angelegenheiten (↑forum internum) zuständig ist. ↑Pönitentiar

Apostolische Präfektur ↑Apostolischer Vikar/Präfekt

Apostolische Signatur, die ausschließlich aus Kardinälen bestehende und von einem ↑Kardinalpräfekten geleitete höchste Gerichtsbehörde der ↑Römischen Kurie, die auch die Tätigkeit der ↑Rota überwacht.

Apostolische Sukzession, die v. a. in der katholischen Kirche und in den orthodoxen Kirchen auf die ↑Apostel zurückgeführte und im Weihesakrament (↑Weihegrade) ausgedrückte ununterbrochene Weitergabe der bischöflichen Gewalt, Kennzeichen für die Apostolizität der Kirche.

Apostolische Väter, altchristliche Schriftsteller des 1./2. Jh.s.

Apostolischer Administrator ↑Apostolische Administratur, ↑Apostolischer Vikar, ↑Administrator

Apostolischer Delegat, (nichtdiplomatischer) Gesandter des ↑Papstes in kirchlichen Angelegenheiten, im Unterschied zum ↑Apostolischen Nuntius.

Apostolischer Legat, Sondergesandter des ↑Papstes, auch Ablegat ohne ↑Jurisdiktion. ↑Kardinallegat

Apostolischer Nuntius, ständiger Botschafter des ↑Heiligen Stuhls im diplomatischen Rang bei einer Staatsregierung (im Unterschied zum ↑Apostolischen Delegaten, ↑Apostolischen Legaten); er leitet die ↑Apostolische Nuntiatur und ist häufig Doyen (frz., von lat. *decanus*, ↑Dekan), Sprecher des diplomatischen Korps gegenüber dem Gastland. ↑Internuntius, ↑Pronuntius

Apostolischer Präfekt ↑Apostolischer Vikar

Apostolischer Protonotar, im Mittelalter ein Kanzler, dann hoher Geistlicher an der ↑Römischen Kurie für Protokoll und Urkundenausfertigung, seit 1908 auch Nachfolger des ↑Abbreviators; heute päpstlicher Ehrentitel für Geistliche.

Apostolischer Segen, vom ↑Papst feierlich (↑urbi et orbi) oder in einfacher Form erteilter, mit einem vollkommenen ↑Ablass verbundener ↑Segen.

Apostolischer Stuhl (lat. *Sedes Apostolica* oder *Sancta Sedes* = ↑Heiliger Stuhl), ursprünglich Bezeichnung für ↑Bischofssitze, die auf die ↑Apostel zurückgeführt wurden, meist mit wirklichen oder legendarischen Gräbern von Aposteln und Apostelschülern, in der lateinischen Kirche seit Ausgang der Antike fortschreitend dem römischen Stuhl Petri (lat. *Cathedra Petri*, ↑Papst) vorbehalten.

Apostolischer Syndikus, ein vom ↑Apostolischen Stuhl bestellter ↑Administrator, der die zeitlichen Güter von ↑Orden im Namen der Kirche verwaltet.

Apostolischer Vikar/Präfekt, ein vom ↑Papst beauftragter Vorsteher eines Apostolischen Vikariates bzw. einer Apostolischen Präfektur oder ↑Apostolischen Administratur, der rechtlich Diözesanbischöfen weithin gleichgestellt ist. ↑Administrator, ↑Präfekt, ↑Vikar.

Apostolisches Glaubensbekenntnis (lat. *[Symbolum]* ↑Apostolikum), seit dem 4. Jh. Bezeichnung für das mit ↑Credo beginnende ↑Glaubensbekenntnis der lateinischen Kirche, das auf ein christliches Taufbekenntnis (↑Bekenntnis, ↑Taufe) aus dem 3. Jh. zurückgeht und den «apostolischen Glauben» gültig zusammenfasst; es wird legendarisch als von den ↑Aposteln verfasst gedeutet.

Apostolisches Vikariat ↑Apostolischer Vikar/Präfekt

apostolisches Zeitalter, die vom Wirken der ↑Apostel geprägte, bis Anfang des 2. Jh.s reichende Zeit des ↑Urchristentums. ↑Parusie

Apostolizität ↑Apostolische Sukzession

appellatio ab abusu (lat.), als Einrichtung des ↑Staatskirchentums die ↑Appellation der staatlichen Gewalt gegen Übergriff oder Missbrauch (lat. *abusus*) der kirchlichen Gewalt, besonders der kirchlichen Gerichtsbarkeit, auch *recursus ab abusu/ad principem* (lat. = [beim Fürsten eingelegter] *Rekurs* [Berufung] gegen Übergriff oder Missbrauch) genannt.

Appellation (lat. = Anrufung), allgemein die Anrufung einer höheren (Gerichts-) Instanz; die Appellation an ein Allgemeines ↑Konzil wendet sich gegen Entscheidungen des ↑Papstes oder das Papsttum überhaupt. ↑appellatio ab abusu, ↑Konziliarismus, ↑Sacra Romana Rota

Applikation (lat. = An- oder Zuwendung), die Darbringung des ↑Messopfers mit einer bestimmten Absicht (Messintention) für Lebende und Verstorbene. Der ↑Priester ist mit Annahme des Messstipendiums (festgelegte Geldspende) dazu verpflichtet (Applikationspflicht).

Approbation (lat.), 1. allgemein die Bestätigung (↑Konfirmation) einer Handlung, eines Beschlusses oder Rechtsgeschäfts durch die zuständige Instanz; 2. kirchlich die Druckgenehmigung für bestimmte Schriften (↑Imprimatur); 3. die Bestätigung eines ↑Priesters durch den ↑Bischof, eines ↑Ordens oder ↑Konzils durch den ↑Papst; 4. in der Folge der ↑Gregorianischen Reform beanspruchten die Päpste bis zum Ende der ↑Reichskirche die Approbation der deutschen Königswahl.

Apsis (von gr. *haptein* = anfügen), ursprünglich der Raum für das Gestühl der ↑Geistlichen, dann halbrunder, seit Mitte des 12. Jh.s auch polygonaler, meist mit Halbkuppel überwölbter Raumteil (Nische) für den ↑Altar, Teilraum des ↑Chors (Chorabschluss oder Chorhaupt) sowie die der ↑Basilika angefügte Rundung nach Osten (↑Ostung).

Aquamanile (von lat. *aqua* = Wasser, *manus* = Hand), meist in Form eines (Fabel-) Tiers gestaltetes mittelalterliches Gießgefäß (Schüssel) zum Händewaschen des ↑Priesters in der heiligen ↑Messe.

Ära ↑Chronologie, ↑Epoche, ↑Zeitrechnung

Arbeiterbewegung (christliche), sind getragen v. a. von katholischen und evangelischen Arbeitervereinen, die im 19. Jh. auf dem Hintergrund sozialer Nöte der Arbeiter sowie des Marxismus und Sozialismus entstanden, z. B. die ↑Katholische Arbeiterbewegung.

arch-/archi (gr. *arche* = Urgrund, Anfang), Vorsilbe und Bestimmungswort mit der Bedeutung von Ober-, Ur-, Erz- (z. B. ↑Archidiakon, ↑Erzbischof).

Archäologie (gr. = Lehre vom Ursprung, Altertumskunde), als (früh-) christliche und mittelalterliche Archäologie ist die «Wissenschaft des Spatens» auch für die Erforschung der ↑Kirchengeschichte unverzichtbarer Bestandteil.

Archidiakon (gr. = Erzdiakon), ursprünglich Haupt des ↑Diakonen-Kollegs an einer ↑Bischofskirche, seit dem 4. Jh. mit wachsender, regional sehr unterschiedlicher Bedeutung Vertreter und Bevollmächtigter des Bischofs (↑Chorbischof). Den Höhepunkt seiner Machtstellung erlangte der oft in Konkurrenz zum Bischof amtierende Geistliche (mit eigenem ↑Sprengel, dem Archidiakonat) im Früh- und Hochmittelalter, seither wurde sein Einfluss durch ↑Generalvikar, ↑Offizial und ↑Dekan zurückgedrängt; in der Neuzeit meist nur noch Ehrentitel.

Archimandrit (gr.), in den Ostkirchen der dem ↑Abt entsprechende Vorsteher eines oder mehrerer Klöster, der auch ↑Exarch oder ↑Hegumenos genannt und auch als Ehrentitel verliehen wird. ↑Mandrit

Archipresbyter (gr. = Erzpriester), ursprünglich der oberste ↑Priester an einer ↑Bischofskirche, auch der ↑Superintendent und der ↑Dekan. ↑Ephorus, ↑Presbyter

Archiv (von gr. *archeion* = Amtsgebäude), Einrichtung zur (geordneten) Sammlung und Aufbewahrung von Schriftgut aller Art (auch ↑Armarium genannt). Aus dem antiken Archivwesen übernahmen ↑Bischöfe und ↑Klöster diesen Rechtsbrauch und installierten, v. a. seit dem Mittelalter, in enger Verbindung mit ↑Bibliothek und ↑Kirchenschatz stehende Archive zur Verwahrung wichtiger (vermögens-) rechtlicher Urkunden (↑Urbare, ↑Traditionsbücher) an sicheren Orten, z. B. in Turmgewölben, in ↑Krypta oder ↑Sakristei. Das Auffinden der für die Geschichtswissenschaft als Quellen unverzichtbaren Archivalien wird jeweils durch ein von Archivaren angelegtes ↑Inventar oder ↑Repertorium ermöglicht.

Arenga (lat.), formelhafte (feierliche) Einleitung einer mittelalterlichen Urkunde; päpstliche ↑Bullen werden nach ihr benannt.

Argumentum (lat.), im Mittelalter häufig Bezeichnung für die Einleitung zu einem Buch der ↑Bibel.

Arianismus, nach dem Presbyter Arius († 336) in ↑Alexandrien benannte Auffassung, wonach der ↑Logos, d. h. der Sohn Gottes, geschaffen sei und es eine Zeit gegeben habe, in der er nicht gewesen sei. Das I. Ökumenische Konzil von Nizäa (325) hielt dagegen als Glauben der Kirche fest, dass der Sohn dem Vater «wesensgleich» (gr. *homousios*) sei. Obwohl der Arianismus im Verlauf des Arianischen Streits sowohl in Nizäa als auch auf dem II. Ökumenischen Konzil von Konstantinopel (381) verurteilt wurde, fand das arianische ↑Bekenntnis starke Verbreitung. Die Bibelübersetzung des arianischen Theologen und Bischofs der Goten Wulfila (auch Ulfila[s], um 311–383), für die er die gotische Schrift schuf, wurde hierbei von größter Bedeutung, bildete sie doch die Grundlage für den Erhalt des arianischen Glaubens als Stammeskirche der Goten und Vandalen und für ein Christentum arianisch-germanischer Prägung. Große Teile der christianisierten Germanen blieben bis (weit) ins 7. Jh. hinein Arianer. ↑Anhomöer, ↑Apollinarismus, ↑Christologie, ↑Filioque, ↑Subordinatianismus

Arkandisziplin (lat. = Geheimverfahren), im Christentum vom 2. bis 4./

5. Jh. (↑Christenverfolgungen) die Geheimhaltung der Feier von ↑Taufe und ↑Abendmahl.

Arma Christi ↑Passion

Armageddon (hebr. harmagedon), nach Offb 16,16 der Ort (keine geographische Bezeichnung), an dem sich alle Könige des Erdkreises zum Kampf zwischen Gut und Böse, von den Geistern der ↑Hölle dorthin geführt, versammeln werden. Das Wort ist wohl ein in der ↑Apokalypse wurzelnder Symbol- und Geheimname.

Armarium (lat. = Schrank), 1. Aufbewahrungsort von ↑Reliquien, ↑Hostien, heiligen Ölen; 2. christliches ↑Grab; 3. im Mittelalter auch Bezeichnung für ↑Archiv und ↑Bibliothek eines ↑Klosters.

Arme Dienstmägde Jesu Christi (Dernbacher Schwestern), 1851 in Dernbach gegründete, weltweit verbreitete Gemeinschaft zur ↑Armen- und Krankenpflege, für Schule und Erziehung.

Arme Schulschwestern von Unserer Lieben Frau, 1833 in Neunburg vorm Wald gegründete, weltweit tätige ↑Kongregation für Schulunterricht und Erziehung, besonders der weiblichen Jugend.

Arme Seelen ↑Allerseelen

Arme von Lyon ↑Waldenser

Armen- und Krankenpflege. Nach Jesu Botschaft im ↑Evangelium hat das Leben des Christen seine Mitte in der dienenden Liebe, in der ↑Caritas und ↑Barmherzigkeit gegenüber dem Nächsten, dem «unter die Räuber Gefallenen» (Beispiel vom barmherzigen Samariter in Lk 10,25–37), dem Armen, Entrechteten, aber auch dem Feind und Fremden gegenüber: «Was ihr einem unter diesen meinen geringsten Brüdern getan habt, das habt ihr mir getan» (Mt 25,40). Aus dieser Überzeugung heraus entwickelte sich, in engster Verknüpfung mit dem Gedanken der ↑Nachfolge Christi, in den frühchristlichen ↑Gemeinden von Anfang an die Sorge um die Armen, Witwen, Waisen, Kranken, die seit dem 4. Jh. vermehrt von ↑Mönchen wahrgenommen wurde (Einrichtung von Fremdenherbergen). Besonders die bei ↑Zisterziensern, ↑Bettel- und Spitalorden (↑Hospitaliter) zum Ideal gewordene ↑Armut führte bis zum Spätmittelalter zu einer intensiven Liebestätigkeit, v. a. in den zahlreichen geistlich betreuten ↑Hospitälern, Spitälern, Hospizen und Leprosenhäusern. Auch heute weiß sich jedes ↑Kloster und jede ↑Ordens-Gemeinschaft der Armen- und Krankenpflege verpflichtet. Der auch aus diesem Vorbild von der ↑Aufklärung übernommene Wohlfahrtsgedanke ging in die öffentliche Fürsorge ein. ↑Agape, ↑Almosen, ↑Diakonie

Armenbibel (lat. *Biblia pauperum*, auch *Biblia picta*), bebilderte ↑Bibel des Spätmittelalters zu ihrer Erklärung für das meist schreib- und leseunkundige Volk («Bild als Schrift der ↑Laien»), in der bedeutende Begebenheiten des NT mit Szenen aus dem AT in einen heilsgeschichtlichen Zusammenhang (↑Heilsgeschichte, ↑Typologie) gebracht sind. Sie übte nachhaltigen Einfluss auf die spätmittelalterliche Kunst aus (z. B. ↑Fresken mit Bilderbibeln im Vorraum [↑Atrium, ↑Paradies] einer Kirche).

Armenische Kirche, nach Bischof Gregorius Illuminator, der Armenien seit 300 christianisierte, auch Gregorianische Kirche genannt, ist sie die älteste christliche ↑Ostkirche; der Sitz des ↑Katholikos der seit dem 18. Jh. mit Rom ↑unierten Kirche mit mehreren Teilkirchen ist in Etschmiadzin. In den Jahren 1915/16 litt sie unter der Politik der türkischen Staatsregierung mit schwerster Verfolgung und hunderttausendfacher Ermordung der christlichen Armenier, die Franz Werfel in seinem 1933 erschienenen Roman «Die vierzig Tage des Musa Dagh» beschrieb.

Arminianismus, nach Jakob Arminius (1560–1609) benannte Richtung in der reformierten niederländischen Kirche des 17. Jh.s, die zur Abtrennung und Bildung eigener (freisinniger) ↑Gemeinden auch in England und Nordamerika führte, nachdem die ↑Dordrechter Synode die Lehre der Arminianer oder Remonstranten (mit Ablehnung der ↑Prädestinations-Lehre Calvins) verworfen hatte.

Armut, Armutsbewegung, Armutsstreit. 1. In engster Verbindung mit der ↑Nachfolge Christi und mit der ↑Armen- und Krankenpflege als geübter Nächstenliebe (↑Caritas) wur-

de der christliche Armutsgedanke zum Ideal sowohl für den einzelnen wie für die Gemeinschaft der Kirche. Vom 11. bis zum 13. Jh. kam es, als Reaktion auf den zunehmenden Reichtum der Kirche, auch auf den damit oft einhergehenden Verlust an religiöser Substanz, zur Armutsbewegung, die in einer ersten Phase gekennzeichnet war von neuen ↑Orden wie ↑Kamaldulensern und ↑Zisterziensern, in der eigentlichen Bewegung aber von den Gruppen der ↑Katharer und ↑Waldenser, dann von den ↑Bettelorden der ↑Franziskaner und ↑Dominikaner. In je neuen Ansätzen und mit je eigener Ausprägung strebten sie die Verwirklichung der radikalen Armut an. 2. Innerhalb des Franziskanerordens setzten noch im 13. Jh. heftige Auseinandersetzungen um den Umfang der Armutsverpflichtung ein. Der Armuts- oder Mendikantenstreit führte zur Spaltung des Ordens (↑Observanten oder ↑Spiritualen, ↑Konventualen, ↑Kapuziner) und weitete sich auch auf andere mit dem Armutsideal offenbar unvereinbare Fragen aus, der im Theoretischen Armutsstreit (1321–1329) zum schweren Konflikt zwischen dem gesamten Orden und Papst Johannes XXII. führte. Die vom Ordenskapitel unter Michael von Cesena vertretene und als katholische Lehre verkündete Auffassung von der völligen Armut Christi und der ↑Apostel wurde vom Papst als ↑Häresie erklärt. Der Armutsstreit bildet auch im weltberühmten Roman «Der Name der Rose» (↑Rose)

Umberto Ecos einen wichtigen Teil der Rahmenhandlung.

Arnoldshainer Konferenz ↑Leuenberger Konkordie

ars moriendi (lat. = Sterbekunst), Literaturgattung der spätmittelalterlichen Sterbebücher, zugleich auch deren häufig so begegnender Titel; als ↑Erbauungs-Literatur, die mit Bildfolge und theologischen Traktaten auf eine gute Sterbestunde vorbereiten wollte, fanden sie im ↑Herbst des Mittelalters seit dem 14. Jh. weite Verbreitung. Von besonderer Berühmtheit ist hierbei die ↑«Nachfolge Christi» des Thomas von Kempen aus dem 15. Jh., eine «Anleitung zum Leben und Sterben».

articulus fidei ↑Glaubensartikel

Artistenfakultät, an mittelalterlichen ↑Universitäten die unterste und in der Regel zuerst zu absolvierende ↑Fakultät zum Studium der ↑Propädeutik und der ↑Septem artes liberales. ↑Magister

Aschermittwoch, der Mittwoch vor dem ersten Fastensonntag (katholisch) bzw. der ↑Passions-Zeit (evangelisch), der erste Tag der ↑Fasten-Zeit, nach altem kirchlichen Brauch symbolisiert durch ein ↑Kreuz-Zeichen mit Asche auf die Stirn zum Zeichen des ↑Memento mori und der ↑Buße. ↑Vierzigstündiges Gebet

Askese, Aszese (gr. = körperliche und geistige Übung), durch Verzicht geprägte strenge, fromme Lebensweise zur Verwirklichung religiös-sittlicher Ideale. ↑Abstinenz, ↑Dendriten, ↑Fasten, ↑Mönchtum, ↑Styliten

Aspergill, Aspersorium (von lat. *aspergere* = besprengen), liturgisches Gerät zum «Aussprengen» des ↑Weihwassers.

Assekurationsakte (lat.), die Zusicherung der ↑Glaubensfreiheit, d. h. des ↑Bekenntnisses der Untertanen beim Konfessionswechsel von Fürsten im 17./18. Jh. (↑cuius regio, eius religio).

Assimilation ↑Akkommodation

Assumptionisten, 1845 gegründete, ↑Priester und ↑Laien umfassende ↑Kongregation der ↑Augustiner von der Aufnahme (lat. *assumptio*) Mariens in den Himmel (↑Gottesmutter), die ebenso wie die weiblichen Gemeinschaften weltweit in sozial-karitativen, erzieherischen und missionarischen Bereichen tätig sind.

Asyl (gr.-lat. = unberaubt, sicher; heiliger Ort). Schon in der Antike verstanden als Zufluchtsort, aus dem ein Verfolgter ohne Verletzung religiöser Vorschriften nicht entfernt werden durfte, wurde im abendländischen Mittelalter auch Kirchen und Klöstern ein Asylrecht zugestanden (Kirchenasyl), mit Entwicklung des neuzeitlichen Rechtssystems jedoch eingeschränkt bzw. abgeschafft. Die Gewährung von Asyl durch einzelne Gemeinden ist bis heute üblich. ↑Immunität, ↑Quartierfreiheit

Aszese ↑Askese

Athanasianisches Glaubensbekenntnis (Athanasianum), fälschlich dem

Patriarchen Athanasios von ↑Alexandrien im 4. Jh. zugeschriebenes, jedoch erst später entstandenes christliches ↑Glaubensbekenntnis (nach seinem Anfangswort auch [Symbolum] Quicumque genannt), dem ↑Apostolischen Glaubensbekenntnis und dem ↑Nicaeno-Constantinopolitanum gleichgestellt.

Atheismus (gr.), Leugnung, Verneinung der Existenz oder der Erkennbarkeit Gottes, seiner göttlichen Weltordnung oder des jeweils geltenden Gottesbegriffs. Dementsprechend wären Aussagen wie «Gott sei Dank bin ich Atheist» ein Widerspruch in sich. ↑Theismus

Athos (gr. = Heiliger Berg), östlichste der Chalkidike-Halbinseln in Nordgriechenland, wo am gleichnamigen Berg eine autonome griechisch-orthodoxe ↑Mönchs-Republik mit 20 Großklöstern besteht. Das erste ↑Kloster, die Große ↑Lavra, wurde 963 von dem ↑Studiten-Mönch Athanasios gegründet, doch lassen sich Siedlungen von Mönchen und ↑Anachoreten für einen früheren Zeitraum, für das Jahr 893 auch ein Kloster nachweisen. Die nach zönobitischer (↑Koinobiten) und ↑idiorrhythmischer Lebensweise unterschiedenen Athosklöster sind mit wertvollen byzantinischen Wandmalereien, ↑Ikonen und Handschriften (↑Buchkunst) auch hochbedeutende Zentren der Kunst und Kultur.

Atrium (lat.), ursprünglich der (Haupt-) Wohnraum des altrömischen Hauses mit Dachöffnung, dann Bezeichnung für den von Säulen (-hallen) umgebenen Vorhof zur altchristlichen ↑Basilika und für den ↑Portal-Vorbau (Vorhalle) mittelalterlicher Kirchen, auch ↑Paradies genannt. ↑Armenbibel

Attribute der Heiligen, feste Kennzeichen, die (in Malerei oder Plastik) dargestellten ↑Heiligen-Gestalten beigegeben (lat. *attributum*) sind, d. h. Gegenstände, die auf ihre Eigenschaft (z. B. Petrus mit Schlüssel, Paulus mit Schwert), Legende (Barbara mit dem Turm, Margaretha mit dem Wurm [= Drachen]) oder das ↑Patronat (z. B. das brennende Haus oder der Wasserkübel bei Florian) bezogen sind. ↑Evangelistensymbole, ↑Lilie, ↑Rose

auctoritas (lat. = Autorität), 1. im Mittelalter Bezeichnung für die maßgeblichen ↑Kirchenlehrer; 2. *auctoritate apostolica* (lat.): kraft päpstlicher Gewalt. ↑Scholastik

Audienz (von lat. *audire* = hören), 1. Verhör und Gerichtsverhandlung; 2. Empfang beim ↑Papst (Privat- und Generalaudienz) und bei hohen weltlichen Fürsten.

Audition ↑Vision

Auditor (von lat. *audire* = hören), im Mittelalter das Mitglied eines Gerichts, besonders der Untersuchungs- oder Vernehmungs- und Verhörrichter, im katholischen ↑Kirchenrecht der (Vernehmungs-) Richter an einem Diözesangericht oder an der ↑Rota.

Auditoren sind auch Beamte an der ↑Apostolischen Nuntiatur.

Auditorium (von lat. *audire* = hören), 1. Zuhörerschaft; 2. Hörsaal, z. B. in einer ↑Universität; 3. Anhörung, Verhör; 4. seltenere Bezeichnung für den Sprechraum (eigentlich Hörraum) in einem Kloster (↑Parlatorium).

Auferstehung ↑Ostern

Aufklärung, die alle Lebensbereiche erfassende gesamteuropäische Geistesbewegung des 17./18. Jh.s, die in der Vernunft (lat. *ratio*) das eigentliche Wesen des Menschen sah, diese zum Prinzip erhob (Rationalismus) und eine der größten, bis heute nachwirkenden Krisen für das ↑Christentum als Offenbarungsreligion einleitete. Befreiung von jeglicher Bevormundung, von kirchlicher Autorität (↑auctoritas) und ↑Aberglauben, Abschaffung der ↑Folter, Betonung der Freiheit und Toleranz (↑Glaubensfreiheit) waren wesentliche Merkmale. Klassisch ist die Definition des Königsberger Philosophen Immanuel Kant, die er in einem Aufsatz in der Berlinischen Monatsschrift von 1783 formuliert hat: «Aufklärung ist der Ausgang des Menschen aus seiner selbst verschuldeten Unmündigkeit. Unmündigkeit ist das Unvermögen, sich seines Verstandes ohne Leitung eines anderen zu bedienen. Selbst verschuldet ist die Unmündigkeit, wenn die Ursache derselben nicht am Mangel des Verstandes, sondern der Entschließung und des Mutes liegt, sich seiner ohne Leitung eines anderen zu bedienen. Sapere aude (wage zu wissen)..., ist also der Wahlspruch der Aufklärung.» Auch mit der Kritik an der unumschränkten Gewalt des Herrschers (↑Absolutismus) bereitete sie die ↑Französische Revolution vor, die in ihren grundstürzenden Folgen das Ende des ↑Ancien Régime und den Zusammenbruch der ↑Reichskirche in der großen ↑Säkularisation mit sich brachte.

Aufschwörung, früher Bezeichnung für die Ablegung des Eides eines ↑Domkapitulars auf die Verfassung (Statuten) des jeweiligen Domkapitels.

Augsburger Bekenntnis ↑Confessio Augustana

Augsburger Friedensfest, das alljährlich am 8. August mit einem eigenen gesetzlichen Feiertag im Stadtkreis Augsburg begangene, weltweit einmalige Fest. Es erinnert an die im ↑Westfälischen Frieden festgeschriebene Gleichstellung (↑Parität) der Konfessionen (↑Bekenntnis), wie sie der ↑Augsburger Religionsfriede von 1555 reichsrechtlich geregelt hatte. Als «Hohes Friedensfest» fand es erstmals 1650 statt.

Augsburger Interim, 1548 erlassenes Reichsgesetz, mit dem Kaiser Karl V. Laienkelch (↑Kelchkommunion) und ↑Priesterehe gestattete, zugleich aber auch den Fortbestand katholischer Bräuche sicherte. Wegen erheblicher Widerstände, besonders seitens der ↑Gnesiolutheraner, konnte das Gesetz nur teilweise durchgesetzt werden, wurde mit dem ↑Passauer Vertrag von 1552 gegenstandslos und blieb daher eine vorläufige (lat. *interim*) Regelung. ↑Leipziger Interim

Augsburger Konfession ↑Confessio Augustana

● **Augsburger Religionsfriede.** Als Reichsfriede und Kompromiss auf dem Augsburger Reichstag am 25. 9. 1555 geschlossen, wurde in ihm die ↑Confessio Augustana reichsrechtlich anerkannt, damit die Glaubenseinheit für das ↑Heilige Römische Reich aufgegeben: Nach den Grundsätzen des *ius reformandi* (lat. = das Recht zu kirchlichen Reformen) und des (später so formulierten) ↑*cuius regio, eius religio* (lat. = in wessen Gebiet man lebt, dessen Religion hat man) bestimmte fortan der jeweilige Landesherr über die ↑Religion (d. h. ↑Bekenntnis) der Untertanen, denen das Recht auf Auswanderung (lat. *ius emigrandi*, Emigration; ↑Exulanten) zugestanden wurde. Das Vertragswerk sah mit dem «Geistlichen Vorbehalt» (lat. *reservatum ecclesiasticum*) außerdem vor, dass geistliche katholische Fürsten ihrer Ämter, Territorien und Einkünfte verlustig gingen, wenn sie zum «neuen Glauben» übertraten. Die zuvor von Ferdinand von Österreich, den sein Bruder Karl V. mit den Verhandlungen beauftragt hatte, ergangene Erklärung (lat. *Declaratio Ferdinandea*) garantierte den evangelischen Landständen in geistlichen Territorien dagegen ihre bisherige Konfession. Der Kompromiss brachte zunächst den von allen Parteien ersehnten Frieden, schuf ↑Parität und Konfessionsausgleich, justitialisierte die Glaubenskonflikte und legalisierte das territoriale ↑Staatskirchentum. Deshalb gehört der Vertrag zweifellos «zu den Grundereignissen der deutschen Geschichte». Doch wurden die Konfessionen mehr zum Frieden gezwungen. Ein modus vivendi war zwar geschaffen, der trotz aller Streitigkeiten im Einzelnen bis zum ↑Dreißigjährigen Krieg sich als einigermaßen tragfähig erwies. Insgesamt betrachtet beendete aber erst der ↑Westfälische Friede 1648 den Streit um die Auslegung des Augsburger Religionsfriedens. Er bedeutete mit der ↑Reformation nicht nur die größte Katastrophe in der Geschichte der katholischen Kirche, er vollendete auch die Auflösung der mittelalterlichen Einheit des ↑Abendlandes, die Auflösung der Einheit der Kirche ebenso wie die Auflösung der Einheit von Kirche und Reich.

Augustiner, Sammelbezeichnung für ↑Orden und ↑Kongregationen mit ↑Augustinusregel, besonders für ↑Augustiner-Eremiten, bei den Augustinerinnen auch die diesen angeschlossenen Gemeinschaften des ↑Dritten Ordens und ↑Alexianer, nicht dagegen ↑Augustiner-Chorherren, ↑Prämonstratenser und ↑Dominikaner, obwohl auch diese nach der Augustinusregel leben.

Augustiner-Barfüßer, Ende des 16. Jh.s aus verschiedenen Reform-

↑Kongregationen der ↑Augustiner-Eremiten hervorgegangene Gemeinschaften, auch unbeschuhte Augustiner-Eremiten oder Augustiner-Diskalzeaten (↑Barfüßer) oder Augustiner-↑Rekollekten genannt.

Augustiner-Chorherren, regulierte ↑Chorherren oder Regular- ↑Kanoniker, die im 11./12. Jh. die ↑Augustinusregel annahmen. Augustiner-Chorfrauen sind dementsprechend regulierte ↑Chorfrauen oder Regular-↑Kanonissen.

Augustiner-Eremiten, 1244/56 durch die Vereinigung mehrerer ↑Eremiten-Gemeinschaften enstandener ↑Bettelorden mit ↑Augustinusregel, oft nur ↑Augustiner genannt. Augustiner-Eremitinnen oder Augustinerinnen sind die entsprechenden, zeitgleich entstandenen weiblichen Gemeinschaften.

Augustinismus, in einem sehr weiten Sinn Begriff für die Augustinusrezeption, das heißt die Wirkungsgeschichte der ↑Theologie und ↑Philosophie des ↑Kirchenvaters Aurelius Augustinus (354–430), von dessen Geist die katholische und die von der ↑Reformation geprägten Kirchen bis heute beeinflusst sind. ↑Bajanismus, ↑Jansenismus

Augustinusregel, die in verschiedenen Fassungen überlieferte älteste und einflussreichste Regel des christlichen ↑Mönchtums im Abendland, die lange dem ↑Kirchenvater Aurelius Augustinus (354–430) zugeschrieben wurde; heute wird dagegen die *Praeceptum* (lat. = Vorschrift) genannte Fassung, die allgemeine Bestimmungen für das Gemeinschaftsleben enthält, als die Regel gedeutet, die Augustinus als Bischof seiner ersten klösterlichen Gründung im nordafrikanischen Hippo Regius hinterlassen haben könnte. Jedenfalls erwies sich diese Regel als für verschiedenste Gruppierungen geeignet, selbst die ↑Benediktregel hat ganze Teile aus ihr übernommen. Neben den ↑Augustinern, ↑Prämonstratensern und ↑Dominikanern dient die Regel noch vielen anderen Männer- und Frauengemeinschaften, auch ↑Säkularinstituten, als Grundlage ihres Ordenslebens.

Aula (gr.-lat. = Vorhof, Saal), ursprünglich der Vor- oder Innenhof in griechischen und römischen Häusern, dann auch Bezeichnung des für die ↑Laien bestimmten ↑Mittelschiffs in altchristlichen Kirchen, im Unterschied zum ↑Chor.

Aussegnung, Segnung der Toten, in der Aussegnungshalle im ↑Friedhof und beim ↑Begräbnis.

Aussetzung, Auf- und Zurschaustellung (Exposition) der ↑konsekrierten ↑Hostie in der ↑Monstranz, z. B. bei ↑Andachten. ↑Segen, ↑Ziborium

Autobiographie ↑Biographie

Autodafé (port. = Glaubensakt), Verkündigung und Vollstreckung eines über einen ↑Häretiker verhängten Urteils der ↑Inquisition, auch die (öffentlich-feierliche, symbolische) Verbrennung des Verurteilten oder verbotener Schriften.

autokephal (gr.), selbständige nationale ↑Ostkirchen, die nur ihrem eigenen Oberhaupt, dem ↑Katholikos, unterstehen.

Autorität ↑auctoritas

Auxiliarbischof (lat. *auxilium* = Hilfe, Unterstützung), Hilfsbischof (↑Titularbischof) zur Unterstützung eines regierenden Diözesan- ↑Bischofs, auch ↑Koadjutor, ↑Regionalbischof, ↑Weihbischof.

Ave Maria (lat. = Gegrüßet seist du, Maria), Gruß des Engels des Herrn (↑Angelus) und der Elisabeth in Lk 1,28/42, seit dem 12. Jh. (↑Gotik) das neben dem ↑Vaterunser am weitesten verbreitete Gebet zur Verehrung der ↑Gottesmutter Maria, das später in den ↑Rosenkranz eingebaut wurde. Das «Ave» wurde typologisch (↑Typologie) auch als Umkehrung des Wortes «Eva» (Leben) gedeutet, die mit Adam (Mensch), von der Schlange verführt, verbotenerweise von den Früchten vom Baum «in der Mitte des Gartens» (der Erkenntnis) aß, damit die Vertreibung aus dem ↑Paradies verschuldete (Gen 3). Mit dem Gruß des Engels und Mariens Annahme der frohen Botschaft («... mir geschehe nach deinem Wort») wird dem gläubigen, Gott vertrauenden Menschen das neue Leben in Jesus Christus geschenkt.

Averroismus, nach dem arabischen Philosophen Averroes (Ibn Rušd, 1126–1198) benannte Schulrichtung der ↑Philosophie des 14. bis 16. Jh.s, welche die Lehren vom Vorrang der Vernunft und von der Ewigkeit der Welt vertrat (so etwa bei Marsilius von Padua: ↑Defensor pacis). Im jüdischen und christlichen Bereich wurden seine ins Hebräische und Lateinische übersetzten Kommentare zu Aristoteles wirkungsgeschichtlich so autoritativ und bedeutsam, dass er oft nur «der Kommentator» genannt wurde.

Avignoner Exil, Aufenthalt der ↑Päpste in Avignon von 1309 bis 1377, v. a. bedingt durch deren Abhängigkeit vom französischen König, auch Avignonesische oder Babylonische Gefangenschaft genannt. ↑Papstfinanz

Azymiten, seit dem Vorabend des ↑Morgenländischen Schismas (1054) belegte griechische Bezeichnung für die «Lateiner», d. h. der Angehörigen der ↑lateinischen Kirche, denen die Verwendung von ungesäuertem (gr. *azyma*) im Gegensatz zu gesäuertem (fermentierten) Brot beim ↑Abendmahl (↑Passah) schwer zum Vorwurf gemacht wurde.

B

B., Abkürzung für lateinisch Beatus, beatus = ↑selig

Babunier ↑Bogomilen

Babylonische Gefangenschaft ↑Avignoner Exil

Baccalar, Baccalaureus ↑Bakkalaureus

Bahnhofsmission, eine meist in großstädtischen Bahnhöfen bestehende Einrichtung der katholischen und der evangelischen Kirchen zur kostenlosen Betreuung (↑Seelsorge) hilfsbedürftiger Reisender und sonstiger Hilfesuchender. Aus dem Geist der ↑Armen- und Krankenpflege sowie der ↑Caritas entstanden, wurde 1894 in Berlin die erste evangelische, im Jahr darauf in München die erste katholische ↑Mission an einem Bahnhof eröffnet.

Bajanismus, nach dem Löwener Theologen Michael Baius (1513–1589) benannte, kirchlich verurteilte Richtung des ↑Augustinismus, die den ↑Jansenismus vorbereitete.

Bakkalaureus (lat. = Hintersasse, Knappe), seit dem 13. Jh. der unterste akademische Grad, früher auch Bezeichnung für niedere ↑Kleriker.

Baldachin, 1. ursprünglich ein Seidenstoff (Brokat) aus Baldac (Bagdad), der auf den aus diesem Stoff gefertigten Gegenstand überging und als Würdezeichen einen Ort, eine Person oder Sache überdeckte, als Prunkdecken und -himmel u. a. ↑Altar, ↑Tabernakel, Thron und Grabmal (↑Epitaph). 2. Baldachin heißt auch das besonders in der ↑Gotik über Altar (Altar- ↑Ziborium), ↑Kanzel und Statue errichtete Schutz- und Zierdach aus Stein oder Holz, ebenso der Traghimmel bei der ↑Prozession.

Ballei (lat. *balli[v]a* = Verwaltungsbezirk), bei den geistlichen ↑Ritterorden eine Provinz, die sich wiederum in Priorate (↑Prior) mit den einzelnen ↑Kommenden oder Komtureien (↑Komtur) gliedert.

Bann, im mittelalterlichen Recht der Ausschluss aus der Rechtsgemeinschaft, wobei dem vom König verhängten Bann (in seinen verschiedenen Ausformungen) besondere Bedeutung zukam, oft gleichbedeutend mit der ↑Acht. Im kirchlichen Bereich ging der aus dem AT bekannte Ausschluss eines Sünders (↑Sünde) aus der Gemeinschaft des Gottesvolkes in die christliche ↑Bußpraxis und in das ↑Kirchenrecht ein, hier als ↑Anathem gegen ↑Häretiker, als ↑Exkommunikation (großer Kirchenbann) oder als (vorübergehender) Ausschluss vom Empfang der ↑Sakramente (kleiner Kirchenbann), wobei der ↑Papst von beiden Formen der kirchlichen Strafe lossprechen kann (↑Absolution). In den Kirchen der ↑Reformation wird am Begriff «Bann» festgehalten, in der römisch-katholischen Kirche spricht man, auch nach geltendem Kirchenrecht, von Exkommunikation. Ein berühmtes Beispiel für einen Kirchenbann ist mit dem Gang König Heinrichs IV. nach ↑Canossa verbunden, den er tun musste, um vom dort weilenden Papst die Lösung vom Bann zu erbitten. ↑Blutbann

Baptisten (gr. *baptizein* = taufen), Angehörige einer aus dem Puritanismus (↑Puritaner) hervorgegangenen, am Beginn des 17. Jh.s in England entstandenen, weltweit verzweigten, in der Tradition der ↑Freikirchen stehenden christlichen Gemeinschaft, die nach ihrem auffälligsten Merkmal, der Erwachsenen- oder Gläubigentaufe, benannt ist (↑Täufer) und ein streng nach der ↑Bibel ausgerichtetes Leben erstrebt. Die erste Baptisten-Gemeinde wurde von englischen Emigranten 1609 in Amsterdam gegründet. In Deutschland sind die v. a. in Nordamerika zahlreichen Baptisten zum Bund Evangelisch-Freikirchlicher Gemeinden zusammengeschlossen, der Mitglied des 1905 gegründeten Baptistischen Weltbundes ist.

Baptisterium (gr. *baptizein* = taufen; ↑Taufe), seit dem 4. Jh. belegte Bezeichnung für das christliche Taufbecken, dann auch für eine Taufkirche oder -kapelle (auch als eigener, oft oktogonaler Bau besonders des Frühmittelalters).

Barett ↑Birett

Barfüßer, ↑Ordens-Gemeinschaften, die zum Zeichen der ↑Armut und ↑Buße barfüßig oder nur mit Sandalen bekleidet gehen, auch Diskalzeaten (lat. *discalceatus* = unbeschuht) genannt, z. B. ↑Augustiner-Barfüßer, Unbeschuhte ↑Karmeliten.

Barmer Mission ↑Rheinische Missionsgesellschaft

Barmer Theologische Erklärung, gemeinsames ↑Bekenntnis der ↑Bekennenden Kirche auf ihrer in Wuppertal-Barmen 1934 abgehaltenen ersten ↑Synode, die sich auf dem Hintergrund des sich anbahnenden ↑Kirchenkampfes zu den Grundwahrheiten des Christentums bekannte und sich u. a. gegen die heilsgeschichtliche Deutung (↑Heilsgeschichte) der Machtergreifung Hitlers von 1933 sowie die Einführung des Führerprinzips in die Kirche wandte (↑Deutsche Christen). Sie trägt den Charakter einer ↑Bekenntnisschrift und wurde in die Grundordnung der ↑Evangelischen Kirche in Deutschland aufgenommen.

Barmherzige Brüder und Schwestern, zahlreiche Gemeinschaften und ↑Kongregationen besonders auch des ↑Dritten Ordens, die sich nach dem Grundprinzip der ↑Barmherzigkeit vorrangig der ↑Armen- und Krankenpflege widmen, u. a. die ↑Hospitaliter, ↑Alexianer, ↑Franziskaner-Brüder, ↑Borromäerinnen, ↑Graue Schwestern, ↑Vinzentinerinnen, Clemensschwestern, Elisabethinnen und Kreuzschwestern.

Barmherzigkeit (lat. *misericordia* = Mitleid, Erbarmen). Getragen vom

Gebot christlicher Nächstenliebe (↑Caritas), nennen sich viele ↑Orden und ↑Kongregationen nach der Barmherzigkeit, so die ↑Barmherzigen Brüder und Schwestern, und widmen sich in besonderem Maße der ↑Armen- und Krankenpflege, der Erziehung Jugendlicher (z. B. in Heimen und Waisenhäusern) und der Betreuung sozialer Randgruppen.

Barnabiten, offiziell ↑Regularkleriker des hl. Paulus, später nach dem Mutterhaus St. Barnabas in Mailand benannt, wo der Orden 1530 zur Seelsorge, Volksmission und Jugenderziehung gegründet wurde.

Barock (port.-it. barocco = unregelmäßig, schiefrund [ursprünglich auf Perlen bezogen]). Zunächst als Stil- und Epochenbegriff für die bildende Kunst des 17./18. Jh.s eingeführt, bezeichnet das Wort innerhalb der europäischen Geschichte den Zeitraum von etwa 1560 (nördlich der Alpen eigentlich erst nach dem ↑Dreißigjährigen Krieg) bis 1730, umfasst also das Zeitalter der ↑Gegenreformation und des ↑Absolutismus; es wird von dem der ↑Aufklärung (in der Kunst vom ↑Rokoko) abgelöst. Zur Kennzeichnung des jeweils «Barocken» sind Kultur- und Geistesgeschichte, allgemeine, Kirchen- und Theologie-Geschichte, Literatur (die unter der Spannung starker, die Menschen bewegende «Gegenkräfte», wie Leben und Tod, Zeit und Ewigkeit, stehende Barockdichtung), bildende Kunst und Musik zu unterscheiden. Das Barock ist auch das große Zeitalter der Stadt-baukunst und der weiträumig-streng gestalteten Park- und Gartenanlagen (Versailles).

Bartholomäer, Angehörige einer in Gemeinschaft lebenden Vereinigung von ↑Weltpriestern, die von Bartholomäus Holzhauser 1640 zur Seelsorge, Versorgung alter und kranker Priester sowie zur Ausbildung künftiger Priester gegründet wurde.

Bartholomäusnacht (frz. La Saint-Barthélmy), die Nacht zum 24. August (Fest des hl. Bartholomäus) des Jahres 1572, in der auf Befehl der Königinmutter Katharina von Medici in Paris und in der Provinz Tausende von ↑Hugenotten ermordet wurden. Anlass war die Heirat des Protestanten Heinrich von Navarra (als französischer König Heinrich IV. wurde er 1593 katholisch) mit Margareta von Valois, der Schwester des französischen Königs Karl IX., wodurch dieser die Lage im Land zu entspannen hoffte; daher auch «Pariser Bluthochzeit» genannt. ↑Edikt von Nantes.

Baseler Missionsgesellschaft, 1815 von Mitgliedern der ↑Christentumsgesellschaft zur ↑Mission gegründet, tätig v. a. in Afrika und Südostasien.

Basilianer, oft begegnende, aber unzutreffende Bezeichnung für die ↑Mönche der ↑Ostkirche, wobei irrtümlich angenommen wurde, dass die orthodoxen Mönche nach der Basiliusregel (benannt nach dem hl. Bischof Basilius den Großen im 4. Jh.) lebten. Offiziell werden heute so Ordensgemeinschaften der mit Rom ↑ unierten Kirchen des Ostens genannt, die ↑Beschauung mit ↑Seelsorge verbinden.

Basilika (gr. = Königshalle), in der Antike ein aus inneren Säulenhallen bestehendes Gerichts-, Versammlungs- und Marktgebäude, dessen Name und architektonische Grundform auf das altchristliche Kirchengebäude überging und bestimmend für den Raum des christlichen Gotteshauses im mittelalterlichen Abendland wurde. Im Unterschied zur ↑Hallenkirche sind, bei vielen Abwandlungen, drei oder fünf Schiffe (↑Kirchenschiff) kennzeichnend, wobei das Mittelschiff höher ist als die zwei bzw. vier Seitenschiffe und mit einer ↑Apsis, oft mit darunterliegender ↑Krypta, abgeschlossen ist. Bereits in den frühen Formen begegnen ein Querschiff zwischen ↑Langhaus und Apsis und das ↑Atrium. Basilica maior oder minor (lat. = größere oder kleinere Basilika) sind seit dem 18. Jh. vom ↑Papst auch verliehene Ehren-↑Titel für bedeutende Kirchen mit bestimmten ↑Privilegien, nachdem ursprünglich nur die fünf römischen ↑Patriarchalbasiliken «Basilicae maiores» waren. ↑Narthex

Basilisk (lat.), im AT belegtes, in frühen naturwissenschaftlichen Schriften, in ↑Predigten und in der Bibel-↑Exegese beschriebenes Fabeltier mit tödlichem Blick. Als ↑Allegorie der ↑Sünde, ↑Hölle und ↑Apokalypse entfaltete das (in Städten etwa an Brunnen, Denkmälern und in Wappen) z. B. als gekrönte Schlange oder Hahn mit Drachenkopf, großen Flügeln und langem Schweif dargestellte Untier seine größte Wirkung.

Basiliusregel ↑Basilianer

Bauernkrieg, Aufstand der Bauern in der Schweiz und in Südwestdeutschland 1524, im Jahr darauf auch auf andere Gebiete ausgreifend, der politisch, sozial und durch die ↑Reformation auch religiös motiviert war. Unter Berufung auf die ↑Heilige Schrift forderten die Bauern u. a. die Beseitigung der Leibeigenschaft und des ↑Zehnten sowie die Einschränkung anderer Lasten. Hatte sich Martin Luther anfangs um Vermittlung bemüht, wurde er ein entschiedener Gegner der Aufständischen und verfasste eine gegen diese gerichtete Schrift. Die Erhebung wurde vom Adel blutig niedergeschlagen, Stand- und Strafgerichte folgten.

Bauprälaten, ↑Äbte und ↑Pröpste der im süddeutsch-österreichischen Raum so genannten ↑Prälatenorden, die im 17./18. Jh. den Neu- oder Umbau ihrer Kirchen und Klöster im Stil des ↑Barocks und ↑Rokokos veranlasst und entschieden durchgeführt haben.

Beata Maria Virgo (lat., Abkürzung B.M.V., auch B.V.M.), Selige Jungfrau Maria, ↑Gottesmutter.

Beatifikation, Beatifizierung (lat.), im katholischen ↑Kirchenrecht die Seligsprechung (↑selig, Seligkeit), d. h. die durch den Seligsprechungsprozess bei der ↑Ritenkongregation vorbereitete Verkündigung des ↑Papstes, dass ein

Verstorbener/eine Verstorbene öffentlich verehrt werden darf. Sie ist auch Vorstufe zur ↑Kanonisation, deren Voraussetzungen und Bedingungen ebenso für sie gelten. ↑Heiligenverehrung, ↑Informativprozess

Beerdigung ↑Begräbnis

Beffchen (lat. *biffa* = Kragen), zweiteilige weiße Halsbinde evangelischer Geistlicher.

Befreiungstheologie, entstanden in den Jahren 1965 bis 1970 (als Wort erstmals 1967 belegt), interpretiert sie Sinn und Bedeutung des christlichen ↑Bekenntnisses sowie das Ziel der christlichen Botschaft aus der Sicht der Armen, d. h. unterdrückter und ausgebeuteter Völker, Bevölkerungsschichten und Rassen (Kirche der/für die/mit den Armen). Von nicht zu unterschätzender, auch politischer Bedeutung ist die Befreiungstheologie gegenwärtig in Lateinamerika, zuletzt gestärkt durch den Brasilien-Besuch Papst Benedikts XVI. im Mai 2007.

Begarden, Begharden, das männliche Gegenstück zu den ↑Beginen bildende Gemeinschaften, die im Gefolge der ↑Armutsbewegung im 13. Jh. begegnen und, weil als ↑Häretiker verdächtigt, noch im ausgehenden Mittelalter erloschen. Sie widmeten sich der ↑Armen- und Krankenpflege sowie der Totenbestattung, daher, wie die aus diesen hervorgegangenen ↑Alexianer, auch Zelliten oder Zellenbrüder genannt. ↑Gottesfreunde, ↑Lollarden

Beginen, Ende des 12. Jh.s entstandene Gemeinschaften frommer Frauen, Jungfrauen und Witwen, die ohne ↑Gelübde in klosterähnlichen Häusern (Beginenhöfen) ein Leben freiwilliger ↑Armut und ↑Keuschheit führen und sich Werken christlicher Nächstenliebe (↑Barmherzigkeit, ↑Caritas) widmen, v. a. der Mädchenerziehung, ↑Armen- und Krankenpflege. ↑Begarden

Begräbnis, von Gebeten und Riten begleitete Beisetzung (Bestattung, Beerdigung; ↑Seelenmesse, ↑Requiem). Die Verweigerung eines christlichen Begräbnisses in geweihter Erde (↑Friedhof) für bestimmte Personen und Tatbestände (z. B. Mord, Selbstmord) galt früher als eine der schwersten ↑Kirchenstrafen. ↑Grab, ↑Kasualien, ↑Katakomben, ↑Krypta, ↑Leichenschmaus, ↑Opfergang

Beichtbriefe, Dokumente, die gegen Bezahlung erworben werden konnten und die den Erwerber berechtigten, bei einem ↑Priester seiner Wahl die ↑Beichte abzulegen. Dieser konnte, wenige dem ↑Papst vorbehaltene Fälle ausgenommen, von allen ↑Sünden die ↑Absolution erteilen. Beichtbriefe waren besonders im Spätmittelalter verbreitet und nicht selten mit dem ↑Ablass verbunden; sie wurden daher auch Ablassbriefe genannt.

Beichte (lat. ↑*confessio*), Reue und ↑Bekenntnis (↑Confiteor) der ↑Sünden zur Erlangung der ↑Absolution. In der katholischen Kirche ist sie als persönliche, geheime (Ohren-) Beichte ein wesentlicher Bestandteil des ↑Bußsakraments und kann vor jedem von einem ↑Bischof dazu bevollmächtigten ↑Priester (Beichtiger oder ↑Beichtvater) abgelegt werden, der zur Wahrung des ↑Beichtgeheimnisses oder -siegels verpflichtet ist, d. h. zum absoluten Stillschweigen über das ihm in der Beichte Anvertraute. In den evangelischen Kirchen ist allgemein die gemeinsame, öffentliche Beichte (Gemeindebeichte) als Vorbereitung auf das ↑Abendmahl üblich. ↑Osterbeichte

Beichtgeheimnis (Beichtsiegel), das verpflichtende unbedingte Stillschweigen des ↑Beichtvaters zum Inhalt einer ↑Beichte, gegen dessen Verstoß schwerste ↑Kirchenstrafen vorgesehen sind. Auch im staatlichen Recht ist das zum inneren (Gewissens-) Bereich (lat. *forum internum*) gehörende Beichtgeheimnis als Teil des Berufsgeheimnisses geschützt, etwa durch ein Zeugnisverweigerungsrecht. ↑forum ecclesiasticum/externum/internum

Beichtiger ↑Beichtvater

Beichtkreuzer ↑Beichtzettel

Beichtsiegel ↑Beichtgeheimnis

Beichtspiegel, im ↑Beichtstuhl angebrachtes, oft in Frageform gehaltenes Verzeichnis der ↑Sünden, das als Anleitung zur Gewissenserforschung vor der ↑Beichte gedacht ist.

Beichtstuhl. Zuerst einfacher Stuhl, entwickelte er sich zu einem dreiteiligen Gehäuse mit Sitzbank für den ↑Beichtvater im Mittelteil, mit je einer Kniebank in den beiden durch

Gitter oder Vorhang abgetrennten Seitenteilen für die Beichtenden.

Beichtvater, der die ↑Beichte abnehmende ↑Priester, auch Beichtiger genannt; am Fürstenhof der ↑Hofbeichtvater.

Beichtzettel, seit dem Konzil von Trient (1545–1563) bis ins 20. Jh. nach der ↑Beichte in der österlichen Zeit (↑Ostern) vom ↑Priester dem Beichtenden überreichtes Bildchen zum Nachweis der abgelegten Beichte (auch Osterbeichtzettel genannt). Nach Ablauf der österlichen Bußzeit wurden in den ↑Pfarreien Beichtzettelsammlung und ↑Seelenbeschreibung durchgeführt, bei der ein Geistlicher von Haus zu Haus ging und jeweils die untere, abtrennbare Hälfte des Beichtzettels als «Beleg» einsammelte. Dabei wurden ihm kleine Geldbeträge (Beichtkreuzer) und Gaben (Naturalien, z.B. Eier) überreicht.

Beinhaus ↑Karner

Beisetzung ↑Begräbnis

Bekennende Gemeinden ↑Evangelikale Gemeinden

Bekennende Kirche, von 1934 bis 1945 die in ganz Deutschland tätige Bewegung innerhalb der evangelischen Kirchen, die aus dem 1933 von Martin Niemöller gegründeten Pfarrernotbund hervorging und sich gegen die kirchlichen Eingriffe der Nationalsozialisten (↑Kirchenkampf) wandte und den ↑Deutschen Christen entgegentrat. ↑Barmer Theologische Erklärung

Bekenner, Konfessor (lat.), ein ↑Heiliger, der nicht ↑Märtyrer ist, v. a. in altchristlicher Zeit.

Bekenntnis, Konfession (lat. ↑confessio), 1. Bezeugung des eigenen Glaubens, 2. Zugehörigkeit zu einer Glaubens- oder Religionsgemeinschaft, 3. Zusammenstellung und begriffliche Formulierung der entsprechenden Glaubensinhalte (↑Glaubensbekenntnis, ↑Bekenntnisschriften), 4. das Bekenntnis der ↑Sünde (↑Confiteor), 5. eine besondere Form der Autobiographie (z. B. die «Confessiones» des Augustinus [354–430]). ↑Konfessionskunde, ↑Konversion

Bekenntnisfreiheit ↑Glaubensfreiheit

Bekenntnisschriften. In ihnen sind die verbindlichen Glaubensinhalte (↑Symbol) einer Glaubensgemeinschaft, das jeweilige ↑Bekenntnis, enthalten, im Besonderen die in und aus der ↑Reformation entstandenen Bekenntnisse, etwa ↑Confessio Augustana, ↑Apologie, ↑Schmalkaldische Artikel und die anderen im ↑Konkordienbuch gesammelten lutherischen Bekenntnisschriften, ↑Wittenberger Konkordie, ↑Heidelberger Katechismus, Confessio Wirtembergensis und Saxoniae (beide 1552), Confessio Scotica (1560), ↑Common Prayer Book und ↑Barmer Theologische Erklärung.

Bekenntnisschule, Konfessionsschule, im Unterschied zur ↑Gemeinschafts- oder Simultanschule eine Lehranstalt, in der Lehrende und Lernende das selbe ↑Bekenntnis haben und in Erziehung und Unterricht von der jeweiligen konfessionellen Anschauung getragen sind. Ihre vollständige Beseitigung gehörte auch zum nationalsozialistischen ↑Kirchenkampf.

belehnen, Belehnung, Übertragung eines ↑Lehens.

benedeien (von lat. *benedicere*), ↑segnen, preisen.

Benedictus (lat. = der Gesegnete, Gepriesene; ↑Segen), nach dem Anfang des Lobgesangs des Zacharias in Lk 1,68 benannter Lobgesang in der ↑Liturgie, Teil der gesungenen ↑Messe (nach dem ↑Sanctus) und des evangelischen ↑Abendmahls.

Benediktiner, Angehörige des ↑Ordens des hl. Benedikt von Nursia (um 480 – um 547), nach dessen Regel (↑Benediktregel) die ↑Mönche und ↑Nonnen in umfassenden ↑Kongregationen leben; seit seiner Ausbreitung im 7./8. Jh. der älteste Mönchsorden des ↑Abendlandes. Im weitesten Sinne gehören dazu die monastischen Gemeinschaften, welche die Benediktregel befolgen und zu der 1893 errichteten ↑Konföderation gehören, an deren Spitze der Abtprimas (↑Abt) in Rom steht. Kennzeichnend ist die selbständige Stellung des einzelnen ↑Klosters unter Führung eines Abtes bzw. einer Äbtissin. Durch den Grundsatz des *ora et labora* (lat. = bete und arbeite) war der bis heute weltweit tätige Orden, der wiederholt von Erneuerungsbestrebungen (↑Lothringer, ↑Cluniazensische, ↑Hirsauer, ↑Kastler, ↑Siegburger Reform) erfasst wurde, für die Landkultivierung, das Schul- und Bildungswesen sowie die wissenschaftliche Tätigkeit, damit für die kulturelle Entwicklung des Abendlandes von größter Bedeutung.

Benediktionale, Buch für die ↑Liturgie mit ↑Segens- und Weihegebeten und -formeln (↑Benedictus, ↑Benediktion).

Benediktregel (lat. *Regula Benedicti*), von Benedikt von Nursia für seine Mönchsgemeinschaft (↑Benediktiner) im 529 von ihm gegründeten Kloster Montecassino (140 km südlich von Rom) verfasste, aus 73 Kapiteln bestehende Regel, in die er u. a. Teile der ↑Magisterregel und ↑Augustinusregel aufnahm. Ihre maßvollen Forderungen und ihre Anpassungsfähigkeit ermöglichten ihre weite Verbreitung vom Frühmittelalter (↑Kolumbanregel) bis zur Gegenwart. Auch für andere Ordensgemeinschaften, z. B. ↑Zisterzienser und ↑Kamaldulenser, wurde sie die Grundlage für das Ordensleben.

Benefizialwesen, Benefiziat, Benefizium (von lat. *bene* = gut und *facere* = tun, also Gutes tun, eine Wohltat). Im Mittelalter allgemein auch als Umschreibung für ein ↑Lehen gebraucht, bezeichnet Benefizium ein (häufig durch wohltätige Stiftung [↑Stift] eingerichtetes) geistliches/kirchliches ↑Amt, dessen Inhaber, der Benefiziat (z. B. der Inhaber einer Gebets- oder Messstiftung [↑Applikation], auch der ↑Frühmesser), zugleich Anspruch auf die Erträge hat, die aus der mit diesem Amt verbundenen Vermögensmasse (↑Pfründe) fließen. Daher wurden die Bezeichnungen Benefiziat und Pfründeninhaber oder -besitzer häufig auch synonym verwendet; es ist aber innerhalb der komplexen Entwicklung des Benefizialwesens (besonders im Rahmen des ↑Eigenkirchenwesens seit dem 8. Jh.) zu unterscheiden, um welche Art von Benefizium es sich handelt (z. B. *beneficia curata/non curata*: Benefizien mit oder ohne [lat. *sine* = ohne, also *Sinekure!*] ↑Seelsorge). Mit der ↑Säkularisation ging auch das Benefizialwesen unter, Kirchenvermögen (↑Kirchengut) wurde Staatsvermögen, der Unterhalt der kirchlichen Amtsinhaber seither durch ein Gehalt ersetzt, das sich an der Beamtenbesoldung orientiert. ↑Absenz, ↑Immerkuh, ↑Investitur, ↑Patronat, ↑Pfarrei, ↑Prekarie, ↑Seelgerät

Bergisches Buch ↑Konkordienformel

Berneuchener Dienst ↑Kommunitäten

Bernhardiner, Bezeichnung für die ↑Zisterzienser nach Bernhard von Clairvaux (1090–1153), seltener auch für die nach Bernhardin von Siena im 15. Jh. benannten ↑Bußprediger (Wanderprediger).

Bernhardinisches Zeitalter, das nach Bernhard von Clairvaux (↑Bernhardiner) benannte, an (kirchen-) politischen, theologisch-philosophischen Entwicklungen überaus reiche 12. Jh., das der Zisterzienserabt, Prediger, Mystiker, Berater von Königen und Päpsten maßgeblich prägte. ↑Gotik

Beschauung, Kontemplation (lat.), Form des inneren Gebets, die Gott und Göttliches zu schauen sucht (↑Vision). Davon ist die mehr verstandesmäßige Betrachtung einzelner Glaubensinhalte zu unterscheiden, doch sind beide Formen der Meditation (lat. = Nachsinnen, Betrachten) wesentliche Elemente der christlichen ↑Spiritualität, besonders auch des Lebens im ↑Orden. In ihrer intensivsten Ausprägung sind Beschauung und Betrachtung Bestandteil der Versenkung in Gott in der ↑Mystik.

Besinnungstage ↑Exerzitien

Besitzergreifung ↑Inthronisation

Bestattung ↑Begräbnis

Bethel, bei Bielefeld 1867 gegründete Heil- und Pflegeanstalt besonders für Epileptiker und geistig Behinderte, von Friedrich Bodelschwingh seit 1872 als Anstaltspfarrer durch Angliederung von ↑Diakonen- und Diakonissen-Anstalten sowie Gründung der ersten Arbeiterkolonie (1882) ausgebaut zu einem Zentrum der ↑Inneren Mission, heute die größte Einrichtung des ↑Diakonischen Werks mit Krankenhäusern, Alten- und Erholungsheimen, Werkstätten, Schulen und einer evangelischen Theologischen ↑Hochschule.

Bettelorden, im 13. Jh. aus der ↑Armutsbewegung hervorgegangene und auf dem Hintergrund sozialer, wirtschaftlicher Umbrüche sowie zunehmender Verstädterung entstandene ↑Orden, auch Mendikanten (lat. *mendicare* = betteln) genannt, die durch ein einfaches Leben in Armut, ↑Buße und ↑Predigt das Ideal der ↑Nachfolge Christi innerhalb der Kirche zu verwirklichen suchten; sie sind deshalb von den in die ↑Häresie abgeglittenen Gruppen der ↑Katharer und ↑Waldenser zu unterscheiden, die ebenfalls aus der Armutsbewegung kamen und von den selben Motiven geleitet waren. Deren gegen eine reich und mächtig gewordene Kirche gerichteten Vorwürfe konnten durch das Auftreten der Bettelorden, von den ↑Päpsten nachdrücklich gefördert, aufgefangen werden. Im engeren Sinn gelten als Bettelorden die vier im 13. Jh. entstandenen neuen Orden der ↑Franziskaner, ↑Dominikaner, ↑Karmeliten und ↑Augustiner-Eremiten. Sie unterscheiden sich von den älteren Orden wesentlich durch ihre (anfangs radikal geforderte) Besitzlosigkeit (für den einzlnen wie für den Orden und seine Klöster), ihre öffentliche, auf die Städte konzentrierte Tätigkeit und in der Verfassung. Den Unterhalt erwerben die Mendikanten, die durch ihre ↑Gelübde zwar an den Orden, nicht aber an ein bestimmtes ↑Kloster auf Lebenszeit gebunden sind, durch Arbeit, Studium, Unterricht, Seelsorge, Dienst am Nächsten und auch durch Almosenbetteln (Terminieren), das ursprünglich das Hauptmittel der Existenzsicherung bildete, später aber stark eingeschränkt, jedoch nicht völlig aufgegeben wurde. Das Ideal der Armut, der Verzicht auf jeden unnötigen Aufwand kam auch in der Architektur der großen Bettelordenskirchen in den Städten sinnenfällig zum Ausdruck, die bestimmt war durch die Aufgaben als Predigtkirchen für große Volksmengen: betont einfache, weiträumige ↑Saal- und ↑Hallenkirchen ohne Türme im Stil der ↑Gotik. ↑Konventualen

Betrachtung ↑Beschauung

Beuroner Kongregation. Aus dem im oberen Donautal gelegenen, 1077 gegründeten und in der ↑Säkularisation untergegangenen Stift der ↑Augustiner-Chorherren entstand 1863 die ↑Benediktiner-Abtei. Die 1884 um die Erzabtei (↑Abt) errichtete ↑Kongregation wurde zu einem Zentrum der Wissenschaft (u. a. Edition der ↑Vetus Latina) und der liturgischen Erneuerungsbewegung (Volksmessbuch [↑Messe] des Paters Anselm Schott).

Bewährungschristologie ↑Adoptianismus, ↑Nestorianischer Streit

Bibel (gr. *biblos* = Buch, lat. *biblia*), auch ↑Heilige Schrift, Sammlung der ↑Heiligen Schriften, die von den christlichen Kirchen als von Gott offenbartes Wort anerkannt sind (↑Kanon). Sie besteht aus dem in hebräischer (zu geringen Teilen in aramäischer) Sprache geschriebenen AT, dem die katholische Kirche auch die

in ↑griechischer Sprache verfassten deuterokanonischen Bücher (↑Apokryphen) zurechnet, und aus dem in griechischer Sprache abgefassten NT. Die in der Bibel gesammelten Schriften haben das gesamte Geistesleben des ↑Abendlandes nachhaltig beeinflusst.

Biblioteca Ambrosiana, 1602 von Kardinal Federico Borromeo gegründete, 1609 eröffnete öffentliche ↑Bibliothek in Mailand mit wertvollsten Beständen an Handschriften (↑Buchkunst, ↑Codex), ↑Inkunabeln und Gemälden (Museum). ↑Ambrosianer

Bibliotheca Palatina, die nach der Pfalz (lat. *Palatinatus*) benannte, etwa 1560 gegründete, damals reichste europäische ↑Bibliothek in Heidelberg. 1623 als Teilentschädigung für päpstliche Kostenbeiträge im ↑Dreißigjährigen Krieg nach Rom in die Vatikanische Bibliothek (als «Codices Palatini»; ↑Codex) überführt, wurden die 1797 nach Frankreich ausgelieferten Handschriften mit weiteren römischen Beständen 1816 wieder nach Heidelberg zurückgegeben; der größte Teil der Handschriften befindet sich jedoch nach wie vor im ↑Vatikan.

Bibliothek (gr. = Büchergestell), Raum oder Bau zur Aufbewahrung von Büchern (↑Buch), auch die (systematische) Büchersammlung (Bücherei) selbst, nach griechisch-römischem Vorbild an ↑Bischofskirchen und in ↑Klöstern neben dem ↑Archiv frühzeitig eingerichtet (auch ↑Armarium

genannt). In Verbindung mit ↑Dom-
und ↑Klosterschule wurde sie zum
festen Bestand der Stifte und Klöster;
den hier arbeitenden Mönchen war
sie «gleichzeitig das himmlische Jerusalem und ein verborgenes Reich»
(Umberto Eco, Der Name der [↑]
Rose). Bibliotheken enthielten mit
Schriften besonders der ↑Bibel und
der ↑Kirchenväter das im ↑Skrip-
torium kopierte und ausgestaltete
(↑Buchkunst) Instrumentarium zur
Weitergabe des christlichen Glaubens
und zur Ausbildung der Kleriker und
wurden damit zu Pflanzstätten christlich-abendländischer Kultur, von
↑Schule und ↑Universität. Im Zeitalter des ↑Barocks und der ↑Aufklä-
rung mit ihrem Streben nach Bildung
und Wissen erreichten die Stifts- und
Klosterbibliotheken eine letzte Blütezeit, auch in architektonischer Hinsicht, bevor die Klosteraufhebungen
der ↑Säkularisation Vernichtung oder
Wegnahme bedeutendster Bibliotheks-
bestände mit sich brachten. ↑Inven-
tar, ↑Repertorium

Bilderkult ↑Bilderverehrung

Bilderstreit (Ikonoklasmus), von 726
bis 843 im Byzantinischen Reich
währender Streit um die ↑Bilderver-
ehrung, gegen die sich der byzantinische Kaiser Leo III. nachdrücklich
wandte. Diesbezügliche Anordnungen führten zu Auseinandersetzungen
zwischen Bilderfreunden, -verehrern
oder -knechten (gr. *Ikonodulen*) und
Bilderfeinden (gr. *Ikonoklasten*), die
gegen erstere den Vorwurf der ↑Iko-
nolatrie erhoben. Der Streit endete

zugunsten der Verteidiger des Bilder-
↑Kultes (deren bedeutendster Vertreter Johannes von Damaskus war) und
ihres Arguments, die einem Bild ent-
gegengebrachte Verehrung gelte dem
«Urbild» und gehe auf dieses über.

Bildersturm, 1. allgemein die Entfernung und Zerstörung von Bildern
durch Gegner der ↑Bilderverehrung,
auch im ↑Bilderstreit; 2. im eigentlichen Sinn die in der ↑Reformation
besonders durch Calvinisten (↑Calvi-
nismus) und Zwinglianer (↑Zwingli-
nismus) erfolgte Vernichtung zahlreicher, darunter wertvollster Bilder und
anderer Kunstwerke mit Darstellungen Jesu Christi, der ↑Gottesmutter
Maria und der ↑Heiligen, die in ihrem Ausmaß nur mit den verhee-
renden Zerstörungen in der ↑Säku-
larisation verglichen werden kann.
3. Missverstandene liturgische Reformen führten in der katholischen Kirche nach dem ↑Vaticanum II (1962–
1965) häufig zu Entfernung, oft auch
Vernichtung von ↑Altären und Heiligenbildern. ↑Klostersturm

Bilderverehrung. Schon in frühen
Kulturen begegnet das Bild als Vergegenwärtigung der Gottheit selbst und
wird deshalb verehrt (Bilder- ↑Kult).
Im Christentum entwickelte sich erst
seit dem 3./4. Jh. der bis dahin mitunter als Bilder- oder Götzendienst
(↑Ikonolatrie, ↑Idolatrie) abgelehnte
Brauch, Jesus Christus, die ↑Gottes-
mutter Maria und die ↑Heiligen bildlich darzustellen und deren Bild zu
verehren, besonders in der byzantinischen Kirche, wo es im 8./9. Jh. zum

↑Bilderstreit kam. ↑Andachtsbild, ↑Gnadenbild, ↑Heiligenverehrung, ↑Ikone, ↑Libri Carolini

Bildstock, meist freistehendes Bildwerk aus Holz oder Stein mit ↑Kruzifix, ↑Gottesmutter und/oder ↑Heiligen-Figur; das ↑Andachtsbild kann auch an Verstorbene erinnern.

Biographie (gr. = Lebensbeschreibung; ↑Vita, Viten), aus der griechischen Antike bekannte Darstellung eines (meist bemerkenswerten) Menschenlebens, im Christentum z. B. eines ↑Heiligen (↑Hagiographie), als Autobiographie des eigenen Lebens, z. B. die «Confessiones» (↑Bekenntnis) des Augustinus von 397/98.

Birett (lat. = Haube), Kopfbedeckung der katholischen Geistlichen, die sich im 15./16. Jh. aus dem Barett entwickelte. Das mit drei oder vier bogenförmigen Aufsätzen versehene vierkantige Birett ist gewöhnlich schwarz, bei ↑Kardinälen rot, bei ↑Bischöfen und ↑Prälaten violett, bei manchen ↑Orden weiß. Es wurde bis etwa 1960 am Beginn und am Ende des ↑Gottesdienstes, auch während der ↑Predigt und bei anderen liturgischen Verrichtungen getragen. ↑liturgische Gewänder

Birgitten, Angehörige einer ↑Ordens-Gemeinschaft, die von der Mystikerin und Visionärin (↑Mystik, ↑Vision) Birgitta von Schweden (1301/03–1373) etwa 1346 als Doppelorden (↑Doppelkloster) gegründet wurde und als ↑Klosterfamilie die ↑Urgemeinde symbolisieren sollte. Mutter-

kloster des auch Erlöserorden genannten Ordens, an dessen Spitze eine ↑Äbtissin steht, dessen geistliche Leitung dagegen einem General-↑Beichtvater obliegt, ist bis heute Vadstena in Schweden. Die meisten Klöster der Gemeinschaft, die sich rasch über ganz Europa ausgebreitet hatte, gingen in der ↑Reformation unter.

Bischof (gr. *episkopos* = Aufseher, lat. *episcopus*, auch lat. *pontifex*, von *pons* = Brücke und *facere* = machen, d. h. Brückenbauer), 1. der leitende Geistliche (Oberhirte) eines bestimmten Gebietes, genannt ↑Bistum, Diözese, Sprengel, daher auch die Bezeichnung als Diözesanbischof (auch Ortsbischof, Orts- ↑Ordinarius), als ↑Erzbischof eines Erzbistums, in den Ostkirchen als ↑Patriarch, ↑Eparch oder ↑Exarch eines Patriarchats, einer Eparchie bzw. eines Exarchats. In der ↑Urkirche war das Amt des Bischofs zunächst mit dem des ↑Presbyters verbunden, um sich dann als das des alleinregierenden Bischofs (monarchischer Episkopat, Monepiskopat) gegenüber den beiden Amtsträgern, Presbyter und ↑Diakon, zu etablieren. Die Bestellung der Bischöfe war in der Geschichte starken Veränderungen unterworfen (↑Bischofswahl). 2. Nach der ↑Konstantinischen Wende erhielten die Bischöfe zunehmend auch den Rang weltlicher Würdenträger; dies wird später etwa nach ihrer Stellung im Verband des ↑Heiligen Römischen Reiches in der Titulatur Reichs- oder Fürstbischof (↑Reichskirche) sichtbar. 3. Nach katholischer und orthodoxer Lehre sind die Bischöfe die Nachfolger der ↑Apostel (↑Apostolische Sukzession), was in der ↑Bischofsweihe zum Ausdruck kommt. 4. Das Priester-, Lehr- und Hirtenamt üben die Bischöfe der katholischen Kirche in ordentlicher und höchster Weise in der Einheit mit dem ↑Papst (↑Bischofskollegium), der als Bischof von Rom und im ↑kanonisch umschriebenen ↑päpstlichen Primat allen Bischöfen übergeordnet ist (Universalepiskopat). Diesem haben die Bischöfe regelmäßig über ihre zuvor visitierte Diözese Bericht zu erstatten (↑Ad-limina-Besuch, ↑Statusbericht, ↑Visitation). 5. Im Rahmen der allgemeinen kirchlichen Verfassungsentwicklung bildeten sich zusätzliche (Hilfs- und Titel-) Einrichtungen des bischöflichen Amtes heraus: neben dem Erzbischof und ↑Metropoliten der ↑Suffraganbischof, zur Unterstützung des Diözesanbischofs Bischöfe, die kein eigenes Bistum haben, nämlich ↑Chor-, ↑Wander-, ↑Auxiliarbischof, auch ↑Koadjutor, ↑Weihbischof, ↑Regionalbischof, in Apostolischen Vikariaten oder Missionsgebieten der Missionsbischof (↑Apostolischer Vikar/ Präfekt). Weil die lateinische Kirche an der Zuordnung eines Bischofs zu einem bestimmten Sitz (↑Bischofskirche) festhielt, werden die zuvor genannten Nicht-Diözesanbischöfe auch heute noch grundsätzlich auf einen ehemaligen bzw. untergegangenen, nach früherer Bezeichnung als ↑in partibus infidelium gelegenen Bi-

schofssitz geweiht, daher auch als Titularbischöfe bezeichnet. 6. Zu den wichtigsten Insignien (↑liturgische Gewänder) und ↑Pontifikalien gehören ↑Ring und Stab (↑Krummstab), ↑Pektorale, ↑Mitra und der ↑Bischofsstuhl. Die Verwaltungsbehörde des Bischofs ist das ↑Bischöfliche Ordinariat, seine Residenz der ↑Bischofshof. 7. In den evangelischen Kirchen wurde die Vorstellung vom Bischofsamt im katholischen Sinn aufgegeben, an seine Stelle trat das Kollegialsystem (↑Kollegialismus), das bis 1918 bestand. Danach wurde in den einzelnen ↑Landeskirchen das Amt des ↑Landesbischofs eingeführt, der von der jeweiligen Landes- ↑Synode gewählt wird. Er/sie ist geistlicher Leiter der ↑Pfarrer und wirkt bei der Verwaltung der Landeskirche mit. 8. In der Anglikanischen Kirche wird dagegen, ebenso wie in den skandinavischen Ländern, am Bischofsamt katholischer Ausprägung, insbesondere an der Apostolischen Sukzession, weitgehend festgehalten.

Bischöfliches Ordinariat, die neben dem Offizialat (↑Offizial) bestehende, von einem ↑Generalvikar geleitete Verwaltungsbehörde eines ↑Bischofs, auch Diözesankurie genannt.

Bischofshof, Wohnung und Residenz eines ↑Bischofs meist an oder in der Nähe seiner ↑Bischofkirche, häufig fürstlichen Ausmaßes (Palais).

Bischofshut, vom ↑Bischof außerhalb der ↑Liturgie (heute seltener) getragener runder schwarzer Hut, im Unterschied zur ↑Mitra.

Bischofskirche. Gewöhnlich am ↑Bischofssitz, befinden sich in ihr rechts vom ↑Altar der Thron des ↑Bischofs, der ↑Bischofsstuhl oder die Kathedra (↑Cathedra, ↑Kathedrale), sowie ↑Chor und ↑Chorgestühl; sie wird häufig auch als ↑Dom bezeichnet. Besonders im Mittelalter begegnet häufig die bloße Nennung der Bischofskirche als Bezeichnung für das ganze ↑Bistum, z. B. lateinisch Ecclesia Frisingensis = die Kirche von Freising, gemeint ist dabei das Bistum Freising. ↑Domfreiheit

Bischofskollegium, nach der Lehre des ↑Vaticanum II (1962–1965) die Körperschaft der Bischöfe, die die ↑Bischofsweihe gültig empfangen haben und in Gemeinschaft mit dem ↑Papst stehen. ↑Jurisdiktion

Bischofskonferenz, seit dem 19. Jh. anstelle der Provinzial- ↑Synode zur gemeinsamen Beratung entstandene Zusammenkunft von katholischen Bischöfen einer ↑Kirchenprovinz oder eines Landes, z. B. die ↑Deutsche Bischofskonferenz.

Bischofslisten, 1. Namenslisten der Leiter einer Ortskirche (↑Bischof) in chronologischer Anordnung bis hinauf zu deren Gründung; 2. Ranglisten im byzantinischen Reich; 3. Verzeichnisse von ↑Synoden.

Bischofsmütze ↑Mitra

Bischofsring ↑Ring und Stab

Bischofssitz, der Ort, an dem sich gewöhnlich die ↑Bischofskirche befindet und nach dem ein ↑Bistum be-

nannt ist, seit der Christianisierung des Römischen Reiches in der Regel eine Stadt (auch ↑Bischofsstadt). Weil die kirchliche Organisation an die römische Verwaltung und Städteverfassung gebunden war, wurden Bischofssitze an (politisch) bedeutenden Orten errichtet, z. B. in Provinzhauptstädten des Römischen Reiches; solche Orte entsprachen dann auch, weil sich an ihnen eine volkreiche *Civitas* (lat. = Bürgerschaft, Gemeinde) befand, den kanonischen Erfordernissen (↑Kanon) für die Errichtung eines Bischofssitzes, damit für die Einrichtung eines Bistums.

Bischofsstab ↑Ring und Stab, ↑Krummstab

Bischofsstadt, seit der Spätantike die Stadt, in der sich der ↑Bischofssitz mit ↑Bischofskirche befindet, oder die Stadt, in der der ↑Bischof seine Residenz (↑Bischofshof) hatte und zugleich Stadtherr war.

Bischofsstuhl, der Thron des ↑Bischofs, die Kathedra (↑Cathedra), in der ↑Kathedrale, seiner ↑Bischofskirche, (früher) auf der ↑Evangelienseite beim Hauptaltar (↑Hochaltar). Der oft stellvertretend für das ↑Bistum genannte bischöfliche Stuhl wird durch Ausscheiden des Bischofs erledigt und vakant (↑Erledigung, ↑Sedisvakanz).

Bischofssynode, Einrichtung der katholischen Kirchenverfassung, die auf Beratungen im ↑Vaticanum II (1962–1965) zurückgeht: Die ↑Synode ist Beratungsorgan des ↑Papstes, das von ihm in Abständen berufen und geleitet wird. Die gesetzliche Grundlage wurde von Papst Paul VI. 1965 geschaffen.

Bischofswahl, Bischofsbestellung. 1. Wie in den ersten Jh.en (↑Urgemeinde, Urkirche) ein ↑Bischof bestellt wurde, ist kaum bekannt, doch waren die ↑Gemeinden daran mehr oder weniger beteiligt (Wahl durch ↑Klerus und Volk). Die Besetzung eines ↑Bischofsstuhls blieb in der Geschichte starken Veränderungen unterworfen; die Ernennung von Bischöfen durch Kaiser und Könige besonders im Hochmittelalter führte im ↑Heiligen Römischen Reich zum folgenschweren Konflikt zwischen geistlicher und weltlicher Gewalt (↑Investiturstreit). Die Bischofswahl durch die aus dem ↑Kathedralklerus hervorgegangenen ↑Domkapitel wurde seit dem 12. Jh. üblich (Wormser Konkordat 1122). 2. In der Evangelischen Kirche in Deutschland wird der Landesbischof durch die jeweilige Landes- ↑Synode gewählt, in der katholischen Kirche erfolgt die Besetzung eines Bischofsstuhls in freier Ernennung durch den ↑Papst, der sich dabei auf Vorschlagslisten der ↑Bischofskonferenz eines Landes bzw. der Bischöfe einer ↑Kirchenprovinz und des Domkapitels stützen kann, nachdem der jeweilige ↑Apostolische Nuntius oder Gesandte den ↑Informativprozess zur Prüfung der kanonischen Eignung eines Kandidaten durchgeführt hat. In Deutschland ist die Bischofsbestellung zusätzlich durch ↑Konkordate geregelt. 3. In der

Ostkirche wird der Bischof ausschließlich aus den Reihen der ↑Priestermönche gewählt und vom jeweiligen Landesherrn bestätigt. ↑Kompromisswahl

Bischofsweihe, in der katholischen Kirche die höchste Stufe des dreigliedrigen Weihesakraments (↑Weihegrade), die nur durch einen gültig geweihten ↑Bischof erfolgen kann, jedoch durch drei gültig geweihte Bischöfe vorgenommen werden soll.

Bistum (von ahd. *biscoftuom*), 1. der territorial umschriebene ↑Amts-Bereich (Gerichts- und Verwaltungsbezirk) eines ↑Bischofs, das Gebiet seiner geistlichen ↑Jurisdiktion, ursprünglich die Parochie (Teilkirche, ↑Gemeinde, ↑Pfarrei), wechselweise auch ↑Diözese oder Sprengel genannt. In seinem Bistum übt der Bischof die geistliche Leitung sowie die kirchliche Verwaltung aus, er war als Fürstbischof innerhalb dieses Gebietes bis zur ↑Säkularisation auch weltlicher Herr, wenn es (meist nur teilweise) mit seinem ↑Hochstift bzw. Erzstift zusammenfiel. 2. Die Bistümer sind gewöhnlich nach dem Ort (auch nach der ↑Bischofsstadt) benannt, an dem sich der ↑Bischofssitz, d. h. die ↑Bischofskirche oder ↑Kathedrale befindet. 3. Die territoriale Einteilung und Organisation der Kirche in bestimmte Sprengel (↑Zirkumskriptionsbulle) folgte zunächst der staatlichen Gliederung und Verwaltung des Römischen Reiches (Ende des 3. Jh.s, z. B. in Provinzen, aber auch in Diözesen und ↑Eparchien zur Bezeichnung der Verwaltungsbezirke). Im Zusammenhang mit der allmählichen Ausbildung einer festen Kirchenorganisation wurden Bistümer einem Metropolitanverband (↑Metropolit) zugeordnet (so geschehen auf dem Konzil von Nizäa 325) und im weiteren Verlauf des 4./5. Jh.s zu ↑Kirchenprovinzen, in der Ostkirche zu Eparchien zusammengefasst, die von ↑Erzbischöfen oder Metropoliten bzw. ↑Patriarchen, ↑Exarchen oder Eparchen geleitet werden. 4. Bistum und Diözese sind heute, als Organisationseinheit, gebräuchliche Bezeichnungen für die katholische ↑Ortskirche (Teilkirche). Ein Bistum ist unterteilt in ↑Dekanate, diese wiederum in ↑Pfarreien. Ein exemtes Bistum gehört nicht zum Verband einer Kirchenprovinz, sondern ist direkt dem ↑Apostolischen Stuhl unterstellt (↑Exemtion).

Bistumsadministrator, -verweser ↑Administrator

Bittage, in der katholischen Kirche die Tage kurz vor Christi Himmelfahrt (Donnerstag nach dem sechsten ↑Sonntag der ↑Oster-Zeit oder am darauffolgenden Sonntag), an denen ↑Bittgänge und ↑Flurprozessionen abgehalten werden.

Bittgang, Bittprozession, Bußgang, in der katholischen Kirche Sakraments-↑Prozession, auch als ↑Flurprozession, an bestimmten ↑Bittagen zur Erflehung göttlichen Segens und zur Abwendung von Gefahr, Unheil und Not.

Bittsteller ↑Supplik

Bizoken, den ↑Begarden, ↑Beginen und ↑Humiliaten vergleichbare, auch ↑Fratizellen genannte Bewegung von ↑Laien, die sich seit 1216 zunächst in Mittelitalien als Büßer (↑Buße) zusammenschlossen und Anfang des 14. Jh.s verboten wurde.

Blasphemie (gr. = Verleumdung, Gotteslästerung), die öffentliche Beschimpfung Gottes, auch des Inhalts religiöser oder weltanschaulicher ↑Bekenntnisse oder einer anerkannten Religionsgemeinschaft.

Blaues Kreuz ↑Gemeinschaftsbewegung

Blutbann, nach altem deutschen Recht die hohe Gerichtsbarkeit über schwere Verbrechen, die Leben, Ehre, Freiheit oder Eigentum betrafen, mit Tod oder Verstümmelung bedroht waren und mit dem ↑Bann bestraft werden konnten; seine Ausübung war den ↑geistlichen Fürsten im Grundsatz nicht erlaubt (↑ecclesia non sitit sanguinem).

Bluthostie, konsekrierte ↑Hostie, an der sich (während der ↑Messe) auf wunderbare Weise Blut gezeigt, sich also ein ↑Blut- oder Hostienwunder ereignet haben soll, auch im Zusammenhang mit ↑Hostienfrevel.

Blutwunder, Blutungen oder diesen ähnliche Erscheinungen, die sich auf wunderbare Weise u. a. auf Hostien (↑Bluthostie), einem ↑Kruzifix oder Bild eines ↑Heiligen gezeigt haben sollen und die seit dem 12. Jh. zur

Entstehung zahlreicher ↑Wallfahrten geführt haben.

Blutzeuge ↑Märtyrer

B.M.V., B.V.M., Abkürzung für lateinisch ↑Beata Maria Virgo bzw. Beata Virgo Maria, die ↑Gottesmutter.

● **Bogomilen, Bogumilen** (slaw. = Gottesfreunde), auch Babunier genannte Anhänger einer bis ins Spätmittelalter in Kleinasien und auf dem Balkan, besonders in Bosnien (hier als «Bosnische Kirche») verbreiteten ↑Sekte, deren vom ↑Dualismus geprägtes Weltbild verwandte Züge zu dem der ↑Paulikianer und Manichäer (↑Manichäismus) aufwies. Sie werden auch als Vorläufer der ↑Katharer betrachtet, nachdem diese sich in der zweiten Hälfte des 11. Jh.s von ihnen getrennt hatten.

● **Böhmische oder Mährische Brüder,** Mitte des 15. Jh.s aus den ↑Calixtinern hervorgegangene Gemeinschaft, die, beeinflusst von den ↑Waldensern, ein einfaches Leben nach dem Vorbild der ↑Urkirche erstrebten. Ihre Schulen und Unterrichtswerke galten als vorbildlich. Während des ↑Dreißigjährigen Krieges vertrieben, gingen Reste der Bewegung in der ↑Herrnhuter Brüdergemeine auf.

● **Bollandisten,** die nach dem Jesuiten Jean Bolland (1596–1665) benannten Herausgeber und Bearbeiter der *Acta Sanctorum* (lat. = Geschichte, Taten der ↑Heiligen), einer von Bolland 1615 begonnenen, noch nicht abgeschlossenen wissenschaftlichen

Sammlung sämtlicher Quellen zur Lebensbeschreibung aller Heiligen (↑Hagiographie).

Borromäerinnen, ↑Kongregation der ↑Barmherzigen Schwestern vom hl. Karl Borromäus, die 1652 in Nancy zur ↑Armen- und Krankenpflege und Erziehung errichtet wurde, mit weiteren im 18./19. Jh. gegründeten, weltweit tätigen Gemeinschaften, die sich 1974 zur «Föderation der Schwestern vom hl. Karl Borromäus» zusammenschlossen.

Brauchtum, durch ↑Tradition bewahrtes und an Zeit oder Umstände gebundenes, «brauchbares» und «gebrauchtes» (benötigtes, auch und gerade in der Not gebrauchtes) gemeinschaftliches Handeln, dessen Erforschung vorrangig Aufgabe der Volkskunde bzw. Kulturanthropologie ist, in der Verbindung von christlicher Religion und (religiösem) Brauchtum, verstanden auch als Hilfe zur Lebensbewältigung, aber ebenso bedeutsam für die ↑Kirchengeschichte ist (↑Frömmigkeit). Viele der auch heute üblichen Bräuche sind ihrem Herkommen nach am ↑Kirchenjahr oder an religiösen Festen orientiert.

Brautexamen, die vorgeschriebene Besprechung der Voraussetzungen zur katholischen ↑Ehe-Schließung vor dem ↑Pfarrer, auch Stuhlfest genannt.

Breve (von lat. *brevis* = kurz, dt.: Brief), Schreiben (Erlass) des ↑Papstes in einfacher Form und mit kürzerem lateinischen Text, besonders häufig seit Ende des 14. Jh.s. Breven werden heute allgemein auch als *Litterae Apostolicae* (lat. = Päpstliches Schreiben) bezeichnet. ↑Abbreviator

Breviator ↑Abbreviator

Brevier (lat. *breviarium* = kurzes Verzeichnis), in der lateinischen Kirche das Buch mit den Texten der ↑Horen für das pflichtgemäße tägliche ↑Stundengebet (daher auch ↑Stundenbuch genannt) der ↑Presbyter und ↑Ordens-Leute. ↑Horarien

Breviergebet ↑Stundengebet

Brigiden, Brigitten, von der irischen Nationalheiligen Brigid (Brigitta) von Kildare (✝ 523) gestiftete ↑Ordens-Gemeinschaft, die sich in Irland der Erziehung und dem Unterricht von Mädchen widmet.

Britische Kirche, Bezeichnung für die im 4. Jh. christianisierten Kelten in der römischen Provinz Britannia, die nach der Katholisierung der Angelsachsen seit Ende des 7. Jh.s bedeutungslos wurde.

Brot für die Welt ↑Caritas

Bruder ↑Frater

● **Brüder (Schwestern) vom gemeinsamen Leben** (auch Fraterherren), aus dem Lebenswerk des Niederländers Gerhard Groote (1340–1384) hervorgegangene ↑Bruderschaft mit klosterähnlichem Leben, aber ohne Ordens- ↑Gelübde. Die v. a. in den Niederlanden und Deutschland tätige Gemeinschaft pflegte eine gottinnige, «neue Frömmigkeit» (↑Devotio moderna), die zu einer Reform des kirchlichen Lebens führen sollte, die sie zusammen mit der ↑Windesheimer Kongregation weitertrug. Sowohl in der persönlichen ↑Frömmigkeit wie im christlichen Wirken in der Welt, durch ↑Armen- und Krankenpflege und Volksbildung sollte die ↑Nachfolge Christi erstrebt werden. Aus der Reformbewegung gingen u. a. der Augustiner-Chorherr Thomas von Kempen (✝ 1471), Verfasser der «Nachfolge Christi», des am weitesten verbreiteten christlichen Erbauungsbuchs, Nikolaus von Kues und Erasmus von Rotterdam hervor. Die meisten Bruderhäuser gingen im 16./17. Jh. unter.

Brüderbewegung ↑Darbysten

Brüderhaus, evangelische Ausbildungsstätte für ↑Diakone.

Bruderschaft, Konfraternität, 1. von einer bestimmten Gesinnung getragene, freiwillige Vereinigung von Gläubigen (meist ↑Laien) zur Pflege und Förderung von ↑Frömmigkeit, ↑Buße, ↑Armen- und Krankenpflege, ↑Caritas und ↑Gottesdienst, im Mittelalter vielfach nach Berufsgruppen (den Gilden ähnlich) gegliedert (in Italien ↑Scuola genannt). 2. Hervorgegangen aus östlichen Gruppen des 4. Jh.s zur Totenbestattung und Krankenpflege und aus klösterlichen ↑Gebetsverbrüderungen seit dem 6. Jh., entfalteten sie sich innerhalb der katholischen Kirche besonders im 17./18. Jh., z. B. als ↑Rosenkranz-, Marien- (↑Gottesmutter), Herz-Jesu-, Corporis-Christi- (↑Corpus Christi-) Bruderschaften, oft auch in Verbindung mit einem ↑Orden stehend. 3. Evangelische Bruderschaften werden auch ↑Kommunitäten genannt; hier kam es zumal im 19./20. Jh. (auch ↑Hochkirche, hochkirchliche Bewegung) zu zahlreichen Bruder- und Schwesternschaften mit verschiedenen Zielsetzungen und (klosterähnlichen) Lebensformen (↑Diakonie, ↑Taizé). ↑Erzbruderschaft, ↑Fraternität

Bruderschaft der Armen Ritter der Heiligen Stadt (frz. Congrégation des Pauvres Chevaliers de la Sainte Cité), um 1892 erfolgte Gründung des französischen Pianisten und Komponisten Eric Satie (dessen «Gymnopédies» für Klavier sind weltberühmt), die aber ebenso wie seine etwa 1893 errichtete «Metropolitankirche der Kunst und des Führers Jesus» (Église Métropolitaine d'Art et de Jésus Conducteur) ohne Erfolg blieb; er war und blieb das einzige Mitglied dieser «Gründungen».

Brustkreuz ↑Pektorale

Buch (ahd. *buoh*, vom Buchenholz der germ. Schrifttafel), besteht aus mehreren, zu einem Ganzen verbundenen (bedruckten) Blättern. Als Vorläufer und älteste Buchformen im Altertum gelten babylonische und assyrische Tontafeln, dann Wachstafeln sowie Papyrus- und Pergamentrollen (bei Ägyptern, Griechen und Römern). Christlichen Ursprungs ist der aus Einzelblättern, v. a. aus Pergament, zusammengeheftete ↑Codex für die Aufzeichnung heiliger Texte.

Bei wiederbenutzten Pergament-Codices wurde zuvor der alte Text abgeschabt oder ausradiert (↑Palimpsest). Im frühen Mittelalter stellten Mönche im ↑Skriptorium kunstvoll gearbeitete Handschriften her, die sie mit ↑Miniaturen und kostbaren Einbanddecken versahen (↑Buchkunst, ↑Diptychon). Die Verwendung von Papier, zunehmend seit dem 14. Jh., verbilligte die Buchherstellung. Entscheidend für die massenhafte Verbreitung der Bücher wurde die Erfindung des ↑Buchdrucks im 15. Jh. Mit den neuen elektronischen Medien (v. a. Internet) ist die lange übliche Produktion von (Sach- und Lehr-) Büchern vor nie gekannte Herausforderungen gestellt. ↑Rotulus

Buch der Bücher, die ↑Bibel.

Buchdruck. Ausgehend von der Erfindung Johann Gutenbergs († 1468) in Mainz, der hier um 1455 seine 42-Zeilen-Bibel druckte, verbreitete sich die «neue Kunst» rasch im ganzen Abendland und half früh auch dem Anliegen der ↑Reformation, etwa durch breite Streuung von gedruckten Flugschriften (↑Flugblatt). Die frühen Druckwerke (↑Inkunabeln) suchten noch die mittelalterlichen Handschriften zu imitieren.

Buchkunst, Buchmalerei, alle Formen des Gestaltens und Ausschmückens eines ↑Buches bzw. von Handschriften, sei es durch die Art der Beschriftung (gr. *Kalligraphie* = Schönschreibkunst), durch Verwendung von kostbarem Pergament oder Papier oder die Beigabe von Bildschmuck (↑Initialen, ↑Miniaturen, auch die Art des Bucheinbandes). Die Buchkunst fand ihre Vollendung im Mittelalter, wo eigens dafür ausgebildete Mönche als Illustratoren, Kopisten oder Rubrikatoren im ↑Skriptorium Bücher und Codices (↑Codex) mit heiligen Texten, neben dem konkreten Nutzen zur Ehre Gottes und zum Empfang himmlischen Lohnes, kopierten und herstellten. Nach Erfindung des ↑Buchdrucks waren kunstvolle Beigaben Holzschnitte, Kupfer- und Stahlstiche sowie Lithographien. Heute werden moderne photomechanische Techniken verwendet, auch zur Herstellung von Faksimile-Ausgaben (von lat. = ähnlich-, gleichmachen). ↑Diptychon

Bücherzensur ↑Index, ↑Zensur

Bullarium, Sammlung päpstlicher Schriftstücke (↑Bulle) und ↑Dekretalen.

Bulle (lat. *bulla* = Kapsel), ein beidseitig geprägtes ↑Siegel aus Gold (Chrysobull), Silber, Wachs oder Blei, das mit einer Schnur an einer Urkunde befestigt ist, auch die das Urkundensiegel bergende Schutzkapsel, dann Bezeichnung für die Urkunde selbst, z. B. ↑Goldene Bulle, besonders für bedeutende, feierliche Erlasse des ↑Papstes, die seit dem 12. Jh. Bleisiegel, seit Ende des 19. Jh.s rote Farbstempel tragen, in lateinischer Sprache abgefasst und nach ihren Anfangsworten in der ↑Arenga benannt sind. ↑Apostolische Kanzlei

Bund Neudeutschland, vom katholischen Priester Ludwig Esch 1919 mitbegründeter, von der Jugendbewegung geprägter «Verband katholischer Schüler höherer Lehranstalten» zu deren außerschulischen kirchlichen Betreuung, der vom NS-Regime 1939 aufgelöst, 1948 neu begründet und seither durch verschiedene Zusammenschlüsse (im «Hochschulring») erweitert wurde, u. a. 1970 zur «Katholischen Studierenden Jugend».

Bundeslade ↑Tabernakel

Bürgerspital ↑Hospital

Burse (lat. *bursa* = Tasche, Geldbeutel, -börse), seit dem Mittelalter Stiftungen an ↑Universitäten zur Unterbringung und Versorgung bedürftiger Studenten (Studentenhäuser); mit dem Studienbetrieb moderner Prägung finden sie durch Studentenwohnheime ihre Fortsetzung.

Bursfelder Kongregation, nach der in der ↑Säkularisation untergegangenen ↑Benediktiner-Abtei Bursfelde bei Göttingen benannte ↑Kongregation, die im 15. Jh. zur Erneuerung des monastischen Lebens zu einem bedeutenden Reformzentrum besonders in Norddeutschland wurde. Bis 1780 gehörten ihr 111 Abteien an. ↑Kastler Reform, ↑Melker Reform, ↑Ordensreformen

Buß- und Bettag, in der lateinischen Kirche des Mittelalters eine von geistlicher und weltlicher Gewalt getragene, aus vorchristlicher Zeit stammende Einrichtung, um durch gemeinsame ↑Buße des Volkes an festgesetzten

Tagen, v. a. auch in der ↑Fasten-Zeit und an ↑Quatember-Tagen, der Landesnot zu wehren. In der ↑Reformation besonders ausgeprägt, wird der Buß- und Bettag von den evangelischen Kirchen in Deutschland seit 1950 als Tag zur Einkehr und Besinnung einheitlich am vorletzten Mittwoch des ↑Kirchenjahres begangen; als gesetzlicher Feiertag (in einigen Bundesländern) ist er seit 1995 zur Finanzierung der eingeführten Pflegeversicherung abgeschafft.

Bußbücher (auch Pönitentialien, von lat. *poena* = Strafe), enthalten Bestimmungen und Anweisungen für die Verwaltung des ↑Bußsakraments; im ↑irischen Mönchtum ↑Sünden-Kataloge mit den zugehörigen Bußleistungen, besonders vom 6. bis 12. Jh. verbreitet, auch in England und Frankreich. ↑Redemption

Bußdisziplin ↑Bußzucht

Buße (mhd. *buoz* = Besserung, Abhilfe; *buoze* = Strafe, Buße; lat. *poenitentia* = Reue, Buße), 1. allgemein eine Sühne (-leistung) für eine Schuld (↑Sünde), im germanischen und mittelalterlichen Recht eine zu leistende materielle Entschädigung. 2. Im religiösen Bereich begegnet Buße als Akt, durch den z. B. mit ↑Opfergaben, ↑Fasten, Gebet eine Schuld gegenüber der Gottheit gesühnt werden soll. 3. Entscheidend für den Bußgedanken im Christentum wurde Jesu Aufruf zur Umkehr, sein Auftrag an die Jünger, Sünden zu vergeben, und die ihnen übertragene Binde- und Löse-

gewalt (Mt 16,19). Er entwickelte sich zur Vorstellung von der aus der Sündenerkenntnis erwachsenen Sinnesänderung, der Umkehr (gr. *metanoia*) des ganzen Menschen durch Gottes ↑Gnade, die sich in der Abkehr von der Sünde und in der Hinwendung zu Gott vollzieht und den Menschen «neu» macht. In der katholischen Kirche geschieht dies im ↑Bußsakrament. 4. Für das Verständnis der Buße in der ↑Reformation wurde Martin Luthers Auffassung von Buße als Grundform des christlichen Lebens maßgeblich: Das ganze Leben der Gläubigen solle eine Buße sein. ↑Ablass, ↑Quatember, ↑Redemption, ↑Rekonziliation

Bußgang, -prozession ↑Bittgang

Bußpraxis, die in der Geschichte der Kirche begegnenden öffentlichen oder privaten Übungen der ↑Buße (auch Bußverfahren) und ihres Verständnisses, meint also zugleich Bußgeschichte. ↑Ablass, ↑Absolution, ↑Bann, ↑Beichte, ↑Bußbücher, ↑Bußsakrament, ↑Bußzucht, ↑Redemption

Bußprediger, Wanderprediger. Im Christentum traten zu allen Zeiten Prediger auf, die nach dem Vorbild der Propheten, v. a nach der Mahnung Jesu und der ↑Apostel, Menschen zu Umkehr, Abkehr von der ↑Sünde, zu ↑Buße und Hinwendung zu Gott aufriefen (↑Predigt). Zahlreich begegnen seit dem 13. Jh. wandernde Bußprediger, Angehörige von Buß- ↑Bruderschaften und ↑Geißler. Zu einer neuen und facettenreichen

Entfaltung der Bußpredigt kam es im Zeitalter des ↑Barocks (bedeutender Vertreter z. B. der ↑Augustiner-Barfüßer Abraham a Sancta Clara), gerade auch auf Buß- oder ↑Bittgängen und ↑Prozessionen. Einen letzten Höhepunkt erreichte die eigentliche Bußpredigt in der ↑Volksmission des 20. Jh.s. Die Praxis der Bußpredigt erscheint heute nicht selten in einem dunklen Licht, wenn aus ihr eine Drohpredigt, aus der Frohbotschaft des ↑Evangeliums eine Drohbotschaft wurde, wie sie besonders bei ↑Ablass-Predigern an der Wende vom 15. zum 16. Jh. anzutreffen ist, die mit ihr nicht selten ein «Geschäft mit der Angst» betrieben.

Bußsakrament, in der katholischen Kirche das vierte der sieben ↑Sakramente, das aus Reue, ↑Sünden- ↑Bekenntnis (↑Beichte, ↑Confiteor) und Genugtuung durch ein Bußwerk (↑Buße) besteht und in dem der Gläubige die ↑Absolution durch den ↑Priester (↑Beichtvater) erlangt. ↑Bußpraxis, ↑Redemption, ↑Sollizitation

Bußzeiten, in der katholischen Kirche v. a. ↑Advents- und ↑Fasten-Zeit sowie ↑Quatember-Tage.

Bußzucht (oder Bußdisziplin), bis zum 11. Jh. die Regelung der öffentlichen ↑Buße, die über einen längeren Zeitraum hinweg für ↑Apostasie, Mord, Unzucht und andere schwere ↑Sünden verhängt wurde. An ihre Stelle trat die private ↑Beichte und die Verhängung öffentlicher Bußen durch geistliche Gerichte, die wiederum

später vom ↑Bußsakrament abgelöst wurden.

byzantinische Kirche (auch griechisch-byzantinische oder ↑griechisch-orthodoxe Kirche; ↑Griechisch, griechische Sprache). Ihre Geschichte ist, auch räumlich und zeitlich, zu einer Einheit verknüpft mit dem 1453 untergegangenen ↑Byzantinischen Reich und geprägt von deren wechselseitigen Durchdringung. Kirchen-, Theologie- und vielfach damit zusammenhängende Kunstgeschichte werden gewöhnlich in drei Zeitabschnitte eingeteilt: 4. bis 9. Jh. (orthodoxe ↑Reichskirche), 8./9. bis 11./12. Jh. (mittelbyzantinische Kirche) und 13. bis 15. Jh. (spätbyzantinische Kirche).

Byzantinisches Reich (auch Oströmisches Reich, in Kurzform häufig Ostrom oder Byzanz), die östliche, griechisch-orientalische Hälfte des 395 geteilten Römischen Reiches mit der Hauptstadt ↑Konstantinopel (zuvor Byzanz, heute Istanbul). Es bestand bis zum Jahr 1453 (Einnahme Konstantinopels durch osmanische Türken), damit über ein Jahrtausend länger als das Weströmische Reich (↑Westrom), und umfasste Vorderasien, die griechischen Inseln und den Balkan. Von herausragender, wesentlicher Bedeutung für seine Geschichte war die Verbindung mit der ↑byzantinischen Kirche (↑Reichskirche); von ihr empfing der Kaiser seine Krone. ↑Griechisch, griechische Sprache

Byzanz ↑Byzantinisches Reich

C

Cäcilianismus, nach der hl. Cäcilia, Schutzpatronin der Musik, benannte, seit dem 19. Jh. bestehende internationale Reformbewegung (Cäcilienvereine) zur (geistlichen) Erneuerung und Förderung der katholischen ↑Kirchenmusik.

Calixtiner, 1. Anhänger der mehrheitlichen, gemäßigten Richtung der ↑Hussiten, die seit 1414 die Einführung des Laienkelchs (lat. *calix* = Messkelch), damit die ↑Kommunion unter beiderlei Gestalten (lat. *sub utraque speci*e, daher auch Utraquisten genannt) forderten (↑Kelchkommunion). Aus der oft in Gegensatz zu den ↑Taboriten stehenden Bewegung gingen Mitte des 15. Jh.s die ↑Böhmischen Brüder, 1845 die anerkannte gleichberechtigte ↑Landeskirche in Böhmen und Mähren hervor. In der ↑Reformation kam es seit 1524 zur Spaltung in alte und lutherfreundliche Calixtiner (Alt- bzw. Neuutraquisten). Nach der Niederschlagung des evangelischen Ständeaufstands 1620 wurden alle Calixtiner in Böhmen und Mähren zu ↑Konversion oder Exil gezwungen. 2. Calixtiner werden auch die Anhänger des deutschen evangelischen Theologen Georg Calixt († 1656) genannt, der für eine Wiedervereinigung der christlichen ↑Bekenntnisse auf Grundlage der ↑Konzils-Beschlüsse der ersten fünf Jh.e eintrat

und des ↑Synkretismus geziehen wurde.

Calixtinum, das nach Papst Calixt II. (1119–1124) früher auch so genannte Wormser Konkordat von 1122 (↑Investitur, Investiturstreit).

Calvinismus, nach Johannes Calvin (frz. Jean Cauvin, 1509–1564) benannte reformatorische Lehre und Bewegung. Von den deutschen ↑Lutheranern ursprünglich polemisch gebraucht, bezeichneten Calvins Anhänger ihrerseits diese Form des ↑Protestantismus als «reformierte Kirche», so dass beide Begriffe bald identisch werden sollten. Im Zentrum der Theologie Calvins (Hauptwerk [lat.]: *Institutio Religionis Christianae* [dt. = Lehrbuch der Christlichen Religion], Basel 1536) steht die von Luthers Auffassung abweichende Lehre von der ↑Prädestination der Auserwählten, die in ↑Gemeinden das Reich Gottes auf Erden verwirklichen sollten, und vom ↑Abendmahl als äußere Handlung mit der nur geistigen Gegenwart Christi (nicht ↑Realpräsenz). In Genf schuf Calvin im Rahmen seiner Kirchenorganisation eine rigoros durchgeführte Kirchenordnung mit vier Ämtern (Pastoren, Lehrer, Diakone, Älteste) und einem ↑Konsistorium, das ein strenges Kirchen- und Sittenregiment ausüben sollte. Die ↑Confessio Helvetica und der ↑Heidelberger Katechismus als

↑Bekenntnisschriften sowie die ↑Dordrechter Synode wurden zu den Grundlagen des Calvinismus, der sich, anders als das auf das ↑Heilige Römische Reich und Skandinavien beschränkte ↑Luthertum, von der Schweiz aus rasch über Frankreich (↑Hugenotten), England (↑Puritaner), Schottland und die Niederlande ausbreitete und zur dominierenden, auch Politik und Wirtschaft stark beeinflussenden Gestalt des Protestantismus wurde. ↑Independenten, ↑Methodisten und ↑Presbyterianer spalteten sich vom Calvinismus ab.

Calvinisten, Angehörige des ↑Calvinismus.

Camauro ↑Kamauro

Camerlengo (it.), ↑Kämmerer an der ↑Römischen Kurie, näherhin der ↑Kardinalpräfekt an der ↑Apostolischen Kammer (Kardinalkämmerer), früher ↑Amt in der Vermögens- und Finanzverwaltung des ↑Apostolischen Stuhles, heute u. a. nach dessen ↑Erledigung in der Vorbereitung des ↑Konklave tätig.

Camillo ↑Jakobsweg

Campanile ↑Kampanile

Camposanto (it. = heiliges Feld, Friedhof), in Italien eine Friedhofsanlage mit kreuzgangartigen Arkaden oder Hallen (↑Kreuzgang), besonders berühmt der neben dem ↑Dom von Pisa aus dem 13./14. Jh. oder der ↑Campo Santo Teutonico.

Campo Santo Teutonico (it. = dt.er Friedhof), an der Südseite von St. Pe-

ter in ↑Rom gelegener Friedhof, oft nur «der ↑Camposanto» genannt. Hervorgegangen aus der ↑Schola Francorum (seit dem 8. Jh.), wurde die seit 1929 exterritoriale, zum ↑Vatikan gehörende Anlage mit ↑Pilger-Herberge, ↑Hospital und Marienkirche (erbaut 1475) zum Mittelpunkt des deutschen Lebens in Rom. Mit der um 1450 gegründeten ↑Bruderschaft (seit 1579 Erzbruderschaft) ist das 1876 als Studienkolleg errichtete Priesterkolleg (Collegio Teutonico) verbunden, das seit 1887 zusammen mit der ↑Görres-Gesellschaft (hier auch Sitz ihres Römischen Instituts) die «Römische Quartalschrift für christliche Altertumskunde und Kirchengeschichte» herausgibt.

Canon ↑Kanon

Canossa, Burg am nördlichen Abhang des Apennin, südwestlich von Reggio nell'Emilia, 1255 zerstört, im 11. Jh. im Besitz der Markgrafen von Tuszien. Hier erreichte König Heinrich IV. am 28. 1. 1077, nachdem er vor dem Burgtor drei Tage als Büßer (↑Buße) ausgeharrt hatte, von ↑Papst Gregor VII. die Lösung vom ↑Bann. Der Canossagang war für das politische Handeln des Königs unvermeidbar, stellte aber zugleich die tiefste Demütigung des ↑Sakralen Herrschertums dar, leitete dessen Entsakralisierung und die Umkehr im Verhältnis der beiden Gewalten zugunsten der geistlichen (päpstlichen) Gewalt ein. Die «Wende von Canossa» kann in diesem Sinne füglich als «erste europäische Revolution» (Karl

69

Leyser), Canossa als ihr sprichwörtlich gewordenes Symbol verstanden werden, dessen sich auch Reichskanzler Otto von Bismarck auf der Höhe des ↑Kulturkampfes bediente, als er, um seine Entschiedenheit zu bekräftigen, in der Reichstagssitzung vom 14. 5. 1872 erklärte: «Nach Canossa gehen wir nicht – weder körperlich, noch geistig.» ↑Investiturstreit

Cantica (lat.), nach kirchlichem Sprachgebrauch die nicht in den ↑Psalmen enthaltenen Lieder des AT und die Lieder des NT, so der Gesang der drei Jünglinge im Feuerofen (Dan 3,51–90), ↑Benedictus, ↑Magnificat u. a.

Canticum canticorum (lat. = Lied der Lieder), in der ↑Vulgata Bezeichnung für das Hohelied des AT.

Cantilene (lat.), allgemein ein altbekannter Gesang, im kirchlichen Bereich ↑Litanei, ↑Psalmen- und Kirchengesang.

Cantillation (lat.), betonte Sing- und Vortragsweise bei Gebeten und Lesungen in der ↑Liturgie.

Cantionale (lat.), Gesangbuch für die ↑Liturgie.

Cappa (lat.), 1. im Mittelalter ein Umhang, weitärmeliger oder ärmelloser Mantel mit ↑Kapuze; 2. im besonderen die Alltagstracht der Geistlichen: als «cappa choralis» ein schwarzer ↑Kapuzen-Mantel der ↑Chorherren für den ↑Chordienst (im Winter), ihr nachgebildet ist das ↑Pluviale, als «cappa magna» ein Mantel

mit langer Schleppe und großer Kapuze, besonders von ↑Kardinälen und ↑Bischöfen, z. B. beim ↑Gottesdienst zum feierlichen Ein- und Auszug getragen, heute nur noch selten in Gebrauch. ↑Kapelle

caput mundi (lat.), alte Bezeichnung für ↑Rom als «Haupt der Welt».

Caraccioliner, von Francesco Caracciolo 1588 in Neapel gegründete Gemeinschaft von Minderen ↑Regularklerikern zur ↑Armen- und Krankenpflege, Betreuung von Sträflingen und zum Tod Verurteilten. Die heute nur noch wenigen Angehörigen des früher v. a. in Süditalien, Spanien und Portugal verbreiteten ↑Ordens werden auch Marianer genannt.

Caritas (lat. = Liebe), umfassende Bezeichnung für jede Art von Liebestätigkeit aus christlicher Gesinnung, in der Gottes Wesen und Handeln sichtbar werden. Sie ist elementarer Teil des Lebensvollzugs des einzelnen Christen, der Gemeinde und der Kirche, sichtbar im Dienst (gr. *diakonia* ↑Diakonie), wie ihn Jesus und die ↑Apostel als Maßstab für alle Dienste in Kirche und Welt vorgegeben haben, so im Beispiel vom barmherzigen Samariter (Lk 10,25–37). Dieses Leitmotiv bestimmte auch die Aufgaben des ↑Diakons in der ↑Alten Kirche, zu dessen Hauptaufgaben neben dem Dienst am ↑Altar die Fürsorge für die Armen gehörte. ↑Agape, ↑Almosen, ↑Armen- und Krankenpflege wurden zu Inbegriffen der Nächstenliebe und ↑Barmherzigkeit, zum Kennzeichen der gelebten ↑Nachfolge Christi, über Jh.e vollzogen in vielen Ämtern und Einrichtungen der Kirche, in ↑Orden und ↑Klöstern, durch ↑Barmherzige Brüder und Schwestern, in ↑Hospitälern, Hospizen und Leprosenhäusern, in Alten- und Pflegeheimen (Charité als frz. Übersetzung von caritas ist auch heute noch Titel für Krankenhäuser, besonders berühmt die in Paris und Berlin; zu erwähnen sind auch die vielen Krankenhäuser der ↑Dritten Orden). Der Verlust zahlreicher sozial-karitativer Einrichtungen der Kirchen im Zuge der ↑Säkularisation und die damit verbundenen Defizite, auch die mit der Industrialisierung einhergehende Zunahme der Arbeiterschaft (mit Erscheinungen der Verelendung) ließen eine eigene «Caritasbewegung» entstehen, die in der Hauptsache vom Kirchenvolk getragen und von einzelnen ↑Laien initiiert war, so die ↑Vinzenz- und Elisabethkonferenzen. Im weiteren Verlauf des 19./20. Jh.s kam es in vielen Ländern zur Gründung zahlreicher Caritasvereine und -verbände, Diakonien und ↑Innerer Missionen, die kirchliche Wohlfahrtspflege und Sozialarbeit in umfassender, über die klassische Armenpflege hinausreichender Weise leisten. Die weltweiten nationalen Caritasverbände sind in der «Caritas Internationalis» mit Sitz in Rom vereint. Daneben sind die vielen kirchlichen Hilfswerke zu nennen, in Deutschland z. B. Adveniat, Brot für die Welt, Misereor, Renovabis, das Engagement der ↑Sternsinger und die zahlreichen Gemeinschaften, die sich der Ärmsten der Armen erbarmen, z. B. die ↑Missionarinnen der Nächstenliebe.

Carmina Burana ↑Vaganten

Cartellverband der katholischen deutschen Studentenverbindungen (Abkürzung CV), größter Dachverband katholischer Akademikergemeinschaften in Deutschland, der wie der Unitasverband (UV), der Kartellverband katholischer deutscher Studentenvereine (KV) und der Schweizerische Studentenverein Mitte des 19. Jh.s entstand, um dem Katholizismus an religiös indifferenten bzw. kirchenfeindlichen Universitäten ein eigenes Gepräge zu verleihen. Er pflegt traditionell studentische Sitten (farbentragend, nicht schlagend, d. h. fechtend) und weiß sich den (lateinisch bezeichneten) Prinzipien religio (Religion) in Bindung an die katholische Kirche, scientia (Wissenschaft), amicitia (Freundschaft) und patria (Vaterland) in völkerverbindender Gesinnung verpflichtet. Die CV-Korporationen verstehen sich als «Lebensbund» und zählen viele tausend männliche Mitglieder. Bedeutende Korporierte waren u. a.: im CV der Jesuitenpater Rupert Mayer, Heinrich Brüning, Heinrich Lübke, im UV Rubert Schuman, im KV Konrad Adenauer.

Caeremoniale ↑Zeremoniale

Caesaropapismus (lat. Kunstwort = Kaiserpapsttum), im 18. Jh. geprägter, meist polemisch gebrauchter Begriff zur Kennzeichnung eines Verhältnisses zwischen geistlicher und weltlicher Gewalt, in dem diese, symbolisiert durch den «Kaiser», die volle kirchliche Gewalt, also das ↑«Papsttum», innehat. Bezogen wurde diese Umschreibung besonders auf die byzantinische und die russisch-orthodoxe Kirche in ihrer Gestalt bis 1917, dann allgemein auch auf das ↑Staatskirchentum und das ↑landesherrliche Kirchenregiment (↑Summepiskopat). ↑Epistemonarch, ↑Papismus.

Castelgandolfo, Stadt am Albaner See etwa 25 km südöstlich von ↑Rom, wo sich seit dem 17. Jh. die Sommerresidenz des ↑Papstes befindet, auch eine Sternwarte (Vatikanisches Observatorium); sie ist als Teil des Staates der ↑Vatikanstadt seit 1929 exterritorial. Der klimatisch angenehme Ort ist das aus der römischen Sage bekannte Alba Longa, das von Ascanius, dem Sohn des Aeneas, gegründet worden sein soll. Im hohen Mittelalter errichtete die aus Genua stammende Familie der Gandulfini hier eine Burg, die 1604 an die ↑Apostolische Kammer fiel. Urban VIII. (1623–1644) hielt sich als erster Papst während des heißen römischen Sommers in der später zur prächtigen Villa ausgebauten Anlage auf.

Catechismus Romanus (lat.), 1566 erstmals erschienener, weitverbreiteter und vielfach übersetzter «Römischer ↑Katechismus», der im Zuge der ↑Katholischen Reform und auf der Grundlage des Konzils von Trient (1545–1563) die katholische Lehre zusammenfassend darstellte.

Cathedra (gr.-lat. = Arm-, Thronsessel, [Ehren-] Sitz, [Lehr-] Stuhl), hervorgegangen aus dem Amtssitz in der Antike, wurde das Wort zur Bezeichnung für den ↑Bischofsstuhl in der ↑Bischofskirche, für die Kathedra des Bischofs in seiner ↑Kathedrale, speziell für die Cathedra Petri (lat. = Stuhl des hl. Petrus), den Bischofsstuhl von ↑Rom, Sitz des Nachfolgers Petri, des ↑Papstes, für den ↑Heiligen und ↑Apostolischen Stuhl. ↑Ex cathedra, ↑Inthronisation

Cautio criminalis (lat. *cautio* = Vorsicht, Behutsamkeit, *criminalis* = verbrecherisch, zur Anklage gehörig), 1631 erschienenes Werk des Jesuiten Friedrich von Spee gegen den ↑Hexenwahn, besonders gegen die Anwendung der ↑Folter im Hexenprozess; der volle Titel lautet: «Cautio criminalis oder Rechtliches Bedenken wegen der Hexenprozesse für die Obrigkeiten Deutschlands gegenwärtig notwendig. Aber auch für die Ratgeber und Beichtväter der Fürsten, für Inquisitoren, Richter, Advokaten, Beichtiger der Angeklagten, Prediger und andere sehr nützlich zu lesen». Spee hatte als Seelsorger viele der Zauberei und Hexerei «überführte» Menschen auch zum Scheiterhaufen begleitet. Mit dieser Schrift wollte er die innere Widersprüchlichkeit und Widersinnigkeit aufweisen und den verhängnisvollen Kreislauf von Prozess, Folter und «Geständnis» durchbrechen. Das Ergebnis seiner Überlegungen und Erfahrungen fasste er in dem Satz zusammen: «Solange es diese Prozesse gibt, gibt es Hexen, und niemand ist sicher, nicht selbst der Hexerei angeklagt und verurteilt zu werden.»

CCEO ↑Codex Canonum Ecclesiarum Orientalium

Cellarium ↑Zellarium

Cellerar ↑Zellerar

Celliten ↑Alexianer, ↑Begarden

Cels., Abkürzung für lateinisch Celsitudo, Celsissimus = Hoheit, erhabenste Hoheit: Hoheits- und Anredetitel für weltliche und geistliche Würdenträger, auch als Serenissima Celsitudo = Erlauchteste Erhabenheit (↑Ser.).

Census (lat. = Zählung, Schätzung; Abgabe, Pacht, Steuer, Zins), als Volkszählung und Schätzung der männlichen Bürger und deren Vermögen aus dem antiken Rom hervorgegangen, waren mit Census seit dem Mittelalter auch im kirchlichen Bereich allgemein ↑Abgaben (in Geld oder Naturalien, Pachtzinse, Gefälle), speziell auch die jährlichen Einkünfte oder Vermögenswerte einer Seelsorgestelle, z. B. einer ↑Pfarrei, umschrieben.

Chalcedonense, lateinischer Kurztitel für das Konzil von Chalcedon (451) mit seiner im Rahmen der ↑Christologie erfolgten Erklärung zu den zwei Naturen Christi (↑Dyophysitismus).

chaldäische Kirche, seit dem 15. Jh. gebräuchlicher, seit 1830 offizieller Name für die mit ↑Rom unierte ↑Nes-torianische Kirche. Der «Patriarch von Babylon der Chaldäer» residiert in Bagdad.

character indelebilis (lat.), nach katholischer Lehre prägen die ↑Sakramente der ↑Taufe, ↑Firmung und ↑Priesterweihe der Seele ein unauslöschliches Merkmal (so die Übersetzung) ein, was einen nochmaligen Empfang dieser Sakramente unnötig macht.

Charisma (gr. = Gnadengabe). 1. Im allgemeinen Sprachgebrauch ist damit eine außergewöhnliche Begabung oder Befähigung eines Menschen gemeint, die diesen als zu einer besonderen Aufgabe geradezu berufen erscheinen und zu einer charismatischen Persönlichkeit werden lässt. 2. Im theologischen Bereich ist es die von Gott gewährte herausragende Gabe, z. B. Prophetie, Heilungsvermögen, Weisheitsrede, dann auch die besondere Begabung zu einem bestimmten Dienst in der Kirche. Nach dem NT besitzt jeder Christ bestimmte Geistesgaben. 3. Die Unterscheidung zwischen ↑Amt und Charisma, die schon in der ↑Urkirche begegnet, führte Ende des 2. Jh.s zum ↑Montanismus und zu weiteren vielfältigen charismatischen Bewegungen durch alle Jh.e, wie sie etwa auch in der ↑Armutsbewegung des Hochmittelalters, in der ↑Mystik und ↑Devotio moderna erkannt werden können. 4. Im eigentlichen Sinn spricht man von charismatischen Bewegungen für Erscheinungen des 20. Jh.s, die historisch zwar mit der ↑Pfingstbewegung verbunden sind, sich von dieser aber dadurch unterscheiden, dass sie sich als Strömung innerhalb der Kirchen entfalten.

Charta Caritatis (lat. = Urkunde der Liebe), Ordensverfassung der ↑Zisterzienser. ↑Filiation

Chartophylax (gr. = Urkundenbewahrer, Archivar; ↑Archiv), in der ↑byzantinischen Kirche erstmals für das 6. Jh. belegtes ↑Amt eines in der bischöflichen Verwaltung tätigen Archivbeamten im Rang eines ↑Diakons, der allmählich zum Rechtsberater, in ↑Konstantinopel zum ↑Generalvikar des ↑Patriarchen aufstieg.

Cherub, Cherubim ↑Seraph, Seraphim

Chiliasmus (gr. *chilioi* = tausend), die Erwartung eines tausendjährigen Reiches Christi und der Gerechten auf Erden, auch Millenarismus (lat. *mille* = tausend) genannt, an dessen Ende die Auferstehung der Toten und das Endgericht (↑Endzeit) folgen. Die in Offb 20 (↑Apokalypse) wurzelnde Vorstellung verbreitete sich im frühen Christentum, verlor aber seit dem 4. Jh. an Bedeutung, um seit dem 13. Jh. (↑Joachimitismus) wieder an Aktualität zu gewinnen. Seit dem 16. Jh. begegnen chiliastische Ideen etwa bei den ↑Böhmischen Brüdern, im 19./20. Jh. bei ↑Adventisten und ↑Mormonen. ↑Schwarmgeister

Chor (gr. *chorós*, lat. *chorus* = der Reigen, die tanzende und singende Schar, allgemein jede zu einem bestimmten Zweck versammelte Menge). 1. Im antiken Griechenland der Tanzplatz, der Gemeinschaftstanz und -gesang, vorgetragen zu kultischen Anlässen (Götterfeste; ↑Kult), wurde der Chor auch zum Bestandteil der griechischen Tragödie. 2. In der kirchlichen Architektur wird der Chor zunächst der für die Sänger bestimmte, (in der Regel) im Osten gelegene Platz in einer Kirche, dann der dort abgegrenzte, auch ↑Presbyterium genannte Bezirk für den ↑Chordienst der ↑Kleriker, der ↑Dom- und ↑Chorherren, in einer ↑Kloster-Kirche der männlichen und weiblichen ↑Religiosen (auch Mönchs- bzw. Nonnenchor). In altkirchlicher Zeit und im Mittelalter befand sich dieser Ort in der Regel vor dem ↑Hochaltar, im Zeitalter des ↑Barocks auch seitwärts erhöht oder rückwärts auf einer ↑Empore; der Chor konnte auch hinter dem Hochaltar liegen. 3. ↑Apsis, Chorhaupt, Chorscheitel oder -bogen wird der halbkreisförmige oder auch polygonale Abschlussteil des Chors (in der Regel nach Osten hin) genannt. In großen Kirchen des Mittelalters können auch mehrere Chöre eingerichtet sein, die nach Lage und liturgischer Funktion Ost-, West- oder Hochchor genannt werden (v. a. romanische Kirchen [↑Romanik] haben oft einen zweiten Chor im Westen). Nicht selten begegnen hier auch Chorkapellen, die an den Chorraum oder Chorumgang angrenzen. 4. Im engeren Sinn wird als Chor gewöhnlich der Bereich in einer Kirche vor dem Hochaltar bezeichnet, der durch Altar- oder ↑Chorschranken, ↑Lettner oder (seit dem 17. Jh. schmiedeeiserne) Gitter zum Mittel- oder Laienschiff (↑Kirchenschiff, ↑Laienkirche) hin abgegrenzt ist und in dem sich das meist kunstvoll gear- beitete ↑Chorgestühl für den Stifts- bzw. Ordensklerus befindet. 5. In der Musik wird als Chor die Gemein- schaft von Sängern (oder Sprechern; wie 1.) bezeichnet, die als gemischter Chor, als Frauen-, Männer-, Knaben- oder Sprechchor, z. B. in einem Kir- chen- oder Motettenchor, mit Instru- mentalbegleitung oder ohne (a capel- la; ↑Kapelle), gemeinsam eine Kom- position vorträgt, den Chorgesang oder ↑Choral, das Chor- oder Kir- chenlied, eine ↑Messe, ↑Kantate, ↑Motette, ein ↑Oratorium oder ↑Re- quiem. ↑Ostung

Choral (lat. = Chorgesang), seit dem Spätmittelalter Bezeichnung für den einstimmigen, unbegleiteten ↑Grego- rianischen Gesang/Choral, benannt nach dem Chor der Mönche, den sie im ↑Chor der Kirche singen. In den evangelischen Kirchen ist Choral auch der Name für das ↑Kirchenlied. ↑Kantate

Chorbischof, ein ↑Bischof für die ländliche Region, für das offene Land (gr. *chora*), steht also in keinem Zu- sammenhang mit dem ↑Chor. Chor- bischöfe sind in der ↑Ostkirche zum ersten Mal für das 4. Jh. bezeugt, im ↑Abendland begegnen sie als ↑Wan- derbischöfe im Fränkischen Reich seit dem 6. Jh (↑irisches Mönchtum), dann besonders im 8. Jh. Ihre Zahl nahm zugleich mit der Ausbreitung des Christentums, seine Verbreitung auch außerhalb der Städte seit der ↑Konstantinischen Wende zu. Sie vertraten und übten für den in der Stadt residierenden, ihnen vorgesetz- ten Diözesanbischof hilfsbischöfliche Funktionen auf dem Land und in Missionsgebieten. Von daher können diese Land- oder Ruralbischöfe (von lat. *ruralis* = ländlich) ihren Aufgaben nach als Vorläufer der ↑Suffragan- bzw. Provinzial-, ↑Weih- und Regio- nalbischöfe betrachtet werden. Nicht selten übernahmen auch die ↑Archi- diakone die Verwaltungsfunktionen der Chorbischöfe, nachdem diese Einrichtung im 10.–12. Jh. erloschen war.

Chorbuch, Buch mit Noten und Text im Großformat, das auf einem Pult erhöht aufgestellt war, um dem ↑Chor das gemeinsame Absingen in der ↑Liturgie zu ermöglichen. Mit den Möglichkeiten der modernen Drucktechnik, zunehmend seit dem 19. Jh., verloren die kunstvoll gestal- teten Chorbücher (↑Buchkunst) ihren Sinn.

Chordienst, der vorgeschriebene täg- liche gemeinsame ↑Gottesdienst der Mitglieder eines Stifts- oder Ordens- ↑Kapitels im ↑Chor der Kirche. Er be- steht gewöhnlich aus der ↑Messe des ↑Konvents (Konventmesse oder -amt) und dem gemeinsamen Chorgebet.

Chorfrauen, dem Begriff ↑Chorher- ren entlehnte, erst seit dem Hochmit- telalter übliche Bezeichnung für Jung- frauen, die ihr Leben Gott geweiht haben (↑Jungfrauenweihe), nicht nach einer ↑Ordensregel leben und keine ↑Gelübde ablegen, sondern in einem Frauenstift, später auch ↑Damenstift ein Leben in Gemeinschaft gemäß den kirchlichen Vorschriften (↑Kanon) führen, deshalb auch ↑Kanonissen genannt werden. Von diesen sind zu unterscheiden Chorfrauen oder Kanonissen, die im 11./12. Jh. die ↑Augustinusregel annahmen und die drei feierlichen Gelübde ablegten. Weil diese Chorfrauen demnach auf der Grundlage einer Ordensregel leben, werden sie regulierte Chorfrauen (vom hl. Augustinus), Regularkanonissen oder Augustiner-Chorfrauen genannt. Zu ihnen gehören u. a. die ↑Prämonstratenserinnen.

Chorgebet, Teil des ↑Chordienstes.

Chorgestühl, an beiden Seiten des ↑Chors angebrachte Sitzreihen (oft jeweils zweireihig) für den Stifts- und Ordensklerus, häufig kunstvoll und kostbar gearbeitet, reich geschnitzt und verziert. ↑Miserikordie

Chorhaupt, die halbkreisförmige oder polygonale ↑Apsis, die den ↑Chor abschließt.

Chorhemd ↑Chorrock

Chorherren. 1. Der Begriff ist hergeleitet vom gemeinsamen Gebets- oder ↑Chordienst der ↑Kleriker in dem ↑Chor genannten Teil des Kirchengebäudes und in dem ebenfalls Chor genannten Raum, in dem sich die Chorherren als stimmberechtigte Mitglieder eines ↑Kathedral-, ↑Dom- und ↑Stiftskapitels zu einer Versammlung

einfanden. Chorherren sind also anfangs Kleriker, die in einem ↑Kapitel gemeinsam den ↑Gottesdienst feiern und nach einer bestimmten Ordnung (Regel) leben, das heißt ein gemeinsames Leben gemäß den kirchlichen Vorschriften (↑Kanon) führen und daher auch ↑Kanoniker genannt werden. Sie dürfen, und das ist einer der wichtigen Unterschiede zu den ↑Mönchen, Privateigentum und eigene Wohnungen besitzen. 2. Das gemeinsame Leben der Chorherren oder Kanoniker begegnet schon in altkirchlicher Zeit. Dahinter stand das Ideal des ↑apostolischen Lebens, das auch im Weltklerus verwirklicht werden sollte. Als bedeutendster Förderer dieser schon bei Bischof Eusebius von Vercelli im 4. Jh. begegnenden Lebensform für den Weltklerus gilt Augustinus (354–430), der als Bischof von Hippo Regius in Nordafrika das gemeinsame Leben mit seinen Klerikern nach einer Regel (später ↑Augustinusregel genannt) pflegte. 3. Weil es in den folgenden Jh.n nicht selten zu einer Vermischung der Lebensformen von Mönchen auf der einen und Chorherren/Kanonikern auf der anderen Seite kam, sollte eine klare Abgrenzung zwischen den beiden (Lebens-) Ordnungen gezogen und für die Kanoniker eine spezielle Regel geschaffen werden. Dies gelang Bischof Chrodegang von Metz mit seiner 755 geschriebenen Regel, die zum Muster für künftige kanonikale Lebensordnungen wurde. Diese erste der Chorherren- oder Kanonikerreformen schlug sich nieder in der

↑Aachener Regel von 816. 4. Innerhalb des Kanonikerstandes kam es im 11./12. Jh. zur entscheidenden Kanonikerreform, die aufs engste mit der zeitgleichen ↑Gregorianischen Reform verknüpft ist und auch die ↑Chorfrauen erfasste. Man betrachtete die Lebensweise der Chorherren als mit dem Ideal der apostolischen ↑Armut, Voraussetzung für die radikale ↑Nachfolge Christi, unvereinbar. In der Folge kam es zu einer Verschiebung der kanonikalen Lebensweise hin zur Lebensordnung der Mönche, die nach ↑Ordensregeln leben: Viele Kapitel nahmen, begeistert von dem neu erwachten Armutsideal, seit Beginn des 12. Jh.s die in verschiedenen Überlieferungen bekannte Regel des hl. Augustinus an, und viele Gemeinschaften der Chorherren- und frauen legten jetzt die feierlichen ↑Gelübde ab. Somit war es zu einer «Regulierung» vieler Stifte der Chorherren und -frauen gekommen, deren Mitglieder seither regulierte Chorherren und Chorfrauen, Regularkanoniker und -kanonissen genannt werden. Je nachdem, ob die mildere oder strengere Fassung der Augustinusregel zur Grundlage der neuen regulierten Lebensweise gemacht wurde, kam es zur Entstehung der ↑Augustiner-Chorherren bzw. der ↑Prämonstratenser. Sie sind die bedeutendsten der regulierten Chorherren-Orden. Ihre Klöster wurden, in einem letzten Höhepunkt im 18. Jh., zu bedeutenden geistigen und kulturellen Zentren. 5. Die Chorherren und Kanoniker, die sich der Reform nicht anschlossen, werden Säkularchorherren oder -kanoniker genannt und sind bis heute kollegial-kanonisch zusammenlebende Weltpriester, v. a. in ↑Domkapitel und ↑Kollegiatstift.

Chormantel ↑Pluviale

Chormeister ↑Kantor

Chormönch ↑Priestermönch

Chororgel, kleinere, gewöhnlich im ↑Chor der Kirche befindliche ↑Orgel zur Begleitung liturgischer Gesänge.

Chorraum ↑Altar, ↑Chor, ↑Dreikonchenanlage, ↑Presbyterium, ↑Sanktuarium

Chorrock, eine Art verkürzte ↑Albe, die anfänglich als Chorkleidung beim ↑Chordienst, in der kalten Jahreszeit über dem Pelzwerk getragen wurde; das auch Chorhemd oder ↑Rochett genannte weiße, weitärmelige (Über-) Gewand reicht bis zu den Knien und wird zu liturgischen Handlungen (auch mit ↑Stola) getragen, zu denen die Albe nicht erforderlich ist, z. B. bei ↑Andachten, ↑Prozessionen, ↑Predigten außerhalb der ↑Messe, ↑Versehgängen zu Kranken und Sterbenden. ↑Kutte, ↑liturgische Gewänder

Chorschranken (lat. *cancelli*, ↑Kanzel), die den ↑Chor in einer Kirche abschließenden Schranken, aus Stein, Marmor, Holz und Schmiedeeisen, auch Altarschranken, Kanzellen und Speisegitter (an dem die ↑Kommunion gereicht wird) genannt. ↑Lettner

Chorumgang, um den ↑Chor geführte Seitenschiffe, meist mit Chorkapellen (↑Kirchenschiff).

Chrisam, Chrisma (gr. = Salböl), durch den ↑Bischof geweihtes Salböl, das in der katholischen Kirche v. a. bei ↑Taufe, ↑Firmung, Bischofs-, ↑Priester- und ↑Altar-Weihe (↑Sakrament) verwendet wird. In der Chrisam- ↑Messe, oft am Abend vor ↑Gründonnerstag, wird in der jeweiligen ↑Bischofskirche jährlich das Chrisam (mit Krankenöl für die ↑Krankensalbung und das Katechumenenöl [↑Katechumenat]) für das ↑Bistum geweiht. ↑Chrismale

Chrismale, 1. Gefäß zur Aufbewahrung des ↑Chrisams; 2. gewachstes Tuch, das nach einer ↑Altar-Weihe unter die Altartücher auf den Tisch gelegt wird; 3. in einigen Ländern das Tuch, das den Firmlingen (↑Firmung) nach dem Auftragen des Chrisams um die Stirn gebunden wird.

Chrismon (gr.). Seit dem 4. Jh. verwendet, ist es ein bis zum 13. Jh. gebräuchliches, reich verziertes und vielgestaltiges Buchstabenzeichen für Christus, besonders am Anfang von Urkunden, aber auch vor Unterschriften und Datierungen; es ist als symbolische Anrufung (↑Invokation) Christi zu verstehen.

Christ, Christen ↑Christentum

Christbaum ↑Weihnachten

Christenlehre, Unterweisung der heranwachsenden Jugend in der christlichen Glaubenslehre, in älterer Zeit häufig am ↑Sonntag, besonders ausgeprägt vom 16. bis Mitte des 20. Jh.s und oft wahrgenommen von Christenlehr- ↑Bruderschaften. In ihrer Entwicklung ist sie zu unterscheiden vom altchristlichen Unterricht durch Katechumenen (↑Katechumenat), von ↑Religions-, ↑Kommunion-, Firm- und Konfirmandenunterricht (↑Firmung, ↑Konfirmation).

Christenserinnen ↑Alexianer

Christentum, die ↑Religion der Christen, d. h. aller derer, die an Jesus von Nazaret als den ↑Christus glauben und auf den dreifaltigen Gott (↑Trinität) getauft sind (Mt 28,19). Die schon früh erfolgte Benennung der Christusgläubigen als «Christianer» (Apg 11,26) weist darauf hin, dass im ↑Bekenntnis zu Jesus als dem Christus, zu seiner ↑Passion, seinem Tod am ↑Kreuz, seiner Auferstehung (↑Ostern) und Wiederkunft (↑Parusie) das entscheidende Kennzeichen seiner Anhänger erkannt wurde. Daraus entwickelte sich der erstmals bei Ignatius von Antiochien († vor 117) belegte Begriff Christentum (als Nachbildung von «Judentum» und «Griechentum») zur Bezeichnung für die von Jesus Christus gestiftete Offenbarungsreligion, die ihre Glaubenslehre, Gottesverehrung und Weltanschauung auf Jesus und das Glaubenszeugnis seiner Jünger (↑Apostel) zurückführt. Der christliche Glaube gründet also in der Person Jesu Christi, in der Gottes Offenbarung sichtbar wurde; sie wird der ↑Bibel entnommen (↑Theologie). Mit Christentum ist auch die Gesamtheit der ↑Gemeinschaften, der ↑Kirche und der Kirchen, damit die Summe der geschichtlichen Wirkungen umschrieben, die von Christus und seiner Lehre ihren Ausgang nehmen und von daher maßgeblich bestimmt sind. Die Geschichte des Christentums ist daher immer auch die Geschichte der Kirche und der Kirchen (↑Kirchengeschichte).

Christentumsgesellschaft, auf Initiative des evangelischen Theologen Johann August Urlsperger 1780 in Basel gegründet «zur Beförderung reiner Lehre und wahrer Gottseligkeit», in die auch katholische Christen aufgenommen werden sollten, wurde sie zur «Keimzelle» bibelgläubiger Kreise, die sich v. a. sozial-karitativ engagierten und die ↑Innere Mission förderten. Aus ihr ging u. a. die ↑Baseler Missionsgesellschaft hervor.

Christenverfolgungen, gegen einzelne Christen, gegen christliche Religion und Glaubenslehre, Kirche und Klerus gerichtete Maßnahmen und Unternehmungen zur Vernichtung des ↑Christentums, wobei ihre Erscheinungsformen – als systematische, offene oder verdeckte Unterdrückung und Verfolgung – in der Geschichte nicht immer wahrgenommen werden oder wahrnehmbar sind. War es zu ersten größeren Christenverfolgungen unter den römischen Kaisern Nero (im Jahr 64) und Domitian (81–96) gekommen, nahmen sie in der zweiten Hälfte des 2. Jh.s erheblich zu, die Martyrien (↑Martyrium) wurden zahlreicher (↑Katakomben).

Versuche einer allgemeinen und systematischen Unterdrückung des Christentums werden aber erst unter Kaiser Severus (202) sichtbar; sie gerieten unter Decius (249–251) und Valerian (257/58) zu planmäßigen und breitangelegten Verfolgungen. Ihren letzten und grausamsten Höhepunkt fanden sie unter Kaiser Diokletian (303/304) und kamen zum Ende mit dem von Kaiser Galerius 311 erlassenen Toleranz- ↑Edikt und mit der Mailänder Konvention von 313, mit denen die Kaiser Konstantin I. und Licinius Duldung und freie Ausübung des christlichen Glaubens im Römischen Reich ermöglichten (↑Konstantinische Wende). Christenverfolgungen ereigneten sich in den folgenden Jh.n immer wieder, in Gebieten der ↑Mission ebenso wie unter der Herrschaft der Araber und Osmanen, in Nordafrika, Vorder- und Kleinasien, auf dem Balkan und zur Zeit der ↑Französischen Revolution. Aus den Christenverfolgungen der Neuzeit ragen die Vernichtungszüge des türkischen Staates gegen die christlichen Armenier (↑Armenische Kirche) 1895, 1908 und 1915 heraus, von denen auch orthodoxe Griechen, Syrer, Assyrer und Katholiken der Ostkirchen betroffen waren, ebenso der «Vernichtungskampf» der totalitären Systeme des 20. Jh.s, des Kommunismus und Nationalsozialismus mit ihren Versuchen, das Christentum zu vernichten (↑Kirchenkampf). ↑crimen laesae maiestatis

Christianer ↑Christentum

Christianisierung, die Vermittlung des ↑Christentums an nicht-christliche Völker und Regionen durch ↑Mission.

christkatholische Kirche ↑altkatholische Kirche

Christkind, seit dem 14. Jh. belegte Darstellungen des stehenden, dann auch segnenden Jesus-Kindes als Einzelfigur, meist aus Ton und Holz, seit dem 16./17. Jh. auch aus Wachs, Elfenbein und Bronze. Seit etwa 1600 begegnen daneben die v. a. im Barock weitverbreiteten liegenden «Fatschenkindl» (von it. fasciare = wickeln), bei denen Kopf und Schulter gewöhnlich aus Wachs gefertigt sind und der Körper aus Werg mit oft kostbaren Stoffen und Spitzbändern umwickelt ist. Diese Form des ↑Andachtsbildes erklärt sich aus der besonders in Süddeutschland bis ins 19. Jh. üblichen «Einwickelung» der Kleinkinder bis zu den Schultern. ↑Weihnachten

Christkindlmarkt ↑Weihnachtsmarkt

christlich, zu Jesus Christus und dem ↑Christentum gehörend, davon stammend, darauf gerichtet.

christlich-soziale Bewegungen, entstanden auf dem Hintergrund des politischen wie gesellschaftlich-sozialen Umbruchs seit Ende des 18. Jh.s, speziell in den ersten Jahrzehnten des 19. Jh.s; es sind damit die christlich-kirchlichen Bestrebungen zur Lösung der Sozialen Frage gemeint, die mit der Industrialisierung, der industriellen Revolution und ihren Folgen, besonders für die Arbeiter, entstand. Diese Anstrengungen wirkten sich seit Ende des 19. Jh.s in der Sozialgesetzgebung, der praktischen, sozial-karitativen Arbeit der Kirchen, nichtkirchlicher Verbände und der Wirtschaft sowie der Gründung christlich-sozialer Parteien (↑christliche Parteien) stark aus. ↑evangelisch-sozialer Kongress, ↑katholische Bewegung, ↑Kolpingwerk, ↑Sozialenzykliken

christliche Archäologie ↑Archäologie

christliche Demokratie ↑christliche Parteien

christliche Kunst, jede dem ↑Christentum verpflichtete bildende Kunst, bildliche Gestaltung der christlichen Glaubenswelt und des christlichen Heilsgeschehens, sakrale Architektur, Ausgestaltung des gottesdienstlichen Raumes und liturgischer Geräte.

christliche Parteien, entstanden im Unterschied zu anderen politischen Parteien aus dem Bedürfnis, den in der Folge der ↑Französischen Revolution vielfältigen ↑Säkularisierungs-Tendenzen, antichristlichen Strömungen und dem ↑Liberalismus in Politik, Staat und Gesellschaft seit Beginn des 19. Jh.s (↑Säkularisation), damit der Zurückdrängung christlichen Glaubens und christlicher Kirchen in organisierter Form entgegenzutreten. Seit der Mitte des 19. Jh.s kam es, oft parallel zu den ↑christlich-sozialen Bewegungen, zu katholischen wie evangelischen christlich-demokratischen Bewegungen, die besonders in

Frankreich, Belgien, Italien, den Niederlanden, Deutschland und Österreich bis zum Beginn des 20. Jh.s zur Gründung zahlreicher (Volks-) Parteien, zu einer «christlichen Demokratie», führten. In Deutschland z. B. war das katholisch bestimmte ↑Zentrum von großer Bedeutung. Nach dem Ende des Zweiten Weltkrieges entstanden die Christlich-Demokratische Union (CDU), in Bayern die Christlich-Soziale Union (CSU).

Christlicher Verein Junger Männer (CVJM), von Sir George Williams 1844 in London als «Young Men's Christian Association» (engl., abgekürzt YMCA) gegründete freie Vereinigung der evangelischen männlichen Jugend mit dem Ziel, «junge Männer miteinander zu verbinden, die Jesus Christus nach der Heiligen Schrift als ihren Gott und Heiland anerkennen (...) und gemeinsam danach trachten wollen, das Reich ihres Meisters unter den jungen Männern auszubreiten» (Erklärung der Pariser Basis, 1855). Aus der 1855 in London gegründeten «Young Women's Christian Association» (engl., abgekürzt YWCA) ging auch der «Arbeitskreis der Christlichen Vereinigung für Mädchen und Frauen» (CVMF) hervor.

Christmette (von lat. *Missa in nocte* = Nachtmesse), seit dem 5. Jh. erster ↑Gottesdienst an ↑Weihnachten, in der Nacht der Geburt Jesu Christi, meist um Mitternacht oder am Abend des 24. Dezember (Heiliger Abend, ↑Heilige Nacht) gefeiert.

Christogramm, Christusmonogramm (gr. *monogrammos* = nur aus Linien bestehend), seit dem 3. Jh. belegtes symbolisches Zeichen für Christus, das in verschiedenen, oft das ↑Kreuz darstellenden Formen aus den großen griechischen Anfangsbuchstaben des Namens Christus gebildet ist: X (dt. = Ch) und P (dt. = R), also XP, PX (letzteres Zeichen auch als lat. *Pax* = Friede gedeutet), in latinisierter Version auch als *Christus Rex* = Christus (ist) König. Im 4. Jh. wurde das Christogramm von Kaiser Konstantin I. dem Großen (↑Konstantinische Wende) in das Labarum, die spätrömische Kaiserstandarte, aufgenommen; es fand über alle Jh.e weite Verbreitung und ist bis heute gebräuchlich (z. B. auf liturgischen Gewändern, Bucheinbänden). Im 15. Jh. begegnet als Variante das Zeichen «IHS» oder «JHS», das aus den drei großen griechischen Anfangsbuchstaben für Jesus gebildet ist (Jesusmonogramm), als *Jesus Hominum Salvator* (lat. = Jesus, der Menschen Heiland) aufgelöst wird und im 16. Jh. von den Jesuiten als Ordensabzeichen übernommen wurde. «JHS» wird bis heute auch mit «Jesus, Heiland, Seligmacher» übersetzt. Als Christogramm gilt auch das Symbol für Fisch, griechisch ichthys, das nach den griechischen Anfangsbuchstaben als «Jesus Christus, Gottes Sohn, Heiland» gedeutet wird.

Christologie (gr. = Lehre von [Jesus] Christus), theologische Wissenschaft (↑Theologie) vom wahren Sein, von der gottmenschlichen Person ↑Jesu Christi, im weiteren Sinn auch die Lehre von seinem Erlösungswerk, seiner Heilsbedeutsamkeit (Soteriologie, von gr. *soter* = Retter, Eröser). Wegen unterschiedlicher Auffassungen in dieser Frage kam es in den ersten Jh.en zu christologischen Streitigkeiten. Wichtigste lehramtliche Aussagen wurden getroffen auf dem Konzil von Nizäa (325, Abwehr des ↑Arianismus; ↑Subordinatianismus), auf dem Konzil von Konstantinopel (381, Abwehr des ↑Monotheletismus) und auf dem Konzil von Chalcedon (451, gegen ↑Monophysitismus und ↑Nestorianismus), hier die verbindliche Formel von den zwei Naturen, der vollständigen göttlichen und menschlichen Natur in der einen Person des ↑Logos (Christi), unvermischt und ungetrennt geeint, geprägt (↑Hypostase, ↑Dyophysitismus). ↑Adoptianismus, ↑Einigungschristologie, ↑Ubiquitätslehre

Christus (gr. *chrestos* = der Gesalbte des Herrn, lat. *christus*, hebr. = ↑*Messias*), Bei- und Eigenname des ↑Jesus von Nazaret: Jesus Christus oder Christus (↑Christentum, ↑Christologie, ↑Kyrios).

Christus Domini (lat. = der Gesalbte des Herrn), erstmals für das Jahr 916 belegte Bezeichnung für den König und Kaiser des ↑Heiligen Römischen Reiches, die in der Auffassung gründet, dass das christliche Herrscheramt sakral legitimiert sei (↑Sakrales Herrschertum).

Christus in der Rast (auch Herrenrast, Unseres Herren Rast), als ↑Andachtsbild seit dem Spätmittelalter begegnende Darstellung des im Kerker sitzenden, in Ketten gelegten Jesus Christus nach der Gefangennahme (↑Passion), häufig auch in Herrenrast- ↑Kapellen.

Christusmonogramm ↑Christogramm

Christusorden, geistlicher ↑Ritterorden in Portugal, der aus der Vereinigung der portugiesischen Mitglieder des 1312 aufgehobenen ↑Templerordens entstand, päpstlich approbiert wurde und in der Kolonisation von Bedeutung war; aufgehoben Ende des 18. Jh.s.

Chronik (gr. *chronos* = Zeit), zusammenfassende Darstellung historischer Ereignisse (↑Geschichte) in zeitlicher Abfolge. Im Unterschied zu den ↑Annalen erfassen die v. a. im Mittelalter üblichen, meist in ↑Klöstern und an ↑Bischofssitzen entstandenen Chroniken größere Zeiträume; sie heben sich von jenen zusätzlich dadurch ab, dass die Verfasser ihren Namen und oft auch die Umstände der Abfassung angeben. Weltchroniken, die bereits aus dem Altertum bekannt sind (nach Eusebius von Cäsarea [† um 340], dem Vater der ↑Kirchengeschichte), wollen einen Überblick über die gesamte Weltgeschichte geben, beginnend mit der Erschaffung der Welt, des Menschen oder mit Christi Geburt. Ihren Höhepunkt erreicht diese Quellengattung mit der Chronik Bischof Ottos von Freising Mitte des 12. Jh.s. Als Geschichtsquellen von großer Bedeutung sind neben den Weltchroniken auch Kaiser-, Papst-, Bistums- und Klosterchroniken (jeweils benannt nach dem Gegenstand der Darstellung) sowie die meist in deutscher Sprache geschriebenen Chroniken deutscher Städte vom 14. bis 16. Jh. ↑Kirchengeschichtsschreibung

Chronogramm (gr. Kunstwort = «Zeitschrift»), die seit dem Mittelalter begegnende, besonders im Barock beliebte Gestaltung lateinischer Inschriften (↑Epigraphik), die in Kombination mit den im Text integrierten, durch Farbe oder Größe hervorgehobenen römischen Ziffern (I, V, X, L, C, D, M) eine Jahreszahl enthalten, auf die sich der Inhalt der Inschrift bezieht.

Chronologie (gr. *chronos* = Zeit), Wissenschaft von der (mathematischen, astronomischen) Zeiteinteilung, ↑Zeitrechnung und -messung; als historische (oder technische) Chronologie behandelt sie deren ↑Geschichte, z. B. die christliche Zeitrechnung, eine Ära oder ↑Epoche. ↑Gregorianischer Kalender, ↑Osterfeststreit

Chrysobull (gr. *chrysos* = Gold), Goldbulle, Goldsiegelbulle. ↑Bulle, ↑Goldene Bulle

Church of England ↑Anglikanische Kirche

Ciborium ↑Ziborium

CIC, CIC/1917, CIC/1983 ↑Codex Iuris Canonici

Cingulum ↑Zingulum

Circumcellionen (lat. = die durch das Land Streifenden), Mitte des 4. Jh.s in Nordafrika aufgebrochene soziale Widerstandsbewegung, im Besonderen die schwärmenden Haufen der Donatisten (↑Donatismus).

civitas Dei (lat. = Gottesstaat), die Gemeinschaft der Menschen, die in der Liebe zu Gott verbunden sind und nach dem Geist leben, nicht, wie im irdischen Staat (lat. *civitas terrena*), nach dem Fleisch oder dem Irdischen zugewandt: «De civitate Dei» ist das geschichtstheologische Hauptwerk des Augustinus (354–430). ↑Heilsgeschichte, ↑Weltreiche

Claretiner, von Antonio Maria Claret y Clará 1849 in Vich (Spanien) gegründete, weltweit verbreitete Gemeinschaft der «Söhne des Unbefleckten Herzens Mariä» zur inneren und äußeren ↑Mission. Die gleichnamige Schwestern- ↑Kongregation (seit 1855) widmet sich der Erziehung und Ausbildung der weiblichen Jugend.

Clemensschwestern ↑Barmherzige Brüder und Schwestern

Cluny, Cluniazensische Reform, wirkmächtigste monastische Erneuerungsbewegung (↑Ordensreformen) des abendländischen Mittelalters, benannt nach ihrem Ausgangs- und Mittelpunkt, der zwischen 908 und 910 gegründeten ↑Benediktiner-Abtei Cluny in Burgund. Kennzeichnend waren die strenge Befolgung der ↑Benediktregel, Zentralisation in einem Klösterverband unter der Leitung von Cluny, Unterstellung unter den ↑Papst, ein von weltlichen und bischöflichen Einflüssen unabhängiges Klosterleben (↑Exemtion; ↑Freiheit der Kirche), freie Wahl des ↑Abtes. In Deutschland entfaltete sich die Bewegung über die ↑Hirsauer Reform; mit der ↑Lothringer Reform wurde sie zur Wegbereiterin der allgemeinen Kirchenreform im 11./12. Jh. (↑Gregorianische Reform). ↑Siegburger Reform

C.M.B., Abkürzung für *Christus Mansionem Benedicat* (lat. = Christus segne dieses Haus), an ↑Epiphanie v. a. im deutschsprachigen Raum mit Kreide an Haus- und Zimmertüren zum Zeichen des ↑Segens geschrieben. Die von der jeweiligen Jahreszahl umrahmten Großbuchstaben, zwischen denen das Zeichen des ↑Kreuzes markiert ist (also: 20+C+M+B+08), werden volkstümlich auch als Anfangsbuchstaben der drei Weisen aus dem Morgenland Caspar, Melchior und Balthasar, der Heiligen Drei Könige, gedeutet.

Coadiutor ↑Koadjutor

Codex (lat. = Baumstamm, Holzklotz), seit der Spätantike, besonders im Mittelalter die gebräuchlichste, Papyrus- oder Buchrolle ablösende Form des ↑Buches, bestehend aus Lagen von Pergamentblättern zwischen zwei Holzdeckeln, die meist mit Leder, auch mit Edelmetall bezogen waren (↑Buchkunst). Codex bezeichnete

zunächst das Schreibmaterial (in der Antike wachsbeschichtete, mit Fäden verbundene Holztäfelchen) und wurde später auf die Buchform, die Handschrift und das (Gesetz-) Buch selbst übertragen. ↑Kodifikation, ↑Miniatur, ↑Rotulus

Codex Canonum Ecclesiarum Orientalium (lat., Abkürzung CCEO), Gesetzbuch der katholischen Ostkirchen (↑unierte Kirchen), das seit 1. 10. 1991 in Kraft ist und den seit 1929 entstandenen Codex Iuris Canonici Orientalis (CICO) ablöste. ↑Kirchenrecht

Codex Iuris Canonici (lat., Abkürzung nach jeweils geltender Fassung CIC/1917 bzw. CIC/1983), Gesetzbuch der katholischen Kirche des lateinischen ↑Ritus, das heute gültige in Kraft seit 27. 11. 1983, mit dem der CIC/1917 – der seinerseits an die Stelle des ↑Corpus Iuris Canonici getreten war – aufgehoben wurde. ↑Kirchenrecht

Codex Iuris Canonici Orientalis ↑Codex Canonum Ecclesiarum Orientalium

Cölestiner, eine von Pietro del Morrone, dem späteren ↑Engelpapst Cölestin V. gegründete, 1263 approbierte, Anfang des 19. Jh.s untergegangene eremitische ↑Mönchs-Gemeinschaft mit ↑Benediktregel.

Coletinnen ↑Klarissen

Collectio duodecim partium (lat. = Sammlung in zwölf Teilen), in Freising entstandene sehr umfangreiche Sammlung von kirchlichen Gesetzestexten in systematischer (nicht mehr, wie bis dahin, historischer) Ordnung, die wohl im späten 10. Jh. (unter Bischof Abraham, 957–994) begonnen, bis spätestens 1039 überarbeitet und fortgeführt wurde. Sie trug zusammen mit dem vor 1022 als «Handbuch für einen Bischof» verfassten «Decretum Burchardi» (lat. = Dekret des Bischofs Burchard von Worms) – es enthielt u. a. kirchenrechtliche Normen, die seit längerem im Bistum Freising zusammengetragen worden waren – in hervorragender Weise zur Entwicklung des ↑Kirchenrechts nördlich der Alpen bei. Collectio und Decretum gelten als die beiden bedeutendsten systematisch geordneten (und mit Bayern verbundenen) Sammlungen von Kanones (↑Kanon) aus der Zeit vor der ↑Gregorianischen Reform; sie gehören auch zur Grundausstattung juristischer Bücher im Bistum Bamberg, der «Lieblingsgründung» Kaiser Heinrichs II. (1002–1024), der seine Jugend bei Bischof Abraham von Freising verbracht hatte.

Collegium Germanicum (lat. = Deutsches Kolleg), von ↑Jesuiten (mit Ausnahme der Jahre 1774–1817) geleitetes deutsches Priester- ↑Seminar in ↑Rom, auf Initiative des Ignatius von Loyola von Papst Julius III. 1552 gegründet, 1580 mit dem Ungarischen Kolleg zum Collegium Germanicum-Hungaricum vereinigt. Hier sollte ein romverbundener Klerus zur Förderung der ↑Katholischen Reform ausgebildet werden. Die Tracht der «Germaniker» genannten ↑Alumnen besteht in rotem ↑Talar, schwarzem ↑Zingulum und rotem Mantel.

Columbanregel ↑Kolumbanregel

coemeterium (gr.-lat. = Schlafraum), frühchristliche ↑Begräbnis- oder ↑Grab-Stätte, der ↑Friedhof.

Common Prayer Book (engl.), Allgemeines Gebetbuch von 1549, 1559 und 1662, das noch heute gültige offizielle ↑Agenden-, Gebet- und Gesangbuch der ↑Anglikanischen Kirche (auch Book of Common Prayer). Daneben gibt es seit 1980 ein alternatives Buch für die ↑Liturgie (Alternative Service Book). ↑Uniformitätsakte

communio ↑Abendmahl, ↑Kommunion

Concentus (lat.), gesanglicher Vortrag im alten Kirchengesang, dann der Gesang selbst. ↑Kirchenmusik

Concordia discordantium canonum ↑Decretum Gratiani

Concordia Vitebergensis ↑Wittenberger Konkordie

Concordia Wirtembergensis ↑Bekenntnisschriften

confessio (lat. = Bekenntnis, Geständnis), 1. ↑Bekenntnis (Konfession), ↑Glaubensbekenntnis; 2. Titel vieler ↑Bekenntnisschriften der ↑Reformation (z. B. ↑Confessio Augustana); 3. Bekenntnis der ↑Sünden (↑Confiteor, ↑Mea culpa); 4. in altchristlichen Kirchen der ↑Altar und ↑Märtyrer-Grab verbindende (Vor-) Raum, im Mittelalter dann die

↑Grab-Anlage und das ↑Reliquien-Grab unter dem Altar, damit ein Vorläufer der ↑Krypta.

● **Confessio Augustana** (lat., Abkürzung CA), Augsburger ↑Bekenntnis oder Konfession, von Philipp Melanchthon verfasst und auf dem Augsburger Reichstag von 1530 verlesen; in 28 Artikeln werden die Übereinstimmung der reformatorischen Lehre mit dem alten Glauben und ihre Abweichungen dargestellt. Die katholischen Vertreter reagierten mit der ↑Confutatio, auf die Melanchthon wiederum mit der ↑Apologie antwortete. Die CA, 1540 zur «Variata» überarbeitet, wurde im ↑Augsburger Religionsfrieden (1555) reichsrechtlich anerkannt und gehört mit der Apologie zu den ↑Bekenntnisschriften des Luthertums. ↑Confessio Tetrapolitana

Confessio Belgica (lat.), 1561 entstandene ↑Bekenntnisschrift der niederländischen Reformierten.

Confessio Bohemica (lat.), 1575 als ↑Bekenntnisschrift verfasste Einigungsformel der ↑Lutheraner, ↑Calixtiner und ↑Böhmischen Brüder.

Confessio Gallicana (lat.), ↑Bekenntnisschrift der ↑Hugenotten von 1559.

Confessio Helvetica (lat.), Titel für die ↑Bekenntnisschriften der reformierten Kirchen, als erstere (*prior*) das Unionsbuch der reformierten Stände in der Schweiz von 1536, als letztere (*posterior*) das von Heinrich Bullinger 1562 verfasste (zunächst private), 1566 veröffentlichte ↑Glaubensbekenntnis, das von den reformierten Schweizer Ständen angenommen wurde, ebenso in den Niederlanden, in Ungarn, Schottland, Polen und Böhmen, und zusammen mit dem ↑Heidelberger Katechismus zu einem Symbol des reformierten Protestantismus wurde. Das Helvetische Bekenntnis verband die reformierten Kirchen, nachdem zwischen Genf und Zürich schon 1549 eine Einigung erfolgt war (↑Consensus Tigurinus).

Confessio Saxoniae, Saxonica ↑Bekenntnisschriften

Confessio Scotica ↑Bekenntnisschriften

Confessio Tetrapolitana (lat. = Vierstädtebekenntnis), von Martin Bucer und Wolfgang Fabricius Capito verfasste, auf dem Augsburger Reichstag 1530 vorgetragene ↑Bekenntnisschrift der Städte Straßburg, Konstanz, Memmingen und Lindau, die sich in einigen Punkten von der ↑Confessio Augustana unterscheidet und die konfessionelle Haltung der genannten oberdeutschen Städte betont.

Confiteor (lat. = Ich bekenne, ↑confessio), allgemeines Schuld- oder ↑Sünden- ↑Bekenntnis in der ↑Messe, auch in ↑Agenden als Gebet. ↑Mea culpa

Confoederatio cum principibus ecclesiasticis ↑Acht, ↑Karolina de ecclesiastica libertate

Confrater (lat.), der Mitbruder (↑Frater); *confraternitas* ist das lateinische Wort für ↑Bruderschaft (Konfraternität).

Confutatio (lat.), auf dem Augsburger Reichstag 1530 vorgelegte Schrift zur Widerlegung der ↑Confessio Augustana, verfasst u. a. von Johannes Eck. Auf sie antwortete Philipp Melanchthon mit der ↑Apologie.

Congregatio Jesu ↑Englische Fräulein

Coenobitentum ↑Koinobitentum

Consensus Tigurinus (lat. = Züricher Einigung), 1549 erzielte Übereinkunft (Einigungsformel) zwischen ↑Calvinisten in Genf und protestantischer Geistlichkeit in Zürich in Fragen der ↑Abendmahls-Lehre; die unter Federführung von Heinrich Bullinger verfasste Schrift war eine wichtige Vorstufe zur Einheit der Reformierten in der Schweiz (↑Confessio Helvetica).

Constantinopolitanum (lat.), ↑Bekenntnis des Konzils von Konstantinopel (381). ↑Nicaeno-Constantinopolitanum

Constituta, Constitutio (lat.), 1. allgemein eine An- und Verordnung, Bestimmung, Auf- und Zusammenstellung; 2. im Besonderen päpstliche Verordnungen: Urkunden mit den Verhandlungen und Beschlüssen der vom ↑Papst in spätantiker und frühmittelalterlicher Zeit abgehaltenen ↑Synoden, die von der ↑Apostolischen Kanzlei verfasst wurden, daher auch ↑Apostolische Konstitutionen genannt werden; 3. Konstitutionen werden neben der ↑Ordensregel auch die Bestimmungen für die gemeinsame Lebensordnung einer Ordensgemeinschaft genannt.

Constitutio in basilica S. Petri ↑Karolina de ecclesiastica libertate

Constitutio Innocentia (lat.), Erlass Innocenz' XII. vom 22.9.1695, der damit die vor der ↑Bischofswahl erstellten ↑Wahlkapitulationen verbot und die Prüfung der nach erfolgter Wahl eingegangenen Verträge durch den ↑Papst verfügte. Die Verordnung blieb jedoch bedeutungslos, weil die meisten ↑Domkapitel der ↑Reichskirche an der gängigen Praxis festhielten.

Constitutio Romana (lat.), durch Lothar, Sohn Kaiser Ludwigs des Frommen, 824 erfolgte Neuregelung der Beziehungen zwischen dem Fränkischen Reich und ↑Rom, insbesondere der ↑Papstwahl durch stadtrömischen Klerus und Adel. Der gewählte Papst musste vor seiner Weihe dem kaiserlichen Vertreter den Eid leisten. Durch die in Rom von kaiserlichen und päpstlichen Gesandten gemeinsam wahrgenommene Kontrolle der Verwaltung des ↑Kirchenstaates sicherte sich der Kaiser weitreichende Hoheitsrechte. Durch die 844 durch Lothar ausgeweitete, von Otto I. 962 im Pactum Ottonianum bestätigte Bestimmung (auch Constitutio Lotharii genannt) wirkte der deutsch-römische Kaiser bis zur ↑Gregorianischen Reform maßgeblich an den Papstwahlen mit.

Constitution civile du clergé ↑Zivilkonstitution des Klerus

Constitutum Constantini ↑Konstantinische Schenkung

Consuetudines (lat. = Gewohnheiten), seit dem 8./9. Jh. begegnende, an Zeit und (regionale) Umstände angepasste Ausführungsbestimmungen zu den ↑Ordensregeln, je nach Orden z. B. als ↑Observanz, Konstitutionen (↑Constituta), Statuten bezeichnet.

Conversos (span.), zum Christentum übergetretene Juden. ↑Morisken, ↑Reconquista

Cooperator ↑Kooperator

Corporale ↑Korporale

Corpus Catholicum (lat.), 1. Gesamtheit der katholischen ↑Reichsstände auf dem Reichstag unter Führung des Kurfürsten und Erzbischofs von Mainz. Gemäß den Bestimmungen des ↑Westfälischen Friedens von 1648 konnte es, wie das ↑Corpus Evangelicorum, in Religionsangelegenheiten nach Parteien und Ständen (Corpora) beraten und abstimmen (↑Itio in partes). 2. Name der 1917 gegründeten «Gesellschaft zur Herausgabe der Werke katholischer Schriftsteller im Zeitalter der Glaubensspaltung». ↑Corpus Reformatorum.

Corpus Christi (lat. = Leib Christi), das ↑Altarsakrament, die konsekrierte ↑Hostie, das ↑Allerheiligste. Zahlreiche ↑Bruderschaften benannten sich danach.

Corpus Christi mysticum (lat. = der mystische Leib Christi), im katholischen Sprachgebrauch Umschreibung für das Wesen der Kirche, in deren geschichtlicher Wirklichkeit Jesus Christus gegenwärtig ist und ihre Glieder zur Einheit verbindet.

Corpus Evangelicorum (lat.), seit 1653 die Gesamtheit der lutherischen und reformierten ↑Reichsstände auf dem Reichstag unter Führung des Kurfürsten von Sachsen, das gemäß den Bestimmungen des ↑Westfälischen Friedens von 1648 wie das ↑Corpus Catholicum in Religionsangelegenheiten nach Parteien und Ständen beraten und bestimmen konnte (↑Itio in partes).

Corpus Iuris Canonici (lat.), seit dem späten 16. Jh. offizieller Name für die mit dem ↑Decretum Gratiani 1125 bis 1140 begonnene Sammlung kirchlicher Rechtsnormen, die bis zum ↑Codex Iuris Canonici von 1917 die wichtigste kirchenrechtliche Quelle, auch für die Wissenschaft des ↑Kirchenrechts, die Kanonistik, blieb. Es umfasst sechs Rechtsbücher: Neben dem Dekret Gratians die Dekretalen Gregors IX. (Liber Extra, 1234), den Liber Sextus Bonifaz' VIII. (1298), die Klementinen (Clementinae) Clemens' V. (1314 publiziert, in Kraft getreten 1317 unter Johannes XXII.), die Extravagantensammlung Johannes' XXII. und die Sammlung Extravagentes communes (1500). ↑i. u.

Corpus Reformatorum, 1834 begründete Reihe kritischer Editionen von Werken der ↑Reformatoren (Melanchthon, Calvin, Zwingli). ↑Corpus Catholicum

Corpus Scriptorum Ecclesiasticorum Latinorum (abgekürzt CSEL), 1866 begonnene Reihe kritischer Editionen sämtlicher lateinischer Quellenschriften bis zum 7. Jh., bisher mehr als 100 Bände.

Credo (lat. = Ich glaube [an Gott]), 1. das ↑Glaubensbekenntnis, seit ↑apostolischer Zeit wesentlicher Teil der ↑Taufe, an ↑Sonntagen und Hochfesten (↑Fest, Festtage, Festzeiten) von ↑Priester und ↑Gemeinde (gewöhnlich nach der ↑Predigt) gemeinsam zu sprechen; 2. Teil der gesungenen ↑Messe nach dem ↑Gloria; 3. auch Name für das mit diesem Wort beginnende ↑Apostolische Glaubensbekenntnis.

crimen laesae maiestatis (lat.), im römischen Recht die Majestätsbeleidigung, auch Rechtsgrund für ↑Christenverfolgungen, wenn von Christen der Kaiser- ↑Kult verweigert wurde; unter Papst Innocenz III. wurde 1199 die ↑Häresie diesem Vergehen gleichgestellt.

crimen laesae religionis (lat.), im römischen Recht das Vergehen gegen die ↑Religion, damit Rechtsgrund für die Verfolgung, auch für ↑Christenverfolgungen.

crimen magiae (lat.), Verbrechen der Zauberei (Magie) und ↑Hexerei.

cuius regio, eius religio (lat. = wessen das Land, dessen die Religion), die vom Greifswalder evangelischen ↑Kanonisten Joachim Stephani (†1623) geprägte, seit dem 17. Jh. etablierte und bis heute rezipierte Kurzformel

der Bestimmungen des ↑Augsburger Religionsfriedens von 1555, die sich in seinem 1604 erstmals erschienenen Werk «Institutiones Iuris Canonici» findet und mit der er den landesherrlichen Religionszwang umschreibt: Der Landesherr hat das Recht, die Religion seiner Untertanen zu bestimmen. ↑Absolutismus, ↑landesherrliches Kirchenregiment, ↑Territorialismus

Cuppa (lat.), der obere Hauptteil (Schale) des (Abendmahls-, Mess-) ↑Kelchs für den Wein.

Cursillo (span. = kleiner Kurs), seit 1940 in Spanien entstandene, heute weltweit verbreitete katholische Erneuerungsbewegung (kleine Gruppen) zu persönlichem religiösen Leben und Christuszeugnis in der Welt.

Cursus (lat. = Lauf), in der lateinischen und volkssprachlichen Kunstprosa seit dem 4./5. Jh. der rhythmische, betonende Schluss (Klausel) von Sätzen oder Satzteilen, im Mittelalter in vielen Kanzleien verwendet, besonders gebräuchlich in der ↑Apostolischen Kanzlei seit dem 5. Jh., wieder im 11./12. Jh., seit dem 13. Jh. allmählich außer Gebrauch gekommen. Die Verwendung des Cursus auf päpstlichen Urkunden konnte seit Mitte des 12. Jh.s als wichtiger Beleg für deren Echtheit gelten.

Custodia ↑Kustodia

CV, Abkürzung für ↑Cartellverband.

CVJM, Abkürzung für ↑Christlicher Verein Junger Männer.

D

D., Abkürzung für lateinisch ↑Dominus, z. B. ↑AD, ↑D.N.J.C., ↑D.O.M., auch für lateinisch Divus und Diva = ↑heilig und für ↑Domina; bei evangelischen Theologen auch für die Ehrendoktorwürde (engl. D.D. = Doctor of Divinity).

Dachreiter, kleiner, schlanker ↑Glocken-Turm auf dem Dachfirst der anfangs ohne Turm errichteten Kirchen der ↑Zisterzienser.

Dalmatik, Dalmatika (lat.), T-förmiges Gewand mit weiten Ärmeln, als liturgische Kleidung vom ↑Bischof unter der ↑Kasel, vom ↑Diakon als Obergewand getragen. Die Dalmatik des Diakons und die Tunicella (lat.) des früheren ↑Subdiakons wurden als deren liturgische Amtskleider im Lauf der Zeit immer stärker einander angeglichen und von den beiden ↑Leviten in den ehedem häufigen «levitierten» ↑Hochämtern getragen. ↑liturgische Gewänder

Damenstift, seit dem Spätmittelalter Bezeichnung für adelige Stifte der ↑Chorfrauen oder ↑Kanonissen, die das klösterliche Leben im strengen Sinn aufgegeben haben, in gelockertem ↑Konvent lebten und (bei Verlust der ↑Pfründe) heiraten konnten. Auch spätere, v. a. im 17./18. Jh. gegründete Gemeinschaften zur Versorgung unverheirateter Töchter der höheren Stände, meist des Adels, wurden Damen-, Frauen- oder Fräuleinstifte genannt, ebenso denselben Zwecken dienende Einrichtungen im evangelischen Deutschland, die nach der ↑Reformation aus ehemaligen Frauenklöstern hervorgegangen waren. ↑Domina

Dämon (gr. = göttliches Wesen, Schicksalsmacht, Verhängnis, Stimme des Gewissens; im NT böser Geist, nicht: ↑Teufel), nach griechischem Volksglauben eine Gottheit, die meist negativ das menschliche Handeln beeinflusst; in AT und NT sind Dämonen widergöttliche, den Menschen schädigende böse Mächte und Unwesen. Die Lehre des Augustinus (354–430) vom Dämonenpakt war für die Entwicklung des ↑Hexenwahns von entscheidender Bedeutung. ↑Exorzismus

danse macabre, französisches Wort für ↑Totentanz.

Darbysten, Darbyten, Anhänger einer aus den Plymouth-Brüdern (engl. Brethren) Anfang des 19. Jh.s hervorgegangenen, nach dem separatistischen anglikanischen Pfarrer John Nelson Darby († 1882) benannten christlichen Brüderbewegung oder -vereinigung (↑Freikirche), die jedes organisierte Kirchenwesen ablehnen, die strikte Trennung von der ↑Staatskirche fordern und die nahe Wiederkunft Christi erwarten (Darbysmus).

Darmstädter Erklärung (oder Wort), nach Vorlagen von Hans-Joachim Iwand, Martin Niemöller und Karl Barth am 8. 8. 1947 in Darmstadt beschlossen, rief sie u. a. zu tiefgreifender ↑Buße und Wandlung in Kirche und Volk nach 1945 auf und richtete sich gegen Antikommunismus, ↑Restauration und Blockbildung. Selbst in der ↑Bekennenden Kirche umstritten, wurde die Erklärung von der ↑Evangelischen Kirche in Deutschland abgelehnt.

Darstellung des Herrn, in Lk 2,22–39 gründendes Fest am 2. Februar. 40 Tage nach der Geburt Jesu (↑Weihnachten) bringen Maria (↑Gottesmutter) und Josef das Kind im Tempel «vor den Herrn», wo der greise Simeon, vom Heiligen Geist erleuchtet, den menschgewordenen Sohn Gottes als «das Heil» und «ein Licht, das die Heiden erleuchtet und Herrlichkeit für dein Volk Israel», erkennt und preist. Mit dem Fest ist seit dem Mittelalter die Segnung der Kerzen und die Lichterprozession verbunden, daher auch die volkstümliche Bezeichnung als (Mariä) Lichtmess (engl. Candlemas, frz. Chandeleur, it. Candelora; ↑Marienverehrung). Im bäuerlichen Leben katholischer Gegenden war Lichtmess bis zur Mitte des 20. Jh.s ein Feiertag mit Beginn oder Ende des Arbeitsjahres (Dienstbotenwechsel) und Zahltag; das Datum galt auch als wichtiger Lostag, bedeutsam für die Wettervorhersage, den Beginn oder die Verrichtung bestimmter Arbeiten.

Datar, Datarie ↑Apostolische Datarie

Davidstern ↑Hexagramm

Dechant ↑Dekan

Dechristianisierung ↑Antiklerikalismus, ↑Französische Revolution

De civitate Dei ↑civitas Dei

Deckenmalerei, seit der Antike (auch in den ↑Katakomben) übliche ornamentale und figürliche Bemalung von Decken, im Mittelalter v. a. von Flachdecken und Gewölben in ↑sakralen und ↑profanen Gebäuden, die sich über eine von plastischer Figurenauffassung geprägte und gegliederte (z. B. Michelangelos Decke der ↑Sixtinischen Kapelle [1508–1512]; Raffael, Tintoretto, Coreggio, Carracci) zur räumlich-illusionistischen Deckenmalerei (räumlicher Illusionismus, Scheinarchitektur) entwickelte; letztere gelangte zur höchsten Entfaltung im österreichischen und deutschen Spät- ↑Barock (C. Carlone, G. Fanti, C. D. Asam, J. B. Zimmermann, v. a. Tiepolos Deckenfresken [↑Fresko] in der Würzburger Residenz, 1751–1753).

Declaratio cleri Gallicani ↑Gallikanismus

Declaratio Ferdinandea ↑Augsburger Religionsfriede

Decretum Burchardi ↑Collectio duodecim partium

Decretum Gratiani, vom Mönch und Rechtsgelehrten Gratian in Bologna zwischen 1125 und 1140 geschaffene systematische Zusammenstellung und Harmonisierung der bis dahin gesammelten, aber uneinheitlichen und teils unstimmigen Rechtsnormen und ↑Kanones (lat. *Concordia discordantium canonum*), die zur Grundlage für weitere Sammlungen, damit für die Entfaltung des ↑Kirchenrechts und der Kanonistik wurde. Das ↑Dekret bildete den ersten Teil des bis 1917 geltenden ↑Corpus Iuris Canonici.

Dedikationsbild (lat. *dedicatio* = Weihe, Zueignung, Widmung), allgemein die dem Text eines ↑Buches vorangestellte bildliche Darstellung der Widmung des Werks an den Auftraggeber, eine höhergestellte Person, an ↑Heilige oder Jesus Christus durch den Autor, Schreiber, Übersetzer oder Stifter, besonders kunstvoll gestaltet im Mittelalter, auch als ↑Andachts- oder ↑Devotions-Bild. ↑Stifterbild, ↑Votivtafel

Defensor fidei (lat. = Verteidiger des Glaubens), 1521 von Papst Leo X. an König Heinrich VIII. von England verliehener Ehrentitel für dessen gegen Martin Luther (↑Reformation) gerichtete lateinische Schrift «Assertio Septem Sacramentorum» (Bejahung der sieben Sakramente). Der auch bei Karl dem Großen, den Königen und Kaisern des ↑Heiligen Römischen Reiches begegnende Titel wird bis heute vom englischen König bzw. von der Königin geführt, nachdem er aufgrund eines Parlamentsbeschlusses von 1544 für das Königshaus erblich wurde.

Defensor pacis (lat. = Verteidiger des Friedens), König (später Kaiser) Ludwig dem Bayern gewidmete, 1324 fertiggestellte Streitschrift des Marsilius von Padua. Er vertritt in ihr die Thesen von der Kirche als der Gemeinschaft aller Gläubigen, von der ↑Heiligen Schrift als alleiniger Glaubensquelle und vom Vorrang (Superiorität) des Allgemeinen ↑Konzils (↑Konziliarismus) gegenüber dem ↑Papst und leugnet den göttlichen Ursprung der ↑Hierarchie, besonders des ↑Papsttums. Dies stellte ihn in schärfsten Gegensatz zur katholischen Glaubenslehre und brachte ihm die ↑Exkommunikation ein. Papst Johannes XXII. verurteilte 1325 fünf Sätze der wohl radikalsten kirchenpolitischen Streitschrift des Mittelalters, aus der Wilhelm von Ockham (↑Ockhamismus) schöpfte und in der sich bereits die Lehren John Wyclifs (↑Wyclifismus), Jan Hus' (↑Hussiten) und Martin Luthers (↑Reformation) ankündigten. ↑Averroismus

Definitivprozess, in der römisch-katholischen Kirche die im Anschluss an den ↑Informativprozess abschließend durchgeführte Überprüfung der Eignung eines ↑Bischofs-Kandidaten.

Definitor (lat.), priesterlicher Berater und Helfer, auch Stellvertreter des ↑Dekans bei der Leitung und Verwaltung des Dekanats. Das seit dem 14. Jh. entstandene ↑Amt ist mit dem des ↑Kämmerers verwandt bzw. verschmolzen. Im ↑Ordens-Bereich ist der erstmals Anfang des 12. Jh.s bei den ↑Zisterziensern begegnende

Definitor der Vorsteher eines Ordensbezirkes oder der Vertreter der einzelnen Ordensprovinzen bei der Generalleitung des Ordens. Dementsprechend bildet das Definitorium im Rahmen der ↑General- bzw. ↑Provinzialkapitel vieler Orden eine Gruppe von Ordensmitgliedern, denen die volle Entscheidungsgewalt übertragen ist, oder den permanenten Rat des Oberen.

Dei Gratia (lat. = von Gottes Gnaden, Abkürzung D. G.), Formel für das ↑Gottesgnadentum, aufgenommen in den Titel von Kaisern, Königen, ↑Bischöfen, ↑Äbten, ↑Pröpsten auf Urkunden, Siegeln, Epitaphien u. a., z. B.: Jacobus D. G. Cathedralis Ecclesiae Chiemensis Praepositus et Archidiaconus = Jakob von Gottes [↑] Gnaden Propst der [↑] Kathedralkirche von Chiemsee und [↑] Archidiakon.

Deipara, lateinisches Wort für ↑Gottesmutter.

Deismus (von lat. *deus* = Gott), die aus der ↑Aufklärung hervorgegangene, vom Rationalismus geprägte Form des Glaubens an Gott, der die Natur mit ihrer unveränderlichen Eigengesetzlichkeit ein für allemal verursacht habe, aber auf jede weitere Einflussnahme auf die Geschichte verzichte; er steht damit im Gegensatz zur christlichen Lehre von Gott als dem sich in der Geschichte offenbarenden Urheber und Vollender von Welt und Mensch (↑Heilsgeschichte). ↑Theismus

Dekalog (gr. = zehn Worte), die Zehn Gebote des AT nach Ex 20 und Dtn 5,1–22. ↑Antinomistische Streitigkeiten

Dekan (lat., von *decem* = zehn, der Vorsteher von zehn Mann; frz. *Doyen;* ↑Apostolischer Nuntius). 1. In der römisch-katholischen Kirche ist der Dekan, Dechant oder Erzpriester (↑Archipresbyter) seit dem 9. Jh. ein vom ↑Bischof ernannter ↑Geistlicher, der als Stadt- oder Land- (Rural-) Dekan Vorsteher eines ↑Dekanats ist. War es früher als Stellvertreter und Aufsichtsorgan des Bischofs auch seines Amtes, über die Durchführung bischöflicher Weisungen und Verordnungen seitens der in seinem Dekanat gelegenen Seelsorgestellen (↑Pfarreien, ↑Exposituren, ↑Benefizien) zu wachen und dem Bischof regelmäßig Bericht zu erstatten, so kommt ihm nach geltendem Recht v. a. die Aufgabe zu, das gemeinsame pastorale Handeln im Dekanat zu koordinieren, z. B. mittels Dekanatskonferenzen. 2. Dekan ist auch der Titel des dienstältesten ↑Kardinals im Kardinalskollegium (Kardinaldekan) sowie von ↑Dignitäten in Dom- und Stiftskapitel (↑Dom- bzw. Stiftsdekan). 3. Auch in verschiedenen evangelischen ↑Landeskirchen führt der Vorsteher eines ↑Kirchenkreises, dem die Aufsicht über Geistliche und Kirchen obliegt, die Amtsbezeichnung Dekan; sie entspricht in diesem Fall der des ↑Superintendenten oder des ↑Ephorus. 4. An ↑Universitäten ist der Dekan der auf Zeit gewählte (oder hauptamtlich tätige) geschäftsführende Vorsitzende einer ↑Fakultät, sein Stellvertreter der Prodekan.

Dekanat (lat.), 1. innerhalb eines ↑Bistums der Zusammenschluss mehrerer benachbarter ↑Pfarreien zur Zusammenarbeit im pastoralen Handeln, dem der ↑Dekan vorsteht. Es ist dessen Amt und Amtsbereich, der ursprünglich außerhalb der Stadt gelegen war (Rural- oder Land- ↑Kapitel). 2. An ↑Universitäten wird die von einem Dekan geleitete Verwaltung einer ↑Fakultät ebenfalls Dekanat (auch Fachbereich) genannt.

Dekret (lat.), Bezeichnung für einen Erlass des ↑Papstes und für verschiedene Sammlungen von ↑Kanones, z. B. ↑Decretum Gratiani, auf dem Konzil von Trient (1545–1563) auch für Glaubensentscheidungen und Beschlüsse (Reformdekrete), allgemein für kirchliche Gesetze, rechtsverbindliche Erlasse, Beschlüsse und Verwaltungsakte; auch der Entwurf für ein ↑Schema wird so genannt.

Dekretalen, für das 5. Jh. erstmals belegter Begriff für päpstliche Erlasse (↑Dekret), die, in Briefform meist an Einzelpersonen gerichtet, einzelne Rechtsfälle entschieden, aber auch als verbindliche Rechtsnorm für ähnliche Fälle Geltung erlangten. Die in Sammlungen zusammengefassten Dekretalen wurden seit dem 12. Jh. (↑Decretum Gratiani) von größter Bedeutung für die Entwicklung des ↑Kirchenrechts: Mehrere dieser Sammlungen bildeten einen Teil des ↑Corpus Iuris Canonici. Neuere Sammlungen von Dekretalen oder allgemeinen Gesetzen werden auch ↑Bullarium genannt. ↑Dekretalist, ↑pseudo-isidorische Dekretalen

Dekretalist, im Mittelalter ein ↑Kanonist, im Besonderen ein Bearbeiter und Kommentator der ↑Dekretalen.

Dekretist, ein ↑Kanonist, der im Unterschied zum ↑Legisten und zur Unterscheidung vom ↑Dekretalisten das ↑Decretum Gratiani wissenschaftlich bearbeitete und kommentierte.

Dendriten (von gr. *dendron* = Baum), seit dem 4. Jh. in den östlichen Kirchen und im Byzantinischen Reich Baumsteher, die wie die ↑Styliten eine besonders strenge, ausgefallene Form des ↑Mönchtums praktizierten und ihr Leben in ↑Askese auf hohen Bäumen verbrachten.

Deo Optimo Maximo (lat. = Gott dem Allmächtigen, dem besten und größten Gott), Weiheformel, Dedikation und Inschrift.

De profundis (lat. = Aus der Tiefe [rufe ich, Herr, zu dir]), Anfangsworte von Ps 130.

Dernbacher Schwestern ↑Arme Dienstmägde Jesu Christi

Designation (lat. = Bezeichnung, [vorläufige] Benennung für ein ↑Amt). Von weitreichender Bedeutung war das Designationsrecht für die ↑Erledigungen des ↑Apostolischen Stuhles, das dem deutschen König und späteren Römischen Kaiser Heinrich III. (1039–1056) zugleich mit der Würde eines ↑Patricius Romanus von den Römern 1046 verliehen wurde: Der König designierte, was einer Ernennung gleichkam, nacheinander vier deutsche Päpste, mit denen nach den Erschütterungen im ↑Dunklen Jahrhundert der Aufstieg eines erneuerten, von der wachsenden Reformbewegung in der Kirche getragenen Papsttums zur abendländischen Weltgeltung begann (↑Reformpapsttum).

Dessauer Bündnis, am 15.7.1525 in Dessau nach dem Vorbild des ↑Regensburger Konvents von 1524 geschlossener Bund zwischen Kur-Erzbischof Albrecht von Mainz, Kurfürst Joachim I. von Brandenburg und den Herzögen Georg von Sachsen und Heinrich II. von Braunschweig-Wolfenbüttel zur Durchführung des ↑Wormser Edikts, damit zur gemeinsamen Abwehr des ↑Luthertums. Als Reaktion darauf erfolgte 1526 das als Beistandspakt zur Verteidigung des Luthertums geschlossene Gotha-Torgauer Bündnis zwischen Landgraf Philipp von Hessen und Johann von Sachsen, dem noch im selben Jahr Braunschweig-Lüneburg, Anhalt, Mansfeld, Mecklenburg und die Stadt Magdeburg beitraten.

Deus (lat.), Gott.

Deus lo volt (altfrz. = Gott will es), angebliche Antwort der Kreuzfahrer auf den Aufruf Papst Urbans II. in Clermont (1095) zum Ersten ↑Kreuzzug (1096–1099).

deuterokanonisch, deuterokanonische Schriften ↑Apokryphen

Deutsche Bischofskonferenz. Traten die deutschen ↑Bischöfe 1848 in Würzburg (auf dem Hintergrund der Verhandlungen in der Frankfurter Paulskirche) zum ersten Mal zu gemeinsamen Beratungen zusammen, treffen sie sich (bis 1966 als Fuldaer Bischofskonferenz) seit 1867 jährlich in Fulda am Grab des «Apostels der Deutschen», des hl. Winfrid Bonifatius (↑angelsächsische Mission), dazu auch an anderen Orten. Aufgrund der Vorschriften des ↑Vaticanum II zur Errichtung von Bischofskonferenzen gab sich die Versammlung 1966 neue Statuten und nannte sich in «Deutsche Bischofskonferenz» um. Ihr oberstes Organ ist die Vollversammlung, deren Beschlüsse in ↑Hirtenbriefen veröffentlicht werden; die laufenden Angelegenheiten werden vom Ständigen Rat und vom Sekretariat wahrgenommen. Die Bischöfe wählen aus ihren Reihen einen Vorsitzenden.

Deutsche Christen. Im Rahmen sogenannter deutsch-christlicher Bewegungen und in Verbindung mit der nationalsozialistischen Weltanschauung entstanden 1927 die «Kirchenbewegung Deutsche Christen» mit dem Ziel eines von Judentum und AT befreiten Christentums und der Errichtung einer «Deutschen Christlichen Nationalkirche», 1932 die «Glaubensbewegung Deutsche Christen», die eine evangelische ↑Reichskirche forderte, der nur «arische» Christen angehören sollten. Die Erhebung des Pfarrers und «Deutschen Christen» Ludwig Müller zum Reichsbischof (1933) und die vom NS-Regime unterstützten Bemühungen der Bewegung, in den einzelnen ↑Landeskirchen das Kirchenregiment zu erlangen, führten zu ↑Kirchenkampf, ↑Barmer Theologischer Erklärung und ↑Bekennender Kirche.

Deutscher Evangelischer Kirchentag, als dauernde Einrichtung 1949 von Reinolf von Thadden-Trieglaff gegründete, seit 1957 alle zwei Jahre stattfindende, v. a. von ↑Laien getragene kirchliche Versammlungen, die in Zusammenarbeit mit den Kirchenleitungen die Aktivierung der Laienarbeit, kirchliche Einheit und ein christliches Verständnis aller Lebensfragen erstreben. War es schon seit 1848 zu ersten Zusammenkünften dieser Art gekommen, wurde der Kirchentag seit 1918 zum synodalen Organ (↑Synode) des Deutschen Evangelischen Kirchenbunds, in dem die deutschen evangelischen ↑Landeskirchen vereinigt waren.

Deutscher Katholikentag, seit 1848 die zuerst jährlich, seit 1950 alle zwei Jahre stattfindende, jeweils unter einem aktuellen religiösen, politischen und sozialen Thema stehende Versammlung der deutschen Katholiken, die vom ↑Zentralkomitee der deutschen Katholiken vorbereitet und von ↑Geistlichen und ↑Laien aus dem öffentlichen Leben, aus Wissenschaft und Politik repräsentiert wird.

Deutscher Orden, nach ↑Johannitern und ↑Templern der zeitlich letzte der drei großen ↑Ritterorden (genannt auch Deutschherren, -ritter oder Kreuzritter) mit den drei Klassen Ritter-, Priester- und dienende Brüder (heute: ↑Priester- ↑Brüder, ↑Schwestern, ↑Familiaren). Er ging 1198 hervor aus einer ↑Hospital-Bruderschaft zur Pflege der Kranken und Verwundeten in einem Feldlazarett, das Bürger aus Lübeck und Bremen auf dem Dritten ↑Kreuzzug, während der Belagerung der Festung Akkon 1189/90, eingerichtet hatten (1199 päpstlich bestätigt). Im Anschluss an die Templer-Regel erhielt die ↑Ordensregel 1244 ihre endgültige Form, für die Priesterbrüder galten die Bestimmungen der ↑Dominikaner. Der Orden, dessen Tracht ein weißer Mantel mit schwarzem Kreuz ist und an dessen Spitze der Hochmeister stand, erhielt 1226 mit der Christianisierung Preußens eine neue Aufgabe; hier entstand ein blühender Ordensstaat, der auch wirtschaftlich zu einer bedeutenden Macht im Ostseeraum wurde. Die über das ganze ↑Abendland verteilten, in ↑Balleien gegliederten Besitzungen bildeten dabei die Reserve des Ordensstaates, in dem die herausragende Kulturleistung des Ordens am deutlichsten sichtbar wurde. Doch gingen im 15. Jh. Westpreußen und Ermland verloren, Ostpreußen wurde polnisches Lehen, das Ordensland 1525 in ein weltliches protestantisches Herzogtum umgewandelt; die katholischen Teile in Süd- und Westdeutschland bestanden dagegen weiter. Der 1809 von Napoleon I. aufgehobene Orden wurde 1834 von Franz I. von Österreich als selbständiges geistlich-ritterliches Institut wiederhergestellt. Es kam zur Erneuerung mit einem weiblichen Zweig, der im Mittelalter erloschen war, 1929 zur Neukonstituierung als rein geistlicher Orden, der bis heute in vielen Ländern in der ↑Pfarrseelsorge und in der ↑Armen- und Krankenpflege sowie im Schul- und Altendienst tätig ist.

Devolution (lat.), allgemein der Kraft eines Gesetzes erfolgende Übergang eines Rechtes auf einen anderen; im katholischen ↑Kirchenrecht das Recht, das auf die nächst höhere kirchliche Instanz dadurch «fortrollt» und «abgewälzt» wird, dass es vom Erstberechtigten nicht innerhalb der gesetzlichen Frist oder in der vorgeschriebenen kanonischen Weise ausgeübt wurde, etwa bei der Besetzung eines kirchlichen ↑Amtes.

Devotio moderna (lat. = neue Frömmigkeit), in Westeuropa verbreitete Erneuerungsbewegung des 14./15. Jh.s, die eine persönliche, innerliche und von tätig-helfender Liebe (↑Caritas) geprägte erneuerte ↑Frömmigkeit erstrebte und zu einem markanten Kennzeichen des vielfarbenen ↑«Herbst des Mittelalters» wurde. Hervorgerufen durch die Predigten des niederländischen ↑Bußpredigers Gerhard Groote († 1384), wurde sie von den ↑Brüdern (Schwestern) vom gemeinsamen Leben sowie der ↑Windesheimer Kongregation weitergetragen

und vertieft. Die wohl schönste Selbstaussage fand die Reformbewegung im ↑Erbauungs-Buch von der ↑«Nachfolge Christi» (lat. *De imitatione Christi*) des Augustiner-Chorherrn Thomas von Kempen († 1471).

Devotion (lat.), Demut, Gottergebenheit, Unterwürfigkeit, ↑Frömmigkeit, ↑Andacht.

Devotionalien (von ↑Devotion), Gegenstände zur privaten ↑Andacht, z. B. ↑Rosenkranz, Christus-, Marien-, Heiligenbilder und -medaillen, in der katholischen Kirche oft geweiht (↑Weihe).

Devotionsbild ↑Andachtsbild

Dezimation (von lat. *decem* = zehn), in der Antike die Hinrichtung jedes zehnten (durch das Los bestimmten) Mannes einer militärischen Truppe bei Meuterei oder Feigheit, später Bezeichnung für die Erhebung des ↑Zehnten.

D. G., Abkürzung für lateinisch ↑Dei Gratia.

Diakon, Diakonisse, Diakonat, Diakonie (gr. *diákonos* = Gehilfe, Diener). 1. Zusammen mit ↑Bischof und ↑Presbyter war der Diakon in der ↑Alten Kirche Verwalter des kirchlichen Leitungs- ↑Amtes in der ↑Gemeinde, Gehilfe des Bischofs in der Feier der ↑Liturgie, in der ↑Armen- und Krankenpflege und in der Vermögensverwaltung, die Diakonisse (in Röm 16,1 nennt Paulus Phöbe «diakonos» der römischen Gemeinde) die vom Bischof bestellte Helferin im kirchlichen und außerkirchlichen (Gemeinde-) Dienst, v. a. Assistenz bei der ↑Taufe erwachsener Frauen, private Glaubensunterweisung (↑Katechese); das Amt der Diakonisse im frühen Christentum ist dabei zu unterscheiden vom Weihesakrament (↑Weihegrade), das Männern vorbehalten ist. Im Lauf des 1. Jahrtausends wurde der eigenständige Diakonat innerhalb der lateinischen Kirche durch das Übergewicht des Presbyterats verdrängt und geriet zur Durchgangsstufe; er ist die erste Stufe des nach katholischer Lehre dreistufigen Weihesakraments. Die sozialen Tätigkeiten des Diakons sind im Mittelalter dafür von den ↑Orden und ↑Bruderschaften übernommen worden. Eine Neubelebung erfuhr der Diakonat seit dem ↑Vaticanum II (1962–1965) als Seelsorgepraktikum zur Vorbereitung auf das Priestertum und, seit 1967, als «ständiger Diakonat», der auch von verheirateten Männern wahrgenommen werden kann, mit Tätigkeiten in Seelsorge, Liturgie und Gemeindeleitung. 2. In den orthodoxen Kirchen bestehen die Aufgaben des Diakons v. a. in der liturgischen Assistenz. 3. In den evangelischen Kirchen lebte der Diakonat entweder als dienendes Amt fort (im ↑Calvinismus als eines der vier Ämter neben Pastor, Lehrer, Ältester) oder wurde im 19. Jh. – durch Theodor Fliedner und Johann Hinrich Wichern – nach dem Vorbild der ↑Urkirche in der Diakonie neu begründet: Diakon und Diakonisse üben ihren Dienst freiwilliger Liebe (↑Caritas)

als Lebensberuf in der kirchlichen Gemeindearbeit, in Alten-, Pflegeheimen, in Sterbehospizen und Krankenhäusern. Ihre Ausbildung erhalten sie hierzu in eigenen Einrichtungen, den ↑Diakonenanstalten bzw. ↑Diakonissenhäusern; zu einem bedeutenden Aufschwung der evangelischen Diakonie kam es nach dem Zweiten Weltkrieg, sichtbar im ↑Diakonischen Werk, das 1957 entstand.

Diakonenanstalten, in den evangelischen Kirchen die im 19. Jh. entstandenen Einrichtungen der ↑Diakonie zur Ausbildung und Altersversorgung von ↑Diakonen. ↑Diakonissenhaus, ↑Kommunitäten

Diakonikon (gr.), in frühchristlichen und orthodoxen Kirchen die ↑Sakristei.

Diakonisches Jahr, als Einrichtung der evangelischen ↑Landeskirchen der freiwillige, zeitlich begrenzte Dienst Jugendlicher in einer Einrichtung der ↑Diakonie.

Diakonisches Werk, seit 1957 der Dachverband evangelischer Einrichtungen der ↑Diakonie, entstanden durch den Zusammenschluss des 1945 gegründeten Hilfswerks der Evangelischen Kirche in Deutschland und der ↑Inneren Mission.

Diakonisse ↑Diakon

Diakonissenhaus (Diakonissenmutterhaus), Einrichtung des ↑Diakonischen Werks zur Ausbildung und Altersversorgung von Diakonissen (↑Diakon); das älteste wurde 1836

von Theodor Fliedner in Kaiserswerth errichtet. ↑Diakonenanstalten

Diaspora (gr. = Zerstreuung), die unter Andersgläubigen zerstreut lebenden Mitglieder einer Religionsgemeinschaft, auch das Gebiet, in dem diese wohnen und eine ↑Gemeinde, die Diasporagemeinde, bilden.

Diatéssaron (von gr. *tò dià tesséron euangélion* = ein Evangelium aus vier Evangelien), ursprünglich vielleicht in griechischer Sprache verfasste ↑Evangelienharmonie des Syrers Tatian, entstanden im letzten Drittel des 2. Jh.s. ↑Heiland

Diatribe (gr. = Gespräch), in der griechischen Antike entstandene, populär gefasste, durch Anekdote, Satire und erfundenen Dialog belebte ↑Predigt v. a. gegen den Sittenverfall, die auch der christlichen Moralpredigt, v. a. im Barock, als Vorbild diente.

Dictatus papae (lat. = Diktat des Papstes), 27 Sätze, die sich zwischen zwei Briefen im Originalregister Papst Gregors VII. (1073–1085) vom 3. und 4. März 1075 finden, deren Verfasser der Papst selber ist und die, knapp und zugespitzt formuliert, das kirchenpolitische Programm Gregors VII. im Sinne eines absolutistisch verstandenen ↑päpstlichen Primats enthalten, z. B.: Des Papstes Füße müssen alle Fürsten küssen; ihm ist es gestattet, Kaiser abzusetzen; kein Gesetz und kein Buch darf ohne seine Genehmigung als ↑kanonisch gelten; er selber darf von niemandem gerichtet werden. ↑Gregorianische Reform

Didache (gr.), Lehre der ↑Apostel (auch Zwölfapostellehre), die älteste erhaltene christliche ↑Kirchenordnung, entstanden wohl am Beginn des 2. Jh.s. ↑Apostelkonzil, ↑Didaskalia

Didaskalia (apostolorum), Didaskalie (gr.), eine angeblich auf die ↑Apostel zurückgehende ↑Kirchenordnung, entstanden wahrscheinlich in der ersten Hälfte des 3. Jh.s in Syrien-Palästina. ↑Didache

Didaskalos (gr. = Lehrer, Ratgeber), in der byzantinischen Kirche der geistliche Beamte eines ↑Bischofs, zuständig für Fragen der Glaubensverkündigung.

Dies irae (lat. = Tag des Zorns), ↑Sequenz, die bis 1970 Teil der ↑Messe für Verstorbene (↑Requiem) war; sie wurde im Zuge der ↑Liturgie-Reform getilgt. Die in ihr enthaltene düstere Stimmung der ↑Endzeit (↑Jüngster Tag, Jüngstes Gericht) wurde wiederholt höchst eindrucksvoll vertont, besonders dramatisch etwa im Requiem Wolfgang Amadeus Mozarts und Giuseppe Verdis.

Dignität, auch Dignitar, Dignitär (von lat. *dignitas* = Würde), in der katholischen Kirche der Inhaber einer höheren geistlichen (↑Amts-) Würde. ↑Domdekan, ↑Propst

Dikaios (gr. = der rechtmäßig Handelnde), in der byzantinischen Kirche der Vertreter des ↑Patriarchen (Vikar), in byzantinischen ↑Klöstern der mit der Verwaltung beauftragte ↑Mönch, in einer ↑Skete der von den

Mönchen gewählte und vom ↑Hegumenos des Mutterklosters bestätigte ↑Prior.

Dikasterium (gr.). In der griechischen Antike der als Berufungsinstanz eingerichtete Volksgerichtshof, werden Dikasterien die einzelnen Behörden und Instanzen der ↑Römischen Kurie genannt. ↑Päpstliche Kommissionen

diözesan, zu einer ↑Diözese gehörig, die Diözese betreffend, z. B. das Diözesangericht, die Diözesansynode (↑Synode), der Diözesanbischof (↑Bischof), der Diözesanadministrator (↑Administrator, ↑Kapitelsvikar), die Diözesankurie (↑Bischöfliches Ordinariat).

Diözesane, Angehörige einer ↑Diözese.

Diözese (gr. *dioíkesis* = Haus-, Staatsverwaltung, latinisiert *dioecesis*), in der katholischen Kirche synonyme Bezeichnung für ↑Bistum, ↑Eparchie, ↑Sprengel, in den evangelischen Kirchen für den kirchlichen Amtsbezirk eines ↑Superintendenten bzw. ↑Dekans und für den ↑Kirchenkreis. In den griechischen Stadtstaaten war Diözese die Bezeichnung für die Verwaltung der Finanzen und der Wirtschaft, im Römischen Reich daran angelehnt für den Verwaltungsbezirk innerhalb einer Provinz, seit Diokletian (284–305; ↑Christenverfolgungen) die den Provinzen übergeordnete Instanz. In der katholischen Kirche wurde dieses Verwaltungsprinzip übernommen: Die ersten bischöflichen Stadtgemeinden in altkirchlicher

Zeit wurden Diözese genannt, dann auch das umliegende, missionierte Gebiet (↑Mission). Eine exemte Diözese ist direkt dem ↑Apostolischen Stuhl unterstellt, also keiner ↑Kirchenprovinz eingegliedert (↑Exemtion).

Dioiketes (gr. = Haushalter, Verwalter), in der byzantinischen Kirche der für den sozial-karitativen Bereich (↑Caritas) zuständige Verwaltungsbeamte des ↑Bischofs, meist ein ↑Diakon.

Diplomatik (von gr. *díploma* = zusammengelegtes Schreiben), von Jean Mabillon (1632–1707) begründete Urkundenlehre (geschichtliche Hilfswissenschaft), v. a. zur Prüfung der Echtheit mittelalterlicher Urkunden (↑Akten).

Diplomtheologe, -in, in Deutschland der durch das Hochschulrahmengesetz 1976 als berufsqualifizierender Abschluss eingeführte, seit 1971 verliehene Hochschulgrad (Dipl.-Theol.; ↑Theologie), dem in Österreich der Grad des ↑Magisters der Theologie entspricht. 2008 setzte die Universität Bonn als erste deutsche Hochschule eine neue Studienordnung für katholische Theologie nach den Vorgaben des sogenannten Bologna-Prozesses durch und ersetzte den Diplomabschluss durch einen gleichwertigen «Magister Theologiae». In dem neuen Studiengang sind die einzelnen theologischen Fächer modularisiert.

Diptychon (gr. = doppelt zusammengefaltet), 1. in Antike und frühchristlicher Zeit ein zusammenklappbares Paar von Täfelchen, meist aus Elfenbein, auch aus Holz und Metall, deren (oft mit einer Wachsschicht überzogene) Innenseiten beschrieben werden konnten, die außen seit dem 4. Jh. mit ↑Reliefs geschmückt waren, später auch als kostbare Bucheinbände (↑Buchkunst) Wiederverwendung fanden. 2. Die zweiflügeligen Altäre oder Altarbilder (↑Flügelaltar, ↑Retabel) des Mittelalters werden ebenfalls Diptychon genannt. 3. In der byzantinischen Kirche waren Diptychen Tafeln mit dem Namensverzeichnis von Personen, deren in der ↑Liturgie öffentlich gedacht wurde (↑Kommemoration).

Direktorium (lat.), in der katholischen Kirche der in den einzelnen ↑Diözesen jährlich erscheinende Kalender mit dem Verzeichnis der kirchlichen Gedenk- und Festtage und den genauen Anweisungen zur täglichen Feier der Liturgie. ↑Kalendarium

Disciples of Christ (engl. = Jünger Christi), 1809 vom ↑Presbyterianer Thomas Campbell gegründete Gemeinschaft, die zur Gewinnung eines allein auf der Grundlage der ↑Bibel beruhenden Christentums alle ↑Glaubensbekenntnisse verwarf.

Diskalzeaten ↑Barfüßer

Dispens (lat.), Befreiung, Entbindung von einer gesetzmäßigen Verpflichtung, einer Rechtsforderung oder einem Rechtshindernis durch die rechtmäßige Instanz, im katholischen ↑Kirchenrecht die Aufhebung der Verpflichtungskraft eines rein kirchlichen Gesetzes für den Einzelfall, z. B. bei einem Ehehindernis, früher v. a. im Fall der ↑Kumulation kirchlicher Ämter (↑Inkompatibilität). ↑Privileg

Disputation (lat.), früher weit verbreitetes und auch zur Erlangung akademischer Grade übliches gelehrtes, öffentlich geführtes Streitgespräch zur Klärung wissenschaftlicher und religiöser Meinungsverschiedenheiten, z. B. die berühmte ↑Leipziger Disputation zwischen Johannes Eck und Martin Luther im Jahr 1519. ↑Religionsgespräche, ↑Scholastik, ↑Thesenverteidigung

Dissenters (engl., von lat. *dissensio* = Uneinigkeit), in England die Andersgläubigen oder Nonkonformisten, die nicht der ↑Anglikanischen Kirche angehörigen Gläubigen. Der Name galt ursprünglich den Gruppen, die die ↑Uniformitätsakte ablehnten. Seit der ↑Toleranzakte von 1689 wurden die Dissenters, für die der Name ↑Freikirche gebräuchlicher ist, im Verlauf des 18./19. Jh.s gleichberechtigt mit den Anglikanern, zu denen heute freundschaftliche Beziehungen unterhalten werden. ↑Independenten, ↑Pilgrim Fathers

Dissertation ↑Doktor

Ditheismus ↑Markioniten, ↑Theismus

Diurnale (lat., von *diurnus* = täglich), Auszug aus dem ↑Brevier, das nur die Tagzeiten (Tagesgebete), ohne ↑Matutin, enthält.

D.N.J.C., Abkürzung für lateinisch Dominus Noster Jesus Christus = Unser Herr Jesus Christus.

Dodekapropheton ↑Zwölfprophetenbuch

Dogma, Dogmatik, Dogmengeschichte (gr. *dogma* = Meinung, Beschluss, Verordnung, Lehrsatz). In der katholischen Kirche ist ein Dogma eine vom ↑Lehramt verbindlich vorgetragene Interpretation der Offenbarung (↑Christentum), wie sie inhaltlich in der ↑Bibel und im ↑Bekenntnis der Kirche enthalten ist. Dogmatik ist die Disziplin der ↑Theologie, die mit wissenschaftlichen Methoden die Glaubenslehre in ihrem Gesamtzusammenhang (↑Philosophie) darstellt und vermittelt. Sie wird, besonders in der evangelischen Theologie, zusammen mit Fundamentaltheologie (↑Apologetik) und Moraltheologie auch Systematische Theologie genannt. Dogmengeschichte erforscht und beschreibt Ursprung und geschichtliche Entfaltung der Glaubenslehre. ↑Doktrin, ↑Glaubenskongregation

Doketismus (von gr. *dokeo* = den Anschein haben), Begriff für verschiedene Strömungen in der ↑Christologie des 2. bis 5. Jh.s, welche die Wirklichkeit, d. h. Vollständigkeit der menschlichen Natur Jesu Christi ablehnen oder einschränken.

Doktor (lat. = Gelehrter, Lehrer), höchster akademischer Grad, der von den ↑Fakultäten der ↑Universitäten nach Annahme einer wissenschaftlichen Arbeit (lat. *dissertatio* = Erörterung, Dissertation) und eines bestandenen mündlichen Doktorexamens (lat. *examen rigorosum* oder ↑Disputation) verliehen wird (Promotion), abgekürzt Dr., bei evangelischen Theologen als Ehrenwürde auch mit D. Im Mittelalter war mit «Doctor», neben ↑Scholasticus und ↑Magister, der Lehrer überhaupt gemeint; mit der Entstehung der Universitäten im 12./13. Jh. waren Doktor und Magister die an der Universität zum Lehren Berechtigten. «Doctor» begegnet seit dem Mittelalter auch als Beiname oder Ehrentitel für ↑Kirchenlehrer (lat. *doctor ecclesiae*) und Theologen zur Kennzeichnung ihrer herausragenden und der für sie charakteristischen Eigenschaften, z. B. *doctor mellifluus* (lat. = honigfließender Lehrer) für Bernhard von Clairvaux, *doctor universalis* (lat. = Universalgelehrter) für Albertus Magnus, *doctor angelicus* (lat. = engelgleicher Lehrer) für Thomas von Aquin.

Doktrin (lat.), Belehrung und Unterweisung. ↑Dogma, ↑Glaubenskongregation

Dolcinianer ↑Apostoliker

D. O. M., Abkürzung für lateinisch ↑Deo Optimo Maximo.

Dom (lat. *domus* = Haus, *domus ecclesiae, domus Dei* = Haus der Kirchengemeinde, Haus Gottes; mhd. *tuom*, dann *Thum*), ursprünglich die Kirche eines ↑Stifts mit dem ↑Stiftskapitel, die Hauptkirche einer Stadt, die

↑Bischofkirche mit dem ↑Domkapitel, in der sich ↑Chor und ↑Chorgestühl befanden. Das neuhochdeutsche Wort «Dom» wurde erst im 15./16. Jh. aus französisch dôme (Kirche, Kuppel) entlehnt und oft auf bedeutende Kirchenbauten (etwa mit Kuppelaufbauten) übertragen (z. B. der Invalidendom in Paris). Mit Dom, der seinerseits früher auch ↑Münster genannt wurde, ist heute im allgemeinen Sprachgebrauch nicht selten die Bischofskirche (↑Kathedrale) gemeint.

Dom (von lat. ↑Dominus), in Frankreich, vergleichbar dem Wort ↑Abbé, Titel und Anrede v. a. von ↑Ordens-↑Geistlichen, in Portugal von (hohen) Geistlichen, Angehörigen des Hochadels und anderen höhergestellten Persönlichkeiten.

Domdekan, nach dem ↑Dompropst die zweite ↑Dignität des ↑Domkapitels.

Domesticus, Domestikos (lat.-gr. = der zum Haus gehörige Genosse), im Römischen und Byzantinischen Reich ein Beamter, der in verschiedenen kirchlichen und staatlichen Ämtern eine Vertrauensstellung innehatte.

Domfreiheit, bis zum Ende der ↑Reichskirche der Bezirk um eine ↑Bischofskirche (↑Dom), die unter der unmittelbaren Gerichtsbarkeit des ↑Domstifts stand. ↑Immunität

Domherr, Mitglied eines ↑Domkapitels, auch der Domkapitular, der wie der ↑Chorherr oder ↑Kanoniker an ↑Stifts- und ↑Kollegiatkapitel in eigener Wohnung (früher der Kanonikal-

oder Domherrenhof) lebt, über sein Privateigentum und seine Einkünfte (früher aus ↑Pfründen) frei verfügen kann. Zu ständiger ↑Residenz, Teilnahme am ↑Chordienst und den Versammlungen des Domkapitels verpflichtet, übt der Domherr, der bis zum Ende der ↑Reichskirche häufig aus dem Adelsstand kam, bis heute in der Bistumsverwaltung (↑Bischöfliches Ordinariat) verschiedene Ämter aus.

Domina (lat.), die (Haus-) Herrin, Dame, Frau, abgekürzt D., in einzelnen evangelischen Kirchen Deutschlands Titel einer Vorsteherin oder ↑Äbtissin in Anstalten, die auf vorreformatorische Klöster zurückgehen (↑Damenstift).

Dominica (lat.), der Tag des Herrn, der ↑Sonntag.

Dominikaner, von dem spanischen Kanoniker Domingo Guzmán, dem hl. Dominikus von Caleruega (um 1170–1221), als Predigerorden 1215 errichteter, 1216 päpstlich bestätigter ↑Bettelorden. Die Gründung des auch ↑Jakobiner (nach dem Kloster Saint-Jacques in Paris) genannten Ordens erfolgte, wie bei den ↑Franziskanern, auf dem Hintergrund der ↑Armutsbewegung und ihrer Kritik am Reichtum der Kirchen und Klöster, wie sie auch die häretischen Gruppen der ↑Katharer (↑Albigenser) und ↑Waldenser in Südfrankreich vertraten. In Toulouse, dem Wirkungsbereich der Albigenser, errichtete Dominikus 1215 die erste Niederlassung seiner

Gemeinschaft, für die ein Leben in völliger Armut, die ↑Predigt zur Stärkung der Gläubigen sowie zur Bekehrung der Ungläubigen und ↑Häretiker zur obersten Richtschnur wurde. Dementsprechend standen die Studien der ↑Theologie (Generalstudium, ↑Universität) zur Fundierung der Predigttätigkeit im Mittelpunkt des Ordens, für dessen Regel die ↑Augustinusregel zur wichtigen Grundlage wurde. Noch im 13. Jh. erlangte die Gemeinschaft größte wissenschaftliche Bedeutung (↑Scholastik) durch herausragende Gelehrte aus ihren Reihen, u. a. Albertus Magnus, Thomas von Aquin, später die ↑Mystiker Meister Eckart, Johannes Tauler, Heinrich Seuse, die Prediger Savonarola, Bartolomé de Las Casas. Mit der Übertragung der ↑Inquisition durch Papst Gregor IX. im Jahr 1232 gewann der Orden einen nicht zu übersehenden kirchenpolitischen Einfluss, gerade auch zur Zeit des ↑Hexenwahns im späten 15. Jh. Im Zeitalter der Entdeckungen eröffnete sich ein neues Betätigungsfeld in der ↑Mission, wo sich der Orden, dessen Tracht (↑Ordenskleid) aus weißem Rock, ↑Skapulier und schwarzem Mantel besteht, große Verdienste erwarb. Zur Gemeinschaft, die wie alle Orden in ↑Reformation, ↑Französischer Revolution und ↑Säkularisation schwerste Erschütterungen erfuhr, gehören die Dominikanerinnen, von Dominikus als Zweiter Orden gegründet (seit dem 19. Jh. mit zahlreichen Schwestern- ↑Kongregationen, die weltweit in Schulen und sozial-

karitativen Einrichtungen [↑Caritas] wirken), und als ↑Dritter Orden (Tertiaren) ↑Laien-Gemeinschaften, die sich noch im 13. Jh. gebildet hatten. An der Ordensspitze steht der in Rom residierende Generalmagister.

Dominus (lat.), allgemein ein (Haus-) Herr, Eigentümer, Lehens-, Grund-, Landesherr, der Herrscher, im Besonderen Gott der Herr, der Herr Jesus Christus, abgekürzt D., auch ↑D.N.J.C. ↑Dom, ↑Don.

Domizellar (von lat. *cella* = Kammer, Zelle, Gemach; ↑Zellerar), ein im ↑Domkapitel lebender Anwärter auf eine Stelle als ↑Domherr, auf ein ↑Kanonikat.

Domkapitel, geistliche Körperschaft (↑Kapitel) von ↑Kanonikern an einer ↑Bischofskirche (↑Dom, ↑Kathedrale) zur feierlichen Gestaltung der ↑Liturgie und zur Unterstützung des Bischofs bei der Verwaltung des ↑Bistums. Die Mitglieder des Dom- oder Kathedralkapitels (auch ↑Domstift oder ↑Konsistorium), dem das Stifts- oder Kollegiatkapitel an Stiftskirchen bzw. ↑Kollegiatstiften entspricht, sind die ↑Domherren oder Domkapitulare. Es entstand aus einer ↑Presbyterium oder ↑Kathedralklerus genannten Gemeinschaft von Geistlichen, die seit dem 4. Jh. an einer Kathedralkirche (auch ↑Domkloster) ein gemeinsames Leben führten, dem Bischof beim ↑Gottesdienst und in der Verwaltung zur Seite standen, dafür Unterhalt aus dem ↑Kirchengut bezogen (zur geschichtlichen Entwicklung: ↑Chorherr). Parallel zu den Kollegiatstiften entwickelten sich im Zug der ↑Gregorianischen Reform die Kanonikerstifte an Bischofskirchen im 11./12. Jh. zu Domkapiteln (Wormser Konkordat von 1122, ↑Investitur), denen als wichtigstes Recht (nach Ländern unterschiedlich) die ↑Bischofswahl zustand (heute nur Restbestände). Im ↑Heiligen Römischen Reich kam ihnen bis zum Ende der ↑Reichskirche eine ungleich größere Bedeutung zu als in der Kirche der Gegenwart (mit rein kirchlichen Aufgaben). Sie bildeten als selbständige Kollegien, die bei der geistlichen Leitung mitwirkten, das wichtigste Instrument der Kontinuität in den Bistümern, übten die kanonische Wahl der Fürstbischöfe und waren gerade dadurch wesentlicher Teil des Reichs, schon durch ihre fast ausschließlich adelige Zusammensetzung der Führungsschicht im geistlich-weltlichen Bereich verbunden. Zudem besaßen sie die Rechte einer unabhängigen Körperschaft im ↑Hochstift, die an der weltlichen Regierung maßgeblich beteiligt war.

Domkapitular, Angehöriger des ↑Domkapitels, auch ↑Domherr genannt.

Domkirche ↑Dom

Domkloster, im frühen Mittelalter ein ↑Kloster an einer ↑Bischofskirche, aus dem oft das ↑Domkapitel hervorging.

Domkustos (von lat. *custos* = Wächter; ↑Kustos), ↑Domherr, dem die Aufsicht über ↑Paramente, Schatz und Bau der Domkirche (↑Dom) obliegt.

Dompropst, erste ↑Dignität im ↑Domkapitel (↑Propst), als dessen Vorsitzender mit umfassenden Leitungsaufgaben ausgestattet und mit der Vermögensverwaltung betraut, dabei vom ↑Domdekan unterstützt.

Domscholaster, Domscholasticus, ↑Domherr, der Leiter und Aufseher der ↑Domschule war.

Domschule, im frühen und hohen Mittelalter die an einem ↑Stift, einer ↑Bischofkirche oder einem ↑Domkloster eingerichtete Schule (↑Schola), auch ↑Kathedral-, ↑Kloster- oder Stiftsschule genannt, die häufig in eine innere Schule (lat. *schola interior*) zur Ausbildung künftiger ↑Kleriker (auch der ↑Oblaten) und in eine äußere Schule (lat. *schola exterior*) für ↑Laien geteilt war. Als Lehrer fungierten Geistliche, ihr Leiter war der Schul- oder Lehrmeister (lat. *magister scholarum* oder *scholasticum*), später auch der ↑Domscholaster. Domschulen waren bis zur Entstehung der ↑Universitäten im 12./13. Jh. und der städtischen Schulen seit dem 13. Jh. mit den Klosterschulen die wichtigsten Träger und Vermittler christlich-abendländischer Bildung; aus diesen Bildungsstätten gingen nicht selten die Universitäten selbst hervor. Seit dem Konzil von Trient (1545–1563) wurden die Domschulen allmählich von ↑Seminarien abgelöst; häufig entstanden dafür ↑Lyzeum und später (Dom-) Gymnasium.

Domstift, die mit Grundvermögen ausgestattete, von Staat und Kirche zur juristischen Person erhobene Körperschaft eines ↑Domkapitels. ↑Stift

Domus Dei (lat. = Haus Gottes), über dem ↑Portal von Kirchen des ↑Barocks und ↑Rokokos oft anzutreffende Inschrift, nicht selten auch in Verbindung mit «Porta Coeli» (lat. = Tor zum ↑Himmel).

Domvogt ↑Vogt, Vogtei

Don (von lat. ↑Dominus), in Spanien und Italien Anrede und Titel für die Geistlichkeit (ähnlich ↑Abbate, ↑Dom).

Donate ↑Oblate

Donatismus, nach Donatus († um 355) benannte, später zurückgewiesene Lehre, wonach die Gültigkeit der ↑Sakramenten-Spendung von der vollen Gemeinschaft des Spenders mit der Kirche abhängig ist.

Donum vitae (lat. = Geschenk des Lebens), 1999 gegründeter eingetragener Verein zur Förderung des Schutzes des menschlichen Lebens. Die Gründung erfolgte, nachdem Papst Johannes Paul II. die Ausstellung der Bescheinigung einer Schwangerschaftskonfliktberatung durch die katholischen Verbände «Caritas» und «Sozialdienst katholischer Frauen» verboten hatte.

Doppelkloster, vielfach missverstandener Begriff für eine Gemeinschaft von ↑Mönchen und ↑Nonnen, die nach Geschlechtern getrennt am selben Ort und nach der selben ↑Ordensregel leben. Die seit dem 4. Jh. in der ↑Ostkirche entstandene Einrichtung begegnet im frühen Mittelalter auch in der lateinischen Kirche des Westens, wobei es sich z. B. um Frauenklöster mit einer ↑Äbtissin an der Spitze handelte, zu dem (meist nur kurzzeitig) eine Gruppe von Mönchen gehörte, oder um ein ↑Kanonikats-Stift, in dessen Nähe sich weibliche ↑Konversen oder ↑Kanonissen klösterlich niederließen; in diesen Fällen spricht man besser von assoziierten ↑Konventen oder Gemeinschaften, um die es sich letztlich auch bei den «Doppelorden» des 12. Jh.s (Fontrevault in Frankreich und Gilbertiner in England) oder bei den in einer Kirche vereinigten Gemeinschaften von Mönchen und Nonnen einiger Klöster in Deutschland (z. B. Zwiefalten) gehandelt haben wird. Zutreffender ist die Bezeichnung Doppelkloster für den Orden der ↑Birgitten, in dem Mönche und Nonnen unter Leitung der Äbtissin in getrennter ↑Klausur lebten (z. B. in Altomünster bei Dachau bis 1803).

Doppelorden ↑Doppelkloster

Dordrechter Synode, von November 1618 bis Mai 1619 im niederländischen Dordrecht abgehaltene allgemeine ↑Synode der reformierten Kirchen, die, auf Drängen der streng orthodoxen Richtung der ↑Calvinisten einberufen, den Streit mit den Remonstranten (↑Arminianismus) in der

Frage der ↑Prädestination beilegen sollte. An ihrem Ende wurden über 200 arminianische Prediger entlassen und, die calvinistische ↑Prädestinations-Lehre bekräftigend, fünf Artikel mit den Irrtümern der Remonstranten zusammengestellt, die als «Dordrechter Glaubensbekenntnis» nach dem auf der Synode anerkannten ↑Heidelberger Katechismus und der ↑Confessio Belgica in die ↑Bekenntnisschriften der reformierten Kirchen Eingang fand.

Dorfkirchenbewegung, seit 1913 durch den «Deutschen Dorfkirchenverband» abgehaltene Dorfkirchentage mit dem Ziel, das kirchliche Leben auf dem Land zu fördern und zugleich der Landflucht entgegenzuwirken. Diese Ziele verfolgt auch die katholische Landvolkbewegung. Die Einrichtung wird, nach Unterbrechung in der nationalsozialistischen Zeit, seit 1951 auch durch die «Arbeitsgemeinschaft für den dorfkirchlichen Dienst innerhalb der Evangelischen Kirche in Deutschland» fortgesetzt und erweitert.

Dormitorium (lat.), der gemeinsame Schlafsaal eines ↑Klosters (v. a. im Mittelalter), dann auch der Gebäudetrakt, in dem sich die Einzelzellen der ↑Mönche bzw. ↑Nonnen befanden.

Dotation (von lat. *dos* = Geschenk, Gabe, Mitgift), allgemein die Zuweisung von Geldmitteln, Grundbesitz und anderen Sach- und Vermögenswerten, in der katholischen Kirche die vermögensmäßige Ausstattung ei-

ner Stiftung (↑Stift), ↑Pfründe oder einer anderen kirchlichen Einrichtung, z. B. die Übertragung von Grundbesitz an ein neugegründetes oder zu errichtendes ↑Kloster durch den Landesherrn zur wirtschaftlichen (Selbst-) Versorgung.

Doxologie (von gr. *doxa* = guter Ruf, Ruhm, Ehre, Glanz, im NT Herrlichkeit, und *logos* = Wort), als Verherrlichungsgebet und Lobpreis die Grundform der biblischen Gebetssprache, in der die wesentlichen Aspekte des Wesens und Heilshandelns Gottes und Christi zum Ausdruck kommen. ↑Gloria

Dreieinigkeit, Dreifaltigkeit ↑Trinität

Dreifaltigkeitssäule, wie Marien- und Heiligensäule (↑Gottesmutter, ↑Heilige) gestaltete Säule mit der Darstellung der heiligsten Dreifaltigkeit (↑Trinität), v. a. in Böhmen, Mähren, Österreich. Die wohl berühmteste ist die sogenannte Pestsäule in Wien, die 1679 zum Dank für das Ende der Pest errichtet wurde.

Dreikapitelstreit, Streit um die Rechtgläubigkeit des Ibas von Edessa, Theodoret von Cyros und Theodor von Mopsuestia, die wegen der von ihnen in der Folge des Konzils von Chalcedon (451) vertretenen Unterscheidung der beiden Naturen in Christus (↑Dyophysitismus) des ↑Nestorianismus bezichtigt wurden.

Dreikonchenanlage, im Kirchenbau die zu allen Zeiten begegnende Architektur des Chorraums, der im Grundriss in der Form eines regelmäßigen

Kleeblatts gestaltet ist, wobei ↑Chor und Querschiff (↑Kirchenschiff) jeweils in halbrunden Apsiden (↑Apsis) auslaufen.

Dreikönige ↑Epiphanie

Dreißigjähriger Krieg, Bezeichnung für eine Vielzahl von Kriegen in Mitteleuropa und besonders in den deutschen Landen in den Jahren 1618 bis 1648. Er resultierte – nachdem der ↑Augsburger Religionsfriede von 1555 keinen wirklichen Frieden gebracht hatte – aus dem konfessionellen Gegensatz (↑Bekenntnis) zwischen der katholischen Kirche und den von der ↑Reformation geprägten Kirchen sowie dem Streben der böhmischen Stände, dann auch der ↑Reichsstände nach Machterweiterung, nach Durchsetzung fürstlicher Libertät, und wurde durch einen Aufstand des überwiegend protestantischen Adels in Prag gegen die kaiserliche Majestät, den habsburgischen katholischen König und Kaiser entfacht (zweiter Prager Fenstersturz). Das an sich unbedeutende und lokal begrenzte Ereignis mobilisierte bald die beiden konfessionellen Fürstenbünde. Deutschland wurde allmählich Schauplatz und Ziel von Kriegen, die sich letztlich als politischer Machtkampf gegen das Haus Habsburg richteten und an denen alle europäischen Großmächte beteiligt waren. Die vier (freilich in sich verschiebenden und überschneidenden) Phasen des Kriegsverlaufs waren: 1. Böhmisch-Pfälzischer Krieg (1618–1623), 2. Dänisch-Niedersächsischer

Krieg (1623–1629), 3. Schwedischer Krieg (1630–1635, bis 1632 unter König Gustav Adolf II. von Schweden), 4. Schwedisch-Französischer Krieg (1635–1648). Die lange Kriegsdauer, unentschiedene Kämpfe und allgemeine Kriegsmüdigkeit führten zum ↑Westfälischen Frieden vom 24. 10. 1648 und zum Ende eines Krieges, der millionenfachen Tod, Barbarei, geistige und sittliche Verelendung, Verarmung, Verwüstung über Mitteleuropa und seine Einwohner gebracht hat. Dies schlug sich auch im künstlerischen Schaffen nieder, so in der Thematisierung der ↑Apokalyptischen Reiter, in der bildlichen wie literarischen Darstellung und im Volkslied (Schnitter Tod; ↑Allegorie); als eindrucksvolles Beispiel sind hier etwa die «Tränen des Vaterlandes, anno 1636» des evangelischen Predigersohns Andreas Gryphius (1616–1664) zu erwähnen. Die dreißig Jahre von 1618 bis 1648 bilden den tiefsten Einschnitt der europäischen Geschichte zwischen Reformation und ↑Französischer Revolution. Die Gleichberechtigung der Bekenntnisse (↑Parität), die Anerkennung der vollen Landeshoheit der Territorialfürsten leiteten langfristig das Ende auch des ↑Heiligen Römischen Reiches ein.

Dritter Orden, Drittorden, in der katholischen Kirche die einem ↑Orden – der Erste Orden ist der männliche, der Zweite Orden der weibliche Zweig einer Ordensgründung – angeschlossenen Gemeinschaften von

Frauen und Männern, die zwar in der Welt leben (etwa weil sie durch ihre Lebensumstände, z. B. Ehe und Beruf, am Eintritt in ein ↑Kloster gehindert sind), dennoch im Geist des betreffenden Ordens wirken und dessen Ideale verwirklichen wollen. Sie werden auch Terziaren oder Tertiarier (von lat. *tertius* = der Dritte) genannt. Der bekannteste und größte war der Dritte Orden der ↑Franziskaner, der noch zu Lebzeiten des Franz von Assisi († 1226) errichtet wurde. Neben den weltlichen Drittordens-Gemeinschaften oder Terziarenverbänden, die bis heute auch als ↑Bruderschaften begegnen, bestehen seit dem 13. Jh. regulierte Dritte Orden für Frauen und Männer, die als klösterliche Gemeinschaft nach einer weniger strengen Form der Regel des Ordens, dem sie angeschlossen sind, leben (↑Ordensregel). Sie sind weltweit tätig im Erziehungs- und Unterrichtswesen, in der Glaubensunterweisung, im sozial-karitativen Bereich, v. a. in der Alten-, ↑Armen- und Krankenpflege sowie in Palliativabteilungen und Sterbehospizen, z. B. in Anstalten und Krankenhäusern des Dritten Ordens. ↑Barmherzige Brüder und Schwestern

Dualismus (von gr. *duo* = zwei), Sammelbezeichnung für Systeme in ↑Religions-Geschichte, ↑Philosophie und ↑Theologie, die letzte Grundprinzipien der Wirklichkeit in einen unvermittelbaren Gegensatz bringen, z. B. Materie und Geist (Leib und Seele, sinnliche und geistige Welt). ↑Gnosis, ↑Manichäismus, ↑Zwei-Reiche-Lehre

Dult ↑Indult

Dunkelmännerbriefe (lat. *Epistolae obscurorum virorum*), in zwei Teilen 1515 und 1517 erschienene satirische Schmähschrift, die u. a. von Crotus Rubianus und Ulrich von Hutten in gewollt schlechtem Latein (↑Küchenlatein) verfasst wurde und gegen die in Köln lehrenden theologischen Gegner des Humanisten (↑Humanismus) Johannes Reuchlin († 1522) gerichtet war, zugleich aber auch mittelalterliche Wissenschaft und Lehrmethode (↑Scholastik) mit Spott und Hohn überzog.

Dunkles Jahrhundert (lat. *saeculum obscurum*), von Caesar Baronius in seinen «Annales ecclesiastici» 1602 erstmals gebrauchter Begriff zur Kennzeichnung des 10. Jh.s, v. a. im Hinblick auf die Zustände in ↑Rom und die Situation des ↑Papsttums, das durch die finsteren Machenschaften römisch-italischer Adelscliquen gedemütigt, vielen Greueln und Verbrechen (mit Absetzung und Ermordung von Päpsten) ausgeliefert war (↑Pornokratie). Mit dem Terminus ist auch in der modernen Historiographie die ↑Epoche etwa zwischen 880 und 1046 umschrieben, also zwischen dem Ende des karolingischen Schutzes und dem Aufstieg eines erneuerten Papsttums, der durch das kaiserliche Recht der ↑Designation eingeleitet wurde (↑Gregorianische Reform). ↑Leichensynode

Dyophysitismus (gr. *duo* = zwei, *physis* = Natur, Zweinaturenlehre), innerhalb der ↑Christologie der ↑Alten Kirche eine Richtung in der ↑Theologie, die im Unterschied zum ↑Monophysitismus die Unterscheidung der göttlichen und menschlichen Natur Christi klar herausstellte, z. B. auf den ↑Konzilien von Ephesus (431) und Chalcedon (451). ↑Dreikapitelstreit, ↑Dyotheletismus

Dyotheletismus (gr. *duo* = zwei, *thelema* = Wollen, Wille), im 7. Jh. formulierte kirchliche Lehre, wonach im Anschluss an den ↑Dyophysitismus und im Gegensatz zum ↑Monotheletismus sowohl der göttlichen als auch menschlichen Natur Jesu Christi ein eigener Wille zuerkannt werden müsse.

E

Ebioniten (hebr.-gr. = die Armen), seit dem 2. Jh. üblicher Name für ↑Judenchristen in Transjordanien und Syrien, von denen Teile vielleicht im ↑Manichäismus oder Islam aufgegangen sind.

Ecce homo (lat. = Seht, da ist der Mensch), Worte des Pontius Pilatus, mit denen er den gegeißelten, dornengekrönten und mit einem purpurroten Mantel bekleideten Jesus dem Volk vorstellte (Joh 19,5). Die Szene fand seit dem Spätmittelalter zahlreiche Darstellungen in der bildenden Kunst (Rogier van der Weyden, Leonardo da Vinci, Tizian, Albrecht Dürer, Rembrandt, Martin Schongauer u. a.): Der leidende Jesus als ↑Schmerzensmann oder in einer Gruppe mit den ihn verhöhnenden Juden. ↑Andachtsbild, ↑Passion

Ecclesia, ecclesia, ekklesia (gr.-lat. = [herausgerufene] Versammlung, Übersetzung von hebr. *kahal* = Gemeindeversammlung, engl. *church*, it. *chiesa*, frz. *église*, span. *iglesia*), ursprünglich die athenische Volksversammlung und die Versammlung der freien Bürger in den griechischen Stadtstaaten, dann religiöse Versammlungen und (im NT) die Versammlung der Christen (↑Christentum) zum ↑Gottesdienst, die ↑Gemeinde und der Raum oder das Gebäude für den christlichen Gottesdienst, die ↑Kirche. Das Wort bezeichnet aber nicht nur das Gotteshaus, sondern auch die Gemeinschaft und Einheit der Gläubigen in der Welt oder an einem Ort (↑Ortskirche), in einem ↑Bistum. In der Kunst werden NT und Kirche, oft zusammen mit der ↑Synagoge, als siegreiche Frauengestalt mit Krone, Kelch, Kreuzesfahne oder -stab dargestellt (↑Ecclesia und Synagoge; ↑Typologie).

ecclesia cathedralis (lat.), die ↑Kathedrale, Kathedralkirche, ↑Bischofskirche, auch der ↑Dom.

Ecclesia Gallicana ↑Gallikanismus

ecclesia militans (lat.), die für das ↑Evangelium streitende ↑Ecclesia (Kirche) in der Welt.

ecclesia non sitit sanguinem (lat.), Rechtsgrundsatz, wonach die Kirche kein Blut trinkt (so die Übersetzung), d. h. vergießt. Er bezog sich im Besonderen auf die Ausübung des ↑Blutbanns, die ↑geistlichen Fürsten nicht erlaubt war. Jedoch wurde dieser Grundsatz, v. a. im Mittelalter, nicht immer beachtet, was nicht zuletzt in der problematischen Konstellation im Verhältnis von weltlicher und geistlicher Gewalt, von ↑Kirche und Staat gründete (↑Zwei-Gewalten-Lehre), so in der Zeit der ↑Kreuzzüge, bei Verfolgung von ↑Häresie und Hexerei (↑Hexenwahn) durch die ↑Inquisition.

ecclesia semper reformanda (lat.), Ausdruck für das Grundanliegen der ↑Reformation, wonach die Kirche eine stets zu reformierende ist (so die Übersetzung), d. h. sich in Lebensform, Verkündigung und Gestalt ständig von Gottes Wort richten und erneuern lassen müsse, weil sie zu allen Zeiten reformbedürftig sei. Die Formulierung stammt aus dem ↑Calvinismus; sie griff ähnliche, seit dem späten Mittelalter immer wieder erhobene Forderungen nach einer Reform der Kirche an Haupt und Gliedern auf. ↑aggiornamento

ecclesia triumphans (lat.), die triumphierende Kirche des ↑Himmels, der ↑Heiligen, in der Vollendung; v. a. in Kunst und ↑Theologie des ↑Barocks als irdische Realität gefeiert und dargestellt, auch im ↑Jesuitendrama.

Ecclesia und Synagoge. Seit frühchristlicher Zeit ist die typologische Verknüpfung (↑Typologie) von AT und NT ein Hauptmerkmal der christlichen Kunst und begegnet in bildlichen Darstellungen auf den Kirchenwänden ebenso wie in der ↑Armenbibel und an den ↑Portalen der Kirchen. Zur Typologie in sakralen Bilddenkmälern (Monumentalskulpturen) gehören die Personifikationen von ↑Ecclesia für das NT und ↑Synagoge für das AT (auch als Begleitfiguren zu einer Kreuzigungsdarstellung) mit den ↑Attributen von Typ und Antityp: Als alte Braut steht die Synagoge der Kirche als der neuen Braut gegenüber. Die Statuen am Doppelportal im Südquerhaus des Straßburger Münsters (um 1220/30), die einen Höhepunkt der deutschen ↑Gotik markieren, zeigen u. a. Ecclesia und Synagoge als die zwei Bräute: Die Kirche triumphiert mit der Krone (↑ecclesia triumphans), die Synagoge neigt das Haupt, ihre Augen sind verbunden; die Gesetzestafel und der gebrochene Fahnenstab, die sie in ihren Händen hält, entsprechen dem ↑Kelch der ↑Gnade bzw. dem ungebrochenen, siegreichen Kreuzesstab (↑Kreuz). Freilich ist in dieser Typologie zugleich auch das die Kirche ablehnende zeitgenössische Judentum als ihre Negierung verkörpert.

Edikt (lat.), obrigkeitlicher Erlass, amtliche Bekanntmachung und Verordnung, auch in Religionssachen (↑Religionsedikt). ↑Kapitularien

● **Edikt von Nantes,** von König Heinrich IV. von Frankreich am 13.4.1598 zur Beendigung der ↑Hugenotten-Kriege erlassenes ↑Religionsedikt. Es sicherte die Rechtsstellung der Reformierten, gewährte ihnen Gewissens- und bedingte Religionsfreiheit sowie Zugang zu Staatsämtern (mit Einschränkungen bestätigt durch das Gnadenedikt [↑Gnade] von Nîmes vom Juli 1629). König Ludwig XIV. von Frankreich hob mit dem am 18.10.1685 erlassenen Edikt von Fontainebleau das Edikt von Nantes auf. Erst König Ludwig XVI. gestand den Reformierten mit dem Toleranzedikt von Versailles (1787; ↑Toleranzedikte) wieder die freie Religionsausübung zu. Mit der Erklärung der Menschen- und Bürgerrechte am 26.8.1789 erlangten diese die unbeschränkte bürgerliche und rechtliche Freiheit, durch die Organischen Artikel zum ↑Konkordat zwischen Pius VII. und Napoleon 1802 schließlich die volle Gleichberechtigung (↑Parität) mit den Katholiken.

Editio Vaticana ↑Medicaea Editio

Editio Weimarana ↑Weimarana

Edition (lat.), die wissenschaftlich-textkritische Ausgabe eines Werkes (↑Textkritik).

● **Ehe,** im christlichen Verständnis die rechtmäßige, volle Lebensgemeinschaft von Mann und Frau zu gegenseitigem Glück und zur Zeugung von Nachkommenschaft. Mann und Frau sind von der Schöpfung her aufeinander verwiesen, die Ehe von Gott gewollt. Die Symbolik der Beziehung von Mann und Frau, Braut und Bräutigam, dient im AT der Verdeutlichung der Beziehung von Jahwe (hebr. = Gott) und seinem Volk ↑Israel; sie erfährt im NT eine Vertiefung durch die Beziehung zwischen dem Bräutigam Jesus Christus und seiner Braut, der Kirche, für die er sich hingegeben hat. Jesus betont unter Rückgriff auf den Schöpferwillen die Unauflöslichkeit der Ehe, gleiches Recht und gleichen Schutz von Mann und Frau. Die Ehe zwischen zwei Getauften (↑Taufe) ist Darstellung dieser Beziehung und darum, in der katholischen Kirche, ↑Sakrament, heiliges Zeichen. ↑Konkubinat, ↑Wiederverheiratung Geschiedener

Ehelosigkeit, in Verbindung mit ↑Armut und ↑Gehorsam die Lebensform Jesu, des Bräutigams der Kirche, als Ausdruck seiner Reich-Gottes-Verkündigung. Auf Kritik (bezüglich Gen 1,28) antwortet Jesus mit dem «Eunuchenspruch» in Mt 19,12 («Ehelosigkeit um des Himmelreiches willen»). Um der Gleichgestaltung mit Jesus Christus, der ↑Nachfolge Christi willen (und nicht in der Übernahme leib- und ehefeindlicher Vorstellungen, ↑Ehe) wurden seit dem 4. Jh. Ehelosigkeit und ↑Jungfräulichkeit zum Kennzeichen des ↑Mönchtums. ↑Evangelische Räte, ↑Zölibat

Eigenkirche, vom evangelischen Rechtshistoriker Ulrich Stutz in seinem Werk: «Die Eigenkirche als

Element des mittelalterlich-germanischen Kirchenrechts» (1895) geprägter Begriff für eine ↑Kirche, d. h. Gotteshaus, ↑Kloster, ↑Hauskloster, ↑Stift, ↑Bistum, die auf privatem Grund und Boden steht und über die der Grundherr als «Eigenkirchenherr» bestimmte Rechte beanspruchte und übte, auch die Ein- und Absetzung der Geistlichen (↑Investitur) vornahm. Von großer Bedeutung war das Eigenkirchenwesen für Kirchen, Klöster und Bistümer vom 8. bis 10. Jh. (↑Immunität, Kirchen- ↑Vogtei), wurde aber im Zuge der ↑Gregorianischen Reform und des ↑Investiturstreits seit dem 11./12. Jh. – auf dem Hintergrund des kirchenpolitischen Programms der ↑«Freiheit der Kirche» als ein Freisein von kirchenfremden Eingriffen – weitgehend abgebaut. Reste gingen auf in den teilweise bis heute noch bestehenden Rechtsformen des ↑Patronats und der ↑Inkorporation. ↑Spolien

Einholung, offizieller Empfang eines neuernannten ↑Bischofs auf dem Weg in seine ↑Diözese, meist am Ort oder in der Nähe des Grenzüberschritts in seinen Sprengel.

Einigungschristologie, Richtung in der ↑Theologie v. a. des 5. Jh.s, die in der Frage, wie sich göttliche und menschliche Natur Jesu zueinander verhalten, die Einheit betont (↑Christologie). Sie ist besonders für die alexandrinische ↑Tradition (↑Alexandrinische Schule) kennzeichnend und stand in der Gefahr, die Menschheit Jesu von der Gottheit aufgesogen zu sehen. ↑Apol-

linarismus, ↑Hypostase, ↑Monophysitismus, ↑Trennungschristologie

Einkehrtage ↑Exerzitien

Einkleidung, die feierliche Übergabe des ↑Ordenskleides an ein neues Mitglied eines Ordens oder einer religiösen Gemeinschaft. Mit ihr beginnt das ↑Noviziat.

Einsegnung, in den evangelischen Kirchen die unter Handauflegung vom zuständigen Amtsträger im Rahmen eines ↑Gottesdienstes vorgenommene Segnung (↑Segen) einer Person zu einem bestimmten Dienst (z. B. ↑Diakon, Diakonisse); im allgemeinen Sprachgebrauch wird auch die ↑Konfirmation so genannt.

Einsiedler, Einsiedeleien ↑Eremit

EKD, Abkürzung für ↑Evangelische Kirche in Deutschland.

Ekklesia ↑Ecclesia

Ekklesiologie (gr. = Lehre von der Kirche, ↑Ecclesia), erst seit dem 19. Jh. zu einem eigenen Teilgebiet der ↑Dogmatik entwickelt, formulierte die römisch-katholische Kirche mit der Konstitution «Lumen Gentium» (lat. = Licht der Völker) im ↑Vaticanum II (1962–1965) ihr Selbstverständnis: Zeichen und Werkzeug der innigsten Verbindung Gottes und der Menschen sowie der Menschen untereinander.

Ekstase ↑Mystik

Ektenie ↑Litanei

Elevatio, Elevation (lat. *elevare* = auf-, emporheben), 1. das Erheben der konsekrierten Gestalten (↑Hostie, ↑Kelch, ↑Konsekration) bei der Wandlung (↑Transsubstantiation) in der heiligen ↑Messe; 2. die Erhebung der (aufgefundenen) Gebeine (↑Reliquien) eines/einer ↑Heiligen und deren Übertragung oder Umbettung in ein Heiligengrab (↑Translation) waren Ausgangspunkt der offiziellen ↑Heiligenverehrung.

Elisabethinnen ↑Barmherzige Brüder und Schwestern

Elisabethkonferenz, innerhalb der ↑Caritas-Bewegung des 19. Jh.s das weibliche Parallelstück zur ↑Vinzenzkonferenz.

Em., Abkürzung für ↑Eminenz.

Emblem, Emblematik (gr. *emblema* = alles Ein- oder Angesetzte), eine der ↑Allegorese verpflichtete, in eine kombinatorische Einheit gebrachte bildlich-literäre Mischform von Bild und Wort: Der Sinngehalt einer bildlichen Darstellung (Pictura, Icon, Imago) kann über ein Motto (Devise oder Lemma), d. h. einen Wahlspruch, eine Lebensregel oder Wahrheit, und die Erklärung in der Unterschrift (Subscriptio oder ↑Epigramm) aufgelöst und erschlossen werden. Ein Emblembuch enthält eine Sammlung derartiger Emblemata, grundgelegt im «Emblematum liber» des Andrea Alciati von 1531. Weitverbreitet war bis in das 18. Jh. hinein die religiöse Emblematik: Zahlreiche ↑Predigt-Sammlungen und ↑Erbauungs-Bücher katholischen und evangelischen ↑Bekenntnisses sowie Kirchen-

räume waren emblematisch ausgestaltet. ↑Symbol

Emeritenhäuser, in der katholischen Kirche früher Einrichtungen (Heime) zur Versorgung ausgedienter (lat. *emeritus*), d. h. dienstunfähig gewordener oder in den «wohlverdienten» Ruhestand getretener Geistlicher.

Emigration ↑Augsburger Religionsfriede, ↑Exulanten

Eminenz (lat. *eminentissimus* = hervor-, herausragendst, Abkürzung Em.), Anrede und Ehrentitel für die ↑Kardinäle und den Großmeister der ↑Johanniter, neben ↑Illustris früher auch für die ↑geistlichen Fürsten. ↑Exzellenz

Emmanuel (hebr. = Gott ist mit uns, einer der Namen für Jesus), Anfang der 1970er Jahre entstandene, 1992 päpstlich approbierte, in mehr als 70 Ländern vertretene und mehrere tausend Mitglieder zählende ↑Laien-Gemeinschaft, in der Menschen aller Altersgruppen, Kulturen und gesellschaftlichen Schichten zur frohen und ganzheitlichen ↑Nachfolge Christi verbunden sind.

Emmaus, 1949 vom katholischen Priester Henri Grouès (1912–2007), berühmt als Abbé Pierre, in Frankreich gegründete Bewegung mit dem Ziel der Armutsbekämpfung und gesellschaftlichen Reintegration obdach- und arbeitsloser Menschen. Die Emmaus-Jünger sind (2007) mit mehr als 300 selbständigen Gruppen in 42 Ländern vertreten.

Empore, allgemein ein galerie- oder tribünenartiger Einbau in einem Raum, in einer Kirche zur Schaffung von zusätzlichem Raum, ursprünglich zur Abtrennung einer bestimmten Gruppe, z. B. von ↑Nonnen, des Herrschers, Hofstaates, Stifters, meist (verglast oder vergittert) über Seiten- oder Querschiffen (↑Kirchenschiff), auf Höhe des ↑Altar- oder ↑Chor-Raums oder rückwärtig (im Westen, als Westempore) für ↑Orgel, Chor und Orchester, hier je nach Kirchenarchitektur auch als einfacher hölzerner Einbau auf eigenem Gerüst.

Emser Kongress, Zusammenkunft der Deputierten der drei ↑Kurfürst-Erzbischöfe von Mainz, Köln und Trier sowie des Fürsterzbischofs von Salzburg vom 25.7. bis 25.8.1786 in Ems (Bad Ems) mit dem Ziel, ein gemeinsames, gegen die rechtlichen Befugnisse der ↑Apostolischen Nuntiaturen im ↑Heiligen Römischen Reich gerichtetes Reform- und Kampfprogramm zu erarbeiten; zugleich sollten die Rechte und Zuständigkeiten der ↑Metropoliten im Reich gegenüber dem ↑Papsttum gesichert und gestärkt werden. Ergebnis der Beratungen war die an den Kaiser geleitete «Emser Punktation» vom 25.8.1786, die den Höhepunkt bischöflicher Bestrebungen nach größerer Selbständigkeit innerhalb der ↑Reichskirche gegenüber dem Papst (↑Episkopalismus, ↑Febronianismus) und den Abschluss der seit 1651 geführten Auseinandersetzungen der drei rheinischen Kurfürst-Erzbischöfe mit der Kölner Nuntiatur bildet, die 1769 zu den Koblenzer ↑Gravamina geführt hatten, durch die Errichtung der Nuntiatur in München 1785 und den daraus resultierenden ↑Nuntiaturstreit verschärft worden waren. Die von den Punktatoren geforderte Einberufung eines Nationalkonzils wurde vom Kaiser abgelehnt; die Beschlüsse stießen auch bei deutschen Bischöfen auf zunehmenden Widerstand. Der Pakt der vier Erzbischöfe zerbrach, als der Kurerzbischof von Trier sich 1790 von der Emser Punktation distanzierte. Die durch die ↑Französische Revolution ausgelösten politischen Ereignisse taten ihr Übriges, so dass der Emser Kongress eine wirkungslose Episode, eine bloße Kampfansage an den Papst blieb.

Emser Punktation ↑Emser Kongress

Enchiridion (gr. = Handbuch), kurzgefasstes Lehrbuch für Anfänger oder Zusammenstellung wichtiger Texte zu einem bestimmten Sachgebiet (z. B. der lehramtlichen Dokumente der römisch-katholischen Kirche in chronologischer Ordnung durch Heinrich Denzinger, Enchiridion symbolorum, definitionum et declarationum de rebus fidei et morum [1854]). Auch Martin Luthers Kleiner ↑Katechismus wurde Enchiridion genannt.

Endemusa Synodos (gr.), regelmäßige Zusammenkunft der ↑Metropoliten und ↑Erzbischöfe beim ↑Patriarchen in ↑Konstantinopel.

Endzeit, Endzeiterwartung (End-, Weltgericht, ↑Jüngster Tag, Jüngstes

Gericht), die mit Jesus Christus (Hebr 1,2) angebrochene letzte Phase der Geschichte, die gekennzeichnet ist vom «Schon und noch nicht»: Die ↑Erlösung ist schon erwirkt, aber sie ist noch nicht vollendet. Die in Teilen des NT bezeugte apokalyptische Naherwartung (↑Apokalypse, ↑Parusie) klärte sich zur umkehrbereiten Stetsbereitschaft für die Wiederkunft des Herrn zum Gericht, denn «für Gott sind Tausend Jahre wie ein Tag» (2 Petr 3,8). ↑Chiliasmus, ↑Dies irae, ↑Eschatologie, ↑Himmel, ↑Hölle, ↑Ludus de Antichristo, ↑Paradies, ↑Weltenrichter

Engel (gr. *angelos* = Bote, ↑Angelus, ↑Erzengel), von Gott geschaffene reine Geistwesen, die zur seligen Gottesschau bestimmt sind, den Willen Gottes erfüllen (Mt 6,10) und der Verherrlichung Gottes dienen (Jes 6,3). Die ↑Heilige Schrift nennt drei Engel mit Namen, die ↑Erzengel Raphael, Gabriel und Michael. In der Begleitung des Schutzengels zeigt sich die Zuwendung Gottes zu jedem einzelnen (Mt 18,10). Die Verehrung der Engel erhielt einen starken Anstoß durch die Erscheinung des Erzengels Michael auf dem Gargano in Süditalien am 8.5 492. ↑Patron, ↑Putto

Engel der Armen, Bezeichnung für die am 5.9.1997 verstorbene Friedensnobelpreisträgerin und Gründerin der ↑Missionarinnen der Nächstenliebe, Mutter Teresa, die ihr Leben in den Dienst an den Ärmsten der Armen in den Slums von Kalkutta gestellt hat (seliggesprochen 2003).

Engel des Herrn ↑Angelus

Engelamt ↑Rorate

Engelpapst, im Spätmittelalter verbreitete Erwartung eines betont religiösen ↑Papstes, konzentriert v. a. auf Cölestin V. (1294) (↑Cölestiner).

Engelsburg (it. Castel Sant'Angelo), Rundbau in Rom am Tiber bei der Engelsbrücke, im Jahr 135 als Grabmal für Kaiser Hadrian begonnen, dann zum Mausoleum für die römischen Kaiser erweitert, von den ↑Päpsten als Fluchtburg, Festung und Kerker ausgebaut. Der im 16. Jh. mit einer Statue des ↑Erzengels Michael bekrönte Bau ist heute Museum.

Englische Fräulein (Maria-Ward-Schwestern), von der Engländerin Maria Ward (1585–1645) nach dem Vorbild der ↑Jesuiten 1609 gegründete und nach ihr benannte ↑Kongregation päpstlichen Rechts für Erziehung und Unterricht der weiblichen Jugend. Die heute in vielen Ländern verbreitete Gemeinschaft, die sich seit 2004 Congregatio Jesu (lat., abgekürzt CJ) nennt, zählt zu den bedeutendsten Lehrorden (↑Schulschwestern) der katholischen Kirche.

Englischer Gruß ↑Angelus, ↑Ave Maria

Enkolpion (gr. = das auf der Brust Getragene). Das im Altertum wie ein Amulett auf der Brust getragene kleine Behältnis wurde seit frühchristlicher Zeit in Form z. B. eines ↑Kreuzes oder Fisches zur Kapsel für eine ↑Reliquie, die auf der Brust getragen wurde. In der Ostkirche ist es, als Kreuz oder Medaillon (mit dem Bild der ↑Gottesmutter Maria) getragen, Würdezeichen höherer Geistlicher.

Enkratiten (gr. = die Enthaltsamen), Anhänger einer seit dem 2. Jh. in Syrien und Kleinasien unter Tatian beheimateten Bewegung strenger ↑Askese, die u. a. Verzicht auf den Vollzug der ↑Ehe und Enthaltsamkeit von Fleisch und Wein forderten.

Entsakralisierung ↑Canossa

Enzyklika (gr.), meist in lateinischer Sprache abgefasstes, unter Benedikt XIV. (1740–1758) eingeführtes und nach seinen jeweiligen Anfangsworten benanntes, gedrucktes Rundschreiben des ↑Papstes, das an eine oder alle katholischen Kirchen gerichtet ist und in dem als Äußerung des ordentlichen allgemeinen kirchlichen ↑Lehramtes Fragen der Glaubens- und Sittenlehre, der Staats-, Wirtschafts- und Sozialllehre sowie der Kirchenpolitik und Disziplin verbindlich dargelegt werden. Enzykliken sind eine Hauptquelle der kirchlichen Verkündigung. Von (kirchen-) politisch außerordentlich großer Tragweite war etwa die Enzyklika «Mit brennender Sorge» Papst Pius' XI. vom 14. 3. 1937: Das weltweit aufsehenerregende Dokument prangerte die Verfolgung der Gläubigen, die Rechtsbrüche und die unchristliche Lehre des Nationalsozialismus an und stellte die Unvereinbarkeit von Christentum und NS-Ideologie heraus. Von der Gestapo als

«hochverräterischer Angriff» auf den NS-Staat bewertet, war sie dem Regime gleichsam willkommener Anlass, um zum großangelegten Angriff gegen die katholische Kirche und ihre Einrichtungen zu schreiten (↑Kirchenkampf).

Epakten (gr. = hinzugefügte [Tage]), Anzahl der Tage, die vom letzten Neumond des alten Jahres bis zum Beginn des neuen Jahres vergangen sind, d. h. die zur Berechnung des Osterfesttermins (↑Ostern) dienenden Angaben des Mondalters für einen bestimmten Tag im Jahr.

Eparch, Eparchie (gr.). Im Byzantinischen Reich war Eparch die dem ↑Präfekt entsprechende Titulatur für einen höheren Beamten und Offizier, v. a. für den Statthalter einer Provinz, der Eparchie, im Mittelalter auch das Stadtoberhaupt von ↑Konstantinopel. In der griechisch-orthodoxen Kirche bezeichnet Eparchie den ↑Sprengel eines ↑Bischofs, sein ↑Bistum oder seine ↑Diözese.

Ephorat, Ephorie (gr.), ↑Amt und Amtsbereich eines ↑Ephorus, synonym auch für ↑Dekanat.

Ephorus (lat., von gr. *ephoros* = Aufseher), in evangelischen Kirchen auch Bezeichnung für den Leiter (Aufseher) eines kirchlichen Amtsbezirks oder ↑Kirchenkreises (Ephorat, Ephorie), für den ↑Dekan, ↑Superintendenten oder den Leiter einer evangelischen Ausbildungsstätte, in der griechisch-orthodoxen Kirche auch für den ↑Archipresbyter.

Epidosis (gr. = freiwilliger Beitrag, Ausdehnung, Zugabe), in der byzantinischen Kirche die Vergabe armer ↑Diözesen an ↑Bischöfe reicher Bistümer.

Epigramm (gr. = Aufschrift), Gattung der Gedankenlyrik, die eine pointiert formulierte und unerwartete Sinndeutung enthält, z. B. auf einem Grabstein (↑Epitaph). ↑Emblem

Epigraphik (von gr. = ritzen, aufschreiben), die Lehre von den Inschriften auf Bau- und Kunstwerken, Schmuckstücken, überhaupt auf dauerhaftem Material, kritisch ediert seit dem 19. Jh. Frühchristliche (↑Katakomben) und mittelalterliche Inschriften sind für die Erforschung der ↑Kirchengeschichte, ihrer Alltags-, Sozial- und Mentalitätsgeschichte von größter Bedeutung. ↑Chronogramm

Epiphanie (von gr. = Erscheinung), in der Antike das Sichtbarwerden einer Gottheit (gr. = Theophanie) oder des göttlich verehrten Herrschers, für den christlichen Glauben das Erscheinen Gottes in der Welt (Menschwerdung Gottes in Jesus Christus), gefeiert am 6. Januar (Fest der Erscheinung des Herrn) in der Huldigung der drei Weisen aus dem Morgenland («Heilige Drei Könige»), die Gold, Weihrauch und Myrrhe darbringen. Umrankt von religiösen Bräuchen (Häusersegnung [↑C.M.B.], ↑Sternsinger), ist das Fest Höhepunkt in den Epiphanien des auferstandenen Christus.

● **Episkopalismus** (von gr.-lat. *episcopus* = ↑Bischof), Bestrebungen in der katholischen Kirche, die Kirchenleitung mehr den Bischöfen (besonders durch das ↑Konzil) als dem ↑Papst und der ↑Römischen Kurie zuzusprechen. Er wurzelt in Vorstellungen der ↑Alten Kirche, wurde v. a. seit dem Spätmittelalter gegen eine absolute päpstliche Kirchenherrschaft (↑Papalismus) ausgebildet und erreichte einen Höhepunkt auf den Konzilien von Pisa (1409), Konstanz (1414–1418) und Basel (1431) (↑Konziliarismus). Später begegnet er meist in Verbindung mit staatskirchlichen Tendenzen, so im ↑Gallikanismus und im ↑Febronianismus des 18. Jh.s (↑Emser Kongress). Nach starker Einschränkung der bischöflichen Gewalt durch das ↑Vaticanum I (1870) erfolgte auf dem ↑Vaticanum II (1962–1965) eine neue Rückbesinnung auf die Fülle des Bischofsamtes. ↑Episkopalsystem.

Episkopalkirche (von gr.-lat. *episcopus* = ↑Bischof), 1. christliche Kirche, in der die Bischöfe die oberste Leitungsgewalt üben und an der Spitze der Weihe- ↑Hierarchie (Diakon, Priester, Bischof; ↑Weihegrade) stehen, so in den orthodoxen Kirchen; 2. christliche Kirchen, nach deren Verfassung die Bischöfe die Kirchenleitung innehaben, z. B. die evangelischen ↑Landeskirchen.

Episkopalsystem (von gr.-lat. *episcopus* = ↑Bischof), im evangelischen ↑Kirchenrecht eine im 17. Jh. entwickelte rechtliche Begründung der Kirchenverfassung, der Legitimierung des ↑landesherrlichen Kirchenregiments: Eine neue Theorie der Herkunft und Begründung der Kirchengewalt war nach der Suspension der katholischen Bischöfe in den Gebieten der ↑Reformation und der treuhänderischen Übernahme der bischöflichen Gewalt durch die Landesherren («Notbischöfe») gemäß ↑Augsburger Religionsfrieden von 1555 notwendig geworden. ↑Episkopalismus, ↑Kollgialismus, ↑Puritaner, ↑Territorialsystem

Episkopat (lat.), das Amt und die Amtszeit des ↑Bischofs, auch die Gesamtheit der Bischöfe oder eine Gruppe von Bischöfen, etwa eines Landes. ↑Pontifikat

Epistel (gr.-lat.), im NT die Briefe der ↑Apostel und die zu ↑Predigt-Texten ausgewählten Abschnitte (↑Perikopen), dann die in der ↑Liturgie vorgeschriebene Lesung eines im ↑Lektionar (auch ↑Epistolar) enthaltenen Abschnitts des NT. ↑Epistelseite.

Epistelseite, in geosteten Kirchen (↑Ostung) der südliche Teil von ↑Altar und Kirche, in dem die ↑Epistel in der ↑Liturgie verlesen wurde (und wird). ↑Evangelienseite

Epistemonarch (gr.), im ↑Byzantinischen Reich Titel des Kaisers zur Kennzeichnung seiner Rechts- und Verwaltungsbefugnisse über die byzantinische Kirche. ↑Caesaropapismus

Epistolae obscurorum virorum ↑Dunkelmännerbriefe

Epistolar (gr.-lat.), Buch mit den ↑Episteln zur Lesung in der ↑Liturgie. ↑Lektionar

Epitaph (gr. = das zu ↑Grab und ↑Begräbnis Gehörige), ursprünglich die in dichterischer Form gehaltene Grabinschrift (↑Epigramm), seit dem 15./16. Jh. auf das Grab- oder Gedächtnismal selbst übertragen. Plastisch besonders kostbar gestaltet waren seit dem 14. Jh. (↑Gotik) Epitaphien der Klostervorstände (↑Abt, ↑Äbtissin, ↑Propst), Stifter und Wohltäter (↑Hauskloster), meist mit einer Porträtfigur des Verstorbenen, oft als ↑Hochrelief an Kirchenwänden und Pfeilern angebracht.

Epitrachelion (gr.), in der griechisch-orthodoxen Kirche ein liturgisches Ornatsstück des ↑Priesters und ↑Bischofs, vergleichbar der ↑Stola in der lateinischen Kirche.

Epitrope (gr.), in der byzantinischen Kirche verschiedene Ausschüsse aus ↑Geistlichen und/oder ↑Laien für geistliche und weltliche Belange des ↑Patriarchats, der ↑Diözesen und ↑Pfarreien.

Epoche (gr. = «Ansichhalten», Haltepunkt, Zeitpunkt eines bedeutenden Ereignisses), in der ↑Chronologie Bezeichnung für den festen Anfang einer ↑Zeitrechnung oder Jahreszählung, einer Ära (von lat. *era*, wohl zu got. *jera*, dt. *Jahr*, engl. *year*), der Zeitpunkt oder das Epochenjahr also, an dem mit einem Ereignis oder einer handelnden Persönlichkeit etwas Neues beginnt oder eine Schicksalswende sich ereignet. Epoche, Periode oder Zeitalter nennt man auch einen ganzen Zeitraum, der von den Auswirkungen dieses Neuen geprägt wird. Solche «Wendepunkte» in der Geschichte können – ob in der Rückschau oder im zeitnahen Mit-Erleben – oft deutlich wahrgenommen werden, etwa das Jahr 1517 mit dem öffentlichen Hervortreten Martin Luthers (↑Reformation) oder die Jahre 1789 (↑Französische Revolution) und 1914 (Beginn des Ersten Weltkriegs) als Grenzdaten des 19. Jahrhunderts; neuerdings wohl auch der 11. September (2001).

Erbärmdebild, Darstellung Jesu Christi als ↑Schmerzensmann (↑Passion), v. a. im Spätmittelalter, auch Miserikordienbild genannt (von lat. *misericordia* = Mitleid, ↑Barmherzigkeit). ↑Andachtsbild

Erbauung, in der Neuzeit stark vom ↑Pietismus geprägter Wortsinn, der Wachstum und Pflege christlicher Innerlichkeit und individueller Religiosität betont. Der Erbauung dienen auch Bücher zur religiösen ↑Andacht, ↑Erweckung und Belebung, zur Förderung des persönlichen geistlichen Lebens, z. B. das Buch von der ↑Nachfolge Christi. ↑ars moriendi, ↑Postille

Erbsünde. Nach christlichem Verständnis kann die ↑Erlösungs- Bedürftigkeit aller Menschen (Adam-Christus- ↑Typologie in Röm 5) nicht schon mit der Schöpfung gegeben sein, sondern ist Folge einer freien Abkehr des Menschen von Gott am Ursprung der Geschichte (Sündenfall); sie besteht in der verlorenen Gottesgemeinschaft und in dem Mangel, Gottes ↑Gnade nicht in vollkommener Gottes- und Nächstenliebe entsprechen zu können. Erbsünde meint somit einen Unheilszustand, in den der Mensch als Mitglied des Menschengeschlechtes hineingeboren wird (daher *Erb*sünde), und nicht eine individuelle Tat- ↑Sünde. ↑Paradies, ↑Pelagianischer Streit

Eremit (gr. *eremos* = einsam, allein), der «Alleinwohnende», Einsiedler, ↑Inkluse oder Klausner, der sich dauernd aus der soziologischen Bindung an die Umwelt gelöst hat, um sich in der Einsamkeit durch ↑Buße und strenge ↑Askese dem Streben nach gottverbundener Vollkommenheit, der ↑Nachfolge Christi zu widmen. Die Urform dieser Art von ↑Mönchtum begegnet seit dem 3. Jh. in den ↑Anachoreten des Orients (↑Dendrit, ↑Stylit), in der Westkirche im ↑irischen Mönchtum des frühen Mittelalters als besondere Förderung asketischer Heimatlosigkeit. Neue Impulse erhielt das in der katholischen Kirche und in den orthodoxen Kirchen bis zur Gegenwart gebräuchliche Eremitentum durch die Reformbewegungen des 11./12. Jh.s (↑Gregorianische Reform) und die Ausprägung in Eremitenorden (↑Kamaldulenser, ↑Kartäuser, ↑Augustiner-Eremiten).

Erledigung, Frei-, Ledig-, Vakantwerden eines kirchlichen ↑Amtes oder einer Institution durch Verzicht (Resignation), Absetzung oder Tod. Die Zeitdauer der Erledigung nennt man Vakanz bzw. ↑Sedisvakanz, also das

Freisein eines Stuhls, v. a. des ↑Apostolischen Stuhls oder eines ↑Bischofsstuhls. ↑Designation, ↑Interkalarfrüchte, ↑Kapitelsvikar, ↑Koadjutor

Erlösermissionare ↑Redemptoristen

Erlöserorden ↑Birgitten

Erlösung. Der Mensch erfährt sich in vielfältiger Weise bedroht und begrenzt durch Krankheit und Not, Hass und Schuld, in besonderer Weise aber durch seinen ärgsten Feind, den Tod, der alles zunichte macht (↑Erbsünde). Christlicher ↑Glaube (↑Christentum) bezeugt die Erlösung aller Menschen von Verzweiflung, Gottferne und Tod durch Gottes Liebe und ↑Barmherzigkeit, durch das Heilswirken seines Sohnes Jesus Christus. Sie wird im NT auf verschiedene Weise beschrieben: Loskauf von Sünde und Tod, Platztausch, stellvertretender Sühnetod am ↑Kreuz. Erlösung geschieht auf Hoffnung hin (Röm 8,24), ereignet sich für den Glaubenden schon in den ↑Sakramenten und vollendet sich in der verheißenen eschatologischen Gemeinschaft (↑Eschatologie) mit dem dreifaltigen Gott (↑Trinität). ↑Endzeit, ↑Paradies, ↑Rechtfertigungslehre

Erneuerte Brüderunität ↑Herrnhuter Brüdergemeine

Erntedank, Erntedankfest, kirchlicher Dank- ↑Gottesdienst, gewöhnlich nach Abschluss der Ernte im Herbst (Erntedanksonntag).

Erste Bitten, seit dem 12. Jh. das vom deutschen König geübte Recht, bei bepfründeten ↑Klöstern und ↑Stiften für die erste nach seiner Krönung freigewordene ↑Pfründe den neuen Inhaber verbindlich vorzuschlagen.

Erstkommunion, in der katholischen Kirche feierlich gestalteter erster Empfang der heiligen ↑Kommunion, gewöhnlich im Alter von acht bis zehn Jahren, früher in der Regel am ↑Weißen Sonntag, gegenwärtig auch einige Wochen danach.

Erweckung, Erweckungsbewegung. Im religiösen Sprachgebrauch meint Erweckung die plötzliche Bekehrung eines Sünders (↑Sünde) oder Gleichgültigen zu einem intensiven christlichen Leben. In den evangelischen Kirchen, vereinzelt auch in der katholischen Kirche, waren Erweckungsbewegungen vom 17. bis 19. Jh., v. a. als Gegenströmung zur ↑Aufklärung, verbreitet, aus denen häufig ↑Freikirchen oder ↑Gemeinschaftsbewegungen hervorgingen, in Deutschland oft in Anlehnung an ↑Pietismus und ↑Herrnhuter Brüdergemeine. ↑Laienbewegung

Erz- (von gr. *arch-, archi* ↑Arch-), Vorsilbe und Bestimmungswort mit der (verstärkenden) Bedeutung von Ober-, Ur-, z. B. ↑Erzbischof, ↑Archidiakon.

Erzabt, Erzabtei ↑Abt

Erzämter (lat. *archiofficia*), im ↑Heiligen Römischen Reich die höchsten Hofämter und obersten Reichswürden. Nach der ↑Goldenen Bulle von 1356 waren folgende Erzämter mit der Kurwürde (↑Kurfürst) verbunden: ↑Erzkanzler des Reiches (lat. *ar-chicancellarius*) war der ↑Kurfürst und ↑Erzbischof von Mainz, Italiens der Kurfürst und Erzbischof von Köln, Galliens und Burgunds der Kurfürst und Erzbischof von Trier; Erztruchsess (lat. *archidapifer*) war der Pfalzgraf bei Rhein, Erzmarschall (lat. *archimarescallus, comes stabuli*) der Herzog von Sachsen, Erzkämmerer (lat. *archicamerarius*) der Markgraf von Brandenburg, Erzmundschenk (lat. *archipincerna, buticularius*) der König von Böhmen. Gewisse Veränderungen traten in der Neuzeit ein.

Erzbischof (lat. *archiepiscopus*), nach katholischem ↑Kirchenrecht Amtstitel eines ↑Metropoliten, der eine ↑Kirchenprovinz leitet, und eines ↑Bischofs, der lediglich einem Erzbistum, nicht aber einer Kirchenprovinz vorsteht; vom ↑Papst verliehener Ehrentitel einzelner Bischöfe. Seit dem Frühmittelalter verleiht der Papst dem Erzbischof das ↑Pallium. Der Rang des Erzbischofs auch als weltlicher Würdenträger wird nach seiner Stellung im Verband des ↑Heiligen Römischen Reiches in der Titulatur Fürsterzbischof bzw. Kurfürst-Erzbischof oder Kurerzbischof sichtbar (↑Erzämter, ↑geistliche Fürsten, ↑Reichskirche). Erzbischöfe gibt es auch in den orthodoxen Kirchen und den evangelischen Kirchen in Schweden und Finnland; in der Anglikanischen Kirche sind die Bischöfe von Canterbury und York Erzbischöfe.

Erzbistum, Erzdiözese (lat. *archiepiscopatus, archidioecesis*), ↑Bistum, ↑Diözese, ↑Sprengel eines ↑Metropoliten, der eine ↑Kirchenprovinz leitet, und eines ↑Erzbischofs.

Erzbruderschaft, meist sehr alte, vom ↑Papst ausgezeichnete ↑Bruderschaft, die auch das Recht zur Angliederung von Tochterbruderschaften haben kann.

Erzdiakon ↑Archidiakon

Erzdiözese ↑Erzbistum

Erzengel, im AT und NT besonders hervortretende ↑Engel: Raphael (= Gott heilt, Tob 5,4), Gabriel (= Gott ist Stärke, Lk 1,26) und Michael (= Wer ist wie Gott?, Dan 10,13, Offb 12,7; ↑Engelsburg).

Erzhofkaplan ↑Hofbischof, ↑Hofkapelle

Erzkanzler (lat. *archicancellarius*), seit dem 9. Jh. Leiter der königlichen bzw. kaiserlichen Hof- oder Reichskanzlei, der im 11. Jh. auch das Amt des Erzkaplans (Erzkapellanat, ↑Hofkapelle) übernahm; im ↑Heiligen Römischen Reich war das Erzkanzleramt die höchste Reichsfürstenwürde nach dem Kaiser und mit dem Amt des Kurfürsten-Erzbischofs von Mainz verbunden (↑Erzämter).

Erzkaplan (lat. *archicapellanus*, später *capellarius*), Leiter der königlichen bzw. kaiserlichen ↑Hofkapelle, auch der ↑Erzkanzler.

Erzpriester ↑Archipresbyter, ↑Dekan, ↑Ephorus

Erzstift, weltlicher Territorialbesitz (↑Hochstift) eines ↑Erzbischofs.

Eschatologie (gr. = Lehre von den letzten Dingen), Teilgebiet der ↑Dogmatik, behandelt die Themen ↑Himmel, ↑Hölle, Gericht, Auferstehung (↑Ostern). ↑Apokalypse, ↑Chiliasmus, ↑Endzeit, ↑Weltenrichter

Estomihi (↑Quinquagesima), ↑Sonntag vor dem ↑Aschermittwoch, benannt nach den Anfangsworten der lateinischen ↑Mess- ↑Liturgie.

Ethnarch (gr. = Volksherrscher), im Byzantinischen Reich der dem Kaiser gegenüber verantwortliche Vertreter einer kleineren Volksgruppe (Ethnarchie), in den unter römischer Oberhoheit stehenden Gebieten Syriens und Palästinas Titel der Teilfürsten; Titel des orthodoxen Erzbischofs von Zypern, der unter der Türkenherrschaft Verwaltungsoberhaupt der griechisch-orthodoxen Bevölkerung war.

Etymologie (gr.), Lehre von den (letzten) Bestandteilen, von denen sich ein Wort herleitet; der Nachweis des Ursprungs eines Wortes ist für die historische Arbeit unentbehrlich, auch für vorliegendes Lexikon.

Eucharistie, Eucharistiefeier (gr. *eucharistia* = Dankbarkeit, Danksagung), der Haupt- ↑Gottesdienst der Christen, zurückgehend auf das Letzte ↑Abendmahl Jesu mit seinen Jüngern. ↑Agape, ↑Altarsakrament, ↑Ewige Anbetung, ↑Liturgie, ↑Messe

Eucharistiner, 1856 in Paris gegründeter Orden mit weiblichem Zweig

seit 1858, 1863 als ↑Kongregation päpstlich anerkannt. Hauptaufgaben: Verherrlichung der ↑Eucharistie durch persönliche Anbetung und Förderung der häufigen ↑Kommunion in der ↑Seelsorge.

Eucharistischer (Welt-) Kongress, internationale Großversammlung der Katholiken zur gemeinsamen Feier und Verehrung der ↑Eucharistie, erstmals 1881 in Lille (Frankreich), seither meist jährlich, auch in unregelmäßigen Abständen abgehalten.

Euchiten ↑Messalianer

Eudämonismus (von gr. *eudaimonia* = Glückseligkeit), philosophische Lehre, nach der die Glückseligkeit (↑selig, Seligkeit) das höchste Gut und letzte Ziel des Menschen sei.

Euere Heiligkeit ↑Seine Heiligkeit

Eunomianer, Anhänger des Eunomius († 394), die einen strengen ↑Arianismus vertraten und den ewigen Hervorgang des Gottessohnes, sein «Gezeugtsein» mit dem Gottsein Gottes für unvereinbar hielten und deshalb ablehnten.

Eunuch (gr. = Gute-Nacht-Hüter, Betthüter), durch Kastration zeugungsunfähig gemachter Mann, v. a. im alten Orient. Eunuchen fungierten als Haremswächter und (im Byzantinischen Reich) als Hofbeamte. Zur Erhaltung der Knabenstimme, z. B. für Oper und ↑Päpstliche Kapelle, wurde lange auch die (euphonische) Kastration von Knaben vorgenommen. Alessandro Moreschi (1858–

1922) war der letzte Kastrat; er wirkte bis 1913 an der Päpstlichen Kapelle (Aufnahme seiner Stimme auf Tonträger 1902–1904). Mit ihm ging die über 300jährige ↑«Tradition» der Sängerkastraten zu Ende.

Eutychianischer Streit, durch den Presbyter und Klostervorsteher Eutyches († nach 454) ausgelöste Streitigkeiten wegen dessen Festhalten an der Formel des Cyrill von Alexandrien von der einen Natur (gr. = *mia physis*) des Gottessohns, wonach göttliche und menschliche Natur zu einer einzigen verschmolzen seien (↑Monophysitismus). In ihrem Verlauf wurde Eutyches auf der Flavianischen Synode (448) verurteilt, auf der sogenannten ↑Räubersynode von Ephesus (449) aber rehabilitiert, bevor ihn das Konzil von Chalcedon (451) endgültig als Monophysit und ↑Häretiker verurteilte.

Evangeliar, das Buch für die ↑Liturgie mit den vier ↑Evangelien, später auch mit ausgewählten und festgelegten Evangelienabschnitten (↑Perikope; ↑Lektionar), v. a. im Mittelalter kostbar ausgestattet. ↑Ambo, ↑Evangelistar

Evangelien, die vier Schriften oder Evangelienbücher des NT, die jedes auf seine Weise das eine ↑Evangelium von Jesus Christus bezeugen. Sie wurden von der frühen Kirche wohl nach der damals angenommenen Abfassungszeit geordnet. Seit dem 2. Jh. lauten die Überschriften der kanonischen Evangelien (↑Kanon): Evange-lium nach Matthäus (Mt), nach Markus (Mk), nach Lukas (Lk), nach Johannes (Joh). Die ersten drei Evangelien sind untereinander nach Inhalt, Aufbau und Sprache eng verwandt und werden daher synoptische Evangelien (Synoptiker) genannt (gr. *synopsis* = Zusammenschau; Synopse). ↑Bibel

Evangelienharmonie, von Andreas Osiander mit seinem (lat.) Werk «Harmoniae Evangelicae Libri IV» (dt. = Vier Bücher Evangelienharmonie, Basel 1537) geprägter Begriff für eine aus den vier ↑Evangelien zusammengefügte Darstellung des Lebens und Wirkens Jesu Christi (↑Heiland). Frühest bekannt ist das ↑Diatéssaron, berühmt auch die zwischen 863 und 871 entstandene südrheinfränkische Evangelienharmonie des Otfried von Weißenburg, der mit den darin enthaltenen 7104 binnengereimten Langzeilen zum Begründer der europäischen Endreimdichtung wurde.

Evangelienseite, in geosteten Kirchen (↑Ostung) der nördliche Teil von ↑Altar und Kirche, nach mittelalterlichen ↑Liturgien zur Verkündigung des ↑Evangeliums nach Norden, wo die Völker «in Finsternis und Todesschatten sitzen» (Lk 1,79). ↑Epistelseite

Evangelikale Gemeinden, in Amerika seit dem 20. Jh. evangelische Kirchen (auch Bekennende Gemeinden), die u. a. aus ↑Erweckungsbewegungen hervorgingen.

Evangelisation, Evangelisierung, Verkündigung, Verbreitung des ↑Evangeliums v. a. bei Nichtchristen (↑Mission), in evangelischen Kirchen auch die über die ↑Predigt hinausgehende Bezeugung der christlichen Botschaft mit Aufruf zur persönlichen Entscheidung.

evangelisch (gr.-lat.), im ↑Evangelium enthalten, dem Evangelium entsprechend (in Glauben und Lebensführung). Im Aufbruch der ↑Reformation bald Bezeichnung für die ↑Lutheraner, seit Ende des 16. Jh.s auch für die ↑reformierte Kirche, gewann sie mit der Bildung des ↑Corpus Evangelicorum amtlichen Charakter.

evangelisch-lutherisch, einem ↑evangelischen ↑Bekenntnis angehörend, das auf den Reformator Martin Luther zurückgeht (↑Lutheraner, ↑Reformation).

evangelisch-methodistische Kirche ↑Methodisten

evangelisch-reformatorisch, einem ↑ evangelischen ↑Bekenntnis angehörend, das hauptsächlich auf die Reformatoren Huldrych Zwingli und Johannes Calvin zurückgeht (↑reformierte Kirche, ↑Calvinismus, ↑Zwinglianismus).

evangelisch-sozialer Kongress, 1890 von Adolf Stoecker, Adolf von Harnack, Friedrich Naumann u. a. gegründete, aus der ↑christlich-sozialen Bewegung hervorgegangene, 1933 verbotene protestantische Arbeitsgemeinschaft zur Beseitigung bzw. Lösung sozialer Missstände und Probleme.

Evangelische Gemeinschaft (engl. *Evangelical Association*). Seit 1816 Selbstbezeichnung der ↑Albrechtsleute, verbreitete sich die von der ↑Erweckungsbewegung geprägte ↑Gemeinschaftsbewegung seit 1850 in deutschsprachigen Ländern (mit mehr als 700 ↑Gemeinden und mehreren zehntausend Mitgliedern) und vereinigte sich in der Union 1968 mit der Bischöflichen Methodistenkirche zur evangelisch-methodistischen Kirche (↑Methodisten).

Evangelische Kirche in Deutschland (EKD), Zusammenschluss aller deutschen unierten lutherischen und reformierten evangelischen ↑Landeskirchen (Gliedkirchen) zu einem Bund bekenntnisbestimmter Kirchen. Die Grundordnung wurde am 13. 7. 1948 in Eisenach festgelegt. Die acht Landeskirchen der DDR waren von 1969 bis 1991 zu einem eigenen «Bund der Evangelischen Kirchen in der DDR» zusammengeschlossen. ↑evangelische Kirchen

evangelische Kirchen, die aus der ↑Reformation erwachsenen nationalen bzw. ↑Landes-Kirchen, die in Geschichte und Gegenwart durch theologische Ausrichtung und Gebiet näher bestimmt sind, z. B. ↑Evangelische Kirche in Deutschland, Evangelische Kirche in Hessen und Nassau, Evangelisch-lutherische Kirche in Bayern. Das ↑Vaticanum II (1962–1965) und das nachfolgende Lehramt, zuletzt ein Schreiben der römischen ↑Kongregation für die Glaubenslehre von 2007, schreiben diesen kirchlichen Gemeinschaften den Titel «Kirche» nicht zu, weil ihnen die ↑Apostolische Sukzession im Weihesakrament (↑Weihegrade), v. a. im ↑Bischofs- ↑Amt, damit ein konstitutives Element des «Kircheseins» fehle. ↑lutherische Kirchen, ↑Vereinigte Evangelisch-Lutherische Kirche in Deutschland

Evangelische Räte, in der katholischen Kirche seit dem Mittelalter die Worte des ↑Evangeliums, die für das christliche Leben angeraten sind und einen eigenen Weg zur christlichen Vollendung weisen, ohne dabei vorgeschrieben zu sein: ↑Keuschheit (↑Ehelosigkeit, ↑Jungfräulichkeit), ↑Armut und ↑Gehorsam. Sie fanden Eingang in die Ordens- ↑Gelübde.

Evangelistar, im Mittelalter ein Buch für die ↑Liturgie, das die in der ↑Messe zu lesenden ↑Perikopen aus den ↑Evangelien enthält. ↑Evangeliar

Evangelist, 1. der Verfasser eines der vier ↑Evangelien; 2. in den orthodoxen Kirchen der ↑Diakon, der das Evangelium verliest; 3. in evangelischen Kirchen (besonders in ↑Freikirchen) gelegentlich der (Wander-) Prediger (↑Bußprediger).

Evangelistensymbole, die aus Offb 4,7 entnommenen und den Darstellungen der ↑Evangelisten seit dem 4. Jh. beigegebenen Sinnbilder oder ↑Attribute: Engel oder Mensch für Mt, Löwe für Mk, Stier für Lk, Adler für Joh.

Evangelium (latinisierte Form von gr. *euangélion* = frohe Botschaft, gute Nachricht), bei den frühen Christen gebräuchliches Wort für ihre Verkündigung des endgültigen Heils, das Gott durch ↑Jesus Christus allen Menschen anbietet, die frohe Botschaft, die Jesus als ↑Heiland in die Welt gebracht hat. Mk verwendete als erster den Begriff als Überschrift seines Berichts über Jesu Leben und Wirken, Worte und Taten, womit eine neue Form religiöser Schriften entstand, die ↑Evangelien.

Evokation, Evokationsrecht (lat.), im Mittelalter das Recht einer höheren Instanz, jede (auch unerledigte) Rechtssache unter Umgehung der zuständigen Instanz an sich zu ziehen, geübt v. a. von Königen und vom ↑Papst.

Ewige Anbetung, in der katholischen Kirche die immerwährende (stille oder liturgisch gestaltete) Verehrung des ↑Allerheiligsten, der (in einer ↑Monstranz meist vor oder über dem ↑Tabernakel) ausgesetzten konsekrierten ↑Hostie (↑Konsekration). Der aus dem ↑Vierzigstündigen Gebet zur Erinnerung an Christi Grabesruhe seit dem 2. Jh. entstandene Brauch erfuhr im 19. Jh. eine Neubelebung (↑Eucharistischer [Welt-] Kongress). Aus ihm entwickelte sich das bis heute v. a. in Deutschland und Österreich gebräuchliche Ewige Gebet.

Ewige Stadt, Ehrenname für ↑Rom (lat. Roma aeterna).

Ewiges Leben ↑Ostern, ↑Rechtfertigungslehre

Ewiges Licht, in der katholischen Kirche die seit dem 17. Jh. allgemein vorgeschriebene, ununterbrochen brennende, mit Öl oder Wachs gespeiste (Ewige) Lampe oder Ampel in der Nähe des ↑Tabernakels als Zeichen der Gegenwart Christi (↑Realpräsenz) in der konsekrierten ↑Hostie.

Exarch (gr. = Außenherrscher, Anführer), 1. im Byzantinischen Reich der Statthalter des Kaisers in einer Provinz, dem ↑Exarchat; 2. in den orthodoxen Kirchen der Vertreter des ↑Patriarchen in einem bestimmten Gebiet, ein ↑Bischof mit Sitz in der Provinzhauptstadt oder der dem Bischof gleichgestellte Leiter eines Bezirks, der Exarchie; 3. Titel des Oberhaupts ↑autokephaler Kirchen und des ↑Archimandriten. ↑Patricius, ↑Primas

Exarchat, das Gebiet eines ↑Exarchen, besonders das Exarchat von Ravenna, das nach dem Untergang des Ostgotenreichs vom Ende des 6. Jh.s bis zur Eroberung durch die Langobarden 751 bestehende byzantinische Herrschaftsgebiet des kaiserlichen Stellvertreters in Italien (↑Byzantinisches Reich), das 754 vom Frankenkönig Pippin dem Papst übergeben wurde (↑Pippinische Schenkung).

Exarchie ↑Exarch

ex cathedra (lat. = vom Lehrstuhl, der ↑Cathedra aus), eine außerordentliche, «unfehlbare» lehramtliche Entscheidung des ↑Papstes, auch Kathedralentscheidung genannt. ↑päpstlicher Primat, ↑Honoriusfrage

Excell., Abkürzung für lateinisch Excellens, Excellentia, Excellentissimus. ↑Exzellenz

Exegese (von gr. *exegeomai* = erklären, deuten), Auslegung und Erklärung von Texten (↑Hermeneutik), speziell der ↑Heiligen Schrift, der ↑Bibel (Schriftauslegung, Bibelexegese). Bis zur Entwicklung verschiedener theologischer Disziplinen seit dem Hochmittelalter war ↑Theologie weitgehend identisch mit Schriftauslegung, die auf der Grundlage der Lehre des vierfachen Schriftsinns nicht nur die Erarbeitung des buchstäblichen Sinns der Schrift und der historischen Bedingtheiten des Glaubens umfasste, sondern auch die theologische Durchdringung (↑Allegorese, ↑Allegorie), die Bedeutung für Moral und ↑Spiritualität (Tropologie, von Trope, gr. *tropos* = Bild, Übertragung, Wendung, also die Lehre von der bildlichen Übertragung) sowie die Gesamtausrichtung der Schrift auf das zukünftige Heil (*Anagoge,* gr. = die Hinaufführung zur Erkenntnis des Wahren und Guten, des Göttlichen). Hatten sich die exegetischen Methoden seit Beginn des 17. Jh.s weiterentwickelt, erfolgte im 18. Jh. vor dem Hintergrund einer deistischen Gottesvorstellung (↑Deismus) und in der Annahme, Judentum und Christentum seien zwei voneinander ganz verschiedene Religionen, innerhalb der Exegese die Trennung von AT und NT. Zur Entfaltung der von den christlichen Kirchen anerkannten historisch-kritischen Exegese kam es im Verlauf des 20. Jh.s. ↑Typologie

Exempel (lat. *exemplum* = Beispiel), mit bildhaften Gleichnissen versehene kurze Erzählung, auch in Form der ↑Anekdote, die anhand von positiven oder negativen Beispielen eine sittliche und/oder religiöse Lehre anschaulich machen will. Besonders seit dem 13. Jh., der beginnenden Blütezeit des Exempels, gebrauchten Seelsorger in ihren ↑Predigten und Traktaten vermehrt Beispiele. Nach dem Rückgang seit dem 15. Jh. gelangte diese Form der christlichen Unterweisung zu einem letzten Höhepunkt im Zeitalter des ↑Barocks (z. B. Abraham a Sancta Clara).

Exemtion, exemt (von lat. *eximere* = herausnehmen, ausgliedern), 1. allgemein die Befreiung von einer Pflicht, Verbindlichkeit, Last, Befehlsgewalt, von Gesetz oder Recht innerhalb deren Geltungsbereich; 2. im ↑Kirchenrecht die Ausgliederung von Gebieten, natürlicher oder juristischer Personen aus der ↑Jurisdiktion der zuständigen Amtsträger und deren Unterstellung unter den nächsthöheren oder speziell bestimmten Hoheitsträger, z. B. die unmittelbare Unterordnung unter den ↑Papst. So ist etwa eine exemte ↑Diözese keiner ↑Kirchenprovinz zugehörig, sondern direkt dem ↑Apostolischen Stuhl unterstellt. 3. Von großer Bedeutung wurde für ↑Pfarreien, ↑Klöster und ↑Orden seit dem Frühmittelalter die meist durch päpstliche ↑Privilegien ganz oder teilweise erreichte Herausnahme aus der Zuständigkeit des jeweiligen ↑Bischofs. Mit der Stärkung der bischöflichen Vollmachten versuchte das Konzil von Trient (1545–1563) den v. a. im Spätmittelalter zahlreichen Exemtionen, die nicht selten durch Zahlungen an die ↑Römische Kurie erwirkt worden waren, entgegenzuwirken. 4. Im geltenden katholischen Kirchenrecht gibt es das Rechtsinstitut der Exemtion zwar nicht mehr, dennoch behielten u. a. Orden und ↑Kongregationen ihre ihnen zustehenden Eigenrechte.

Exerzitien (lat. *exercitium* = Übung), in der katholischen Kirche geistliche Übungen (lat. *exercitia spiritualia*), die gewöhnlich unter einem Exerzitienmeister nach einem bestimmten Plan gehalten werden. Nach dem Vorbild der Zurückgezogenheit Jesu in Nazaret und während der vierzig Tage in der Wüste sind sie ihrem Wesen nach gekennzeichnet durch das zeitweilige Aufsuchen der Einsamkeit zur Betrachtung geistlicher Dinge und religiöser Inhalte. Die über alle Jh.e geübten Exerzitien erfuhren durch den Gründer der ↑Jesuiten Ignatius von Loyola (1491–1556) eine entscheidende Vertiefung mit dem Grundgedanken der Umkehr und ↑Buße in der «Ersten Woche». Heute sind auch Einkehr- und Besinnungstage, Freizeiten (im evangelischen Bereich) und das ↑Kloster auf Zeit, auch der zeitweilige Aufenthalt in Einrichtungen der evangelischen Kirchen Möglichkeiten und Formen der Exerzitien.

Exerzitienmeister ↑Exerzitien

Exkardination (lat.), die Entlassung eines ↑Klerikers aus seinem ↑Bistum bei gleichzeitiger ↑Inkardination (lat. = Einordnung) in ein anderes.

Exklaustration, Exklaustrierung (lat.), die auf Antrag erteilte oder zwangsweise auferlegte zeitweilige oder dauernde Entbindung oder Aussonderung eines Angehörigen aus dem Gemeinschaftsleben im ↑Orden und ↑Kloster. Die Entlassung aus der ↑Klausur (so die Übersetzung) wird gewöhnlich vom Ordensmitglied beantragt und durch päpstliches ↑Privileg (bei Orden bischöflichen Rechts durch den zuständigen ↑Bischof) auf Zeit gewährt. Der/die Exklaustrierte behält bestimmte Rechte und Pflichten. Erst die ↑Säkularisation bedeutet die völlige Entbindung von den Verpflichtungen des Ordenslebens.

Exkommunikation (lat.), 1. durch ↑Sentenz erfolgter Ausschluss aus der Gemeinschaft der ↑Kirche, von den ↑Sakramenten, kirchlichen Ämtern (↑Amt) und Ehrendiensten; 2. kanonische Bezeichnung für den (großen) Kirchen- ↑Bann und das ↑Anathem in besonders schweren Fällen (gegen ↑Häretiker). Unterschieden wird zwischen dem zeitweiligen («kleineren») Ausschluss von den Sakramenten (lat. *excommunicatio minor*) und dem völligen («größeren») Ausschluss aus der kirchlichen Gemeinschaft (lat. *excommunicatio maior*). 3. Die Aufhebung der Exkommunikation erfolgt durch päpstliche ↑Absolution.

Exorzismus (gr. *exorkizein* = [heraus-] beschwören), 1. in vielen Religionen die (rituelle) Aus- oder Vertreibung böser Geister (↑Dämonen) und Mächte; 2. im Christentum ein im Namen Gottes (Christi) an den ↑Teufel oder widergöttliche Mächte und Dämonen gerichteter Befehl des Exorzisten (früher etwa ein ↑Kleriker), Besessene (Menschen, Tiere oder Gegenstände) zu verlassen oder ihren schädigenden Einfluss auf diese zu beenden (Teufelsaustreibung). Nach dem neuen Ritus von 1998, der das Ritual von 1614 ablöste, ergeht hierzu eine Bittformel an Gott. 3. Aus Missverständnis (↑Aberglaube, Magie) resultierende Missbräuche durch Wunderheiler und Teufelsbanner begegnen v. a. zur Zeit des ↑Hexenwahns. 4. Nach gültigem katholischem ↑Kirchenrecht darf der Exorzismus nur nach ausdrücklicher und besonderer Genehmigung des zuständigen ↑Bischofs durch einen geeigneten ↑Priester vorgenommen werden, wobei zuvor alle Möglichkeiten der Medizin und Psychiatrie auszuschöpfen sind. Er ist nicht vorzunehmen, wenn eine ärztliche Behandlung abgelehnt wurde.

Exposition ↑Aussetzung

Expositur (lat.), innerhalb einer ↑Pfarrei ein meist aus einer ↑Filiale hervorgegangener selbständiger, abgegrenzter Seelsorgebezirk (Hilfsseelsorgestelle) mit eigener (Expositur-) Kirche und eigenem Seelsorger, dem ↑Expositus, in teilweiser Abhängigkeit vom zuständigen ↑Pfarrer oder der Pfarrkirche.

Expositus, selbständiger (Hilfs-) Seelsorger als Mitarbeiter (↑Kooperator) eines ↑Pfarrers mit eigenem Haushalt und Seelsorgebezirk innerhalb einer Pfarrei, der ↑Expositur.

Exsekration (lat. = Verfluchung, Verwünschung, Entweihung), Entweihung einer ↑Kirche, ↑Kapelle oder eines ↑Altares, z. B. in Kriegszeiten, wobei in entsprechenden Quellen (etwa aus der Zeit des ↑Dreißigjährigen Kriegs) u. a. auch der Eintrag begegnet: *ecclesia/capella violata, altare violatum* (lat. = verletzte, geschändete, entweihte Kirche/Kapelle bzw. Altar).

Exsequien (lat., auch Obsequien), Leichenbegängnis oder -zug, ↑Begräbnis-Feierlichkeiten; Toten- ↑Messe (↑Requiem) in der katholischen Kirche.

Exspektanz (lat.), Anwartschaft (eines Bewerbers) auf eine noch besetzte Stelle, z. B. auf ein kirchliches ↑Amt.

extra ecclesiam nulla salus ↑Alleinseligmachende Kirche

Exulanten (lat. *exul* = verbannt), die im 17./18. Jh. (meist auf Grundlage der Bestimmungen des ↑Augsburger Religionsfriedens von 1555) wegen ihres ↑Bekenntnisses zur Emigration gezwungenen Protestanten in den habsburgischen Landen.

Exvoto, ex voto (lat. = aufgrund eines ↑Gelübdes), Inschrift auf Weihe- oder ↑Votivgaben, auch für die Votivgabe selbst.

Exzellenz (von lat. *excellens* = erhaben, herrlich, vortrefflich, Abkürzung Excell.), seit spätrömischer Zeit der nicht selten mit ↑Eminenz verknüpfte Ehrentitel von Kaisern, Königen, Fürsten, Päpsten, Kardinälen und Bischöfen, seit dem 17. Jh. in vielen Ländern zudem der höchsten Beamten und der Generalität, in Deutschland bis 1918 u. a. auch des Reichskanzlers und der Staatssekretäre, heute noch für Minister, Botschafter und katholische Bischöfe gebräuchlich.

F

Fabel ↑Papstfabeln

Faith and Order (engl.), 1927 in Lausanne entstandene ↑ökumenische Bewegung zur Einheit der Kirche im Glauben und in Fragen der Kirchenordnung (so die Übersetzung), der ↑Liturgie und der ↑Kirchenverfas-
sung; sie ist Mitglied des 1948 gegründeten ↑Ökumenischen Rates der Kirchen. ↑Life and Work

Fakultät (lat. *facultas* = Tätigkeit, Vermögen, Talent), 1. seit Entstehen der ↑Universitäten mit Beginn des 13. Jh.s das Gliederungsprinzip der wissenschaftlichen Disziplinen mit den ursprünglich drei Fakultäten für ↑Theologie, Jurisprudenz und Medizin, zu denen etwas später die ↑Artistenfakultät kam (heute bis zu zwanzig Fakultäten). Die Leitung einer Fakultät obliegt dem ↑Dekan. 2. Fakultäten werden im katholischen ↑Kirchenrecht die von einer oberen Instanz (meist vom ↑Papst oder ↑Bischof) der unteren übertragenen (delegierten) Rechte und Vollmachten genannt (z. B. ↑Quinquennalfakultäten). Das Fakultätenrecht ist dabei das den Bischöfen aufgrund besonderer päpstlicher Vollmacht übertragene Recht, dem Papst vorbehaltene (reservierte) Rechte auszuüben.

Faldistorium (lat. = Faltstuhl, Klappsessel), der ursprünglich zusammenklappbare Stuhl oder Sessel mit Armlehnen, jedoch ohne Rückenlehne, der vom ↑Bischof in der ↑Liturgie gebraucht wird, wenn er seinen Thron (bei bestimmten Pontifikalhandlungen) nicht benutzen kann, auch sein Betschemel.

Fälschung (lat. *falsum*), die meist strafbare Veränderung oder Nachahmung eines Gegenstands in rechtswidriger, betrügerischer Absicht. Für die Geschichtswissenschaft von großer Bedeutung sind besonders die Fälschungen im Mittelalter, d. h. die im Frühmittelalter einsetzende Produktion von Urkunden zum Ersatz verlorener oder nie vorhandener Dokumente, zur Erlangung von Rechten, Privilegien, Besitzungen oder fehlender Legitimation (wobei die Grenzen zwischen Fälschung und ↑Pseudepigraphie hier fließend sein können), indem etwa Texte fingiert oder solche vorhandener Urkunden umgearbeitet, nachgeahmt und mit falschem Siegel versehen wurden. Zu den bedeutendsten Fällen zählen etwa die ↑Konstantinische Schenkung (8. Jh.) und die ↑pseudo-isidorischen Dekretalen (9. Jh.).

Familiare (lat. = Hausgenosse, Familienangehöriger), 1. ein Angehöriger der ↑Klosterfamilie; 2. ein Mitglied der ↑Päpstlichen Familie und des Päpstlichen Hofs, ein ↑Geistlicher oder ↑Laie, der im Dienst des Papstes und der ↑Römischen Kurie, auch eines Fürstbischofs steht; 3. im ↑Deutschen Orden neben den Priesterbrüdern und Schwestern ein Mitglied des Familiareninstituts, dem Priester und Laien (auch außerhalb des Ordens) angehören.

Fano, Fanone (lat.-it.), heute nur noch Bezeichnung für das obere zweiteilige liturgische ↑Schultertuch des Papstes. ↑liturgische Gewänder

Fasten, in nahezu allen Religionen die rituell geregelte zeitweilige, teilweise oder völlige Enthaltung von Nahrung oder bestimmten Speisen und Getränken (↑Abstinenz) zur Vorbereitung auf religiöse Feste sowie zu Reinigung, ↑Devotion, ↑Opfer und ↑Buße. Gründend in der Vorstellung, dass von der Nahrung schädigende Wirkungen ausgehen können, betrachteten auch AT und NT das Fasten als Möglichkeit, der ↑Sünde entgegenzuwirken und sich vor der Macht des Bösen zu schützen. Besondere Bedeutung kam dem Fasten als wesentlicher Bestandteil eines Lebens in ↑Askese bei ↑Anachoreten und ↑Mönchen zu. Nach biblischem Vorbild (↑Heilige Schrift) wurde Fasten seit frühchristlicher Zeit vermehrt kirchlich ver- und geordnet, wobei als frühe Fasttage Mittwoch, Freitag und Karfreitag, dann die ganze ↑Karwoche begegnen. Über Jh.e hinweg entwickelten die Kirchen eigene Fastenzeiten, so die vierzigtägige, mit ↑Aschermittwoch beginnende *Quadragesima* (lat. = vierzig) vor ↑Ostern (im deutschen Sprachraum die eigentliche Fasten- oder ↑Passions-Zeit) und die vier Wochen des ↑Advents vor ↑Weihnachten, in den orthodoxen Kirchen vier Fastenzeiten vor höheren Festen, in den evangelischen Kirchen mehrmals im Jahr ein Bußtag, heute v. a. der ↑Buß- und Bettag. Die strengen Fastenverordnungen erfuhren mit der Zeit erhebliche Milderungen, einige wurden ganz aufgehoben. ↑Fastnacht

Fastentuch ↑Hungertuch

Fastnacht, ursprünglich Abend und Nacht (die «Fast-Nacht» vor ↑Aschermittwoch, also kurz vor Beginn der österlichen ↑Fasten-Zeit, seit dem Mittelalter mit Festmahlzeiten, Verkleidungen und Umzügen begangen. Das auch aus vorchristlicher Zeit bekannte ↑Brauchtum entwickelte sich seit dem Spätmittelalter v. a. in Italien, dann in anderen romanischen Ländern und am Rhein zum ↑Karne-

val, andernorts zur Fasnet oder zum Fasching (wohl zu mhd. vaschanc = Ausschank des Fastentrunks).

Fatschenkind ↑Christkind

Febronianismus, dem ↑Gallikanismus und ↑Episkopalismus verwandte Reformbewegung innerhalb der katholischen Kirche, benannt nach dem Pseudonym «Justinus Febronius» des Trierer Weihbischofs Johannes Nikolaus von Hontheim (1701–1790), der unter diesem Decknamen 1763 das (lat.) Werk «De statu ecclesiae et legitima potestate Romani Pontificis» (Über den Zustand der Kirche und die legitime Gewalt des Römischen Bischofs [= ↑Papstes]) veröffentlichte und sich darin gegen den Einfluss der ↑Römischen Kurie auf die ↑Reichskirche wandte. Er löste damit nationalkirchliche, auf größere bischöfliche Selbständigkeit gegenüber dem Papst abzielende Bestrebungen aus, die ihren Höhepunkt im ↑Emser Kongress mit der Publikation der Emser Punktation von 1786 fanden.

Fegfeuer (lat. *purgatorium* = Reinigungsort), nach katholischer Auffassung ein «Zwischenzustand» nach dem Tod eines Getauften (↑Taufe), der zwar im Stand der ↑Gnade stirbt, bei dem aber noch einer vollen Gottesgemeinschaft im Wege stehende ↑Sünden-Strafen vorliegen. Das Bild vom Feuer greift 1 Kor 3,12–15 auf und besagt, dass das Fegfeuer Gott selbst ist, der als prüfendes und reinigendes Feuer der Liebe alles «wegfegt», was das Geschöpf für die volle

Gemeinschaft mit Gott noch unwürdig sein lässt. Fürbitte, gute Werke oder das ↑Messopfer können zur Tilgung dieser Hindernisse beitragen. Die mittelalterlichen Vorstellungen vom Jenseits, von ewiger Verdammnis oder Herrlichkeit waren vielfach bestimmend für das Handeln im Diesseits; in besonderer Weise wurde im ↑Ablass eine Verkürzung der (eigenen oder der Angehörigen, der «Armen Seelen» [↑Allerseelen]) Leidenszeit im Fegfeuer erkannt. Die als unausweichlich erwarteten Qualen der Läuterung im Fegfeuer bildeten den oft erdrückenden Rahmen aller ↑Frömmigkeit gerade des Spätmittelalters und vielfach das Motiv für fromme Stiftungen (z. B. ↑Benefizium, ↑Hospital); sie waren nicht selten auch bestimmend für die Wahl des ↑Grab-Platzes, etwa an einem besonderen Ort in einer Kirche.

Feier, Feiertage ↑Fest

Feldgeistlicher, ein für die Militär- oder Feldseelsorge bestellter Geistlicher, auch Feldprediger, -kaplan, Militärpfarrer. ↑Militärbischof

Felizianerinnen, Schwestern vom hl. Felix von Cantalice, 1857 in Warschau gegründete, 1899 päpstlich bestätigte Gemeinschaft mit sozial-karitativen und erzieherischen Aufgaben in Polen und Amerika. Eine kontemplative Richtung verselbständigte sich seit 1871 als Kapuzinerinnen von der hl. Klara.

Felonie (lat.), innerhalb des ↑Lehnswesens der Bruch des Treueverhält-

nisses zwischen Lehnsherrn und Vasall, der als eines der schwersten Verbrechen galt.

Fest, Festtage, Festzeiten (lat. *festum*), regelmäßige, meist jährlich wiederkehrende, in allen Religionen übliche Feiertage, im christlichen Bereich besonders gefeierte Tage zusätzlich zu den ↑Sonntagen im ↑Kirchenjahr. Dazu gehören die Hochfeste ↑Weihnachten, ↑Epiphanie, ↑Ostern, ↑Pfingsten und viele weitere, regional oft verschiedene, auch als Hochfeste gefeierte ↑Heiligen-Feste, z. B. Marien- und Apostelfeste (↑Apostel, ↑Marienverehrung), sowie ↑Kirchweihe.

Feudalismus ↑Lehen, Lehenswesen, Lehnswesen

Fideismus (von lat. *fides* = Glaube), theologische Grundhaltung, die alle religiöse Wahrheit einzig im Akt gläubigen Vertrauens für zugänglich hält und Vernunftargumente abweist. Die Lehre wurde ebenso wie sein Gegenteil, der Rationalismus (von lat. *ratio* = Vernunft; ↑Aufklärung), vom ↑Vaticanum I (1869/70) verurteilt.

Filiale, Filialkirche (von lat. *filia* = Tochter), eine «Tochterkirche», die von der «Mutterkirche», also der Pfarrkirche, zur Seelsorge eines bestimmten Bezirks einer ↑Pfarrei abgetrennt wurde, dieser aber zugehörig bleibt.

Filiation (von lat. *filia* = Tochter), die in der ↑Charta Caritatis der ↑Zisterzienser begründete Errichtung, Besiedelung und monastische Formung eines Tochterklosters durch das Mutterkloster; die Praxis wurde später auch von anderen ↑Kongregationen der Benediktiner übernommen. ↑Affiliation

Filioque (lat. = und vom Sohn), erstmals auf der 3. Synode von Toledo (589) belegte, theologisch schon seit Augustinus (354–430) bezeugte Einfügung in die Heilig-Geist-Strophe des ↑Nicaeno-Constantinopolitanum, die besagt, dass der Heilige Geist vom Vater und vom Sohn (durch ihn) ausgehe; damit ist v. a. die Gleichwesentlichkeit (↑Homousianer) von Vater und Sohn herausgestellt, die in der ↑lateinischen Kirche des Westens durch den ↑Arianismus stärker in Frage gestellt war als in der ↑Ostkirche. In der gesamten abendländischen Kirche seit dem Frühmittelalter eingeführt, gilt das Filioque aus orthodoxer Sicht seit dem Patriarchen Photios (um 867), besonders seit dem ↑Morgenländischen Schisma (1054) als Trennungsgrund; diesbezügliche Einigungsbemühungen auf den Konzilien von Lyon (1274) und Florenz (1439) blieben erfolglos. ↑Photianisches Schisma

Firmung (lat. *confirmatio*, ↑Konfirmation), in der katholischen Kirche eigenes, von der ↑Taufe verschiedenes (Apg 8,14–17), zur vollen Eingliederung des Christen in die kirchliche Gemeinschaft gehörendes ↑Sakrament zur Mitteilung einer besonderen Kraft des Heiligen Geistes (↑Pneumatologie, ↑Trinität). Sichtbare Zeichen sind Segenshandauflegung und Salbung mit ↑Chrisam; die Spendeworte lauten: «[Vorname], sei besiegelt mit der Gabe Gottes, dem Heiligen Geist.»

Flagellanten ↑Geißler

Flamboyantstil (frz. flamboyant = flammend), im ↑Kathedral-Bau oft begegnende Stilform der späten ↑Gotik in Frankreich und England (13.–15. Jh.), für den die flammenähnlichen Formen des ↑Maßwerks kennzeichnend sind, entwickelt aus der in die Länge geschwungenen Fischblase (Schneuß).

Flavianische Synode ↑Eutychianischer Streit

Fleißbildchen, das vielleicht meistverbreitete ↑Andachtsbild der westlichen Christenheit (mit Darstellung von Fleiß-Symbolen oder religiösen Motiven); es wurde bis weit in das 20. Jh. hinein an Volksschulen v. a. in katholischen Gegenden zur Belobigung schulischer Leistungen verteilt.

Floriazenser, Florenser ↑Joachimitismus

Florilegium (von lat. *flores* = Blüten und *legere* = lesen, also Blütenlese, Übersetzung von gr. *anthologia*; auch ↑Anthologion), allgemein eine Auslese dichterisch besonders schöner Blüten; die seit vorchristlicher Zeit beliebte literarische Gattung der Anthologie konzentrierte sich im abendländischen Mittelalter auf wichtige, meist aus dem Textzusammenhang gelöste Reflexionen, die, nach Themen oder dem Alphabet geordnet, als normativ oder essentiell für philosophisch-theologische oder literarische Fragestellungen betrachtet wurden. Eine bedeutende Variante war die ↑Katene. ↑Raparium

Flugblatt, Flugschrift, eine nicht gebundene Gelegenheitsdruckschrift im Umfang von einem Blatt bis zu einigen Bögen (Broschüre), die (bald nach Erfindung des ↑Buchdrucks eingesetzt) aktuelle politische, wissenschaftliche oder – besonders in der Zeit der ↑Reformation als ↑Traktat – kirchliche Themen in der Öffentlichkeit verbreitete, insofern als Vorläufer der Zeitung betrachtet werden kann.

Flügelaltar, in der ↑Gotik, v. a. in Ländern nördlich der Alpen, weitverbreitete Form des (Wand-) ↑Altars mit feststehendem, als gemalte Tafel oder geschnitzter ↑Schreinaltar gestaltetem Mittelteil und zwei beweglichen Flügeln mit jeweils gemalten oder geschnitzten Darstellungen. Als Untersatz diente meist die ↑Predella (auf deren Vorderseite bestimmte Darstellungstypen wie die Wurzel Jesse, der liegende Stammvater, die Halbfiguren der zwölf ↑Apostel begegnen), als Aufbau das ↑Gesprenge, das die großen Themen des Glaubens enthält: Die Kreuzigung (↑Passion), den ↑Schmerzensmann, den Erlöser (↑Heiland) und den ↑Gnadenstuhl. Bei Marienaltären findet sich dort auch die Dreifigurengruppe der ↑Anna Selbdritt oder die Krönung Mariens (↑Gottesmutter) durch Gottvater und Jesus Christus (↑Andachts-

bild). In seiner hochentwickelten, reich ausgestatteten Form gleicht der wandelbare Schnitzaltar (wie man den Flügelaltar neben ↑Retabel auch nennt) einer «Wandelbühne». Die Schreinfiguren zeigen die großen Vorbilder, die Flügel erzählen aus dem Leben Christi und Mariens, vom Leben und Wirken der ↑Heiligen. Kostbarste dieser sakralen Kunstwerke stammen aus dem 15./16. Jh. (Jan van Eyck, Rogier van der Weyden, Matthias Grünewald, Tilman Riemenschneider, Michael Pacher). ↑Diptychon, ↑Triptychon

Flurprozession, Flurumgang, in der katholischen Kirche die Sakraments-↑Prozession, auch der ↑Bittgang zur Segnung der Feldflur, an oder kurz vor und nach ↑Fronleichnam.

Fokolare, Fokolar-Bewegung (von it. focolare = Herd), 1943 in Trient entstandene, als «Werk Mariens» kirchlich anerkannte, heute weltweit verbreitete Gemeinschaft, die als «Herdfeuer», d. h. Mittelpunkt der Familie, die kirchliche, ökumenische und gesellschaftliche Einheit der Menschen erstrebt.

Folter, Tortur (lat. *tortura* = Schmerz, Pein; *tormentum* = Winde, Presse, Folterwerkzeug), im Gerichtsgebrauch ein uraltes und weitverbreitetes Mittel zur Erzwingung eines Geständnisses. Als «peinliche Frage» wurde die Folter im Mittelalter in vielen Variationen in den Strafprozess, seit dem 13. Jh. in den Prozess der ↑Inquisition gegen ↑Häretiker eingeführt und im Spätmittelalter in den Hexenprozess (↑Hexenwahn) übernommen. Sie wurde dabei als rechtmäßiges bzw. geeignetes Mittel zur Wahrheitsfindung bzw. zur Befreiung von ↑Dämonen betrachtet. Ausführende der gewöhnlich in der Folterkammer in Anwesenheit von protokollierenden Gerichtspersonen vorgenommenen Tortur waren der Scharfrichter und seine Gehilfen. Sie begann mit dem Zeigen der Instrumente und wurde in Graden fortschreitender Marter fortgeführt. Zahlreiche Opfer starben unter schrecklichsten Umständen bereits an den Folgen der Folter, die erst unter dem Einfluss der ↑Aufklärung, zuerst in Preußen (1740, 1754), als Instrument des Gerichtsverfahrens abgeschafft wurde. ↑Gottesurteil

forum ecclesiasticum/externum/internum (lat. *forum* = öffentlicher Platz, Gerichtshof, Rechtsbereich), in der katholischen Kirche das geistliche, kirchliche (*ecclesiasticum*; ↑Ecclesia) Gericht, die äußere (*externum*) Gerichtsbarkeit bzw. der Rechtsbereich für den inneren (*internum*) (Gewissens-) Bereich (↑Beichtgeheimnis).

Fr., fr., Abkürzung für lateinisch ↑Frater.

Fra (it.), in Italien Wort für ↑Frater.

Frankfurter Anstand, am 19. 4. 1539 in Frankfurt am Main geschlossene Vereinbarung zwischen Kaiser Karl V. (der die Verhandlungen veranlasst und durch dessen Gesandten führen ließ) und den im ↑Schmalkaldischen Bund vereinigten evangelischen Reichsständen. Das Abkommen verlängerte den ↑Nürnberger Anstand um sechs Monate und bildete die Grundlage für wichtige ↑Religionsgespräche.

Frankfurter Buch/Rezess, von den evangelischen Reichsfürsten 1558 in Frankfurt am Main unternommener Versuch, die evangelischen ↑Reichsstände auf die ↑Confessio Augustana zu verpflichten und sich ihrer Vereinbarung anzuschließen, was am Widerstand des Kurfürsten von Sachsen jedoch scheiterte. Erst das ↑Konkordienbuch brachte die in Frankfurt vergeblich angestrebte Einigung.

Franziskaner, Angehörige der ↑Orden und Gemeinschaften, die sich auf den hl. Franz von Assisi (1181/82–1226) berufen und von der um ihn entstandenen ↑Bruderschaft ihren Ausgang nahmen. Es sind dies die drei selbstständigen Männerorden (Erster franziskanischer Orden): Franzsikaner oder Orden der Minderen Brüder (auch Minderbrüder), ↑Minoriten oder ↑Konventualen und ↑Kapuziner. Der weibliche Zweig (Zweiter franziskanischer Orden) sind die ↑Klarissen. Äußeres Zeichen ihrer Gemeinsamkeit ist der weiße Strickgürtel. Auch die selbstständigen männlichen und weiblichen ↑Kongregationen des regulierten ↑Dritten Ordens gehören zur großen Ordensfamilie der Franziskaner, deren Ziele gemäß der Regel des Franz von Assisi (endgültige Regel [Regula bullata] 1224 von Papst Honorius III. bestätigt) bzw. der Klara von Assisi bestimmt sind von einem Leben nach dem ↑Evangelium in ↑Armut, der Selbstheiligung, dem Dienst am Nächsten (↑Caritas), von der ↑Seelsorge (in den Städten) und vom Unterricht, wobei von Anfang an der Bettel zum Hauptmittel der Existenzsicherung gehörte. Die Franziskaner waren damit zusammen mit den ↑Dominikanern zu einem neuen Ordenstyp – den ↑Bettel- oder Mendikantenorden – geworden. Hatte Franziskus mit radikalem Ernst die persönliche Armut gefordert und sogar feste klösterliche Häuser mit aller Entschiedenheit abgelehnt, kam es noch zu seinen Lebzeiten zu heftigen Streitigkeiten um die Tragweite dieser Forderung, die den Orden die folgenden Jh.e beschäftigte: Im leidenschaftlich geführten Armutsstreit des 14./15. Jh.s standen sich gemäßigtere Konventualen und strengere ↑Observanten gegenüber, der 1517 zur päpstlich bestätigten Trennung führte. Die Spaltung des Ordens in die drei großen Ordensverbände der Franziskaner (Observanten), Minoriten (Konventualen) und Kapuziner war vollzogen, als letztere 1528 zu einem selbständigen Orden geworden waren.

Franziskanerbrüder ↑Barmherzige Brüder und Schwestern

Französische Revolution, in der ↑Aufklärung wurzelnde, konkret aus der am ↑Ancien Régime (speziell an Versailler Hof, Adel und höherem ↑Klerus) vehement geübten Kritik und aus der schweren Finanz- und Wirtschaftskrise in Frankreich resultierende grundstürzende, in der Neuzeit gewaltigste und folgenschwerste Umwälzung aller Lebensbereiche, die mit dem Sturm auf die Bastille in Paris am 14. 7. 1789 ihren Ausgang nahm und bis zum Staatsstreich durch Napoleon Bonaparte am 9. 11. 1799 dauerte. Sie führte, getragen vom Ideengut der Freiheit, Gleichheit, Brüderlichkeit (frz. Liberté, Égalité, Fraternité), zum Umdenken in allen Bereichen menschlichen Lebens und wurde zum «Vorbild» für alle folgenden Revolutionen. Den bereits bestehenden ↑Antiklerikalismus zur Dechristianisierung steigernd, sahen besonders die radikalen Denker, Literaten und Staatsrechtler in Frankreich in der katholischen Kirche und ihrer damaligen Verfassung das schwerste Hemmnis für Freiheit und menschliches Glück. Es kam zum Zusammenbruch des Königtums, zur Aufhebung des Feudalsystems (↑Lehenswesen) und der Standesprivilegien, zur Erklärung der Menschenrechte, zum Bündnis von Adel und Geistlichkeit mit dem Dritten Stand und zur Forderung der Eidesleistung der Priester auf die Verfassung (↑Zivilkonstitution des Klerus), zum Einzug von ↑Kirchengut. Die Revolution hat in ihren Auswirkungen innerhalb weniger Jahre das ganze europäische Staatensystem erschüttert: Sie führte die bis dahin größte Umwälzung in deutschen Territorien herbei, den gewaltsamen Untergang der ↑Reichskirche in der großen ↑Säkularisation, dem am 6. August 1806 das formelle Ende des ↑Heiligen Römischen Reiches folgte. ↑Restauration

Frater (lat. = Bruder, Abkürzung Fr./fr.), ursprünglich (Selbst-) Bezeichnung der ↑Mönche, seit der stärkeren Unterscheidung zwischen ↑Priestermönchen und den ↑Konversen speziell für die ↑Laienbrüder. In manchen Orden, so bei ↑Franziskanern, ↑Dominikanern und ↑Karmeliten, behielten auch die zu Priestern geweihten Mönche die Bezeichnung Frater anstelle von ↑Pater. Fratres sind auch die im ↑Noviziat und im Studium der ↑Theologie stehenden Mitglieder der ↑Priesterorden sowie Angehörige von Laien-↑Kongregationen, z. B. ↑Schulbrüder.

Fraterherren ↑Brüder (Schwestern) vom gemeinsamen Leben

Fraternität (lat. *fraternitas* = brüderliche Gesinnung und Liebe, Brüderlichkeit), in Häusern und Wohnungen eingerichtete kleine klösterliche Gemeinschaft, in der Brüderlichkeit bzw. Schwesterlichkeit als Wesenselement das alles bestimmende Motiv, auch für die oft in nichtchristlicher oder entchristlichter Umgebung getragene sozial-karitative Arbeit ist. ↑Bruderschaft, ↑Caritas

Fratizellen (it. fraticelli = kleine Brüder), Gruppen der ↑Franziskaner im 13./14. Jh., die aus der ↑Spiritualen-Bewegung hervorgingen und von der ↑Inquisition als ↑Häretiker verfolgt wurden.

Frau. 1. Nach biblischem Verständnis sind Frau und Mann in gleicher Weise Ebenbild Gottes; die Unterschiedenheit von Mann und Frau ist von Gott gewollt und damit gut. Die Konflikte zwischen Mann und Frau sowie die schuldbeladene Geschichte gegenseitiger Abhängigkeit und Unterdrückung sind Folge des Sündenfalls (Adam und Eva, ↑Erbsünde) als Zerstörung der Beziehung zu Gott. Jesus setzte sich über kulturbedingte, patriarchal bestimmte Schranken (z. B. Gen 3,16: Unterordnung der Frau unter den Mann) hinweg und hatte unbefangenen Umgang mit Frauen, von denen viele zu seinen Jüngern zählten. In religionssoziologischer Sicht hatten Frauen besonders großen Anteil an der Ausbreitung des Christentums; in der Kirche sahen sie ihre je eigene Würde in ungleich höherem Maße anerkannt (auch wenn ihnen geboten war, in der Kirche zu schweigen und sich unterzuordnen [1 Kor 14,34 f.]). 2. Die Minderbewertung der Frau, die im Verlauf des Mittelalters zu ihrem schlimmsten, epidemieartigen Auswuchs, dem ↑Hexenwahn, geriet, resultierte aus leib- und sinnenfeindlichen Vorstellungen, wie sie seit Augustinus (354–430), besonders in Hoch- und Spätmittelalter, wirkmächtig geworden waren, verbunden mit einer allgemeinen, von Vergänglichkeitsmotiven geprägten Lebensangst und -verneinung. Während Geschlechtlichkeit theologisch als Ausdruck der Sündenhaftigkeit des Menschen, besonders der Frau als «Eva», bewertet wurde, galt ↑Jungfräulichkeit als höchstes Gut, wurde die Frau auch als Geschlechtsgenossin Marias (↑Gottesmutter), der neuen «Eva» (↑Ave als Umkehrung von Eva), betrachtet, entwickelten sich höfisch-ritterlicher Minnedienst für die dem Mann überlegene (adelige) Dame und v. a. die ↑Marienverehrung. 3. Die seit Ende des 18. Jh.s allmählich aufgebrochene Frauenbewegung, die zunächst auf die politische Stellung der Frau, ihre Erziehung und Bildung abzielte, formierte sich zu einer auch «Feminismus» genannten Emanzipationsbewegung, die seit den sechziger Jahren des 20. Jh.s die volle Gleichberechtigung der Frau in allen Lebensbereichen, ihre Selbstständigkeit, Selbstbestimmung und Teilnahme am öffentlichen Leben, auch in Kirche und Theologie («Feministische Theologie») erstrebt. Die in den letzten Jahren zum Teil heftigst kritisierte Zuordnung des Weihesakraments (↑Weihegrade) zum Mann in der katholischen und in den orthodoxen Kirchen wird dabei als Ausdruck von Frauenfeindlichkeit betrachtet; theologisch wird sie dagegen mit der Christusrepräsentation des geweihten Amtsträgers und der je spezifischen Berufung von Frauen und Männern in der Kirche begründet.

Frauenstift ↑Chorfrauen, ↑Damenstift

Frauentag, in Regionen des süddeutschen Raums volkstümliche Bezeichnung für das Hoch- ↑Fest Mariä Himmelfahrt (15. August; ↑Marienverehrung).

Frauentragen (Madonnentragen), einer der ältesten Bräuche des Christentums, der an die vergebliche Herbergssuche Marias und Josefs am Heiligen Abend (↑Heilige Nacht) erinnert und auch «Unserer Lieben Frau Wanderschaft» oder «Maria in der Herberge» genannt wird. Zur andächtigen Einstimmung auf ↑Weihnachten, zum Schutz und Segen für das Heim wird eine (sonst in einer ↑Kapelle stehende) Marienstatue im ↑Advent von Haus zu Haus getragen, wo sie jeweils bis zum nächsten Tag beherbergt wird.

Frauen vom Guten Hirten ↑Schwestern vom Guten Hirten

Fräuleinstift ↑Damenstift

Freie evangelische Gemeinden, aus der ↑Erweckungsbewegung hervorgegangene, von jeder kirchlichen und staatlichen Bindung losgelöste Gemeinden evangelischer Christen (↑Freikirchen), die sich seit 1817, zuerst in Genf und Lyon, dann auch in Deutschland (hier 1928 als Bund) bildeten und seit 1948 zum «Internationalen Bund Freier evangelischer Gemeinden» zusammengeschlossen sind.

Freies Christentum, aus ↑Aufklärung und ↑Täufer-Bewegung seit 1840 in Mitteldeutschland hervorgegangene überkirchliche protestantische Bewegung (↑Freikirchen, Freie protestantische Gemeinden), die ↑Evangelium, Wissenschaften und soziale Fragen in Einklang bringen will. Seit 1900 finden regelmäßige Weltkongresse des «Weltbundes für Freies Christentum» statt.

Freiheit der Kirche, von Gerd Tellenbach in seinem Werk «Libertas. Kirche und Weltordnung im Zeitalter des Investiturstreites» (1936) geprägte Bezeichnung für das Programm der ↑Gregorianischen Reform des 11./ 12. Jh.s, deren Vertreter, allen voran Papst Gregor VII. (1073–1085; ↑Dictatus papae), nicht zuletzt im ↑Investiturstreit das Freisein der Kirche von kirchenfremden, d. h. weltlichen Einflüssen v. a. bei der Besetzung geistlicher Ämter erstrebten und gleichzeitig die ausschließliche Bindung an und Unterwerfung unter den ↑Apostolischen Stuhl forderten, wobei der Kampf gegen ↑Priesterehe (Nikolaitismus) und ↑Simonie zum wirksamsten Hebel ihrer Forderungen wurde. ↑Cluny, ↑Eigenkirche, ↑Karolina de ecclesiastica libertate

Freikirchen, allgemein vom Staat unabhängige Kirchen oder kirchliche Gemeinschaften, im engeren Sinn die neben den Landes-, National-, Staats- oder Volkskirchen bestehenden (meist protestantischen) Kirchengemeinschaften, v. a. in Nordamerika, England, Schottland, Frankreich, Deutschland und der Schweiz. Sie entstanden besonders im 17.–19. Jh., teils aus unterschiedlichen theologischen Anschauungen, teils aus dem Protest gegen staatliche Bevormundung, aus dem ↑Pietismus oder der Kritik am ↑Liberalismus. Als Freikirchen, freikirchliche Bewegungen oder Gemeinden können u. a. bezeichnet werden ↑Baptisten, ↑Dissenters, ↑Mennoniten, ↑Methodisten, ↑Quä-

ker, ↑Täufer, ↑Freie evangelische Gemeinden, ↑Freies Christentum, ↑Altlutheraner.

Freimaurerei, hervorgegangen aus dem mittelalterlichen Bauhüttenwesen, besonders der Kathedralen (↑Gotik), mit freien Steinmetzen und deren geheimgehaltenen symbolischen Bräuchen, liegen die geistesgeschichtlichen Ursprünge der bis heute weitverzweigten Bewegung in der ↑Aufklärung. In London kam es 1717 zur ersten Logengründung: Vier Bauhütten (Logen) schlossen sich zu einer Großloge (auch ↑Orden genannt) zusammen. 1737 wurde in Hamburg die Loge Absalom gegründet, die Freimaurerei damit auch in Deutschland heimisch. Die Männergemeinschaft, deren Angehörige sich als «Brüder» betrachten und in «Tempeln» versammeln, verfolgt das auf einer natürlichen Ethik beruhende Ideal edlen Menschentums und erstrebt eine von konfessioneller Bindung und doktrinärem Denken (↑Bekenntnis, ↑Dogma) freie, individuelle und gegenseitige Erziehung der Logenmitglieder zu wahrer Humanität, so durch Übernahme sozial-karitativer Aufgaben und Pflege der gegenseitigen, von Brüderlichkeit geprägten Freundschaft. Von Anfang an gehörten den von der katholischen Kirche verurteilten und mit ↑Exkommunikation bestraften Freimaurerbünden Angehörige des Hochadels, Fürsten, Staatsmänner, Gelehrte, Künstler, einflussreiche Bürger und Geistliche an. ↑Illuminaten, ↑Rosenkreuzer

Freithof ↑Friedhof

Freizeiten ↑Exerzitien

Fresko, Freskomalerei, Wandmalerei mit Wasserfarben auf dem noch feuchten, frischen (it. al fresco) Putz, wobei der Kalk beim Abtrocknen an der Oberfläche eine wasserunlösliche, chemische Verbindung mit den Farbpigmenten eingeht (im Unterschied zur Seccomalerei auf trockenem [it. al secco] Putz, der abblättern kann). Die bereits in der Antike bekannte Technik wurde seit etwa 1300 v. a. in Mittelitalien als reine Freskomalerei (it. buon fresco) gepflegt (Giotto, Michelangelo, Raffael) und gelangte im ↑Barock zu einer letzten Blüte (Tiepolo); besonders in der süddeutschen ↑Deckenmalerei wurden Fresken vollendeter Meisterschaft geschaffen.

☙ Friedensbewegung, alle organisierten, seit der Antike bekannten Bemühungen zur Vermeidung und Verhinderung von Konflikten und kriegerischen Auseinandersetzungen (auch Pazifismus genannt, von lat. *pax* = Friede; ↑Pax Christi). Die seit dem 19. Jh. politisch praktizierte Friedensbewegung wurzelt in der Friedensvorstellung des Mittelalters (fortgeführt durch ↑Humanismus und ↑Aufklärung), die vom Friedensgedanken der christlichen Botschaft, von Jesu Christi Gebot der Nächsten- und Feindesliebe, wesentlich vermittelt durch Augustinus (354–430), beeinflusst wurde. Im 10. Jh. kam die Idee des ↑Gottesfriedens auf, die im Zeitalter der ↑Kreuzzüge zugleich mit der ↑Armutsbewegung ein gewisses Gegengewicht darstellte, in der Bekämpfung der ↑Häresie und im ↑Hexenwahn aber an ihre Grenzen stieß. Die auf dem Hintergrund des «Kalten Krieges» seit den sechziger Jahren des 20. Jh.s entstandene Friedensbewegung (die u. a. zu einer bedeutenden Zunahme von Wehrdienstverweigerern führte) ist verstärkt getragen vom Engagement auch einzelner Christen und organisierter christlicher Friedensgruppen, die sich schon seit Beginn des Jh.s gebildet hatten (u. a. seit 1914 die Church Peace Union und seit 1950 die Church Peace Mission, letztere vertreten im ↑Ökumenischen Rat der Kirchen). Die Mahnung der christlichen Kirchen zu (sozialem) Frieden und Gerechtigkeit in der Welt ist heute wesentlicher Bestandteil ihrer Verkündigung.

Friedhof, ursprünglich der um- oder eingefriedete Bezirk um eine Kirche (Freit- oder Kirchhof, parallel dazu etwa auch der Burgfried), dann der Platz für die Totenbestattung (↑Begräbnis), auch Toten- oder Gottesacker genannt (bis ins 18./19. Jh. hinein ↑konfessionell getrennt), heute angelegt und unterhalten von kirchlichen oder politischen Gemeinden. Je nach den örtlichen und historischen Gegebenheiten sowie den religiösen Gebräuchen wurden auch die Friedhofsanlagen um Kirchen oder Kapellen gestaltet, seit dem 18. Jh. zunehmend, zumal in den Städten, an eigenen, von der Kirche entlegenen Orten, z. B. als

Wald-, Zentral-, Park-, Urnen- oder Soldatenfriedhof. ↑Grab

Frömmigkeit, fromm (lat. *pietas, pius*), 1. in der römischen Antike Ausdruck für das, «was sich gehört», v. a. die Verpflichtung der Gottheit gegenüber, auch das Pflichtgefühl gegen Eltern, Kinder und Nahestehende sowie das rechte, verpflichtende Verhalten zum Vaterland. 2. Das Christentum übernahm diese Wortbedeutung (auch ahd.-mhd. vrum, vrom, vrumecheit, vrümeceit entsprach dem, was mit lat. *pius* ausgedrückt war): tüchtig, brav, ehrbar, gut, vornehm, tapfer, nützlich, förderlich, brauchbar, gottgefällig, fromm. 3. In diesem Sinn ist Frömmigkeit die geistige (Grund-) Haltung und (gefühlsmäßige) Grundgestimmtheit des religiösen Menschen Gott gegenüber, die seine Beziehung zu Gott in ↑Kult und ↑Gebet, sein Denken, Reden und Handeln erfüllt. In der Frömmigkeit wird die religiöse Urhaltung des Menschen sichtbar und gibt seinem Leben Form und Inhalt. 4. Religiöse Kunst, religiöses und kirchliches ↑Brauchtum können in besonderer Weise einen vertieften Zugang zum Verständnis der zu einer bestimmten Zeit fassbaren Frömmigkeitshaltung der Menschen eines Landes oder einer Region (Volksfrömmigkeit) bieten. ↑Andacht, ↑Devotio moderna, ↑Heiligenverehrung

● **Fronleichnam** (mhd. *vrôn* = Herr, lichnam = lebendiger Leib, also Leib des Herrn), in der lateinischen Kirche das am Donnerstag nach Dreifaltig-keit (↑Trinität) gefeierte, auch ↑Prangertag genannte Hochfest zur öffentlichen Verehrung der ↑Eucharistie. Zurückgehend auf die Visionen der Juliana von Lüttich († 1258), wurde das «Sakramentsfest» 1246 zuerst für das Bistum Lüttich, 1264 von Papst Urban IV. für die ganze katholische Kirche vorgeschrieben und war bald auch (belegt zuerst für Köln) mit einer großen, von höchster Feierlichkeit geprägten Fronleichnams- ↑Prozession verbunden, die seit dem 15. Jh. auch als ↑Flurprozession und ↑Bittgang gehalten wurde. Zur gleichen Zeit entwickelte sich, in Anlehnung an das ↑Passionsspiel, das Fronleichnamsspiel als eigenständiges Festspiel, zahlreiche (↑Corpus Christi-) ↑Bruderschaften zur Verehrung des ↑Allerheiligsten entstanden.

Frühchristentum, frühchristliche Kirche, die Phase der ↑Kirchengeschichte von ihren Anfängen bis zum Entstehen der ↑Reichskirche seit Kaiser Konstantin mit den für die Kirche tiefgreifenden Veränderungen (↑Konstantinische Wende). ↑Alte Kirche, ↑Katakomben

frühchristliche oder altchristliche Kunst, im weiteren Sinn die vom ↑Frühchristentum geprägte Kunst der ersten christlichen Jh.e, besonders des 3./4. Jh.s. Früheste Zeugnisse sind die ↑Katakomben, der Kirchenbau setzte erst nach der ↑Konstantinischen Wende im 4. Jh. ein.

frühchristliche Literatur ↑altchristliche Literatur

Frühmesser (lat. *primissarius*), ein ↑Geistlicher, der Inhaber eines selbstständigen ↑Benefiziums war und frühmorgens lediglich eine gestiftete heilige ↑Messe zu lesen hatte; gelegentlich wird er auch ↑Altarist genannt.

Fuldaer Bischofskonferenz ↑Deutsche Bischofskonferenz

Fundamentalismus, zunächst Selbstbezeichnung amerikanischer Protestanten (Schriftenreihe «The Fundamentals. A Testimony to Truth», 1910–1915), wurde das Wort zum allgemeinen Begriff für ein unkritisches Bibelverständnis, das in Ablehnung historisch-kritischer Forschung alle Aussagen der ↑Heiligen Schrift wörtlich nimmt und nicht unterscheidet zwischen Heilsbotschaft und (grundsätzlich überholbarer) weltbildlicher Ausdrucksgestalt. Heute dient das Wort auch zur Kennzeichnung aller Formen von (religiös oder ideologisch motivierter) Intoleranz, Prädominanz und Gewalt (Terror), besonders hinsichtlich ihrer Auswirkungen auf Politik und Gesellschaft eines Landes.

Fundamentaltheologie ↑Apologetik

Fürst ↑geistliche Fürsten

Fürstabt, Fürstäbtissin ↑Abt bzw. Äbtissin einer ↑gefürsteten Abtei.

Fürstbischof, Fürsterzbischof ↑Bischof, ↑Erzbischof, ↑geistlicher Fürst

Fürstpropst ↑Propst

G

Gallikanismus, französische Form eines katholischen ↑Staatskirchentums mit betont nationalkirchlicher Tendenz, Sonderrechten für die Könige und die Kirche (lat. *Ecclesia Gallicana*). Seit dem Spätmittelalter in Theorie und Praxis ausgebildet (↑Pragmatische Sanktion von Bourges 1438, Formulierung der Gallikanischen Freiheiten 1594), fand der Gallikanismus seinen Höhepunkt im 17. Jh. (Erklärung der vier Gallikanischen Artikel, lat. *Declaratio cleri Gallicani* 1682) und wirkte sich auch auf staatskirchliche Bestrebungen in anderen Ländern aus (↑Konziliarismus, ↑Episkopalismus, ↑Febronianismus, ↑Josephinismus). Die bis zur ↑Französischen Revolution bestimmende Bewegung wurde durch das ↑Vaticanum I (1869/70) verurteilt.

Gaudete (lat. = Freut euch!), vom Anfangswort im ↑Introitus nach Phil 4,4 übernommener Name für den dritten (katholisch) bzw. vierten (evangelisch) ↑Sonntag im ↑Advent.

Gebet (ahd. *gibet*, Bitte; lat. *preces*, frz. *prière*), die dem Menschen gegebene Möglichkeit, mit Gott in Verbindung zu treten: «Das Gebet ist die höchste Leistung, deren der Menschengeist fähig ist» (Edith Stein). ↑Frömmigkeit, ↑Gottesdienst, ↑Kult

Gebetläuten ↑Angelus

Gebetsfasten, Gebetswache ↑Vierzigstündiges Gebet

Gebetsstiftung ↑Applikation, ↑Benefizialwesen, ↑Frühmesser, ↑Hauskloster, ↑Seelgerät, ↑Stift

Gebetsverbrüderung, seit dem 8. Jh. weitverbreitete Verbindung zwischen einzelnen ↑Klöstern, dann auch zwischen Klöstern, ↑Priestern und ↑Laien zum gemeinsamen Gedächtnis der lebenden und verstorbenen Mitglieder, Wohltäter und Stifter der Klöster (festgehalten im ↑Verbrüderungsbuch), die später auch von ↑Bruderschaften übernommen wurde (Gebetsbruderschaft). ↑Apostolat

Gebetszeiten ↑Horen, ↑Stundengebet

Gebot, Gebote ↑Dekalog

gefürstet, im ↑Heiligen Römischen Reich Prädikat von hohen Adeligen und ↑Prälaten von fürstlichem Rang (↑geistliche Fürsten), denen entsprechende Ehrenrechte und Titel nach der Reichsverfassung zustanden; in Einzelfällen auch fürstlicher Titel bestimmter ↑Bischofssitze bis gegen Mitte des 20. Jh.s.

● **Gegenpapst** (lat. *antipapa*), im strengen Sinn derjenige, der trotz eines bereits kanonisch gewählten ↑Papstes eine ↑Papstwahl annimmt. In der Geschichte des Papsttums bestand auf weiten Strecken keine völlig eindeutige, allgemeine Übereinstimmung da-

rüber, unter welchen Umständen die Wahl und Weihe des Bischofs von Rom (auch dessen Absetzung oder Amtsverlust) gültig seien. Mindestens bis zum Papstwahldekret Nikolaus' II. (1059) ist die Bischofsweihe und päpstliche ↑Inthronisation das für den Amtsantritt entscheidende Datum, nicht schon die Wahl, in welcher Form auch immer sie erfolgen mochte. Einsetzung und Entfernung (↑Papstabsetzung) vieler Päpste sind unter schweren Wirren, im Tumult, unter harten Parteikämpfen, unter massivem Eingreifen weltlicher Mächte erfolgt. In der Papstliste (in diesem Buch im Anhang) werden von Hippolyt (217?–235) bis Felix V. (1439–1449) etwa 40 «Gegenpäpste» gezählt; doch muss bei manchen Namen offen bleiben, ob sie den Päpsten oder Gegenpäpsten oder auch keiner der beiden Kategorien zuzurechnen sind.

● **Gegenreformation,** im 18. Jh. geprägter Begriff für die Selbst*behauptung* der katholischen Kirche und die Wiedergewinnung verlorener Positionen im Kampf gegen den Protestantismus, besonders auch die Rückführung protestantisch gewordener Gebiete (Rekatholisierung). Davon zu unterscheiden ist die ↑Katholische Reform als Selbst*besinnung* und Erneuerung der katholischen Kirche im 16./17. Jh. ↑Reformation, ↑Restauration

Gegenwart Christi ↑Realpräsenz

Gehorsam (lat. *oboedientia, obsequium*; ↑Obödienz). 1. Für die äußerst vielschichtige Entwicklung des Begriffs innerhalb der ↑Theologie, eines der biblischen Urworte, wurde im ↑Abendland das Gehorsamsverständnis bei Augustinus (354–430) wegweisend: Für ihn ist – gestützt auf die ↑Heilige Schrift – der Gehorsam die «Mutter und Wächterin aller Tugenden» und das Kennzeichen der Demütigen, also derer, die sich unter ein Höheres unterwerfen. Weil aber nichts höher und größer ist als Gott, schulde der Mensch ihm allein den Gehorsam. Auch für Thomas von Aquin (1224/25–1274) steht der Gehorsam an der Spitze der Hierarchie der Tugenden, er ist für ihn das «Zeugnis der Jüngerschaft in der [↑] Nachfolge Christi». Bis heute wird das Wort (als Glaubens- oder religiöser Gehorsam) in sehr unterschiedlicher Weise bewertet: Als Preisgabe der eigenen Entscheidungsfreiheit und des individuellen Wahrheitsgewissens (↑Gewissensfreiheit), sozusagen als «blinder Gehorsam» (↑Kadavergehorsam), oder als positives und wie selbstverständliches Mittragen von Entscheidungen, die der einen gemeinsamen Sache, hier dem christlichen Glauben, dienlich sein sollen. Tatsächlich sind in der ↑Kirchengeschichte viele Konflikte um die Frage des jeweiligen Gehorsamsanspruchs, im großen Stil erstmals im Zuge der ↑Gregorianischen Reform (mit der Gehorsamsaufkündigung König Heinrichs IV. und vieler Bischöfe der ↑Reichskirche im Jahr 1076 gegenüber Papst Gregor VII.), besonders seit dem 19. Jh. auf dem Hintergrund der Spannungen zwischen «Glaube und Wissen», zwischen dem Gehorsams- und Freiheitsprinzip auf der einen Seite und der Entwicklung der «autonomen Vernunft» in religiösen, philosophischen, historischen und naturwissenschaftlichen Fragen auf der anderen Seite, entstanden: Seit dem Untergang der Reichskirche und dem Übergang vom alten feudalen zum modernen konstitutionellen Staat, beschleunigt durch den Geist der ↑Aufklärung und die Auswirkungen der ↑Französischen Revolution, wurde und wird gerade die katholische Kirche, häufig als ↑Amtskirche missverstanden, mit ihrer hierarchischen Struktur (↑Hierarchie), der Unterscheidung von ↑Priestern und ↑Laien, dem Autoritätsprinzip und der Begründung des kirchlichen Gehorsams gegen Gott zumal in den letzten fünf Jahrzehnten als «Widerpart» aller neuzeitlichen Werte der Freiheit, der Selbstbestimmung des Einzelnen, des Gewissens, der Mündigkeit und Wissenschaft betrachtet. 2. Gehorsam als ↑Ordens-Gehorsam ist einer der zur Ordens- ↑Profess gehörenden ↑Evangelischen Räte, ausgedrückt durch das öffentliche ↑Gelübde, den Weisungen der Oberen gemäß ↑Ordensregel und Konstitutionen (↑Constituta) zu gehorchen. Ein entsprechendes Gehorsamsversprechen wird bei ↑Weihe bzw. ↑Ordination gegenüber ↑Bischof und kirchlicher Obrigkeit geleistet.

geistlich (lat. *spiritualis*, ↑Spiritualia), im Gegensatz zu ↑säkular (weltlich) das zum religiösen Bereich Gehörende.

geistliche Fürsten, im ↑Heiligen Römischen Reich neben den Reichsfürsten hohe Geistliche (Fürstbischof, -abt, -äbtissin, -propst, [negativ] auch «Kirchenfürsten» genannt) als Inhaber ↑reichsunmittelbarer Territorien (↑Stift), an der Spitze die geistlichen Kurfürsten (Erzbischöfe von Mainz, Köln, Trier; ↑Erzämter). ↑Regalien, ↑Reichsstände und Reichstag

Geistliche Übungen ↑Exerzitien

Geistlicher, Geistliche, Standesbezeichnung für den ↑Klerus oder die Geistlichkeit bzw. Kleriker der katholischen Kirche, unterschieden in Welt- und Ordensgeistliche, für ↑Bischöfe und ↑Pfarrer der evangelischen Kirchen, allgemein auch für führende Vertreter anderer Religionsgemeinschaften (z. B. geistliches Oberhaupt).

Geistlicher Rat, 1. früher eine fürstliche Behörde zur Wahrnehmung der Rechte des Landesherrn gegenüber der katholischen Kirche, aus der das moderne Kultusministerium hervorging (↑Kult); 2. eine Diözesanbehörde und deren Mitglieder zur ↑Bistums-Verwaltung; 3. vom Bischof, früher auch vom Monarchen verliehener Ehrentitel für katholische Geistliche (Bischöflicher bzw. Königlicher Geistlicher Rat).

Geistlicher Vorbehalt (lat. *reservatum ecclesiasticum*), von den Protestanten abgelehnte Klausel des ↑Augsburger Religionsfriedens (1555), wonach ein ↑geistlicher Fürst beim Übertritt zum Luthertum Amt, Gebiet und Einkünfte verliere und das ↑(Dom-) Kapitel das Recht habe, einen katholischen Nachfolger zu wählen.

geistliches Amt ↑Amt, geistliches/kirchliches

Geistlichkeit ↑Klerus

Geißler, im 13./14. Jh. auftretende schwärmerisch-fromme ↑Laien, die sich zur ↑Buße geißelten, nach dem lateinischen Wort für Geißel (flagellum) auch Flagellanten genannt. Die in mehreren Wellen im ganzen ↑Abendland begegnende Bewegung brach seit dem allgemeinen Verbot durch ↑Papst Clemens VI. 1349 allmählich auseinander. ↑Apostoliker

Gelasianum ↑Sakramentar

Geldablass ↑Ablass

Gelübde, Gelöbnis, in den Religionen allgemein ein feierlich Gott oder bei Gott gegebenes Versprechen, in dem sich der/die Gelobende zu etwas verpflichtet, z. B. die ↑Ordens-Gelübde ↑Armut, ↑Gehorsam, ↑Keuschheit (↑Profess). Neben den öffentlichen (vor der kirchlichen Obrigkeit abgelegten) Gelübden kennen verschiedene christliche Kirchen auch private Gelübde der Gläubigen (↑Exvoto). ↑Kongregation

Gemeinde, in der katholischen Kirche und den evangelischen Kirchen die kleinste (meist regionale) Einheit kirchlicher Gliederung (↑Pfarrei, Pfarr- und Kirchengemeinde), manchmal auch durch Standes- oder Berufsgemeinschaft gebildet (z. B. Studenten-, Hochschulgemeinde, Personalgemeinde oder -pfarrei beim Militär). Die evangelische Gemeindetheologie sucht alle Aussagen über die Kirche von der Gemeinde her zu treffen, weswegen sie keine allgemein anerkannte ↑Theologie des ↑Bischofs-↑Amtes und eines universalkirchlichen Petrusamtes (↑päpstlicher Primat) kennt. ↑Kirchenkreis

Gemeindeassistent(in) ↑Gemeindereferent(in)

Gemeindehelfer(in), in den deutschen evangelischen Kirchen ein von Frauen und Männern ausgeübter Beruf zur Unterstützung der Gemeindearbeit, entsprechend den ↑Gemeindereferenten in der katholischen Kirche.

Gemeindekirchenrat ↑Kirchenrat, ↑Presbyterium

Gemeindereferent(in), in der katholischen Kirche seit dem ↑Vaticanum II (1962–1965) ↑Laien, die – zuvor Seelsorgehelfer genannt – als Helfer der ↑Geistlichen in ↑Seelsorge und Unterricht tätig sind; in den deutschen evangelischen Kirchen entsprechen ihnen die ↑Gemeindehelfer. Ihre Aufgaben sind weniger spezifisch als die der ↑Pastoralreferenten, die praxisbezogene Ausbildung an Fachhochschulen oder Seminaren ist zudem kürzer.

Gemeinschaften (religiöse/des christlichen Lebens) ↑Christentum, ↑Kirche, ↑Kongregationen, ↑Kommunitäten, ↑Orden

Gemeinschaftsbewegungen, im 19. Jh. v. a. aus ↑Pietismus und ↑Erweckungsbewegungen entstandene, überregional organisierte Bewegungen von Christen in den evangelischen Kirchen zu gegenseitiger und missionarischer ↑Erbauung und Vertiefung der ↑Frömmigkeit durch ↑Bibel-Lesung, Selbstheiligung, ↑Gebet und ↑Nachfolge Christi. Zu den gegenwärtig mehreren tausend Gemeinschaften gehören u. a. der ↑Christliche Verein Junger Männer, die ↑Evangelische Gemeinschaft, Gasthausmission (pastorale Betreuung des Gaststättenpersonals), Blaues Kreuz (1877 in Genf gegründet zur Bekämpfung des Alkoholismus; ↑Kreuzbund). ↑Kommunitäten, ↑Laienbewegung

Gemeinschafts- oder Simultanschule (von lat. *simultaneus* = gleichzeitig), im Unterschied zur ↑Bekenntnisschule eine Lehranstalt für Schüler *aller* Bekenntnisse, aber mit getrenntem Religionsunterricht.

gemischte Orden, ↑Ordens-Gemeinschaften, die neben dem Leben im ↑Kloster auch Tätigkeiten «in der Welt» nachgehen.

Gen., Abkürzung für lateinisch generosus = aus edlem Geschlecht, edel, vortrefflich. Früher Titel und Anrede von Adeligen und (aus dem Adel stammenden) hohen ↑Geistlichen.

Genealogie (gr. = Stammtafel), die Wissenschaft von Ursprung, Folge und Verwandtschaft der Geschlechter, Ahnenforschung. Der (bis zu einem bestimmten Grad erfolgte) Nachweis adeliger Abstammung war für die meist adeligen ↑Domkapitel im ↑Heiligen Römischen Reich von besonderer Bedeutung. Zudem hatte sie in der Dynastiegeschichte bis in die frühe Neuzeit hinein eine stark legitimierende Funktion und war allgegenwärtig. Von herausragender Bedeutung war im abendländischen Raum hierbei Karl der Große (768–814) als «Stammvater» und «vielberufener Vorfahr».

Generalabsolution ↑Absolution

Generalabt ↑Abt

Generalat (der ↑Orden), die oberste Leitung (lat. *generalis* = allgemein) eines Ordensverbandes mit zentralistischer Verfassung. Der Generalobere (Ordensgeneral, Generalmagister, -prior, -minister, -abt) oder die Generaloberin werden, gemäß den jeweiligen Statuten, vom ↑Generalkapitel (unterstützt vom Generalrat) meist auf Zeit, manchmal auf Lebenszeit gewählt.

Generalkapitel, in ↑Orden und ordensähnlichen Verbänden kollegiale Leitungsorgane (↑Kapitel), die in bestimmten Abständen oder aus besonderen Anlässen abgehalten werden. ↑Definitor, ↑Generalat

Generalkonzilien, im Unterschied zu den sieben anerkannten Ökumenischen ↑Konzilien des 1. Jahrtausends die nach der Abspaltung der ↑Ostkirche päpstlich veranstalteten Konzilien der westlichen (↑lateinischen) Kirche, die in der katholischen Kirche

später teilweise auch als Ökumenische Konzilien gewertet wurden.

Generalmagister, -minister, -oberer, -oberin, -prior ↑Generalat

Generalstudium ↑Universität

Generalsuperintendent (lat. = allgemeiner, oberster Aufseher), Mitte des 16. Jh.s entstandenes ↑Amt in einigen evangelischen Kirchen zwischen ↑Konsistorium und ↑Superintendenten, meist im evangelischen ↑Bischofs-Amt aufgegangen.

Generalvikar, in der katholischen Kirche der allgemeine Vertreter (↑Vikar) des ↑Bischofs, der ihn bestellt und abberuft. Der Amtsinhaber, der im Generalvikariat das ↑Bischöfliche Ordinariat leitet, entstand seit dem 13./14. Jh. mit dem Amt des ↑Offizials, nicht zuletzt auch als Gegengewicht zum ↑Archidiakon.

Genfer (Lied-) Psalter ↑Hugenottenpsalter

Genossenschaften (religiöse) ↑Kongregationen, ↑Kommunitäten, ↑Orden

geostet ↑Ostung

Gerechter Krieg (lat. *bellum iustum*), die aus der sakralrechtlichen römischen Praxis entwickelte, im Christentum seit Augustinus (354–430) unter bestimmten Voraussetzungen mögliche Rechtfertigung des Krieges, zunächst als eines (begrenzten) Verteidigungskrieges (gegen ↑Heiden), besonders für den ↑Kreuzzug. Die Idee des als notwendig und berechtigt betrachteten Krieges ist bis zur Gegenwart auch ein Problem des (abendländischen) Völkerrechts. ↑Heiliger Krieg

Germania Sacra (lat. = Heiliges Deutschland), nach dem Vorbild der Gallia Christiana der ↑Mauriner im 18. Jh. erstmals geplante, 1917 begründete «Historisch-statistische Beschreibung der Kirche des Alten Reiches» (↑Reichskirche), u. a. mit sämtlichen (Erz-) ↑Bistümern, ↑Dom-, ↑Stifts- und ↑Kollegiatkapiteln und ↑Klöstern; mehrere Publikationen liegen bereits vor.

Germaniker ↑Collegium Germanicum

Gerner ↑Karner

Gesandte, Gesandtschaftswesen ↑ Apostolischer Legat, ↑Apostolischer Nuntius

Geschichte, Geschichtsschreibung, Geschichtswissenschaft (ahd. giscīht = [schicksalhaftes] Ereignis, Hergang, Zufall; gr.-lat. *historia*). Der Begriff «Geschichte» hat einen doppelten Sinn: Er meint das in der Vergangenheit Geschehene, die Ereignisse und Taten (lat. *res gestae*; ↑Gesta) sowie die Kunde davon, vermittelt durch die Geschichtswissenschaft, d. h. Erkenntnis, Darstellung in historisch-kritischer Methode (Historiographie = Geschichtsschreibung) und Lehre, zu der auch die ↑Kirchengeschichte gehört. ↑Heilsgeschichte, ↑Theologie

Geschichtstheologie ↑Heilsgeschichte

Gesellenvereine, ↑konfessionell ausgerichtete Vereinigungen zur religiösen, sozialen und beruflichen Bildung und Erziehung von Gesellen. Die seit 1846 bestehenden katholischen Gesellenvereine wurden besonders von Adolph Kolping ausgebaut (↑Kolpingwerk), die evangelischen von Johann Hinrich Wichern angeregt.

Gesellpriester, seit dem Spätmittelalter die (in bestimmten Regionen gebräuchliche) Bezeichnung für einen Hilfs- ↑Priester zur Unterstützung des ↑Pfarrers, der auch ↑Kaplan, ↑Kooperator, ↑Koadjutor oder ↑Supernumerarius genannt wurde.

Gesellschaft des Göttlichen Wortes ↑Steyler Missionare und Missionsschwestern

Gesellschaft Jesu ↑Jesuiten

Gesprenge, ornamentales und figürliches Schnitzwerk über dem Schreinaltar der ↑Gotik (↑Flügelaltar).

Gesta (lat., von *res gestae*), Ereignisse und Taten, neben ↑Chronik, ↑Annalen und ↑Viten eine der bis zum Hochmittelalter entwickelten literarischen Formen der (lateinischen) Historiographie (↑Geschichte), in der ↑Kirchengeschichtsschreibung meist auf «Taten» der ↑Bischöfe und ↑Äbte bezogen.

gesundbeten, im Volks- ↑Aberglauben der Versuch, Krankheiten (aller Art) auf magische Weise durch Gebet und Riten zu heilen.

Gewänder ↑liturgische Gewänder, ↑Ordenskleid

Gewissensfreiheit, in den meisten modernen demokratischen (rechtsstaatlichen) Verfassungen (im Grundgesetz für die Bundesrepublik Deutschland als Grundrecht in Artikel 4) das staatlich garantierte Recht des Einzelnen, in seinen Äußerungen und Handlungen nur der Stimme seines Gewissens zu folgen. In der Geschichte der Religionen vielfach im Zusammenhang mit der ↑Glaubens- und Religionsfreiheit bekämpft oder umstritten, wurde das Prinzip der Gewissensfreiheit in der katholischen Kirche zusammen mit der Meinungsfreiheit bis ins 19. Jh. abgelehnt. ↑Gehorsam, ↑Kirche und Staat

Gewohnheiten ↑Consuetudines

Ghibellinen und Guelfen, Parteien, die aus dem Gegensatz von Staufern (Waiblingern) und Welfen stammen. Seit den Kämpfen zwischen Staufern und ↑Päpsten des 13. Jh.s galten Ghibellinen als kaiserlich, Guelfen als päpstlich, später kam es zu einem Bedeutungswandel. Im ↑Risorgimento bildete sich die Gruppe der Neo-Guelfen.

Gilbertiner ↑Doppelkloster

Glasmalerei. Verglasungen sind bereits für die ↑frühchristlichen Kirchen in Rom und Ravenna belegt. Die vereinzelt im Frühmittelalter begegnende farbige Gestaltung der Fenster mit bildlichen, figürlichen Darstellungen (erster erhaltener Zyklus sind die Prophetenfenster des Augsburger Doms aus dem frühen 12. Jh.) entfaltete sich, v. a. in Frankreich (Chartres), zugleich mit den Sakralbauten der ↑Gotik seit dem 12. Jh. und ge-

langte zur höchsten Blüte vom 13. bis 15. Jh. Neben den französischen ↑Kathedralen seien nur genannt: In England Canterbury, in Spanien León, in Italien Assisi, in Deutschland, das im 14. Jh. führend wurde, Regensburg und Köln. In der nach einem speziellen Verfahren entwickelten Glasmalerei wurden, besonders auch auf den sogenannten Medaillonfenstern, ganze theologische Programme entworfen. Die im Verlauf des 16. Jh.s nicht mehr gebräuchliche Kunst wurde im 19./20. Jh. wieder entdeckt (z. B. die Werke Marc Chagalls in St. Stephan zu Mainz).

Glaube (gr. *pistis*, lat. *fides*), die gelebte Beziehung des Menschen zu Gott, sein Vertrauen auf Gottes Führung, im ↑Christentum die verstandes- und vernunftgemäße Annahme der göttlichen Offenbarung in Jesus Christus. ↑Credo, ↑Glaubensbekenntnis, ↑Glaubensgeheimnis, ↑sola fide, ↑Taufe, ↑Theologie

Glaubensartikel, seit dem Mittelalter Bezeichnung für die ↑Glaubensgeheimnisse, d. h. die einzelnen Abschnitte oder Glaubensaussagen (12 bzw. 14) des ↑Glaubensbekenntnisses.

Glaubensbekenntnis, 1. allgemein das ↑Bekenntnis zu einem ↑Glauben, dann die Zusammenfassung der wesentlichen Aussagen, Überzeugungen und der grundlegenden Lehre einer ↑Religion in Formeln (gr. *symbola*), sozusagen die «Kurzformel des Glaubens». 2. Im christlichen Bereich bezeichnet das Wort in diesem Sinn kurze und prägnante, ursprünglich im Zusammenhang mit ↑Taufe und Taufvorbereitung (↑Katechumenat) entstandene, trinitarisch (↑Trinität) aufgebaute Zusammenfassungen des christlichen Glaubens. Es wird vom Taufbewerber (bei der Säuglingstaufe stellvertretend von Eltern und Paten) erfragt, beim jährlichen Taufgedächtnis an ↑Ostern und beim ↑Gottesdienst am ↑Sonntag erneuert. ↑Apostolisches Glaubensbekenntnis, ↑Athanasianisches Glaubensbekenntnis, ↑Nicaeno-Constantinopolitanum, ↑Credo, ↑Professio fidei.

Glaubensdelikt ↑Apostasie, ↑Häresie, ↑Schisma

Glaubensfreiheit (auch Bekenntnis- und Religionsfreiheit), zusammen mit der ↑Gewissensfreiheit das in den meisten demokratischen Staatsverfassungen der Gegenwart verankerte Recht des Einzelnen, unbeeinträchtigt nach seiner religiösen Überzeugung zu leben, im Grundgesetz für die Bundesrepublik Deutschland als Grundrecht in Artikel 4 Abs. 1 und 2 garantiert: «Die Freiheit des [↑] Glaubens, des Gewissens und die Freiheit des religiösen und weltanschaulichen [↑] Bekenntnisses sind unverletzlich. Die ungestörte Religionsausübung [↑Religion] wird gewährleistet.» ↑Kirche und Staat

Glaubensgeheimnis (gr. *mysterion*, ↑Mysterium), ursprünglich das ganze, unableitbare, unausdenkbare und deshalb geheimnisvolle (nicht rätsel-

hafte) Heilsgeschehen der Selbstmitteilung Gottes in ↑Jesus Christus. Die Offenbarung Gottes gründet im Geheimnis seines Willens (Eph 1,9) und bleibt auch als geoffenbarte unbegreiflich. Glaubensgeheimnisse im Plural sind organisch miteinander verbundene Teilaspekte der einen Selbstmitteilung Gottes und finden in den ↑Glaubensartikeln ihre bekenntnishafte Antwort auf seiten des gläubigen Menschen (↑Bekenntnis). Man spricht z. B. von den Geheimnissen des Lebens Jesu, die in den ↑Rosenkranz-Geheimnissen meditierend aufgegriffen werden. ↑Doxologie

Glaubenskongregation (lat. *Congregatio pro Doctrina Fidei* = ↑Kongregation für die Glaubenslehre), innerhalb der ↑Römischen Kurie die nach Abschluss des ↑Vaticanum II unter Paul VI. 1965 so benannte höchste Kardinalskongregation für Angelegenheiten des ↑Glaubens, die aus der 1542 errichteten, seit 1587 ↑Heiliges Offizium genannten ↑Inquisitions-Behörde hervorgegangen ist. Unterstützt wird ihre Arbeit durch die ↑Internationale Theologenkommission. ↑Dogma

Glaubenskriege ↑Religionskriege

Glaubenslehre ↑Dogma, ↑Glaubenskongregation

Glaubensspaltung ↑Reformation

Glocke, durch das Kunsthandwerk des Glockengießens hergestellter metallener, meist bronzener hohler Klangkörper in Form eines unten auswärts gebogenen Kegels (seltener

Zylinders, früher auch in Form eines Bienenkorbs), der im Glockenstuhl des Glocken- oder Kirchturms (auch ↑Kampanile) am Glockenbalken aufgehängt ist. Durch ein manuell oder elektrisch betätigtes Seil wird der Glockenbalken, damit die Glocke, durch den frei schwingenden Klöppel zum Tönen gebracht. Die von Anfang an zur Abwehr von ↑Dämonen und Unheil bestimmten Glocken begegnen für den kirchlichen Gebrauch zuerst in der ↑Ostkirche, seit dem 6. Jh. auch im ↑Abendland; die Glockenweihe ist seit dem 8. Jh. (in Gallien) bezeugt. Ihr Glockenschlag (zur Angabe der Uhrzeit) oder Geläut lädt u. a. zum Besuch des Gottesdienstes ein («Zusammenläuten») und lässt ihn (zum Segen oder festlichen Auszug) ausklingen, weist auf Wandlung (↑Transsubstantiation) und ↑Angelus hin. Seit dem Hochmittelalter sind die meist mit einem Namen versehenen Glocken auch mit Bildern und Schriftbändern verziert. So heißt etwa die Glocke im Nordturm des Wiener Stephansdoms wegen ihres tiefen Schlagtons die «Pummerin»; sie ist nach der Petersglocke im Kölner Dom die zweitgrößte freischwingende Glocke und ersetzt die beim Dombrand 1945 zerstörte, 1711 aus erbeuteten türkischen Kanonen gegossene, mehr als 22 Tonnen schwere alte Pummerin.

Gloria (in excelsis Deo) (lat. = Ehre [sei Gott in der Höhe]), liturgischer ↑Hymnus, Lob- und Bittgesang im Anschluss an den Lobgesang des Engels, der den Hirten die Geburt Jesu (↑Weihnachten) verkündete, und der himmlischen Schar (Lk 2,14). Im Unterschied zur kleinen ↑Doxologie des «Gloria Patri» [Filio et Spiritui Sancto] (lat. = Ehre sei dem Vater [dem Sohn und dem Heiligen Geist]) wird das (große) Gloria auch große Doxologie oder Morgenhymnus genannt. Das Gloria ist Teil der gesungenen ↑Messe nach dem ↑Kyrie; es wird in der ↑Liturgie nicht gesprochen oder gesungen in der ↑Advents- und ↑Fasten-Zeit (ausgenommen die ↑Messe vom Letzten ↑Abendmahl am ↑Gründonnerstag) sowie im ↑Requiem.

Glorie, Glorienschein, Gloriole ↑Nimbus

Glossa ordinaria (lat.), der im Mittelalter bedeutendste, vielfach abgeschriebene und erweiterte ↑Bibel-Kommentar des Anselm von Laon (12. Jh.), in dem er ältere Werke mit Erklärungen zur Heiligen Schrift zu einem Handbuch der ↑Exegese zusammentrug. ↑Glossar

Glossar (lat. = Wörterbuch), eine Sammlung von Glossen (gr. *glossa* = Zunge, Sprache), d. h. erklärungsbedürftiger Wörter und Ausdrücke; Glosse wurde dann auch die Erklärung, Übersetzung oder Randbemerkung selbst genannt, wobei kürzere Interlinear- (zwischen den Zeilen), Kontext- (im Text) oder längere Marginalglossen (am Rand) unterschieden werden. Im Mittelalter wurden Stellen v. a. der ↑Bibel und der ↑Kirchenväter und -lehrer erklärt, seit dem 14. Jh. ein Werk mit derartigen Glossen als Glossar, auch als ↑Glossa ordinaria bezeichnet. Erläuterungen zu Texten aus dem römischen und kanonischen Recht (↑Corpus Iuris Canonici) erfolgten durch den ↑Glossator. ↑Scholien

Glossator, der seit dem 11. Jh. in Pavia, im 12./13. Jh. in Bologna wirkende Rechtsgelehrte, der verschiedene Rechtstexte (↑Corpus Iuris Canonici) mit Glossen wissenschaftlich erklärte (↑Glossar). Durch die nachfolgenden Postglossatoren des 13./14. Jh.s fanden die Kommentierungen weite Verbreitung.

Glosse, Glossen ↑Glossar

Glückseligkeit ↑Eudämonismus

Gnade (lat. *gratia*), 1. allgemein Anmut, Liebenswürdigkeit; Gunst, Wohlgefallen; Dank; Liebesgabe; 2. in der ↑Theologie Gott selbst, der sich seinen Geschöpfen in Liebe zuwendet. Höhepunkt dieser gnädigen Hinwendung ist die Sendung des Sohnes und die Mitteilung des Heiligen Geistes (↑Trinität), der die menschliche Glaubensantwort ermöglicht und trägt, in die Herzen der Menschen. Das lutherische Prinzip von der Rechtfertigung (↑Rechtfertigungslehre) allein aus Gnade (lat. *sola gratia;* ↑*sola fide, sola gratia, solus Christus*) steht nicht im Widerspruch zum katholischen Glauben, der seit den Anfängen bekennt, dass der Grund des Heils allein in der freien, vergebenden und zum ewigen Leben berufenden

Zuwendung Gottes zum Sünder (↑Sünde) liegt, die den Menschen zur ↑Nachfolge Christi befähigt. ↑Erbsünde, ↑Gratial, ↑Heiligung, ↑Jansenismus, ↑Pelagianischer Streit, ↑Prädestination, ↑Semipelagianer, ↑Synergismus

Gnadenbild, ein Bild, das ↑Jesus Christus, die ↑Gottesmutter, die ↑Trinität und/oder ↑Heilige darstellt und v. a. an ↑Gnaden- oder ↑Wallfahrts-Orten als wundertätiges Gnadenbild verehrt, von den Reformatoren zusammen mit der ↑Heiligenverehrung als ↑Idolatrie und ↑Götzendienst kategorisch abgelehnt wurde. ↑Bilderverehrung, ↑Votivtafel

Gnadenedikt von Nîmes ↑Edikt von Nantes

Gnadenjahr (von ↑Gnade), Begünstigung des Erben eines ↑Pfründe-Inhabers, der nach dessen Tod über einen längeren Zeitraum hinweg noch Einkünfte aus dieser Pfründe beziehen durfte.

Gnadenlehre ↑Gnade, ↑Jansenismus, ↑Prädestination

Gnadenschatz ↑Kirchenschatz

Gnadenstuhl, seit dem Mittelalter übliche Darstellung (↑Andachtsbild) der ↑Trinität, in der Gott-Vater den Leichnam seines gekreuzigten Sohnes Jesus Christus im Schoß hält; darüber schwebt die Taube als Zeichen des Heiligen Geistes. Das von Martin Luther für die Bundeslade des AT (↑Tabernakel) als Vorbild des ↑Altares geprägte Wort wurde noch im 16. Jh.

auf den Thron des dreifaltigen Gottes übertragen.

Gnesiolutheraner (gr. *gnesios* = echt), Anhänger Martin Luthers (↑Lutheraner), die sich nach dessen Tod (1546) gegen eine Durchdringung und Verfälschung seiner Lehre im Sinne Philipp Melanchthons (↑Philippisten) wandten, besonders in den ↑Adiaphoristischen Streitigkeiten seit 1548, an der Spitze Matthias Flacius Illyricus. ↑Kryptocalvinismus

Gnosis, Gnostizismus (gr. *gnosis* = Erkenntnis), Lehre und «Daseinshaltung», nach der in der (Selbst-) Erkenntnis auch schon die (Selbst-) Erlösung des Menschen bestehe. Kennzeichen sind eine vom ↑Dualismus geprägte Abwertung des Leiblichen, negative Sicht der Geschlechterdifferenz, Überbetonung des Geistigen gegenüber Freiheit und Wollen. Im NT als falsche Lehre zurückgewiesen (1 Tim 6,20), waren in der Antike ↑Valentinianer und ↑Manichäismus die bedeutendsten Richtungen der Gnosis, deren Gedankengut sich in verschiedensten Formen auch in der modernen Esoterik (wieder-) findet. ↑Mandäer, ↑Markioniten, ↑Priscillianismus

Goffiné ↑Postille

● **Goldene Bulle** (lat. *bulla aurea*), 1. allgemein eine mit einem ↑Siegel aus Gold versehene Urkunde (↑Bulle), auch das Goldsiegel selbst, dessen Gebrauch, wie im ↑Byzantinischen Reich üblich, im Mittelalter dem deutschen König und Römischen Kaiser vorbehalten war und für bedeutende, feierliche Urkunden verwendet wurde. 2. Im besonderen wird so das unter Kaiser Karl IV. erlassene, 1356 auf dem Nürnberger Reichstag verabschiedete Reichsgrundgesetz in lateinischer Sprache bezeichnet, in dem in 31 Kapiteln den sieben ↑Kurfürsten verschiedene ↑Privilegien gewährt werden, so das endgültige Recht der Königswahl (↑Sakrales Herrschertum) und die Unteilbarkeit der Kurlande. Bis zum Ende des ↑Heiligen Römischen Reiches war sie eines der wichtigsten Reichsgrundgesetze.

Goldene Pforte ↑Heilige Pforte

Goldene Regel, die seit der Antike ethische Maxime der Gegenseitigkeit, im Christentum verankert in der Bergpredigt Jesu (Mt 7,12): «Alles, was ihr also von anderen erwartet, das tut auch ihnen. Darin besteht das Gesetz und die Propheten»; in sprichwörtlicher Formulierung abgewandelt: «Was du nicht willst, das man dir tu', das füg' auch keinem andern zu».

Goldene Rose, eine in kostbarer Goldschmiedearbeit verfertigte, mit Moschus und Balsam gefüllte ↑Rose, die vom Papst seit der Mitte des 11. Jh.s am «Rosensonntag» (↑Laetare) geweiht und einer um die Kirche besonders verdienten Persönlichkeit übergeben, deshalb auch Tugendrose genannt wird.

Goldenes Vlies ↑Orden vom Goldenen Vlies

Golgotha, Golgatha ↑Kalvarienberg

Goliarden ↑Vaganten

Görres-Gesellschaft (zur Pflege der Wissenschaft), anlässlich des 100. Geburtstages des katholischen Publizisten Joseph von Görres 1876 auf der Höhe des ↑Kulturkampfes gegründeter «Zusammenschluss aller wissenschaftlich Interessierten, deren Denken und Forschen die verpflichtende Bedeutung der christlichen Tradition anerkennt». Die Gesellschaft (Sitz in Köln) arbeitet in derzeit 18 Sektionen auf allen Gebieten der Geistes- und Naturwissenschaften und behandelt dabei auch Grenzfragen von ↑Philosophie, ↑Theologie und Naturwissenschaft. Sie unterhält eigene Forschungsinstitute in Rom, Jerusalem, Madrid und Lissabon und gibt eine Vielzahl wissenschaftlicher Zeitschriften und Schriftenreihen heraus. Einmal im Jahr findet eine Generalversammlung statt.

Gorzer Reform ↑Lothringer Reform

Gospel (engl. = ↑Evangelium), geistliche Lieder (Gospelsongs) nordamerikanischer Farbiger für den ↑Gottesdienst, im Unterschied zu den religiösen Volksgesängen der (Negro) ↑Spirituals, die von afrikanischen und nordamerikanischen Farbigen auch im Alltagsleben gesungen werden. Gospels und Spirituals fanden Eingang in die Jazz-Musik und sind heute auch in der europäischen (Kirchen-) Musikwelt (↑Kirchenmusik) ein fester Bestandteil.

Gotha-Torgauer-Bündnis ↑Regensburger Konvent und Bündnis

Gotik (von it. gotico), seit dem 15. Jh. zuerst in Italien belegte Bezeichnung für eine Kunst, die man im Unterschied zur Antike als von den Goten geprägt, als «barbarisch» empfand. Der neue Stil entstand seit 1130 in der Ile-de-France, die mit der Hauptstadt Paris das Zentrum des Landes, die hier entstehende ↑Universität zum geistigen Mittelpunkt des ganzen ↑Abendlandes wurde. Wie mächtig die Impulse waren, die im 12. Jh. von hier ausgingen, ermisst man etwa an der Gestalt Bernhards von Clairvaux (1090–1153). Der ↑Zisterzienser-Abt hat nicht nur das Klosterleben entscheidend reformiert, er wurde in der ersten Hälfte des nach ihm benannten Jh.s (↑Bernhardinisches Zeitalter) der geistige Lenker der Christenheit, auf dessen Rat Könige und Päpste hörten. Unter seinem Einfluss wandelte sich auch die ↑Marienverehrung zu jener Innigkeit, die sich in dem neuen französischen Titel «Notre Dame» (Unsere Liebe Frau) ausspricht und die ihren Niederschlag in Namengebung und Plastik der ↑Kathedralen gefunden hat. Als der König von Frankreich (ebenso der deutsche König) zum Zweiten ↑Kreuzzug (1147–1149), den Bernhard ausgerufen hatte, aufbrach, wurde der Abt der vor den Toren der Ile-de-la-Cité gelegenen ↑Benediktiner-Abtei Saint-Denis-en-France, Suger (1080/81–1151), zum Reichsverweser bestellt. Schon vor seiner Regentschaft hatte er in Saint-Denis (Hl. Dionysius) den Westbau und den ↑Chor der Abteikirche erneuert, und zwar in so neuartiger Weise, dass man diesen Bau als den Ausgangspunkt der Gotik, als ihren «Gründungsbau» (Otto von Simson) und Suger als ihren Bauherrn, Architekten und Bahnbrecher des neuen Stilgefühls zugleich betrachten kann. Dabei ist unter «Gotik» weit mehr als ein Konstruktionsprinzip, mehr als nur ein Baustil zu verstehen; der Begriff steht für eine Kulturepoche, eine von der Kirche geprägte Weltanschauung, deren Grundzüge alle Lebensäußerungen des hohen und späten Mittelalters durchdrang. So bezeichnet Georges Duby den Zeitraum von 1130 bis 1280 als die «Zeit der Kathedralen», von denen her wohl auch ein Blick auf den geistig-geistlichen Kosmos, auf Theologie, Licht- und Abbildvorstellungen dieser Epoche möglich ist, die in den gotischen Sakralbauten gleichermaßen Gestalt angenommen haben (daher spricht man auch von einer [↑] «Theologie der gotischen Kathedrale»). Hauptmerkmale der in Früh-, Hoch- und Spätgotik angewandten Baukunst sind ein neues Raumgefühl, das den Kirchenbau zu nie gekannter Höhe steigert (so wie sich die Seele der Menschen jener Zeit gleichsam zu Gott erhebt), Kreuzrippen, auf denen das Gewölbe ruht (Rippengewölbe), Spitzbogen, welche die Rundbogen der ↑Romanik ablösen, Strebe- und ↑Maßwerk, *diaphane* (gr. = durchscheinende) Wandstruktur und Gliederung der Pfeiler. Weil das göttliche Licht, «das die Welt erhellt», sich abbilden soll im Leuchten des Raumes,

Abbild des ↑himmlischen Jerusalem, umschließt man diesen nicht mehr mit massiven Wänden (wie die Romanik), sondern nur noch mit in die Höhe strebenden, in den Gewölben sich schneidenden und diese tragenden Stützen, die großflächigen Zwischenfelder gefüllt mit kunstvoll farbig bemaltem Glas (↑Glasmalerei), durch welches in vielfältiger Brechung des Lichts die Sonne flutet. Es sind durchleuchtete Wände. «Warum sind unsere gotischen Kathedralen so schön? Weil man hier in allen Darstellungen des Lebens ein Merkmal der himmlischen Liebe entdeckt!» (Auguste Rodin) Auch in der Plastik, v. a. in figürlichen Darstellungen an Kirchenportalen und in der Sepulkralplastik (↑Epitaph), brach sich das neue Stilgefühl mit aller Macht Bahn, ebenso in der Malerei (Höhepunkt der Glasmalerei im 14./15. Jh.). Von den zahlreichen, höchstbedeutenden Bauwerken aus allen Phasen der Gotik, die zuerst in Italien von der ↑Renaissance abgelöst zu werden begann, seien neben Saint-Denis genannt: Chartres, Sens, Noyon, Laon, Reims, Amiens, Paris, in England Canterbury, in deutschen Territorien, wo erst im Verlauf der ersten Hälfte des 13. Jh.s der gotische Kirchenbau Eingang fand, Straßburg, Freiburg im Breisgau, Köln, Regensburg, Augsburg, Wien, Ulm; mit den weiträumigen ↑Hallenkirchen geriet hier die Spätgotik (um 1350–1500) zu einer Sonderform. Besonders zu erwähnen ist hierbei etwa die St.-Marien-Kirche in Lübeck, die einzige fünfschiffige Hallenkirche Norddeutschlands, Mutterkirche der Backsteingotik, die erstmals das Kathedralsystem auf Backstein übertrug; ihr Gewölbescheitel erhebt sich 38,5 Meter über das Fußbodenniveau, damit dreieinhalb Meter höher als das Mittelschiff von Notre-Dame in Paris. Zu einer Wiederaufnahme des gotischen Kirchenbaus bzw. zu einer «Gotisierung» kam es v. a. in Deutschland im 19. Jh. (Neugotik). ↑Flamboyantstil, ↑Flügelaltar

Gottesacker ↑Friedhof

Gottesdienst, der in allen Religionen auf verschiedene Weise geübte, öffentliche und private ↑Kult der Gottheit, in den christlichen Kirchen der ↑Abendmahls-, ↑Predigt- oder ↑Wort-Gottesdienst, die Feier der ↑Liturgie, ↑Eucharistie, ↑Messe, auch im Rahmen der ↑Sakramenten-Spendung, von ↑Andachten, ↑Prozessionen und ↑Wallfahrten.

Gottesfreunde, Angehörige einer im 14./15. Jh. von Welt- und Ordensleuten getragenen, von den ↑Dominikanern besonders geförderten und v. a. am Rhein und im Elsass verbreiteten religiösen Bewegung, die sich einem Leben gottverbundener ↑Mystik verschrieben und nach dem Wort Jesu in Joh 15,14 f. den Namen gaben («Ihr seid meine Freunde, wenn ihr tut, was ich euch auftrage»). Weil die verschiedenen Gruppen nur in einer losen Verbindung ohne feste Organisation standen, wurden sie wie die ↑Begarden nicht selten der ↑Häresie

geziehen. Die Briefe, die sich die Gottesfreunde untereinander schrieben, bilden die erste deutsche Briefsammlung.

Gottesfriede (lat. *Pax Dei*), 1. allgemein die seit der Antike bekannte zeitweilige Einstellung von (religiös motivierten) Feindseligkeiten oder kriegerischen Auseinandersetzungen. 2. Im christlichen ↑Abendland wird damit eine um das Jahr 1000 in Süd- und Westfrankreich einsetzende und bis zum Ende des 12. Jh.s verbreitete kirchliche Bewegung zum Schutz unbewaffneter Personengruppen und Einrichtungen (Kleriker, Kaufleute, Bauern, Frauen, Kinder, Kirchen und Klöster) bezeichnet. Unter Androhung von ↑Kirchenstrafen, die bis zu ↑Bann und ↑Exkommunikation reichten, ergingen durch die *Audientia pacis* (lat. = Friedensgericht) gerichtliche Erlasse, die für bestimmte Gebiete und Zeiten (z. B. von Freitag bis ↑Sonntag und an kirchlichen Festtagen) die Einstellung von Fehden geboten. Eine Erweiterung erfuhr der Gottesfriede durch die ↑Treuga Dei. ↑Friedensbewegung

Gottesgnadentum. In Anlehnung an die seit dem 8. Jh. im Titel der abendländischen Herrscher enthaltene lateinische Formel ↑«Dei Gratia» (von Gottes Gnaden; ↑Gnade), die ursprünglich Ausdruck der demütigen Bescheidenheit (↑Devotion) war, bezeichnet der Begriff das Selbstverständnis des fürstlichen ↑Absolutismus, d. h. der göttlich legitimierten Macht des Herrschers in ihrer Unabhängigkeit gegenüber der irdischen Macht. ↑Sakrales Herrschertum.

Gotteshaus ↑Dom, ↑Ecclesia, ↑Kirche

Gotteslästerung ↑Blasphemie

Gottesmutter, Bezeichnung für Maria, die Mutter ↑Jesu. Schon im NT wird Maria «Mutter des Herrn» (gr. = des ↑Kyrios = Gottes) genannt (Lk 1,43). Ein alexandrinisches Gebet aus dem 3. Jh. wendet sich an sie als *Theotokos* (gr. = Gottesgebärerin, -mutter, lat. *Deipara*; «Unter deinen Schutz und Schirm»), das Konzil von Ephesus (431) nennt sie ausdrücklich Theotokos, um innerhalb der ↑Christologie die Subjekteinheit von göttlicher und menschlicher Natur Jesu gegenüber einer lediglich moralischen Einheit festzuhalten. Weil in der Person Jesu Christi, des fleischgewordenen ↑Logos, göttliche und menschliche Natur geeint sind, ist Maria nicht nur, wie Nestorius (↑Nestorianismus) meinte, Christotokos (gr. = Christusgebärerin), sondern wahrhaft Theotokos, Gottesgebärerin, Mutter Gottes (Muttergottes), Gottesmutter. Die Darstellung Marias mit dem Jesuskind gehört zu den häufigsten, bereits seit dem späten 2./frühen 3. Jh. (so in der Priscilla- ↑Katakombe in Rom) begegnenden Themen christlicher Kunst (↑Hodegetria), erinnert an die Menschwerdung Christi und weist hin auf Maria als erste der Gläubigen, als Vorbild des ↑Glaubens und der Kirche. ↑Andachtsbild, ↑Apokalyptisches Weib, ↑Jungfräulichkeit, ↑Lilie, ↑Marienverehrung, ↑Mariologie, ↑Panhagia

Gottesstaat ↑civitas Dei

Gottesurteil (lat. *iudicium Dei, ordalicium*; germ. *Ordal*), das aufgrund eines auf Gott zurückgeführten äußeren Zeichens gesprochene Urteil über Schuld oder Unschuld eines Menschen. Das aus magischen Vorstellungen erwachsene, seit dem Frühmittelalter aus dem germanischen Rechtsbereich in den weltlichen und kirchlichen Strafprozess übernommene Ermittlungsverfahren wurde angewandt, wenn Beweismittel fehlten oder nicht ausreichend waren. Gebräuchliche Formen waren u. a. Feuer-, Wasser-, Blut-, ↑Abendmahlsprobe, im Hexenprozess (↑Hexenwahn) die Hexenprobe, Los- oder Giftordal und der Zweikampf. Im Ausgang der Proben erkannte man den «Beweis», damit das Urteil Gottes. Nachdem verschiedene Päpste schon im 9. Jh. sich dagegen gewandt hatten, wurden Gottesurteile kirchlicherseits auf dem 4. Laterankonzil (1215), von weltlicher Seite seit dem 14./15. Jh. verboten und durch Tat- bzw. Zeugenbeweise ersetzt. ↑Folter

Göttliche Komödie (it. La Divina Commedia), philosophisch-theologisches Lehrgedicht in 100 Gesängen mit 14233 Versen in Terzinen, verfasst von Dante Alighieri um 1307 bis 1321, das in den drei Teilen Inferno (↑Hölle), Purgatorio (↑Fegfeuer) und Paradiso (↑Paradies) den Weg der sündigen Seele (↑Sünde) zum Heil (↑ Erlösung) beschreibt.

Götze, Götzendienst (mhd. götz = ↑Heiligenbild), polemisch-abwertende Bezeichnung für einen Gott (und sein Bild) einer anderen Religion, auch für Menschen und Gegenstände, denen eine übertriebene Verehrung entgegengebracht wird, auch Abgötterei oder, wie von Martin Luther, «falscher Gott» genannt. ↑Idolatrie

Grab, Beisetzungs- oder ↑Begräbnis-Stätte, Ruheplatz eines Toten, gewöhnlich auf dem ↑Friedhof. Verschiedene Grab- und Bestattungsformen sind bereits für die Frühzeit des Menschen belegt, wobei Grabform und -beigaben Rückschlüsse auf die Entwicklung religiöser, magischer und kultischer Vorstellungen erlauben. Seit ↑frühchristlicher Zeit begegnen als Grabformen ↑Katakomben, ↑Sarkophage, Armarien (↑Armarium), Grabkammern und -häuser, Fels- und Erdgräber, oberirdische Gräber und Grablegen in Kirchen (auch ↑Krypta), die zusammen mit dem besonders seit dem Hochmittelalter üblichen Grabmal (↑Epitaph; ↑Kenotaph) starke kultur- und kunstgeschichtliche Wandlungen erfuhren.

Grabeskirche ↑Heiliges Grab

Grabesritter ↑Ritterorden

Grabmal, -stein ↑Epitaph

Graduale (von lat. *gradus* = Schritt, Stufe), 1. der seit dem 9. Jh. zwischen ↑Epistel und ↑Evangelium allein oder (seit dem 12. Jh.) als ↑Responsorium vorgetragene zweite Gesang (heute Zwischengesang), der gewöhnlich auf oder neben den Stufen des ↑Ambo vorgetragen und daher «Stufengesang» genannt wurde; 2. in der lateinischen Messliturgie (↑Messe, ↑Liturgie) seit dem 12. Jh. auch das Buch mit den ↑Choral-Messgesängen. ↑Kyriale

Gral (frz.), in der Dichtung des Mittelalters ein heiliger, segenbringender und wunderwirkender Gegenstand, in der Gralssage der Artus- und Parzifaldichtung seit 1200 (Chrétien de Troyes, Robert de Boron) ein wunderbares Gefäß, in dem das Blut des gekreuzigten Jesus Christus von Joseph von Arimathia aufgefangen worden sein soll, auch die Schüssel von Jesu letztem ↑Abendmahl oder ein ↑Hostien-Gefäß. Die Gral-Queste, die Suche nach dem heiligen Gral (von lat. *quaestio* = Suche), die nur dem geläuterten und reinen Ritter möglich ist und den zu schauen glückselig macht (lat. *visio beatifica*; ↑Beschauung, ↑Eudämonie), ist der vollendete Ausdruck für das Streben nach Erhöhung aller geistlichen und weltlichen Ritterschaft, das sich im 12. Jh. (↑Gotik) Bahn gebrochen hatte und literarisch Eingang fand in das großartige Werk altfranzösischer Prosa, den Lanzelot-Gral-Zyklus (etwa 1215–1235). Mit der noch in der ersten Hälfte des 13. Jh.s einsetzenden deutschen Übersetzung entstand der erste mittelhochdeutsche Prosaroman.

Grangie (von lat. *granum* = Korn, *granarium* = Kornspeicher), im Mittelalter allgemein der ländliche Gutsoder Wirtschaftshof einer geistlichen oder weltlichen Herrschaft, in besonderer Weise der bis heute bestehende, von ↑Konversen bewirtschaftete landwirtschaftliche Betrieb der ↑Zisterzienser.

Grat., Abkürzung für lateinisch *gratiosus, gratiosissimus* ([sehr] gefällig, gnädig, beliebt), als Anrede für Adelige, höhergestellte Personen, hohe Geistliche (Gnädige[r]/Gnädigste[r] Frau, Herr).

Gratial, Gratiale (von lat. *gratia* = Gunst, Huld, ↑Gnade, Dank), 1. veraltete Bezeichnung für ein Dankgebet oder Geschenk; 2. Gratialexpeditionen wurden schriftlich ausgestellte Gnadenerweise des ↑Papstes, z. B. Gewährung eines ↑Privilegs, genannt.

Graue Brüder, im Mittelalter volkstümliche Bezeichnung für die ↑Franziskaner.

Graue Schwestern, im Spätmittelalter Name für graue Tracht (↑Ordenskleid) tragende Gemeinschaften meist des franziskanischen ↑Dritten Ordens, dann wieder für solche, die im 18. und 19. Jh. entstanden, in Deutschland etwa die «Grauen Schwestern von der Heiligen Elisabeth» (seit 1842).

● **Gravamina** (lat. = Beschwerden, Klagen), die nach den erstmals 1456 so genannten «Gravamina nationis germanicae» bezeichneten Beschwerden der deutschen Nation, d. h. die «Beschwerung» des ↑Heiligen Römischen Reiches und der ↑Reichskirche durch den ↑Papst und die ↑Römische Kurie. Die besonders im Jh. vor der ↑Reformation erhobenen Klagen richteten sich v. a. gegen die römische Verwaltungs- und Besteuerungspraxis sowie das kirchliche Prozessverfahren. Letzte Beschwerden führten die drei rheinischen Kurfürst-Erzbischöfe von Mainz, Köln und Trier mit dem Fürsterzbischof von Salzburg auf dem ↑Emser Kongress 1786. ↑Wiener Konkordat

Gregoriana, 1551 von dem Gründer der Jesuiten Ignatius von Loyola als «Collegium Romanum» im Rahmen der ↑Gegenreformation gegründete, von Papst Gregor XIII. (1572–1585; ↑Gregorianischer Kalender) ausgebaute, daher nach diesem benannte und von Jesuiten geleitete päpstliche ↑Universität in ↑Rom (lat. *Universitas Gregoriana*).

Gregorianische Kirche ↑Armenische Kirche

Gregorianische Reform, nach Papst Gregor VII. (1073–1085) benannte religiöse Erneuerungsbewegung des 11./12. Jh.s, wobei der Begriff «Reform» hier nicht unumstritten ist. Die Epochenbezeichnung steht zusammen mit der des Zeitalters des ↑Investiturstreits für eine umfassende und revolutionäre Bewegung, die seit Jahrzehnten in der allgemeinen Kirchenreform (↑Cluny, ↑Freiheit der Kirche) vorbereitet, seit der Mitte des 11. Jh.s in steigendem Maß römisch ausgerichtet und schließlich in der Person und im Regierungsstil Gregors VII. (↑Dictatus papae) konzentriert war. Sie ist Inbegriff für die entscheidende Wende im Verhältnis der geistlichen und weltlichen Gewalt

(↑Zwei-Gewalten-Lehre), in der Geschichte des ↑Papsttums und der lateinischen Kirche des Westens. Die Szene von ↑Canossa im Januar 1077 ist dafür ein nicht zu überbietender Ausdruck, zugleich die tiefste Demütigung des deutschen Königs (Heinrich IV.) und des Königtums, die den Beginn der Entsakralisierung des ↑Sakralen Herrschertums markiert. So betrachtet, stellt die von der Gregorianischen Reform geprägte Zeit des grundstürzenden Umbruchs von der zweiten Hälfte des 11. Jh.s bis zum Wormser Konkordat von 1122 mit ihren weitreichenden Folgen die «erste europäische Revolution» (Karl Leyser) dar. ↑Konstantinische Schenkung, ↑päpstlicher Primat, ↑pseudoisidorische Dekretalen, ↑Zölibat

Gregorianischer Gesang/Choral, der vereinfacht auch ↑Choral genannte einstimmige, offizielle Gesang der lateinischen Kirche, der im Wesentlichen auf die Sammlung und Neuordnung der römischen ↑Liturgie durch Papst Gregor I. den Großen (590–604), nach anderer Forschungsmeinung aber mehr auf die von Papst Vitalianus (657–672) veranlasste Neugestaltung der Liturgie zurückgeht. Besonders an ↑Bischofskirchen und in ↑Klöstern wurde die damals einzige abendländische Musikform gepflegt, seit dem 9. Jh. die Melodienführung in den ↑Neumen über dem Text, zunächst noch ohne Linien, aufgezeichnet, seit dem 12. Jh. zur quadratischen Notenschrift entwickelt. Eine Neubelebung des Choralgesangs mit der Neuausgabe von Choralbüchern erfolgte im 19./20. Jh. v. a. durch die ↑Benediktiner der Abtei von Solesmes in Frankreich. ↑Kirchenmusik, ↑Schola

Gregorianischer Kalender, der von Papst Gregor XIII. (1572–1585, ↑Gregoriana) 1582 eingeführte, bis heute übliche Kalender (von lat. *Calendae* = erster Tag des Monats, Kalenden), mit dem die Länge des Jahres (Ausgangspunkt der Jahreszählung ist Christi Geburt, n. Chr.) auf 365,2425 mittlere Sonnentage festgelegt wurde. Die Kalenderreform korrigierte den Julianischen Kalender des C. Julius Cäsar (100–44 v. Chr.), der aufgrund seiner Schaltregel die Jahreslänge auf 365,25 mittlere Sonnentage berechnete. Weil dieses feste Julianische (Sonnen-) Jahr um 0,0076 Bruchteile länger als das tropische Sonnenjahr ist, war es zu einer Verschiebung des Jahresbeginns um zehn Tage gekommen. Mit dem neuen Kalender wurde diese Differenz gegenüber dem tropischen Sonnenjahr durch den Ausfall von zehn Tagen aufgehoben, indem man auf den 4. 10. den 15. 10. 1582 folgen ließ. Zudem wurde der jährliche Frühlingsanfang auf den 21. März gelegt und in der Schaltregel bestimmt, dass alle 400 Jahre drei Schalttage auszufallen haben, nämlich die nicht durch 400 teilbaren Säkularjahre, also 1700, 1800 und 1900, die keine Schaltjahre waren, wohingegen das Jahr 2000 ein Schaltjahr war. Damit waren die Abweichungen gegenüber dem tropischen Sonnenjahr verringert worden; der verbleibende Fehlerrest ergibt in 3333 Jahren genau einen Tag, theoretisch also im Jahr 4915. Zur Einführung des Gregorianischen Kalenders, der Datierungen «nach neuem Stil» (lat. *stilus novus, novi calendarii* im Gegensatz zum *stilus vetus/antiquus* des Julianischen Kalenders) kam es im evangelischen Deutschland und in den Ländern Skandinaviens erst 1700, in England 1752, in den orthodoxen Ländern Ostmittel- und Südosteuropas erst am Beginn des 20. Jh.s (in Russland 1918), wohingegen die meisten orthodoxen und unierten ↑Ostkirchen weiter nach dem Julianischen Kalender rechnen, so dass hier ↑Weihnachten gegenwärtig auf den 7. Januar fällt. Weil katholische und evangelische Christen mehr als 100 Jahre lang unterschiedliche Kalender hatten, hat sich bis heute die Redewendung «zwischen den Jahren» erhalten; gemeint sind die Tage zwischen Weihnachten und Neujahr (für beide Konfessionen am 1. Januar), die bis zur Alleingültigkeit des neuen Kalenders um elf Tage auseinanderlagen. ↑Chronologie

Gregoriusorden, 1831 von Papst Gregor XVI. (1831–46) gestifteter päpstlicher ↑Ritterorden zu Ehren Papst Gregors I. des Großen (590–604). Der seit 1834 in vier Klassen verliehene Verdienstorden an rotem Band mit gelbem Rand ist ein achtzackiges Kreuz aus rotem Email mit Goldrand.

Griechisch, griechische Sprache, seit ältester Zeit bezeugte indogermanische Sprache, bis zum 5. Jh. als Altgriechisch, dann als Mittelgriechisch in der byzantinischen Zeit (↑Byzantinisches Reich), seit dem 15. Jh. als Neugriechisch gesprochen. In der Zeit des Hellenismus (zwischen Alexander dem Großen [336–323 v. Chr.] und der römischen Kaiserzeit [seit 27 v. Chr.]) wurde sie auf Grundlage einer einheitlichen Schrift, Umgangs- und Verkehrssprache Weltsprache; auch die Schriften des NT (↑Bibel) sind in Koine (gr. = die gemeinsame [Sprache]) geschrieben und waren für die Verbreitung des ↑Christentums von größter Bedeutung. ↑Antike und Christentum, ↑Latein, lateinische Sprache, ↑Philologie

griechisch-byzantinische Kirche ↑byzantinische Kirche, ↑Ostkirche

griechisch-katholische Kirche, griechisch-unierte Kirche, Sammelbezeichnung für die griechisch-byzantinisch geprägten Kirchengemeinschaften, die sich nach dem ↑Morgenländischen Schisma (1054) wieder mit der ↑lateinischen (römisch-katholischen) Kirche vereinigt haben (↑unierte Kirchen).

griechisch-orthodoxe Kirche, die ↑orthodoxen Kirchen, die aus der ↑byzantinischen Kirche hervorgegangen und seit dem ↑Morgenländischen Schisma (1054) von der ↑lateinischen (römisch-katholischen) Kirche getrennt sind (auch griechisch-byzantinisch geprägte ↑Ostkirche genannt).

Im engeren Sinn steht die Bezeichnung für die seit 1850 vom ↑Patriarchen von Konstantinopel unabhängige, ↑autokephale orthodoxe Kirche Griechenlands (unter Vorsitz des Erzbischofs von Athen), wobei der Ehren- ↑Primat des Patriarchen von ↑Konstantinopel, dem die griechisch-orthodoxe Kirche Amerikas und die ↑Diaspora in Westeuropa unterstehen, anerkannt wird.

Großes Abendländisches Schisma ↑Abendländisches Schisma

Großmeister, der Obere eines geistlichen ↑Ritterordens, im ↑Deutschen Orden ↑Hochmeister genannt.

Großpönitentiar ↑Pönitentiar

Gruft ↑Krypta

Gründonnerstag (von ahd. grinen, mhd. gronan, greinen = weinen, klagen; lat. *dies viridium* = Gartentag, *dies mandati* = Tag des Gebots [Joh 13,34]), seit dem 12. Jh. übliche deutsche Bezeichnung für den Donnerstag der ↑Karwoche, den Tag vor Karfreitag, der seit altkirchlicher Zeit als Tag der Büßeraussöhnung (↑Buße) mit der Entlassung der öffentlichen Büßer (daher auch ↑Antlass-Tag genannt), dann als Gedenktag (liturgisch seit dem 7. Jh.) an das letzte ↑Abendmahl

Jesu mit seinen Jüngern begangen wird. Der heute in der ↑Liturgie auch «Hoher Donnerstag» genannte Tag wird von vielen (regional unterschiedlichen) Volksbräuchen begleitet. ↑Abendmahlsbulle

Guardian (germ.-lat. = Wächter, Aufseher, «Wardein»), bei den ↑Franziskanern der ↑Amts-Titel des Oberen eines ↑Konvents, der unter Mitwirkung der ↑Definitoren vom ↑Provinzial gewöhnlich auf drei Jahre ernannt wird.

Guelfen ↑Ghibellinen

Gustav-Adolf-Werk, seit 1946 Name des 1832 gegründeten Gustav-Adolf-Vereins zur geistlichen und materiellen Förderung und Unterstützung evangelischer ↑Diaspora- ↑Gemeinden in Deutschland und Europa, 1842 umbenannt in «Evangelischer Verein der Gustav-Adolf-Stiftung», benannt nach König Gustav Adolf II. von Schweden (1611–1632; ↑Dreißigjähriger Krieg).

Güterverzeichnis ↑Inventar, ↑Salbuch, ↑Urbar

Gyrovage (gr.-lat.), im frühen, besonders orientalischen ↑Mönchtum der ohne Bindung an ein ↑Kloster umherschweifende, bettelnde Mönch.

H

hl./Hl., Abkürzung für ↑heilig, ↑Heilige.

Habemus Papam! (lat. = Wir haben einen Papst), Ruf des ↑Kardinal-Protodiakons von der Außenloggia der Peterskirche in Rom zur Bekanntgabe der erfolgten Wahl eines neuen ↑Papstes.

Habit (lat. *habitus* = Aussehen, Haltung, Kleidung), vereinfachte Bezeichnung für das ↑Ordenskleid oder die Ordenstracht, auch Ordenshabit genannt.

Hagia Sophia (gr. = Heilige Weisheit), 532 bis 537 unter Kaiser Justinian I. in ↑Konstantinopel erbaute Krönungskirche der oströmischen Kaiser. Das bedeutendste Bauwerk byzantinischer Kunst wurde errichtet an Stelle der vielleicht unter Kaiser Konstantin dem Großen (↑Konstantinische Wende) 326 begonnenen, 360 fertiggestellten und 532 zerstörten Kirche. Nach der Eroberung Konstantinopels durch die Osmanen im Jahr 1453 wurde der mit kostbarster Marmor- und Mosaikverkleidung ausgestattete hohe Kuppelbau in eine Moschee umgewandelt und ist seit 1934 Museum.

Hagiographie (gr. = Heiliges schreiben), Beschreibung und Darstellung des Lebens der ↑Heiligen sowie die wissenschaftliche Beschäftigung mit Geschichte, Überlieferung und Verehrung (↑Kult) der Heiligen (↑Heiligenverehrung; ↑Hagiologie). Mit den ↑Akten und Berichten über ↑Märtyrer der ↑Alten Kirche, den Lebensbeschreibungen oder ↑Viten der ↑Anachoreten und der Väter des ↑Mönchtums begann die Hagiographie, die, besonders in den ↑Klöstern des frühen und hohen Mittelalters, dann wieder im Zeitalter des ↑Barocks betrieben, ↑Erbauung wecken und zur Nachahmung der Heiligen als Vorbilder, damit zur ↑Nachfolge Christi aufrufen will, indem Gottes gnadenhaftes Wirken (↑Gnade) im Menschen dargestellt wird. Für die wissenschaftliche Hagiographie wurden dabei im 17. Jh. die ↑Bollandisten maßgeblich. ↑Heiligenlegende

Hagiologie (gr.), Lehre und Wissenschaft von den ↑Heiligen, dargestellt in der ↑Hagiographie.

Hagiologion (gr.), in der ↑Liturgie der griechisch-orthodoxen Kirche ein Buch mit den Lebensbeschreibungen der ↑Heiligen.

Halleluja(h) (hebr. = preist Jahwe, lobt Gott), aus den ↑Psalmen des AT übernommener liturgischer ↑Hymnus zum Lobpreis Gottes (in der ↑Vulgata: Alleluja), zu allen Zeiten reich verarbeitet in der ↑Kirchenmusik (z. B. das «Halleluja» Georg Friedrich Händels). Der französische Organist und Komponist Olivier Messiaen

(† 1992) beschrieb es so: «Gott ist einfach ausgedrückt durch das Gregorianische Halleluja [↑Gregorianischer Gesang] zu [↑] Allerheiligen – drei in einem» (↑Trinität).

Hallenchor, in der ↑Gotik um 1300 entstandene Bauform des mehrschiffigen ↑Chors (↑Kirchenschiff) einer ↑Hallenkirche, der in gleicher Höhe wie der gesamte Kirchenbau ausgeführt und oft als «Umgangshalle» gestaltet ist; im Hoch- und Spätmittelalter besonders verbreitet in Süddeutschland und Österreich.

Hallenkirche, im Unterschied zur ↑Basilika eine Kirche mit mehreren (meist drei) gleich hohen Schiffen (auch des ↑Hallenchors; ↑Kirchenschiff), gebräuchlich schon im Kirchenbau der ↑Romanik, dann v. a. in der ↑Gotik, z. B. für die Kirchen der ↑Bettelorden in den Städten, wobei sich diese Architektur für die ↑Predigt besonders eignete. Im Hoch- und noch mehr im Spätmittelalter wurde sie zum weitverbreiteten Bautyp in den europäischen Städten.

Handschriften ↑Buchkunst, ↑Codex, ↑Initiale, ↑Miniatur, ↑Skriptorium

Häresiarch (gr.), in der ↑Alten Kirche der Begründer und das Oberhaupt einer häretischen Bewegung, einer ↑Häresie.

Häresie, Häretiker (gr. *hairesis* = Wahl, erwählte Meinung). 1. Häresie ist im Unterschied zur ↑Apostasie eine auch in Teilen von der kirchlichen Lehre und von (einzelnen) Glaubenswahrheiten abweichende, diesen widersprechende bzw. leugnende Glaubensüberzeugung, eine Irrlehre, die seit dem Mittelalter mit ↑Ketzerei gleichbedeutend wurde. 2. Die Anhänger einer Irrlehre, Häretiker oder Ketzer, wurden seit der ↑Konstantinischen Wende bis ins 17. Jh. seitens der weltlichen Gewalt bestraft und von der ↑Inquisition verfolgt (↑Acht, ↑Anathem, ↑Bann, ↑Exkommunikation). 3. Unterschieden wird zwischen materieller Häresie, bei der die *Glaubens*einheit (also nicht, wie bei der Apostasie, der ↑Glaube als Ganzes) aufgegeben wird, und formeller Häresie, bei der die *Kirchen*einheit (d. h. die Gemeinschaft in der Leitung der Kirche, die ↑Hierarchie und die ↑Kirchenordnung) verworfen bzw. der Übertritt zu einer anderen Kirche oder kirchlichen Gemeinschaft vollzogen wird, demzufolge eine Trennung oder Abspaltung von der Kirchengemeinschaft, ein ↑Schisma, eintritt. Häresie zieht als Glaubensdelikt oder kirchlicher Straftatbestand auch heute die Exkommunikation nach sich. ↑Autodafé, ↑Folter

Hauptaltar ↑Hochaltar

Hauskloster, das v. a. im 7. bis 10. Jh. von einem adeligen Grundherrn oder dessen Familie auf eigenem Grund und Boden gestiftete ↑Kloster (↑Stift), das in besonderer Weise dem Seelenheil des Stifters, dessen Familie und deren Nachkommen durch Jahrtagsstiftungen, d. h. regelmäßige ↑Gottesdienste etwa zum Todestag und durch das ↑Gebet im ↑Chordienst dienen sollte. Der Grundherr hatte als ↑Patron oder «Eigenkirchenherr» (↑Eigenkirche) bestimmte Rechte (z. B. das Präsentationsrecht) über das Kloster inne, das gewöhnlich die (Erb-) Grablege (↑Grab) der Stifterfamilie wurde. Zu deren Gedenken wurden in den Klosterkirchen im Spätmittelalter vielfach kostbare, oft als Hochgräber angelegte «Stiftergräber» errichtet (↑Epitaph).

Hauspostille ↑Postille

Hausprälat, an der ↑Römischen Kurie wirkender ↑Prälat oder ↑Monsignore.

Hegumenos, Hegumene (gr. = Führer; russ. Igumen), in der ↑Ostkirche der früher auch ↑Archimandrit genannte Vorsteher eines ↑Klosters.

Heide (von ahd. *heida* = urbar gemachte Flur, lat. *paganus* [↑Paganismus], gr. *ethne*), ursprünglich ein Mensch, der nicht zum Volk Gottes gehört, Nichtjude ist (hebr. *gojim* = Völker, Nichtjuden); im Christentum ein Nicht-Getaufter (↑Taufe). ↑Heidenchrist

Heidelberger Disputation, im April/Mai 1518 in Heidelberg tagendes ↑Ordens- ↑Kapitel der ↑Augustiner-Eremiten, auf dem Martin Luther 40 seiner 95 Thesen von 1517 (↑Ablass) verteidigte.

Heidelberger Katechismus, der auf Veranlassung Kurfürst Friedrichs III. von der Pfalz nach Vorarbeiten von Zacharias Ursinus und Kaspar Olevianus verfasste und 1563 in Heidelberg veröffentlichte ↑Katechismus, der in drei Teilen die Grundzüge der reformierten Lehre behandelt: Von des Menschen Elend, Von des Menschen Erlösung, Von des Menschen Dankbarkeit. Neben dem Kleinen Katechismus Martin Luthers das einflussreichste und verbreitetste Unterrichtsbuch der ↑Reformation, wurde der weltweit anerkannte Heidelberger Katechismus besonders seit der ↑Dordrechter Synode (1618/19) zu einer der bedeutendsten ↑Bekenntnisschriften der Reformierten.

Heidenchrist, in frühchristlicher Zeit der zum ↑Christentum bekehrte ↑Heide, im Unterschied zu dem aus dem Judentum zum Christentum bekehrten ↑Judenchrist.

Heiland (von altsächsisch Heliand), Übersetzung der im NT begegnenden Bezeichnung für ↑Jesus Christus als Heil der Welt (gr. *soter,* lat. *salvator*). Der «Heliand» ist ein um 830 von Bischof Heligandus von Verden verfasstes Buchepos in altsächsischer Sprache von mehr als 6000 Versen über das Leben Jesu nach der ↑Evangelienharmonie Tatians (↑Diatéssaron).

heilig, das Heilige (gr. *hagios, hagion,* lat. *sanctus, sanctum*), die ureigenste Eigenschaft Gottes selbst (Jes 6,3), angesichts derer der Mensch die radikale Unterschiedenheit zu Gott erfährt. Als der ↑Heilige offenbart sich Gott und bezieht den Menschen durch sein Heilshandeln, die Menschwerdung seines Sohnes Jesus Christus und die Sendung seines Heiligen Geistes (↑Trinität) in sein göttliches Leben ein. ↑Weihe

Heilig-Geist-Spital ↑Hospital

Heilige, 1. im NT alle Christen, die durch das Bad der Wiedergeburt in der ↑Taufe geheiligt, ↑heilig sind; 2. nach katholischem Verständnis auch Menschen, die sich – trotz ihrer Fehler und Schwächen – in ihrem Leben von Gott in einer Weise in Anspruch nehmen ließen, dass sie im Tod der vollen Gemeinschaft mit Gott teilhaftig geworden sind, von den Christen verehrt und um ihre Fürsprache angerufen werden dürfen. ↑Heiligenverehrung, ↑Patron

Heilige Allianz, die am 26. 9. 1815 in Paris erzielte Absichts- oder Grundsatzerklärung der Monarchen von Russland, Österreich und Preußen, ihre Politik auf die Grundlage der christlichen Religion («in Gemäßheit der Worte der [↑] Heiligen Schrift») zu stellen, Frieden und Gerechtigkeit zu wahren und einander Beistand zu leisten. Das Bündnis, dem später außer Großbritannien und dem ↑Heiligen Stuhl alle christlichen Monarchen Europas beitraten, wurde zwar zum Inbegriff der ↑Restauration (nach dem Sturz Napoleons und dem ↑Wiener Kongress), blieb politisch aber von nur geringer Bedeutung und löste sich im Interessengegensatz der europäischen Großmächte wieder auf.

Heilige der letzten Tage ↑Mormonen

Heilige Drei Könige ↑Epiphanie

Heilige Lanze, nach Joh 19,34 die Lanze, mit der ein römischer Soldat (in der ↑Legende später Longinus) Jesus am ↑Kreuz die Seite öffnete. Als ↑Reliquie der ↑Passion Christi gehörte sie u. a. neben Reichskrone, -apfel, -zepter und -schwert zu den Insignien des ↑Heiligen Römischen Reiches (Reichskleinodien oder -insignien; ↑Heiltum). Heinrich I. (919–936) hatte sie von König Rudolf von Burgund erworben.

Heilige Liga ↑Liga

heilige Messe ↑Eucharistie, Eucharistiefeier, ↑Messe

Heilige Nacht, die Nacht der Geburt Jesu Christi (↑Weihnachten), die seit dem 5. Jh. mit der ↑Christmette gefeiert wird, auch Heiliger Abend (24. Dezember) genannt. ↑Frauentragen

heilige Sache, ein Gegenstand, der durch ↑Weihe (Dedikation) dem alltäglichen Gebrauch entzogen ist und allein dem übernatürlichen Leben der Kirche, z. B. in der ↑Liturgie, dient und dementsprechend ehrfürchtig zu behandeln ist. ↑Heiltum, ↑Reliquie

Heilige Schrift, Sammelbezeichnung für die Bücher des AT und NT, für die ↑Bibel.

Heilige Schriften, zunächst die Schriften ↑Israels (Gesetz, Geschichts- und Weisheitsbücher, Propheten), nach Herausbildung des ↑Kanons des NT die Gesamtheit der Schriften des AT und NT der ↑Bibel, die Gott zum Urheber haben und das von seinem Geist inspirierte Offenbarungszeugnis enthalten (Gotteswort in Menschenwort). Als Reaktion auf Luthers Festlegung des kleineren Kanons

(Ausschluss der ↑Apokryphen) definierte das Konzil von Trient (1545–1563) den Umfang der von der katholischen Kirche für kanonisch gehaltenen Schriften: 45 des AT, 27 des NT, also insgesamt 72.

Heilige Stiege, Heilige Treppe (lat. Scala sancta), seit dem 17. Jh. begegnende Nachbauten der angeblich aus dem Haus des Pontius Pilatus stammenden Heiligen Stiege im ↑Lateranpalast in Rom, die seit dem 14. Jh. v. a. von deutschen Rom-Pilgern als Gnaden- und Tugendleiter verehrt, 1589 versetzt und Aufgang zur römischen Kapelle «Sancta Sanctorum» (lat. = die Heilige der Heiligen) wurde. Durch das dreimalige Ersteigen der aus 28 Stufen bestehenden, mehrläufigen Treppenanlagen konnte ein ↑Ablass gewonnen werden.

Heilige Woche ↑Karwoche

Heiligenattribute ↑Attribute

Heiligenbild ↑Bilderverehrung, ↑Götze, Götzenbild

Heiligenfeste ↑Heiligenverehrung

Heiligenlegende, allgemein eine ↑Legende um das Leben eines ↑Heiligen, im Besonderen die schriftliche, oft mit ↑Hagiographie gleichgesetzte Darstellung einer legendarischen Heiligen- ↑Vita, auch das Buch mit entsprechenden Lebensbeschreibungen von Heiligen.

Heiligenmeister, (früher übliche) Bezeichnung für einen ↑Laien, der das Kirchenvermögen (↑Kirchengut, ↑Kirchenstiftung) verwaltete, auch Haus- oder Kirchenmeier, ↑Kirchenpfleger, -meister, -propst, Kasten- oder ↑Zechpropst, Alterleute oder -männer genannt.

Heiligenschein ↑Mandorla, ↑Nimbus

Heiligenverehrung. An ihrem Anfang steht der ↑Kult der ↑frühchristlichen ↑Märtyrer: Seit dem 2./3. Jh., in der Zeit der ↑Christenverfolgungen, wurde die ↑Eucharistie auch an den Gräbern (↑Grab) berühmter Zeugen des ↑Glaubens gefeiert, über die später ↑Kirchen und ↑Altäre errichtet wurden. Dort brachte man ihnen zu Ehren Gaben dar und rief sie um ihre Fürsprache an. Nach der ↑Konstantinischen Wende wurden als Heilige verehrt: Neben der ↑Gottesmutter (↑Marienverehrung), den ↑Aposteln und anderen Gestalten der ↑Bibel frühe Vertreter des ↑Mönchtums, ↑ Anachoreten und Asketen (↑Askese), dann auch ↑Bischöfe und ↑Kirchenväter, schließlich alle als heilig betrachteten Männer und Frauen in der «Gemeinschaft der Heiligen» (so der Artikel im ↑Glaubensbekenntnis der katholischen Kirche). Allmählich setzte sich die öffentliche Verehrung in der ↑Liturgie durch, die lateinischen Attribute «sanctus» (↑heilig) und «beatus» (↑selig) sowie die Unterscheidung zwischen «martyr» (Märtyrer) und «sanctus» (↑Bekenner) wurden seit dem 5. Jh. gebräuchlich. Das Auffinden (lat. *inventio*) eines als heilig betrachteten Leibes, seine Erhebung aus dem Grab (lat. *elevatio*) und Übertragung (lat. *translatio*) in Kirchen und Altäre durch den zuständigen Bischof waren Ausgangspunkt der offiziellen Heiligenverehrung, der später die Approbation durch den ↑Apostolischen Stuhl folgte. Die Heiligsprechung des Bischofs Ulrich von Augsburg am 31. 1. 1993 gilt als die erste sicher bezeugte, durch einen ↑Papst (Johannes XV.) erfolgte ↑Kanonisation, die seit dem 13. Jh. ausschließlich dem Papst vorbehalten ist und im katholischen ↑Kirchenrecht zum Selig- und Heiligsprechungsprozess (oder -verfahren) mit bis heute bestehenden kirchenrechtlichen Vorschriften entwickelt wurde. Um die Verehrung der Heiligen, die als vertraute ↑Patrone, Helfer in der Not (↑Nothelfer) und Beschützer angerufen werden und denen Kirchen und ↑Kapellen als ihren Titelpatronen geweiht sind (Patrozinium), ihre bildliche Darstellung (Heiligenbilder; ↑Bilderverehrung) mit ↑Nimbus und ↑Attributen, ihre Feste (Heiligenfeste, meist am Todestag) und ↑Reliquien bildeten sich – unterstützt von ↑Heiligenlegende und ↑Hagiographie – die vielfältigsten Formen von ↑Kult und ↑Brauchtum (↑Wallfahrten, ↑Prozessionen). Als «Verdinglichung» lehnten die Reformatoren die (v. a. im Spätmittelalter mitunter exzessive Formen aufweisende) Heiligen-, Reliquien- und Bilderverehrung ab, was seit 1522 zum ↑Bildersturm durch ↑Calvinisten und ↑Zwinglianer führte. Als Reaktion auf diese Kritik betonte das Konzil von Trient (1545–1563) zwar die Nützlichkeit der Heiligenverehrung, hob aber zugleich die Mittlerschaft Jesu Christi hervor. ↑Namenstag

Heilige Pforte (lat. *Porta Sancta, Porta Aurea*), eine jeweils vermauerte Tür in den fünf ↑Patriarchalbasiliken in Rom, die nur im ↑Heiligen Jahr geöffnet wird, auch Goldene Pforte genannt.

Heiliger Abend ↑Heilige Nacht

Heiliger Geist ↑Pneumatologie, ↑Trinität

Heiliger Krieg, ein aus religiösen Gründen geführter Krieg, in der griechischen Geschichte für Delphi und seine Amphiktyonie (gr. = Bund der Umwohnenden, ein Bund von Stämmen und Völkern zum Schutz eines Heiligtums), zuerst 590 v. Chr., zuletzt 339 bis 338 v. Chr., dann besonders der im Koran geforderte Dschihad (arabisch = Anstrengung) gegen die Ungläubigen, im weiteren Sinn auch jeder ↑Kreuzzug (↑Gerechter Krieg).

Heiliger Rock, der Leibrock Jesu Christi. Nach Joh 19,23 f. wurden die Kleider Jesu unter dem ↑Kreuz von den Soldaten aufgeteilt und verlost. Er galt bei den ↑Kirchenvätern und den Theologen des Mittelalters als Symbol für die Einheit der Kirche und die einende Liebe Christi. Die im Dom zu Trier aufbewahrte ↑Tunika besteht aus byzantinisch-orientalischen Textilien sehr früher Zeit und wurde in Trierer Geschichtsquellen Anfang des 12. Jh.s als der echte Leibrock Christi bezeichnet, den die Kaiserin Helena († 328/29, Mutter

Kaiser Konstantins des Großen; ↑Konstantinische Wende) dem Bischof von Trier geschenkt habe. 1512 fand die erste Heilig-Rock- ↑Wallfahrt statt, nachdem Kaiser Maximilian I. die Zeigung der ↑Reliquie begehrte. Weitere Wallfahrten wurden von 1513 bis 1517 jährlich, von 1517 bis 1545 alle sieben Jahre, dann unregelmäßig und in meist großen Abständen abgehalten (von großer, auch politischer Bedeutung waren die von 1844 und 1933); es gibt sie bis heute.

Heiliger Stuhl (lat. *Sancta Sedes*), Name für den ↑Apostolischen Stuhl, vorwiegend im diplomatischen Verkehr.

Heiliger Synod ↑Heiligster Regierender Synod, ↑Synode

Heiliger Vater (lat. *Sanctissimus [in Christo] Pater* = der Heiligste Vater [in Christus]), Ehrentitel und Anrede des ↑Papstes. ↑Seine Heiligkeit

Heiliges Grab, 1. das ↑Grab Christi, nach den Berichten in Mk 16,5 f., Mt 27,32–60 und Joh 19,38–42 ein einzelnes Felsengrab; 2. die Grabeskirche in ↑Jerusalem, die unter Kaiser Konstantin dem Großen (↑Konstantinische Wende) über dem freigelegten Grab errichtet und 335 eingeweiht wurde. Nach Zerstörungen im 10. Jh. und dem Abbruch im Jahr 1009 wurde die Kirchenanlage 1033 bis 1048 wieder aufgebaut, die bis heute prägende Gestalt erhielt sie seit 1114 (↑Ritterorden). Nach dem Brand von 1808 kam es zum Neubau von Grabeskapelle und Kuppel, das Erdbeben

von 1927 und ein erneuter Brand der Kuppel 1949 führten zur 1959 begonnenen grundlegenden Sanierung der Kirche; 3. die vom frühen Mittelalter bis ins 18. Jh. häufig begegnende bauliche Nachahmung der Jerusalemer Grabeskirche, ausgeführt als eigenständiger Kirchenbau (meist als Rundbau, v. a. in der ↑Romanik) oder als eingebaute Grabkapelle in eine bestehende Kirche; 4. die besonders im Spätmittelalter aus Stein oder Holz geschaffene plastische Darstellung des Felsengrabes mit dem Leichnam Christi, der umgeben ist von schlafenden Wächtern, trauernden Frauen und ↑Engeln. Entsprechende ↑Andachtsbilder dienten der Verehrung des Leichnams Christi im Grab, in älterer Zeit v. a. an Karfreitag und -Samstag (↑Kartage).

Heiliges Jahr, von Papst Bonifaz VIII. eingeführtes, seit 1470 alle 25 Jahre begangenes ↑Jubiläums- oder Jubeljahr der katholischen Kirche zur inneren Erneuerung und Heiligung der Gläubigen, an dem ein durch eine Jubiläums- ↑Bulle verkündeter Jubiläums- ↑Ablass erlangt werden kann. Es wird an ↑Weihnachten begonnen mit der feierlichen Öffnung der ↑Heiligen Pforte an der Peterskirche in Rom durch den ↑Papst und mit deren Zumauerung an ↑Epiphanie wieder beendet. 1983 fand ein außerordentliches Jubeljahr statt; das bisher letzte wurde 2000 gefeiert.

Heiliges Land (lat. *terra sancta*), seit dem 4. Jh. Bezeichnung für den geographischen Raum im Nahen Osten, in dem die Frühgeschichte ↑Israels und des ↑Urchristentums lokalisiert wird, im AT Palästina. ↑Ritterorden (geistliche)

Heiliges Offizium (lat. *Congregatio Sancti Officii, kurz Sanctum Officium*), 1587 unter Papst Sixtus V. eingeführter Name der 1542 errichteten ↑Inquisition zur Sicherung der Glaubens- und Sittenlehre. Die Aufgaben der unter Papst Paul VI. nach dem ↑Vaticanum II 1965 offiziell aufgelösten Kardinalskongregation innerhalb der ↑Römischen Kurie wurden der ↑Glaubenskongregation übertragen. ↑Index

Heiliges Römisches Reich (lat. *Sacrum Romanum Imperium*, Abkürzung *S. R. I.*), erstmals 1157 begegnende, seit 1254 offizielle Titulatur für den Herrschaftsbereich des abendländischen Römischen Kaisers und der in diesem Bereich verbundenen Reichsterritorien: Seit 1033 im Wesentlichen die drei König- oder Teilreiche (lat. *regna*) Deutschland, Italien, Burgund. Die Hinzufügung des Beiwortes *sacrum* (↑heilig) zum Reichstitel erfolgte gleichsam als Reaktion auf die «Entsakralisierung» des Kaisertums im ↑Investiturstreit des 11./12. Jh.s, wodurch die Idee des ↑Sakralen Herrschertums nach außen hin sichtbar gemacht werden sollte (und musste). Die Reichstitulatur wurde in der deutschen Fassung seit Kaiser Karl IV. (1355–1378), dann im 15./16. Jh. und gelegentlich im 18. Jh. mit einem Zusatz erweitert und lautete: Heiliges Römisches Reich Deutscher Nation. Dieses Imperium war in der Nachfolge des antiken Römischen Reiches im Westen (↑Westrom) und in Konkurrenz zum Oströmischen, ↑Byzantinischen Reich des Ostens entstanden und wurde in der Kaiserkrönung des Frankenkönigs Karl des Großen durch Papst Leo III. an ↑Weihnachten des Jahres 800 erneuert. Nach dem Zerfall des Fränkischen Reiches, eingeleitet mit dem Vertrag von Verdun im Jahr 843, wurde die römische Kaiserwürde des Westens in der Salbung und Krönung des deutschen Königs Otto I. des Großen durch Papst Johannes XII. an ↑Lichtmess 962 wieder hergestellt. Damit war der seither gültige, gewohnheitliche Rechtsanspruch des deutschen Königs auf die Kaiserwürde begründet, eine Tradition, die 844 Jahre währte und erst ihr Ende fand, als der Habsburger Franz II. am 6. August 1806 in Wien die römische Kaiserwürde niederlegte. Krönung und Weihe des deutschen Königs zum Römischen Kaiser erfolgten trotz mancher Abweichungen, vor allem im Spätmittelalter, in Rom durch den ↑Papst, zuletzt 1452. 1530 wurde mit Karl V. in Bologna zum letzten Mal ein Kaiser vom Papst gekrönt. Die mit dem Reich von Anfang an aufs engste verbundene ↑Reichskirche war mit ihren geistlichen ↑Reichsständen und ↑Kurfürsten-Erzbischöfen von Mainz, Köln und Trier, ihren Fürstbischöfen und Reichsäbten (↑geistliche Fürsten) integrierender Bestandteil des Reichs bis zum Zusammenbruch in der großen ↑Säkularisation am Beginn des 19. Jh.s.

Heiligkeit ↑Seine Heiligkeit

Heiligsprechung ↑Kanonisation

Heiligster Regierender Synod, die 1721 von Zar Peter dem Großen errichtete, 1917 aufgehobene, 1924 wiedererrichtete oberste Behörde der ↑russisch-orthodoxen Kirche unter Vorsitz des ↑Oberprokurators oder Oberprokurors.

Heiligung, die durch die heiligmachende ↑Gnade ermöglichte Mitwirkung des Menschen an Wachstum und Vollendung seiner ↑Rechtfertigung (Selbstheiligung): Durch Beobachtung der Gebote Gottes und der Kirche (↑Dekalog, ↑Sonntag), durch ↑Frömmigkeit und ein Leben aus dem ↑Glauben, wobei Glaube und Liebe zusammenwirken.

Heilsarmee (engl. Salvation Army), 1865 vom ↑Methodisten William Booth in den Londoner Elendsvierteln gegründete, später so genannte und heute weltweit verbreitete Rettungsgemeinschaft zur ↑Evangelisation und sozialen Hilfe für Menschen in Not.

Heilsgeschichte, die geschichtstheologische Auffassung, nach der dem Ablauf der Weltgeschichte ein von Gott festgelegter Plan zugrundeliege, der das Heil des Menschen, seine ↑Erlösung und Vollendung im Gottesreich zum Ziel habe. Das wichtigste Werk für diese Denkweise des abendländischen Mittelalters, tief in die Neuzeit

herein nachwirkend, wurden die 413 bis 426 verfassten 24 Bücher «De civitate Dei» (Vom Gottesstaat; ↑civitas Dei) des Bischofs Augustinus von Hippo (354–430). Sein Hauptwerk war veranlasst durch die Plünderung Roms durch die Westgoten 410 und sollte – wie die etwa gleichzeitigen «Historiae adversus paganos» (Historien gegen die [↑] Heiden) des Presbyters Orosius – die Christen gegen den Vorwurf verteidigen, sie seien am Unheil der Gegenwart schuld. ↑Kirchengeschichte, ↑Prädestination, ↑profan, ↑Theologie, ↑Typologie, ↑Weltreiche

Heiltum, älterer Begriff für ↑Reliquie, allgemein eine ↑heilige Sache. Der Heiltums-, Kirchen- oder Reliquienschatz einer ↑Kirche oder eines ↑Klosters war im Heiltumsbuch verzeichnet und wurde zu besonderen Anlässen, z. B. hohen ↑Festen und ↑Wallfahrten, in der Heiltumsschau «gewiesen», d. h. gezeigt und erklärt. Die Reichskleinodien gehörten zu den kostbarsten Heiltümern des ↑Heiligen Römischen Reiches.

Hellenismus, Hellenisierung ↑Antike und Christentum, ↑Griechisch, griechische Sprache

Helvetisches Bekenntnis ↑Confessio Helvetica

Henotikon (gr. = vereinigend), ↑Edikt des oströmischen Kaisers Zenon von 482, mit dem die kirchliche Einheit zwischen den Anhängern des ↑Monophysitismus und den Vertretern des Konzils von Chalcedon (451, ↑Dyophysitismus) herbeigeführt, zugleich die monophysitischen Kirchen Ägyptens an das Reich gebunden werden sollten.

Heraldik ↑Wappen

Herbst des Mittelalters, deutscher Titel des 1919 erschienenen niederländischen Werks «Herfstij der middeleeuwen» des zuletzt in Leiden lehrenden Historikers Johan Huizinga (1872–1945). Seine «Studien über Lebens- und Geistesformen des 14. und 15. Jahrhunderts in Frankreich und in den Niederlanden» (so der Untertitel) zählen bis heute zu den bedeutendsten Leistungen der Kultur- und Geistesgeschichtsschreibung. Der Titel des in viele Sprachen übersetzten Buches wurde in der Geschichtswissenschaft zum Inbegriff für die wie der Herbst vielfarbige und -gestaltige Welt des abendländischen Spätmittelalters, für eine Welt an der Schwelle zu einer neuen Zeit, die spätestens mit Beginn des 16. Jh.s (↑Reformation) begonnen hat. ↑ars moriendi

Hermeneutik (gr. *hermeneía* = Fähigkeit, sich auszudrücken, Auslegung, Erklärung, Verdolmetschung), die Kunst und Lehre vom Verstehen, die Theorie und Methode der Interpretation oder Auslegung von Schriften, Dokumenten, Kunstwerken. Als Geschichtswissenschaft wendet die ↑Kirchengeschichte für die Erforschung und Darstellung der Kirche im weiten Bereich ihrer historischen Erscheinungsformen ohne Einschränkung die historisch-kritische Methode an, wie sie in der abendländischen Neuzeit, besonders im 17./18. Jahrhundert (verfeinert ausgebaut im 19. Jahrhundert), entwickelt worden ist. Insofern unterscheidet sich die Arbeitsweise innerhalb der Kirchengeschichte nicht von der Methode der allgemeinen Geschichtswissenschaft («Profangeschichte»). Ausgangspunkt sind dabei die jeweiligen Quellen, die von empirisch fassbaren Tatsachen Kunde geben, deren Verständnis aber aufzubereiten ist: Die historische Methode stellt zwar keine formale Methodenlehre dar, wohl aber ist sie, vor allem in den Geisteswissenschaften (im Unterschied zu den Naturwissenschaften), das allgemeine Erkenntnisprinzip, das «deutende Verstehen» historischer Entwicklungen. ↑Allegorese, ↑Exegese, ↑Heuristik, ↑Ikonologie, ↑Philologie

Herrengebet ↑Vaterunser

Herrenmahl ↑Abendmahl

Herrenrast ↑Christus in der Rast

Herrgottswinkel, seit dem 16. Jh. ein auch heilige Hinterecke genannter Winkel in der Wohnstube (meist in der Nähe des Esstisches), in der das ↑Kruzifix hängt, auch heute noch besonders gebräuchlich in katholischen (v. a. ländlichen) Gegenden Europas. In evangelischen Ländern befindet sich dort oft ein Brett mit der ↑Bibel, einem Gesangbuch oder ↑Erbauungs-Literatur.

Herrnhuter Brüdergemeine, aus dem ↑Pietismus hervorgegangene evangelische Kirchengemeinschaft zur Verwirklichung der urchristlichen Brüderlichkeit. Sie entstand 1727 durch die Vereinigung verschiedener pietistischer und schwärmerischer Gruppen zu einer «Erneuerten Brüderunität» durch Nikolaus Ludwig Graf von Zinzendorf (1700–1760), auf dessen Besitzungen in der Oberlausitz Reste der ↑Böhmischen Brüder sich 1722 niedergelassen und den Flecken Herrnhut gegründet hatten. Für das religiöse Leben der heute weltweit verbreiteten, auch Huterische Brüder oder Brüderunität genannten Gemeinschaft, die durch ihr Bekenntnis zur ↑Confessio Augustana 1748 die staatliche Anerkennung in Sachsen erreicht hatte, sind nach dem Grundsatz der «brüderlichen Liebe» u. a. die tägliche, durch «Losungen» erschlossene Bibellektüre, die «Versammlungen», d. h. ↑Abendmahls-, ↑Predigt- und Kinder- ↑Gottesdienste sowie das ↑Kirchenlied bestimmend.

Herz-Jesu-, Herz-Mariä-Genossenschaften ↑Kongregationen

Hesychasmus, eine auf Johannes Hesychastes († 559) und Symeon den neuen Theologen († 1022) zurückgeführte, 1351 von der byzantinischen Kirche anerkannte Form des ostkirchlichen ↑Mönchtums, bei der durch Ruhe (gr. = *hesychia, Hesychasten* = die Ruhenden), Kontemplation (↑Beschauung) und Konzentration, begleitet von einer bestimmten Atemtechnik und der ständigen Wiederholung eines Gebets zu Jesus, die mystische Gottesschau (↑Mystik, ↑Vision) ermöglicht werden soll (auch im Hesychasterion, in der Einsiedelei). ↑idiorrhythmische Klöster, ↑Palamismus, ↑Quietismus

heterodox, Heterodoxie (gr. = von anderer Meinung, andersgläubig), im Gegensatz zu ↑orthodox anders- oder falschgläubig, auch die ↑Häresie.

Heuristik (gr.), Quellenfindung, Lehre von der Auffindung wissenschaftlicher Erkenntnisse. Durch äußere und innere Quellenkritik, das heißt in kritischer Auseinandersetzung mit dem zuvor «gefundenen» und gesammelten gedruckten und ungedruckten Quellenmaterial ermittelt, erschließt, analysiert und interpretiert die Geschichtswissenschaft unter Beiziehung ihrer «Hilfswissenschaften» («Historische Hilfswissenschaften») geschichtliche Tatsachen und Geschichtsabläufe in ihrem Werden, ihren Zusammenhängen und Wirkungen (↑Geschichte). Heuristik, Kritik und Interpretation sind demnach die Bestandteile einer «Methodik der Geisteswissenschaften», einer Lehre auch vom methodischen Vorgehen (Methodologie) historischer Forschung. ↑Hermeneutik

Hexagramm (gr.), ein sechsstrahliger Stern in Form von zwei übereinandergelegten Dreiecken, der Davidstern; seit dem 18. Jh. als religiöses Symbol verwendet, ist er seit 1897 Wahrzeichen des ↑Zionismus, unter dem Nationalsozialismus seit 1940 als gelber «Judenstern» Zwangsabzeichen, seit 1948 Symbol in der Staatsflagge ↑Israels.

Hexapla (gr. = sechsfältig), ↑Bibel-Werk des Origenes († 254), das in sechs Spalten (Kolumnen) den hebräischen Urtext, dessen Umschrift in griechischen Buchstaben und vier voneinander abweichende griechische Bibelübersetzungen, u. a. der ↑Septuaginta, enthält.

● **Hexenwahn, Hexenverfolgung, Hexerei.** 1. Das Wort «Hexe» (von ahd. hagazussa = Zaunreiterin, d. h. die vom Hag, von der Gehöfteinfriedung aus Schadenstiftende) in der Bedeutung als nachtfahrende, schädigende Zauberin ist seit dem 13. Jh. gebräuchlich. Eine weitere Bezeichnung der Hexe als *herbaria* (lat. = Kräuter) lässt auf eine Frau schließen, die als Giftmischerin den Schadenzauber (lat. = *maleficium*, dt. *Malefiz*), die Hexerei, praktizierte. Als Sammelbegriff entwickelte sich das Wort «Hexe» aus Elementen der verschiedensten Kulturbereiche, aus einem teilweise uralten, in Märchen, Sagen und Mythen, im Aberglauben und in archaisch-magischen Vorstellungen enthaltenen Zauber- und Gespenster-↑Glauben, aus einer in der antiken ↑Philosophie und ↑Religion sowie in der ↑Bibel überlieferten Annahme der Existenz nicht-menschlicher, personaler, für das Böse in der Welt verantwortlicher Wesen, böser Geister, finsterer Mächte, der ↑Dämonen, des Satans und ↑Teufels. 2. Durch die Übernahme antiken Gedankengutes entwickelte Augustinus (354–430), wirkmächtigster Theologe für die ↑lateinische Kirche, die Lehre vom Dämonenpakt, die in der ↑Theologie des Mittelalters von 1230 bis 1430 zur «wissenschaftlichen» Begründung des Hexenglaubens herangezogen wurde. Sie fand Eingang in die systematische Hexenlehre des «Malleus maleficarum» (lat. = Hexenhammer), eines 1487 veröffentlichten Werks der ↑Dominikaner und Angehörigen der ↑Inquisition Jakob Sprenger und Heinrich Institoris, das bis 1669 in 29 Auflagen erschien. Zuvor hatte Papst Innocenz VIII. mit der Bulle «Summis desiderantes» von 1484 die Hexerei (und die damit verbundenen Malefizien, Zauberei und Unzucht mit Dämonen, mit dem *Incubus und Succubus* [lat.], dem auf- bzw. untenliegenden nächtlichen Buhlteufel) mit ↑Ketzerei, ↑Apostasie und Hingabe an den Teufel gleichgesetzt, wobei geistliche und weltliche Rechtsüberlieferungen schon seit dem 12. Jh. die zur Ketzerei gerechneten Delikte der Zauberei (Magie) und Hexerei enthielten. 3. Mit der «Hexenbulle» wurden gerichtliche Verwaltungsmaßregeln zur Beseitigung des Zauber- und Ketzerwesens durch die Inquisition unter Mithilfe der weltlichen Justiz erlassen. Zusammen mit dem «Hexenhammer» waren damit die Grundlagen für einen epidemieartig um sich greifenden Hexenwahn geschaffen, dem bis zum Ende des 18. Jh.s zahllose unschuldiger Menschen, v. a. Frauen, zum Opfer fielen: Durch die in den Hexenprozessen durchgeführten Hexenproben (↑Gottesurteil) wurden sie als «Zauberinnen» entlarvt, durch die ↑Folter vielfach zu «Geständnissen» und zur Denunziation weiterer Zauberer und Hexen gezwungen, um am Ende hingerichtet, meist verbrannt zu werden. 4. Vorbereitet durch die ↑Cautio criminalis des Jesuiten Friedrich von Spee (1631) und die Einwände früher Gegner des Hexenwahns, dann v. a. des Juristen Christian Thomasius in seinem Werk «De crimine magiae» (lat. = Über das Verbrechen der Zauberei) von 1701 und das daraus resultierende Edikt von Preußen (1714), mit dem die Hexenprozesse der Regierung und den Justizbehörden übertragen wurden, brachte erst der Sieg der Vernunft mit dem Vordringen der Toleranz im Jh. der ↑Aufklärung das Ende der Hexenverfolgungen und -prozesse, die über Jh.e hinweg zu den schlimmsten Verirrungen und geistigen Epidemien der christlich-abendländischen Welt, die Jesu Gebot der Nächstenliebe und ↑Barmherzigkeit vergessen bzw. depraviert und pervertiert hatte, zählen.

Hierarchie (gr. = heiliger Ursprung, heilige Ordnung), seit Pseudo-Dionysius Areopagita (um 500) Name für die kirchliche Ämterordnung in den Stufen ↑Bischof, ↑Presbyter, ↑Diakon (↑Weihegrade).

Hierokratie (gr. = Priesterherrschaft), der Vorrang der geistlichen vor der weltlichen Gewalt, im Besonderen des mittelalterlichen ↑Papsttums seit der ↑Gregorianischen Reform.

Hieromonachos (gr.), in den orthodoxen Kirchen der zum ↑Priester geweihte ↑Mönch.

Hieronymiten, Hieronymitaner, Sammelbegriff für verschiedene im 14. Jh. entstandene, heute fast erloschene ↑Eremiten- und ↑Laien-Gemeinschaften, die nach dem Förderer des ↑Mönchtums und der ↑Askese, dem ↑Kirchenvater und Bibelübersetzer (↑Vulgata) Hieronymus (331/40–419/20), benannt wurden und u. a. in der ↑Armen- und Krankenpflege wirkten, so z. B. die ↑Jesuaten.

Hierosolyma, griechisch-lateinischer Name von ↑Jerusalem.

Hilfsbischof ↑Auxiliarbischof

Hilfsgeistlicher, -priester ↑Gesellpriester, ↑Kaplan, ↑Koadjutor, ↑Kooperator, ↑Kurat, ↑Supernumerarius, ↑Vikar

Himmel (lat. *caelum* [engl. *heaven*], im Unterschied zu *firmamentum* [engl. *sky*]), weniger Ort, als vielmehr Zustand der Verklärung und ↑Seligkeit, zu dem Gott ↑Engel und Menschen berufen hat. In der ↑Theologie ist Himmel der dreifaltige Gott selbst (↑Trinität), der dem Menschen Anteil an seinem Leben gibt und insofern vom Menschen unverlierbar gewonnen ist. ↑Erlösung, ↑Paradies

Himmelpforte, Himmelsp(f)orten, häufig begegnender Name für ↑Klöster, z. B. der ↑Zisterzienser (von lat. *Porta Coeli*, ↑Domus Dei).

himmlisches Jerusalem, nach Offb 21,2 «die heilige Stadt, das neue [↑] Jerusalem, von Gott her aus dem [↑] Himmel» herabgekommen, in der ↑Ikonographie aller Kunstepochen als Symbol für die neue Welt Gottes und das ↑Paradies reich entfaltet und ausgestaltet. So wird etwa die gotische ↑Kathedrale als Abbild des himmlischen Jerusalem gedeutet.

Hirsauer Reform, von der um 830 gegründeten ↑Benediktiner- ↑Abtei Hirsau im Schwarzwald ausgehende monastische Erneuerungsbewegung, die entstand, als sich Abt Wilhelm (1069–1091) 1073 der Reform von ↑Cluny anschloss und u. a. die direkte Unterstellung der zur Hirsauer ↑Observanz gehörenden ↑Klöster unter den ↑Papst erreichte (↑Privileg Gregors VII. von 1075; ↑Gregorianische Reform). Dadurch gelangte die Cluniazensische Reform in deutschen Territorien zu größerem Einfluss. Im ↑Investiturstreit gehörten die Hirsauer zu den energischsten Anhängern der päpstlichen Partei im Kampf gegen Heinrich IV. und Heinrich V. Von großer Bedeutung wurden bis zum etwa 1150 einsetzenden Niedergang die Hirsauer Schreib- und «Bauschule» (als Sammelbegriff für den Typ der an Hirsauer Klöstern orientierten dreischiffigen [↑Kirchenschiff], flachgedeckten Säulen- ↑Basilika).

Hirt des Hermas, um 130 bis 140 in Rom von Hermas (freigelassener Sklave, kleiner Geschäftsmann) verfasste Schrift des ↑Frühchristentums (fünf ↑Visionen, 12 ↑Gebote, zehn Gleichnisse). Hauptthema ist Aufruf zu ↑Buße und Vollkommenheit und einmalige Vergebung der ↑Sünden nach der ↑Taufe.

Hirtenbrief, das nach dem Vorbild der ↑Apostel-Briefe verfasste, auch Pastorale genannte (Rund-) Schreiben eines Diözesan- ↑Bischofs oder einer ↑Bischofskonferenz an die Diözesanen über religiöse oder kirchliche Fragen, in Deutschland seit dem 18. Jh. gebräuchlich, v. a. als ↑Fasten-Hirtenbrief.

Hirtengewalt ↑Jurisdiktion, ↑Kirchengewalt

Hirtenstab ↑Ring und Stab

Historie ↑Geschichte, Geschichtsschreibung

Historienbibeln, im Spätmittelalter verbreitete volkstümliche, meist bebilderte Darstellungen und Nacherzählungen der in der ↑Bibel enthaltenen ↑Heilsgeschichte.

Historiographie ↑Geschichte, Geschichtsschreibung

Hochaltar, im Unterschied zu den Seiten- oder Nebenaltären der ursprünglich meist über der ↑Krypta «hochgelegene» Haupt- ↑Altar, meist besonders kostbar gestaltet (mit Altarbild, ↑Retabel, ↑Tabernakel, Säulenaufbau). Seit dem ↑Vaticanum II (1962–1965) wird gewöhnlich vom ↑Volksaltar aus die ↑Eucharistie gefeiert. ↑Kreuzaltar

Hochamt (lat. *missa cantata/solemnis*), die besonders festlich (auch von ↑Chor und Orchester) gestaltete Feier der ↑Messe (als Bischofsmesse Pontifikalamt [↑Pontifikalien] genannt), bei der im Unterschied zur lediglich gelesenen Messe (lat. *missa lecta*)

u. a. Teile der liturgischen Texte durch den oder die Zelebranten singend vorgetragen werden.

Hochfest ↑Feste, Festtage, Festzeiten

Hochkirche, hochkirchliche Bewegung, in der ↑Anglikanischen Kirche die in der ↑Reformation 1534 entstandene, (engl.) «High Church» oder «Anglo-Catholics» genannte und an der katholischen Kirche orientierte Richtung innerhalb der ↑Theologie, die in der ↑Oxfordbewegung des 19. Jh.s zum Höhepunkt gelangte und in Deutschland 1918 in die «Hochkirchliche Vereinigung» mündete. Die auch als Anglokatholizismus bezeichnete Strömung hält an dem durch ↑Apostolische Sukzession übertragenen kirchlichen ↑Amt, an den ↑Sakramenten und dem sakramentalen Charakter der ↑Liturgie fest. Zu einer Krise im Selbstverständnis der Hochkirche, die ausdrücklich die ↑ökumenische Bewegung und die Bildung von evangelischen ↑Kommunitäten unterstützt, kam es durch den 1992 gefassten Synodalbeschluss (↑Synode) der Anglikanischen Kirche, Frauen zum Priesteramt zuzulassen; auf dieser Grundlage wurden zwei Jahre später 32 Frauen zu Priesterinnen geweiht, woraufhin mehrere Bischöfe und Priester aus Protest zum Katholizismus übertraten.

Hochmeister, der Obere (Ordensmeister) des ↑Deutschen Ordens, dem ↑Großmeister anderer geistlicher ↑Ritterorden entsprechend.

Hochrelief, die hochgestellte Form eines ↑Reliefs, z. B. ein an einer Kirchenwand oder einem Pfeiler angebrachtes ↑Epitaph.

Hochschule (kirchliche), 1. wissenschaftliche Einrichtung in kirchlicher Trägerschaft, die neben der ↑Theologischen Fakultät Aufgaben in Forschung und Lehre wahrnimmt. Der größte kirchliche Hochschulträger in Deutschland ist die katholische Kirche mit einer katholischen ↑Universität (Eichstätt), sechs selbständigen Theologischen Fakultäten, einer Philosophischen Fakultät, drei Philosophisch-Theologischen Hochschulen und acht Fachhochschulen. Diesen stehen auf evangelischer Seite gegenüber eine Gesamthochschule (Neuendettelsau-Heilsbronn; ↑Neuendettelsauer Missionsgesellschaft), zwei Hoch- und zehn Fachhochschulen. 2. Neben diesen kirchlichen gab es in Bayern staatliche (katholische) ↑Lyzeen, die 1923 in Philosophisch-Theologische Hochschulen umbenannt wurden und fast ausschließlich der ↑Priester-Bildung dienten; sie wurden seit den sechziger Jahren des 20. Jh.s als (Katholisch-) Theologische Fakultäten Universitäten eingegliedert.

Hochstift, im Unterschied zum ↑Bistum der ↑reichsunmittelbare Besitz (↑Stift) eines ↑Bischofs bis zum Untergang der ↑Reichskirche in der ↑Säkularisation, über den er als Fürstbischof die volle Landeshoheit (unter dem Kaiser), die weltliche Herrschaft innehatte. Neben diesem inner- und außerhalb des Bistums gelegenen Territorialbesitz umfasste das auch geistliche Fürstentum genannte Hochstift mittelbaren Grundbesitz, d. h. Territorien, die zwar unter anderer Landeshoheit standen, aber zum Bischofsstuhl gehörten. Auch der reichsunmittelbare Grundbesitz großer nichtbischöflicher ↑geistlicher Fürsten des Reiches (z. B. der Reichsabteien, der Fürstäbte und -pröpste) wurde als Hoch- bzw. Fürststift bezeichnet; der weltliche Besitz eines ↑Erzbischofs wurde Erzstift, der drei geistlichen ↑Kurfürsten und Erzbischöfe von Mainz, Köln und Trier Kurstift oder Kur-Erzstift genannt. Die genaue Unterscheidung des weltlichen Territorialbesitzes vom geistlichen Zuständigkeitsbereich wurde stets beachtet, auch wenn in Dokumenten der alten Zeit nicht selten ein uneinheitlicher, unscharfer Gebrauch der Begriffe Bistum, Hochstift, Stift und ↑Domkapitel begegnet.

Hochwürden, Hochwürdig, Hochwürdigst (lat. *Reverendus, Reverendissimus*, Abkürzung *Rev.*), in der katholischen Kirche die früher allgemein gebräuchliche Anrede und Ehrenbezeichnung der ↑Geistlichen (Hochwürdiger Herr); bei ↑Bischöfen, ↑ Kardinälen und ↑Prälaten ist auch heute die Anrede «Hochwürdigst» (Hochwürdigster Herr) gebräuchlich.

Hodegetria (gr. = Wegweiserin, Führerin), oft begegnender Typus des byzantinischen Marienbildes, bei dem die ↑Gottesmutter (stehend oder als Halbfigur dargestellt) das segnende Jesuskind (↑Christkind) auf dem linken Arm hält und mit der rechten Hand auf den göttlichen Knaben als den ↑Heiland und Erlöser weist.

Hofbeichtvater, der ständige ↑Beichtvater am Hof katholischer Fürsten, der nicht selten auch (einflußreicher) politischer Berater war. Im Zuge der ↑Gegenreformation hatten v. a. ↑Jesuiten seit dem späten 16. Jh. dieses ↑Amt inne.

Hofbischof, 1. an einigen Höfen katholischer Fürsten früher der Vorsteher der ↑Hofkapelle, meist Erzhofkaplan genannt; 2. am Hof des bayerischen Kurfürsten in München z. B. bestand zur angemessenen kirchlichen Repräsentation der Hofhaltung u. a. der Hausritterorden vom hl. Georg, für den Papst Benedikt XIV. 1741 die Aufnahme von sechs geistlichen Rittern bewilligte, von denen der erste die bischöfliche Würde erhielt. So gab es von 1749 bis 1817 einen eigenen ↑Bischof für den Hausorden, den ↑Ordens- oder Hofbischof, seine auf die kurfürstliche Residenz beschränkte ↑Jurisdiktion wurde Hofbistum genannt.

Hofgeistlicher, der an einem katholischen Fürstenhof tätige ↑Geistliche, z. B. ↑Hofbeichtvater und ↑Hofkaplan.

Hofkapelle, Hofkaplan (lat. *capella regis/regia* bzw. *capellanus regis*; ↑Kapelle), unter den Karolingern Pippin dem Jüngeren und Karl dem Großen im 8. Jh. geschaffene Einrichtung des königlichen Hofes. An dem später von allen europäischen Fürstenhöfen übernommenen, aus der Idee des ↑Gottesgnadentums erwachsenen geistlichen Hof nahmen die am Königshof tätigen Hofgeistlichen auch diplomatische Tätigkeiten (als Notare) wahr und leiteten die Hof- oder Reichskanzlei. Leiter der seit dem 10. Jh. aufs engste mit der ↑Reichskirche verflochtenen Hofkapelle war der Hof-, Erz- oder Erzhofkaplan, der mit dem ↑Erzkanzler der einflussreichste Berater des Königs und Kaisers war. Gewöhnlich wurden die v. a. im 10./11. Jh. und noch im 12. Jh. aus den ↑Kathedral- bzw. ↑Domkapiteln berufenen Hofkapläne meist zu ↑Bischöfen erhoben, während der Erzkanzler im 11. Jh. das Amt des Erzkaplans übernahm. Seit dem Spätmittelalter war die Hofkapelle nur mehr eine auf rein religiöse Aufgaben beschränkte Einrichtung.

Hofkirche, die im Bereich der Residenz eines katholischen Fürsten gelegene Kirche, die das religiöse Selbstverständnis seiner Hofhaltung repräsentierte, damit eine integrativ-identitätsstiftende Funktion symbolisierte und gewöhnlich auch dynastische Grablege (↑Grab) war, z. B. die Theatinerkirche in München.

Hofstaat (päpstlicher) ↑Päpstliche Familie

Hohe Schule ↑Universität

höherer Klerus, im Unterschied zum niederen ↑Klerus als einfachem ↑Seelsorge-Klerus die höheren Ränge der katholischen Geistlichkeit, v. a. ↑Stifts- und ↑Domkapitel mit ihren ↑Dignitäten, ↑Bischöfe und ↑Kardinäle, dazu die Vorstände der ↑Prälatenorden.

höhere Weihen ↑Weihegrade

Hölle (von germ. hel), 1. Name für die in zahlreichen Religionen herrschende Vorstellung von der Unterwelt (Bereich des Todes, der Toten und Todesgottheiten, unterweltliche ↑Dämonen, auch Straf- und Vergeltungsort für die Bösen); 2. in der christlichen ↑Theologie die Wirklichkeit, in welcher der Mensch nach Tod und Gottesgericht (↑Jüngster Tag, Jüngstes Gericht) das Heil nicht erlangt hat und die Strafe der Verdammnis in ewiger Gottesferne erleidet. 3. In besonderer Weise begegnen im Mittelalter, etwa in der Dichtung (↑Göttliche Komödie), in der Malerei (Hieronymus Bosch, Michelangelo), im ↑Tympanon der ↑Kathedralen und auf ↑Miniaturen zur ↑Apokalypse drastische Darstellungen der «Endstation» Hölle, die abschrecken, zu Umkehr und ↑Buße mahnen sollten. ↑Endzeit, Endzeiterwartung, ↑Fegfeuer, ↑Limbus

Homiliar, im Mittelalter eine nach der ↑Perikopen-Ordnung des ↑Kirchenjahres angelegte Sammlung von ↑Homilien, auch das die Homilien enthaltende Buch.

Homilie, Homiletik (von gr. *homilein* = reden; Versammlung, Unterredung, Unterricht), Auslegung einer ↑Perikope der ↑Bibel in der christlichen ↑Predigt, in der katholischen

Kirche als herausragende Verkündigungsform die verpflichtend zur ↑Eucharistiefeier an Sonn- und Feiertagen gehörende Messpredigt. Als Begriff im 17. Jh. erstmals belegt, ist sie die Lehre von der Predigt und ihrer Geschichte. ↑Homiliar

Homöer, Vertreter der theologischen Meinung, der Sohn (Jesus Christus) sei dem Vater (Gott) zwar nicht wesensgleich, aber doch ähnlich (gr. *homoios*). Im Gegensatz dazu bestritten die radikalen Arianer (↑Arianismus) auch die Ähnlichkeit von Gottvater und Sohn (↑Anhomöer). ↑Homousianer

Homousianer, Anhänger der vom Konzil von Nizäa (325) als kirchliche Lehre festgehaltenen Glaubensüberzeugung, dass der Sohn (Jesus Christus) dem Vater (Gott) wesensgleich (gr. *homousios*) sei. ↑Filioque, ↑Homöer, ↑Homöusianer

Homöusianer, Vertreter der theologischen Meinung, dass der Sohn (Jesus Christus) dem Vater nicht wesensgleich (gr. *homousios*; ↑Homousianer), sondern nur wesensähnlich (gr. *homoiusios*) sei.

Honoriusfrage, Begriff für die grundsätzliche Frage, ob ein ↑Papst in einer ↑ex cathedra getroffenen Glaubensentscheidung irren könne, also für die Frage nach der päpstlichen Rechtgläubigkeit, dem Umfang seiner Unfehlbarkeit (Infallibilität; ↑päpstlicher Primat) und dem Verhältnis von Papst und ↑Konzil. Sie resultierte aus der Entscheidung Papst Honorius' I.

(625–638) für den einen Willen in Jesus Christus (↑Monotheletismus). Die erst nach seinem Tod erarbeitete Lehre von den zwei Willen und zwei Energien in Christus (↑Dyotheletismus, ↑Dyophysitismus) wurde auf dem 6. Ökumenischen Konzil von Konstantinopel (680/81) zum ↑Dogma erhoben und über die Anhänger des Monotheletismus und Monenergismus, darunter Honorius, das ↑Anathem verhängt; die ↑Sentenz wurde auf dem 7. und 8. Ökumenischen Konzil von 787 bzw. 869/70 erneuert. Während in der byzantinischen Kirche die Verurteilung des Papstes als ↑Häretiker während des Mittelalters bekannt blieb, kam es in der lateinischen Kirche erst im 15. Jh. zur (Wieder-) Aufnahme des in den Quellen nicht genannten «Falls Honorius».

Horarien (von lat. *hora* = Stunde; ↑Horen), im Mittelalter gebräuchliche Auszüge aus dem ↑Brevier.

Horen (gr.-lat. = Tagzeiten, Stunden), die Gebets- oder Tagzeiten des ↑Stundengebets; das ↑Brevier ist das liturgische Buch mit den Texten der Horen.

Hormisdas-Formel, die von Papst Hormisdas, auch im Osten hochangesehen, in Konstantinopel 519 erwirkte Beilegung des seit 484 währenden ↑Akazianischen Schismas, welche die Lehre des Konzils von Chalcedon (451) unter Betonung des ↑päpstlichen Primats durchsetzte.

Horologium, in der griechisch-orthodoxen Kirche das liturgische Buch für das ↑Stundengebet.

Hosanna, Hosianna (hebr. = Hilf'
doch, Ps 118,25), ursprünglich ein
Hilferuf, wandelte sich die Gebetsfor-
mel zum heute gebräuchlichen liturgischen Jubelruf (↑Jubiläum).

Hospital, Spital, Spittel (lat. *hospita-
le, hospitium,* von lat. *hospes* = Gast,
Gastfreund; im frz. *Hôtel-Dieu* von
hôtel = Gasthaus, Herberge und *Dieu*
= Gott). 1. Nach der Botschaft Jesu
im ↑Evangelium hat das Leben des
Christen seine Mitte in der dienenden
Liebe, in der ↑Caritas und in der
↑Barmherzigkeit gegenüber dem
Nächsten. ↑Almosen, ↑Armen- und
Krankenpflege wurden zu Inbegriffen
der Nächstenliebe und Barmherzigkeit, zum Kennzeichen der gelebten
↑Nachfolge Christi. 2. Hatten seit
dem 4. Jh. ↑Mönche, ↑Stifte und
↑Klöster den Hauptteil der in den
frühchristlichen Gemeinden von Anfang an wahrgenommenen Sorge um
die Armen, Witwen, Waisen und
Kranken, aber auch der ↑Pilger-Be-
treuung (v. a. in unwegsamen Gegenden und an Wallfahrtsorten), zuerst
im frühchristlichen Xenodochium (gr.
= Fremdenherberge) übernommen
(hier war der *hospitalarius* [lat.] der
Mönch, der die Gäste, Pilger und
Kranken betreute), so setzten jetzt die
↑Laien der Städte das Hilfswerk an
den Bedrängten in weit größerem
Ausmaß als bisher fort. Diese Entwicklung ist auf dem Hintergrund
der ↑Armutsbewegung des 11. bis
13. Jh.s, der Änderung der gesellschaftlichen Struktur und tiefgreifender sozialer Umwälzungen mit der

zunehmenden Verstädterung zu betrachten. Ein Fürst oder Edelherr, ein
Patrizier, ein wohlhabender Bürger
oder auch eine ganze Familie ließen
in einer Stadt oft weitläufige Gebäude für Alte und Kranke, für Obdach-
lose und Arbeitsunfähige, für Witwen
und Waisen errichten. Die frommen
Stifter bauten eine Kirche oder Kapelle dazu und bestellten einen Priester
zur täglichen ↑Messe und geistlichen
Betreuung – damit war die Stunde des
Spitalwesens gekommen. 3. Über
ganz Europa hinweg verbreiteten sich
bis ins 15. Jh. hinein in Städten und
deren Umland, in Dörfern und ländlichen Gegenden kleinere und größere
(Bürger-) Spitäler, Pfründnerhäuser,
Hospize oder Hospitäler, die – ausgestattet mit reichem Stiftungsbestand
an Kunstwerken und ↑Reliquien –
auch zu (städtebaulichen) Wahrzeichen wurden. Die ältesten noch erhaltenen Bauwerke sind bedeutende
Zeugnisse spätmittelalterlicher Architektur, z. B. Brügge, Beaune und Lübeck. Vor allem in den Wirtschafts-
zentren Nordfrankreichs, Flanderns,
Norditaliens, der Toskana wie überhaupt in den großen europäischen
Städten wurden zahlreiche Bürger-
hospitäler, mit Beginn des 15. Jh.s
auch sogenannte General- oder Groß-
hospitäler eingerichtet. Sie standen
vom 13. Jh. an meist unter dem Patronat des Heiligen Geistes (Heilig-
Geist-Spital), das sich von den biblischen Aussagen herleitet, in denen
der Heilige Gottgeist als Vater der
Armen, als Tröster, Ruhe und Stärke
der Schwachen, als Licht der Herzen

und mächtiger Beistand erscheint (↑Trinität). 4. Die in vielen Ämtern und Einrichtungen der Kirche, in ↑Orden und Klöstern, durch ↑Barmherzige Brüder und Schwestern, ↑Johanniter, ↑Hieronymiten, ↑Hospitaliter, ↑Antoniter, ↑Deutschen Orden, Jakobusorden und Heiliggeistbrüder, in Hospizen, Hospitälern, Pest-, Blatter- und Leprosenhäusern (auch Leprosorien oder Gutleuthäuser), in Alten- und Pflegeheimen, auch in Narren- oder Tollhäusern über Jh.e geübten Werke der Barmherzigkeit wurden als Vorbild von der ↑Aufklärung im 18. Jh. übernommen. Der Wohlfahrtsgedanke ging schließlich in die öffentliche Fürsorge und Sozialversicherung ein. Das Spital wandelte sich zu Klinik und Krankenhaus, zu Waisenhaus, Pflege- und Altenheim, zur (Nerven-) Heilanstalt und zum Sterbe-Hospiz.

Hospitaliter, Sammelbezeichnung für die ↑Hospital- ↑Orden, die im Zeitalter der ↑Kreuzzüge zur ↑Pilger- und Krankenfürsorge entstanden, so die ritterlichen Hospitaliter (u. a. ↑Deutscher Orden, ↑Johanniter, ↑Kreuzherren, ↑Lazarusorden und Jakobusorden, die bürgerlichen Hospitaliter (u. a. ↑Antoniter und Heiliggeistbrüder) sowie weitere Hospital- ↑Bruderschaften, Brüder- und Schwesterngemeinschaften. Hospitaliter bzw. Hospitalschwestern werden auch die zahlreich im 19. Jh. zur ↑Armen- und Krankenpflege gegründeten Gemeinschaften genannt, z. B. die ↑Barmherzigen Brüder und Schwestern.

Hospiz ↑Hospital

Hostie (lat. = Opfer, Opfertier, Schlacht-, Sühnopfer), das in allen christlichen Kirchen in Erinnerung an das ↑Opfer Christi, an das letzte ↑Abendmahl für die ↑Eucharistiefeier bzw. den Abendmahls- ↑Gottesdienst verwendete Weizenbrot, das in der lateinischen Kirche seit dem 9. Jh. ungesäuert ist (↑Azymiten) und seit dem 11./12. Jh. als kleine dünne Scheiben für die ↑Kommunion hergestellt, auch ↑Oblate genannt wird. ↑Allerheiligstes, ↑Altarsakrament, ↑Antimension, ↑Kommunion

Hostienfrevel, -schändung, die historisch wie theologisch völlig unhaltbare, seit dem Hochmittelalter (↑Transsubstantiations-Lehre) in verschiedenen Fällen erhobene Beschuldigung gegen ehrfurchtslose Christen, Hexen (↑Hexenwahn) und besonders Juden, konsekrierte ↑Hostien geschändet und damit die erneute ↑Passion Christi verursacht zu haben, wobei angeblich Blut- und Erscheinungswunder eingetreten seien. Die (in ↑Legenden verbreitete) Verleumdung diente u. a. als Vorwand oder nachträgliche Rechtfertigung für die Verfolgung, Vertreibung und Ermordung von Juden (↑Antijudaismus) und führte auch zu ↑Bluthostien-Wallfahrten.

Hostienwunder ↑Bluthostie

Hugenotten, 1. Anhänger des vom ↑Calvinismus geprägten französischen ↑Protestantismus, die französischen Reformierten (↑reformierte Kirche). Die Bezeichnung begegnet erstmals 1559/60 für die Vertreter des «sogenannten reformierten Glaubens» (frz. Religion Prétendue Réformée, R. P. R.) als «huguenauds», als «huguenots d'état» und «huguenots de religion» (wobei dies vielleicht auf den Bezug zu den Genfer Reformierten hinweist: «huguenauds» von «aignos» = Eidgenossen). Der seit der zweiten Hälfte des 16. Jh.s gebräuchliche (Spott-) Name wurde am Ende des 17. Jh.s zur Selbstbezeichnung, v. a. für die in Folge der Hugenottenkriege aus Frankreich geflohenen Hugenotten, die Zuflucht (frz. refuge) in anderen europäischen Ländern suchten und daher ursprünglich «Réfugiés» (frz. = Flüchtlinge) genannt wurden; deren Nachfahren nennen sich bis heute aber Hugenotten. 2. Nachdem die französischen Reformierten 1559 ihre erste nationale ↑Synode in Paris abhalten konnten, kam es 1562 mit dem Blutbad von Vassy zum gewaltsamen Vorgehen der katholischen Partei (unter François de Guise), das zu den Hugenottenkriegen führte (mit Unterbrechungen v. a. 1562–1629). 1572 ereilte die Hugenotten in der ↑Bartholomäusnacht ein schreckliches Massaker, bei dem auch ihr Führer Gaspard de Coligny ermordet wurde. Die Führung (u. a. gegen die Heilige ↑Liga von Péronne, 1576–1595) übernahm Heinrich von Navarra, als Heinrich IV. 1589 bis 1610 König von Frankreich, der 1593 zum katholischen Glauben übertrat und den Hugenotten, die am Ende des 16. Jh.s etwa 8 % der Gesamtbevölkerung (großenteils aus

dem Adel) ausmachten, mit dem ↑Edikt von Nantes im Jahr 1598 die freie Religionsausübung und eine politische Sonderstellung sicherte. Unter König Ludwig XIV. (1643–1715) folgten, eingeleitet durch die Eroberung der Hugenotten-Festung La Rochelle 1628 durch Kardinal Richelieu, die schwersten Verfolgungen, die mit der Aufhebung des ↑Gnaden- ↑Edikts von Nantes durch das Edikt von Fontainebleau 1685 ihren Höhepunkt fanden. Bis zu 250 000 Hugenotten ergriffen in der Folge die Flucht v. a. in die Niederlande und die Schweiz, nach England und Deutschland. 3. Den in Frankreich verbliebenen Hugenotten gewährte erst das ↑Toleranzedikt Ludwigs XVI. von 1787 die freie Religionsausübung; durch die ↑Französische Revolution erhielten sie schließlich volle religiöse und bürgerliche Freiheiten.

Hugenottenstil, der im Vergleich zum süddeutsch-österreichischen ↑Barock nüchterne und schmucklose, in den Niederlanden und im protestantischen Deutschland seit Ende des 17. Jh.s verbreitete und an der französischen Barockarchitektur angelehnte Baustil der ↑Hugenotten.

Hugenottenpsalter, die bedeutendste, 1562 fertiggestellte Sammlung französischer ↑Psalmen-Lieder der Reformationszeit (↑Hugenotten), auch Genfer (Lied-) ↑Psalter genannt.

Humanismus (von lat. *humanum* = menschlich), seit dem 19. Jh. übliche ↑Epochen-Bezeichnung für die (zuerst in Italien, dann in Frankreich, Spanien, England, Deutschland und den Niederlanden) von Gelehrtenkreisen, Fürstenhöfen und den Päpsten getragene, geistesgeschichtlich überaus wirkmächtige Bewegung des 14. bis 16. Jh.s, die durch den Rückgriff auf die klassische und christliche Antike das Ideal edlen Menschentums und vollendeter Menschlichkeit zum Prinzip ihrer Lebensanschauung erhob (auch ↑Renaissance-Humanismus genannt). Sie betonte eine von ↑Tradition und übermächtiger (auch kirchlicher) Autorität (↑auctoritas) befreite humanistische Geisteshaltung, die dem freien Willen des Menschen zwar einen Vorrang einräumte, aber stets dem christlichen Glauben verpflichtet blieb (daher lateinisch auch als docta pietas = gelehrte [↑] Frömmigkeit bezeichnet). Insbesondere wurden hierbei die Schriften des hl. Augustinus (354–430) herangezogen. Hauptvertreter in Deutschland und den Niederlanden waren Erasmus von Rotterdam (1469–1536; 1524: Diatribe de libero arbitrio = Über den freien Willen), Konrad Celtis, Johannes Reuchlin und Ulrich von Hutten (↑Dunkelmännerbriefe); zu den vom Humanismus beeinflussten zahlreichen Vertretern der ↑Reformation gehörten Philipp Melanchthon, Huldrych Zwingli, Johannes Calvin, nicht dagegen Martin Luther. Mit dem in der ↑Aufklärung einsetzenden Neu- oder Zweiten Humanismus des 18. und besonders 19. Jh.s erfolgte ebenso wie mit dem sogenannten Dritten Humanismus des 20. Jh.s eine Rückbesinnung auf die Menschheits- und Bildungsideale sowie die (Selbst-) Erziehung der griechisch-römischen Antike, z. B. in der Förderung der alten Sprachen am Humanistischen Gymnasium. Allen Humanismen gemein ist das Bemühen um Humanität, um eine von Bildung und Erziehung geprägte Gestaltung des Lebens und der Gesellschaft, in der Menschenwürde und freie Persönlichkeitsentfaltung die höchsten Werte sind. ↑Lateinschule

Humerale ↑Amikt

Humiliaten (von lat. *humilis* = demütig, gering), ursprünglich eine ↑Bruderschaft von Wollwebern und Tuchmachern, ging die ↑Laienbewegung in der zweiten Hälfte des 12. Jh.s aus der ↑Armutsbewegung in der Lombardei hervor. 1184 wurden ihre Anhänger mit den ihnen nahestehenden ↑Waldensern als ↑Häretiker exkommuniziert (↑Exkommunikation), nach der in Teilen erfolgten Aussöhnung aber 1201 als dreigegliederter ↑Orden päpstlich bestätigt. Die in der Lombardei, der Toskana und in Umbrien wirkenden Ordensmitglieder versorgten die arme Bevölkerung v. a. mit Wolle und Tuch, sie wurden auch zu Aufgaben in der kommunalen Verwaltung herangezogen. Nachdem noch im späten Mittelalter die Humiliaten-Terziaren, die zeitlich als erste Gemeinschaft des ↑Dritten Ordens in Erscheinung getreten war, untergegangen war, wurden 1571 die beiden anderen Gruppen des Ordens (regulierte ↑Chorherren und Chorfrauen sowie Brüder und Schwestern) von

Papst Pius V. aufgehoben. In einigen italienischen Klöstern sind heute nur mehr die Humiliatinnen in der ↑Armen- und Krankenpflege tätig.

Hungertuch (lat. *velum quadragesimale*), ein (Leinen-) Tuch, das in der lateinischen Kirche seit dem 10. Jh., v. a. im Spätmittelalter, während der ↑Fasten-Zeit zur Verhüllung des ↑Altars verwendet, dann auch im ↑Chor (im Chorbogen) angebracht wurde. Das später meist mit Bildern und Symbolen von der ↑Passion Christi bemalte oder bestickte, in manchen Gegenden heute noch (oder wieder) gebräuchliche Fastentuch sollte ursprünglich die «Verhüllung» der Gottheit Christi während seines Leidens deutlich machen.

● **Hussiten,** Anhänger verschiedener, auf den tschechischen Vor- ↑Reformator Jan Hus (ca. 1369–1415) zurückgeführter tschechisch-frühnationaler und (kirchen-) revolutionärer (Aufstands-) Bewegungen in Böhmen (Hussitismus). Sie entstanden in Folge der Verbrennung Hus' 1415, der auf dem Konzil von Konstanz (1414–1418) als ↑Häretiker zum Tod auf dem Scheiterhaufen verurteilt worden war, nachdem er dort die Aufgabe seiner auf dem ↑Wyclifismus beruhenden Lehre verweigert hatte. Die beiden nach ihrer jeweiligen Lehre unterschiedenen Richtungen der Hussiten bestanden in den gemäßigten ↑Calixtinern (↑Böhmische Brüder) und den radikal-sektiererischen ↑Taboriten. Hus' Feuertod führte zum Aufstand der Hussiten gegen König Sigismund, den man neben dem Papst als dafür Schuldigen betrachtete; die Revolte entwickelte sich zu den Hussitenkriegen der Jahre 1419 bis 1436. Nachdem das Konzil von Basel (1431) die ↑Prager Kompaktaten anerkannt hatte, schlossen der König und die Calixtiner 1433 Frieden. Die endgültige Beilegung der Kriege erfolgte 1436 mit den Iglauer Kompaktaten.

Huterische Brüder ↑Herrnhuter Brüdergemeine

Hymnar (gr.-lat.), in der ↑Liturgie der lateinischen Kirche eine Sammlung von ↑Hymnen für das ↑Stundengebet.

Hymnus, Hymne (gr.), in allen Religionen begegnender feierlicher Lob- und Preisgesang, z. B. ↑Agnus Dei, ↑Gloria, ↑Halleluja, ↑Magnificat. ↑Hymnar

Hypostase (gr. das Darunterstehende), Fachbegriff für Eigenstand, Besonderheit und Personhaftigkeit jeder der drei göttlichen Personen in der ↑Trinität; er entspricht dem lateinischen persona. In der Unterscheidung von *hypostasis* (gr. = Person) und *ousia* (gr. = Wesen) bestand der entscheidende Fortschritt im trinitätstheologischen Ringen nach dem Konzil von Nizäa (325). Das Konzil von Chalcedon (451) brachte christologisch die Klärung, dass in der Hypostase (des ↑Logos) menschliche und göttliche Natur unvermischt und ungetrennt geeint seien (hypostatische Union). ↑Einigungschristologie, ↑Logos-Sarx-Christologie, ↑Nestorianischer Streit, ↑Trennungschristologie

I

idiorrhythmische Klöster (von gr. *idios* = eigen und *rythmos* = Takt, Maß), vermutlich in Zusammenhang mit dem ↑Hesychasmus seit Ende des 14. Jh.s auf dem ↑Athos entstandene ↑Klöster, in denen die ↑Mönche im Unterschied zum ↑Koinobitentum ein Leben in Idiorrhythmie führen, d. h. unabhängig von einer Regel, von einer geistlichen Leitung und selbstbestimmt, in ↑Askese, mit eigenem Haushalt und Privatbesitz. Gemeinschaft pflegen sie nur beim ↑Gottesdienst, bei Zusammenkünften anlässlich hoher Feste und in der demokratischen Verwaltung und Leitung des Klosters.

Idolatrie, Idololatrie (gr.), die Anbetung von Idolen (gr. *eidolon* = Abbild), im Besonderen die auch Bilder- und Götzendienst (↑Ikonolatrie) genannte Anbetung und Verehrung von Bildern, in denen die reale Gegenwart einer Gottheit angenommen wird (↑Bilderverehrung). ↑Götze

Igumen ↑Hegumenos

IHS ↑Christogramm

Ikone (gr. *eikon* = Bild), seit dem 4. Jh. bezeugtes, mit dem ↑Kult der orthodoxen Kirchen eng verbundenes, hochverehrtes heiliges Bild, meist auf Holz oder Stoff gemalte Darstellung Gottes, der ↑Trinität, der ↑Gottesmutter und von ↑Heiligen, auch als Email, Treibarbeit, Mosaik, Intarsien oder Flachrelief in Stein oder Holz ausgeführt. Die nach strenger religiöser Vorschrift, früher v. a. von ↑Mönchen in den ↑Klöstern für die ↑Liturgie (↑Ikonostas), dann auch zur privaten Verehrung gefertigten und geweihten Ikonen gelten seit dem ↑Bilderstreit im 8./9. Jh. als treue Abbilder des jeweiligen himmlischen oder geschichtlichen Urbildes, an dessen heiligen Kräften die Bildwerke teilhaben und insofern dem ↑Gnadenbild vergleichbar sind.

Ikonodulen ↑Bilderstreit

Ikonographie (gr. = Bildbeschreibung; ↑Ikone), seit dem 19. Jh. als Disziplin der Kunstwissenschaft die Bestimmung und Beschreibung bildlicher Darstellungen, ihrer Inhalte, Themen oder Elemente; früher auch allgemein die Wissenschaft vom Inhalt der Kunstwerke, die Bildkunde, heute Teil der ↑Ikonologie.

Ikonoklasten ↑Bilderstreit

Ikonolatrie (gr.), Anbetung und Verehrung von Bildern (↑Ikone), im ↑Bilderstreit der Vorwurf gegen die ↑Bilderverehrung. ↑Idolatrie

Ikonologie (gr. = Bildkunde), in Erweiterung und Präzisierung der kunstwissenschaftlichen Methode der ↑Ikonographie und auf ihrer Grundlage untersucht, deutet und erklärt die in der ersten Hälfte des 20. Jh.s etablierte neue kunsthistorische Disziplin (Erwin Panofsky, Aby Warburg) – Platons begriffliche Vorstellung vom «Sprechen in Bildern» aufgreifend und den gleichnamigen Titel des 1593 von Cesare Ripa in Rom publizierten ↑Allegorien-Lexikons rezipierend – die geistesgeschichtlichen Hintergründe und Zusammenhänge des Bildinhaltes eines Kunstwerkes, seine Tradition und Funktion (↑Hermeneutik).

Ikonostas, Ikonostase (gr.), in orthodoxen Kirchen eine zwischen ↑Altar und Gemeinderaum (↑Kirchenschiff) angebrachte dreitürige Bilderwand aus Holz, die mit zahlreichen ↑Ikonen geschmückt ist. ↑Lettner

Ill., Abkürzung für ↑Illustris.

Illuminaten (lat. = Erleuchtete), 1. allgemein Anhänger von Gemeinschaften, die Erleuchtung durch Verbindung mit der Geisteswelt anstrebten, so etwa in Spanien die ↑Alumbrados; 2. als ↑Orden ein 1776 in Ingolstadt vom antikatholischen, antijesuitischen Freimaurer Adam Weishaupt gegründeter Geheimbund mit drei Ordensklassen zur Durchsetzung der ↑Aufklärung und Förderung der Humanität (↑Humanismus) durch wissenschaftlich-rationale Erkenntnis und sittliche Vervollkommnung des Einzelnen. Die in Beziehung zur ↑Freimaurerei stehende, in Deutschland und Österreich verbreitete Bewegung wurde 1785 in Bayern verboten und aufgelöst, 1896 wiederbegründet. 1925 entstand der «Weltbund der Illuminaten».

Illustrator (lat.), der Buchmaler. ↑Buchkunst, Buchmalerei, ↑Skriptorium

Illustris (lat. = erleuchtet, glänzend, berühmt, vornehm, erlaucht, Abkürzung Ill.), Anrede und Titel der Fürsten des ↑Heiligen Römischen Reiches, auch der ↑geistlichen Fürsten, bis 1630 (als Illustrissimus) der ↑Kardinäle (↑Eminenz).

Imitatio Christi ↑Nachfolge Christi

Immakulata (lat.), die Unbefleckte, Beiname der ↑Gottesmutter Maria.

Immanenz ↑Transzendenz

immediat, Immediatherrschaft, -stand (lat. *immediatus* = unmittelbar), allgemein eine im weltlichen (staatlichen) Bereich der höchsten Gewalt bzw. obersten staatlichen Instanz, z. B. dem Kaiser oder einem Landesherrn, *unmittelbar*, also direkt unterstellte Person, Behörde oder dieser zukommende Sache; im ↑Heiligen Römischen Reich waren, im Unterschied zu den mediaten Landständen oder ↑Mediatherrschaften, Immediatstände bis 1803/06 die ↑reichsunmittelbaren Stände, so die Reichsstädte, -klöster, -stifte und -abteien oder die Reichsfürsten und die Reichsritterschaft. ↑Reichsstände und Reichstag

Immediatgemeinden, evangelische ↑Gemeinden, die unmittelbar (↑immediat) dem Träger der obersten Kirchengewalt, der Kirchenleitung, unterstehen, damit von der ordentlichen Gemeindeverfassung herausgenommen sind, dann auch für Gemeinden mit einem unabhängigen Rechtsstand, z. B. Militär-, Anstalts- und Personalgemeinden sowie für Gemeinden mit besonderem ↑Bekenntnis-Stand.

Immerkuh, das vertragsmäßig «immerfort» bestehende Recht auf Nutznießung einer Kuh (Milch, Butter, Käse), die (regional unterschiedlich) Teil des Einkommens (↑Pfründe) eines niederen ↑Geistlichen sein konnte. Die Immerkuh (auch Eisernes Rind) war in der Regel bei einem benachbarten Bauern eingestellt.

Immersionstaufe ↑Taufe

Immerwährender Reichstag ↑Reichsstände und Reichstag

Immunität (lat. = Freisein, Freiheit, hier: von Leistungen, ↑Abgaben), 1. ein seit der römischen Antike begegnender Sonderrechtsstatus für bestimmte Einrichtungen und Personen sowie für deren Güter, der diese von der herrschaftlichen Gewalt befreite, insbesondere die Befreiung des Grundbesitzes von öffentlichen Abgaben und Lasten, die in spätantiker Zeit auf kirchlichen Besitz (↑Kirchengut) und auf den ↑Klerus (als Befreiung von der ordentlichen Gerichtsbarkeit) ausgeweitet wurde. 2. Durch die Verleihung von Immunitäts-↑Privilegien an kirchliche Institutionen, an ↑Bischöfe und ↑Klöster seit dem 8. Jh., besonders häufig im 10./ 11. Jh., erlangte der deutsche König über die mit Immunitäten versehenen Bistümer allmählich die Kirchenherrschaft (↑Eigenkirche), etwa durch die direkte Übertragung der Kirchen-

↑Vogtei. Der auf diese Weise aus dem Zuständigkeitsbereich der Grafen herausgenomme kirchliche Grundbesitz bildete die Grundlage für das ↑Reichskirchen-System, dann für die ↑Reichsunmittelbarkeit und die Reichsstandschaft der ↑geistlichen Fürsten (↑Reichsstände und Reichstag). Die Königsherrschaft über die Kirche wurde in der ↑Gregorianischen Reform mit ihrer Forderung nach ↑Freiheit der Kirche seit dem 11. Jh. in Frage gestellt und im ↑Investiturstreit heftig bestritten. Das Wormser Konkordat von 1122 schränkte die Königsherrschaft auf die Verleihung der ↑Regalien ein. 3. In einem engeren Sinn war mit Immunität auch der Schutz für einen Bezirk (Mundat genannt) bezeichnet, für die besondere Privilegien galten, so in den Bischofsstädten (mit dem Bischof als Stadtherrn) die Domkirchen mit ↑Domfreiheit, die Wohngebäude des Bischofs und des Domklerus sowie der bischöflichen Hintersassen. Daraus entwickelte sich der Anspruch auf völlige Befreiung bestimmter kirchlicher Einrichtungen und (geistlicher) Personen von Abgaben (Steuern) und von der weltlichen Rechtsprechung sowie auf das Recht der Gewährung von ↑Asyl. Im 17./ 18. Jh. bildete die Immunität einen immer wieder umstrittenen Gegenstand im Verhältnis von Kirche und Staat, in einem letzten Höhepunkt in der zweiten Hälfte des 18. Jh.s im Zuge der ↑Aufklärung, besonders in Bayern und Österreich, bis zum Ende der Reichskirche und des ↑Heiligen

Römischen Reiches 1803/06. Reste der Immunität bestehen heute u. a. im kirchlichen Asyl. ↑Quartierfreiheit

Impanation (von lat. *in* und *panis* = Brot), die Gegenwart des Leibes Jesu Christi in der konsekrierten ↑Hostie. ↑Konsekration, ↑Konsubstantiation, ↑Realpräsenz, ↑Remanenzlehre, ↑Transsubstantiation

Imperium Romanum ↑Heiliges Römisches Reich

Impetrant ↑Supplik

Imprimatur (lat. = Es darf gedruckt werden), in der katholischen Kirche der (heute nur selten übliche) Vermerk für die kirchliche Druckerlaubnis, der sich meist auf der Rückseite des Titelblattes einer Veröffentlichung befindet. Die ↑Approbation durch den zuständigen Orts- ↑Ordinarius hat zum Ziel, Schriften zurückzuweisen, die dem rechten Glauben, der authentischen Lehre der Kirche über Glauben und Sitten widersprechen, wobei die kirchliche Aufsicht (↑Zensur) über Bücher bis ins 15. Jh. zurückreicht. ↑Index

Incubus ↑Hexenwahn

Independenten (engl. independents = Unabhängige), in der Anglikanischen Kirche seit 1642 Name für die Anhänger einer Ende des 16. Jh.s entstandenen, von ↑Calvinismus und Puritanismus (↑Puritaner) geprägten Bewegung, die selbstständige, von weltlicher Obrigkeit (↑Staatskirche) und Bischofsamt (↑Episkopalsystem und ↑Presbyterialverfassung) unab-

hängige Einzelgemeinden (engl. congregation = ↑Gemeinde) forderten, daher auch Kongregationalisten genannt und verfolgt wurden. Nach einer ersten Auswanderung der Kongregationalismus-Anhänger 1602 nach Leiden und Amsterdam zogen seit 1620 die ↑Pilgrim Fathers (↑Dissenters) nach Amerika. Seit 1689 (↑Toleranzakte) staatlich formell anerkannt, aber noch bis 1828 unterdrückt, ist die reformierte ↑Freikirche des Protestantismus heute am stärksten in den USA verbreitet.

Index (der verbotenen Bücher, lat. = *Index librorum prohibitorum*), in der katholischen Kirche die vom ↑Heiligen Offizium erstellten Verzeichnisse der ausdrücklich verbotenen (indizierten) Bücher, eigentlich die diesen Listen zugrundeliegenden Verbote (Indizierungen) von Büchern und Schriften, deren Lektüre nicht erlaubt war (ausgenommen die zu Studienzwecken benötigten). Ein erster Index wurde 1559 unter Papst Paul IV. veröffentlicht, der letzte (fortgeführt seit 1571 von der Indexkongregation, seit 1918 vom Heiligen Offizium) 1948. Im Zuge des ↑Vaticanum II wurde der Index 1965 abgeschafft. ↑Gegenreformation, ↑Imprimatur, ↑Zensur

Indulgenz ↑Ablass

Indult (von lat. *indulgere* = nachgeben, bewilligen, *indultum, indulgentia* = Nachlass, Nachsicht, Vergebung, ↑Gnaden-Erweis, Zugeständnis; bayerisch auch heute noch als Dult in Verbindung mit einem Jahrmarkt oder

Volksfest begegnend), 1. in der katholischen Kirche ein Sonderzugeständnis, das seitens eines kirchlichen Oberen zugunsten einer Person oder Sache gemacht wird, z. B. als päpstlicher Gnaden- oder Gunsterweis die vorübergehende oder ständige Befreiung von kirchlichen Gesetzen oder die Überlassung von kirchlichen ↑Privilegien, z. B. die Vergabe einer kirchlichen ↑Pfründe durch die weltliche Gewalt; 2. früher auch Bezeichnung für den ↑Ablass, aus dessen Anlass an verschiedenen Orten kirchliche Feste gefeiert wurden. Zur Bewirtung der Gläubigen, die sich zur Gewinnung eines Ablasses auch von weit entfernten Gegenden hier einfanden, wurden um die Kirche Marktbuden aufgeschlagen, die sich bildenden Märkte «Indultmärkte» genannt; die heute noch zu bestimmten Zeiten begegnenden Volksfeste oder Jahrmärkte werden volkssprachlich (so im Bayerischen) «Dult» (ahd. *tuld*) genannt, z. B. die Mai-, Jakobi-, Herbst-, Nikolaus- oder die Auer Dult in München.

Infallibilität ↑päpstlicher Primat

Informativprozess, in der katholischen Kirche das durch den päpstlichen Gesandten (↑Apostolischer Nuntius) durchzuführende Verfahren zur Feststellung der kanonischen Eignung eines Bischofskandidaten, zur Vorbereitung des ↑Definitivprozesses (↑Bischofswahl) und zur Durchführung des ↑Beatifikations-Prozesses.

Inful (lat. *infula* = Binde, als Kopfschmuck, dt. auch *Infel*), die ↑Mitra;

infuliert ist, wer zum Tragen der Mitra berechtigt ist, z. B. der infulierte ↑Prälat. ↑Pontifikalien

in hoc signo vinces (lat. = in diesem Zeichen wirst du siegen), vage Übersetzung der griechischen Inschrift eines ↑Kreuzes, das nach der ↑Legende Konstantin dem Großen vor der für ihn siegreichen und die ↑Konstantinische Wende einleitenden Entscheidungsschlacht gegen Kaiser Maxentius an der Milvischen Brücke nördlich von Rom im Jahr 312 erschienen sein soll.

Initiale (lat. von *initium* = Anfang), besonders im Mittelalter reich verzierter und farbig ausgestalteter Anfangsbuchstabe in Urkunden, Handschriften, Büchern, Evangeliaren, meist zu Beginn von Kapiteln oder Seiten. ↑Buchkunst, Buchmalerei, ↑Rubrik

Inkardination (lat.), die Eingliederung, Einordnung eines ↑Klerikers in ein bestimmtes ↑Bistum nach Empfang der Weihen (↑Ordination) oder nach Entlassung (↑Exkardination) aus seiner bisherigen Diözese. Der Begriff leitet sich her von dem ursprünglich an einer römischen Haupt- oder Bischofskirche dauernd wirkenden Kleriker (↑Kardinal) und wurde auf alle einem Bistum zugehörigen (inkardinierten) Geistlichen übertragen.

Inkarnation (lat. = «Ins Fleisch Kommen», gr. *sarkosis*), seit dem 2. Jh. Bezeichnung für das ↑Glaubensgeheimnis der Fleischwerdung (=

Menschwerdung) des dem Vater gleichwesentlichen göttlichen ↑Logos (Joh 1,14), Jesu Christi, zum Heil der Menschen: «Gott in Christus – das Heil der Welt» (Johann Michael Sailer).

Inkluse, Rekluse (lat. = der Eingeschlossene, Klausner; ↑Klausur), seit dem 4. Jh. zuerst im östlichen ↑Mönchtum (↑Anachoret), seit dem 9. Jh. im ganzen Abendland begegnende Form des ↑Eremitentums, bei der sich Männer und Frauen für längere Zeit oder lebenslänglich in einer meist bei einer Kirche oder einem Kloster angebauten Zelle oder Klause einschließen oder einmauern ließen, um ein Leben in strengster ↑Askese, in ↑Gebet und ↑Buße zu führen. Diese Lebensform, die seit dem 12. Jh. vermehrt auch von Frauen (Klausnerinnen) geübt wurde und als «Gipfel der Vollkommenheit» galt, erlosch im 17. Jh., nachdem sie im 15. Jh. zunehmend an Bedeutung verloren hatte.

Inkompatibilität (lat.), die Unvereinbarkeit zweier oder mehrerer kirchlicher ↑Ämter in einer Hand (↑Kumulation), von der in älterer Zeit der ↑Papst durch ↑Dispens befreien konnte.

Inkorporation (lat. = Einverleibung), die vom zuständigen kirchlichen Oberen veranlasste, seit dem Konzil von Trient (1545–1563) dem ↑Papst vorbehaltene, dauernde Angliederung eines ↑Benefiziums, gewöhnlich einer ↑Pfarrei an eine juristische Person, d. h. an einen ↑Bischofsstuhl, ein ↑Kloster, ↑Dom- oder Stiftskapitel. Die im hohen und späten Mittelalter häufig geübte Praxis hatte sich seit dem 11. Jh. aus der Schenkung einer Kirche (mit ↑Pfründe) an ein Kloster oder Stift entwickelt (↑Kloster-, Stiftspfarrei), wobei vermögensrechtliche Überlegungen ausschlaggebend waren, denn mit der Sicherung der ↑Seelsorge und der ausreichenden Versorgung des an der Kirche tätigen Seelsorge- ↑Priesters sollte zugleich ein wirtschaftlicher Nutzen für das Kloster oder Stift verbunden sein. Der Inhaber einer inkorporierten Pfarrei hieß Pfarr- ↑Vikar und erhielt die Stelle gewöhnlich auf Grundlage des Präsentationsrechts (↑Eigenkirche, ↑Patron). Die meisten Inkorporationsverhältnisse sind in der ↑Säkularisation 1802/03 untergegangen.

Inkulpat (von lat. *culpa* = Schuld), der eines schweren Vergehens Beschuldigte vor dem Verhör im ↑Inquisitionsprozess, der danach Inquisit genannt wurde.

Inkulturation ↑Akkomodation

Inkunabeln (lat. *incunabula* = Windeln, Wiege), die ersten Drucke von etwa 1450 bis 1500 (↑Buchdruck), die noch «in den Windeln» lagen, daher auch Wiegen- oder Frühdrucke genannt werden. Die mit metallenen Einzellettern gedruckten Bücher und Einblattdrucke suchten in jener Zeit noch die mittelalterlichen Handschriften zu imitieren.

Innere Mission, von Johann Hinrich Wichern auf Anregung Johann Konrad Wilhelm Löhes 1848 als «Centralausschuss für die Innere Mission der Deutschen Evangelischen Kirche» begründete Einrichtungen und Anstalten freier christlicher Wohl- und Liebestätigkeit (↑Caritas), die 1957 im ↑Diakonischen Werk aufgegangen sind.

in partibus infidelium (lat. = in Landen der Ungläubigen, Abkürzung i. p. i.), bis Papst Leo XIII. (1878–1903) Zusatz für die Titulatur eines Nicht-Diözesanbischofs, d. h. eines Titularbischofs. ↑Auxiliarbischof, ↑Weihbischof

Inquisition, Inquisitionsprozess (lat.), die Untersuchung durch kirchliche Institutionen und die daraufhin durchgeführte Verfolgung durch die weltliche Gewalt gegen ↑Häretiker (Ketzer) zur Reinerhaltung des ↑Glaubens. Infolge der engen Verbindung von geistlicher und weltlicher Gewalt nach der ↑Konstantinischen Wende war es zur Ketzergesetzgebung und -verfolgung (Gesetze Gratians gegen ↑Arianismus und ↑Donatismus, Codex Theodosianus von 438) gekommen. Auf dieser Grundlage wurde die Inquisition im Kampf v. a. gegen die ↑Katharer im 12./13. Jh. zentralisiert und systematisch ausgebaut. Papst Gregor IX. nahm den ↑Bischöfen die Inquisition aus der Hand und richtete 1231/32 die zentralisierte römische Inquisition ein, die er u. a. den ↑Dominikanern übertrug; sie hielt sich dauerhaft in den südlichen Ländern, als weltlich-kirchliche Inquisition besonders ausge-

prägt in Spanien seit 1478. Papst Innocenz IV. genehmigte 1252 die Einführung der ↑Folter im Ketzerprozess. Die Namen von Denunzianten und Zeugen wurden dem betroffenen Inquisiten nicht mitgeteilt, Verteidigung nicht, Anhörung nicht immer zugestanden (↑Inkulpat). Häresie wurde als Majestätsverbrechen (↑crimen laesae maiestatis) bestraft, im Spätmittelalter mit dem Hexenprozess verbunden, dieser als Inquisitionsprozess geführt (↑Hexenwahn). Inquisition und Inquisitionsprozess erfuhren in den konfessionellen Kämpfen des 16./17. Jh.s (↑Konfessionelles Zeitalter) als Ketzerprozess eine starke Belebung: Als Maßnahme der ↑Gegenreformation errichtete Papst Paul III. 1542 das ↑Heilige Offizium in Rom (lat. *Congregatio Romanae et Universalis Inquisitionis*). Nachdem das ↑Vaticanum II mit der Erklärung über die Religionsfreiheit 1965 (↑Glaubensfreiheit) stillschweigend auf die mit weltlichem Zwang verbundene Inquisition verzichtet hatte, wurde die alte Inquisitionsbehörde in die ↑Glaubenskongregation umgewandelt. Leo XIII. verfügte 1880 die Öffnung des Vatikanischen Archivs; aus diesem Anlass riet er zur mühsamen und geduldigen Untersuchung der historischen Wahrheit und zum Rückgriff auf die Quellen, wobei der Papst mit Nachdruck auf das berühmte Gebot Ciceros, gleichsam die «Präambel» der ↑Geschichtswissenschaft verwies, wonach «das erste Gesetz der Geschichte darin besteht, nichts Falsches zu sagen wagen, ferner nichts Wahres zu verschweigen, damit auch nicht einmal der Anschein entstehen kann, beim Schreiben seien Sympathie oder Antipathie im Spiele gewesen» (Nam quis nescit primam esse historiae legem, ne quid falsi dicere audeat, deinde ne quid veri non audeat, ne quae suspicio gratiae sit in scribendo, ne quae simultatis? Cicero, De oratore II, 62). 1998 ermöglichte Papst Johannes Paul II. die Offenlegung der rund fünfeinhalbtausend Inquisitionsakten des Vatikanischen Geheimarchivs für die historische Forschung, nachdem früher sogar die Existenz des Archivs geleugnet worden war.

I.N.R.I., Abkürzung für Iesus Nazarenus Rex Iudaeorum = Jesus von Nazaret, König der Juden, lateinische Form der Inschrift, die Pontius Pilatus nach Joh 19,19 am ↑Kreuz Christi anbringen ließ.

Inschrift ↑Epigraphik

Insignien ↑liturgische Gewänder

in situ (lat.), in der ursprünglichen (natürlichen) Lage, z. B. ein ↑Grab in einer Kirche.

Installation, frühere Bezeichnung für die Einsetzung eines ↑Abtes oder ↑Kanonikers in sein geistliches ↑Amt durch die feierliche Einweisung (Bestallung) auf seinen Platz im ↑Chor (lat. *stallum*), dann für die Besitzeinweisung oder ↑Investitur nach Verleihung einer ↑Pfründe. Gelegentlich begegnet der Begriff auch für die Bestellung eines ↑Pfarrers.

Integralismus (von lat. *integer* = unversehrt, rein), eine aus der ↑katholischen Bewegung hervorgegangene, in der zweiten Hälfte des 19. und am Beginn des 20. Jh.s besonders ausgeprägte, am ↑Papst orientierte und streng konservative Richtung des Katholizismus mit dem Ziel, die katholische Kirche in ihrer Gesamtheit von den jeweiligen Zeitströmungen unversehrt (integer) zu halten.

Integrierte Gemeinde, in der katholischen Kirche seit 1968 Bezeichnung für eine seit 1945 entstandene Gemeinschaft von ↑Laien und ↑Priestern, die 1978 kirchlich anerkannt und 1985 als öffentlicher Verein errichtet wurde. Sie strebt u. a. nach einem gemeinsamen Leben von Familien und Alleinstehenden, nach Verbindung von ↑apostolischem Leben und ↑Amt sowie nach Überwindung des «Urschismas» zwischen Judentum und Christentum.

Interdikt (lat. = Untersagung, Verbot), im katholischen ↑Kirchenrecht neben ↑Exkommunikation und ↑Suspension eine der Beugestrafen, heute nur noch als persönliches Interdikt vorgesehen. Seit dem 11. Jh. beinhaltete diese ↑Kirchenstrafe als Personalinterdikt das gegen Einzelne oder Gemeinschaften gerichtete Verbot der Teilnahme am ↑Gottesdienst und der ↑Sakramenten-Spendung bzw. deren Vornahme, als Lokalinterdikt gegen einen bestimmten Ort (Kirche, ↑Gemeinde) bzw. ein bestimmtes Gebiet (Land, Stadt, ↑Bistum). Letzteres war besonders im Hoch- und Spätmittelalter ein von den ↑Päpsten oft gebrauchtes Instrument gegen die weltliche Gewalt.

Interim ↑Augsburger Interim, ↑Leipziger Interim

Interkalarfrüchte, -gefälle, Interkalarien (von lat. *intercalaris* = eingeschaltet), die Erträgnisse (Einkommen oder Einkünfte) aus der ↑Pfründe eines ↑Benefiziums während der Vakanz, also in der Zeit zwischen ↑Erledigung und Wiederbesetzung

Interkommunion (von ↑Kommunion), katholische Bezeichnung für ↑Abendmahlsgemeinschaft.

Internationale Theologenkommission, 1969 von Paul VI. bei der ↑Glaubenskongregation errichtetes, zu den ständigen ↑Päpstlichen Kommissionen gehörendes Gremium mit der Aufgabe, das kirchliche Lehramt, namentlich die Arbeit der Glaubenskongregation zu unterstützen. Zusammengesetzt aus höchstens 30 Mitgliedern unterschiedlicher Nationalitäten, behandelt sie sowohl auf Weisung des Papstes oder der Glaubenskongregation wie auch auf eigene Initiative hin verschiedene, der Vertiefung und Klärung theologischer Fragestellungen dienliche Themen.

Internuntius, Botschafter des ↑Heiligen Stuhls bei kleineren Regierungen oder an Orten, an denen keine eigene ↑Apostolische Nuntiatur besteht.

Inthronisation (lat. = Thronerhebung, Stuhlsetzung), die feierliche (symbolische) Einführung von ↑Papst und ↑Bischof in ihre Ämter durch die Besteigung des päpstlichen bzw. bischöflichen Stuhls (↑Cathedra). Sie ist rechtlich ohne Belang, weil der Papst die volle und höchste Gewalt in der Kirche mit der Annahme seiner Wahl übernimmt, der Bischof durch Präsentation des päpstlichen Ernennungsschreibens Besitz von seinem Bistum ergreift. In der Anglikanischen Kirche erfolgt durch die Inthronisation die Einsetzung der Bischöfe in den «Besitz» der Diözese mit allen Rechten und Pflichten.

Introitus (Antiphona ad introitum, von lat. *introire* = hineingehen), in der ↑Liturgie der Eingangs- oder Eröffnungsgesang, auch Begleitgesang zum Einzug am Beginn des ↑Gottesdienstes. Er bestand ursprünglich aus ↑Antiphon und Versen von ↑Psalmen, die inhaltlich zum Thema der Feier oder der Zeit im ↑Kirchenjahr hinführen sollte, weswegen deren Anfangsworte als Namen des jeweiligen ↑Sonntags dienen, z.B. ↑Gaudete, ↑Invokavit, ↑Laetare. Heute sind auch andere Gesänge oder Gemeindelieder üblich.

Inventar (von lat. *invenire* = finden, erlangen), 1. Bestand oder Bestandsverzeichnis, z.B. von Archivalien (↑Archiv), auch ↑Repertorium genannt; 2. Güterverzeichnis, z.B. eines ↑Klosters, das wichtige Aufschlüsse über seine Geschichte enthalten kann, daher (für seine Frühgeschichte) eine wichtige Quelle darstellt (↑Salbuch, ↑Urbar); 3. die Ausstattung und Einrichtung z. B. einer Kirche (↑Kirchen-ausstattung).

Investitur, Investiturstreit (lat. *investi-tura* = Einkleidung; lat. *vestis* = Gewand, Kleid, Bekleidung). 1. Investitur ist allgemein der aus germanischen Rechtsvorstellungen hervorgegangene abschließende und symbolische Akt der Übertragung oder Übergabe eines ↑Amtes bzw. Besitzes, z. B. eines ↑Lehens: Durch die Überreichung eines (Ab-) Zeichens (z. B. Fahne, Schwert, Zepter, Stab, Handschuh) wurde der Eigentumsübergang (wie heute z. B. die Eintragung in das Grundbuch beim Erwerb einer Immobilie) rechtsgültig. 2. Daran anknüpfend erfolgte auf Grundlage des ↑Eigenkirchen-Wesens mit der Investitur seit dem frühen Mittelalter auch die förmliche Einweisung eines ↑Geistlichen in ein kirchliches Amt (↑Pfründe) und seine Belehnung durch den Eigenkirchen- oder Lehnsherrn. In besonderer Weise wurde im 10./11. Jh. die Investitur von ↑Bischöfen und ↑Äbten in ihre weltlichen Besitzrechte (wodurch sie ↑geistliche Fürsten wurden) und ihre geistlichen Zuständigkeiten von den Königen als selbstverständliches (Gewohnheits-) Recht geübt und war (im ↑Heiligen Römischen Reich) gerade dadurch ein Wesenselement des ↑Reichskirchensystems. Die Übertragung von Bistümern und Großklöstern wurde durch die Übergabe von ↑Ring und Stab durch den König symbolisch vollzogen. 3. Um die Einsetzung der Bischöfe und Äbte in ihre Ämter, um

die Frage ihrer Investitur also, entbrannte in der zweiten Hälfte des 11. Jh.s der Investiturstreit genannte folgenschwere Zusammenstoß zwischen dem Papsttum (das als erneuertes ↑Reformpapsttum aus der allgemeinen religiös-kirchlichen Erneuerungsbewegung [↑Cluny] um die Mitte des 11. Jh.s hervorgegangen war) und dem französischen, englischen und deutschen Königtum. Der Konflikt geriet zum offen ausgetragenen Kampf zwischen den beiden Gewalten, zur grundsätzlichen Auseinandersetzung um den Vorrang im Verhältnis von weltlicher und geistlicher Gewalt (↑Zwei-Gewalten-Lehre), als mit Kardinal Humbert von Silva Candida († 1061) die radikale Richtung der römischen Reformbewegung die Führung übernahm. Im dritten seiner 1057/58 geschriebenen drei Bücher «Adversus simoniacos» (lat. = Gegen die Simonisten) brandmarkte er die Vergabe kirchlicher Ämter gegen Geld als ↑Simonie und wandte sich vehement gegen die bestehende Praxis der Investitur von Geistlichen durch Weltliche, also durch ↑Laien (Laieninvestitur), und gab zugleich klar zu verstehen, dass ihm auch der König als Laie galt. Papst Gregor VII. (1073–1085) entwickelte diese Vorstellungen in seinem ↑Dictatus papae von 1075 weiter (↑Gregorianische Reform) und machte das Verbot der Investitur von Geistlichen durch Laien neben dem Kampf gegen die als ↑Nikolaitismus geschmähte Priesterehe und die Simonie zum wirksamsten Hebel seiner

Forderung nach ↑Freiheit der Kirche als einem Freisein von kirchenfremden, also auch weltlichen Eingriffen. Weil dieses Programm zusammen mit dem Verbot jeglicher Laieninvestitur eine erhebliche Schwächung besonders des deutschen Königs in seinem sakralen Selbstverständnis (↑Sakrales Herrschertum) und in seiner Reichspolitik bedeutete, kam es zum Machtkampf zwischen Königtum und Papsttum, für den der zum geflügelten Wort gewordene Gang des von Gregor VII. mit dem ↑Bann belegten Königs Heinrich IV. nach ↑Canossa Inbegriff für die grundstürzende Wende im Verhältnis der beiden Gewalten ist: Im Investiturstreit stießen zwei Rechtswelten hart aufeinander – das alteingewurzelte königliche Gewohnheitsrecht auf der einen, das sich auf Gottes Satzung berufende geistliche Recht auf der anderen Seite. Aus den Kämpfen ging das Papsttum zwar als geistliche Vormacht im ↑Abendland mit dem Anspruch der Weltgeltung hervor. Zugleich wurde aber die Entsakralisierung des Herrschers wie überhaupt des gesamten politischen Bereichs eingeleitet, demgegenüber das Recht der ↑lateinischen Kirche fortan überall im Sinn der unbeschränkten, auf den ↑Jurisdiktionsprimat gestützten Papstgewalt mit einer allumfassenden Primatsdoktrin weitergebildet. So betrachtet, kann füglich von der «ersten europäischen Revolution» (Karl Leyser) gesprochen werden. 4. Zum formellen Abschluss des Investiturstreits kam es zuerst in Frankreich (1104), ausgehend von der genaueren Unterscheidung zwischen Kirchenamt (↑Spiritualia) und Kirchengut (↑Temporalia; ↑Regalien), dann in England (1107). Für das Reich wurde der Kompromissfriede im Wormser ↑Konkordat von 1122 zwischen Kaiser Heinrich V. und Papst Calixtus II. geschlossen (auch Calixtinum genannt). Demnach verzichtete der König auf die Investitur mit Ring und Stab, also auf die Verleihung der geistlichen Befugnisse (der Spiritualia), die fortan der geistlichen Gewalt vorbehalten blieb; jedoch hatte ihm der gewählte Bischof oder Abt den Treueid zu leisten und wurde dann vom König mit dem weltlichen Kirchenbesitz durch Verleihung der Regalien (Temporalien) belehnt, symbolisch vorgenommen mit dem Zepter. Seit dem Wormser Konkordat erfolgte im Heiligen Römischen Reich die Investitur eines Bischofs in der Reihenfolge: Wahl (durch das ↑Domkapitel), Belehnung, Weihe; für Italien und Burgund bestimmte der Vertrag die Weihe nach erfolgter Wahl und vor der Belehnung. ↑Immunität

Invitatorium (lat.), Gebetseinladung zu Beginn der ↑Messe, im Besonderen die Eröffnung des ↑Stundengebets in der ↑Antiphon.

Invokation (lat.), Anrufung Gottes oder der ↑Heiligen als Eingangsformel einer Urkunde, symbolisch als ↑Chrismon und/oder verbal gestaltet (z. B. lat. *In nomine sanctissimae trinitatis* = Im Namen der allerheiligsten Dreifaltigkeit [↑Trinität]).

Invokavit (lat. = Er hat [mich] gerufen), vom lateinischen Anfangswort des ↑Introitus übernommener Name des ersten ↑Sonntags in der ↑Fasten-Zeit, nach ↑Aschermittwoch.

Inzens ↑Rauchfass

i.p.i., Abkürzung für ↑in partibus infidelium.

• **Irenik, Irenismus** (von gr. *eirene* = Friede), allgemein das angesichts gegensätzlicher Positionen auf Ausgleich und Frieden gerichtete Bemühen, im Besonderen um eine friedliche Auseinandersetzung zwischen den ↑Bekenntnissen mit dem Ziel gegenseitiger Aussöhnung.

irisches Mönchtum. Mit der ↑Christianisierung Irlands (lat. *Hibernia* oder *Scotia*) und der Errichtung von ↑Bistümern durch den hl. Patrick im 5. Jh. entwickelte sich, bedingt durch die Abgeschiedenheit der Insel, ein ganz eigentümliches, stark ↑monastisch geprägtes und eben dadurch von der lateinisch-römisch bestimmten Kirche unterschiedenes Kirchenwesen mit zahlreichen (seit dem 6. Jh. entstandenen) ↑Klöstern, das auch irische Mönchskirche, iroschottische Kirche genannt wird. Jeder Stamm (clan) unterhielt sein eigenes Kloster, dessen ↑Abt (oder ein diesem unterstellter Mönch) die ↑Bischofsweihe empfing, die eigentlich dem Bischof vorbehaltene geistliche ↑Jurisdiktion mit den Weihehandlungen übte und als Klosterbischof bezeichnet wird. Von Irland gelangte das Christentum noch im 6. Jh. nach Schottland, das

von den Römern erst Caledonia, später Scotia minor (kleiner) – im Unterschied zu Scotia maior (größer) als Name für Irland (daher Iroschotten) – genannt wurde. Das irisch-keltische Mönchtum, das lange an älteren Kirchenbräuchen festhielt, war von strengster ↑Askese und ↑Buße geprägt (↑Bußbücher). Viele irische Mönche gingen, getrieben vom asketischen Ideal der Heimatlosigkeit, auf missionarische Wanderschaft um der Liebe Christi willen, auch als ↑Wanderbischöfe; deren meist kleine Niederlassungen wurden dabei zu wichtigen Ausgangspunkten der ↑Mission auf dem Festland, wo als bedeutendster Vertreter der keltischen Missionskirche Kolumban der Jüngere (✝ 615) wirkte. Sie erfasste das ganze Fränkische Reich (daher auch irofränkisches Mönchtum oder Irofranken genannt) und leitete so den Durchbruch des benediktinischen Mönchtums (↑Benediktiner, ↑angelsächsische Mission) ein. Die Schottenklöster trugen die Tradition des vom 6. bis 12. Jh. zu hoher (auch kultureller) Blütezeit gelangten, im 16./17. Jh. durch schwerste Zerstörungen (Wikinger, Engländer) zerrütteten irisch-iroschottischen Mönchtums in Teilen bis ins 19. Jh. weiter, obwohl seit dem 11./12. Jh. die ↑Benediktregel auch in Irland ihren Siegeszug angetreten hatte.

Iroschotten, iroschottische Kirche ↑irisches Mönchtum

Irregularität (lat.), im katholischen ↑Kirchenrecht das Verbot, einen der

↑Weihegrade zu empfangen oder auszuüben; im Unterschied zu den Weihehindernissen sind Irregularitäten von Dauer.

Irrlehre ↑Häresie, ↑Ketzerei

Irvingianer, Irvingianismus ↑katholisch-apostolische Gemeinden

Israel (hebr. = Gottesstreiter), nach Gen 32,29 von Jahwe (hebr. = Gott) dem Jakob verliehener Name, Heimat des ↑Jesus von Nazaret, seit 1948 demokratischer Staat mit der Hauptstadt (seit 1950) ↑Jerusalem, dessen Gebiet die klassische biblische Region umfasst, ausgenommen Judäa und Samaria. ↑Zion, Zionismus

Itala ↑Vetus Latina

Ite, missa est (lat. = Geht, die Messe ist zu Ende, d. h. die [gottesdienstliche] Versammlung ist entlassen; heute: Gehet hin in Frieden), in der lateinischen ↑Liturgie der ↑Eucharistiefeier der Schlussruf, von dem sich das Wort ↑Messe herleitet. Die Gemeinde antwortet mit «Deo gratias» (lat. = Dank sei Gott dem Herrn).

Itio in partes (lat. = Auseinandertreten in Parteien), allgemein die Unterscheidung (Trennung) einer Versammlung in Parteien und Stände, im Besonderen die im Reichstag (↑Reichsstände und Reichstag) durch den ↑Westfälischen Frieden von 1648 eingeführte und bis zum Ende des ↑Heiligen Römischen Reiches 1806 übliche Scheidung in ein ↑Corpus Evangelicorum und ein ↑Corpus Catholicorum, wodurch bei Abstimmungen über Religionsangelegenheiten das Überstimmen der einen Religionspartei durch die andere unmöglich gemacht werden sollte: Für einen gültigen Gesamtbeschluss waren übereinstimmende (freundschaftliche) Einzelbeschlüsse erforderlich.

i. u., Abkürzung für lateinisch ius utrumque (die beiden Rechte), für das römische und kanonische Recht (Corpus iuris civilis bzw. ↑Corpus Iuris Canonici), also für das jeweilige Recht der weltlichen und geistlichen Gewalt bzw. von Staat und Kirche; der in beiden Rechten erworbene Doktorgrad trug früher den Titel *Dr. iur.[is] utr.[iusque]* (lat. = Doktor beiderlei Rechts).

J

Jahresgedächtnis ↑Kirchweihe

Jahreskreis ↑Kirchenjahr

Jahrtagsstiftung ↑Applikation, ↑Benefizialwesen, ↑Frühmesser, ↑Hauskloster, ↑Seelgerät, ↑Stift

Jakobiner (frz. Jacobins), 1. in Frankreich ursprünglich die nach ihrem ↑Kloster St. Jakob (frz. Saint-Jacques) in Paris benannten ↑Dominikaner (Jakobinerorden); 2. in der ↑Französischen Revolution auch die Anhän-

ger der in diesem Kloster zusammen-
getretenen, 1794 aufgehobenen «So-
ciété des amis de la constitution» (frz.
= Gesellschaft der Verfassungsfreun-
de), deren Kennzeichen die phrygi-
sche rote Wollmütze, ein antikes
Symbol der Freiheit, war (Jakobiner-
mütze).

Jakobiten, 1. nach Jakob Baradaeus
(Baradai), Bischof von Edessa
(† 578), benannte Angehörige der
ostsyrisch-monophysitischen Jakobi-
tischen Kirche (↑Monophysitismus),
heute syrisch-orthodoxe Kirche genannt (↑Maroniten); 2. Anhänger des
1688 vertriebenen katholischen Königs Jakob II. von England aus dem
Hause Stuart.

Jakobsweg, neben ↑Jerusalem und
↑Rom die wichtigste Pilgerstraße
(↑Wallfahrt), die auf mehreren Rou-
ten nach Santiago de Compostela in
Galicien, im äußersten Nordwesten
Spaniens (Kap «finis terrae») führt.
Seit dort im 9. Jh. das Grab des
↑Apostels Jakobus des Älteren († um
44) entdeckt worden war, entwickelte
sich zu diesem bedeutendsten Wall-
fahrtsort des Mittelalters ein Netz
von Wegen, entlang derer bedeutende
Kirchen (Tours, Limoges, Toulouse),
Kapellen und ↑Hospitäler errichtet
wurden. In neuerer Zeit kommt es zu
einer Renaissance der Pilgerfahrt auf
dem Camino, der zum UNESCO-
Weltkulturerbe gehört.

Jakobusklauseln ↑Aposteldekret

Jansenismus, nach dem Bischof von
Ypern Cornelius Jansen (1585–1638)

benannte, u. a. durch den ↑Baja-
nismus vorbereitete Bewegung innerhalb der katholischen Kirche des 17./
18. Jh.s, v. a. in Frankreich, mit Zentrum im Kloster Port-Royal bei Versailles, das König Ludwig XIV. 1710
niederreißen ließ. Die Jansenisten, deren Hauptvertreter u. a. Blaise Pascal
und Pasquier Quesnel waren, vertraten eine am Denken des hl. Augustinus (354–430) orientierte Gnadenlehre (↑Gnade), eine rigoristische
Moralauffassung mit starker Betonung der ↑Prädestination und gerieten seit Mitte des 17. Jh.s in starken
Gegensatz zur katholischen Kirche,
besonders zu den ↑Jesuiten, und zur
königlichen Religionspolitik, der u. a.
in der Zerstörung Port-Royals und
der päpstlichen Verurteilung von 101
Thesen Quesnels mit der ↑Bulle «Uni-
genitus» von 1713 seinen Höhepunkt
fand. Damit war der allmähliche Niedergang des Jansenismus eingeleitet,
der noch im 18. Jh. in den Niederlanden (↑Utrechter Kirche), in Italien,
Österreich und nur zum geringen Teil
in Deutschland Verbreitung gefunden
hatte. Die Aufhebung des Jesuitenor-
dens im Jahr 1773 und ein v. a. in
Frankreich verbreiteter ↑Antijesuitis-
mus und ↑Antiklerikalismus werden
als mittelbare Folgen der vom Jansenismus ausgelösten Unruhen betrachtet. ↑Tutiorismus

Jerusalem (gr.-lat. *Hierosolyma*),
Stadt in Palästina, auf der Hochflä-
che über dem Kidrontal gelegen, im
11. Jh. v. Chr. von König David erobert und zur Hauptstadt seines Rei-

ches (Juda, ↑Israel, Jerusalem) erhoben, die «Mutterkirche» der Christen (Gal 4,26), wo sich das Leben und Wirken des ↑Jesus von Nazaret vollendeten; von Kaiser Konstantin dem Großen (↑Konstantinische Wende) großzügig gefördert (↑Heiliges Grab), wurde dem Bischof von Jerusalem auf dem Konzil von Nizäa (325) der Ehrenvorrang, 451 auf dem Konzil von Chalcedon die ↑Patriarchen-Würde zuerkannt (↑Pentarchie). ↑himmlisches Jerusalem, ↑Zion, Zionismus

Jesuaten, von Johannes Colombini 1360 in Siena gegründete, den ↑Barmherzigen Brüdern ähnliche Gemeinschaft von ↑Laien zur ↑Armen- und Krankenpflege, die bis zu ihrer wegen Bedeutungslosigkeit 1688 päpstlich verfügten Aufhebung (der 1367 gestiftete streng beschauliche weibliche Zweig bestand bis 1872) in vielen italienischen Städten und in Toulouse segensreich wirkte. Ihren Namen erhielten die «Apostolischen Kleriker des hl. Hieronymus» (so die eigentliche Ordensbezeichnung; ↑Hieronymiten), weil sie ihre ↑Predigten mit dem Ruf «Es lebe Jesus, gelobt sei Jesus!» begannen und beendeten.

Jesuiten, die Mitglieder der Gesellschaft Jesu (lat. *Societas Iesu,* Abkürzung *S.I.,* auch *SJ*), einer um Ignatius von Loyola (1491–1556) 1534 entstandenen, 1540 päpstlich bestätigten ↑Ordens-Gemeinschaft streng zentralisierter Ausrichtung mit dem in der Generalkongregation auf Lebenszeit gewählten, auch als «schwarzer Papst» bezeichneten Ordensgeneral (Generaloberer; ↑Generalat) an der Spitze. Sie sind eine Gesellschaft von ↑Regularklerikern ohne feste ↑Klöster, ↑Ordenskleid und gemeinsames Chorgebet (↑Chordienst). Zu den drei feierlichen ↑Gelübden auf die ↑Evangelischen Räte wird als viertes Gelübde besonderer ↑Gehorsam gegen den ↑Papst gelobt, was Sendungen – die örtliche Disponibilität – betrifft, d. h. bereit zu sein, sich vom Papst senden zu lassen und zu tun, was er dazu befehle. Bis 1600 waren die Jesuiten in allen katholischen europäischen Ländern (in deutschen Territorien seit 1540) verbreitet und wirkten entscheidend für die Durchsetzung der ↑Katholischen Reform und ↑Gegenreformation. Zu ihrem Hauptbetätigungsfeld, der Ausbreitung des Glaubens durch ↑Seelsorge und ↑Predigt (auch ↑Jesuitendichtung, ↑Jesuitendrama), ↑Exerzitien und Werke der ↑Caritas (Krankenpflege), gehörten die Pflege der Wissenschaften, das Erziehungs- und höhere Schulwesen, die Einrichtung von Kollegien mit Internaten, von ↑Marianischen Kongregationen, Gymnasien, ↑Lyzeen und ↑Jesuitenuniversitäten. Dazu kam schon seit dem 16. Jh. eine intensive, von ↑Akkomodation geprägte ↑Missions-Tätigkeit in Asien, Afrika, Mittel- und Südamerika (↑Jesuitenstaat). Der im Zeitalter der ↑Aufklärung einsetzende ↑Antijesuitismus führte zur (auch politisch bedingten) Aufhebung der Gesellschaft 1773 durch Papst Clemens XIV. Der 1814 wiederherge-stellte, weltweit tätige, im Jahr 2008 rund 20 000 Angehörige umfassende Orden – einer der größten der katho-lischen Kirche – erfuhr, im 19. Jh. als Vorkämpfer des ↑Ultramontanismus geziehen, wiederholt schwere Bedrü-ckung, so während des ↑Kulturkamp-fes (↑Jesuitengesetz), und im 20. Jh. unter dem Nationalsozialismus (↑Kir-chenkampf), dem u. a. Rupert Mayer und Alfred Delp zum Opfer fielen. ↑Christogramm, ↑Englische Fräulein, ↑Jansenismus

Jesuitendichtung, von ↑Jesuiten seit Ende des 16. Jh.s bis ins 18. Jh. hinein meist in neulateinischer Sprache ver-fasste Gedichte zur religiösen Erzie-hung, ↑Seelsorge und ↑Erbauung, beson-ders auch im ↑Jesuitendrama. Von größter Bedeutung waren hierbei u. a. Jakob Balde († 1668) und Friedrich von Spee († 1635; ↑Cautio crimina-lis).

Jesuitendrama, Jesuitentheater, als Teil der ↑Jesuitendichtung das von Jesuitenkollegien meist in neulateini-scher Sprache aufgeführte, religiös-werbende geistliche ↑Schauspiel (Drama), das v. a. im Dienst der Glaubenspropaganda (z. B. durch die Darstellung der ↑ecclesia triumphans) stand und im Theater des ↑Barocks mit grandios gestalteten Dekoratio-nen und Bühnenbildern, mit Gesang, Tanz und Massenszenen zur reichsten Entfaltung gelangte.

Jesuitengesetz, 1872 erlassenes, 1917 aufgehobenes Reichsgesetz, das als

eine der ersten Maßnahmen des ↑Kul-turkampfes den ↑Jesuiten-Orden im Deutschen Reich verbot. In der Folge wurden die als Vorkämpfer der ↑ka-tholischen Bewegung und des ↑Ultra-montanismus verdächtigten Ange-hörigen der Gesellschaft Jesu aus Deutschland vertrieben.

Jesuitenstaat, Name für die im 17. Jh. durch ↑Jesuiten in Paraguay, Uruguay und Panama gegründeten ↑Missions-Gesellschaften, die in ↑Reduktionen zusammengefasst und dem spani-schen König unterstellt waren.

Jesuitenstil, Begriff für den prunkvol-len, besonders am Vorbild von Il Gesù in Rom (1568–1584) orientier-ten sakralen Baustil des 17. Jh.s der ↑Jesuiten in Italien, Österreich und Süddeutschland.

Jesuitentheater ↑Jesuitendrama

Jesuitenuniversitäten, die seit dem 16. Jh. ursprünglich im Dienst der ↑Katholischen Reform und ↑Gegen-reformation stehenden, in vielen Län-dern verbreiteten Studienanstalten der ↑Jesuiten (Kollegien, Gymnasien, ↑Lyzeen, ↑Hochschulen), auch für ihr Wirken an philosophischen und theo-logischen ↑Fakultäten katholischer ↑Universitäten. Zu deren bedeutends-ten zählt auch heute die ↑Gregoriana in Rom.

Jesus. Das ↑Christentum gründet in dem historischen Ereignis von Leben, Wirken, Verkündigung, Leiden, Tod und Auferstehung des Jesus von Na-zaret. Dieses Ereignis wird, abgese-hen von vereinzelten Spuren in der

Profanliteratur, ausschließlich bezeugt in den Schriften des NT. In ihnen sind geschichtliche Aussage (historischer Jesus) und Glaubenszeugnis (verkündigter ↑Christus des Glaubens) so eng miteinander verquickt, dass sich die Rekonstruktion eines «Leben Jesu» als unmöglich erwies. Gleichwohl ist die «Rückfrage» nach dem historischen Jesus legitim. Die moderne ↑Exegese hat Kriterien entwickelt, die im ↑Kerygma eine historische Jesus-Überlieferung erkennen lassen, und ist nach Überwindung einer skeptischen Ära wesentlich zuversichtlicher: Zentral ist die Reich-Gottes-Verkündigung Jesu, als deren Ausdruck und Entfaltung seine Wunder und Zeichen, seine Hinwendung zu den Leidenden und Kranken, zu den Sündern (↑Sünde) und Ausgestoßenen, auch seine Lebensform (in ↑Armut, ↑Ehelosigkeit, ↑Gehorsam zum Vater) gelten können. Tragender Grund seiner Sendungsautorität ist die Beziehung zu Gott, den er in exklusiver Weise Abba, Vater, nennt (Abba-Relation), und als dessen «Sohn» er sich weiß. Von daher kommt ihm auch die Vollmacht zur Vergebung der Sünden zu, ein göttliches Privileg. Ohne dass er ausdrücklich einen Hoheitstitel für sich beanspruchte, wurde in seinem Verhalten und Auftreten der göttliche Anspruch hinreichend deutlich (implizite ↑Christologie). Gegen alle Widerstände bleibt Jesus seiner Sendung treu. Der ↑Passions-Bericht, ältestes Überlieferungsmaterial, bezeugt das im Sinne des Gottesknechtes stellvertretend für die Sünder bewusst und frei angenommene Todesschicksal Jesu. Nach dem Letzten ↑Abendmahl wurde er verraten, als Messiasprätendent und Gotteslästerer verurteilt, den Römern ausgeliefert und wohl am Rüsttag des ↑Paschah-Festes im Jahr 28 am ↑Kreuz hingerichtet. Seine Jünger (↑Apostel) bezeugen, dass Gott in der Auferweckung Jesu von den Toten sich zu ihm bekannt und damit alle ins Unrecht gesetzt habe, die ihn meinten verurteilen zu müssen. Die Erscheinungen des Auferstandenen vor ausgewählten Jüngern sind der Grund der Botschaft von ↑Ostern. Sie wird begleitet durch das Auffinden des leeren Grabes (↑Heiliges Grab), das auch von den Gegnern nicht bestritten wird. Im Licht des Ostersieges können nun die Hoheitstitel «Messias», «Kyrios», «Sohn Gottes» auf Jesus angewandt werden, ohne in einem nur politischen Sinne missverstanden zu werden. Erleuchtet durch den Heiligen Geist (↑Pfingsten), verstehen die Apostel die Heilsbedeutsamkeit von Tod und Auferstehung Jesu: «Einer ist Gott, Einer auch Mittler zwischen Gott und den Menschen, der Mensch Christus Jesus.» (1 Tim 2,5) In der Identität des vorösterlichen irdischen Jesus mit dem als auferstanden verkündigten Christus besteht der Ansatzpunkt jeder Christologie. «Jesus ist der Christus» lautet das Grundbekenntnis christlichen Glaubens (↑Glaubensbekenntnis), so dass Jesus Christus gleichsam zum Eigennamen des Herrn wurde: «Gott in Christus – das

Heil der Welt» (Johann Michael Sailer). ↑Israel, ↑Jerusalem, ↑Juden

Jesuskind ↑Christkind

Jesusmonogramm ↑Christogramm

Joachimitismus, nach dem Theologen und ↑Zisterzienser Joachim von Fiore (it. Gioacchino da Fiore, um 1130–1202) benannte Lehre von den drei ↑Zeitaltern: Der Zeit Gottvaters des AT, des Gottessohnes und der Kirche des NT, deren Ende er für das Jahr 1260 festlegte, und der darauffolgenden Zeit des Heiligen Geistes (↑Trinität), der ↑Mönchs-Kirche. Seine der ↑Heiligen Schrift entnommene prophetische Geschichtsdeutung wurde von der franziskanischen Bewegung im Hoch- und Spätmittelalter vielfach aufgegriffen und aktualisiert und erwies sich auch für die politische Geschichte der Neuzeit als wirkmächtig (↑Chiliasmus). Der von Joachim 1190 gegründete ↑Orden der Floriazenser oder Florenser wurde Ende des 16. Jh.s wieder mit den Zisterziensern vereinigt. ↑Apostoliker

Jobeljahr (hebr. jobel = Posaune), Erlass- oder Freijahr der Juden. Nach Lev 25,8–54 sollte nach sieben ↑Sabbat-Jahren das 50. Jahr als Jubeljahr gefeiert werden, verbunden mit Schuldenerlass, Sklavenfreilassung und Rückgabe verkauften oder verpfändeten Grundbesitzes. Es wurde zum Vorbild für das kirchliche ↑Jubiläum.

Johanna ↑Päpstin Johanna

● **Johanniter (Malteser),** einer der drei großen geistlichen ↑Ritterorden, der seit etwa 1050 aus einem dem hl. Johannes dem Täufer geweihten ↑Hospital in ↑Jerusalem hervorging und sich seit dem Ersten ↑Kreuzzug (1099) zu einem Orden mit der Verpflichtung zur Betreuung der Palästina-Pilger (↑Wallfahrt) und der Krankenpflege entwickelte. Im Vorderen Orient und im ↑Abendland, v. a. an Wallfahrtsorten, in französischen und italienischen Hafenstädten wurden im Verlauf des 12. Jh.s zahlreiche Niederlassungen und Hospitäler des Ordens eingerichtet, dessen Regel sich um 1155/60 nach der ↑Augustinusregel unter Beiziehung der ↑Templer-Regel herausbildete. Zur gleichen Zeit entstand auch ein militärischer Zweig. Mit dem Fall Akkons 1291 verlor der (adelige) Ritter, priesterliche Ordenskapläne und Brüder umfassende und in «Zungen» gegliederte Orden, an dessen Spitze der ↑Großmeister und das ↑Generalkapitel standen, seine letzte Festung in Palästina, weshalb der Ordenssitz zuerst nach Zypern, 1309/10 nach Rhodos verlegt wurde (daher der Name Rhodesier, auch Hospitaliter). Nach der Übernahme der Insel 1522 durch die Türken erhielten die Johanniter (ein schwarzer Mantel mit weißem, achtspitzigen Johanniter-↑Kreuz ist ihr ↑Ordenskleid; im Feld trugen sie einen roten Rock mit weißem Kreuz) 1530 Malta, damit auch den Namen «Malteser». Als militärischer Orden verhinderten sie bis ins 18. Jh. hinein den Ansturm der Osmanen auf Europa entscheidend. Nach dem Verlust seiner Besitzungen in Frankreich, 1798 Maltas und 1809 im aufgelösten ↑Heiligen Römischen Reich (infolge der ↑Säkularisation) wurde der Sitz des heute streng religiösen Ordens 1834 nach Rom verlegt; gegenwärtig ist er international in der ↑Caritas, in der Alten- und Krankenpflege, in der Betreuung von Verwundeten, Kriegsopfern, Flüchtlingen und im Unfall-Hilfsdienst (seit 1953 Malteser-Hilfsdienst) mit vielen Tausend freiwilligen Hilfskräften tätig. Die in mehreren europäischen Ländern vertretenen protestantischen Zweige des Ordens, die aus der 1810 aufgehobenen ↑Ballei Brandenburg seit 1812 entstanden waren, unterhalten eigene Häuser für sozial-karitative Aufgaben. Ihnen gehören Johanniterschwesternschaft, -unfallhilfe und -hilfsgemeinschaften an.

● **Josephinismus,** Begriff für die in Teilen rücksichtslose, streng diktierte ↑Staatskirchen-Politik Kaiser Josephs II. (1765/80–1790), eines der Hauptvertreter des aufgeklärten ↑Absolutismus (↑Aufklärung). Sie zielte v. a. auf die staatliche Beeinflussung des (inner-) kirchlichen Lebens (Besetzung der ↑Bistümer und ↑Pfarreien [↑Nominations-Recht], Verbot der Ausstellung von ↑Reliquien) sowie des Bildungs- und Sozialwesens, wobei die Religion als Erziehungsmittel und die Kirche als staatliche Erziehungsanstalt betrachtet, die ↑Geistlichen dementsprechend als Staatsbedienstete behandelt wurden, ferner auf die freie Religionsausübung (Toleranzpatent von 1781; ↑Toleranzedikte), die Aufhebung der nicht der Erziehung und

↑Armen- und Krankenpflege dienenden, rein kontemplativen (↑Beschauung), weil «nutzlosen» ↑Klöster und ↑Ordens-Niederlassungen sowie eine neue Bistumseinteilung. Bereits im sogenannten Theresianismus unter Josephs Mutter Maria Theresia (1740–1780) waren seit 1763 verschiedene kirchenpolitische Bestrebungen fassbar geworden: Als oberste Schirmherrin über die Kirche (lat. *suprema advocata ecclesiae;* Kirchen- ↑Vogtei) nahm die Kaiserin – freilich noch in weitgehendem Einvernehmen mit der Kirche – das Recht in Anspruch, u. a. das Studium der ↑Theologie zu regeln, für Ausbildung und Disziplin des ↑Klerus zu sorgen, das Klostervermögen staatlicher Aufsicht zu unterziehen (↑Amortisationsgesetze) und Vorschriften über das innerklösterliche Leben zu erlassen. Die von Maria Theresia auch im staatlichen Bereich getroffenen Maßnahmen führten unter Joseph II. u. a. zu einer Reform des Justizwesens, zur Abschaffung der Leibeigenschaft und Gründung von Wohlfahrtseinrichtungen. Der Josephinismus war von jenen grundstürzenden Ideen der «Vernunft» geleitet, die in ↑Französischer Revolution und ↑Säkularisation ihre volle Entfaltung erfuhren. ↑Territorialsystem

Jubiläum, Jubiläumsjahr, Jubeljahr (lat. *iubilare* = vor Freude singen, jauchzen). Beeinflusst vom jüdischen ↑Jobeljahr, enwickelte sich in der katholischen Kirche das Jubiläum als Fest- oder Gedenkfeier aus einem besonderen Anlass; seit 1300 werden in bestimmten Abständen oder zu einem denkwürdigen Ereignis Jubeljahre gefeiert, die mit päpstlichen ↑Gnaden-Erweisen verbunden sind und an denen ein spezieller ↑Ablass, der Jubiläumsablass, gewonnen werden kann. ↑Heiliges Jahr

Juden (hebr. Jehudi, im AT Israeliten), ursprünglich Name für die Angehörigen des Stammes Juda, dann für alle zum Südreich Juda (932–586 v. Chr.) gehörenden Menschen, seit 450 v. Chr. (Rückkehr aus dem babylonischen Exil) aller Israeliten (↑Israel, ↑Jerusalem, ↑Zion, Zionismus).

Judenchristen. Die Reich-Gottes-Predigt ↑Jesu richtete sich zuerst an das jüdische Gottesvolk; die ersten Jünger und alle ↑Apostel waren Juden. Der schon im AT angelegte und in Jesu Predigt verstärkte Universalismus sowie auch die vielfach erfahrene Ablehnung des ↑Evangeliums von seiten jüdischer Repräsentanten führte noch in apostolischer Zeit zur Öffnung der Kirche auf die ↑Heiden hin (Apg). In der Antike bestanden noch lange ↑Gemeinden der Juden- und ↑Heidenchristen in der einen Kirche. ↑Ebioniten

Judengasse, Judenghetto, in den Städten ein eigenes Wohngebiet für Juden, das seit dem III. Laterankonzil (1179) vorgesehen war.

Judenverfolgungen ↑Antisemitismus

Judika (lat. = Richte!), vom Anfangswort des ↑Introitus übernommene Bezeichnung für den fünften Fastensonntag, den zweiten ↑Sonntag vor ↑Ostern.

Jugendweihe, 1. als Gegensatz zur ↑Konfirmation bei Freireligiösen die seit 1859 abgehaltene feierliche Einführung schulentlassener Jugendlicher in die Erwachsenen- und Arbeitswelt; 2. in der ehemaligen DDR war sie seit 1954 Teil des staatlich reglementierten pseudo-religiösen ↑Brauchtums: In einer kultisch (↑Kult) gestalteten Veranstaltung legten (und legen) die Jugendlichen nach achtjährigem Schulbesuch feierlich ihr Gelöbnis auf den Staat ab.

Jünger ↑Apostel

Jungfrauenweihe, seit dem 4. Jh. bezeugte, der ↑Mönchsweihe angeglichene und vom ↑Bischof vorgenommene ↑Weihe weiblicher ↑Religiosen, bis zum 10. Jh. auch der in der Welt lebenden Jungfrauen, die ursprünglich in einem Weihegebet und der anschließenden Überreichung des Schleiers bestand. Die seit dem Ende des Mittelalters außer Gebrauch gekommene Weihe erfuhr seit dem 19. Jh. eine Neubelebung und wird heute vielfach gespendet.

Jungfräulichkeit, freiwillige sexuelle Enthaltsamkeit (↑Keuschheit) und Verzicht auf ein eheliches Leben (↑Ehelosigkeit, ↑Zölibat), einer der drei ↑Evangelischen Räte; theologisch in besonderer Weise auf die ↑Gottesmutter Maria bezogen. ↑Lilie

Jüngster Tag, Jüngstes Gericht, aus der jüdischen ↑Apokalyptik entwickelte Vorstellung eines alle Völker umfassenden Gerichtes Gottes am Ende der Zeiten (↑Endzeit), im AT als kommender Tag des Herrn (Amos 5,16–20), im NT die Scheidung der Gerechten von den Ungerechten durch den ↑Weltenrichter Jesus Christus am «Tag des Zorns» (↑Dies irae) im Weltgericht (Mt 25,31–46; Offb 14,6–20,15). Für die bildliche Darstellung wurde bestimmend der in der frühmittelalterlichen byzantinischen Kunst erstmals begegnende Typus mit dem thronenden Christus, der ↑Gottesmutter Maria und Johannes' des Täufers (↑Taufe) sowie der ↑Apostel über den Auferstehenden, die – nach ihren Taten gerichtet – entweder von ↑Engeln in den ↑Himmel geführt oder vom ↑Teufel in die ↑Hölle gezerrt werden; er begegnet häufig im ↑Tympanon romanischer und gotischer Kirchen- ↑Portale, auf ↑Altar-Bildern (z. B. Stephan Lochner, um 1435) und ↑Fresken (Michelangelos «Jüngstes Gericht» an der Altarwand der ↑Sixtinischen Kapelle, 1535–1541). ↑Stifterbild

Jurisdiktion, Jurisdiktionsprimat. In der katholischen Kirche meint Jurisdiktion (lat. = Rechtsprechung) die kirchliche Gerichtsbarkeit mit allen Funktionen hoheitlicher ↑Kirchen- und Hirtengewalt, Gesetzgebung, Rechtsprechung und Verwaltung. Für das aus den Kämpfen im ↑Investiturstreit als geistliche Vormacht im ↑ Abendland hervorgegangene ↑Papsttum wurde die Ausbildung eines festen und zugleich beanspruchten weltumfassenden Rechts zum wichtigsten Instrument seiner Politik. Das überkommene kirchliche Recht wurde in fast allen Punkten erneuert, zur allgemeinen Geltung gebracht und im Sinne der allumfassenden römischen Primatsdoktrin (↑päpstlicher Primat) umgestaltet, ergänzt und neu gefasst. Fortan wurde das Recht der ↑lateinischen Kirche (↑Kirchenrecht) im Sinn der unbeschränkten Papstgewalt im Jurisdiktionsprimat hinsichtlich des ↑Glaubens, der Sittenlehre, der Disziplin und Leitung der Gesamtkirche weitergebildet. Dieser Vorrang des Papstes erfuhr im ↑Vaticanum II (1962–1965) jedoch eine Ergänzung durch die Lehre von der Kollegialität der Bischöfe: Das ↑Bischofskollegium, dem alle gültig geweihten Bischöfe angehören, ist zusammen mit dem Papst und nie ohne den Papst Träger der höchsten und vollen Gewalt über die Kirche, ausgeführt im Ökumenischen ↑Konzil und durch andere vom Papst veranlasste oder frei angenommene Handlungen aller Bischöfe. ↑Exemtion

Jus, ius ↑i. u.

K

Kadavergehorsam, negativ gebrauchter Begriff für den von Ignatius von Loyola in den Konstitutionen der ↑Jesuiten geforderten ↑Gehorsam der Ordensmitglieder gegen Gott und den Vorgesetzten, so, als seien sie ein Leichnam (lat. *si cadaver essent*). Das Wort wurde (zumal als gegen den Militarismus von den Sozialdemokraten seit Ende des 19. Jh.s gebrauchtes) als Synonym für den willenlosen, «blinden Gehorsam» zunehmend zweckentfremdet.

Kaiser, Kaiserweihe ↑Heiliges Römisches Reich, ↑Sakrales Herrschertum

Kalefaktorium (lat.), Wärmestube in einem ↑Kloster.

Kalendarium (lat.), Verzeichnis der kirchlichen Gedenk- und Festtage, im Mittelalter auch mit astronomischen Angaben versehen; das älteste ist für das Jahr 354 belegt. Die heutige Form ist das ↑Direktorium.

Kalender, Kalenderreform ↑Gregorianischer Kalender

Kalixtiner ↑Calixtiner

Kalligraphie ↑Buchkunst

Kalogeros (gr.), im Byzantinischen Reich der Vertreter (auch Gesandter) des ↑Patriarchen bei ↑Metropoliten und in ↑Kloster-Angelegenheiten.

Kalotte (frz.), aus der seit dem späten 15. Jh. getragenen kleinen, runden

Kopfbedeckung (Kappe) der Männer im 16./17. Jh. entstandene Form des ↑Pileolus; Bezeichnung auch für eine Kuppel.

Kalvarienberg (lat. *Calvaria* = Schädel, schädelförmiger Berg, aram. Golgotha = Schädelstätte), zum Gedenken an die Kreuzigung Jesu auf Golgotha (bei Luther: Golgatha) nachgeahmter Hügel oder hügelförmige Erhöhung (Kreuzberg) mit der plastischen Darstellung der Kreuzigungsgruppe am Ende eines ↑Kreuzwegs, v. a. an ↑Wallfahrts-Orten; in der Bretagne sind sie als Calvaires besonders eindrucksvoll gestaltet.

Kalvinismus, Kalvinisten ↑Calvinismus

Kamaldulenser, nach der Einsiedelei Camaldoli (Toskana) benannter, Anfang des 11. Jh.s von Romuald von Ravenna († 1027) gegründeter strenger Zweigorden der ↑Benediktiner, der Eremitentum und klösterliches Leben (↑Koinobiten) verbindet. Die Männer- und Frauenklöster bzw. Einsiedeleien umfassende ↑Kongregation (mit weißem ↑Ordenskleid) war in vielen europäischen Ländern verbreitet und besteht heute in einer kleinen Zahl klösterlicher Niederlassungen.

Kamauro (it.), seit dem Spätmittelalter belegte, außerhalb der ↑Liturgie getragene rote Kopfbedeckung des

↑Papstes. Mit dieser Mütze aus Samt und Seide zeigte sich nach Johannes XXIII., nach mehr als 40 Jahren also, erst Benedikt XVI. im Jahr seiner Wahl (2005) wieder.

Kamillianer, von Camillo de Lellis 1582 gegründeter ↑Orden für Werke der ↑Caritas, v. a. zur Pflege der Kranken und Sterbenden, daher auch «Väter vom guten Tod» genannt. Die Angehörigen (↑Regularkleriker) der weltweit verbreiteten Gemeinschaft sind wie die im 19./20. Jh. gegründeten gleichnamigen Frauengemeinschaften vorwiegend in Krankenhäusern, Heilanstalten, Pflege- und Altenheimen sowie in der Betreuung Suchtkranker tätig, auch in ordenseigenen Häusern.

Kämmerer, Kammerherr (von lat. *camera* = Raum mit gewölbter Decke), 1. eines der vier alten Hofämter, ursprünglich der Aufseher über den Schatz (Schatzmeister, lat. *thesaurarius*), dann auch (im Verlauf des Mittelalters ausschließlich) über die Gemächer eines Herrschers, als dessen persönlicher Diener; 2. im ↑Heiligen Römischen Reich zu den ↑Erzämtern gehörendes Amt (Erzkämmerer); 3. die nach Rangstufen unterschiedenen ↑Geistlichen und ↑Laien zur persönlichen Bedienung des ↑Papstes (auch ↑Kubikular) und der ↑Camerlengo. ↑Definitor

Kampanile (it.-lat., auch *campanarium*), der (häufig in Italien) frei neben einer Kirche stehende ↑Glocken- oder Kirchturm.

Kanon (gr. = gerade Stange, Stock; Richtschnur, Leitfaden, Regel, Verzeichnis, Register; lat. = *canon*, abgekürzt *c.*), 1. im Christentum die Schriften der ↑Bibel, die als echt, das heißt als von Gott offenbartes Wort, als inspiriert anerkannt sind (Kanon der ↑Heiligen Schriften); 2. das Hochgebet der ↑Eucharistie als wesentlicher Bestandteil der ↑Messe (Messkanon); 3. im katholischen ↑Kirchenrecht die einzelne Rechtsnorm (kirchliche Rechtsvorschrift, kirchenrechtliche Norm), auch die Gesamtheit der kirchenrechtlichen Normen, das in den Kanones (gegenwärtig im ↑Codex Iuris Canonici von 1983) festgelegte Recht der katholischen Kirche, daher Kanonisches Recht (lat. *ius canonicum*) genannt; 4. das kirchenamtliche Verzeichnis der Heiliggesprochenen (↑Kanonisation).

Kanon Muratori ↑Muratorisches Fragment

Kanonikalhof ↑Domherr, ↑Kollegiatkapitel

Kanonikat (lat.), ↑Amt und Würde (↑Dignität) eines ↑Kanonikers, ↑Chor- bzw. ↑Domherrn in ↑Kollegiat-, ↑Stifts- und ↑Domkapitel (Kollegiat-, Kanonikats- oder Chorherrenstift), früher auch die damit verbundene ↑Pfründe.

Kanoniker, in der lateinischen Version (*clericus canonicus*) für das Jahr 535 erstmals belegte Bezeichnung für einen ↑Chorherrn, der ein Leben gemäß den *canones* (↑Kanon) führt, d. h. nach dem Vorbild des ↑Mönchs sich zu einem Leben in Gemeinschaft (lat. *vita communis/canonica/apostolica*) nach einer bestimmten Regel verpflichtet; der Begriff lässt sich auch herleiten vom amtlichen Verzeichnis, in dem die dauernd tätigen Geistlichen einer ↑Bischofsstadt oder ↑Bischofskirche eingetragen waren. Zu einer ersten «Regulierung» (von lat. *regula* = Regel) der vom Mönchtum unterschiedenen kanonikalen Lebensweise kam es durch die ↑Aachener Regel von 816. Kanoniker und ↑Kanonissen, die der aus der ↑Gregorianischen Reform entwickelten Kanonikerreform des 11./12. Jh.s folgten und sich einem Leben in Gemeinschaft nach einer bestimmten Regel mit den ↑Gelübden verschrieben, werden – im Unterschied zum einfachen oder Säkular-Kanoniker (lat. *canonicus saecularis*) in ↑Dom- oder ↑Kollegiatkapitel – Regularkanoniker (lat. *canonici regulares*) oder regulierte Chorherren bzw. Chorfrauen genannt; deren bedeutendste sind die nach der ↑Augustinusregel lebenden ↑Augustiner-Chorherren und ↑Prämonstratenser.

Kanonikerreform ↑Aachener Regel, ↑Chorherren

Kanonisation, in der katholischen Kirche die seit dem 13. Jh. allein dem ↑Papst vorbehaltene feierliche Aufnahme eines Zeugen des Glaubens, eines Dieners bzw. einer Dienerin Gottes in den ↑Kanon, in das Verzeichnis der ↑Heiligen, seine bzw. ihre «Erhebung zur Ehre der Altäre», die Heiligsprechung (lat. *canonizatio, ca-*

nonisatio). Hervorgegangen aus der ↑Heiligenverehrung, gilt die von Papst Johannes XV. am 31.1.993 vollzogene Heiligsprechung Bischof Ulrichs von Augsburg als die erste sicher bezeugte Kanonisation, die im Verlauf des 11. Jh.s zum Heiligsprechungsprozess oder -verfahren ausgebildet wurde und heute vor der römischen ↑Ritenkongregation geführt wird. In ihm werden Martyrium bzw. heroische Tugendhaftigkeit des Heiligen, ↑Märtyrers oder ↑Bekenners, die auf dessen Fürsprache und Wirken hin geschehenen Wunder und eine seit langem bestehende Verehrung (↑Wallfahrt) bezeugt und in den Kanonisationsakten festgehalten. Durch die Heiligsprechung, der die ↑Beatifikation vorausgehen kann (nicht muss), erfolgt die kirchliche Zulassung der öffentlichen Heiligenverehrung. Die 2008 veröffentlichte, päpstlich approbierte Instruktion *Sanctorum mater* (lat. = Mutter der Heiligen) der römischen Kongregation für die Selig- und Heiligsprechungen betont die Voraussetzungen für die Einleitung eines Seligsprechungsprozesses, für die entscheidend sei, dass der Kandidat bei einem bedeutenden Teil des Gottesvolkes im Ruf der Heiligkeit stehen müsse. ↑Advocatus diaboli, ↑Positio, ↑Postulator

kanonisch ↑Kanon

Kanonisches Recht (lat. *ius canonicum*), das in den Kanones (↑Kanon) festgelegte katholische ↑Kirchenrecht, dessen wissenschaftliche Erforschung und Lehre Aufgabe der Kanonistik (Kirchenrechtswissenschaft) ist und als theologische und juristische Disziplin systematisch die Rechtsordnung der Kirche in Vergangenheit und Gegenwart behandelt. ↑Kanonist

Kanonisse (lat. *canonissa*), seit dem Spätmittelalter Bezeichnung für eine ↑Chorfrau. Das lateinische Adjektiv *canonica* ist der in griechischen Quellen seit dem 4. Jh. belegte Begriff für eine fromme Frau, die auf einer Liste (↑Kanon) eingetragen war, später allgemein für Frauen, die ein religiöses Leben führten. Mit dem in der lateinischen Kirche erst seit dem 8. Jh. begegnenden lateinischen Wort *canonicae* (zu lat. *sanctimoniales* = Gottgeweihte) als Parallelbildung zu *canonicus* (↑Kanoniker) waren weibliche ↑Religiosen gemeint, die zwar ohne ↑Gelübde, aber gemäß den kirchlichen Vorschriften in Gemeinschaft (mit oder ohne Eigentum) lebten und sich insofern von anderen Frauengemeinschaften wie den ↑Beginen unterschieden. In der ↑Aachener Regel wurden die Chorfrauen eine vom Geist der ↑Benediktregel inspirierte, nach strengen Vorschriften gemeinsam lebende Gemeinschaft genannt, an deren Spitze eine ↑Äbtissin (lat. *abbatissa canonica*) stand. Im Zuge der in der ↑Gregorianischen Reform des 11./12. Jh.s entwickelten Kanonikerreform nahmen einige Chorfrauen an Kanonissenstiften (wie die ↑Chorherren) die ↑Augustinusregel an. Sie nennen sich seither regulierte Chorfrauen, Regularkanonissen oder Augustiner-Chorfrauen. Oft aber behielten die Kanonissenstifte ihre bisherige Lebensweise bei. Bei ihnen kamen das gemeinsame Leben und die Beobachtung der ↑Klausur immer mehr außer Übung, die Verweltlichung nahm zu. Die Kanonissenstifte (seit dem späten Mittelalter auch Frauen-, Fräuleinoder ↑Damenstifte genannt) wurden in steigendem Maße zu «Versorgungsanstalten» für Mädchen aus adeligem Hause. Die sogenannten Säkular-Kanonissen waren ungebunden, sie konnten sich nach Belieben außerhalb des Stiftes aufhalten, aus diesem austreten und heiraten. Nur die Äbtissin oder andere Amtsinhaberinnen legten die Gelübde ab. Die adeligen Stiftsdamen verfügten über Einkommen aus einer festgelegten Zahl von ↑Pfründen, hatten Privatbesitz und waren an keine Gelübde gebunden. Viele Stifte wurden ↑reichsunmittelbar und von Reichsäbtissinnen geleitet. Die meisten Damenstifte in Deutschland gingen in den Wirren der ↑Reformation unter oder wurden in protestantische Damenstifte umgewandelt.

Kanonist, Gelehrter und Lehrer des ↑Kanonischen Rechts und der Kanonistik. ↑Legist

Kanonistik ↑Kanonisches Recht

Kanontafeln, drei auf dem ↑Altar (früher) aufgestellte oder liegende Tafeln, die (als Gedächtnisstütze) Teile der feststehenden Texte für die Feier der ↑Messe enthalten.

Kantate (lat. *cantare* = singen), 1. seit 1620 gebräuchliche Bezeichnung (it. cantada, cantate = Singstück) für eine mehrteilige, aus lyrischen und dramatischen Texten bestehende Vokalkomposition mit instrumentaler Begleitung, die im ↑Barock an die Stelle von ↑Motette und ↑Madrigal trat und besonders in den deutschen evangelischen Kirchen als geistliche Kantate die Hauptform der ↑Kirchenmusik für alle Sonn- und Feiertage darstellte, so die ↑Choral-Kantaten Johann Sebastian Bachs (1685–1750); 2. vom ersten Wort des ↑Introitus (lat. = Singet [dem Herrn ein neues Lied], nach Ps 98,1) übernommener Name für den vierten ↑Sonntag nach ↑Ostern.

Kantor (lat., ↑Kantate), in der ↑Liturgie allgemein der Vorsänger, im ↑Gregorianischen Gesang auch der Leiter der ↑Schola, an ↑Kathedral- und ↑Klosterkirchen früher ausschließlich von ↑Klerikern, seit dem Spätmittelalter vom Chormeister (↑Chor) wahrgenommenes Amt; in den evangelischen Kirchen seit dem 16. Jh. der Leiter des Kirchenchors (↑Kantorei), der gewöhnlich auch als Organist fungierte.

Kantorei (lat., ↑Kantate), im Mittelalter der an ↑Dom- und ↑Klosterschulen bestehende Gesangs- ↑Chor, später eine als Sing- ↑Bruderschaft tätige Sängervereinigung; seit dem späten 15. Jh. auch ein weltlicher Sängerchor an den Fürstenhöfen (Hofkantorei). Bedeutend wurden in den evangelischen Kirchen seit dem 16. Jh. die vom ↑Kantor geleiteten (Schul-) Kantoreien in den Städten, z. B. die Thomasschule in Leipzig. Heute begegnet

der Begriff auch für einen Kirchenchor.

Kanzel (von lat. *cancelli* = Schranke, Gitter, Kanzelle), im 13. Jh. (unter dem Einfluss der ↑Bettelorden) entstandene Form des erhöhten, meist an einen Pfeiler des ↑Langhauses oder in der ↑Vierung angebrachten und über eine Treppe erreichbaren ↑Predigt-Platzes oder -Stuhls in einer Kirche, der sich aus dem bei den ↑Chorschranken errichteten ↑Ambo und dem ↑Lettner entwickelte (auch Lettnerkanzel). Seit der späten ↑Gotik, v. a. in ↑Barock und ↑Rokoko sind Treppenaufgang, Brüstung, Kanzelkorb und der über diesem befestigte Schalldeckel (auch ↑Baldachin) meist kostbar ausgestattet und reich verziert (z. B. mit Darstellungen der ↑Evangelisten und ↑Kirchenväter). In evangelischen Kirchen begegnet häufig die Vereinigung von ↑Altar und Kanzel zum Kanzelaltar. Hier blieb die Kanzel ein wesentliches Element für Kirchenraum und ↑Gottesdienst, während in katholischen Kirchen in der Regel nicht mehr von der Kanzel aus gepredigt wird.

Kanzellen ↑Chorschranken

Kanzelparagraph, während des ↑Kulturkampfes durch 1871 erlassenes Gesetz in das deutsche Strafgesetzbuch eingeführter, 1953 aufgehobener Straftatbestand, der eine den öffentlichen Frieden gefährdende, schriftliche oder mündliche Verkündigung oder Erörterung staatlicher Angelegenheiten durch ↑Geistliche

(z. B. in der ↑Predigt von der ↑Kanzel) mit Strafe bedrohte.

Kapelle (lat. *capella, oratorium, sacellum*), 1. ein besonderen Zwecken dienender kleiner Kirchenraum, als selbständiger Sakralbau (z. B. ↑Friedhofs-Kapelle, früher häufig mit ↑Karner, als Brückenkapelle oder Kapellen in Wald und Flur) oder als Annexraum, also eigener ↑Kult-Raum in einem Kirchengebäude (z. B. ↑Tauf-, Toten- oder ↑Grab-Kapelle), im Mittelalter häufig um den ↑Chor oft zu Chorkapelle, Kapellenchor oder -kranz gereiht, im Seitenschiff oder in Schlössern und Burgen. Der Name leitet sich her vom Betraum der fränkischen Könige, in dem ein Teil des Mantels (lat. *cappa*) des hl. Martin von Tours († 397), den er mit einem Bettler teilte, als ↑Reliquie aufbewahrt wurde; der Vorsteher und Aufseher dieser *capella Sancti Martini* (lat. = Kapelle des heiligen Martin) war der capellanus (lat.), der ↑Kaplan. Bald ging das Wort auf die ↑Hofkapelle und die Beträume der Burgen und Pfalzen (↑Pfalzkapelle), dann auf die übrigen kleineren Kirchenräume über. 2. Kapelle hieß ursprünglich auch ein Sänger- ↑Chor, der die reine Vokalmusik (lat. *a capella*) pflegte; seit dem 16. Jh. wird eine Gruppe von Musikern, das Orchester, so genannt.

Kapitel (von lat. *caput* = Kopf; *capitulum* = Köpfchen, Abschnitt, Hauptstück), 1. kurze Inhaltsangabe am Beginn eines Buches, eines Buch- bzw. Textabschnitts (Kapitelüberschrift)

oder Einteilung eines (Gesetzes-) Textes (↑Kapitularien), in den ↑Stiften und ↑Klöstern z. B. der Vortrag eines Abschnitts der ↑Ordensregel, mit dem die Versammlung der gemeinsam lebenden Weltkleriker, der Stifts- oder Chorherren bzw. Ordensleute eingeleitet wird. 2. Von daher ging das Wort auf den Ort der Versammlung (Kapitelsaal, -stube) und auf die Versammlung selbst über, d. h. auf die berechtigten Mitglieder eines Ordens bzw. Klosters (der Gliederung entsprechend als ↑Konvents-, ↑ Provinz- und ↑Generalkapitel, auch als Schuldkapitel zu ↑Bekenntnis und Abstellung von Ordnungsverstößen), dann auch auf die ↑Dom-, ↑Kathedral-, ↑Kollegiat- und ↑Stiftskapitel und deren Mitglieder, die (Dom- und Stifts-) Kapitulare. 3. Kapitel bezeichnet auch die in einem ↑Dekanat zusammengefasste Geistlichkeit in ländlichen Gegenden (Land- oder Ruralkapitel).

Kapitell (von lat. *capitulum* = Köpfchen, ↑Kapitel), der oberste Teil einer Säule, eines Pfeilers oder ↑Pilasters, der diese und die darauf ruhende Last (Gewölbe) verbindet. Zum Grundtypus im ↑Abendland wurde, auch im Sakralbau, das antike (dorische, ionische und korinthische) Kapitell, das in allen Stilepochen einen großen Formenreichtum erfuhr (Figuralkapitelle in ↑Romanik und ↑Gotik) und seit der ↑Renaissance wieder in der antiken Form verwendet wurde.

Kapitelsaal, Kapitelstube ↑Kapitel

Kapitelvikar, Kapitularvikar, der vom ↑Domkapitel mit der Leitung und Verwaltung eines ↑Bistums bei ↑Erledigung beauftragte ↑Administrator und ↑Vikar.

Kapitular ↑Kapitel, ↑Kapitelsvikar

Kapitularien (lat.), die nach der Einteilung in ↑Kapitel benannten Gesetze (Satzungen), auch ↑Edikte, für kirchliche und weltliche Angelegenheiten der fränkischen Herrscher (Merowinger und Karolinger), wichtiger Bestandteil für die ↑Karolingische Reform.

Kapitulation ↑Wahlkapitulationen

Kaplan (lat. *capellanus*), ursprünglich Aufseher und Wächter des Aufbewahrungsortes der Mantelreliquie des hl. Martin von Tours († 397), der ↑Kapelle, ein ↑Kleriker der ↑Hofkapelle des fränkischen Königs (↑Erzkaplan) und der päpstlichen Kapelle; der Name ging seit dem Spätmittelalter allgemein auf die Inhaber einer an Kapellen und ↑Altären gestifteten ↑Pfründe über, auch auf alle ↑Geistlichen, die nicht ↑Pfarrer sind, und für die Ordenskapläne in den geistlichen ↑Ritterorden. Nach geltendem katholischen ↑Kirchenrecht sind Kapläne ↑Hilfsgeistliche eines Pfarrers, früher auch ↑Kooperator oder ↑Gesellpriester, in manchen Gegenden heute auch ↑Vikar genannt.

Kappadokier (die drei Kappadokier), seit 1850 Titel für die in den theologischen Auseinandersetzungen um die ↑Trinität im 4. Jh. höchst bedeutenden Theologen Basilius von Caesarea in Kappadokien (Landschaft im östlichen Kleinasien), dessen Bruder bzw. Studienfreund Gregor von Nyssa und Gregor von Nazianz.

Kappeler Landfriede, die in Kappel an der Zürcher Grenze geschlossenen Friedensabkommen von 1529 und 1531, deren letztes nach der Niederlage der Reformierten im Krieg gegen die altgläubigen Kantone zustandekam; in dieser Schlacht war auch Huldrych Zwingli (↑Zwinglianismus) gefallen.

Kapuze (lat., zu ↑cappa), eine Art Kopfbedeckung, die über den Hals reicht, gewöhnlich mit einem Umhang oder Mantel verbunden und oft Teil des ↑Ordenskleides ist. ↑Kapuziner, ↑Kukulle, ↑Kutte

Kapuzinade, Anfang des 18. Jh.s begegnender Ausdruck für eine Art der ↑Predigt, die in der Sprache des Volkes, zudem mit lauter Stimme und reich an Gebärden gehalten, auch ↑Kapuziner-Predigt genannt wurde.

Kapuziner, neben ↑Franziskanern und ↑Minoriten einer der drei selbstständigen Zweige des Ersten franziskanischen Ordens, der 1528 aus einer Reformgruppe um die Franziskaner-↑Observanten Matthäus von Bascio und Ludwig von Fossombrone entstand, um den Orden zum ursprünglichen Ideal eines strengen franziskanischen Lebens in ↑Armut zurückzuführen. Er breitete sich rasch aus und wirkte – als typischer Orden der ↑Katholischen Reform – v. a. durch die ↑Predigt in allen europäischen Ländern in der Rekatholisierung, im Vorderen Orient, in Afrika und Teilen Amerikas in der ↑Mission. Das ↑Ordenskleid der meist Bart tragenden Kapuziner besteht in einem braunen Habit mit langer, spitzer ↑Kapuze, weißem Strickgürtel und Sandalen.

Kapuzinerinnen ↑Felizianerinnen

Kardinal (lat. *cardo* = Türangel, *cardinalis* = zur Türangel gehörig, im Angelpunkt, d. h. an wichtiger Stelle stehend, vorzüglich), 1. ursprünglich der an einer Haupt- oder ↑Bischofskirche in und außerhalb ↑Roms, also an wichtiger Stelle, einem «Dreh- und Angelpunkt» wirkende, «inkardinierte» ↑Kleriker (lat. *clericus cardinalis*; auch ↑Inkardination). Daraus entwickelte sich die um 1100 abgeschlossene Gliederung der Gemeinschaft von Kardinälen, das Kardinalskollegium (auch Heiliges ↑Kollegium genannt), in die drei Klassen: Kardinalbischöfe (lat. *episcopi cardinales*) der ↑suburbikarischen Bistümer um Rom, der an den römischen Hauptkirchen tätigen Kardinalpriester (lat. *presbyteri cardinales*) und der Kardinal- und Pfalzdiakone (lat. *diaconi cardinales*), denen die Aufsicht über die ↑Armen- und Krankenpflege in den verschiedenen Regionen Roms oblag. 2. Im 11. Jh., besonders seit Papst Leo IX. (1049–1054), entwickelte sich das Kardinalskollegium – über die bisher v. a. in der ↑Liturgie geleisteten Hilfsdienste hinaus – zu einer Körperschaft, die fortan dem ↑Papst in der Regierung der Gesamtkirche zur Seite stand. Parallel dazu verlief die Aus-

bildung der ↑Römischen Kurie als Zentralbehörde der römischen Kirchenleitung. Der Ausbau beider Institutionen war um die Mitte des 12. Jh.s abgeschlossen. Seit Ende des 12. Jh.s werden auch nichtrömische Bischöfe in das v. a. im 15./16. Jh. einflussreiche Kardinalskollegium aufgenommen; ihnen wird dabei eine römische ↑Titelkirche übertragen. 3. Nach geltendem katholischen ↑Kirchenrecht stellt das Kardinalskollegium mit dem Kardinal- ↑Dekan (lat. *decanus cardinalis*, zugleich Bischof von Ostia) an der Spitze den Senat des Papstes dar, den die Kardinäle als nächsthöchste Würdenträger (↑Dignität) der katholischen Kirche wählen und von dem sie ihrerseits ernannt (kreiert) werden. Das alleinige Recht der ↑Papstwahl war seit dem auf der bedeutenden ↑Lateran-Synode im Frühjahr 1059 verabschiedeten Papstwahldekret Papst Nikolaus' II. den Kardinälen allmählich zugewachsen, endgültig 1179; seit 1971 verlieren die Kardinäle mit Vollendung des 80. Lebensjahrs ihr aktives Papstwahlrecht. Sie sind als Kardinal- ↑Präfekten Leiter der Behörden der Römischen Kurie, der in der ↑Katholischen Reform 1588 geschaffenen Kardinals- oder Kurien- ↑Kongregationen, deren hauptamtlich tätigen Kardinäle Kurienkardinäle genannt werden. Die Vollversammlung der Kardinäle wird (Kardinals-) ↑Konsistorium genannt; der ↑Camerlengo (Kardinalkämmerer) führt nach ↑Erledigung des ↑Apostolischen Stuhles, in der Zeit der ↑Sedisvakanz, die wichtigsten Geschäfte und wirkt an der Vorbereitung des ↑Konklave entscheidend mit. 3. Kardinalsamt (Kardinalat) und Kardinalskollegium durchliefen im Verlauf ihrer Geschichte verschiedene Veränderungen, deren letzte im Umkreis des ↑Vaticanum II (1962–1965) erfolgten. Insbesondere wurde die unter Papst Sixtus V. 1586/87 festgelegte Zahl von 70 Kardinälen (6 Bischöfe, 50 Priester, 14 Diakone) überschritten, erstmals unter Papst Johannes XXIII. im Jahr 1958; alle Kardinäle sind jetzt auch geweihte Bischöfe und gehören somit zum ↑Bischofskollegium. Innerhalb der dreistufigen Gliederung des Kardinalskollegiums, die lediglich einen internen Rang darstellt, wurde die bischöfliche Klasse durch die Aufnahme der ↑Patriarchen der ↑unierten Ostkirchen erweitert. 4. Seit 1630 führen die Kardinäle den Titel ↑Eminenz; sie haben besondere ↑Privilegien inne und eine eigene Tracht: Neben den bischöflichen Insignien (↑liturgische Gewänder) das Kardinalspurpur ihrer Kleidung und den ↑Kardinalshut.

Kardinaldatar ↑Apostolische Datarie

Kardinalkämmerer ↑Camerlengo

Kardinallegat (lat. *Legatus a latere* = Gesandter von Seiten [des Papstes]), ein als persönlicher Vertreter (↑Apostolischer Nuntius) des ↑Papstes entsandter ↑Kardinal.

Kardinalnepote ↑Nepotismus

Kardinalpräfekt, Leiter (↑Präfekt) einer Kardinals- ↑Kongregation.

Kardinalprotektor (lat. *protegere* = schützen), mit der Schirmherrschaft (und Aufsicht) u. a. über ↑Orden, ↑Kongregationen, ↑Bruderschaften, kirchliche Vereine, früher auch über Länder und Nationen betrauter ↑Kardinal.

Kardinalshut, Kopfbedeckung des ↑Kardinals als Zeichen seiner Würde (auch Roter Hut genannt), ein flachrunder, breitkrempiger roter Hut mit 15 Knoten und Quasten an seitlich herabhängenden Schnüren; heute nur noch sehr selten getragen, nachdem die seit 1245 übliche Überreichung des Kardinalshutes 1969 durch die Aufsetzung eines ↑Pileolus und eines rotfarbigen ↑Biretts ersetzt wurde. Als ↑Attribut begegnet er stets in der bildlichen Darstellung des hl. ↑Kirchenvaters Hieronymus (↑Vulgata).

Kardinalskollegium ↑Kardinal

Kardinalskongregationen ↑Kongregation

Kardinalskonsistorium ↑Konsistorium

Kardinalstaatssekretär, der dem ↑Papst direkt zugeordnete Leiter des päpstlichen Staatssekretariates, heute der wichtigsten Behörde der ↑Römischen Kurie. Er ist zugleich für die Außenpolitik des ↑Heiligen Stuhles und für die Verwaltung (Präfektur; ↑Präfekt) der ↑Vatikanstadt verantwortlich. Das stets von einem ↑Kardinal bekleidete Amt hatte sich aus der mittelalterlichen Einrichtung des fürstlichen Geheimsekretärs entwickelt, für den um 1550 erstmals die

Bezeichnung Staatssekretär begegnet, und sich bis Ende des 17. Jh.s gegenüber dem ↑Nepotismus durchsetzen können.

Kardinaltugenden (von lat. *cardinalis* = vorzüglich; ↑Kardinal), die aus der antiken, v. a. platonischen Ethik übernommenen vier Haupt- oder Grundtugenden der christlichen, durch Thomas von Aquin († 1274) formulierten Sittenlehre, aus denen alle anderen Tugenden abgeleitet werden können: Klugheit (Weisheit), Gerechtigkeit, Tapferkeit und Besonnenheit (Maß und Zucht).

Kardinalvikar (lat. *Vicarius Urbis*), Titel des ↑Generalvikars des Bischofs von Rom, d. h. des ↑Papstes.

Karenz, Karenzjahr (lat. *carentia* = das Nichthaben; *annus carentiae* = Verzichtjahr, Sperrfrist), die Wartezeit für den neuen Inhaber einer ↑Pfründe bis zur Zulassung zur ↑Residenz und der Erlangung des (vollen) Einkommens (der Nutznießung), auf das er über einen bestimmten Zeitraum hinweg (bis zu einem Jahr) verzichten musste.

Karfreitag, Karsamstag ↑Kartage

Karfreitagsabkommen (engl. Good Friday Agreement), ein an Karfreitag (↑Kartage) des Jahres 1998 (10. April) nach jahrzehntelangen Verhandlungen und blutigen Auseinandersetzungen zwischen der Republik Irland, Großbritannien und den Parteien in Nordirland (↑Religionskriege) erzieltes Übereinkommen mit dem langfristigen Ziel der Befriedung der Region und eines friedlichen Ausgleichs zwischen Protestanten und Katholiken. ↑Oranierorden

Karitas ↑Caritas

Karmeliten, Angehörige des ↑Ordens der Brüder der Seligen Jungfrau vom Berge Karmel, einer der vier großen ↑Bettelorden der katholischen Kirche, benannt nach dem Berg Karmel im ↑Heiligen Land, wo im 9. Jh. v. Chr. der Prophet Elija lebte. Dort hatte sich im späten 12. Jh. (nach der Eroberung Palästinas durch die Kreuzfahrer; ↑Kreuzzug) eine Gruppe von ↑Eremiten niedergelassen, die als ↑Anachoreten in strengster ↑Askese und ↑Armut dem Ideal der ↑Nachfolge Christi lebten. Eine erste, 1226 päpstlich bestätigte Regel wurde nach der Übersiedlung der Gemeinschaft nach Europa von Papst Innocenz IV. 1247 geändert, der Orden dadurch den ↑Franziskanern und ↑Dominikanern gleichgestellt, womit die Möglichkeit der Niederlassung in den Städten eröffnet war. Verfallserscheinungen seit dem späten 14. Jh. führten zu Reformbestrebungen mit dem Ruf nach Rückkehr zur strengeren ↑Observanz, aus denen im 15. Jh. die Karmelitinnen und ein ↑Dritter Orden hervorgingen. Nach der Erneuerung des Karmels im Sinne der Regel von 1247 u. a. durch Theresia von Avila († 1582) und Johannes vom Kreuz (†1591), die beiden großen spanischen Vertreter der ↑Mystik, entstand durch Abtrennung vom bisherigen (Beschuhten) Karmeliter-Orden (auch ↑Konventualen) 1593 der

Orden der Unbeschuhten Karmeliten (Diskalzeaten, ↑Barfüßer). Beide Orden fanden Verbreitung in vielen europäischen und lateinamerikanischen Ländern, wirkten in besonderer Weise in ↑Seelsorge, Wissenschaft und in der ↑Mission. Nach dem beinahe völligen Untergang in der ↑Säkularisation kam es im 19. Jh. zu einem bedeutenden Neubeginn des bis heute weltweit tätigen Ordens, dessen Tracht (↑Ordenskleid) ein brauner ↑Habit und Ledergürtel, ↑Skapulier und ↑Kapuze ist. Unter den katholischen Orden zählen v. a. die weiblichen Zweige der Karmelitinnen zu den größten beschaulichen Frauengemeinschaften; deren bekannteste Angehörige im 20. Jh. sind die hl. Theresia vom Kinde Jesu († 1897 in Lisieux, 1997 zur ↑Kirchenlehrerin erhoben) und die 1998 heiliggesprochene Konvertitin (↑Konversion) aus dem Judentum Edith Stein (ermordet 1942 im KZ Auschwitz).

Karner (lat. *carnarium* = Fleischkammer, Beinhaus), seit dem Mittelalter v. a. in Süddeutschland und Österreich üblicher kapellenartiger Bau auf einem ↑Friedhof, in dem Schädel und Gebeine (lat. *ossa*, daher auch Ossarium) aufgeschichtet sind. In Karnern (auch ↑Kärrner, Gerner), die mit einem ↑Altar ausgestattet waren, konnten auch ↑Messen für die Toten gelesen werden.

Karneval (it.), in romanischen Ländern und im Rheinland gebräuchliche Bezeichnung für die von närrischem ↑Brauchtum begleitete und der ↑Fas-

ten-Zeit vorausgehende, gewöhnlich am 11.11. beginnende Zeit (↑Fastnacht, Fasnet, auch Fasching), ursprünglich der ↑Sonntag vor der vorösterlichen Fleischenthaltung, der Sonntag vor ↑Aschermittwoch. Der Begriff leitet sich wahrscheinlich von lateinisch *carne levare/levale* (= Fleisch wegnehmen/Fleischwegnahme) her, wird volkstümlich aber auch als *carne vale* (lat. = Fleisch, leb' wohl!) gedeutet. Ein Gemälde des berühmten Malers Pieter Breughel des Älteren von 1559 zeigt in drastischer Weise den «Kampf zwischen Karneval und Fasten».

Karolina de ecclesiastica libertate, ein vom römisch-deutschen König Karl IV. in einem für die ↑Kirchenprovinz Bremen(-Hamburg) bestimmten ↑Privileg erstellter Katalog mit Bestimmungen, welche die ↑Freiheit der Kirche betrafen. Als Richtschnur für diesen Gesetzestext, der eine breite Rezeption erfuhr, nannte er die von Friedrich II. anlässlich dessen Kaiserkrönung in Rom durch Papst Honorius III. 1220 (↑Sakrales Herrschertum) erlassene «Constitutio in basilica S. Petri» (lat. = Verordnung in der Basilika St. Peter; ↑Constituta, Constitutio); kurz zuvor hatte Friedrich II. den ↑geistlichen Reichsfürsten mit der «Confoederatio cum principibus ecclesiasticis» (lat. = Bündnis mit den Kirchenfürsten) wichtige ↑Regalien und Hoheitsrechte gewährt.

Karolingische Reform, die im 8./9. Jh. von den karolingischen Herrschern gestützte, von der ↑angelsächsischen Mission eingeleitete kirchliche Reformbewegung im Fränkischen Reich, in deren Verlauf, v. a. unter Karl dem Großen (768–814) und Ludwig dem Frommen (814–840), auf Grundlage von ↑Kapitularien und ↑Synoden die ↑Kirchenverfassung neu geordnet wurde, insbesondere durch die Errichtung von ↑Bistümern und ↑Kirchenprovinzen, die Regulierung des Gemeinschaftslebens der ↑Kanoniker durch die ↑Aachener Regel (816) und die gleichzeitige Förderung des ↑Mönchtums. Den Reformbemühungen lag das politische Programm einer *renovatio imperii* (lat. = Erneuerung des [Römischen] Reiches) zugrunde, die zu einer Wiederaufnahme antiker und frühchristlicher Traditionen, damit zu einer Reform der Sprache (↑Latein), der Schrift («Karolingische Minuskel» als vereinfachter Buchschrift mit kleinen Buchstaben), der Bildung und der Kunst führte («Karolingische Renaissance»). Im Zuge dieser Reformen kam es auch zu einer Durchsicht und Vereinheitlichung (Revision) liturgischer und kirchenrechtlicher Schriften (↑Liturgie, ↑Kirchenrecht), die zu einem wichtigen Bestandteil der Reform überhaupt wurden.

Kärrner, alte Schreibweise für ↑Karner, Bezeichnung auch für den (Leichen-) Karrenschieber und Totengräber.

Kartage, die Haupttage der ↑Karwoche: ↑Gründonnerstag, Karfreitag (als Gedächtnistag der Kreuzigung Christi [↑Passion], in der katholischen Kirche ein Fast- und Abstinenztag; ↑Fasten) und Karsamstag.

Kartäuser, neben den ↑Trappisten strengster beschaulicher ↑Eremiten-↑Orden der katholischen Kirche, der 1084 in der Bergwildnis der Grande Chartreuse (lat. *Cartusia* = Kartause) nördlich von Grenoble (Frankreich) entstand, wo sich Bruno von Köln († 1101) mit sechs Gefährten niedergelassen hatte, um ein strenges Einsiedlerleben zu führen. Die auf Grundlage der ↑Consuetudines von 1125 erstellten Konstitutionen (↑Constituta) des Ordens wurden 1143 und 1176 päpstlich bestätigt; seit 1155 wird ein jährliches ↑Generalkapitel (mit dem Generalprior an der Spitze, stets der ↑Prior der Grande Chartreuse) abgehalten. Nachdem nahezu alle Kartausen, die in ihrer Anlage eine Verbindung des Einsiedler- mit dem Gemeinschaftsleben darstellen, der ↑Säkularisation zum Opfer gefallen waren, kam es im 19. Jh. zu einem neuen Aufschwung des Ordens (mit dem seit 1145 bestehenden weiblichen Zweig der Kartäuserinnen), dessen ↑Ordenskleid eine weiße ↑Soutane mit weißem Ledergürtel, weißem ↑Skapulier mit ↑Kapuze ist.

Karwoche (ahd. kara = Sorge, Kummer, Wehklagen), die mit dem ↑Palmsonntag beginnende Woche vor ↑Ostern (auch Stille oder Heilige Woche genannt), in der das Gedächtnis von Leiden und Tod (↑Passion) Jesu Christi feierlich begangen wird, v. a. an den in der ↑Liturgie besonders ausgestalteten und von reichem ↑Brauchtum (Karfreitags- ↑Prozession) begleiteten ↑Kartagen.

Kasel (lat. *casula*), das liturgische Obergewand des ↑Priesters bei der Feier der ↑Messe, das Messgewand. ↑liturgische Gewänder, ↑Phelonion

Kastler Reform, die Ende des 14. Jh.s von der ↑Benediktiner-Abtei Kastl in der Oberpfalz (Bayern) ausgehende erste benediktinische Reform des Spätmittelalters in Süddeutschland, die bis in das 15. Jh. hinein zwar viele ↑Klöster erfasste, jedoch von weniger weitreichendem Einfluss war wie die Reformbewegungen der ↑Bursfelder Kongregation und der ↑Melker Reform. ↑Ordensreformen

Kastrat ↑Eunuch

Kasualien, Kasualpraxis, in der protestantischen und katholischen ↑Seelsorge besondere (Bedarfs-) Fälle (lat. *casus*) pastoralen Handelns außerhalb des festen ↑Gottesdienst-Plans, z. B. ↑Taufe, ↑Konfirmation, ↑Trauung, ↑Begräbnis.

Katafalk (it.-frz.), schwarz verhängtes Gerüst für den Sarg bei Trauerfeiern (↑Requiem). ↑Tumba

Katakomben (gr.-lat. *catacumba* = Unterhöhlung), unterirdische ↑Begräbnis-Stätten (↑Krypta) des ↑Frühchristentums im Mittelmeerraum (v. a. in Rom, Neapel, Palermo), die aus einem weitverzweigten Netz von oft in mehreren Stockwerken liegenden Gängen bestehen, in deren Wänden sich Grabnischen oder -kammern

befinden. Der Name geht auf den Bestattungsort des hl. Sebastian an der Via Appia südlich von Rom zurück (lat. Coemeterium [Ruhestätte] ad catacumbas). Von besonderer Bedeutung sind die römischen Katakomben aus dem 2. bis 4. Jh., die Christen in der Zeit der ↑Christenverfolgungen auch als Zufluchtsstätten aufsuchten. Die darin erhaltenen Inschriften (↑Epigraphik), Wand- und ↑Deckenmalereien sind herausragende Zeugnisse für die (Kunst-) Geschichte des Frühchristentums (↑Gottesmutter). Die im 8./9. Jh., besonders seit Ende des 16. Jh.s diesen entnommenen und als ↑Reliquien überaus begehrten Gebeine nannte man Katakombenheilige.

Katechese (von gr. *katechein* = unterrichten, belehren), die christliche Glaubensunterweisung (auch ↑Katechismus, ↑Katechumenat), so im vorbereitenden Taufunterricht (↑Taufe) der Katechumenen durch den Katecheten; sie ist in ihrer historischen Entwicklung von ↑Christenlehre und schulischem Religionsunterricht zu unterscheiden, dient aber heute auch zur Bezeichnung für diese Unterrichtsformen. Katechetik ist die Wissenschaft von der Vermittlung des christlichen Glaubens in der Katechese, als Pastoraltheologie und Religionspädagogik eine Disziplin der ↑Theologie.

Katechismus (wie ↑Katechese, ↑Katechumenat), seit dem ↑Frühchristentum die mündliche Glaubensunterweisung, besonders der Taufbewerber (Katechumenen); seit der

↑Reformation Name für das Lehrbuch des christlichen Glaubens, meist in Frage und Antwort. In den evangelischen Kirchen erlangten große Bedeutung Martin Luthers Großer und Kleiner Katechismus (↑Enchiridion) von 1529, in den reformierten Kirchen der ↑Heidelberger Katechismus von 1563. In der katholischen Kirche wurde der ↑Catechismus Romanus von 1566 maßgebend, zuvor der für das Volk bestimmte Katechismus des Petrus Canisius von 1555. Die heutigen meist gebräuchlichen deutschen Katechismen sind der Evangelische Erwachsenen- bzw. Gemeindekatechismus, der Katholische Erwachsenenkatechismus und der Katechismus der katholischen Kirche (als Kompendium 2005).

Katechumenat (gr.), seit dem ↑Frühchristentum die Vorbereitungszeit (↑Skrutinium) der Taufbewerber (Katechumenen oder Kompetenten; ↑Taufe; ↑Photismos), in einigen evangelischen ↑Landeskirchen der Konfirmanden (↑Konfirmation); allgemein auch die Glaubensunterweisung, die ↑Katechese.

Katene (gr.-lat. = Kette), seit dem 6. Jh. gebräuchliche Sammlung und Aneinanderreihung ausgewählter autoritativer Kommentare zur ↑Heiligen Schrift, Bibelauslegungen der ↑Kirchenväter, eine bedeutende Variante des ↑Florilegium.

Katharer, Anhänger der größten ↑Sekte des Mittelalters, die sich selbst meist Gute Christen/Männer bzw. Frauen nannten. Während in Frankreich der Name ↑Albigenser gebräuchlich war, begegnete zuerst in Deutschland, dann Italien (dort auch ↑Patarener) ihre Benennung als Katharer (herzuleiten wohl von gr. *katharos* = rein, it. *gazzari*). Von daher wurde auch ↑Ketzer zur allgemeinen Bezeichnung der Anhänger dieser der ↑Häresie geziehenen ↑Armutsbewegung, die in der zweiten Hälfte des 11. Jh.s durch die Trennung von den ↑Bogomilen entstand und sich im Verlauf des 12. Jh.s über Süd-, West- und Mitteleuropa stark verbreitete und besonders unter den ↑Laien erheblichen Anklang fand. Eigene Kirchen (später mit ↑Hierarchie und ↑Bistümern) der Katharer wurden v. a. auf dem Balkan, in Nord- und Südfrankreich, seit 1145 im Rheinland und seit 1155 in Italien errichtet. Ihre von ↑Dualismus, ↑Manichäismus und Seelenwanderung geprägte Zweigötterlehre nahm ein böses Prinzip (den ↑Teufel, den bösen Gott des AT) an, das in ständigem Kampf mit dem guten Prinzip, dem guten Gott des NT und seinem reinen ↑Engel Jesus Christus lag. Damit verlor Christus seine Stellung als Erlöser; die Selbsterlösung wurde durch Ablehnung der irdischen Welt und radikale ↑Askese (u. a. Enthaltung von ↑Ehe und Fleischgenuss) als möglich betrachtet, wobei nur die Reinen oder Vollkommenen (lat. *perfecti*) im Unterschied zu den Gläubigen (lat. *credentes*) Heilsgewissheit haben konnten. Mit zunehmendem Einfluss der allmählich in verschiedene Richtungen zerfallenen Bewegung (von der die Albigenser der in Lehre und Organisation geschlossenste Teil blieben) kam es zu großangelegten kirchlichen Gegenmaßnahmen (↑Predigt und ↑Mission) sowie kaiserlichen und städtischen Erlassen, dann zu ihrer Bekämpfung durch ↑Kreuzzüge (Albigenserkriege) und die ↑Inquisition. Die päpstlich geförderte Armutsbewegung der ↑Franziskaner und ↑Dominikaner am Beginn des 13. Jh.s vermochte als «Auffangbecken» den Katharismus entscheidend zurückzudrängen. Schon 1230 war er im ↑Heiligen Römischen Reich, bis 1250 auch andernorts beseitigt. Unbedeutende Reste der Sekte bestanden in manchen Gegenden bis ins 14./15. Jh. ↑Novatianer

Kathedra ↑Cathedra

Kathedrale, Kathedralkirche, v. a. in England, Frankreich und Spanien (in der jeweiligen Landessprache) übliche Bezeichnung für die Hauptkirche eines (↑Erz-) ↑Bischofs, also die nach seinem Bischofsstuhl, der ↑Cathedra, benannte ↑Bischofskirche, in Deutschland und Italien auch ↑Dom genannt. In der Geistes- und Kunstgeschichte ist die «Zeit der Kathedralen» im hohen und späten Mittelalter Inbegriff der ↑Gotik.

Kathedralentscheidung, eine unfehlbare Entscheidung des ↑Papstes. ↑ex cathedra.

Kathedralkapitel, das ↑Kapitel an einer ↑Kathedrale und ↑Bischofskirche, das ↑Domkapitel.

Kathedralkirche ↑Kathedrale, ↑Metropolit

Kathedralklerus, der an einer ↑Kathedrale und ↑Bischofskirche wirkende ↑Klerus, aus dem das ↑Domkapitel hervorging.

Kathedralschule, Schule an einer ↑Kathedrale und ↑Bischofskirche, die ↑Domschule.

Kathedralsteuer (lat. *cathedraticum*, auch *synodaticum*), die früher oft auf ↑Synoden zu entrichtenden jährlichen ↑Abgaben der Kirchen, ↑Pfründen und ↑Bruderschaften einer ↑Diözese an die ↑Kathedrale.

Katholikos (gr. = allgemein), ursprünglich der Vertreter des ↑Patriarchen von Antiochien, heute Titel des Oberhauptes einer autokephalen orientalisch-orthodoxen Kirche, z. B. der ↑Armenischen, Georgischen, Syrischen, Äthiopischen und der ↑Nestorianischen Kirche. ↑Synode

katholisch (gr. = das Ganze betreffend), zunächst nicht ↑Bekenntnis, sondern Dimension und Wesensmerkmal der ↑Kirche, die von ↑Jesus Christus gesandt ist, im Heiligen Geist (↑Trinität) den universalen Heilswillen Gottes und das in Jesus Christus für alle und ein für allemal erwirkte Heil zu verkünden und zu vergegenwärtigen.

katholisch-apostolische Gemeinden, 1832 bis 1835 im Geist der ↑Adventisten entstandene Gemeinschaften, die an die baldige Wiederkunft Christi (↑Parusie) glauben und die Ämter und Ordnungen der ↑Urkirche wiederherstellen wollen; die auch begegnende Selbstbezeichnung Irvingianer leitet sich her von dem schottischen Theologen und ↑Presbyterianer Edward Irving († 1834), der nach Kontakten mit den ↑Darbysten «Engel» in der Londoner katholisch-apostolischen Gemeinde wurde. ↑Neuapostolische Gemeinde

Katholische Aktion, allgemeine Bezeichnung für die Mitarbeit der Laien am ↑Apostolat in der katholischen Kirche (↑Laienapostolat), die – vorbereitet durch die katholische Soziallehre und das katholische Vereinswesen seit Ende des 19. Jh.s – unter Papst Pius XI. (1922–1939) organisiert und bis zum ↑Vaticanum II (1962–1965) nachhaltig gefördert wurde. ↑Zentralkomitee der deutschen Katholiken

Katholische Arbeiterbewegung (abgekürzt KAB), im Rahmen der christlichen ↑Arbeiterbewegung und parallel zu den ↑Gesellenvereinen (↑Kolpingwerk) Mitte des 19. Jh.s in Deutschland entstandene Zusammenschlüsse katholischer Arbeiter (-vereine), seit 1968 Katholische Arbeitnehmer-Bewegung genannt.

Katholische Arme ↑Waldenser

katholische Bewegung, Sammelbegriff für verschiedene reaktionär-restaurative Bewegungen in der katholischen Kirche, v. a. in Frankreich, Deutschland und Italien, auch ↑politischer Katholizismus genannt. Sie entstand auf dem Hintergrund der auf dem ↑Wiener Kongress 1815 geschaffenen politischen Neuordnung im Geist der ↑Restauration, in deren Folge das seit der ↑Säkularisation vielfach zerrüttete Kirchenwesen der Länder durch eine Reihe von ↑Konkordaten mit dem ↑Heiligen Stuhl neu organisiert und das neue bürgerliche Selbstbewusstsein der Katholiken bedeutend gestärkt wurden. Mit politischen Mitteln kämpfte die Bewegung, die zur Bildung katholischer Parteien (↑Zentrum) führte, für die Freiheit der Katholiken gegenüber dem Zugriff des Polizeistaates. Besonders der 1814 wiederhergestellte Orden der ↑Jesuiten beeinflusste die Entwicklung des Katholizismus (↑Ultramontanismus), der sich unter den Pontifikaten Gregors XVI. (1831–1846) und noch stärker Pius' IX. (1846–1878) in einer Haltung feindseliger Abwehr fortschreitend von allen «Neuerungen» distanzierte. Dabei wurde die notwendige Diskussion um die im Zeitalter der ↑Aufklärung aufgebrochene Auseinandersetzung um Glauben und Wissen, Offenbarung und Vernunft nicht offen ausgetragen, sondern unterdrückt. Dies wiederholte sich in mehreren Phasen durch das ganze 19. Jahrhundert hindurch, zuletzt in den die Kirche tief verstörenden Kämpfen um ↑Reformkatholizismus, ↑Integralismus und ↑Modernismus am Ende des 19. und Beginn des 20. Jh.s. Folgenschwer wirkte sich dabei die Haltung der katholischen Kirche zur aufbrechenden und dann drängenden «Sozialen Frage» (↑Sozialenzykliken) aus. ↑evangelisch-sozialer Kongress, ↑christlich-soziale Bewegung

katholische Briefe, seit dem 2. Jh. Bezeichnung für die (im Unterschied zu den ursprünglich an bestimmte ↑Gemeinden gerichteten) Sendschreiben des NT, die an die gesamte Christenheit adressiert sind (Jak, Jud, 1 und 2 Petr, 1–3 Joh).

katholische Kirche, die ↑Kirche, die von ↑Jesus Christus berufen ist, allen Geschöpfen das ↑Evangelium zu verkünden (Mk 16,15); sie ist «in Christus gleichsam das [↑] Sakrament, das heißt Zeichen und Werkzeug für die innigste Vereinigung mit Gott wie für die Einheit der ganzen Menschheit» (Lumen Gentium 1 [↑Vaticanum II]) und von ihrem Wesen her ↑katholisch. Seit dem Mittelalter wird die ↑lateinische (römische; ↑Rom) Kirche mit der katholischen Kirche gleichgestellt (römisch-katholische Kirche), im Unterschied zu den ↑orthodoxen und dann im 16. Jh. zu den ↑evangelischen Kirchen. Im Hinblick auf eine neue Verhältnisbestimmung zu den anderen Kirchen und kirchlichen Gemeinschaften legte das Vaticanum II in der genannten Kirchenkonstitution «Lumen gentium» (8) fest, die eine, heilige, katholische und [↑] apostolische Kirche Christi sei verwirklicht (lat. *subsistit*) in der katholischen Kirche, die vom Nachfolger Petri, dem ↑Papst, und den ↑Bischöfen in Gemeinschaft mit ihm geleitet wird.

Katholische Liga ↑Liga

Katholische Majestät, Titel der spanischen Könige, 1496 von Papst Alexander VI. an Ferdinand II. von Aragonien und Isabella von Kastilien verliehen, auch Katholische Könige, Katholisches Königspaar, Allerkatholischste Majestät.

katholische Ostkirchen ↑unierte Ostkirchen

Katholische Reform, Selbst*besinnung* und innere Erneuerung der ↑katholischen Kirche im 16./17. Jh., im Unterschied und als Ergänzung zur ↑Gegenreformation als Selbst*behauptung*, entscheidend ausgelöst durch die ↑Reformation. In Umsetzung der Reformdekrete des Konzils von Trient (1545–1563) wurden die Erfordernisse der ↑Seelsorge in den Vordergrund gestellt, die bischöfliche Gewalt (↑Bischof) gestärkt und die ↑Priester-Bildung besonders durch die Errichtung von ↑Seminarien verbessert. Die katholische Lehre wurde im ↑Catechismus Romanus zusammenfassend dargestellt, ihre Verkündigung damit auf eine neue Grundlage gestellt. ↑Regensburger Konvent und Bündnis, ↑Restauration

Katholizismus, im weitesten Sinn die Gesamtheit aller das ↑Bekenntnis betreffenden Erscheiungsformen der (römisch-) ↑katholischen Kirche, jene (geistes-) geschichtlichen und weltanschaulichen Haltungen und Wirkungen, die von ihrem Geist und ihrer Lehre geprägt sind.

Katholizität, neben Einheit, Heiligkeit und Apostolizität (↑Apostolische

Sukzession) eines der vier Wesensmerkmale der Kirche gemäß dem ↑Nicaeno-Constantinopolitanum.

Kelch (von lat. *calix*), das in der Feier des ↑Abendmahls und der heiligen ↑Messe verwendete (Edelmetall-) Gefäß für den (konsekrierten; ↑Konsekration, ↑Transsubstantiation) Wein, auch Messkelch genannt, gewöhnlich bestehend aus Fuß, Schaft mit Knauf und der ↑Cuppa. Die künstlerischen Ausdrucksformen gelangten bei der Gestaltung der Kelche in allen Jh.en zu höchster Vollendung (z. B. der sogenannte Tassilokelch in Kremsmünster, um 777–780); in neuerer Zeit sind vermehrt auch schlichtere Ausführungen nach Form (Becher) und Material (z. B. Ton) im Gebrauch. Das zum Reinigen des Kelches in der ↑Liturgie verwendete Kelchtüchlein heißt Purifikatorium (lat.). ↑Antimension, ↑Kirchengerät

Kelchkommunion, Darreichung und ↑Kommunion des (konsekrierten; ↑Konsekration) Weines in der Feier des ↑Abendmahls bzw. der heiligen ↑Messe. Die in der lateinischen Kirche seit dem Hochmittelalter allein dem ↑Priester vorbehaltene Kelchkommunion stieß im 14./15. Jh. vermehrt auf heftige Kritik. Verschiedene Bewegungen (↑Calixtiner, ↑Hussiten) forderten sie auch für die ↑Laien (Laienkelch), damit den Empfang des Abendmahls unter beiderlei Gestalt, d. h. Brot und Wein. In der ↑Reformation kam es um diese Frage vielfach zum offenen Konflikt. Für die katholische Kirche erlaubte das ↑Vaticanum II (1962–1965) die Kelchkommunion wieder.

keltische (Missions-) Kirche ↑irisches Mönchtum

Kenotaph (gr.), leeres Grabmal (↑Grab) zum Gedenken an einen Verstorbenen, z. B. den Stifter einer Kirche, der an anderer Stelle begraben liegt.

Kerub, Kerubin ↑Seraph, Seraphim

Kerygma (gr. = das durch den Herold Ausgerufene), Bezeichnung für die ↑Predigt Jesu Christi und die Verkündigung von Jesus Christus und dem ↑Evangelium in der Zeit des ↑Urchristentums. In der protestantischen und katholischen ↑Theologie des 20. Jh.s wurde der Begriff zum Programm für eine zeit- und sachgemäße Verkündigung des Wortes (des lebendigen) Gottes.

Kerze, vielleicht auf die Etrusker zurückgehendes, aus Wachs, Talg, Paraffin oder Stearin hergestelltes Beleuchtungsmittel mit einem (meist aus Baumwollfäden geflochtenen) Docht in der Mitte, das seit dem ↑Frühchristentum in den ↑Kult Eingang fand. Die Osterkerze symbolisiert als Licht Christi (lat. *lumen Christi*) den auferstandenen Herrn (↑Ostern).

Kerzenweihe ↑Lichtmess

Ketzer, Ketzerei (mhd. Ketter), wohl vom Wort ↑Katharer abgeleitet, wurde der Begriff seit dem Mittelalter allgemein auf Irrlehrer bzw. Irrlehre, die ↑Häresie, seit der ↑Reformation wechselseitig auch auf die jeweils Andersgläubigen übertragen.

Ketzergesetzgebung ↑Inquisition

Ketzerkataloge, vom 2. bis 8. Jh. angelegte Verzeichnisse von ↑Häretikern (↑Ketzern und Ketzereien).

Ketzerprozess ↑Inquisition

Ketzertaufstreit, Auseinandersetzung über die Gültigkeit der von ↑Häretikern gespendeten ↑Taufe, die zwischen Bischof Cyprian von Karthago (248/49–258) und Papst Stephan I. (254–257) geführt wurde. Dieser erkannte die Gültigkeit der Ketzertaufe an und widersprach damit der Auffassung Cyprians (und anderer nordafrikanischer Theologen), nach der die Taufe bei der ↑Konversion eines Häretikers zu wiederholen sei. In der ↑lateinischen Kirche setzte sich der römische Standpunkt seit Augustinus (354–430) durch, wonach jede (also auch von einem ↑Ketzer) legitim gespendete Taufe gültig sei.

Ketzerverfolgung ↑Inquisition

Keuschheit (lat. castitas), in der christlichen Überlieferung die Tugend des rechten, sittlich geordneten Verhaltens, des Maßhaltens und der Selbstzucht des Menschen in Bezug auf sein Sexualleben; bei katholischen ↑Religiosen ist sie Teil der geistlichen Standespflichten, eingebunden in die ↑Evangelischen Räte. Zum ↑Gelübde der Keuschheit gehört die ↑Ehelosigkeit (↑Jungfräulichkeit, ↑Zölibat).

Kinderkreuzzug, der 1212 von Vendôme (Frankreich) und den Rheinlanden ausgehende ↑Kreuzzug mehrerer Tausend etwa zehn- bis fünfzehnjähriger Kinder, von denen die meisten unterwegs zu Tode kamen, andere in Palästina als Sklaven verkauft wurden.

Kirche (von gr. *kyriaké* [zu ergänzen: *oikía*], *kyriakón* = Gotteshaus, eigentlich zum Herrn gehörig, dem Herrn geweihtes Haus abgeleitet, Übersetzung von gr. ekklesía, lat. ↑ecclesia, it. *chiesa,* engl. *church,* frz. *église,* span. *iglesia,* niederländ. *kerk*), 1. das Gotteshaus, das Haus Gottes (lat. ↑Domus Dei), Haus der Gottesverehrung, dem ↑Gottesdienst geweihtes Gebäude (↑katholisch durch ↑Konsekration oder ↑Benediktion, ↑evangelisch durch Widmung); 2. die Gemeinschaft der an ↑Jesus Christus Glaubenden (↑Christentum); 3. damit zugleich Sammelbezeichnung für die organisierte Gestalt, die institutionell, rechtlich und sozial geformte (und als ↑Hierarchie gegliederte) Organisation der christlichen Religions- ↑Gemeinschaften und ihrer Geschichte (↑Kirchengeschichte), wie sie in vorliegendem Lexikon darzustellen versucht werden.

Kirche Jesu Christi der Heiligen der letzten Tage ↑Mormonen

Kirche und Staat. 1. Die Frage nach dem rechten Verhältnis der Christen zum Gebot Gottes und gleichzeitig zur weltlichen, staatlichen Autorität, damit die Frage nach der rechten Zuordnung von Kirche und Staat ist so alt wie das Christentum selbst. Jesu

Äußerung zur Steuerfrage: «So gebt dem Kaiser, was dem Kaiser gehört, und Gott, was Gott gehört» (Mt 22,21) erfuhr bei Paulus eine Konkretisierung, als er in das Rom Kaiser Neros (54–68) schrieb: «Jeder leiste den Trägern der staatlichen Gewalt den schuldigen [↑] Gehorsam. Denn es gibt keine staatliche Gewalt, die nicht von Gott stammt; jede ist von Gott eingesetzt. Wer sich daher der staatlichen Gewalt widersetzt, stellt sich gegen die Ordnung ...» (Röm 13,1 f.). 2. Die Geschichte des Verhältnisses von Kirche und Staat ist geprägt vom Mit- und Nebeneinander von christlicher Religion und Staatlichkeit, die in der Zeit der ↑Urkirche beginnt und von den ersten ↑Christenverfolgungen über den Weg zur Staatsreligion (↑Staatskirche) seit der ↑Konstantinischen Wende, das spätantike und frühmittelalterliche Kirchenwesen mit der Ausbildung der ↑Zwei-Gewalten-Lehre, über ↑Investiturstreit, ↑Reformation, ↑Aufklärung, ↑Säkularisation, ↑Kultur- und ↑Kirchenkampf bis zum ↑Kruzifixbeschluss reicht. 3. In der Bundesrepublik Deutschland gehören die Beziehungen zwischen Staat und Kirchen, die den Status von öffentlich-rechtlichen Körperschaften haben, hinsichtlich der Gesetzgebung und der Verwaltung zwar ganz überwiegend zur Kompetenz der Länder und sind durch ↑Konkordate bzw. ↑Kirchenverträge geregelt; die Grundlagen des Religions- und Staatskirchenrechts sind jedoch im Grundgesetz festgelegt: Während Artikel 4 Absatz 1 und 2 das Grund- und Menschenrecht der ↑Glaubens-, ↑Gewissens- und Religionsfreiheit garantiert, enthält Artikel 140 die staatskirchenrechtlichen Bestimmungen; in Übernahme des Artikel 137 der Weimarer Reichsverfassung von 1919 ist hier die religiös-weltanschauliche Neutralität des Staates verankert und in dem Satz ausgedrückt: «Es besteht keine Staatskirche.» Selbst wenn es auch heute keine Staatskirche gibt und der Staat sich nicht zu einem ↑Glauben bekennt, schützt er die christlichen ↑Bekenntnisse, die Kirchen und Religionsgemeinschaften und arbeitet mit ihnen zusammen. Das Verhältnis von Staat und Kirche in Deutschland war nie, wie etwa in Frankreich und den USA, durch eine Trennung und einen ausdrücklichen ↑Laizismus geprägt; sie stehen in einem auf «Wertoffenheit» und wechselseitigem Verständnis begründeten Verhältnis der «Koordination» und «Kooperation». Dies gilt besonders für den Religionsunterricht, der ordentliches Lehrfach ist, für die Gewährleistung eines freien Schulwesens, das auch für konfessionelle Ausprägungen offen sein muss, für die Berechtigung zur Erhebung der ↑Kirchensteuer, für die Garantie der Staatsleistungen als Wiedergutmachung staatlichen Unrechts, besonders durch die Säkularisation, für die Gewährleistung des kirchlichen Eigentums und der Vermögensrechte, für die Militär- und Anstaltsseelsorge, schließlich für den garantierten Bestand der ↑Theologischen Fakultäten an staatlichen ↑Universitäten, wobei die Kirchen ein verbrieftes Mitspracherecht bei der Besetzung theologischer Lehrstühle und Professuren haben.

Kirche von England ↑Anglikanische Kirche

Kirche von unten ↑Laienbewegung

Kirche von Utrecht ↑Utrechter Kirche

Kirchenältester ↑Presbyter

Kirchenamt ↑Amt, geistliches/kirchliches

Kirchenasyl ↑Asyl

Kirchenausstattung, das gesamte ↑Inventar einer Kirche, das ↑Kirchengerät, auch Kirch- oder ↑Glocken-Turm, Kirchturmuhr und ↑Sakristei.

Kirchenaustritt, die in *rechtlicher* Form wirksame Trennung einer natürlichen Person (in Deutschland möglich mit dem vollendeten 14. Lebensjahr) von seiner Kirche oder Religionsgemeinschaft, die im religiös neutralen Staat mit seiner garantierten ↑Glaubens- und ↑Gewissensfreiheit als staatlich respektierter Akt ermöglicht wird (nach dem Glaubensverständnis der katholischen Kirche durch die ↑Taufe aber eigentlich nicht möglich ist). Erste Kirchenaustrittsgesetze gehen auf die Zeit des ↑Kulturkampfs zurück. Der Austritt muss vor einer staatlichen Stelle erklärt werden und hat (in Deutschland) die Befreiung von der Pflicht zur ↑Kirchensteuer zur Folge. Bedingt durch vielfältige inner- und außerkirchliche Ursachen, kam es in den letzten Jahren zu einem Höchststand an Kirchenaustritten in Deutschland. Er kann als vorläufiger Höhepunkt einer seit Beginn des 20. Jh.s in mehreren Wellen erfolgten «Kirchenaustrittsbewegung» betrachtet werden. Im Unterschied zum Kirchenaustritt heißt der Übertritt in eine andere christliche Kirche ↑Konversion. ↑Kirchengliedschaft

Kirchenbann ↑Bann

Kirchenbau, ein dem ↑Gottesdienst und der ↑Liturgie dienendes, im Inneren mehr oder weniger reich ausgestattetes Gebäude, der Sakralbau, der im ↑Abendland v. a. durch die Formen des Zentralbaus und der ↑Basilika, der ↑Hallen- und ↑Saalkirche, auch durch Verbindungen dieser Formen bis in die Gegenwart herein bestimmt ist. Nach Rang und Funktion werden dabei u. a. unterschieden: ↑Bischofskirchen, ↑Dom, ↑Kathedrale, ↑Münster, ↑Pfarr-, ↑Hospital-, ↑Kloster-, ↑Stifts- und ↑Wallfahrtskirchen, ↑Kapellen, ↑Baptisterien, ↑Oratorien, ↑Karner.

Kirchenbezirk ↑Kirchenkreis

Kirchenbücher ↑Matrikel

Kirchenburg ↑Wehrkirche

Kirchenchor ↑Chor

Kirchendiener ↑Mesner

Kirchendisziplin ↑Kirchenzucht

Kirchenfabrik ↑Kirchengut, ↑Kirchenstiftung

Kirchenfürsten ↑geistliche Fürsten

Kirchengebote, Bestimmungen, die für das Glaubensleben einer Kirche von besonderer Bedeutung sind, in der katholischen Kirche z. B. Sonn- und Feiertagspflicht, Teilnahme an der ↑Eucharistie, ↑Fasten- und ↑Abstinenzgebote, jährliche ↑Beichte; in den evangelischen Kirchen sind sie in besonderen Lebensordnungen umschrieben, die aber nicht als Gebote im eigentlichen Sinn zu verstehen sind.

Kirchengemeinde ↑Gemeinde

Kirchengerät (auch liturgisches Gerät), die in der ↑Liturgie benötigten Gegenstände, z. B. der ↑Kelch, und die ↑Paramente, in einem weiteren Sinn auch die ↑Kirchenausstattung.

Kirchengeschichte, 1. die geschichtliche Entwicklung (↑Geschichte) der christlichen ↑Kirche; 2. Disziplin der ↑Theologie, die deren historische Erforschung betreibt. – Den Jüngern Jesu (↑Apostel) erschienen die Menschwerdung Gottes in ↑Jesus Christus, dessen Verkündigung, Tod am Kreuz und Auferstehung als zentrales Ereignis der Geschichte. Schon in der ↑Urgemeinde begann die christliche Kirche sich zu organisieren. Im Anschluss an das geschichtliche Christusereignis entfaltete sich – getragen vom ↑Glauben – die Kirche in ihren institutionellen Strukturen und in ihrer Theologie im Lauf der Jahrhunderte im jeweiligen geschichtlichen Rahmen bis zur Gegenwart. Gegenstand der Kirchengeschichte als zugleich historische und theologische

Disziplin (Kirchen-Geschichte) ist demnach die Kirche in ihren historischen Erscheinungsformen, in ihren Strukturen und in ihrer Theologie, deren wichtigste Grundbegriffe zu benennen und wenigstens knapp zu erklären in diesem Bändchen versucht wird. Kirche ist eine geschichtliche, von Ereignissen geprägte Größe, jedoch nicht zu verstehen als ein schon von Anfang an bestehender Monolith oder ein vor zweitausend Jahren fertiggebautes Schiff, das seither durch die Zeiten segelt. Weil sie auf ihrem Weg durch Raum und Zeit notwendigerweise dem Wandel unterworfen ist, empfand und empfindet man sie zu allen Zeiten, in je unterschiedlichem Maße, als reformbedürftig, als eine ↑ecclesia semper reformanda. Diese Formulierung, die ähnliche, seit dem späten Mittelalter immer wieder erhobene Forderungen nach einer «Reform der Kirche an Haupt und Gliedern» aufgreift, ist Ausdruck für das Grundanliegen der ↑Reformation, wonach sich die Kirche in Lebensform, Verkündigung und Gestalt ständig von Gottes Wort richten und erneuern lassen müsse (↑aggiornamento). ↑Heilsgeschichte, ↑Kirchengeschichtsschreibung, ↑Zeitrechnungen

Kirchengeschichtsschreibung, Erforschung und Darstellung der ↑Kirchengeschichte in historisch-kritischer Methode (↑Geschichte). 1. Ihre Anfänge liegen im NT (↑Apostelgeschichte), ihre Grundlagen schuf v. a. Eusebius von Caesarea († um 339/40) durch seine Weltchronik und seine

Kirchengeschichte. Das abendländische Mittelalter kannte im Grunde nur christliche Historiographie, nicht eigentlich Kirchengeschichte, auch wenn dieser Begriff seit dem 12. Jh. gelegentlich begegnet. Bis zum Hochmittelalter entwickelte die beherrschende kirchliche Geschichtsschreibung v. a. vier literarische Formen (mit fließenden Übergängen): Welt-↑Chroniken, ↑Annalen, ↑Viten (Biographien und Legenden) und ↑Gesta. Der mittelalterlichen ↑Theologie fehlte ein eigener Traktat über die Kirche, zumindest kam sie über Ansätze kaum hinaus. 2. Die theologische Reflexion über die Kirche setzte in größerem Maße erst im Hoch- und Spätmittelalter ein, nach dem Kampf der «zwei Gewalten» (↑Zwei-Gewalten-Lehre) im ↑Investiturstreit und jetzt in Verbindung mit der Lehre vom ↑päpstlichen Primat. Die bedeutendsten kirchengeschichtlichen Werke des Spätmittelalters entstanden zu den bewegenden zeitgeschichtlichen Themen ↑Abendländisches Schisma (↑Defensor pacis) und den Reformkonzilien von Konstanz (1414–1418) und Basel (seit 1431; ↑Konziliarismus). Neue Impulse brachten kritischer Sinn und philologisches Interesse des ↑Humanismus, hier zunächst besonders die philologische Quellenkritik, die hinüberleitete in die konfessionelle kirchliche Historiographie des ↑Reformations-Zeitalters. 3. Fortan bestimmten einseitige Polemik und ↑Apologetik bzw. ↑Panegyrik auf Jh.e die katholische und protestantische Kirchengeschichtsschrei-

bung, die in wesentlichen Teilen ↑Papstgeschichtsschreibung war. Gleich zeitig zeigten sich aber auch Anfänge einer wissenschaftlichen (historisch-kritischen) Historiographie der Kirche, die auf der Grundlage kritischer Quelleneditionen im 17./18. Jh. zur Entfaltung kamen. Das neu erwachte wissenschaftliche Bewusstsein baute fortschreitend konfessionelle Polemik und falsche Apologetik bzw. Panegyrik der Kirchengeschichts- und Papstgeschichtsschreibung ab. Die entscheidende Wende leitete hierbei Leopold von Ranke (1795–1886) ein. 4. Bis heute überwiegt die Periodisierung der Kirchengeschichte in Altertum, Mittelalter und Neuzeit (Neueste Zeit).

Kirchengewalt, die von ↑Jesus Christus, dem Herrn der Kirche, den ↑ Aposteln und ihren Nachfolgern verliehene Teilhabe an seiner eigenen Vollmacht zur Erfüllung ihrer Sendung zum Heil der Menschen. Wegen ihres Ursprungs im geschichtlichen Christusereignis bedarf sie der kontinuierlichen Weitergabe, die seit apostolischer Zeit durch Gebet und Handauflegung erfolgt (↑Ordination). Innerhalb der einen Kirchengewalt sind zu unterscheiden (nicht zu trennen) die Weihegewalt (↑Weihe) und die Hirtengewalt (↑Jurisdiktion). Die Weihegewalt wird durch die Ordination verliehen und ist daher unverlierbar. Die Jurisdiktionsgewalt wird durch einen eigenen Akt (Berufung zu einem bestimmten ↑Amt, Delegation) übertragen und kann wieder entzogen werden. Die vom ↑Vaticanum II neu betonte Einheit wird insofern sichtbar, als die Weihevollmacht die Voraussetzung ist für die Übernahme eines mit Jurisdiktionsgewalt verbundenen Amtes. ↑päpstlicher Primat

Kirchengliedschaft. ↑Glaube und ↑Taufe begründen nach dem Zeugnis des NT unwiderruflich (↑character indelebilis) das «Gliedsein» am Leib Christi, der die ↑Kirche ist. In der ↑katholischen Kirche kam es zur Herausbildung der Lehre vom dreifachen Band, wodurch die Voraussetzungen der Kirchengliedschaft definiert sind: 1. Empfang der Taufe, 2. ↑Bekenntnis des rechten Glaubens, 3. Anerkennung der hierarchischen Leitung der Kirche (↑Hierarchie). Die damit behauptete Identifizierung von Kirche mit katholischer Kirche wurde vom ↑Vaticanum II modifiziert. Die eine, durch die Taufe begründete Kirche «subsistiert» (ist verwirklicht) in der katholischen Kirche, d. h. auch nichtkatholische Christen sind Glieder der Kirche. Der in Ländern mit staatlich eingezogener ↑Kirchensteuer mögliche ↑Kirchenaustritt hebt die Kirchengliedschaft nicht auf, hat aber (wie jede durch formalen Akt vollzogene Distanzierung von der Kirche) bestimmte rechtliche Konsequenzen. So wird im ↑Codex Iuris Canonici von 1983 jeder aus der Kirche ausgetretene Christ im Eherecht wie ein Ungetaufter behandelt. ↑Kirchenmitgliedschaft

Kirchengut, das gesamte materielle Vermögen einer Kirche (Kirchenvermögen, auch Kirchenschatz) und ihrer juristischen Personen, das aus Grundbesitz, Stiftungen (↑Kirchenstiftung), ↑Kollekten, ↑Kirchensteuer und der Gesamtheit des Grundbesitzes (↑Kirchenlehen) besteht. ↑Heiligenmeister, ↑Zölibat

Kirchenjahr, die erstmals 1589 belegte Bezeichnung für das christliche ↑Fest-Jahr, auch liturgisches Jahr oder Jahr des Heils genannt, d. h. die Gliederung des Jahres durch die Abfolge der im ↑Gottesdienst gefeierten ↑Sonntage und Wochen, der Feste und Festzeiten zu Gedächtnis und Vergegenwärtigung der Heilstaten Gottes, der Christusgeschichte. Im ↑Abendland beginnt es am ersten ↑Advent, umschließt den Weihnachtsfestkreis (Advent, ↑Weihnachten, ↑Epiphanie), den Osterfestkreis (↑Fasten- oder ↑Passions-Zeit, ↑Karwoche, ↑Ostern, Christi Himmelfahrt, ↑Pfingsten, ↑Trinitatis), schließlich die Zeit nach Trinitatis (evangelisch) bzw. (katholisch) die Sonntage im Jahreskreis.

Kirchenkampf, allgemein jede Art von Kirchenverfolgung (↑Christenverfolgungen), im Besonderen die willkürlichen Zwangs- und Unterdrückungsmaßnahmen des Nationalsozialismus gegen die Kirchen in Deutschland, die ihren Höhepunkt seit 1937 erreichten. Hitlers Absicht, den «Vernichtungskampf» gegen das Christentum bis zum Ende zu führen, hatte sich seit 1933 immer mehr gesteigert. In den Tagebüchern des Reichspropagandaministers Joseph

Goebbels findet sich unter dem 24. Mai 1942 u. a. der folgende Eintrag: «Unerbitterlich ist im Verlaufe des vergangenen Winters der Entschluss des Führers geworden, die christlichen Kirchen nach dem Sieg zu vernichten.» Kirchliche Reaktionen stellten innerhalb der evangelischen Kirchen etwa die Ausbildung der ↑Bekennenden Kirche 1933/34, innerhalb der katholischen Kirche die ↑Enzyklika Papst Pius' XI. «Mit brennender Sorge» von 1937 dar. Aus beiden Kirchengemeinschaften gingen bei vielfacher, schwerster Bedrückung (Verhaftungen, Internierungen in Konzentrationslager und Verbote kirchlicher Einrichtungen) zahlreiche Persönlichkeiten des Widerstandes und Blutzeugen (↑Märtyrer) hervor.

Kirchenkreis (auch Kirchenbezirk), die Zusammenfassung von evangelischen Kirchen- ↑Gemeinden mit den Organen: Bezirks- bzw. Kreis- ↑Synode, Bezirkskirchenrat und das nach ↑Landeskirchen unterschiedlich bezeichnete ↑Amt des ↑Superintendenten, ↑Propstes oder ↑Dekans, weshalb auch das Wort ↑Sprengel begegnet. ↑Konvent

Kirchenlatein, die bis heute gebräuchliche Form der lateinischen Sprache (↑Latein) für die ↑Liturgie und amtliche Verlautbarungen der lateinischen Kirche. ↑Kirchensprache, ↑Messe

Kirchenlehen (lat. *feudum ecclesiasticum*), das seit dem 7./8. Jh. zu ↑Lehen gegebene ↑Kirchengut (Grundbesitz oder Herrschaftsrechte), das im ↑Heiligen Römischen Reich als Reichskirchengut reichslehnbarer Besitz der ↑geistlichen Fürsten, in der ↑Säkularisation 1802/03 vollständig beseitigt wurde. Seit dem ↑Investiturstreit im 11./12. Jh. verfolgten die ↑Päpste, v. a. Innocenz III. (1198–1216), eine ausgeprägte Lehenspolitik, so dass bis zum 13. Jh. ein weitverzweigtes Netz lehnsrechtlicher Abhängigkeitsverhältnisse verschiedener Reiche vom Papsttum entstand. Das *feudum datum* (lat. = gegebenes Lehen) war ein vom Papst aus dem ↑Patrimonium Petri verliehenes, das *feudum oblatum* ein anderes (uneigentliches) Lehen, dessen Vergabe dem ↑Apostolischen Stuhl zustand. ↑Krummstab-Lehen wurden vom ↑Bischof oder ↑Abt aus dem jeweiligen Eigenbesitz des ↑Bistums bzw. der ↑Abtei, Pfarrlehen aus dem Pfarrbesitz (↑Pfarrei) verliehen. ↑Kirchengut

Kirchenlehrer (lat. *doctor ecclesiae*), in der katholischen Kirche seit der Spätantike Ehrentitel für einen herausragenden Lehrer der ↑Theologie und Kirchenschriftsteller in Nachfolge der ↑Kirchenväter (↑auctoritas). Papst Paul VI. (1963–1978) ernannte mit der hl. Theresia von Avila und der hl. Katharina von Siena erstmals Kirchenlehrerinnen, 1997 folgte ihnen unter Johannes Paul II. die hl. Theresia vom Kinde Jesu von Lisieux.

Kirchenlied, das von der Kirchen- ↑Gemeinde im ↑Gottesdienst gesungene geistliche Lied (auch Gemeindegesang), seit dem 18. Jh. meist in der jeweiligen Volkssprache (für die deutsche Sprache von Martin Luther im 16. Jh. eingeführt). In den evangelischen Kirchen wird mit Kirchenlied auch der ↑Choral bezeichnet. ↑Kirchenmusik

Kirchenmitgliedschaft, in den evangelischen Kirchen von ↑Kirchengliedschaft unterschieden, betrifft sie im Gegensatz zur Gliedschaft in der Kirche als einer unsichtbar-geistlichen Größe, die durch die ↑Taufe begründet wird, die Kirche als Körperschaft menschlichen Rechts, konkret die einzelne ↑Landeskirche.

Kirchenmusik, die für den ↑Gottesdienst bestimmte Musik, meist als Vokalmusik (↑Kirchenlied), ohne oder mit Instrumentalbegleitung (hierbei mit der ↑Orgel häufig als Hauptinstrument); sie ist mit der abendländischen Musikentwicklung aufs engste verbunden, vom ↑Hymnus im ↑Frühchristentum über den ↑Gregorianischen Gesang, über ↑Concentus, ↑Motette, ↑Madrigal, ↑Oratorium, ↑Messe und ↑Kantate bis zu zeitgenössischen Formen der (elektronischen) Musik. ↑Cäcilianismus, ↑Kirchentonarten

Kirchenordnungen, allgemein Anweisungen und Regelsammlungen für Verfassung, Disziplin, ↑Liturgie und ↑Seelsorge der Kirche; aus frühchristlicher Zeit sind bedeutend ↑Didache und ↑Didaskalia. Die Dekrete des Konzils von Trient (1545–1563) haben in der katholischen Kirche diese ↑Tradition fortgeführt. In den aus

der ↑Reformation hervorgegangenen Kirchen wurden nahezu alle Kirchenordnungen von den weltlichen Obrigkeiten erlassen und wurden zur Grundlage für die Ausbildung von evangelischer ↑Kirchenverfassung und ↑Kirchenzucht. ↑Apostolische Konstitutionen

Kirchenorganisation, Begriff für die Schaffung einer «kirchlichen Infrastruktur», d. h. die Errichtung von ↑Kirchenprovinzen, ↑Kirchenkreisen, ↑Bistümern und ↑Pfarreien.

Kirchenorgel ↑Orgel

Kirchenparlament ↑Synode

Kirchenpatron, Schutz- und Titel-↑Heiliger (↑Patron) einer katholischen Kirche.

Kirchenpfleger, (heute gebräuchliche) Bezeichnung für den ↑Heiligenmeister und das für eine Kirche zuständige Mitglied der Kirchenverwaltung (↑Kirchengut, ↑Kirchenstiftung).

Kirchenportal ↑Portal

Kirchenpräsident, das geistliche ↑Amt des Leiters (↑Bischofs) der evangelischen ↑Landeskirche von Anhalt, Hessen-Nassau und Pfalz.

Kirchenprovinz, in der katholischen Kirche die kirchenrechtliche (kanonische; ↑Kanon) Zusammenfassung mehrerer ↑Bistümer oder ↑Diözesen, die auch Suffraganbistümer (↑Suffraganbischof) genannt werden, unter einem ↑Metropoliten, der zugleich ↑Erzbischof ist; daher wird die Einrichtung der Kirchenprovinz auch Metropolitanverband oder -verfassung, auch Provinzialverfassung genannt.

Kirchenrat, in evangelischen ↑Landeskirchen der Titel von ↑Geistlichen, Amtstitel hauptamtlicher ↑Pfarrer, von landeskirchlichen Sachbeauftragten und von evangelischen regionalen und überregionalen Selbstverwaltungsorganen (↑Kirchenvorstand, Konsistorialpräsident [↑Konsistorium], Landes-, Ober- Gemeindekirchenrat), im ↑Ökumenischen Rat der Kirchen für den Weltkirchenrat. ↑Presbyterium

Kirchenrecht (lat. *ius ecclesiasticum*), 1. die Gesamtheit der von einer Kirche erlassenen Normen zur Regelung des kirchlichen Gemeinschaftslebens, im Unterschied zum ↑Staatskirchenrecht als äußerem Kirchenrecht. Weil das Kirchenrecht vom jeweiligen Selbstverständnis der einzelnen Kirche abhängig ist (allgemein wird zwischen göttlichem und menschlichem Recht unterschieden), muss ein römisch-katholisches, orthodoxes, evangelisches, anglikanisches usw. Kirchenrecht unterschieden werden. 2. In der katholischen Kirche ist entsprechend den beiden Rechtskreisen zwischen dem Recht der lateinischen Kirche (römisch-katholisches Kirchenrecht, lat. *ius canonicum*, ↑Kanonisches Recht) und dem Recht der mit der katholischen Kirche ↑unierten Ostkirchen (↑Codex Canonum Ecclesiarum Orientalium) zu unterscheiden. In der ↑lateinischen Kirche des Abendlandes wurde bis 1918 das ↑Corpus Iuris Canonici die wichtigste Quelle des Kirchenrechts, das vom ↑Codex Iuris Canonici von 1917, dieser wiederum vom Codex Iuris Canonici von 1983 abgelöst wurde. Daneben gab und gibt es konziliäre Rechtsquellen (Sammlungen der ↑Konzils-Beschlüsse), verschiedene päpstliche Rechtsquellen, ↑Konkordate und partikulare Kirchenrechtsquellen. 3. Das nicht einheitlich gefasste Kirchenrecht der evangelischen Kirchen ist überwiegend Einzelkirchenrecht; es umfasst göttliches Recht (Vorschriften der ↑Bibel, v. a. des NT) und menschliches Recht, hier besonders die ↑Bekenntnisschriften, die Grundordnung der ↑Evangelischen Kirche in Deutschland von 1948 sowie die Grundordnungen der ↑Landeskirchen und ihrer kirchlichen Zusammenschlüsse. 4. Kirchenrecht ist (in der ↑Theologie) auch Bezeichnung für die Disziplin der Kanonistik.

Kirchenreform, für viele Reformen und Reformbemühungen in allen Jh.en begegnender Begriff in der ↑Kirchengeschichte (↑ecclesia semper reformanda), im besonderen für die ↑Epoche der Kirchenreform und des Reformpapsttums (1046–1122), die daraus erwachsene ↑Gregorianische Reform und für die ↑Katholische Reform. ↑Reformation

Kirchenregiment ↑landesherrliches Kirchenregiment

Kirchenschatz (lat. *thesaurus ecclesiae*), 1. unter Papst Clemens VI. (1342–1352) erstmals belegte lehramtliche Bezeichnung für die im ↑Himmel verwahrten und von der Kirche verwalteten Verdienste ↑Jesu Christi und der ↑Heiligen, über die die Kirche beim ↑Ablass verfügt, wenn sie auf diesen Gnadenschatz zur Tilgung zeitlicher Sündenstrafen zurückgreift. 2. Der Begriff wird auch für ↑Kirchengut oder Kirchenvermögen und ↑Heiltum gebraucht.

Kirchenschiff, das meist von West nach Ost ausgerichtete (geostete; ↑Ostung) Laienhaus (↑Langhaus, ↑Laienkirche) des christlichen Kirchenbaus, an das sich meist nach Osten der ↑Chor-Raum anschließt; in großen (mehrschiffigen) Kirchen werden ↑Mittel-, Seiten- und Querschiff unterschieden.

Kirchenslawisch, die Sprache der biblischen und liturgischen Bücher der orthodoxen Slawen, die sich aus dem Altkirchenslawischen (oder Altbulgarischen) des 9. bis 11. Jh.s entwickelte und später Bestandteile der slawischen Nationalsprachen orthodoxer Gebiete aufnahm; sie gehört neben ↑Griechisch, ↑Latein, Gotisch, Althochdeutsch und Angelsächsisch zu den ältesten Schriftsprachen Europas. ↑Kirchensprache

Kirchenspaltung ↑Schisma

Kirchensprache, die in ↑Liturgie, ↑Predigt und Rechtsprechung (↑Kirchenrecht) jeweils gebräuchliche Sprache der christlichen Kirchen, zunächst allgemein ↑Griechisch, im Abendland seit dem 3. Jh. ↑Latein (↑Kirchenlatein), im Osten die Natio-nal- oder Landessprachen (↑Kirchenslawisch), ebenso in den evangelischen Kirchen seit der ↑Reformation, in der katholischen Kirche seit dem ↑Vaticanum II.

Kirchenstaat, das in Schenkungen der Spätantike (↑Patrimonium Petri) grundgelegte, in seinen Anfängen auf die sogenannte ↑Pippinische Schenkung von 754 zurückreichende ehemalige Herrschaftsgebiet des ↑Papsttums in Mittelitalien. Nach wechselnden Besitzverhältnissen im Mittelalter wurde der neuzeitliche Kirchenstaat durch Papst Julius II. (1503–1513) gefestigt, nach zeitweiligem Verlust durch ↑Französische Revolution und Napoleon auf dem ↑Wiener Kongress (1815/16) wieder hergestellt, 1870 von italienischen Truppen schließlich erobert. Mit den ↑Lateranverträgen von 1929 wurde der souveräne Staat der ↑Vatikanstadt geschaffen.

Kirchensteuer, von der römisch-katholischen Kirche, den evangelischen und anderen Kirchen (Religions- oder Kirchengemeinschaften) als Körperschaften des öffentlichen Rechts erhobene, in Deutschland von staatlichen Finanzbehörden eingezogene Abgabe ihrer Mitglieder (↑Kirchenmitgliedschaft), die zwischen 6 % und 10 % der Lohn- bzw. Einkommensteuer beträgt. Sie stellt hier eine «Spezialität» des (in Dänemark und in einigen Schweizer Kantonen modifizierten) kirchlichen Finanzwesens dar und wurde im 19. Jh. als Mittel zur Selbstfinanzierung der Kirchen staatlicherseits eingeführt. Die Erhebung von

Kirchensteuer (in anderen Ländern ↑Kirchgeld genannt) als Zuschlagssteuer zur Einkommenssteuer erfolgt auf Grundlage von Artikel 137 Absatz 6 der Weimarer Reichsverfassung und Artikel 140 des Grundgesetzes für die Bundesrepublik Deutschland im Rahmen der allgemeinen Ermächtigung von Kirchensteuern durch den Landesgesetzgeber. Bei ↑Kirchenaustritt entfällt sie.

Kirchenstiftung (lat. *fabrica ecclesiae*, Kirchenfabrik, -gebäude, -ärar, -fonds, -kasse, Fabrikgut), das einer örtlichen Kirche gehörige, ursprünglich gestiftete Vermögen, Kirchenvermögen oder ↑Kirchengut genannt.

Kirchenstrafe, im katholischen ↑Kirchenrecht (kirchliches Strafrecht) Besserungs- oder Beugestrafen, Sühn- oder Vergeltungs- (Vindikativ-) Strafen, die bei Übertretung einer kirchlichen Norm über Kirchenangehörige verhängt werden: ↑Anathem, ↑Bann, ↑Exkommunikation, ↑Interdikt, ↑Suspension; in evangelischen Kirchen als ↑Kirchenzucht bezeichnet. ↑Index, ↑Lehrbeanstandung, ↑Zensur

Kirchentag ↑Deutscher Evangelischer Kirchentag, ↑Deutscher Katholikentag

Kirchentheorie, behandelt Wesen, Gestalt und Funktionen der evangelischen Kirchen und entwickelt, auf Grundlage der lutherischen Theologie und reformatorischer Lehrentscheidungen, eine Theorie der Kirche als Institution in der modernen Gesellschaft und erörtert ihre Funktionen in der Lebensgeschichte des heutigen Menschen; insofern versteht sie sich als Erneuerung der ↑Kybernetik.

Kirchentonarten, neuzeitlicher Fachbegriff für die im Mittelalter und bis zum 17. Jh. maßgebenden Kriterien (modi oder toni) der «tonalen» Unterscheidung einstimmiger Melodien, dann auch mehrstimmiger Sätze bis zur Entwicklung des Dur-Moll-Tonartensystems, das aus den Kirchentonarten entstand. ↑Kirchenmusik

Kirchenväter, die Lehrer und Schriftsteller der ↑Alten Kirche, auf deren heiligmäßiges Leben und rechtgläubige Lehren man sich seit dem 4. Jh. als Zeugen des ↑Glaubens berief. Als die vier großen ↑Kirchenlehrer und -väter des Ostens bzw. Westens gelten die Heiligen Athanasius von Alexandrien (um 295–373), Basilius von Caesarea (der Große) (um 329/30–379), Gregor von Nazianz (325/30–390) und Johannes Chrysostomus (349–407) bzw. Ambrosius von Mailand (um 339–397), Hieronymus (um 347–419), Augustinus (354–430) und Gregor I. der Große (um 540–604, seit 590 Papst). ↑Patristik, Patrologie, ↑Philosophie, ↑Theologie

Kirchenverfassung, die rechtlich-organisatorische Grundordnung des kirchlichen Lebens: In den evangelischen ↑Landeskirchen die seit dem Ende des ↑landesherrlichen Kirchenregiments (1918) über die ↑Barmer Theologische Erklärung und die ↑Bekenntnisschriften entwickelten Bestimmungen, die die jeweiligen rechtlichen Zustände auf Ebene der ↑Gemeinde, im ↑Kirchenkreis und in der Gesamtkirche regeln, in der katholischen Kirche die im ↑Codex Iuris Canonici von 1983 grundgelegten Verfassungsnormen mit dem Grundprinzip der ↑Hierarchie, durch welches das wechselseitige Verhältnis zwischen Gesamtkirche mit ihrem Oberhaupt, dem ↑Papst, und den Teilkirchen bestimmt ist und in den ↑Konzilien, ↑Synoden sowie im ↑Bischofskollegium sichtbar wird. ↑Faith and Order, ↑Kirchenordnungen

Kirchenvermögen ↑Kirchengut, ↑Kirchenstiftung, ↑Klosterfonds

Kirchenverträge, vertragliche Vereinbarungen zwischen Kirche und Staat zur Regelung der wechselseitigen Zuständigkeiten und Beziehungen, z. B. zwischen den einzelnen Bundesländern und den ↑Landeskirchen bzw. durch das ↑Konkordat.

Kirchenverwaltung ↑Kirchengut, ↑Kirchenstiftung

Kirchenvogtei ↑Vogt, Vogtei

Kirchenvolk, die Angehörigen einer Kirche, auch die Besucher eines ↑Gottesdienstes (Kirchgänger, ↑Laien).

Kirchenvolksbegehren ↑Laienbewegung

Kirchenvorstand, in den ↑Landeskirchen der Gemeinde- ↑Kirchenrat, das mit Leitungs- und Verwaltungsaufgaben betraute Kollegialorgan.

Kirchenzehnt ↑Zehnt

Kirchenzucht (auch Kirchendisziplin), in den evangelischen Kirchen Maßnahmen zum Schutz der kirchlichen und sittlichen Ordnung, z. B. durch Ausschluss vom ↑Abendmahl, in der katholischen Kirche als ↑Kirchenstrafe bezeichnet. ↑Kirchenordnungen, ↑Lehrzuchtverfahren

Kirchgeld, in einigen Ländern erhobener Beitrag für die ↑Kirchenmitgliedschaft. ↑Kirchensteuer

Kirchhof, ursprünglich jeder umoder eingefriedete Bezirk um eine Kirche, dann der ↑Friedhof.

kirchlich, zur ↑Kirche gehörig.

kirchliches Amt ↑Amt, geistliches/kirchliches

kirchliches Lehramt ↑Lehramt, kirchliches

Kirchmesse ↑Kirchweihe, ↑Messe

Kirchspiel, der ↑Sprengel einer Kirche, im besonderen der Bezirk einer ↑Pfarrei (Pfarrbezirk, -gebiet).

Kirchweihe, 1. in der katholischen Kirche die feierliche ↑Weihe oder Weihung (↑Konsekration) einer Kirche durch den ↑Bischof auf den Titel ihres ↑Patrons, anfangs durch Einholung und Beisetzung von ↑Reliquien in oder unter dem ↑Altar, durch Salbung des Altars, seit dem 8. Jh. allgemein auch durch die Weihe des ganzen Gebäudes. Seit dem 9. Jh. wird das jährliche Gedächtnis der Kirchweihe als jeweiliges Kirchweihfest, das häufig mit dem Fest des Kirchenpatrons zusammenfällt, mit vielfältigem ↑Brauchtum, in vielen Gegenden (früher) als Feiertag im jeweiligen Ort, auch in Verbindung mit dem ↑Erntedank, als Volksfest

(Tanz, Jahrmarkt) begangen (Kirchtag, bayerisch-österreichisch Kirta, niederdt. Kirmes, Kirmse [= Kirchmesse; ↑Messe], Kerb, Kirbe, Kerwe, Kirwe, Kermes, in der Schweiz Kilbe u. a.); 2. evangelisch die Ingebrauchnahme einer Kirche durch einen ersten ↑Gottesdienst.

Klarissen, Klarissinnen, nach der hl. Klara von Assisi (Klara von Favarone, 1193–1253) benannter und von ihr zusammen mit dem hl. Franz von Assisi 1212 begründeter, 1253 päpstlich approbierter weiblicher Zweig (Zweiter Orden) der ↑Franziskaner. 1263 bestätigte Papst Urban IV. eine Regelerleichterung für die rasch sich ausbreitende Gemeinschaft, die ihren Klöstern gemeinsamen Besitz und feste Einkünfte gestattete; die Klarissen dieser ↑Observanz bildeten den selbstständigen Ordenszweig der Urbanistinnen (Städterinnen). Die weitere Entwicklung der Gemeinschaften verlief weitgehend parallel zu denen der Franziskaner. Aus der Reformbewegung um die hl. Colette Boylet († 1447) entstanden die Klarissen-Coletinnen. Im Anschluss an die ↑Kapuziner bildete sich der Reformzweig der Klarissen-Kapuzinerinnen (1538 erstes Kloster). Die Frauenklöster der heute in vielen Ländern tätigen Klarissen mit einer auf Zeit gewählten ↑Äbtissin und strenger ↑Klausur sind selbstständig, auf nationaler Ebene meist zu ↑Konföderationen zusammengeschlossen.

Klausner ↑Inkluse

Klausur (lat. = Verschluss), 1. der innerhalb eines ↑Klosters ausschließlich den ↑Religiosen vorbehaltene, abgeschlossene Wohnbereich zur Wahrung der klösterlichen Abgeschiedenheit; formell bedeutet sie das Verbot für Ordensleute, diesen Bereich unerlaubt zu verlassen, für Außenstehende, diesen unerlaubt zu betreten. Unterschieden werden strenge oder päpstliche Klausur für ↑Orden mit feierlichen ↑Gelübden und einfache oder bischöfliche Klausur für Gemeinschaften mit einfachen Gelübden; 2. die unter Aufsicht angefertigte schriftliche Prüfungsarbeit an Schulen und Universitäten.

Kleine Schwestern der Katholischen Kreißsäle (frz. Petites Sœurs des Maternités Catholiques), 1930 von Marie-Louise Lantelme begründete, 1982 päpstlich anerkannte ↑Kongregation, deren Nonnen als Hebammen in Frankreich und im Senegal wirken.

Klemensschwestern ↑Barmherzige Brüder und Schwestern

klerikal (gr.-lat.), die katholische Geistlichkeit, den ↑Klerus betreffend; (streng) kirchlich gesinnt.

Klerikalismus, früher gebräuchlicher Begriff für das Machtstreben und die gesteigerte Einflussnahme des ↑Klerus im öffentlichen (politischen) Leben oder, innerhalb der katholischen Kirche, die ständige Bevormundung der ↑Laien durch die Geistlichkeit. ↑Antiklerikalismus

Kleriker (lat. *clericus*), seit dem 3./4. Jh. Bezeichnung für einen dem

↑Klerus angehörigen Geistlichen, häufig auch für den Gehilfen des ↑Priesters (↑Koadjutor). Das Wort begegnet im frühen und hohen Mittelalter auch für einen des Lesens und Schreibens kundigen Sekretär oder Kanzleibeamten. ↑Regularkleriker

Klerisei, altes, auch abschätzig gebrauchtes Wort für ↑Klerus oder Geistlichkeit.

Klerus (gr. *kleros* = Los, erloster Anteil, zugewiesenes Landlos, lat. *clerus, ordo/status clericalis;* ↑Kleriker), in der katholischen Kirche der im Unterschied zum ↑Laien für die Übernahme der Weihe- und Leitungsgewalt berufene und bestimmte Personenstand (Geistlichkeit), nach ↑Weihegraden als niederer und ↑höherer Klerus. Die Aufnahme in den Klerikerstand erfolgte bis zum ↑Vaticanum II (1962–1965) durch die den Weihen vorausgehende Erteilung der ↑Tonsur; die Entlassung (nicht jedoch der Verlust des Weihecharakters) aus dem Klerus und die Rückführung in den Laienstand erfolgt durch ↑Laisierung.

Klerusbildung ↑Dom-, ↑Kloster-, ↑Latein-, ↑Hochschule, ↑Lyzeum, ↑Theologische Fakultäten

Klingelbeutel, der an einer Stange befestigte, auch mit einem Glöckchen versehene kleine Sack zum Einsammeln der ↑Kollekte, im übertragenen Sinn auch Wort für jedes derartige Behältnis.

Kloster (von lat. *claustrum* = abgeschlossener Raum), der gemeinsame Aufenthaltsort von ↑Religiosen, Männern und Frauen, die ihr Leben den ↑Evangelischen Räten weihen. Das bis heute nicht einheitlich verwendete Wort (lat. *coenobium* ↑Koinobit, ↑*monasterium* ↑Münster, *abbatia* ↑Abtei, *cella* ↑Zelle) bezeichnet den von der Außenwelt abgeschlossenen Wohnbereich (↑Klausur), den klösterlichen Gebäudekomplex, den klösterlichen Kirchenbau und die klösterliche Gemeinschaft (↑Konvent). Die Entstehung von Klöstern seit dem 4. Jh. ist auf dem Hintergrund des seit frühchristlicher Zeit geübten gemeinsamen Lebens der ↑Anachoreten, ↑Eremiten und ↑Koinobiten zu verstehen. Während in der Ostkirche die von Anfang an lose Anordnung der Klosterbauten oft beibehalten wurde (↑Athos), entwickelte sich, von Kaisern und Königen, regionalen Landesherrn und Stiftern (↑Stift) aus genuin religiösen, politischen, ökonomischen, kulturellen und missionarischen Gründen kräftigst gefördert, innerhalb des abendländischen ↑Mönchtums vom 6. bis zum 11. Jh. der von der ↑Benediktregel geprägte und bestimmende Klostertyp: In den oft weiträumigen, von einer Mauer umgebenen Klosteranlagen mit ihren wirtschaftlichen Einrichtungen (Klosterökonomien), Werkstätten, Stallungen, Gesindehäusern und ↑Hospitälern konzentrierte sich das religiöse Leben der Mönche und Nonnen im Wesentlichen auf einen Bezirk: ↑Kirche, ↑Kreuzgang, ↑Refektorium, ↑Dormitorium, ↑Kapitel (Idealplan einer Großklosteranlage ist der ↑Klosterplan von St. Gallen aus dem frühen 9. Jh.). Die (Groß-) Klöster des Früh- und Hochmittelalters, deren rechtliche Interessen gewöhnlich durch den ↑Vogt (Kirchenoder Klostervogt) vertreten wurden, besaßen zudem einen sehr ausgedehnten Grundbesitz; mit ihren ↑Klosterschulen, Schreib- und Malschulen (↑Skriptorium, ↑Buchkunst) sowie ↑Bibliotheken waren sie bis zur Entstehung der ↑Universitäten seit etwa 1200 die wichtigsten Stätten zur Pflege und Weitergabe der Bildung im Abendland. Ihre Leistungen auf allen Gebieten der Kultur, der Geistes- und Naturwissenschaften sind zu allen Zeiten von herausragender Bedeutung. Mit den neu entstandenen Orden, v. a. den ↑Bettelorden des 13. Jh.s, kam es auch zu einer Neustrukturierung der nunmehr vermehrt auch in den Städten errichteten Klöster, zu Zusammenschlüssen in ↑Konföderationen, ↑Kongregationen oder Unterstellung unter eine zentrale Ordensleitung. ↑Reformation, ↑Französische Revolution und ↑Säkularisation führten in den meisten Ländern zu schwersten Erschütterungen und Zerstörungen, damit zu einem nicht zu ermessenden kulturellen Verlust. ↑Doppelkloster, ↑Hauskloster, ↑Mission

Klosterbischof ↑irisches Mönchtum

Klosterfamilie, die vielgliedrige und gestufte Gesamtheit aller direkt oder indirekt zu einem ↑Kloster gehörenden Menschen. ↑Familiare

Klosterfonds, Klosterkammer, die 1818 durch königliches Stiftungspatent in Hannover eingerichtete staatliche Behörde (Allgemeiner Hannoverscher Klosterfonds) zur Verwaltung des Vermögens (↑Kirchengut) der nicht säkularisierten (↑Säkularisation) ↑Klöster der früheren Fürstentümer Calenberg, Lüneburg, Hildesheim und Osnabrück.

Klosterpfarrei, Stiftspfarrei, die mit einem ↑Kloster bzw. ↑Stift durch ↑Inkorporation verbundene ↑Pfarrei, deren ↑Seelsorge durch einen Angehörigen des jeweiligen Klosters bzw. Stifts wahrgenommen wird.

Klosterplan von St. Gallen, der in der ↑Abtei Reichenau um 820 kopierte, älteste erhaltene Bauplan Europas, der die zeitgenössische Idealanlage eines ↑Klosters darstellt.

Klosterschule, Stiftsschule, die seit dem frühen Mittelalter an einem ↑Kloster (auch ↑Domkloster) bzw. ↑Stift bestehende Schule (lat. ↑schola), die nach Aufbau und Inhalt wie die ↑Domschule eingerichtet war (herausragend etwa St. Gallen, Fulda, Reichenau, St. Emmeram, Lüttich).

Klostersturm, Bezeichnung für die Aufhebung und Zerstörung von ↑Klöstern in der ↑Reformation, v. a. seit Ende des 18. Jh.s in der ↑Französischen Revolution und in der großen ↑Säkularisation. ↑Bildersturm

Klostervogt ↑Vogt, Vogtei

Kluniazensische Reform, Kluny ↑Cluny

Knabenlese (türk. Devširme), im Osmanischen Reich die seit dem 14. Jh. in Form eines Tributs (Knabenzins) praktizierte gewaltsame Wegnahme von Kindern christlicher Untertanen, ihre Zwangsislamisierung und Verwendung als Sklaven und Freigelassene des Sultans, im Palast-, Militär- und Staatsdienst. Die bis 1826 bestehende, bis zu 100 000 Mann starke Elitetruppe des türkischen Heeres, die Janitscharen (türk. = neue Truppe), wurde anfangs ausschließlich aus islamisierten Christensklaven gebildet, von denen jeder fünfte Junge ausgehoben wurde.

Knabenseminar, eine meist bischöfliche Einrichtung (Internat, ↑Seminar, ↑Konvikt) des 19./20. Jh.s zur Vorbereitung von Gymnasialschülern auf das Priestertum.

Koadjutor (von lat. *cum/con* = mit, *adiuvare* = helfen), 1. allgemein der geistliche Gehilfe (↑Kleriker), bei ↑Bischöfen der vom ↑Papst bestellte Koadjutorbischof (↑Auxiliarbischof) mit oder ohne Aussicht oder Recht der Nachfolge; 2. die bis zum Ende der ↑Reichskirche bestehenden Koadjutorien, d. h. die gewöhnlich vom ↑Domkapitel oder Bischof vorgenommene Wahl bzw. Bestellung von Koadjutoren erfolgten zur Sicherung der Kontinuität besonders bei ↑Erledigungen eines bischöflichen Stuhles, v. a. auch im Rahmen der Reichskirchenpolitik verschiedener Fürstenhäuser (↑Sekundogenitur); 3. in katholischen Bistümern älteres Wort für den Amtsgehilfen des ↑Pfarrers, den

↑Kaplan (↑Kooperator, ↑Gesellpriester, ↑Supernumerarius, Pfarr- ↑Vikar).

Koblenzer Gravamina ↑Emser Kongress

Kodex ↑Codex

Kodifikation, systematische Erfassung und Darstellung aller geltenden Normen eines Rechtsgebiets oder des gesamten Rechts in einem Gesetzbuch, dem ↑Codex.

Koine ↑Griechisch, griechische Sprache

Koinobit, Koinobitentum (von gr. *koinos bios* = gemeinsames Leben; gr. *koinobion*, lat. *coenobium* = ↑Kloster; gr. *koinobita* bzw. lat. *coenobita* = der im Kloster Lebende, Zönobit), die im Orient aus Zusammenschlüssen von ↑Anachoreten und ↑Eremiten (anfangs in Lauren, ↑Laura) entwickelte asketisch-monastische Lebensform, bei der eine größere Zahl von ↑Mönchen zu einem Leben in Gemeinschaft an einem Ort unter einheitlicher Leitung vereint sind, im Unterschied zum Leben in ↑idiorrhythmischen Klöstern. Erster Organisator des Koinobiten- oder Zönobitentums war der «Mönchsvater» Pachomius († 346/47), ihr theologischer Lehrer Basilius von Caesarea († 379), dessen Mönchsregeln durch Johannes Cassianus († 432/35) dem lateinischen Westen vermittelt wurden; entfaltet in rund 30 verschiedenen Klosterregeln, erhielt diese durch die ↑Benediktregel seit dem 6./7. Jh.

ihre entscheidende Ausprägung im Abendland.

Kollar (lat. = Halsfessel), der «Priesterkragen»; das von ↑Geistlichen außerhalb der ↑Liturgie (früher öfter) getragene schwarze Brusttuch oder Hemd mit Stehkragen, in den eine weiße, als v-förmiger, quadratischer oder rechteckiger Ausschnitt zu sehende Binde integriert ist.

Kollation (von lat. *conferre* = übertragen, vergleichen), 1. die Verleihung oder Übertragung eines kirchlichen ↑Amtes, einer ↑Pfründe durch den Kollator; 2. die halbe Sättigung, der (Abend-) Imbiss an Tagen des ↑Fastens, im ↑Kloster eine kleine Stärkung für den Gast; 3. Spendung von ↑Sakramenten; 4. Vergleich einer Abschrift mit ihrer Vorlage auf Richtigkeit oder Abhängigkeit hin (Textvergleich, Teil der ↑Textkritik).

Kolleg, Kollegien (lat. = das gemeinsame Lesen, Gemeinschaft), seit dem 16. Jh. Bezeichnung für die akademische Vorlesung an ↑Universitäten und (Hoch-) Schulen (vgl. engl. *college*, frz. *collège*), dann für katholische Studienanstalten (↑Hochschulen), für die Schulen (Gymnasium) mit Internat der ↑Jesuiten. Im Zuge der Bildungsreformen in Deutschland seit Ende der sechziger Jahre des 20. Jh.s wurde für die letzten zwei Gymnasialklassen der Oberstufe vorübergehend das Kollegstufensystem eingeführt. ↑Kollegium

Kollegialismus,   Kollegialsystem. Nachdem Anfang des 17. Jh.s im evangelischen ↑Kirchenrecht die Ausübung des ↑landesherrlichen Kirchenregiments durch die Landesherrn mit dem ↑Episkopal- und ↑Territorialsystem legitimiert wurde, setzte sich im 18. Jh., angeregt durch den Naturrechtsgedanken des Thomas Hobbes, die Theorie des Kollegialsystems durch: Danach kommt die oberste kirchliche Gewalt nicht dem Landesherrn, sondern der gesamten Kirchen-↑Gemeinde (einschließlich des Landesherrn) zu. ↑Konsistorium

Kollegiatkapitel, Kollegiatstift, geistliche Körperschaft (↑Kolleg, ↑Kollegium) von Säkular- ↑Kanonikern oder ↑Chorherren an einem ↑Stifts-Kapitel, einer Stifts-, Kollegiat- oder Kapitelskirche, die nicht ↑Bischofskirche ist. Die von den ↑Domherren des ↑Domkapitels zu unterscheidenden, auch Stiftsherren oder -kanoniker genannten Weltgeistlichen eines Kollegiatstifts besaßen privates Eigentum und wohnten in der Nähe der Kollegiatkirche in eigenen Kanonikalhöfen oder Pfründnerhäusern (↑Pfründe). Ihr gemeinsames Leben beschränkte sich gewöhnlich auf die Durchführung feierlicher ↑Gottesdienste und den ↑Chordienst in der Stiftskirche sowie auf regelmäßige Kapitelsitzungen. Die meist den Aufgaben der Pfarrseelsorge (↑Pfarrei) und dem Schuldienst, in den Bischofsstädten auch der Bistumsverwaltung verpflichteten Kollegiatstifte, von denen einige bedeutende im ↑Heiligen Römischen Reich die ↑Reichsunmittelbarkeit erlangten und ↑Reichsstifte wurden, gingen zu einem Teil in der ↑Reformation, fast gänzlich in ↑Französischer Revolution und ↑Säkularisation unter. ↑Propst

Kollegium (lat. *collega* = Mitgewählter; ↑Kolleg). Jesus hat die ↑Apostel nicht einzeln, sondern je zu zweit auserwählt und zum Zwölferkreis zusammengeführt. Unbeschadet der besonderen Rolle des Petrus als Sprecher und Garant der Einheit bildet somit das Kollegium als Gemeinschaft Gleichberechtigter die Urgestalt des apostolischen Amtes. Das ↑Vaticanum II hat die Zugehörigkeit des einzelnen ↑Bischofs zum ↑Bischofskollegium neu in Erinnerung gebracht. Der ↑Papst als oberster Repräsentant der einen Kirche steht nicht selbstherrlich den Bischöfen gegenüber, sondern ist ihnen kollegial verbunden und entscheidet in Einheit mit ihnen. Dem ↑Kardinals-Kollegium kommt die ↑Papstwahl zu.

Kollekte (lat.), 1. ursprünglich die Versammlung der Menschen sowie die Sammlung der zur ↑Eucharistie mitgebrachten (Liebes-) Gaben für die Armen und Kranken (↑Agape, ↑Armen- und Krankenpflege), ihre Einsammlung in oder nach dem ↑Gottesdienst, heute in Form der Geldsammlung auch für die Kirche und für kirchliche Hilfsaktionen (↑Caritas); 2. das ↑Almosen-Sammeln der ↑Bettelorden (↑Terminieren); 3. altes Wort für ein kurzes Gebet (Sammel- oder ↑Altar-Gebet) in der heiligen ↑Messe. ↑Kirchengut, ↑Klingelbeutel, ↑Kollektor, ↑Opfergang

Kollektor (lat.), der (Ein-) Sammler der ↑Kollekte, besonders der ↑Almosen der ↑Bettelorden und (als päpstlicher Beamter) der ↑Abgaben an den ↑Apostolischen Stuhl.

Kölner Ereignis, Verhaftung, Internierung und Absetzung des Kölner Erzbischofs Clemens August von Droste zu Vischering durch die preußische Regierung im Jahr 1837 (auch Kölner Kirchenstreit/Wirren); im Konflikt zwischen katholischer Kirche und preußischem Staat, der auf dem Hintergrund u. a. des Streits um die ↑Mischehe entstanden war, lehnte Droste jegliches staatliches Aufsichtsrecht über die Kirche, insbesondere die Mischehengesetze, ab.

Kölner Erklärung. In ihr brachten rund 200 deutschsprachige Professoren der ↑Theologie 1989 ihre «Besorgnis» über den Leitungsstil der römisch-katholischen Kirche, besonders im Hinblick auf die Verfahrensweise bei der Bestellung von ↑Bischöfen, die Erteilung und Entziehung der Lehrbefugnis (↑Venia) und Fragen der Sexualmoral zum Ausdruck.

Kölner Krieg (auch Truchsessenkrieg), der zwischen dem 1582 zum Protestantismus übergetretenen Kurfürst- ↑Erzbischof Gebhard Truchsess von Waldburg und dem (wegen des ↑Geistlichen Vorbehalts) an dessen Stelle 1583 zum Erzbischof gewählten Herzog Ernst von Bayern entbrannte Kampf um das Erzstift Köln, damit um die katholische Mehrheit im ↑Kurfürsten-Kolleg. Der 1585 für die auf Seiten Herzog Ernsts kämpfenden bayerischen und spanischen Truppen siegreich verlaufene Krieg sicherte den katholischen Glauben im Nordwesten Deutschlands und begründete die bis 1761 währende ↑Sekundogenitur des bayerischen Fürstenhauses der Wittelsbacher im Erzbistum und Kurfürstentum Köln.

Kolpingwerk, 1849 von dem katholischen Priester und «Gesellenvater» Adolph Kolping (1813–1865) begründete internationale Organisation katholischer ↑Gesellenvereine zur religiös-sittlichen, sozialen, beruflichen und politischen Bildung und Erziehung katholischer (anfangs Handwerks-) Gesellen, die heute alle Lehrberufe umfasst. Die örtlichen Kolpingvereine, die Kolpingfamilien, denen auch Frauen als Mitglieder angehören, unterhalten meist ein Kolpinghaus (Gesellenhospiz). An der Spitze der Einrichtung steht der vom Familienrat gewählte General- ↑Präses. ↑Katholische Arbeiterbewegung

Kolumbanregel, von Kolumban (dem Jüngeren, um 543–616, auch Columban), dem wichtigsten Vertreter des ↑irischen Mönchtums auf dem europäischen Festland, für die drei von ihm gegründeten ↑Klöster Annegray, Luxeuil und Fontaines um 595 verfasste «Regula monachorum» (lat. = Regel für Mönche; ↑Ordensregel), die in zehn ↑Kapiteln Bestimmungen über das geistliche Leben der Mönche und über die Organisation klösterlichen Lebens enthält. Seine Klostergründungen und seine Regel setzten

eine das ganze Frankenreich erfassende monastische Bewegung in Gang, die nach der Hereinnahme der ↑Benediktregel in die irofränkischen Klöster seit etwa 628 dem benediktinischen Mönchtum zum Durchbruch verhalf. ↑Karolingische Reform, ↑Aachener Regel

Kolumbusritter, 1882 von Michael McGivney in den USA gegründete Organisation für männliche ↑Laien, mit weltweit 1,7 Millionen Mitgliedern (Stand 2007) die größte Laienorganisation der katholischen Kirche. Ihre Prinzipien sind Förderung des christlichen ↑Glaubens durch Wohltätigkeit (↑Caritas), Brüderlichkeit, Einigkeit und Patriotismus.

Kommemoration (lat.), in der katholischen ↑Liturgie die Gedenk- oder Gedächtnisfeier, z. B. ↑Allerseelen, als Gedächtnisfürbitte für Lebende und Verstorbene Teil des ↑Kanons der heiligen ↑Messe. ↑Diptychon

Kommendatarabt, im Mittelalter ein nur nomineller ↑Abt, auch Laienabt genannt: ↑Klerikern, ↑Bischöfen, ↑Kardinälen, auch ↑Laien konnte die Verwaltung und v. a. Nutznießung einer ↑Kommende, d. h. einer klösterlichen ↑Pfründe und ihrer Einkünfte, übertragen werden, ohne die entsprechenden Pflichten übernehmen zu müssen. Kommendataräbte übten oft auch eine beschränkte ↑Jurisdiktion über das ↑Kloster aus, was schließlich vom ↑Apostolischen Stuhl verboten wurde. Die bis zum Konzil von Trient (1545–1563) bestehende Einrichtung führte nicht selten zum Niedergang der klösterlichen Disziplin und zur Schädigung des Stiftungsvermögens.

Kommende (von lat. *commendare* = anvertrauen), 1. die ursprünglich nur befristet, seit dem 8. Jh. auch lebenslang übertragene geistliche ↑Pfründe, deren Inhaber nur die Einkünfte bezog, von den damit verbundenen Pflichten jedoch befreit war. In besonderer Weise wurden ↑Abteien als Kommenden vergeben, deren Inhaber ↑Kommendataräbte genannt. Das Kommendenwesen war bis in die Neuzeit weitverbreitet, v. a. in Frankreich, Spanien und in den Ländern Italiens, wo vielfach die Landesherren das Besetzungsrecht (↑Investitur) innehatten; in Verbindung mit der Pfründenhäufung (↑Kumulation) kam es daher nicht selten zu einer Ausweitung dieser Form der Nutznießung auf kirchliche Pfründen aller Art. In der ↑Säkularisation gingen die meisten Kommenden, deren Verleihung seit 1514 dem ↑Apostolischen Stuhl vorbehalten war, unter. 2. In den ↑Ritterorden wird die selbständige Niederlassung ebenfalls Kommende genannt, an ihrer Spitze steht der Commendatar oder ↑Komtur.

Kommunikant(in), Empfänger(in) der ↑Kommunion.

Kommunion (lat. *communio* = Gemeinschaft, Teilhabe), der Empfang des ↑Abendmahls, der in der heiligen ↑Messe konsekrierten Gaben von Brot und Wein (↑Konsekration); in der katholischen Kirche wesentlicher Teil der ↑Eucharistie, der in keiner Messe fehlen darf. In der lateinischen Kirche beschränkte sich seit dem Hochmittelalter die Kommunion für die ↑Laien auf den Empfang der konsekrierten ↑Hostie, die auf dem IV. Laterankonzil (1215) als mindestens einmal jährlich zu empfangende Kommunion an ↑Ostern (mit ↑Osterbeichte) verpflichtend vorgeschrieben wurde. Seit dem ↑Vaticanum II (1962–1965) ist die ↑Kelchkommunion für Laien wieder möglich. Gewöhnlich wird die Kommunion im Rahmen des Gottesdienstes empfangen, daneben gibt es die Kommunion für Kranke und Sterbende (↑Versehgang, ↑Viaticum). ↑Erstkommunion, ↑Interkommunion

Kommunität ↑Konvent

Kommunitäten (von lat. *communitas* = Gemeinschaft), im Bereich der evangelischen Kirchen die im 19./20. Jh. hervorgetretenen, als Aufbruchs- und Erneuerungsbewegung zu verstehenden ↑Gemeinschaftsbewegungen von Männern und Frauen, auch Brüder- und Schwesternschaften zur konkreten Verwirklichung der ↑Nachfolge Christi, besonders in seelsorglich-diakonischen Diensten, die in vielen Bereichen den ↑Orden und ↑Kongregationen der katholischen Kirche, v. a. den ↑Säkularinstituten der neuesten Zeit, vergleichbar sind. Ihr Entstehen erfolgte im Rahmen einer umfassenden Neuorientierung, die im ↑Pietismus des 17./18. Jh.s, so in der ↑Herrnhuter Brüdergemeine, vorbereitet war. Als unmittelbare

Vorformen können die im 19. Jh. eingerichteten ↑Diakonenanstalten, in der Anglikanischen Kirche die im Gefolge der ↑Oxfordbewegung entstandenen Ordensgemeinschaften betrachtet werden. Die teilweise nach den ↑Evangelischen Räten lebenden, ↑ökumenisch ausgerichteten Gemeinschaften können in drei Gruppen unterschieden werden: Brüder- und Schwesternkommunitäten gemeinsamen Lebens (u. a. die Communauté de ↑Taizé), Brüder- und Schwesternschaften ohne endgültige Lösung aus Familie und Beruf (z. B. die auf den Berneuchener Dienst [seit 1931] zurückgehende Michaelsbruderschaft) und neue Gemeinschaften der Diakonie. Neben den genannten gehören auch der evangelische Zweig der ↑Johanniter, die Pfarrer-Gebets-Bruderschaft, die Marienschwesternschaft und die Christusbruderschaft dazu.

Kompanation ↑Konsubstantiation

Kompetent ↑Katechumenat

Komplet (von lat. *complere* = erfüllen, beenden), im ↑Stundengebet das Abend- und Schlussgebet.

Kompromisswahl, eine in der ↑Reichskirche begegnende Form der ↑Bischofswahl, bei der ein oder mehrere vom ↑Domkapitel beauftragte Geistliche (Kompromissare) den Wahlvorgang unabhängig leiteten.

Komtur (lat. *commendatar*), 1. in den ↑Ritterorden das deutsche Wort für den Vorsteher einer selbstständigen Niederlassung, Komturei oder ↑Kom-

mende genannt, von denen mehrere eine ↑Ballei bilden; 2. Inhaber einer höheren, zwischen Ritter- und Großkreuz liegenden Klasse eines Verdienst- ↑Ordens.

Konfession (lat. ↑confessio), das ↑Bekenntnis.

Konfessionalisierung, Konfessionalismus, seit dem 19. Jh. Begriff für das Vordringen eines religiösen ↑Bekenntnisses in Bereiche, die außerhalb des Religiösen liegen, oder seine einseitige Überbewertung gegenüber den Traditionen der Gesamtkirche, auch als konfessionelle Abschließung sowie strenge und ausschließliche Treue zum je eigenen Bekenntnis bezeichnet. In besonderer Weise werden die Begriffe zur Kennzeichnung für die spezifischen Entwicklungen im ↑Konfessionellen Zeitalter gebraucht.

konfessionell, die Konfession, das ↑Bekenntnis betreffend.

konfessioneller Absolutismus ↑Absolutismus

Konfessionelles Zeitalter, Periodenbegriff der Geschichtsschreibung (auch Zeitalter der ↑Bekentnisse) zur Kennzeichnung der ↑Epoche des 16./17. Jh.s, die in besonderer Weise vom Prinzip der Religionspolitik, dem Ringen zwischen katholischem und evangelischem (protestantischem) Glauben bestimmend war, d. h. für das Zeitalter der ↑Reformation, ↑Gegenreformation, ↑Katholischen Reform und des ↑Dreißigjährigen Kriegs.

Konfessionskriege ↑Religionskriege

Konfessionskunde, aus der Symbolik entwickelte vergleichende wissenschaftliche Untersuchung von Eigenart und Lehre verschiedener religiöser ↑Bekenntnisse, früher auch Kontroverstheologie genannt.

Konfessionsschule ↑Bekenntnisschule

Konfessor ↑Bekenner

Konfirmation (lat. = Befestigung, Stärkung, Bestätigung), 1. in den evangelischen Kirchen die (erstmals für Hessen durch die ↑«Ziegenhainer Zuchtordnung» Martin Bucers 1539) anstelle der katholischen ↑Firmung eingeführte feierliche Bestätigung des ↑Tauf- ↑Gelübdes durch die ↑Einsegnung der getauften Jugendlichen, mit der diese nach ein- bis zweijährigem Konfirmandenunterricht als aktive Mitglieder in die ↑Gemeinde eingeführt und zum ↑Abendmahl zugelassen werden; 2. in der katholischen Kirche bezeichnet der Begriff wie die ↑Approbation allgemein die päpstliche Bestätigung verschiedener Vorgänge, insbesondere die dem ↑Papst vorbehaltene Bestätigung eines neu gewählten ↑Bischofs, wobei bis zum Ende der ↑Reichskirche gewöhnlich nicht die Konfirmation als Beginn der bischöflichen Regierung, sondern allein die Wahl durch das ↑Domkapitel gezählt wurde.

Konföderation (lat. = Bündnis), Zusammenschluss von ↑Kongregationen eines ↑Ordens.

Konfraternität ↑Bruderschaft

Kongregation, Kongregationen (von lat. *congregare* = die Herde [*grex*] zusammenführen), 1. Zusammenschluss mehrerer ↑Klöster bei gleicher ↑Observanz unter einen Oberen (Abtpräses, -primas, Generalabt, Erzabt; ↑Abt), z. B. ↑Bursfelder, ↑Windesheimer Kongregation; 2. seit dem 16. Jh. entstandene Gemeinschaften der katholischen Kirche, die im Unterschied zu den ↑Orden nur einfache ↑Gelübde ablegen und nach einer Regel, aber ohne ↑Chordienst und ↑Klausur leben (z. B. Herz-Jesu-, Herz-Mariä-Genossenschaften); 3. Orden und Kongregationen werden seit dem ↑Vaticanum II (1962–1965) und dem ↑Codex Iuris Canonici von 1983 zusammen mit den ↑Säkularinstituten Einrichtungen des gottgeweihten Lebens genannt; 4. in der katholischen Kirche allgemein fromme Vereinigungen, meist für ↑Laien, zu einem religiösen Leben mit Werken der Nächstenliebe, auch Gemeinschaften des christlichen Lebens genannt (z. B. ↑Marianische Kongregation); 5. die kollegial verfassten Behörden der ↑Römischen Kurie unter der Leitung des Papstes, deren Mitglieder ↑Kardinäle, auch Diözesanbischöfe sind (z. B. die ↑Glaubenskongregation), auch Kurien- oder Kardinalskongregationen (lat. Sacrae Congregationes) genannt. ↑Konföderation

Kongregationalismus, Kongregationalisten ↑Independenten

Kongrua, das feste (Mindest-) Einkommen zum Lebensunterhalt («Existenzminimum») aus einer ↑Pfründe.

Königsweihe ↑Sakrales Herrschertum

Konkathedrale, eine ehemalige oder zweite ↑Kathedrale in einem ↑Bistum, z. B. der ↑Dom zu Freising, der bis zur ↑Säkularisation am Beginn des 19. Jh.s über eintausend Jahre lang Sitz des Bischofs von Freising war und durch Erzbischof Joseph Kardinal Ratzinger (1977–1982, seit 2005 Papst Benedikt XVI.) zur Konkathedrale erhoben wurde. Seit Errichtung des Erzbistums München und Freising 1817/21 ist der Dom zu Unserer Lieben Frau in München, die Frauenkirche, ↑Bischofskirche, also die neue Kathedrale, in der sich der Stuhl (lat. *cathedra*) des Erzbischofs befindet.

Konklave (lat. = abgeschlossenes Gemach), nach dem Vorbild italischer Kommunen seit 1241 eingerichteter, streng abgeschlossener Versammlungsort der ↑Kardinäle für die ↑Papstwahl; das Wort bezeichnet auch die Gesamtheit der zur Wahl versammelten Kardinäle.

Konkordanz (von lat. *concordare* = übereinstimmen; ↑Konkordat), dem ↑Register vergleichbare, alphabetisch geordnete Zusammenstellung der in einem oder mehreren Büchern vorkommenden Wörter und Begriffe mit Angabe ihrer Fund- oder Belegstellen, z. B. der ↑Bibel (Bibelkonkordanz).

Konkordat (von lat. *concordare* = einig sein, übereinstimmen), ein zwischen dem ↑Heiligen Stuhl und einem Staat (auch dessen Gliedstaaten) geschlossener, völkerrechtlich verbindlicher Vertrag zur Regelung kirchlich-staatlicher, d. h. «gemischter» Angelegenheiten. Der Begriff wurde zum ersten Mal auf dem Konzil von Konstanz (1414–1418) verwendet (sonst begegnen lateinische Termini wie conventio und pactum). Als ältestes derartiges Vertragswerk gilt das 1122 geschlossene und bis 1806 gültige Wormser Konkordat, das den ↑Investiturstreit formell beendete.

Konkordienbuch (von lat. *concordia* = Übereinstimmung), die 1580 veröffentlichte Sammlung lutherischer ↑Bekenntnisschriften; sie umfasst ↑Apostolisches Glaubensbekenntnis, ↑Nicaeno-Constantinopolitanum, ↑Athanasianisches Glaubensbekenntnis, ↑Confessio Augustana mit Melanchthons ↑Apologie, ↑Schmalkaldische Artikel, Melanchthons Traktat von der Gewalt und Obrigkeit des Papstes, Luthers Kleinen und Großen ↑Katechismus sowie die ↑Konkordienformel von 1577.

Konkordienformel, lutherische ↑Bekenntnisschrift (Formel) von 1577, die eine Auslegung der ↑Confessio Augustana enthält und im ↑Konkordienbuch enthalten ist.

Konkubinat (lat. = Zusammenliegen), die dauernde außereheliche Geschlechtsgemeinschaft («wilde [↑] Ehe») zwischen Mann und Frau, seit dem Konzil von Trient (1545–1563) unter Strafe verboten. Besonders seit dem späten Mittelalter begegneten vermehrt Klagen auch über ↑Geistliche, die als «Konkubinarier» lebten.

Konsekration, in der katholischen Kirche die ↑Weihe einer Person oder Sache, in besonderer Weise von Brot und Wein in der ↑Messe (↑Transsubstantiation). ↑Impanation, ↑Konsubstantiation, ↑Realpräsenz

Konsistorialkongregation, in der ↑Römischen Kurie eine aus ↑Kardinälen zusammengesetzte ↑Kongregation zur Vorbereitung des ↑Konsistoriums und zur Besetzung hoher kirchlicher ↑Ämter, v. a. zur Bestellung der ↑Bischöfe durch den ↑Papst.

Konsistorialpräsident ↑Konsistorium

Konsistorialrat, in den evangelischen ↑Landeskirchen wie ↑Kirchenrat Amtstitel für höhere Beamte einer Verwaltungsbehörde. ↑Konsistorium

Konsistorialverfassung, -system
↑Konsistorium

Konsistorium (lat. = Versammlung, Sitzung), 1. in der katholischen Kirche die Vollversammlung der ↑Kardinäle unter Vorsitz des ↑Papstes. Seit der Reform der ↑Römischen Kurie unter Papst Sixtus V. (1588), bei der die Kardinals- ↑Kongregationen eingerichtet wurden, verlor das Konsistorium an Bedeutung und bildet heute meist nur noch den feierlichen Rahmen für verschiedene Anlässe (z. B. Kardinalsernennungen); 2. Bezeichnung für das ↑Offizialat (↑Offizial), seltener für das ↑Domkapitel, in Österreich auch für das ↑Ordinariat; 3. in einzelnen evangelischen ↑Landeskirchen die erstmals 1539 in Wittenberg eingerichtete, kollegial (↑Kollegialismus) verfasste zentrale Verwaltungsbehörde (gewöhnlich auch zur Wahrnehmung des ↑landesherrlichen Kirchenregiments), ein dem Landeskirchenamt entsprechendes Kollegium von Theologen und Juristen unter dem Vorsitz des Bischofs oder Konsistorialpräsidenten bzw. dem (Ober-) ↑Kirchenrat (Konsistorialverfassung, -system). ↑Superintendent

Konsolationen (lat. = Tröstungen, Zuspruch), vom ↑Klerus als Beitrag zum Unterhalt jährlich zu entrichtende (ursprünglich freiwillige) Geldzahlungen (Pflicht-↑Abgaben) an den ↑Bischof.

Konsole (frz.), aus der Mauer vorspringender Tragstein zur Auflage von Architekturteilen (Bögen, Balken, Gesimse) und (auch als Wandgestell) für Figuren oder andere Gegenstände. ↑Miserikordie

Konstantinische Schenkung (lat. Constitutum Constantini), angebliche Urkunde Konstantins des Großen (↑Konstantinische Wende), durch die der Kaiser die Würde des Papstes Silvester I. (314–335; ↑Silvester, ↑Silvesterlegende) und dessen Nachfolger über seine eigene kaiserliche gesetzt und dem ↑Papst die Herrschaft über Rom, die Provinzen Italiens und den Westen des Römischen Reiches mitsamt den Inseln übertragen habe; die wahrscheinlich aus der Mitte des 8. Jh.s stammende ↑Fälschung – als solche im 15. Jh. nachgewiesen (Lorenzo Valla, Nikolaus von Kues) – gewann durch ihre Aufnahme u. a. in die ↑pseudo-isidorischen Dekretalen große Bedeutung und wurde vom Papsttum seit der ↑Gregorianischen Reform häufig zur Stützung weltlicher Machtansprüche gebraucht (↑päpstlicher Primat).

Konstantinische Wende, Begriff für das epochale Ereignis der Hinwendung Kaiser Konstantins des Großen (306–337) zum ↑Christentum, die sich in einem Prozess gegenseitiger Annäherung zwischen weltlicher und geistlicher Gewalt (↑Kirche und Staat) im Verlauf des 3. Jh.s abgezeichnet und im ↑Edikt des Kaisers Galerius von 311 Ausdruck gefunden hatte: Es ordnete die Einstellung der ↑Christenverfolgungen für das Römische Reich an und stellte durch reichsrechtliche Duldung den christlichen Glauben den anderen ↑Kulten gleich. Ausschlaggebend für die Wende war der Sieg, den Konstantin in der Entscheidungsschlacht an der Milvischen Brücke nördlich von Rom (vor der ihm nach der ↑Legende ein ↑Kreuz mit der Inschrift ↑«in hoc signo vinces» erschien) über Kaiser Maxentius am 28. 10. 312 errang und mit dem er zum Herrscher über den westlichen Teil des Reiches (↑Westrom) wurde. Im Februar 313 erzielte er mit dem Kaiser des östlichen Reichsteils Licinius in Mailand eine Übereinkunft (Mailänder Konvention, früher auch ↑Toleranzedikt genannt), nach der die volle Religions- und Kultusfreiheit und die Rückgabe von Kirchengütern an die Christen verfügt wurden. Mit seinem Sieg über

Licinius errang Konstantin 324 die Alleinherrschaft. Ein Jahr später berief er zur Klärung der die Reichseinheit gefährdenden christologischen Streitfragen (↑Christologie) die bis dahin größte Bischofsversammlung nach Nizäa ein, das I. ↑Ökumenische (Allgemeine) Konzil. Das Christentum wurde in der Folge die alleingültige Religion im Römischen Reich. ↑Konstantinopel

Konstantinopel, die von Konstantin dem Großen (306–337, ↑Konstantinische Wende) 326 neu geschaffene, 330 eingeweihte Hauptstadt des Römischen Reiches, die bis dahin den Namen Byzanz (↑Byzantinisches Reich) trug, heute Istanbul heißt. Die mit der politischen Bedeutung Konstantinopels als einem der fünf vornehmsten Sitze der Christenheit (↑Patriarch, ↑Pentarchie) und der neuen Hauptstadt des östlichen Reichsteils begründete Rangerhöhung fand im Kanon 3 des Konzils von Konstantinopel (381) sinnenfällig Ausdruck: «Der Bischof von Konstantinopel soll den Ehrenprimat [Ehrenvorrang] nach dem Bischof von Rom [= Papst] haben, denn diese Stadt ist das neue [↑] Rom.» Mit dem Sitz ist seit dem 6. Jh. der Titel «Ökumenischer Patriarch» verbunden (bis heute Ehrenvorrang in den orthodoxen Kirchen).

Konstitutionen ↑Constituta

Konsubstantiation (lat.), im Unterschied zur ↑Transsubstantiation die (auch Kompanation genannte) Lehre Martin Luthers, wonach sich im

↑Abendmahl Leib und Blut Christi mit Brot (lat. *panis*) und Wein nach Art einer Koexistenz verbänden, ohne deren Substanzen zu verwandeln, somit keine ↑Realpräsenz eintrete. ↑Impanation, ↑Remanenzlehre, ↑Ubiquität

Kontaktreliquie ↑Reliquie

Kontemplation ↑Beschauung

Kontroverspredigt ↑Predigt

Konvent (lat. = Zusammenkunft), 1. die Versammlung der ↑Konventualen, die das Konvents- ↑Kapitel bilden, auch die Gesamtheit der Klosterangehörigen (Kommunität) und das ↑Kloster selbst; 2. Versammlung der ↑Geistlichen eines evangelischen ↑Kirchenkreises.

Konventualen (lat.), 1. die stimmberechtigten Mitglieder einer klösterlichen Gemeinschaft im ↑Konvents-Kapitel, besonders der ↑Bettelorden; 2. Name für die ↑Minoriten; 3. bei den ↑Karmeliten die mildere Richtung.

Konversen (lat. = Bekehrte), 1. im 4./5. Jh. die zu einem Leben in ↑Buße und ↑Askese be- oder umgekehrten Christen; 2. seit dem 7. Jh. Angehörige eines ↑Klosters, die im Unterschied zu den im Kindesalter dem Kloster übergebenen Knaben (↑Oblaten) als Erwachsene in das Kloster eintraten (Konversenbrüder), auch Konverseninstitut genannt; 3. seit dem 11. Jh. eine neue Art des ↑Laienmönchtums, das durch die stärkere Scheidung der Mönche in ↑Priester- oder Chormönche auf der einen sowie in ↑Laienbrü-

der und -schwestern auf der anderen Seite (meist mit eigenem ↑Chor, dem Konversen- oder Laienchor) entstand: Bei gemilderter Askese gehörten diese ↑Religiosen dem Kloster zur Verrichtung verschiedener Arbeiten an, z. B. in einer ↑Grangie.

Konversion (lat., wie ↑Konversen), allgemein der (früher auch unter Zwang erfolgte) Wechsel des ↑Bekenntnisses (Konfessionswechsel) durch Übertritt des Konvertiten in eine andere christliche Kirche, heute nach vorausgehendem ↑Kirchenaustritt.

Konvertit ↑Konversion

Konvikt (von lat. *convivere* = zusammenleben), ein Wohnheim (↑Stift, Internat) für Schüler und Theologiestudenten, früher das (bischöfliche) ↑Knabenseminar oder -konvikt zur geistlichen Erziehung v. a. für spätere Priesteramtskandidaten.

Konzelebration ↑Zelebration

Konzil (lat. *concilium*, gr. ↑Synode), nach dem Vorbild des ↑Apostelkonzils die rechtmäßige Versammlung kirchlicher Würdenträger, v. a. von ↑Bischöfen, zur Klärung von Glaubens- und Sittenfragen, zur Festlegung kirchlicher Disziplin und Organisation. Unterschieden werden Partikularkonzilien oder -synoden (Reichs-, Provinzial-, Nationalkonzilien) und ↑Ökumenische (Allgemeine) Konzilien, welche die Gesamtkirche repräsentieren. Von den orthodoxen Kirchen werden nur die sieben Ökumenischen Konzilien des 1. Jahrtausends anerkannt; die katholische Kirche zählt darüber hinaus (mit Großsynoden des Mittelalters und der Neuzeit) bis heute 21 (siehe die Liste im Anhang dieses Lexikons). Im Protestantismus gelten die ↑Dordrechter Synode (1618/19) als eine Art Allgemeines Konzil der reformierten Kirche; die ↑Lambethkonferenzen gelten als Konzilien der Anglikanischen Kirche.

● **Konziliarismus, konziliare Idee,** Auffassung, wonach das Allgemeine ↑Konzil als Repräsentation der ganzen Christenheit die höchste Autorität in der Kirche besitze, über dem ↑Papst stehe und diesen nötigenfalls absetzen könne. Sie wurzelte im Denken der Christenheit des 1. Jahrtausends, gewann besondere Bedeutung seit dem 12./13. Jh. (Johannes von Paris, † 1306), wurde weitergeführt im 14. Jh. durch Marsilius von Padua (↑Defensor pacis) und Wilhelm von Ockham (↑Ockhamismus) und war besonders ausgeprägt im Großen ↑Abendländischen Schisma (1378–1417). Trotz häufiger päpstlicher Verurteilung wirkte die Idee bis ins 19. Jh. nach.

Konzilsväter, die Teilnehmer an einem (Ökumenischen) ↑Konzil.

Kooperator (lat. = Mitarbeiter), der Hilfsgeistliche, früher auch Bezeichnung für ↑Kaplan, ↑Expositus, ↑Gesellpriester.

Kopist ↑Amanuensis, ↑Buchkunst, Buchmalerei, ↑Skriptorium

Kopten, koptische Kirche, die seit dem 5. Jh. entstandene selbstständige monophysitische (↑Monophysitismus) Kirche Ägyptens, deren Leitung der ↑Patriarch von ↑Alexandrien (seit dem 11. Jh. mit Sitz in Kairo) innehat; seit 1895 ist ein kleiner Teil unter einem eigenen Patriarchen mit Rom ↑uniert.

Korporale (von lat. *corpus* = Leib, Körper), ein in der heiligen ↑Messe als Unterlage auf dem ↑Altar für ↑Hostie, ↑Kelch und ↑Patene gebrauchtes quadratisches Leinentuch. ↑Antimension

Krankensalbung, heute (offiziell) übliches Wort für die Spendung des ↑Sakraments an Kranke und Sterbende, früher nur ↑Letzte Ölung genannt. ↑Versehgang, ↑Viaticum

Kredenz (lat.), Tisch im ↑Altar-Raum für die zum ↑Abendmahl benötigten Gegenstände.

Kreierung (lat., sprich: Kre-ierung), Ernennung eines ↑Kardinals durch den ↑Papst.

Kreisauer Kreis, eine im Sommer ● 1940 um Helmuth James Graf von Moltke gebildete Widerstandsgruppe, der auch ↑Geistliche beider Konfessionen angehörten; sie befasste sich mit der Ausarbeitung einer auf christlicher Ethik basierenden Neuordnung Deutschlands nach Hitler. Im Rahmen des fehlgeschlagenen Attentats vom 20.7.1944 wurde Moltke mit anderen Gesinnungsgenossen am 23.1.1945 in Berlin-Plötzensee hingerichtet.

Kreispfarrer ↑Dekan

Kreuz (lat. *crux*), 1. seit prähistorischen Zeiten nachweisbares, mannigfaltige Formen und Bedeutungen aufweisendes Zeichen; 2. im ↑Christentum ist es Sinnbild der ↑Passion ↑Jesu Christi, seiner Auferstehung (↑Ostern) und Wiederkunft (↑Parusie) und damit Christi selbst: Es ist das spezifische Symbol des christlichen ↑Glaubens, weil es die im Opfer- und Kreuzestod Christi vollzogene ↑Erlösung des Menschen von Sünde und Tod, seine Befreiung von allem Bösen versinnbildlicht und als «Baum des Lebens» zum Zeichen der Hoffnung und Versöhnung geworden ist. Daher steht das Kreuz auch am Beginn der ↑Nachfolge Jesu, der zu seinen Jüngern sagte: «Wer mein Jünger sein will, der verleugne sich selbst, nehme sein Kreuz auf sich und folge mir nach» (Mt 16,24). 3. In besonderer Weise hat Paulus die christliche Botschaft als eine Botschaft des Kreuzes verkündet (z. B. Kol 1,20; 1 Kor 1,18−23). 4. Die ↑Theologie des Kreuzes ist das Kennzeichen der Lehre Martin Luthers, der Gott nirgendwo anders finden will als im gekreuzigten Christus (Leidenstheologie). 5. Zusammen mit dem ↑Kruzifix wurde das Kreuz seit dem 4./5. Jh. zum bis heute weitestverbreiteten, oft kunstvoll und kostbar gestalteten, auch als Turm-, ↑Grab-, und Gipfelkreuz, als modernes Schmuckstück und (militärischer) ↑Orden begegnendes (↑Segens-) Zeichen, mit dem sich Menschen in ↑Gebet, ↑Gottesdienst und jeder Lebenslage «bekreuzigen».

Kreuzaltar, im Mittelalter der im Unterschied zum ↑Hochaltar für den Volksgottesdienst bestimmte, auch ↑Laien-Altar genannte ↑Altar, der sich in der Mitte des ↑Langhauses oder vor dem ↑Lettner befand.

Kreuzauffindung ↑Kreuzerhöhung

Kreuzbrüder ↑Kreuzherren

Kreuzbund, 1896 begründeter katholischer Verband zur Bekämpfung des Alkoholmissbrauchs und zur therapeutischen Unterstützung Suchtkranker. ↑Gemeinschaftsbewegungen

Kreuzerhöhung, am 14. September gefeiertes Fest zum Gedächtnis der feierlichen Aufstellung des ↑Kreuzes in der Kreuzeskirche Kaiser Konstantins des Großen (↑Konstantinische Wende) in ↑Jerusalem am 13. 9. 335; ursprünglich als Begleitfest am folgenden Tag eingeführt, überragte es bald das Hauptfest der ↑Kirchweihe dieser ↑Basilika. In den orthodoxen Kirchen wird es auch als Fest der Kreuzauffindung durch die Kaiserin Helena, die Mutter Konstantins, begangen.

Kreuzfahrer, Teilnehmer an einem ↑Kreuzzug.

Kreuzgang (lat., ↑Ambitus), überdeckter Um- oder Wandelgang (meist mit Gewölbe) um einen vier- oder rechteckigen Hof oder (↑Kreuz-) Garten neben ↑Dom-, ↑Stifts- und besonders ↑Kloster-Kirchen, dessen Arkaden (auf Säulen oder Pfeilern) zum Hof hin offen sind. ↑Camposanto

Kreuzherren (Kreuzbrüder), Name mehrerer katholischer ↑Ordens-Verbände, deren Mitglieder mit einem ↑Kreuz gekennzeichnet sind, im engeren Sinn die Angehörigen von ↑Hospital- und ↑Ritter-Orden, die im 12./13. Jh. im Zusammenhang mit den ↑Kreuzzügen entstanden sind.

Kreuzritter, 1. Teilnehmer an einem ↑Kreuzzug; 2. Angehöriger eines geistlichen ↑Ritterordens, v. a. des ↑Deutschen Ordens (Kreuzritterorden).

Kreuzschwestern ↑Barmherzige Brüder und Schwestern

Kreuzweg, nach den Berichten des NT der Leidensweg des ↑Kreuz tragenden Jesus in ↑Jerusalem vom Ort seiner Verurteilung bis zur Kreuzigungsstätte Golgotha und zum ↑Heiligen Grab. Seit dem Mittelalter gingen christliche Jerusalempilger (↑Wallfahrt) diesen Weg zum Gedenken an die ↑Passion Christi; im Spätmittelalter kam es im Abendland zur Nachahmung des Leidenswegs durch die ↑Kalvarienberge und zu den 14 Kreuzwegstationen, d. h. durch Kapellen oder Bilder gekennzeichneten Haltepunkten des Kreuzwegs, die auch in die Kirchen übertragen wurden und gewöhnlich mit Bildtafeln entlang der Kirchenwände dargestellt sind. Die heute besonders in ↑Fasten-Zeit und ↑Karwoche übliche Kreuzweg- ↑Andacht fand durch die ↑Franziskaner weite Verbreitung.

Kreuzwerkzeuge ↑Passion

Kreuzzeichen ↑Kreuz

Kreuzzug, Kreuzzugsbewegung. 1. Mit dem Begriff ist allgemein ein im Mittelalter von der Kirche (↑Papsttum) ausgerufener oder unterstützter Krieg gegen ↑Heiden und ↑Häretiker umschrieben. Er diente dem Ziel, den rechten ↑Glauben zu verbreiten oder wiederherzustellen und wurde z. B. in Livland gegen die Heiden, in Südfrankreich gegen die ↑Albigenser geführt, mehrfach auch von den Päpsten gegen christliche Herrscher im Abendland propagiert. 2. Im Besonderen werden als Kreuzzüge die (insgesamt sieben) Kriegsfahrten von 1095/96 bis 1270 in das ↑Heilige Land zu dessen Befreiung von der islamischen und zur Errichtung der christlichen Herrschaft über das ↑Heilige Grab in ↑Jerusalem bezeichnet (↑Ritterorden) 3. Für die Entstehung der in einem breiten Strom religiöser Ideen eingebetteten Bewegung sind vielschichtige Momente anzuführen, besonders der Gedanke der Pilgerschaft und ↑Wallfahrt zum Grab des Herrn, wobei der Verlust der heiligen Stätten (erstmals 1071) als Folge der ↑Sünde gedeutet wurde. Dementsprechend wurde in der Kriegshandlung zur Befreiung Jerusalems, weil im Dienst des Heilsprozesses stehend und im Anschluss an Augustinus als ↑Gerechter Krieg betrachtet, ein Weg zur ↑Seligkeit erkannt, identifizierten sich die Kreuzfahrer als «Soldaten Christi» (lat. *milites Christi*), die der Gedanke antrieb, durch die Kriegsteilnahme den «[↑] Himmel zu erwerben». Deshalb waren vor dem Gewinn des in Aussicht gestellten Kreuzzugs- ↑Ablasses Reue und ↑Buße des Einzelnen unbedingte Voraussetzungen; damit waren der Schritt zum «Kriegsdienst für Christus» (lat. *militia Christi*) als einem ↑«Gottesdienst», die positive Wendung der Kirche zum Krieg und die Einheit des Gegensatzes von ↑Kreuz und Schwert vollzogen, die «[↑] Theologie des Krieges» und der ↑Heilige Krieg institutionalisiert. Diese Instrumentalisierung des Krieges für die kirchliche Politik, die Einbindung der Kreuzzugsidee in einen heilsgeschichtlichen und geschichtstheologischen Rahmen (↑Heilsgeschichte) waren geradezu die Konsequenz aus den grundstürzenden Ereignissen, die sich im und seit dem ↑Investiturstreit vollzogen hatten und in Clermont 1095 in den Aufruf zum Ersten Kreuzzug (1096–1099) unter Papst Urban II. mündeten (↑Deus lo volt).

Krieg ↑Gerechter Krieg, ↑Heiliger Krieg, ↑Kreuzzug

Krippe (Weihnachtskrippe), seit dem hohen Mittelalter (hier die berühmte Feier des ↑Weihnachts-Festes durch Franz von Assisi [↑Franziskaner] in Greccio 1223) belegtes, seit dem 17. Jh. auch in den Privathäusern gepflegtes ↑Brauchtum, den «Stall» (Geburtsgrotte, Futtertrog) von Bethlehem, in dem Jesus geboren wurde, und das Weihnachtsgeschehen plastisch, später auch als Krippenspiel szenisch darzustellen. Die vielfach höchst kunstvoll gestalteten Krippen sind wichtige Zeugnisse der Volks-↑Frömmigkeit und bis heute weltweit verbreitet.

Krönung ↑Sakrales Herrschertum

Krummstab, der Stab des ↑Bischofs, der ↑Äbte und Äbtissinnen, Teil der ↑Pontifikalien (↑Ring und Stab). In der ↑Reichskirche wurden die Territorien der ↑geistlichen Fürsten (↑Hochstift) auch Krummstablande genannt, daher auch die v. a. im 18. Jh. begegnende Wendung: «Unterm Krummstab ist gut leben.»

Krummstablehen ↑Kirchenlehen

Kruzifix (lat. = der ans Kreuz Geschlagene, der Gekreuzigte), seit spätantik-frühmittelalterlicher Zeit übliches ↑Kreuz mit der Figur (Corpus) des gekreuzigten ↑Christus.

Kruzifixbeschluss, -urteil, am 10. 8. 1995 veröffentlichter Beschluss des 1. Senats des Bundesverfassungsgerichts vom 16. 5. 1995, wonach die (staatlich angeordnete) «Anbringung eines [↑] Kreuzes oder [↑] Kruzifixes in den Unterrichtsräumen einer staatlichen Pflichtschule, die keine [↑] Bekenntnisschule ist» (wie es Paragraph 13 der Schulordnung für Volksschulen in Bayern vorsieht), gegen das Grundrecht auf Religionsfreiheit gemäß Artikel 4 Absatz 1 des Grundgesetzes für die Bundesrepublik Deutschland verstoße (↑Glaubensfreiheit). Die Entscheidung fand in der öffentlichen Diskussion breiten Niederschlag und führte zu leidenschaftlichen Debatten über den Symbolgehalt des Kreuzes und seines «Wertes», zugleich über das Verhältnis von ↑Kirche und Staat.

Krypta (gr.-lat., von gr. *kryptein* = verbergen), ursprünglich das ↑Grab oder die Grabkammer eines ↑Märtyrers (auch in den ↑Katakomben), seit dem Frühmittelalter unter dem ↑Chor oder ↑Altar befindlicher ↑Kult-Raum mit Altar, Aufbewahrungsort von ↑Reliquien und Grabstätte (Gruft) geistlicher und weltlicher Würdenträger.

Kryptocalvinismus (von gr. *kryptein* = verbergen), Begriff für den im 16. Jh. v. a. in Kursachsen vertretenen «heimlichen [↑] Calvinismus», d. h. den von Philipp Melanchthon (↑Philippisten) beeinflussten lutherischen Glauben, der besonders in der Lehre vom ↑Abendmahl der Auffassung Calvins zuneigte. ↑Adiaphoristische Streitigkeiten, ↑Gnesiolutheraner

Kubikular (von lat. *cubiculum* = Schlafzimmer), neben ↑Kämmerer Bezeichnung für einen persönlichen Bediensteten des ↑Papstes.

Küchenlatein, seit Beginn des 16. Jh.s im ↑Humanismus belegte abfällig-spöttische Etikettierung des als schlecht und verderbt empfundenen Universitäts- und «Mönchs-»↑Latein des Spätmittelalters. ↑Dunkelmännerbriefe

Kukulle (lat.), als Teil des ↑Ordenskleides (↑Kutte) bestimmter Orden ein bei feierlichen Anlässen getragenes mantelähnliches Übergewand mit weiten Ärmeln, früher ein Schulterumhang mit ↑Kapuze.

Kult, Kultus (von lat. *colere* = bebauen, pflegen, [ver-] ehren), allgemein die in bestimmter Ordnung sich vollziehende, an heilige Orte und Zeiten gebundene Ausdrucksform (↑Ritus) religiösen Empfindens und Erlebens einer Gemeinschaft oder ↑Gemeinde zur Feier dieser Gemeinschaft mit dem Göttlichen, mit Gott, zur Reinigung, Versöhnung und Verehrung, in den christlichen Kirchen vollzogen in der Feier des ↑Gottesdienstes (↑Liturgie), im ↑Gebet und in der ↑Heiligenverehrung. ↑Geistlicher Rat

Kulturkampf, von Rudolf Virchow († 1902) geprägter Begriff für die in den Jahren 1871 bis 1887 ausgetragenen schweren Auseinandersetzungen zwischen dem preußischen Staat mit seiner Politik des ↑Liberalismus und der sich diesen Bestrebungen widersetzenden und ihre Lehrautorität betonenden katholische Kirche (↑katholische Bewegung, ↑Syllabus, ↑Vaticanum I, ↑ Ultramontanismus). Verschiedene staatliche Maßnahmen, u. a. ↑Jesuitengesetz, ↑Kanzelparagraph, Gesetze zum ↑Kirchenaustritt, Einführung der ↑Zivilehe und des Schulaufsichtsgesetzes, stießen auf heftigen Widerstand in der katholischen Bevölkerung.

Kumulation (lat.), Häufung von geistlichen Ämtern (↑Amt) und ↑Pfründen in einer Hand, v. a. von ↑Kanonikaten, dann auch von ↑Bistümern und ↑Hochstiften, die im Rahmen der ↑Reichskirchen-Politik verschiedener Fürstenhäuser besonders seit dem 16./17. Jh. oft praktiziert wurde und bis zum Ende des ↑Heiligen Römischen Reiches auch im Dienste dynastischer Interessen (↑Sekundogenitur) stand; sie wurde vom

↑Apostolischen Stuhl weitestgehend gebilligt und durch ↑Dispens von der ↑Inkompatibilität ermöglicht, obwohl das Konzil von Trient 1547 beschlossen hatte, dass man nicht mehr als eine ↑Metropolitan- oder ↑Kathedralkirche besitzen durfte, sei es als Titel oder ↑Kommende. Diese Bestimmung wurde auch auf die übrigen Pfründen ausgedehnt, in der dritten und letzten Sitzungsperiode des Konzils (1563) zudem bestimmt, dass bei Kathedral- und Pfarrkirchen (↑Pfarrei) jede Kumulation verboten sein sollte. Für die Reichskirche beschränkte Papst Clemens XII. 1731 die Zahl der deutschen Kathedralkirchen, die in einer Hand vereinigt werden durften, auf zwei.

Kunst ↑christliche Kunst, ↑frühchristliche Kunst

Kurat (von lat. *cura* = Sorge, Fürsorge, Pflege), in der katholischen Kirche ein (Hilfs-) ↑Geistlicher mit eigenem Zuständigkeitsbereich in der ↑Seelsorge oder Seelsorgebezirk (Kuratie oder Pfarrvikarie).

Kur, Kür (von mhd. kiesen = prüfen, wählen, küren), 1. die Wahl des deutschen Königs durch die ↑Kurfürsten; 2. Kurztitel für ein Kurfürstentum bzw. einen Kurfürsten, z. B. Kurmainz, Kurerzbischof von Mainz.

Kurfürsten, im ↑Heiligen Römischen Reich die drei geistlichen und vier (später nur kurzzeitig sechs) weltlichen Reichsfürsten, die seit dem 12. Jh. das (1257 alleinig geübte, 1356 durch die ↑Goldene Bulle bestätigte)

Recht innehatten, den deutschen König zu «küren», d. h. zu wählen (↑Kur): Die Erzbischöfe von Mainz, Köln und Trier, der Pfalzgraf bei Rhein, der Herzog von Sachsen, der Markgraf von Brandenburg und (seit 1289) der König von Böhmen. 1623 erhielt Bayern die pfälzische Kur, die 1777 mit der 1648 für die Pfalz neu geschaffenen achten Kur zusammenfiel, 1692 bzw. 1709 Hannover eine neunte Kurwürde. Seit 1489 bestand im Reichstag (↑Reichsstände und Reichstag) das Kurfürstenkolleg als erste Kurie unter Führung von Mainz. ↑Erzämter, ↑Kurverein von Rhense

Kuriale, geistlicher oder weltlicher Beamter an der ↑Römischen Kurie.

kurialer Zentralismus, Kurialismus ↑Papalismus

Kurialtaxen, an die ↑Römische Kurie zu entrichtende ↑Abgaben (↑Taxe).

Kurie ↑Römische Kurie

Kurienkardinal, ein hauptamtlich an der ↑Römischen Kurie wirkender ↑Kardinal.

Kurienkongregationen ↑Kongregation, Kongregationen

Kurienreform ↑Römische Kurie

Kurverein von Rhense, am 16. 7. 1338 im Gesetzgebungsweg erfolgte, auch «Rhenser Weistum» genannte, von Kaiser Ludwig dem Bayern wenig später zum Reichsgesetz erhobene Festschreibung des Wahlrechts der sieben ↑Kurfürsten des ↑Heiligen Römischen Reiches; zugleich wurde das

Recht des ↑Papstes, den jeweils neu gewählten König zu bestätigen, zurückgewiesen, weil es reichsrechtlich nicht gegeben sei. ↑Goldene Bulle

Kustode ↑Kustos

Kustodia (lat.), liturgisches Gefäß zur Aufbewahrung der konsekrierten (↑Konsekration) großen ↑Hostie für die ↑Monstranz im ↑Tabernakel.

Kustodie (lat.), bei den ↑Franziskanern die Untergliederung einer Ordens- ↑Provinz (heute auch Kommissariat genannt), deren Vorsteher der ↑Kustos ist.

Kustos, Kustode (lat. = Wächter), 1. mit dem ↑Kanonikat verbundenes ↑Amt in ↑Dom- und ↑Stiftskapitel (↑Domkustos); 2. Vorsteher einer ↑Kustodie.

Küster (von ↑Kustos), der ↑Mesner.

Kutte (von lat. *cotta*), langer Rock, ↑Chorrock, das ↑Mönchs-Gewand, eine langärmelige, bis zu den Füßen reichende gegürtete ↑Tunika mit ↑Kapuze. ↑Ordenskleid, -tracht

Kybernetik (gr. = Leitung), theologische Lehre von der evangelischen Kirchen- und Gemeindeleitung, ↑Kirchentheorie.

Kyriale (gr.), in der katholischen Kirche ein liturgisches Buch mit Auszügen aus dem ↑Graduale und einer Sammlung von Messgesängen (↑Gregorianischer Gesang).

Kyrie eleison (gr. = Herr, erbarme dich; ↑Kyrios), 1. alter christlicher Gebetsruf, im Wechsel mit «Christe eleison» am Beginn des ↑Gottesdienstes; 2. das Kyrie ist Teil der gesungenen ↑Messe.

Kyrios (gr. = Eigentümer, Herr), 1. antiker Herrschertitel; 2. in der ↑Septuaginta häufige Übersetzung des hebräischen Gottesnamens Jahwe; 3. Würdetitel ↑Jesu Christi als Ausdruck seiner Gottheit.

L

La Divina Commedia ↑Göttliche Komödie

Labarum ↑Christogramm

Laie (gr. *laos* = Volk, *laikos* = zum Volk gehörig), 1. ursprünglich ein Nicht- ↑Kleriker, ein (des Lesens und Schreibens) Unkundiger; 2. in der katholischen Kirche, großenteils auch in den orthodoxen Kirchen, jeder durch die ↑Taufe als dem Leib Christi und dem Volk Gottes eingegliederte Glaubende, der nicht das Weihesakrament (↑Weihegrade) empfangen hat, wohl aber teilhat am gemeinsamen ↑Priestertum aller Gläubigen; 3. die Bezeichnung des römisch-deutschen Königs (↑Sakrales Herrschertum) als Laie und das durch den ↑Papst ausgesprochene Verbot der von ihm vorgenommenen ↑Investitur, weil als Laieninvestitur erfolgt, war mitursächlich für den Ausbruch des Investiturstreits des 11./12. Jh.s und die dadurch eingeleitete erste europäische Revolution. ↑Kirchenvolk, ↑Kongregation

Laienabt ↑Kommendatarabt

Laienaltar ↑Kreuzaltar

Laienapostolat ↑Apostolat, ↑Katholische Aktion

Laienbewegung, 1. im 12./13. Jh. eine vielfach begegnende Erscheinung in der ↑Kirchengeschichte, so die ↑Armutsbewegung, ↑Humiliaten und ↑Waldenser (↑Laienpredigt); 2. Sammelbegriff für die in den evangelischen Kirchen im 19. Jh. von der ↑Erweckungsbewegung geprägten vereinsartigen Zusammenschlüsse mit missionarischer Zielsetzung und Betonung des Weltauftrages jedes getauften Christen; 3. in der zweiten Hälfte des 20. Jh.s enstanden auch in der katholischen Kirche zahlreiche «Bewegungen», die, oft von ↑Laien gegründet, bei aller Verschiedenheit darin übereinkommen, in Zusammenarbeit mit der ↑Hierarchie den Weltauftrag der Laien ernst zu nehmen (↑Katholische Aktion, Kirche von unten, Kirchenvolksbegehren, Neue geistliche Bewegungen, Wir sind Kirche). ↑Kolumbusritter

Laienbruder, -schwester, Mitglieder von ↑Orden und religiösen Gemeinschaften, die nicht ↑Kleriker bzw. nicht ↑Chorfrauen sind. Ihre Aufgaben liegen v. a. im praktischen Arbeitsbereich (z. B. in einer ↑Grangie). ↑Frater, ↑Soror, ↑Konversen

Laieninvestitur ↑Freiheit der Kirche, ↑Gregorianische Reform, ↑Investitur, ↑Sakrales Herrschertum

Laienkelch ↑Augsburger Interim, ↑Calixtiner, ↑Kelchkommunion

Laienkirche, 1. Kirchenraum für ↑Laien, in vielen Groß- ↑Klöstern der älteren Zeit eine eigene, meist kleinere Seelsorgekirche (auch ↑Pfarrei) neben der Klosterkirche, damit der klösterliche ↑Chordienst nicht beeinträchtigt und gleichzeitig der Pfarrseelsorge (z. B. ↑Taufe, ↑Trauung, ↑Requiem) Genüge getan werden konnte; 2. das ↑Kirchenschiff (↑Langhaus) oder Teile einer Klosterkirche, die vom ↑Chor der ↑Mönche und ↑Kanoniker getrennt, den Laien zugewiesen und mit einem Laien- oder ↑Kreuzaltar für den Gottesdienst versehen waren. Alte Anlagen der Stifte und Klöster mit zwei Kirchen sind vielerorts bis heute erhalten.

Laienmönchtum. Das christliche ↑Mönchtum war in seinen Anfängen im Osten und Westen von ↑Laien getragen, doch wurden frühzeitig auch ↑Priester in die Gemeinschaften aufgenommen, v. a. im Interesse der ↑Liturgie innerhalb der ↑Klöster, da die Feier der ↑Eucharistie stets dem Priester vorbehalten war. Erst seit dem 9. Jh. verlangten abendländische ↑Synoden, dass der ↑Abt (der benediktinischen; ↑Benediktiner) Klöster die Priesterweihe empfangen habe oder solle. Auch die Anfänge der neuen

↑Orden der Reformbewegungen des 10. bis 13. Jh.s waren noch vorwiegend vom Laienmönchtum geprägt. ↑Konversen, ↑Laienbruder, -schwester

Laienpredigt, 1. die ↑Predigt von Mitgliedern religiös-apostolischer (↑Armuts- und ↑Laien-) Bewegungen im 12./13. Jh. (u. a. ↑Humiliaten, ↑Waldenser). Auswüchse und Missbrauch führten noch im Hochmittelalter zu ihrem Verbot. 2. In den letzten Jahren wurde die Möglichkeit der Laienpredigt in der katholischen ↑Theologie neu diskutiert als Frage, ob die Predigt in der ↑Eucharistiefeier auch von Laientheologen gehalten werden könne. Da jedoch die Verkündigung des ↑Evangeliums die wichtigste Aufgabe des geweihten Amtsträgers ist und Verkündigung und Eucharistie den einen Kultakt darstellen, in dem der ↑Bischof oder ↑Presbyter «in Person des Hauptes Christus» handelt, setzt die Wortverkündigung in der Eucharistiefeier die sakramentale ↑Weihe voraus. Die Laien sind kraft ↑Taufe und ↑Firmung zum Glaubenszeugnis befähigt und berufen und können zur Mitarbeit mit dem Bischof und den Priestern bei der Ausübung des Dienstes am Wort berufen werden, auch zur Predigt in einer Kirche in den verschiedensten Formen eines nicht-eucharistischen ↑Wortgottesdienstes.

Laienschiff ↑Laienkirche

Laisierung, «Rückversetzung» eines ↑Klerikers in den ↑Laien-Stand. Da die sakramentale ↑Weihe einen ↑character indelebilis verleiht, ist mit Laisierung entweder die Feststellung der Ungültigkeit der Weihe oder das Verbot der Ausübung der Weihevollmacht gemeint.

Laizismus (von ↑Laie), eine in der Religionskritik der ↑Aufklärung wurzelnde politisch-weltanschauliche Grundhaltung, welche die Beeinflussung des öffentlichen Lebens durch die Kirche ablehnt und den ↑Klerus auf seine geistlichen und unpolitischen Tätigkeitsfelder einschränken will (Trennung von ↑Kirche und Staat).

Lambethkonferenzen, seit 1867 etwa alle zehn Jahre abgehaltene Versammlungen (↑Konzil) der anglikanischen Bischöfe der ganzen Welt zur Behandlung von Glaubens- und Sittenlehren im Lambeth-Palast in London.

Lamm Gottes ↑Agnus Dei

Landbischof ↑Chorbischof

Landdekan ↑Dekan

Länderkonkordat, ↑Konkordat der Regierungen einzelner Bundesländer mit dem ↑Heiligen Stuhl, dementsprechend ↑Kirchenverträge zwischen Landesregierungen und evangelischer ↑Landeskirche.

Landesbischof, in einigen evangelischen ↑Landeskirchen Titel des leitenden ↑Geistlichen.

Landesbistum, im ↑Staatskirchenrecht der ↑Aufklärung wurzelnde, staatskirchenrechtlicher Territorialismus genannte Tendenz, auch in katholischen Territorien (ähnlich wie in ↑Landeskirchen) staatliche und kirchliche Grenzen durch Errichtung von Landesbistümern in Übereinstimmung zu bringen; sie wurde teilweise verwirklicht in Diözesan- und Ordensreformen des 18./19. Jh.s, auch durch ↑Konkordate und ↑Kirchenverträge der neueren Zeit.

landesherrliches Kirchenregiment, in allen evangelischen ↑Landeskirchen die von 1525 meist bis zum Ende der Monarchien 1918 vom jeweiligen Landesherrn ausgeübte Kirchenhoheit (↑Summepiskopat). Erhebliche Einflüsse der als sakral empfundenen weltlichen Macht (Kaiser, Könige, Fürsten; auch ↑Sakrales Herrschertum) auf den geistlichen Bereich seit dem 4. Jh. (↑Konstantinische Wende), später auch in den ↑Missions-Kirchen des Ostens und Westens führten häufig zu Spannungen, so im Zeitalter des ↑Investiturstreits. Das bereits im abendländischen Mittelalter ausgebaute Landeskirchentum mit seiner territorialen weltlichen (staatlichen) Kirchenhoheit erfuhr seine rechtliche Festlegung in der Reformation seit 1525, im ↑Heiligen Römischen Reich durch den ↑Augsburger Religionsfrieden von 1555 (↑cuius regio, eius religio). Tatsächlich wurde die ↑Kirchenordnung gewöhnlich durch das ↑Konsistorium in landesherrlichem Auftrag gewahrt.

Landeskirche, allgemein die auf ein Territorium (Land) beschränkte und (meist) mit dessen Grenzen übereinstimmende ↑Kirchenorganisation, im Besonderen die aus der ↑Reformation hervorgegangenen Gliedkirchen der ↑Evangelischen Kirche in Deutschland mit eigenem ↑Bekenntnis-Stand (evangelisch-lutherisch, reformiert, uniert). ↑Episkopalkirche, ↑Freikirche, ↑Landesbischof, ↑Nationalkirche, ↑Staatskirche, ↑Wiener Konkordat

Landkapitel ↑Dekanat

landsässiges Kloster/Stift ↑Reichsdeputations-Hauptschluss

Landvolkbewegung ↑Dorfkirchenbewegung

Langhaus, der meist von West nach Ost zum Haupt- ↑Altar gerichtete (geostete) Hauptteil (↑Kirchenschiff) einer Kirche vor dem ↑Chor oder Querhaus (Querschiff), das im Spätmittelalter häufig durch den ↑Lettner vom Chor abgesondert war. ↑Kanzel, ↑Laienkirche, ↑Ostung, ↑Vierung

Lapsi (lat. Gefallene, vom Glauben Abgefallene), Christen, die in den ↑Christenverfolgungen seit Kaiser Decius (249–251) Schwäche zeigten und/oder den Kaiserkult anerkannten: Thurificati (durch Weihrauchopfer), Libellatici oder Sacrificati (durch falsche Opferbescheinigungen) und Traditores (durch Auslieferung christlicher Bücher); über ihre Wiederaufnahme in die Kirche und die Gültigkeit der von ihnen gespendeten ↑Sakramente gab es lange Streitigkeiten.

Laetare (lat. = Freue dich [Jerusalem]), nach dem ↑Introitus benannter Vierter

↑Fasten- ↑Sonntag (vierter Sonntag der ↑Passions-Zeit, auch Mittfasten), mit freudiger Grundstimmung der ↑Liturgie und ↑Weihe der ↑Goldenen Rose durch den ↑Papst, daher auch Rosensonntag genannt.

Latein, lateinische Sprache (lat. *lingua Latina*). Seit dem Aufstieg ↑Roms in der antiken Welt wurde die ursprünglich von indogermanischen Stämmen in der mittelitalischen Landschaft Latium gesprochene Sprache Weltsprache. Das Latein der Spätantike (in der es zum Durchbruch der Volkssprachen [Vulgärlatein], aus denen die romanischen Sprachen hervorgingen, kam) wurde zur Sprache der ↑Liturgie der abendländischen ↑lateinischen Kirche, im sogenannten ↑Mittellatein auch Sprache der Wissenschaft im Mittelalter, und war nach «Reinigung» (des ↑«Küchenlatein») im ↑Humanismus (Neulatein, Neoklassik) bis ins 19. Jh. hinein als Wissenschaftssprache gebräuchlich (obwohl schon im 17. Jh. erste Vorlesungen an ↑Universitäten im ↑Heiligen Römischen Reich auch in deutscher Sprache gehalten wurden). In der katholischen Kirche wurde die Sprache als ↑Kirchenlatein bis zur Gegenwart bewahrt, als Liturgiesprache kam es jedoch zu einem fast vollständigen Rückgang seit dem ↑Vaticanum II (1962–1965). ↑Lateinschule

Lateiner, oft begegnende Bezeichnung für die Angehörigen der mit dem ↑Papst verbundenen abendländischen ↑lateinischen Kirche, im Gegensatz zu den Griechen oder allgemein den ↑orthodoxen Kirchen des Ostens.

lateinische Kirche, Bezeichnung für den Teil der katholischen Christenheit (↑katholische Kirche), der im Unterschied zu den ↑unierten Ostkirchen in der ↑Liturgie das ↑Latein gebraucht. ↑Lateiner

Lateinisches Kaiserreich/Kaisertum, nach Eroberung ↑Konstantinopels im Vierten ↑Kreuzzug (1204) aus Teilen des ↑Byzantinischen Reiches mit westlich-lateinischer ↑Hierarchie errichtet, bestand es bis 1261. Bis zum Fall Konstantinopels 1453 verblieb dadurch eine erhebliche Schwächung des Byzantinischen Reiches.

Lateinschule, im Mittelalter ↑Dom-, Stifts- oder Klosterschulen, später auch Ratsschulen der Städte, besonders nach der ↑Reformation, in denen ↑Latein Hauptunterrichtsfach war. In der Zeit des ↑Humanismus kam es auch zur Aufnahme des ↑Griechischen, manchmal auch des Hebräischen. Die Lateinschulen (zum Teil auch Fürstenschulen) leiteten im 18./ 19. Jh. in die moderne Schule über.

Lateran, Lateranpalast, Palast des ↑Papstes in ↑Rom; das 64 von Kaiser Nero beschlagnahmte Anwesen der römischen Adelsfamilie der Plautii Laterani wurde 312 von Fausta, Gemahlin Kaiser Konstantins des Großen (306–337; ↑Konstantinische Wende), den Bischöfen von Rom als Wohnung übergeben; dazu gehört die Lateranbasilika (San Giovanni in Laterano), als römische Bischofskirche

«Haupt und Mutter aller Kirchen». Der Lateranpalast war bis ins Spätmittelalter Hauptresidenz der Päpste, dann der ↑Vatikan. ↑Basilika und Palast, heute exterritorial zur ↑Vatikanstadt gehörig, waren Ort zahlreicher ↑Konzilien und ↑Synoden, darunter in der katholischen Zählung die Ökumenischen (Allgemeinen) Laterankonzilien I (1123), II (1139), III (1179), IV (1215) und V (1512–1517).

Lateranverträge, abgeschlossen 1929 im ↑Lateran zwischen dem ↑Heiligen Stuhl und dem Königreich Italien, vertreten durch den «Duce» Benito Mussolini, brachten sie die Bereinigung der seit Ende des ↑Kirchenstaates (1870) offenen «Römischen Frage» in drei Verträgen: Festlegung des souveränen Staates der ↑Vatikanstadt um ↑Vatikan und Peterskirche (dazu exterritoriale Bereiche), Finanzabkommen (zur Entschädigung der seit Ende des Kirchenstaates entstandenen Verluste) und ↑Konkordat mit dem Königreich Italien. Die Staatsverträge fanden 1947 Eingang in die Verfassung der Republik Italien.

Latitudinarismus (von lat. *latitudo* = Breite), theologische Richtung in der Anglikanischen Kirche besonders im 17. Jh., die für Toleranz (Weitherzigkeit) gegenüber anderen protestantischen ↑Bekenntnissen, zum Teil auch gegenüber dem ↑Deismus eintrat.

Laudes (lat. = Lobpreisungen), das aus der ↑Matutin entwickelte Morgenlob Gottes in ↑Brevier und ↑Stundengebet.

Laudes regiae (lat.), königliche Lobpreisungen, ↑Akklamation für den König (Kaiser) in der Krönungs- ↑Liturgie und zu festlichen Anlässen. ↑Sakrales Herrschertum

Laura (gr. *Lavra* = enge Gasse), seit dem 4. Jh. eine halbkoinobitische ↑Eremiten-Siedlung (↑Koinobit) von ↑Mönchen in der ↑Ostkirche, die (ähnlich der ↑idiorrhythmischen Lebensweise) für sich leben und nur gelegentlich zum gemeinsamen ↑Gottesdienst sich einfanden; später auch Name für bedeutende ↑Klöster, z.B. die Höhlen-Laura in Kiew und Kloster-Laura auf dem ↑Athos.

Lauretanische Litanei, Marien- ↑Litanei der katholischen ↑Frömmigkeit, benannt nach dem italienischen Wallfahrtsort Loreto (dort 1531 gebraucht), bestehend aus Lobpreisungen und Ehrentiteln der ↑Gottesmutter.

Lavabo (lat. *lavare* = waschen), 1. Handwaschung des ↑Priesters in der katholischen ↑Liturgie zur ↑Opferung; 2. das vom Priester dabei verwendete, vom ↑Ministranten gereichte Waschzeug mit Kanne oder kleinem Gefäß; 3. allgemein auch Bezeichnung für einen Brunnen.

Laxismus (lat.), 1. im Gegensatz zum ↑Rigorismus eine unbekümmerte moralische Haltung und Lebensweise (z.B. auch in der Beobachtung der ↑Ordensregel); 2. kirchlich verurteilte Richtung der katholischen Moraltheologie, die Handeln auch dann für erlaubt hält, wenn nur geringe Wahrscheinlichkeit für Erlaubtheit spricht. ↑Probabilismus, ↑Tutiorismus

Lazaristen, eine 1624 von Vincenz von Paul in Paris gegründete Gemeinschaft (auch Vinzentiner) von Weltpriestern mit privaten ↑Gelübden, benannt nach dem ersten Mutterhaus Saint-Lazare. Aufgaben sind Volks- und v. a. ↑Heiden- ↑Mission in allen Erdteilen. Bezeichnung auch für den ↑Lazarusorden.

Lazarusorden, Lazaristen, nach Lazarus von Bethanien, den Jesus von den Toten erweckt hat (Joh 11,1–44), benannte religiöse Gemeinschaften zur ↑Armen- und Krankenpflege, u. a. der in Palästina zur Zeit der ↑Kreuzzüge entstandene französische ↑Ritterorden (↑Hospitaliter [vom hl. Lazarus]) zur Pflege der Aussätzigen.

L. B., Abkürzung für lateinisch Liber Baro = Freiherr, Baron.

Legat, Legation ↑Apostolischer Legat, ↑Apostolischer Nuntius, ↑Kardinallegat

Legat des Heiligen Apostolischen Stuhles, im Mittelalter, teilweise auch später, mit besonderen Befugnissen verbundener Titel mancher ↑Metropolitansitze (z. B. Nidaros/Trondheim, Norwegen), in der Neuzeit fast ausschließlich als Ehrentitel (z. B. Salzburg) gebraucht.

Legende (von lat. *legendum* = das zu Lesende), 1. allgemein die literarische Darstellung heiliger Ereignisse, einer vorbildhaften Lebensgeschichte oder einzelner Teile daraus; 2. die Lesung eines Abschnittes aus dem Legendar oder ↑Martyrologium, die volkstümlich-lehrhafte Erzählung eines Heiligenlebens (↑Heiligenlegende) oder einer Begebenheit aus der ↑Bibel, grundsätzlich mit Anspruch eines historischen Kerns (im Unterschied zu Sage und Märchen). 3. Die ältesten christlichen Legenden befinden sich in apokryphen (↑Apokryphen) ↑Evangelien und ↑Apostelgeschichten des ↑Frühchristentums. Mit der fortschreitenden ↑Heiligenverehrung und ↑Hagiographie erlangten im Mittelalter besondere Wertschätzung die «Dialoge», Wundergeschichten Papst Gregors I. (590–604), und die Sammlung von Heiligen-Legenden in der um 1265 verfassten «Legenda aurea» (lat. = Goldene Legende) des Bischofs Jacobus de Voragine († 1298), die berühmteste Legendensammlung im Mittelalter. Legenden wurden Ausgangspunkt für zahlreiche Dichtungen und bildliche Darstellungen.

Legion Mariens, 1921 in Dublin gegründete katholische ↑Laien-Organisation für ↑Apostolat (Hausbesuche) und Selbstheiligung mit betont marianischer Ausrichtung, heute weltweit verbreitet.

Legionäre Christi, 1941 von Marcial Maciel mit zwölf Jugendlichen in Mexiko-Stadt gegründete, 1948 kanonisch errichtete, heute weltweit tätige ↑Priester- ↑Kongregation päpstlichen Rechts mit betont christozentrischer und spirituell-intellektueller Ausrichtung zum Aufbau des

Reiches Christi in der Gesellschaft, u. a. durch Förderung (Ausbildung) der Jugend zu Laien-↑Apostolat und Priestertum (eigene ↑Hochschule in Rom), anerkannt von der UNO als Nicht-Regierungs-Organisation.

Legist (von lat. *lex* = Gesetz), im Mittelalter ein Rechtsgelehrter, der das römische Recht auslegte (bedeutend v. a. in Italien und Frankreich) und oft im Streit gegen den ↑Kanonisten stand, weil er verstärkt das Herrscherrecht auch gegenüber kirchlichen Ansprüchen verteidigte, deshalb als Vorbereiter des ↑Absolutismus betrachtet werden kann. ↑Dekretist

Lehen, Lehenswesen, Lehnswesen (lat. *feodum, feudum,* daher Feudalismus), ausgedehntes, oft erbliches Nutzungsrecht an einer fremden Sache, das sich in der Verleihung (Belehnung, ↑Investitur) durch den Eigentümer (Lehensherrn) gründete und eingebunden war in ein gegenseitiges Treueverhältnis, bedeutsam auch im kirchlichen Bereich (↑Kirchenlehen). Das Ende erfolgte mit dem Abbau des Feudalsystems durch die ↑Französische Revolution und ihre Folgen. ↑Felonie, ↑Reichskirche

Lehramt, kirchliches, in der katholischen Kirche Träger der Lehrautorität, dem die verbindliche Auslegung und Weitergabe des ↑Glaubens zukommt: In der Nachfolge der ↑Apostel der ↑Papst und mit ihm die Gemeinschaft der ↑Bischöfe. ↑Dogma

Lehrbeanstandung (kath.), **Lehrzuchtverfahren** (ev.), im Falle eines Zweifels an der Übereinstimmung einer theologischen Meinung mit der Lehre der Kirche die Prüfung der Rechtgläubigkeit und Treue zur Überlieferung. ↑Index, ↑Kirchenstrafe, ↑Kirchenzucht, ↑Zensur

Leichenschmaus, -mahl, seit ältesten Zeiten das gemeinsame Mahl der Trauergemeinde nach dem ↑Begräbnis, bei dem ursprünglich sogenannte Gebildebrote verzehrt wurden, die mit Kümmel, Salz und Mohn bestreut waren und sinnbildlich das Böse von der/ dem Verstorbenen abwehren sollten.

Leichensynode, Bezeichnung für das schauerliche Gericht über die aus dem Grab gezogene, halbverweste Leiche des Papstes Formosus (891–896), die in den Wirren rivalisierender römisch-mittelitalischer Adelsgruppen Papst Stephan VI., eine Kreatur der Partei der Spoletaner, im Januar 897 auf einer ↑Synode hielt. ↑Dunkles Jahrhundert

Leiden Christi ↑Passion

Leidenstheologie ↑Kreuz, ↑Passion

Leidenswerkzeuge ↑Passion

Leipziger Disputation, theologisches Streitgespräch (↑Disputation) zwischen Martin Luther, Andreas Bodenstein von Karlstadt und Johannes Eck im Juni/Juli 1519 in Leipzig hauptsächlich über ↑Prädestination und Autorität von ↑Papst und ↑Konzilien, deren Irrtumslosigkeit Luther bestritt.

Leipziger Interim, Übergangs- oder Zwischenregelung (lat. *interim* = vorläufig) vom Dezember 1548, die eine erhebliche Abschwächung des ↑Augsburger Interims durch den Einfluss des Kurfürsten Moritz von Sachsen (zugunsten der Lutheraner) auf Kaiser Karl V. bedeutete.

Leistungsreligion ↑Werkerei

Lektionar (von lat. *legere* = lesen), 1. Lesepult (↑Ambo) zum Auflegen liturgischer Bücher, in den Ostkirchen und in der katholischen Kirche das Buch, das ausschließlich oder hauptsächlich die Schriftlesungen enthält, die im offiziellen ↑Gottesdienst (↑Messe, ↑Stundengebet) vorgelesen werden; 2. in den evangelischen Kirchen das Buch mit den liturgischen Lesestücken in der Ordnung des ↑Kirchenjahres. ↑Epistolar, ↑Evangeliar

Lektor (von lat. *legere* = lesen), 1. ursprünglich (und bis heute) Lehrer an einer Hochschule; 2. ↑Kleriker der zweiten (in der Ostkirche einzigen) Stufe der früheren niederen Weihen (Lektorat; ↑Weihegrade); 3. ↑Laie als Vorleser (Vorsänger) in der ↑Liturgie, in evangelischen Kirchen teilweise auch in der Pfarrvertretung (↑Pfarrei) zum Abhalten von Lesegottesdiensten berechtigt.

Lektorium ↑Lettner

Lesepult ↑Ambo, ↑Lettner

Lettner (lat. *lectorium* = Lesepult, mhd. *lecter*), im Mittelalter die monumentale Lese- und Sängerbühne (aus Stein, selten aus Holz) in ↑Kathedral-, ↑Stifts- und ↑Kloster-Kirchen, auch in Pfarrkirchen (↑Pfarrei)

mit ↑Kapitel zum ↑Chordienst, die den ↑Kleriker- ↑Chor vom Laienschiff (↑Laienkirche) trennt (↑Chorschranken). Dadurch entstanden zwei gesonderte, gegeneinander aber nicht völlig abgeschlossene Bereiche für den ↑Gottesdienst. Lettner wurden in der abendländischen Kirche seit dem 12./13. Jh. eingebaut und waren – im Unterschied zur ↑Ikonostase der Ostkirchen – meist mit ↑Altären unter der Bühne (für den Gottesdienst der Laien, stets mit dem ↑Kreuzaltar) versehen. Die erhöhte Lettnerbühne war häufig reich gestaltet und vom Chor durch Treppen zugänglich. Vorgänger ist der spätantik-frühmittelalterliche ↑Ambo. Der Lettner diente der feierlichen Verlesung von ↑Epistel und ↑Evangelium in der ↑Eucharistie, der ↑Predigt (seit dem Spätmittelalter auf die ↑Kanzel verlegt), für Gesänge in der ↑Liturgie, gelegentlich zur Aufstellung der ↑Orgel, häufig zur feierlichen Gestaltung der Osterliturgie (↑Ostern), zum Vorzeigen von ↑Reliquien und anderen ↑Heiltümern. In Europa wurden die Lettner seit dem 17. Jh. meist abgebrochen, weil man sie im ↑Barock als raumstörend empfand, auch das Volk enger mit dem Gottesdienst am Hauptaltar (↑Hochaltar) verbinden wollte.

Letzte Ölung, früher übliche Bezeichnung des ↑Sakramentes der ↑Krankensalbung. ↑Versehgang, ↑Viaticum

Letztes Abendmahl ↑Abendmahl

Leuenberger Konkordie, eine nach dem bei Basel gelegenen Tagungsort

1973 benannte, von lutherischen, reformierten und unierten Kirchen formulierte Lehre, die auf Grundlage der seit 1967 bestehenden Konferenz von Arnoldshain im Taunus beruht, wo 1957 die «Arnoldshainer Thesen» über das Verständnis des ↑Abendmahls zur Überwindung der ↑Bekenntnis-Unterschiede und zur Gewinnung der vollen ↑Abendmahlsgemeinschaft verabschiedet wurden.

Leutpriester (lat. *plebanus*), vom 12. bis 16. Jh. Bezeichnung für einen ↑Seelsorger als Inhaber (oder Vertreter eines Inhabers) einer ↑Pfarr-↑Pfründe.

Leviten, 1. als Nachkommen Levis (Sohn Jakobs und der Lea) im AT Angehörige bestimmter ↑Priester-Gruppen. Das Buch Levitikus (Das dritte Buch Mose) des AT besteht fast vollständig aus Vorschriften für den ↑Kult (auch die kultische Reinheit) und für die Priester aus dem Stamm Levi. Daher kommt wohl auch die Redewendung «jemandem die Leviten lesen», d. h. Vorhaltungen machen, Kritik üben, beanstanden und «den Kopf waschen», wenn Vorschriften nicht eingehalten oder nicht genau genug beobachtet wurden; 2. in der ↑Alten Kirche auch Bezeichnung der ↑Diakone, in der katholischen ↑Liturgie der Assistenz (Subdiakon, Diakon) beim feierlichen, «levitierten» Hochamt (Levitenamt). Eine Neuordnung erfolgte durch Reformen des ↑Vaticanum II.

Libellatici ↑Lapsi

Liber Pontificalis (lat. = Papstbuch; ↑Papst, Papsttum), eine Art offiziöse, wohl etappenweise fortgesetzte ↑Papstgeschichtsschreibung im Mittelalter, die mit Petrus beginnt und seit dem 8. Jh. offenbar zeitgenössische Eintragungen anonymer kurialer Beamter im oder nach dem ↑Pontifikat enthält. Zum festen Bestand gehören im allgemeinen: Papstname (evtl. mit Ordnungszahl und später mit abgelegtem Taufnamen), Nationalität und Herkunft, Name und Stand des Vaters, Dauer des Pontifikates, Nennung der päpstlichen Erlasse, Anzahl der ↑Weihen, Bautätigkeit, Todesdatum, Bestattungsort, Dauer der folgenden ↑Sedisvakanz.

Libera, bis zu den Änderungen durch das ↑Vaticanum II regelmäßiger Bestandteil der katholischen Toten- ↑Liturgie: Segensgebet (lat. Anfangsworte: Libera me Domine = Befreie mich, Herr) über den Sarg (↑Sarkophag) bzw. die ↑Tumba oder im Anschluss an das ↑Requiem über das ↑Grab; Totenliturgie und damit verbundene religiöse Bräuche sind regional sehr unterschiedlich. ↑Katafalk

Liberale Theologie, eine der Hauptrichtungen der protestantischen ↑Theologie des 19. Jh.s (v. a. in Deutschland), die von ↑Aufklärung (Rationalismus) und ↑Liberalismus ihren Ausgang nahm und sich zu einer grundsätzlichen Kritik an der dogmatischen, exegetischen und kirchlichen ↑Tradition sowie an allen ↑Erweckungsbewegungen entwickelte. Fortschrittsgläubig und kulturbejahend erstrebte sie eine «vernünftige» Religion und ein ethisches Christentum. Eine bleibende, bis zur Gegenwart fortwirkende Leistung liegt in der Entwicklung der historisch-kritischen Methode in ↑Exegese, ↑Kirchen- und Dogmengeschichte.

Liberaler Katholizismus, in der katholischen Kirche des 19. Jh.s von Frankreich und Belgien ausgehende Bestrebungen, liberales und demokratisches Denken in Kirche und ↑Theologie stärker zur Geltung zu bringen. Von ↑Ultramontanismus und römisch-neuscholastischem Zentralismus (↑Neuscholastik) verdächtigt und scharf bekämpft, wurde die Bewegung im Streit um ↑Reformkatholizismus und ↑Modernismus von den ↑Päpsten verurteilt und ausgeschaltet.

Liberalismus (von lat. *liber* = frei), Richtung des Denkens und politischen Handelns, welche die Einzelpersönlichkeit und ihr Recht auf Freiheit in den Vordergrund, zugleich die Beschränkung der staatlichen Gewalt auf ein Mindestmaß fordert; seine Blütezeit hatte er im 19. Jh. ↑Freikirchen, ↑Kulturkampf, ↑Liberale Theologie

libertas ecclesiae ↑Freiheit der Kirche

Libertät (fürstliche) ↑Dreißigjähriger Krieg

Libri Carolini (lat. = Bücher Karls [des Großen]), von Karl dem Großen (768–814) veranlasste Widerlegung der (missverstandenen) Beschlüsse des 2. Konzils von Nizäa (787, 7. ↑Ökumenisches [Allgemeines] Konzil) über die ↑Bilderverehrung auf der

↑Synode von Frankfurt 794; Verfasser ist wohl Theodulf von Orléans und/oder andere Hoftheologen.

libri poenitentiales ↑Bußbücher

lic. theol., lic. iur. can. ↑Lizentiat

Lichtfreunde ↑Protestantische Freunde

Lichtmess (Mariä Lichtmess, Fest Mariä Reinigung; ↑Marienverehrung; heute wieder Herrenfest: ↑Darstellung des Herrn; 2. Februar), benannt nach der besonderen ↑Weihe der ↑Kerzen und Lichter- ↑Prozession der katholischen Kirche, bis Mitte des 20. Jh.s auch bedeutsam für das Wirtschaftsjahr (u. a. Dienstbotenwechsel).

Liebe ↑Caritas

Liebesmahl ↑Agape

Liebeswerk Kirche in Not/Ostpriesterhilfe, vom belgischen ↑Prämonstratenser Werenfried van Straaten nach dem Zweiten Weltkrieg initiiertes Hilfswerk; als «Speckpater» sorgte er für das leibliche und seelische Wohl vieler Deutscher in der Nachkriegszeit.

Life and Work (engl. = Leben und Arbeit), 1919 vom schwedischen evangelischen Erzbischof Nathan Söderblom begründete, wie ↑Faith and Order zur ↑ökumenischen Bewegung gehörende Konferenz für «Praktisches Christentum» (erstmals 1925 in Stockholm), Vorläufer des ↑Ökumenischen Rates der Kirchen, der durch ethisch-praktische Arbeit eine Einigung der Kirchen anstrebt.

Liga (lat.-span.-frz.), Bezeichnung für Bündnisse, v. a. vom 15. bis 17. Jh., seit der ↑Reformation meist für Bündnisse katholischer Staaten oder Stände, u. a.: Liga von Cambrai (1508); Heilige Liga von Cognac (1526); Heilige Liga von 1538, die Kaiser Karl V., Papst Paul III. und die katholischen ↑Reichsstände gegen den protestantischen ↑Schmalkaldischen Bund vereinigte; Heilige Liga von Péronne (1576), ein Bündnis der französischen Katholiken (unter Führung der Guisen) gegen die ↑Hugenotten; Katholische Liga von 1609, die die meisten katholischen Reichsstände unter Führung Maximilians I. von Bayern gegen die protestantische ↑Union verband; Heilige Liga von 1684 zur Abwehr der Türken zwischen dem römisch-deutschen Kaiser, Papst, Polen und Venedig.

Liguorianer ↑Redemptoristen

Lilie, 1. seit antiken Zeiten Sinnbild für Reinheit, Schönheit, Unsterblichkeit und königliche Würde (z. B. bei den französischen Königen); 2. in der christlichen ↑Ikonographie ↑Symbol für die ↑Jungfräulichkeit der ↑Gottesmutter Maria sowie ihrer königlichen Abstammung aus dem Stamme Davids; 3. in mittelalterlichen Darstellungen, die sich der ↑Typologie verpflichtet wissen, begegnet Christus z. B. als ↑Weltenrichter mit Schwert und Lilie, wobei das Schwert die Gerechtigkeit (↑Rechtfertigung), die Lilie die ↑Gnade versinnbildlicht; 4. ↑Attribut vieler weiblicher und männlicher ↑Heiliger, u. a. Agnes von Montepulciano, Klara von Assisi, Josef und Antonius von Padua, auch der ↑Zisterzienser (z. B. Stift Lilienfeld in Niederösterreich).

Lima-Erklärung, auf der Weltkonferenz 1982 in Lima erstellte Texte der Kommission für ↑Faith and Order über ↑Taufe, ↑Eucharistie und ↑Amt.

Limbus (lat. = Rand, Streifen, Saum), von der ↑Hölle abgesonderter (Vor-) Raum (Vorhölle), Aufenthaltsort bzw. Zustand der ohne ↑Taufe verstorbenen Kinder im Jenseits. Die immer wieder auch wenigstens umstrittene oder abgelehnte hypothetische theologische Erklärung (nie ↑Dogma) wurde 2007 durch die ↑Internationale Theologenkommission modifiziert, indem diese die Frage nach dem Schicksal dieser Kinder ohne Rückgriff auf die Theorie des Limbus, vielmehr mit dem Heilswirken Gottes, seiner ↑Barmherzigkeit und ↑Gnade zu beantworten sucht.

Lipsanothek, griechisches Wort für Reliquiar (↑Reliquie).

Litanei (gr.-lat.), nach alttestamentlichem und antikem Vorbild Form des ↑Gebets in der ↑Liturgie, in den orthodoxen Kirchen Ektenie genannt, ein gesungenes oder gesprochenes Wechselgebet zwischen Vorbeter und ↑Gemeinde, wobei kurze Bitten oder Anrufungen meist gleichbleibend beantwortet werden; bekannteste Formen in der katholischen Kirche sind ↑Allerheiligen- und ↑Lauretanische Litanei. ↑Cantilene, ↑Litanial

Litanial, Sammlung von ↑Litaneien.

Litterae (lat. *littera* = Buchstabe), Schriftgelehrsamkeit (↑Heilige Schrift), Wissenschaft.

Litterae Apostolicae ↑Breve

Liturgie (gr. = Leistung oder Stiftung für die Volksgemeinschaft, dann besonders auf den ↑Kult bezogen), 1. allgemein der gemeinsame, in geregelter Form verlaufende ↑Gottesdienst der christlichen Kirchen. Nach einer frühen Phase freier Improvisation (bei einigermaßen einheitlicher Grundgestalt) begegnen seit dem 3./4. Jh. kirchliche Festlegungen, bald auch die Bildung von «Liturgie-Familien» um die großen kirchlichen Metropolen (↑Antiochien, ↑Alexandrien, ↑Rom, ↑Jerusalem, später ↑Konstantinopel). 2. Als Haupttypen der östlichen Liturgien entwickelten sich die griechische (Alexandrien), koptische (Ägypten), äthiopische (der koptischen eng verwandt), griechische (Antiochien), west- und ostsyrische, byzantinische (von den orientalischen Liturgien am weitesten verbreitet) und armenische Liturgie. 3. Die Liturgie-Entwicklung im ↑lateinischen Westen, wo Rom seit etwa 600 auf stärkere Einheitlichkeit drängte, war durch das Nebeneinander eines ausgeprägt abendländischen (römisch-afrikanischen) und eines stärker vom Osten beeinflussten («gallischen») Typs geprägt. Die Haupttypen im Westen sind: römische (seit der Jahrtausendwende absolut vorherrschend und nach dem Konzil von Trient [1545–1563] in einheitlichen Büchern für die lateinische Liturgie festgelegt), altspanische (wenig zutreffend «mozarabisch» genannt), ambrosianische der Mailänder Kirche (benannt nach dem ↑Kirchenvater Ambrosius von Mailand, † 397), altgallische («gallikanische») und keltische (der altgallischen nahe verwandte) Liturgie der keltischsprechenden Teile Europas, besonders Irlands und seiner Einflussgebiete. 4. Zu allen Zeiten gab es Veränderungen, Liturgiereformen und regionale Sonderformen, auch in ↑Klöstern und ↑Orden. In der katholischen Kirche (des lateinischen ↑Ritus) brachte – nach Jh.en der römisch-lateinischen Vereinheitlichung – das ↑Vaticanum II durch die Ermöglichung der Volkssprache seit 1969/70 erhebliche Veränderungen in allen liturgischen Bereichen (↑Eucharistiefeier, Spendung der ↑Sakramente, ↑Stundengebet). 5. In den Ostkirchen bezeichnet Liturgie allein den eucharistischen Gottesdienst. 6. Im Verständnis der evangelischen Kirchen heißt Gottesdienst, dass Gott seiner Kirche Wort (der ↑Heiligen Schrift) und Sakrament schenkt und die ↑Gemeinde durch Lob und Dank antwortet. In der Liturgie findet der Gottesdienst unmittelbaren Ausdruck. Impulse zu liturgischen Reformen und Veränderungen haben in den letzten Jahrzehnten auch die evangelischen Kirchen erfasst. 7. Die liturgischen Bücher enthalten die Texte der offiziell festgelegten und geregelten Liturgie. 8. Liturgische Farben kennzeichnen in der katholischen Kirche die jeweilige Farbe der ↑liturgischen Gewänder und ↑Paramente.

Die fünf liturgischen Farben (Weiß, Rot, Grün, Schwarz und Violett) wurden schon im Hochmittelalter gebraucht und in der offiziellen Ausgabe des «Römischen Messbuches» (lat. Missale Romanum, 1570; ↑Messe, auch Römische Messe/Liturgie, lateinische/tridentinische Messe bzw. Ritus) durch Pius V. festgelegt. In der Barockzeit verwendete man an Festen der ↑Gottesmutter Maria auch in Deutschland anstelle der weißen Festfarbe häufig «himmelblaue» Messgewänder. Für den Dritten Adventssonntag (↑Gaudete) und den Vierten Fastensonntag (↑Laetare) wurden in den ↑Dom-Kirchen rosenfarbene Paramente gebraucht, was in ↑Pfarr- und Kloster-Kirchen bis zur Gegenwart häufig nachgeahmt wird. Die Liturgiereformen seit dem Vaticanum II führten zur freieren Gestaltung auch im Gebrauch der liturgischen Farben und Gewänder, nicht zuletzt mit Rücksicht auf andere Farbensymbolik außereuropäischer Völker.

liturgische Gewänder, 1. die von der Alltagskleidung verschiedenen Gewänder und Insignien (lat. = Abzeichen), die ↑Weltgeistliche und ↑Ordens-Leute in der ↑Liturgie nach kirchlicher Vorschrift tragen. Diejenigen des christlichen ↑Kultes gehen auf die gewöhnliche oder festtägliche Gewandung und die weltlichen ↑Amts-Insignien zurück, wie sie in der Spätantike im griechisch-römischen Kulturbereich üblich waren. Während sich am Übergang von der Spätantike

zum Mittelalter, besonders unter germanischem Einfluss, die Männertracht grundlegend änderte, bewahrte der Kult die alte antike Form. Seit dem 9. Jh. zeichnen sich in der abendländischen Kirche liturgische Farbregelungen ab, die im Hochmittelalter zu den fünf liturgischen Farben (Weiß, Rot, Grün, Schwarz und Violett) ausgebaut wurden. In den evangelischen Kirchen wurden häufig (Amts-) Gewänder des gehobenen Bürgertums (z. B. Ratsherren) mit Variationen als liturgische Gewandung konserviert; manche ↑Landeskirchen haben die liturgischen Gewänder der katholischen Kirche beibehalten. 2. Bis zu den Vereinfachungen und Veränderungen nach dem ↑Vaticanum II bestanden die priesterlichen Messgewänder der katholischen Kirche (lateinischer ↑Ritus) in folgenden Stücken, in der Reihenfolge des Anlegens: ↑Schultertuch (↑Amikt oder Humerale), ↑Albe, ↑Zingulum, ↑Stola, ↑Manipel, ↑Kasel. 2. Liturgische Gewänder und Insignien des lateinischen Ritus der katholischen Kirche sind ferner: ↑Chorrock und ↑Rochett, ↑Pluviale, ↑Dalmatik und Tunicella, ↑Mitra (↑Inful), liturgische Handschuhe (gr.-lat. *chirotecae*), von ↑Bischöfen und infulierten ↑Prälaten getragen, liturgische Fußbekleidung (Pontifikalstrümpfe und -schuhe der Bischöfe und ↑Äbte), ↑Birett und ↑Pallium. 3. Weitere liturgische Insignien der Bischöfe, Äbte und anderer hoher Prälaten, denen dies zusteht, sind ↑Ring und Stab, ↑Pektorale und das den ↑Erzbischöfen nach Empfang des Palliums vorangetragene erzbischöfliche ↑Kreuz. Stab und Pektorale werden auch von Äbtissinnen bestimmter Orden getragen. ↑Paramente, ↑Pontifikalien

liturgisches Gerät ↑Kirchengerät

liturgisches Jahr ↑Kirchenjahr

Lizentiat, seit Entstehen der ↑Universitäten dem Bakkalaureat (↑Bakkalaureus) folgender akademischer Grad, der heute noch in einzelnen (Katholisch-) ↑Theologischen Fakultäten vergeben wird als Lizentiat der Theologie (lat. *licentiatus theologiae,* abgekürzt *lic. theol.)* und Lizentiat des ↑Kanonischen Rechtes (lat. *licentiatus iuris canonici,* abgekürzt *lic. iur. can.*); akademischer Grad auch anderer Studiengänge.

Loccumer Richtlinien, in Loccum, einem Ort in Niedersachsen westlich des Steinhuder Meeres, erstelltes «Ökumenisches Verzeichnis der biblischen Eigennamen nach den Loccumer Richtlinien», nach denen die Bücher der ↑Heiligen Schrift abgekürzt werden. Das dort im 12. Jh. gegründete ↑Zisterzienser- ↑Kloster wurde im 16. Jh. zu einem evangelischen Kloster, 1952 auch zu einem Zentrum der landeskirchlichen Arbeit (↑Landeskirche) u. a. mit Evangelischer ↑Akademie. Der evangelisch-lutherische Landesbischof von Hannover trägt den Titel [↑] «Abt zu Loccum».

Logos (gr. = Wort), Bezeichnung der göttlichen Person Jesu Christi innerhalb der ↑Trinität.

Logos-Sarx-Christologie, Begriff der ↑Theologie für Entwürfe vor dem Konzil von Nizäa (325), die sich v. a. auf Joh 1,14 («und das Wort [gr. *logos*] ist Fleisch [gr. *sarx*] geworden») stützen und annehmen, in ↑Jesus Christus bestehe eine unmittelbare und seinshafte Einheit zwischen der zweiten göttlichen Person (dem ↑Logos) und dem menschlichen Fleisch (ohne Seele). Sie bereiteten die spätere ↑Christologie vor, weil sie den Logos als Träger der menschlichen Natur Jesu sehen lehrte, bis die Einsicht reifte, dass in der ↑Hypostase des Logos göttliche Natur und unversehrte menschliche Natur (mit Vernunftseele beseeltes Fleisch) geeint seien.

Lollarden (niederländisch-engl.), 1. volkstümliche Bezeichnung für die ↑Alexianer (herrührend von der leise singenden, «lallenden» Begräbnisbegleitung); 2. Anhänger John Wyclifs (Wyclifiten, ↑Wyclifismus), die als Laienprediger (↑Laienpredigt) seine Lehren verbreiteten, der sektiererischen ↑Begarden-Bewegung verwandt waren, später verfolgt und unterdrückt wurden.

Lossprechung ↑Absolution

Los-von-Rom-Bewegung, gegen ↑Papst und Papsttum gerichtete Bewegung der österreichischen Deutschnationalen seit Ausgang des 19. Jh.s, die nach einer protestantisch ausgerichteten ↑Nationalkirche strebten; sie war, wirksam bis zum Zweiten Weltkrieg, besonders in Böhmen und in der Steiermark verbreitet und führ-

te zu Massenaustritten aus der römisch-katholischen Kirche. Ähnliche
Bewegungen zu dieser Zeit gab es
auch in anderen Ländern.

Lothringer Reform, eine von Lothrin-
gen, v. a. vom ↑Kloster Gorze (deshalb auch Gorzer Reform genannt)
im 10. Jh. ausgehende Erneuerungsbewegung des ↑Benediktiner-Ordens
neben der Cluniazensischen Reform
(↑Cluny). Bei strenger Beachtung der
↑Benediktregel stellten sich die zugehörigen Klöster stärker in den Dienst
der ↑Bischöfe und des Reiches. ↑Or-
densreformen

Ludus de Antichristo (lat. = Spiel
vom ↑Antichrist), in einer Handschrift aus dem ↑Kloster Tegernsee
überliefertes, dramatisch gestaltetes
weltanschauliches ↑Endzeit-Spiel in
lateinischen Versen aus dem 12. Jh.

Lüftlmalerei, besonders in Südbayern
und in der österreichischen Alpenre-
gion seit der Barockzeit verbreitete
Malereien «an der Luft», d. h. an Au-
ßenfassaden der Häuser, fast ausschließlich mit religiösen Motiven.

Lukianisten (Syllukianisten), Schüler
und Anhänger des Lukian von ↑An-
tiochien (ca. 240/50–312), die eine
arianische ↑Christologie vertraten
(↑Arianismus). Ob Arius aber tatsächlich zu den Schülern Lukians
zählte, ist ebenso umstritten wie die
zeitweise angenommene Begründung
der antiochenischen ↑Exegeten-Schu-
le durch Lukian.

Lunéville, Friede von ↑Reichsdeputa-
tions-Hauptschluss

Lutheraner, Angehörige des lutherischen ↑Bekenntnisses, zurückgehend
auf Martin Luther (1483–1546).
↑Luthertum

lutherische Barocktheologie, heute
stärker in Gebrauch gekommene Bezeichnung für ↑altprotestantische Orthodoxie.

lutherische Kirchen, auf der Grundlage der allgemeinen lutherischen
↑Bekenntnisschriften entstandene
↑Staats-, Volks- und ↑Freikirchen. Sie
gehören teils der ↑ökumenischen Bewegung an, stehen ihr teils auch ab-
lehnend gegenüber; größtenteils sind
sie im ↑Lutherischen Weltbund vertreten. Die bedeutendsten nationalen
Zusammenschlüsse befinden sich in
Deutschland, Österreich und der
Schweiz, dazu in den USA. ↑evange-
lische Kirchen, ↑Luthertum

lutherische Renitenz ↑Altlutheraner

Lutherischer Weltbund (engl. Luthe-
ran World Federation), 1947 gegründete freie Vereinigung von evangelisch-lutherischen Kirchen, die aus
dem 1923 entstandenen Lutherischen
Weltkonvent hervorgegangen ist.
Oberste Instanz ist die aus Delegierten der Mitgliedskirchen gebildete
Vollversammlung, die alle fünf Jahre
zusammentritt, sonst durch den Prä-
sidenten und den Exekutivausschuss,
der den Generalsekretär bestellt, geleitet wird. Die Hauptgeschäftsstelle
befindet sich in Genf. Die deutschen
Mitgliedskirchen sind im «Deutschen
Nationalkomitee des Lutherischen
Weltbundes» zusammengeschlossen,

das seit 1948 besteht. Ihm gehören u. a. die Gliedkirchen der ↑Vereinigten Evangelisch-Lutherischen Kirche in Deutschland (VELKD) an.

Lutherrock, Amtstracht der lutherischen ↑Geistlichen (↑Luthertum): Einreihiger, schwarzer, hochgeknöpfter Gehrock, mit oder ohne ↑Beffchen getragen.

Luthertum, 1. die von Martin Luther (1483–1546) inspirierte und formulierte Weise des Christseins und der ↑Theologie sowie die ihr entsprechende Haltung in der ↑Frömmigkeit; 2. Gesamtbezeichnung für alle der lutherischen ↑Reformation und ihren ↑Bekenntnisschriften verpflichteten kirchlichen Gemeinschaften, die ↑lutherischen Kirchen. ↑sola scriptura

LXX, Abkürzung für ↑Septuaginta.

Lyzeum (von gr. *lykeion*), höhere Lehranstalt, auch für eine höhere Mädchenschule, im neuzeitlichen Gymnasium häufig ausgebaute oder weitergeführte Oberstufe (in Frankreich als Lycée heute noch übliche Bezeichnung), die in katholischen Territorien (auch in Nachfolge der ↑Dom- oder Klosterschulen) meist die volle schulische Ausbildung des ↑Klerus in sich schloss. Lyzeen wurden in den ↑Universitäts-Reformen des frühen 19. Jh.s zurückgedrängt oder ausgeschaltet, in Bayern beibehalten und unter König Ludwig I. (1825–1848) neu organisiert, 1923 in Philosophisch-Theologische ↑Hochschulen umgewandelt (mit stärkerer Angleichung an Universitäten), in den Bildungsreformen seit den sechziger Jahren des 20. Jh.s als ↑Theologische Fakultäten in Universitäten eingegliedert.

M

M., Abkürzung für ↑Mater.

M. A., Abkürzung für ↑Magister Artium.

Madonna (it. = «meine Herrin»), Bezeichnung für die ↑Gottesmutter Maria, meist mit Jesuskind (↑Christkind) dargestellt.

Madonnentragen ↑Frauentragen

Madrigal (it.), seit Beginn des 14. Jh.s in Italien, im deutschsprachigen Raum seit dem 16. Jh. belegte Gattung gesungener Lyrik in der jeweiligen Volkssprache, ein von bedeutenden Meistern (Monteverdi, Palestrina, Schütz, Byrd, Downland u. a.) kunstvoll komponiertes ↑Chor-Lied mit oder ohne (a capella) Instrumentalbegleitung. Im Zeitalter der ↑Gegenreformation gelangten auch geistliche Madrigale zu größter Beliebtheit. ↑Kirchenmusik

Magdalenerinnen, nach der hl. Maria Magdalena benannte, auch Büßerinnen, Reuerinnen oder Weißfrauen genannte Gemeinschaft des 13. Jh.s zur Bekehrung «gefallener» und «gefährdeter» Mädchen und Frauen, durch die ↑Reformation fast völlig beseitigt.

Magdeburger Zenturien, 1559 bis 1574 erschienene erste große protestantische ↑Kirchengeschichte, als Gemeinschaftsarbeit von lutherischen Theologen (v. a. Matthias Flacius Illyricus), den «Magdeburger Zenturiatoren», verfasst. Ihr Name rührt von der Einteilung der Geschichte nach Jh.en her (lat. *centum* = hundert). Katholisches Gegenstück sind die ↑Annales ecclesiastici.

Magister (von lat. *magis* = mehr, Meister, Vorsteher), 1. in Byzanz (↑Byzantinisches Reich) einer der höchsten Titel; 2. im Mittelalter höchster Grad der ↑Artistenfakultät (Abkürzung M. A. = Magister Artium), heute noch in zahlreichen ↑Universitäts-Fakultäten üblich, auch (und wieder) als Magister Theologiae (↑Diplomtheologe); 3. Magister S. Palatii (Magister des Hl. Palastes) ist Titel des päpstlichen Hoftheologen, traditionell aus dem ↑Dominikaner-Orden. ↑Doktor, ↑Scholastik

Magisterregel (lat. Regula Magistri), die «Regel des Meisters», die im Umkreis von Rom am Beginn des 6. Jh.s als umfangreiche, sehr genaue Regelung des mönchischen Lebens begegnet. Benedikt nahm beträchtliche Teile aus ihr auf und verband sie mit der ↑Augustinusregel. Magisterregel und ↑Benediktregel waren im 6. Jh. die

bedeutendsten Mönchsregeln in Italien. Daneben gab es, ähnlich wie in Gallien, andere ↑Kloster-Regeln (↑Ordensregel).

Magnificat (lat.), der in Lk 1,46−55 als Preislied Mariens (↑Gottesmutter) bei der Begegnung mit Elisabeth überlieferte ↑Hymnus (liturgischer ↑Vesper-Hymnus), benannt nach dem Anfangswort in der ↑Vulgata (dt. = Hochpreiset [meine Seele den Herrn]); vertont in vielen bedeutenden Kompositionen.

Mährische Brüder ↑Böhmische Brüder

Maiandacht, seit Mitte des 19. Jh.s an Abenden des «Marienmonats» Mai gehaltene, oft auch volkstümlich gestaltete und einen wichtigen Teil der ↑Marienverehrung bildende ↑Andacht zu Ehren der ↑Gottesmutter.

Mailänder Edikt ↑Konstantinische Wende

Majestät ↑Apostolische Majestät, ↑Dreißigjähriger Krieg, ↑Katholische Majestät

Majestätsbeleidigung ↑crimen laesae maiestatis

Majoristen, 1. ↑Kleriker, welche die höheren Weihen (lat. *ordines maiores*) empfangen haben: ↑Subdiakon und ↑Diakon (Unterschied: ↑Minoristen); 2. Anhänger des lutherischen Theologen Georg Major (Meier, 1502−1574), der die Bedeutung der guten Werke betonte («niemand wird durch böse Werke selig und niemand ohne gute Werke») und so in den Verdacht geraten war, einer Werkgerechtigkeit (↑Werkerei) das Wort zu reden. In dem sich entzündenden Majoristischen Streit war Nikolaus von Amsdorf Majors Hauptgegner. Die ↑Konkordienformel von 1577 erklärte die guten Werke für notwendig, aber nicht für verdienstvoll oder heilsverursachend.

Makedonianer ↑Pneumatomachen

Malefizium ↑Hexenwahn

Mallersdorfer Schwestern, nach dem Mutterhaus im ehemaligen Benediktinerkloster Mallersdorf in Niederbayern (dort seit 1869) benannte Mitglieder der 1855 in Pirmasens gegründeten «Religiösen Genossenschaft der Armen Franziskanerinnen von der Heiligen Familie zu Mallersdorf» (↑Franziskaner). Von Anfang an der ↑Caritas verpflichtet, wurden sie seit dem späten 19. Jh. eine der stärksten und karitativ vielseitigsten (v. a. in der ↑Armen- und Krankenpflege tätigen) klösterlichen Frauengemeinschaften in Deutschland, mit Niederlassungen in außerdeutschen Ländern.

Malleus maleficarum ↑Hexenwahn

Malteser ↑Johanniter

Mandäer (auch Nazoräer), alte gnostische ↑Täufer- ↑Sekte (↑Gnosis) in Mesopotamien mit vielschichtiger, vom ↑Dualismus geprägter Mythologie und umfangreichem ↑Kult, die in Resten bis zur Gegenwart besteht.

Mandat ↑Religionsmandat

Mandorla (it. = Mandelkern), im Unterschied zum ↑Nimbus ein mandelförmiger Heiligenschein um die ganze Gestalt (↑Heilgenverehrung), die fast ausschließlich bei ↑Christus- und Marienbildern (↑Gottesmutter), im Früh- und Hochmittelalter auch zur Darstellung des ↑Sakralen Herrschers verwendet wurde.

Mandrit, griechische Bezeichnung für Bewohner eines ↑Klosters (gr. *mandra*) der Ostkirchen. ↑Archimandrit

Mandyas (gr.), in der ↑Liturgie der vom orthodoxen ↑Bischof getragene Mantel.

Manichäismus, vom babylonischen Religionsstifter persischer Abstammung Mani (216–274/77) begründete synkretistische (↑Synkretismus) ↑Erlösungs-Religion, die vom persischen Raum ausging und vom 3. Jh. an zwischen Westeuropa und Ostasien fast ein Jahrtausend lang lebendig war. Welt und Mensch seien aus den zwei entgegengesetzten Prinzipien von Geist und Materie, Licht und Finsternis, Gut und Böse zusammengesetzt (eigener Mythos vom ↑Sünden-Fall), daher schlecht (↑Dualismus). Der Weg zum Heil, die Selbsterlösung, bestehe in der durch strenge ↑Askese möglichen Erkenntnis seiner selbst und der Gesetzmäßigkeiten der Welt (↑Gnosis), der Erlösung in der Trennung des Geistes von der Verstrickung in die materielle Welt und in der Rückkehr in das Reich des Lichtes. Elemente des Manichäismus leben in manchen Formen neuzeitlicher Esoterik fort. ↑Priscillianismus

Manipel (lat. *manipulus*, von *manus* = Hand), früher in der ↑Liturgie am linken Unterarm getragener Zierstreifen, der aus dem profanen antiken Schweißtuch entwickelt und dann der ↑Stola nachgebildet wurde (↑liturgische Gewänder).

Mansionar (lat. *mansio* = Wohnung), von daher rührendes deutsches Wort für ↑Mesner.

Manuale (von lat. *manus* = Hand), 1. Handbuch für die ↑Liturgie mit Anweisungen; 2. Tastenreihen der ↑Orgel und anderer Tasteninstrumente (Klaviatur, Manual) für die Hände im Unterschied zum Pedal (von lat. pes, pedis = Fuß).

Mappa (lat. = Tuch), 1. ↑Altar-Tuch; 2. Schulter- ↑Velum des ↑Akoluthen; 3. Tuch zum Bedecken von ↑Kelch und ↑Patene (auch Mappula oder Velum).

Marburger Religionsgespräch, Treffen zwischen Luther, Melanchthon, Zwingli, Ökolampad u. a. auf Veranlassung des Landgrafen Philipp von Hessen 1529 in Marburg; in den 15 «Marburger Artikeln» wurden Einheit und Unterschied im Verständnis der Einsetzungsworte Jesu (Spendeformel) in der reformatorischen ↑Abendmahls-Lehre festgehalten.

Maria ↑Gottesmutter

Mariä Lichtmess ↑Darstellung des Herrn, ↑Lichtmess

Maria-Ward-Schwestern ↑Englische Fräulein

Marianer ↑Caraccioliner

Marianische Kongregationen, nach Alter, Geschlecht und Ständen gegliederte katholische Vereinigungen (↑Kongregation), die intensives religiöses Leben mit betonter ↑Marienverehrung anstreben, besonders gepflegt von ↑Jesuiten. ↑Präfekt

Marianisten (Marienbrüder, -töchter), von Guillaume-Joseph Chaminade (1761–1850) gegründete ↑Kongregation von weitgehend gleichberechtigten ↑Priestern und ↑Laien, seit 1816/17 Männer und Frauen umfassender Ordensverband für religiöse Erziehung und Unterricht, heute weltweit tätig in Schulen aller Art (mit betonter Elitebildung).

Mariannhiller Missionare, nach der ehemaligen ↑Abtei Mariannhill in Natal/Südafrika benanntes, dort seit Ende des 19. Jh.s erfolgreichstes katholisches ↑Missions-Zentrum, das durch Bildungseinrichtungen für die einheimische Bevölkerung, wirtschaftliche, soziale und kulturelle Tätigkeit der ↑Mönche führend ist. Mit Rücksicht auf die Missionsarbeit wurde die Abtei 1909 vom ↑Trappisten-Orden getrennt und in eine eigene Missions- ↑Kongregation umgewandelt; Niederlassungen auch in Ländern Europas.

Marienbrüder, -schwestern ↑Marianisten

Marienfeste ↑Marienverehrung

Marienschwesternschaften, zahlreiche nach der ↑Gottesmutter Maria benannte religiöse Gemeinschaften der katholischen Kirche.

Marienverehrung, Sammelbegriff für alle Formen der privaten oder öffentlichen Verehrung der ↑Gottesmutter Maria, v. a. in der katholischen Kirche und in allen Ostkirchen. Daneben entwickelten sich Formen der Verehrung, die von einer von der ↑Theologie weitgehend unabhängigen ↑Frömmigkeit des Volkes und des ↑Brauchtums, z. B. die ↑Maiandacht oder der Oktober- ↑Rosenkranz, getragen werden. In der katholischen Theologie kommt der Gottesmutter eine von der ↑Heiligenverehrung abgesetzte gesteigerte Verehrung zu, die aber von der Anbetung (↑Adoration), die allein Gott gebührt, deutlich unterschieden wird. Die Marienverehrung entstand im Osten und wurde allmählich in der lateinischen Kirche übernommen, auch in den Marienfesten. Seit dem 12. Jh. (↑Gotik) wurde das ↑Ave Maria das neben dem ↑Vaterunser am weitesten verbreitete ↑Gebet, später in den Rosenkranz eingebaut. Durch ↑Liturgie, ↑Predigt, ↑Legende und ↑Mirakelbücher wurde die allzeitige Hilfsbereitschaft und -mächtigkeit Marias verbreitet, in der Mariendichtung besungen und an den vielen großen und kleinen Marienwallfahrtsorten (z. B. Altötting, Loreto; ↑Lauretanische Litanei) gepflegt, besonders an Orten von Marienerscheinungen und -wundern (Lourdes, Fátima, Medjugorje). An-

gerufen wurde und wird Maria in vielfältigen Lebensnöten seit dem Mittelalter; dazu gehören Marienmedaillen und -bildchen (früher auch als Schluckbildchen bei bestimmten Krankheiten). Eine Reihe von Tieren und Pflanzen wird mit Maria in Verbindung gebracht (z. B. Marienkäfer, Mariendistel, Kräuterweihe am Fest Mariä Himmelfahrt, 15. August). Die zahlreichen Marienfeste des katholischen ↑Kirchenjahres galten bis zu den Einschränkungen im späten 18. Jh. als arbeitsfreie Tage, häufig auch als bäuerliche Termine (z. B. Mariä ↑Lichtmess). Als Vorname begegnet Maria sehr oft, in katholischen Ländern seit der Barockzeit manchmal auch als zweiter Taufname für Jungen. Die Marienverehrung steht bis heute in einem breiten Rahmen der Volksfrömmigkeit. ↑Apokalyptisches Weib, ↑Frau, ↑Immakulata, ↑Mariologie, ↑Orden vom Goldenen Vlies

Mariologie, in der ↑Theologie seit dem Konzil von Ephesus (431) die im Zusammenhang mit der ↑Christologie entwickelte Lehre von der ↑Gottesmutter Maria.

Maristen (Gesellschaft Mariens), 1824 von Jean-Claude Colin gegründete, ↑Priester- und ↑Laien-Brüder umfassende ↑Kongregation, deren Mitglieder hauptsächlich in Jugenderziehung, ↑Seelsorge und Welt-↑Mission tätig sind. Die Kongregation der Maristen-Schwestern wirkt v. a. in der Mädchenerziehung.

Maristen-Schulbrüder, 1817 gegründete, 1903 endgültig bestätigte ↑Laien- ↑Kongregation für Erziehung und Unterricht der männlichen Jugend, mit mehreren zehntausend Schülern aller Schularten in Europa und Lateinamerika.

Markioniten, Markionitische Kirche, benannt nach dem gnostischen (↑Gnosis) christlichen Theologen und ↑Sekten-Gründer Markion († nach 160 in Rom), der einen vom ↑Dualismus geprägten Ditheismus (doppelter ↑Theismus) lehrte: Dem Schöpfer- und Rachegott des (von ihm verworfenen) AT steht der gute Gott des NT im Scheinleib Jesu gegenüber. Seit 144 kam es zur selbstständigen Kirchenbildung mit strenger ↑Askese; durch harte Verfolgung im 4./5. Jh. weitestgehend unterdrückt.

Maroniten, nach dem Mönch Maro († vor 423) benannte Völkerschaft syrischer Christen, v. a. im Libanon, auch in Amerika. 1181 und 1445 kam es zur Union mit der römischen Kirche (↑unierte Kirchen). ↑Jakobiten

Marranen (von span. marrano = Schwein), verächtliche Bezeichnung der seit dem 14./15. Jh. (zwangs-) getauften Juden in Spanien und Portugal, die oft ihren alten Glauben und jüdische Riten heimlich beibehielten, seit Ende des 15. Jh.s von der ↑Inquisition schwerst verfolgt wurden und vielfach auswandern mussten.

Marterl, Kreuz, Tafel oder Säule aus Holz oder Stein mit Inschrift zum Gedenken an einen (meist tödlich) verunglückten Menschen gewöhnlich am Ort des Unglücksfalls, besonders in Bayern und Österreich begegnend. Obwohl wörtlich davon hergeleitet, ist der Begriff nicht zu verwechseln mit ↑Martersäule (auch nicht mit ↑Votivtafel).

Martersäule, zum Gedächtnis der «Marterung» (↑Martyrium), der ↑Passion Jesu Christi errichtete Säule mit Kreuz und den Leidenswerkzeugen, auch Passionssäule genannt.

Märtyrer, Martyrer (gr. = Zeuge), Blutzeuge, der für ↑Glauben und christliche Tugend das ↑Martyrium erlitt. ↑Bekenner, ↑Christenverfolgungen, ↑Heilige, ↑Katakomben

Märtyrerakten, Quellen (↑Akten) über ↑Märtyrer und über Martyrien in den ↑Christenverfolgungen.

Märtyrerkult ↑Heiligenverehrung

Martyrium (gr.-lat.), Leiden und Sterben, Marter und Martertod, das Blutzeugnis eines ↑Märtyrers, einer Märtyrerin. ↑Passion

Martyrologium, ↑Märtyrer- und ↑Heiligen-Gedenkbuch der katholischen Kirche, seit 1584 als «Martyrologium Romanum» kirchenamtlich. ↑Legende, ↑Menologion

Mastenkirche ↑Stabkirche

Maßwerk, in der Architektur (vor allem der ↑Gotik) Begriff für filigrane Steinmetzarbeiten, d. h. die flächige, aus geometrischen Bauornamenten bestehende Dekoration von Fenstern, geöffneten Wänden und Balustraden, umgesetzt als Steinprofil, wobei der Stein skelettiert (also komplett durchbrochen) wird.

Mater (lat. = [ehrwürdige] Mutter, abgekürzt M.), Titel und Anrede der Angehörigen verschiedener Frauen-↑Orden und -↑Kongregationen der katholischen Kirche.

Mater Dolorosa (lat. = schmerzensreiche Mutter), die ↑Gottesmutter Maria im Leid um die ↑Passion ihres Sohnes Jesus Christus, in der bildenden Kunst meist dargestellt mit einem oder sieben Schwertern in der Brust.

Matrikel (von lat. *mater* = Mutter), 1. amtliches Verzeichnis von Personen oder Sachen, z. B. der an einer ↑Universität immatrikulierten Studierenden; 2. kirchenamtliches Verzeichnis der ↑Bistums- bzw. Kirchenleitung über ↑Pfarreien, ↑Klerus und sonstige kirchliche (auch schulische) Einrichtungen eines Gebietes, in den erhaltenen Quellen beginnend meist mit ↑Abgaben-Verzeichnissen im Spätmittelalter; 3. amtliche Pfarrmatrikeln (Kirchenbücher) über ↑Taufen, ↑Sakramenten-Spendung, Tod und Begräbnis der ↑Gemeinde-Mitglieder, bis zur staatlichen Registerführung im 19./20. Jh. auch im staatlichen Bereich rechtsverbindlich.

Matutin (lat. *hora matutina* = Morgenstunde; Mette), 1. ursprünglich den ↑Laudes, später dem mitternächtlichen ↑Stundengebet (↑Nokturn) der Mönche und Nonnen entsprechender Teil des ↑Stundengebets (↑Brevier), Gotteslob bei Sonnenaufgang; 2. in

der lutherischen ↑Agende der liturgische Gottesdienst; 3. feierliche Gestaltung in der ↑Christmette an ↑Weihnachten und in den Metten der ↑Karwoche (Passionszeit).

Mauriner, nach dem hl. Maurus (Schüler des hl. Benedikt; ↑Benediktiner) benannte, 1618 gegründete und von der Abtei St-Germain-des-Prés in Paris zentral geleitete französische Benediktiner-Reform- ↑Kongregation; sie ist ausgezeichnet durch wissenschaftliche Tätigkeit, v. a. in der Entwicklung historisch-kritischer Methode, für ganz Europa beispielgebend durch Quelleneditionen zur ↑Kirchengeschichte. Sie konzipierten auch die «Gallia Christiana», die zum Vorbild der ↑Germania Sacra wurde.

Mea culpa (lat. = meine Schuld), 1. die im Sündenbekenntnis (↑Confiteor) gesprochenen Worte (mea culpa, mea culpa, mea maxima culpa = durch meine Schuld, durch meine Schuld, durch meine große Schuld), die überhaupt Inbegriff für jedes Schuldeingeständnis sind. 2. Als «Mea culpa» wurde im besonderen die öffentliche Vergebungsbitte Papst Johannes Pauls II. am ersten ↑Fasten-↑Sonntag (12. März) des Heiligen Jahres 2000 für die Schuld bezeichnet, die Glieder der Kirche Christi im Lauf der Geschichte auf sich geladen haben: Der Umgang mit den dunklen und dunkelsten Seiten der ↑Kirchengeschichte, zu denen ↑Inquisition und ↑Hexenwahn – zusammen mit ↑Antijudaismus (↑Antisemitismus), ↑Schwertmission und Zwangsbekehrung, ↑Kreuzzügen und Religionskriegen – in besonderer Weise gehören, müsse als ein Akt der Selbstreinigung, als eine «Reinigung des Gedächtnisses» notwendigerweise erfolgen. Und dies sei keinesfalls zu verstehen als ein «Sich-Rein-Waschen», Verdrängen und Vergessen, sondern als selbstkritische Auseinandersetzung mit der eigenen, durch Sünde und Schuld entstellten Vergangenheit. Ziel müsse eine «versöhnte Erinnerung» an die Wunden sein, die man anderen und sich selbst zugefügt habe. 3. Auch der evangelische Landesbischof von Bayern Johannes Friedrich bekannte sich ebenso wie der Ratsvorsitzende der Evangelischen Kirche in Deutschland Wolfgang Huber am 27. 1. 2008 im KZ Dachau, anlässlich des Holocaust-Gedenktages, zur Schuld der Kirche an diesen Geschehnissen durch «Tun und Lassen».

Mechitharisten, von Abt Mechithar von Sebaste 1701 in ↑Konstantinopel gegründeter, mit der katholischen Kirche unierter armenischer ↑Orden (↑unierte Kirchen) mit ↑Benediktregel.

Mediatherrschaft, in der ↑Reichskirche im ↑Heiligen Römischen Reich die zu einem geistlichen Reichsstand (Fürstbischof, Reichsabt; ↑Reichsstände und Reichstag) gehörende Herrschaft außerhalb des ↑reichsunmittelbaren (↑immediaten) Territoriums, die damit einer anderen Landeshoheit unterstand. ↑Mediatisierung

Mediatisierung (von lat. *mediare* = halb-sein, in der Mitte stehen, mittelbar), der Verlust der ↑immediaten Stellung, im ↑Heiligen Römischen Reich die Aufhebung der ↑Reichsunmittelbarkeit und die gleichzeitige Unterwerfung unter die Landeshoheit eines anderen (meist weltlichen) Reichsstandes (↑Reichsstände und Reichstag). Reichsunmittelbare ↑Stifte und ↑Klöster wurden von solchen Maßnahmen nicht selten bedroht. Die größten Mediatisierungsaktionen brachten die ↑Reformation und der Auflösungsprozess des Heiligen Römischen Reiches, der seit dem ↑Reichsdeputations-Hauptschluss 1803 die Mediatisierung der meisten kleineren weltlichen Reichsstände, das Ende aller geistlichen Reichsstände und die ↑Säkularisation fast aller Stifte und Klöster (auch der nicht-immediaten) herbeiführte.

Mediävistik (von lat. *medium aevum* = Mittelalter), Wissenschaft zur Erforschung des Mittelalters.

Medicaea Editio, in der (privaten) Druckerei des ↑Kardinals Medici, Rom 1614/15, hergestellte Ausgabe des ↑Gregorianischen Gesangs, die auf dem Hintergrund des ↑Humanismus und des Bestrebens der ↑Römischen Kurie zur Vereinheitlichung der ↑Liturgie erfolgte. Die Edition der Medicaea war dabei die bedeutendste; sie wurde in der ↑Choral-Reform seit Ausgang des 19. Jh.s hauptsächlich durch die Editio Vaticana unter Papst Pius X. (1903–1914) abgelöst.

Meditation ↑Beschauung

Melchiten (Melkiten, aram. = Königliche), Christen in Syrien, auch Ägypten und Palästina, die dem ↑Glaubensbekenntnis von Chalcedon (451), gegen den ↑Monophysitismus der Umgebung, anhingen. Wegen ihrer Anlehnung an die byzantinische Kirche wurden sie von der römischen Kirche als Schismatiker (↑Schisma) betrachtet. Seit dem 17. Jh. sind sie etwa zur Hälfte mit Rom uniert (↑unierte Kirchen).

Meletianisches Schisma, auf ↑Bischof Meletios von Lykopolis († nach 325) in Oberägypten zurückgehendes und nach ihm benanntes ↑Schisma zwischen Meletianern und der Kirche von ↑Alexandrien. Meletios hatte zur Zeit der Diokletianischen ↑Christenverfolgung außerhalb seines Bistums ↑Weihen gespendet, während sich der zuständige Bischof Petros I. von Alexandrien verborgen gehalten hatte. Nach seiner ↑Exkommunikation bestritt Meletios umgekehrt den in der Verfolgung Gefallenen (↑Lapsi) die Kirchenzugehörigkeit und bildete mit seinen zahlreichen Anhängern die «Kirche der [↑] Märtyrer». Das ↑Konzil von Nizäa (325) bemühte sich vergeblich um eine Überwindung des Schismas. In den arianischen Streitigkeiten standen Meletianer auf der Seite der Arianer (↑Arianismus). Anhänger des Meletios sind bis ins 8. Jh. nachweisbar.

Melker Reform, eine der drei benediktinischen Reformbewegungen im Spätmittelalter (neben ↑Bursfelder Kongregation und ↑Kastler Reform), benannt nach der ↑Benediktiner-Abtei Melk in Niederösterreich. Sie griff von Österreich aus auch auf bayerische und schwäbische ↑Abteien sowie auf ↑Klöster der angrenzenden Gebiete über und wurde von weltlichen und geistlichen Fürsten gefördert. ↑Ordensreformen

Memento mori (lat. = Denk' an den Tod!), schriftliche oder bildliche Erinnerung an den Tod und die entsprechende christliche Vorbereitung, die Mahnung, sich nicht an die vergängliche Welt und ihre Nichtigkeiten (lat. ↑Vanitas) zu verlieren; liturgisch findet sie auch in der Auflegung des Aschenkreuzes an die Gläubigen an ↑Aschermittwoch Ausdruck. ↑Totenkeuche, ↑Totentanz

Memoria (lat. = Erinnerung), christliches Totengedenken in mehrfacher Form, auch im Grabmal mit Inschrift (↑Epitaph).

Menäen (gr.), «Monatsbücher» zur ↑Liturgie der griechisch-orthodoxen Kirche mit entsprechenden Texten für Fest- und Heiligentage (↑Gebete, ↑Hymnen, Heiligenviten [↑Hagiographie]). ↑Synaxarion

Mendikanten ↑Bettelorden

Mendikantenstreit ↑Armut, Armutsbewegung, Armutsstreit

Mennoniten, nach Menno Simons († 1561) benannte Anhänger der vom reformierten Bekenntnis Calvins (↑Calvinismus) geprägten ↑Freikirchen mit Erwachsenentaufe (↑Täufer), strenger Kirchenzucht und Sittenstrenge, teilweise Kriegsdienst- und Eidverweigerung, heute hauptsächlich in den Niederlanden, in Nord- und Südamerika verbreitet.

Menologion (gr.), dem ↑Martyrologium entsprechendes liturgisches Buch der orthodoxen Kirchen.

Mensa (lat. = Tisch), 1. der vom ↑Stipes getragene ↑Altar-Tisch oder die Altarplatte (mit ↑Reliquien); 2. im Mittelalter das Einkommen des ↑Bischofs (lat. *mensa episcopalis,* Mensalgut); 3. Studenten-Kantine.

Mercedarier (von lat. = Gnade, Barmherzigkeit), 1218 von Petrus Nolascus und Raimund von Peñafort in Barcelona als ↑Ritterorden von ↑Laien und ↑Klerikern gegründeter «Orden der seligen Jungfrau Maria der Barmherzigkeit zur Erlösung der Gefangenen» (zum Loskauf christlicher Gefangener von den Muslimen), auch Nolasker genannt, seit dem frühen 14. Jh. ↑Bettelorden, seit dem 19. Jh. hauptsächlich in der Jugenderziehung und ↑Mission tätig.

Mesner (von ↑Mansionar), der Sakristan (↑Sakristei), ↑Küster oder Kirchendiener.

Messalianer, syrischer Name für griechisch Euchiten, Anhänger einer im 5. Jh. in Kleinasien und Syrien verbreiteten, auf dem Konzil von Ephesus (431) verurteilten enthusiastisch-spiritualistischen Richtung des östlichen ↑Mönchtums, die allein durch ↑Gebet das Böse überwinden wollten.

Messe (lat. *missa,* von *dimissio* = Entlassung am Ende des ↑Gottesdienstes, daher Entlassungsruf der lat. Mess-↑Liturgie: ↑Ite, missa est), 1. seit Ende des 5. Jh.s Bezeichnung für die ↑Eucharistiefeier, den Hauptgottesdienst der Christen, die auf das Letzte ↑Abendmahl Jesu mit seinen Jüngern und auf seinen Auftrag zurückgeht: «Tut dies zu meinem Gedächtnis!» (Lk 22,19) Bei Bewahrung der wesentlichen Grundstruktur erfuhr die Eucharistiefeier in den Liturgien des Ostens und Westens verschiedene Gestaltungen. 2. Für die lateinische Kirche des Westens wurden für Mittelalter und Neuzeit besonders bedeutsam die lateinische Liturgiesprache (↑Kirchenlatein) und die fortschreitende Vereinheitlichung; das ↑Missale Romanum wurde seit 1570 für die ganze abendländische, lateinische Kirche verpflichtend. Eine Neuausgabe erfolgte unter Papst Johannes XXIII. 1962. Nach mehreren liturgischen Reformen brachte das ↑Vaticanum II (1962–1965) eine umfassende Liturgiereform, die maßgeblich die Eucharistiefeier betraf und die Volkssprache in der Liturgie ermöglichte. Das neue Römische Messbuch erschien unter Papst Paul VI. 1970. Zuletzt legte das ↑Motu proprio «Summorum Pontificum» Papst Benedikts XVI. vom 7.7.2007 fest, dass die heilige Messe wieder häufiger nach dem Römischen Messbuch von 1962 (als «Forma extraordinaria», also außerordentliche Form) gefeiert werden dürfe, der ↑Ritus von 1970 hingegen als «Forma ordinaria» bestehen bleibe, womit es sich nicht um zwei Riten, sondern um einen zweifachen Usus ein und desselben Ritus handele. 3. Bei Anwesenheit mehrerer ↑Priester (und ↑Bischöfe) wird heute gewöhnlich von der Möglichkeit der Konzelebration (gemeinsame Messfeier) Gebrauch gemacht, auch im ↑Konvent- ↑Amt. 4. Die in der lateinischen Liturgie unveränderlichen Bestandteile ↑Kyrie, ↑Gloria, ↑Credo, ↑Sanctus (mit ↑Benedictus) und ↑Agnus Dei sind im ↑Gregorianischen Gesang und in der Polyphonie oft vertont worden, v. a. für die Liturgie des Hochamtes. 5. Von den ursprünglich mit einem Gottesdienst verbundenen (Jahr-) Märkten leiten sich die heutigen wirtschaftlichen Veranstaltungen, z. B. Buchmesse, neuerdings sogar Erotikmessen, auch Kirmes (Kirchmesse; ↑Kirchweihe) ab. ↑Invitatorium, ↑Messopfer

Messias (hebr., ursprünglich Maschiach = Gesalbter), 1. im AT kultisch-religiöse Bezeichnung für den Hohepriester und König (v. a. David), der im prophetischen Schrifttum als ↑Heiland, Gottesknecht, Menschensohn, Gottkönig der ↑Endzeit erwartet wird; 2. im NT (↑Christus) Hoheitstitel ↑Jesu, in dem die Erfüllung der alttestamentlichen messianischen Verheißungen gesehen wird.

Messbuch ↑Messe

Messdiener ↑Ministrant

Messgewand ↑Kasel

Messintention ↑Applikation

Messkanon ↑Kanon

Messkelch ↑Kelch

Messopfer, seit dem Konzil von Trient (1545–1563) Bezeichnung der ↑Eucharistie («wahres und eigenes Opfer»), nachdem in den Auseinandersetzungen der ↑Reformations-Zeit in der katholischen Kirche der Opfercharakter der ↑Messe (in Erinnerung an Letztes ↑Abendmahl und Kreuzestod Christi; ↑Passion) gegenüber dem Mahlcharakter stark betont worden war. ↑Applikation, ↑Opfer

Messpriester ↑Altarist

Messstiftung ↑Applikation, ↑Oblei

Messstipendium ↑Applikation, ↑Benefizium, ↑Seelgerät

Metanoia ↑Buße

Methodisten, Anhänger einer aus der Anglikanischen Kirche hervorgegangenen ↑Erweckungsbewegung (Methodismus). Ihre Anfänge liegen in einem Studentenkreis in Oxford unter den Brüdern Charles und John Wesley (um 1730), die «methodisch» ↑Frömmigkeit übten. Starken Einfluss empfingen sie vom ↑Pietismus und entfalteten später eine umfangreiche ↑Missions-Tätigkeit. Die evangelisch-methodistische Kirche (entstanden 1968 aus der Union der Bischöflichen Methodistenkirche mit der ↑Evangelischen Gemeinschaft) ist eine weltweit verbreitete ↑Freikirche pietistischer Prägung (in Deutschland seit dem 19. Jh.) in vier Konferenzen (wobei mehrere Distrikte eine «jährliche Konferenz» bilden) mit mehreren hundert ↑Gemeinden. Sie ist Mitglied des ↑Ökumenischen Rates der Kirchen. ↑Albrechtsleute

Metropolit, ↑Bischof einer Metropole (gr. = Hauptstadt), Vorsteher einer ↑Kirchenprovinz (↑Erzbischof), Vorsitzender der zugehörigen ↑Suffraganbischöfe; seine ↑Kathedrale ist die Metropolitankirche, sein ↑Domkapitel das Metropolitankapitel; das Metropolitangericht ist Berufungsinstanz der Suffragangerichte.

Metropolitankirche, -sitz ↑Metropolit

Metropolitankirche der Kunst und des Führers Jesus ↑Bruderschaft der Armen Ritter der Heiligen Stadt

Metropolitanverband, -verfassung ↑Kirchenprovinz

Mette ↑Matutin

Michaelsbruderschaft ↑Kommunitäten

Militärbischof, in manchen Ländern ein zur ↑Seelsorge des Militärs beauftragter ↑Bischof, früher auch Feldbischof genannt. ↑Feldgeistlicher, ↑Propst

Militärseelsorge ↑Militärbischof

militia Christi ↑Kreuzzug

Millenarismus ↑Chiliasmus

Milvische Brücke ↑Konstantinische Wende

Mindere Brüder, Minderbrüder ↑Franziskaner

Mindere Regularkleriker ↑Caraccioliner

Miniatur (mittellat. *miniatura* = mit Zinnober gemaltes Bild), im mittelalterlichen ↑Skriptorium besonders kostbar gestalteter Bildschmuck in einer Handschrift (↑Codex), z. B. die ↑Initiale, selbstverständlicher Bestandteil der ↑Buchkunst; später auch ein kleines Bild auf Zier- und Gebrauchsgegenständen in Form eines Medaillons.

Minimen ↑Paulaner

Minister (lat. = Diener), Bezeichnung auch für den ↑Cellerar.

Ministerienspiele ↑Mysterienspiele

Ministrant (von lat. *minister* = Diener), in katholischen ↑Gottesdiensten der Diener, der Messdiener (↑Messe); das Ehrenamt wird in aller Regel von Mädchen und Jungen ab der ↑Erstkommunion (oft bis zur Volljährigkeit) mit großem Eifer wahrgenommen.

Minoristen, ↑Kleriker, welche die niederen Weihen (lat. *ordines minores*) empfangen haben: ↑Akolyth, Exorzist (↑Exorzismus), ↑Lektor und ↑Ostiarier (Unterschied: ↑Majoristen). ↑Ven.

Minoriten (lat. *fratres minores* = mindere Brüder), im Unterschied zu den strengeren ↑Observanten die gemilderte Richtung der ↑Franziskaner (auch ↑Konventualen genannt), seit 1517 wie diese und den ↑Kapuzinern einer der drei selbständigen Zweige der franziskanischen Ordensfamilie.

Minutant ↑Abbreviator

Mirakelbücher (von lat. *miraculum* = Wunder), Aufzeichnungen von Gebetserhörungen und wunderbaren Begebenheiten an ↑Wallfahrts-Orten, besonders seit dem Spätmittelalter.

Mischehe, eine zwischen Angehörigen verschiedener ↑Bekenntnisse und Religionen geschlossene ↑Ehe; Mischehenstreitigkeiten zwischen katholischer Kirche und Staat gab es in vielen Ländern des 19. Jh.s (auch ↑Kölner Ereignis).

Mischregel, Fachbegriff für das Zeitalter vom 7. bis 9. Jh., als in vielen ↑Klöstern Teile der ↑Kolumbanregel mit der ↑Benediktregel «vermischt» Anwendung fanden.

Misereor ↑Caritas

Miserere (lat. = Erbarme dich!, Anfang von Ps 51), Bezeichnung für (oft gestiftete) ↑Fasten- ↑Andachten und Vertonungen des Bußpsalms 51 (↑Buße).

Miserikordie (von lat. *misericordia* = ↑Barmherzigkeit), kleines Stützbrett mit ↑Konsole, das an der Unterseite der Klappsitze im ↑Chorgestühl angebracht ist und zur Erleichterung (daher der Name) des langen Stehens während des Chorgebetes (↑Chordienst) dient.

Miserikordienbild ↑Erbärmdebild

Missale (lat. von *missa* = ↑Messe), das Messbuch, welches das ↑Sakramentar ablöste, z. B. das ↑Missale Romanum von 1570. ↑Liturgie, ↑Messe

Missale Romanum, das im Auftrag des Konzils von Trient (1545–1563) durch Papst Pius V. herausgegebene, für die ganze abendländische, lateinische Kirche verpflichtende Römische Messbuch (↑Missale; daher Tridentinische Messe oder römische/lateinische Liturgie/Messe), das bis zur Einführung des neuen Römischen Messbuchs von 1970 (als Ergebnis einer umfassenden Liturgiereform durch das ↑Vaticanum II, mit Ermöglichung der Volkssprache in der ↑Liturgie, gültig blieb.

Missio canonica (lat. = kanonische Sendung; ↑Mission), 1. im katholischen ↑Kirchenrecht die Übertragung von Vollmacht, d. h. die verbindliche Beauftragung zu einem kirchlichen Dienst durch den zuständigen ↑Bischof; 2. bei ↑Klerikern im Unterschied zur Übertragung der Weihegewalt (↑Ordination) die Übertragung der Hirtengewalt in den Grundämtern ↑Papst (lat. missio divina), Bischof und ↑Pfarrer; 3. bei ↑Laien die offizielle Sendung, im Auftrag der Kirche zu verkündigen, z. B. Religionsunterricht zu erteilen.

Mission (von lat. *mittere, missum* = schicken, senden), Sendung zur Glaubensverbreitung (↑Christianisierung) nach dem Missionsbefehl Jesu (u. a. Mt 28,19 f.), zur Verkündigung der frohen Botschaft (↑Evangelium), der ↑Caritas und ↑Nachfolge Christi, zur ↑Seelsorge. ↑angelsächsische Mission, ↑Evangelisation, ↑Innere Mission, ↑irisches Mönchtum, ↑Volksmission

Missionar, der zur Glaubensverkündigung (↑Mission) Beauftragte.

Missionarinnen der Nächstenliebe, 1950 von Mutter Teresa (Gonxha Agnes Bojaxhiu), dem «Engel der Armen / von Kalkutta» (1910–1997, 1979 Friedensnobelpreis, 2003 seliggesprochen), gegründete ↑Kongregation (Sitz in Kalkutta) zur Sorge für verlassene Sterbende, Waisenkinder und Kranke (Lepra), heute in ähnlichen Bereichen der ↑Armen- und Krankenpflege und der ↑Caritas weltweit tätig.

Missionsbenediktiner ↑Ottilianer

Missionsbischof ↑Apostolischer Vikar/Präfekt

Missionsgesellschaft ↑Rheinische Missionsgesellschaft

Missionspredigt ↑Predigt

Missouri-Synode, aus verschiedenen deutschen lutherischen Einwanderer-↑Gemeinden 1847 begründete zweitgrößte amerikanische lutherische Kirche, die, streng konfessionell (↑Bekenntnis) ausgerichtet, Kirchengemeinschaft mit den lutherischen ↑Freikirchen in Europa unterhält.

Mit brennender Sorge ↑Enzyklika

Mitra (gr.-lat. = Kopfbinde), wie ↑Inful (lat. = Binde, als Kopfschmuck) Kopfbedeckung und Würdezeichen (Insignie) der ↑Bischöfe und aller «infulierten» ↑Prälaten für den liturgischen Bereich (↑liturgische Gewänder). Unter dem Einfluss von AT und NT wurde in der lateinischen Kirche des frühen Mittelalters eine Kopfbedeckung, v. a. für Bischöfe, eingeführt, die man bald ausschließlich Mitra nannte. Ältestes Zeugnis einer päpstlichen Mitra-Verleihung ist die von 1049 für Erzbischof Eberhard von Trier; als erster ↑Abt empfing sie Egelsinus von Canterbury 1069. Als liturgisches Würdezeichen der Bischöfe hat sie sich im 11./12. Jh. in der ganzen abendländischen Kirche durchgesetzt und war bald auch von Äbten und ↑Pröpsten der ↑Klöster sowie anderen hohen Geistlichen sehr begehrt. Ihr anfänglicher Formenreichtum wurde rasch von der Mitra mit zwei Cornua (lat. = Hörner, nach oben spitz auslaufende Schilde der in der Mitte eingebuchteten kegelförmigen Kopfbedeckung) abgelöst, die als Symbole des AT und NT gedeutet wurden. Die Mitra wurde allmählich kostbar geschmückt, mit zwei rückwärts zum Nacken laufenden Bändern geziert und zum Prunkstück der Pontifikalbekleidung (↑Pontifikalien) ausgestaltet. Nach Kostbarkeit und Funktion wurden verschiedene Gestaltungen unterschieden. Mitren sind auch in verschiedenen reformierten Kirchen in Gebrauch, welche die Traditionen der mittelalterlichen Kirche bewahren wollen, so in der Anglikanischen Kirche und in der (evangelisch-lutherischen) Kirche Schwedens. ↑Tiara

Mittagsläuten ↑Angelus

Mittelalter (lat. *medium aevum*), in der europäischen Geschichte die nicht eindeutig begrenzte, in Früh-, Hoch-

und Spätmittelalter eingeteilte Zeit zwischen Altertum und Neuzeit (etwa 500–1500), in der aus der Verbindung von Christentum, antikem Erbe und Germanentum eine neue «abendländische Geisteshaltung» entstand. Das Wort wurde im Zeitalter von ↑Renaissance und ↑Humanismus ursprünglich abwertend gebraucht und ist seit dem 17./18. Jh. in der ↑Geschichtswissenschaft ein ↑Epochen-Begriff.

Mittellatein, das ↑Latein als Sprache der Wissenschaft im ↑Mittelalter (↑Scholastik).

Mittelschiff, das mittlere ↑Kirchenschiff des ↑Langhauses einer mehrschiffigen Kirche. ↑Aula

Mittfasten ↑Laetare

Modalismus (von lat. *modus* = Art und Weise), in der ↑Theologie der ↑Trinität die Meinung, Vater, Sohn und Geist bezeichneten nur verschiedene (dem Menschen so erscheinende) Seinsweisen des einen Gottes, nicht aber die drei ↑Hypostasen (Personen), in denen das eine göttliche Wesen verwirklicht ist. ↑Sabellianismus

Moderator (lat. = Mäßiger, Leiter), 1. Vorsitzender einer reformatorischen ↑Synode oder eines Moderamens (dreiköpfiges Präsidium reformatorischer Synoden); 2. Nebenpräsident in der Leitung des ↑Vaticanum II.

● **Modernismus** (von lat. *modernus* = neu, modern), in ↑Aufklärung, ↑Liberalismus und ↑Liberaler Theologie wurzelnde Richtung der katholischen ↑Theologie des 19. Jh.s (↑Liberaler Katholizismus). Er stellt einen umfassenden Versuch dar, in katholischer Kirche und Theologie den Erfordernissen der modernen, fortschrittsgläubigen Welt gerecht zu werden. Die harten, leidenschaftlich ausgetragenen Kämpfe erreichten ihren Höhepunkt in den letzten Jahren des Pontifikats Papst Leos XIII. (1878–1903), noch verstärkt unter Pius X. (1903–1914), mit dessen Pontifikat in theologischer Hinsicht der Kampf gegen den Modernismus begann. Die Furcht vor «Modernisten» und «Modernismus» steigerte sich bis zur Psychose und führte zu schärfster päpstlicher Verurteilung durch das ↑Dekret «Lamentabili» und die ↑Enzyklika «Pascendi» (1907). Seit 1910 wurde von den katholischen ↑Klerikern der Antimoderneneid gefordert, der 1967 durch Paul VI. abgeschafft wurde. ↑katholische Bewegung

Monarchia Sicula (lat. = Sizilische Monarchie), Begriff des ↑Staatskirchenrechts: Das von den Königen Siziliens (Neapel-Sizilien) beanspruchte, häufig umstrittene Recht auf die Kirchenhoheit über die Insel, das sich auf das ↑Privileg Papst Urbans II. für Roger I. von Sizilien (1098) stützte und bis 1864/67 ausgeübt wurde.

Monarchianismus (gr. *monarchia* = ein Ursprung), Sammelbezeichnung für frühkirchliche theologische Bestrebungen, die Einheit und Einzigkeit Gottes (↑Monotheismus) mit dem Zeugnis des NT von der Sendungsautorität ↑Jesu Christi in Einklang zu bringen, dabei den Monotheismus aber nur durch Leugnung der wahren Gottheit Jesu Christi meinten wahren zu können (↑Adoptianismus, ↑Antiochenisches Schisma, ↑Antitrinitarier, ↑Sabellianismus, ↑Sozinianer, ↑Unitarier).

monarchischer Episkopat ↑Bischof

Monasterium (gr.-lat.), das ↑Kloster (mit Kirche) und ↑«Münster».

monastisch (gr.-lat.), mönchisch (↑Mönch, Mönchtum).

monastische Reformen ↑Ordensreformen

Mönch, Mönchtum (gr. *monachos*, lat. *monachus* = der allein, «einzigartig» Lebende; ↑Zelle). 1. Mönch im strengen Sinn ist Mitglied der Mönchs- oder monastischen ↑Orden, das Mönchtum ist die Lebensform des Mönches. Im Allgemeinen hat das Leben im ↑Kloster den Vorrang gegenüber der Tätigkeit nach außen. Der Mönch ist an sein Kloster gebunden (lat. *stabilitas loci*), zumindest an den Orden; im Regelfall lebt er in klösterlicher Gemeinschaft (↑Koinobit), manchmal als ↑Eremit. 2. Zu den katholischen Mönchsorden gehören die ↑Benediktiner, ↑Kamaldulenser, ↑Vallombrosaner, ↑Silvestriner, ↑Olivetaner, ↑Zisterzienser, ↑Trappisten, ↑Kartäuser. In einem weiteren Sinn werden auch die Mitglieder der ↑Bettelorden Mönche genannt (sie pflegen ↑Chordienst,

doch die Außentätigkeit überwiegt), schließlich die Mitglieder aller Orden des Mittelalters, ausgenommen die ↑Chorherren- und Kanoniker-Orden, meist auch die Mitglieder der ↑Ritterorden. 3. Die Mitglieder der in der Neuzeit entstandenen Ordensgemeinschaften, beginnend mit den ↑Jesuiten im 16. Jh., sind keine Mönche, sondern meist ↑Regularkleriker, die aber generell als Ordensleute (Anrede: ↑Pater) bezeichnet werden. 4. Das Mönchtum ist eine in der Religionsgeschichte weit verbreitete Erscheinung einer von Männern, dann auch von Frauen – die weibliche Entsprechung ist die ↑Nonne –, vorübergehend oder auf Lebenszeit gewählten besitz- und ehelosen Existenzweise (↑Armut, ↑Ehelosigkeit) mit dem rein religiösen Ziel der Selbstheiligung. Diese Lebensweise kann sich in klösterlicher Gemeinschaft, als Eremitentum oder als heimatlose Wander- ↑Askese vollziehen (↑Anachoret). Das christliche Mönchtum hat seine Wurzeln im ↑Evangelium, ist in seiner Idealgestalt, die in der Geschichte in immer neuen Ansätzen gesucht wurde, die völlige Hingabe an Gott in der ↑Nachfolge Christi durch die ↑Evangelischen Räte, häufig nicht nur als Selbstheiligung verstanden, sondern verbunden mit christlich-karitativem Wirken in der Welt (↑Caritas). ↑Kongregation, Kongregationen, ↑Mönchsweihe

Mönchschor ↑Chor der ↑Mönche, im Unterschied zu demjenigen der ↑Konversen.

Mönchsgewand, -kleid ↑Einkleidung, ↑Kutte, ↑Mönchsweihe, ↑Ordenskleid, ↑Schema

Mönchslatein ↑Küchenlatein

Mönchsweihe, in der frühen Zeit des ↑Mönchtums der Empfang des Mönchsgewandes (↑Kutte) als Zeichen der Absage an die Welt und der Ganzhingabe an Gott, im Osten und Westen liturgisch reich ausgestaltet. Ihr angeglichen wurde die ↑Jungfrauenweihe. Mönchs- und Jungfrauenweihe des Mittelalters wurden in der abendländischen Neuzeit abgelöst durch die rechtlichen Formen der ↑Einkleidung, des ↑Noviziates und der ↑Profess, verbunden mit dem Ablegen der ↑Gelübde.

Mondsichelmadonna ↑Apokalyptisches Weib

Monenergismus, monenergetisch-monotheletischer Streit ↑Monotheletismus

Monepiskopat ↑Bischof

Monialis, mittellateinische Bezeichnung für ↑Nonne.

Monophysitismus (gr. = Lehre von einer einzigen Natur [↑Jesu]), von Eutyches (↑Eutychianischer Streit, ↑Räubersynode) in häretischer (↑Häresie) Verabsolutierung früherer Konzeptionen verfestigte Lehre, wonach die menschliche Natur Jesu völlig in der göttlichen aufgegangen sei wie ein Honigtropfen im Meer. Der Begriff geht auf die Formel des Apollinaris von Laodicea (↑Apollinarismus) zurück, der in Gegenreaktion gegen den ↑Arianismus eine naturhafte Einheit des ↑Logos mit dem menschlichen Fleisch (gr. = *mia physis*) gelehrt hatte. Von Monophysitismus als einer häretischen ↑Christologie spricht man, wenn die Formel des Konzils von Chalcedon (451) von der hypostatischen Einheit (↑Hypostase) der menschlichen und göttlichen Natur nicht akzeptiert und eine physische Einheit behauptet wird. Monophysitische Kirchen sind u. a. die ↑Koptische und ↑Armenische Kirche. ↑Agnoëten, ↑Dyophysitismus, ↑Einigungschristologie, ↑Monotheletismus

Monotheismus, in ↑Religion, ↑Philosophie und ↑Theologie die Überzeugung von der Existenz eines einzigen, transzendenten, absoluten und personalen göttlichen Wesens (↑Transzendenz). Bereits die griechische Philosophie stieß zur Vorstellung von einem einzigen letzten Prinzip der Wirklichkeit vor. Der Monotheismus ist charakteristisch für Judentum, Christentum und Islam. Diese sind nicht eigentlich drei verschiedene Religionen, sondern unterschiedliche Antworten auf die Selbstmitteilung des einen und einzigen Gottes. Der christliche Glaube an die ↑Trinität bedeutet nicht eine Abkehr vom ↑Monophysitismus, sondern dessen Radikalisierung (Karl Rahner), insofern er auf die definitive Selbsterschließung des einen Gottes in der personalen Unterscheidung von Vater, Sohn und Geist antwortet.

Monotheletismus (gr.), als abgemilderte Variante des ↑Monophysitismus vertretene Lehre von nur einem Willen ↑Jesu Christi, fast gleichbedeutend mit Monenergismus (gr. = eine Fähigkeit). Sie geht sachlich zurück auf das christologische Ringen im Umfeld des Konzils von Chalcedon (451; ↑Christologie) und löste im 7. Jh. den monenergetisch-monotheletischen Streit aus: Hauptkontrahenten waren Sergius (610–638, Erzbischof von Konstantinopel) als Vertreter des Monotheletismus und Maximus Confessor (580–662), der das Verhältnis von Energie und Willen zu Natur und Person klärte und zeigte, dass der Monotheletismus die menschliche Natur Jesu um den Willen verkürzte. Das 3. Konzil von Konstantinopel (680/81) verurteilte den Monotheletismus als ↑Häresie (↑Honoriusfrage).

Monsignore (it. = «mein Herr», abgekürzt Msgr.), Titel höherer und niederer ↑Prälaten der katholischen Kirche.

Monstranz (von lat. *monstrare* = zeigen, auch Ostensorium, von lat. *ostendere* = zeigen), kostbar geschmückter Schaubehälter der katholischen ↑Liturgie für die eucharistische Anbetung (↑Ewige Anbetung) der konsekrierten (großen) ↑Hostie (↑Konsekration), auf dem ↑Altar «ausgesetzt» oder in ↑Prozessionen (↑Fronleichnam) getragen, auch für ↑Reliquien. ↑Pyxis

Montanismus, eschatologisch-rigoristische ↑Sekte des 2. Jh.s um den Phrygier Montanus, der als Ekstatiker zusammen mit Prisc(ill)a und Maximilla neue Prophezeiungen des Heiligen Geistes empfing und als dessen Sprachrohr verkündete: Baldiges Weltende (↑Endzeit, ↑Eschatologie), strenge Sittlichkeit (Verbot der Zweit- ↑Ehe, strengeres ↑Fasten) und ↑Buße, Zurückdrängen der kirchlichen ↑Hierarchie zugunsten eines charismatischen Prophetentums. Bedeutendster Anhänger wurde der afrikanische Kirchenschriftsteller Tertullian (150–220), der sich kurz vor dem Jahr 207 von der katholischen Kirche Karthagos ab- und dem Montanismus zuwandte. In kleinen Gruppen hielt sich die Bewegung mehrere Jh.e lang (↑Tertullianisten).

Moralische Aufrüstung ↑Oxfordgruppenbewegung

Morgenland, der Orient (von lat. *sol oriens* = aufgehende Sonne), im Unterschied zum ↑Abendland.

morgenländische Kirche, nichtamtliche Bezeichnung der Kirchen im ↑Morgenland, der ↑Ostkirche, und der Gesamtheit der mit ↑Rom ↑unierten Kirchen.

Morgenländisches Schisma, Spaltung (↑Schisma) der Christenheit in die griechisch-byzantinisch oder griechisch-orthodox geprägte ↑Ostkirche und die lateinisch geprägte ↑Westkirche, nach langer Entfremdung ausgedrückt in der wechselseitigen ↑Exkommunikation zwischen ↑Rom und ↑Konstantinopel im Jahr 1054, den Zeitgenossen in der Tragweite nicht bewusst. ↑Photianisches Schisma

Morgenläuten ↑Angelus

Morisken (span. *Moriscos*), Mauren, die nach der Vernichtung der arabischen Herrschaft in Spanien (vielfach unter Zwang) zum Christentum übertraten. ↑Conversos, ↑Reconquista

Mormonen (Kirche Jesu Christi der Heiligen der letzten Tage), eine von Joseph Smith 1830 gegründete amerikanische Religionsgemeinschaft, die sich auf das «Buch Mormon», die «Heilige Schrift der Ureinwohner Amerikas», stützt. ↑Chiliasmus

Motette (it. *motetto*), mehrstimmiger Gesang ohne Instrumente, Vokalsatz kunstreich verwobener Stimmen; an ihre Stelle trat die ↑Kantate.

Motu proprio (lat. = aus eigenem Antrieb), Erlass des ↑Papstes aus dessen Inititative heraus.

Mozzetta (von it. *mozzare* = abschneiden), aus dem verkürzten (weil abgeschnittenen) Mantel entstandener mantelartiger Schulterumhang aus Tuch oder Seide, der bis zum Ellbogen reicht; sie ist ein auszeichnendes, über ↑Chorrock oder ↑Rochett getragenes Kleidungsstück für ↑Kleriker höherer Ränge (Papst, Kardinäle, Bischöfe, Kanoniker u. a.), auch Teil des ↑Ordenskleides verschiedener männlicher Gemeinschaften, dementsprechend von unterschiedlicher Farbe.

Mundat ↑Immunität

Münster (von gr.-lat. ↑Monasterium), ursprünglich die gesamte ↑Kloster-Anlage, dann die Kirche eines Klosters oder ↑Kapitels (↑Stifts-Kirche),

auch die große Kirche einer Stadt. ↑Dom

Muratorisches Fragment (lat. *Canon* [Kanon] *Muratori*), das nach seinem Entdecker Ludovico Antonio Muratori benannte und von diesem 1740 edierte, aus dem späten 2. Jh. stammende älteste lateinische Verzeichnis der als ↑kanonisch geltenden Schriften des NT, das er in einer Mailänder Handschrift des 8. Jh.s fand.

Musik ↑Kirchenmusik

Muspilli (ahd. = Weltuntergang), als Bruchstück erhaltenes, wahrscheinlich im 9. Jh. im bayerischen Sprachraum entstandenes geistliches Gedicht über den Weltuntergang. Es stellt in germanischer Stabreimform (mit einzelnen Endreimen) das Schicksal der Seele nach dem Tod, die ↑Endzeit und das ↑Jüngste Gericht dar.

Mutter ↑Mater

Muttergottes ↑Gottesmutter

Mutterhaus, 1. im Bereich katholischer ↑Orden ein ↑Kloster, von dem aus andere Häuser gegründet wurden, heute meist die leitende Niederlassung; 2. Ausbildungs- und Aussendestätte kirchlicher Krankenschwestern, z. B. evangelischer ↑Diakonissen.

Mystagoge (gr.), ein ↑Priester, der in die Mysterien (↑Mysterium) einführt, dementsprechend mystagogisch predigt.

Mysterienspiele (Ministerienspiele; ↑Mysterium), die im 14./15. Jh. in

Frankreich entstandenen großen geistlichen Dramen (↑Schauspiele) des Mittelalters, die Szenen aus der ↑Heilsgeschichte darstellen, v. a. aus der ↑Passion Christi (↑Passionsspiel).

Mysterium (gr.-lat. = Geheimnis, Geheimlehre; feierliche, esoterische Geheimkulte der Spätantike), 1. religionsgeschichtliche Mysterien (↑Mystagoge); 2. in der katholischen ↑Dogmatik ein ↑Glaubensgeheimnis, z. B. ↑Inkarnation, ↑Sakrament; 3. in der Ostkirche Bezeichnung für die ↑Liturgie der ↑Eucharistie.

Mystik (von gr. *myein* = einweihen), 1. religionswissenschaftlich allgemein eine Erfahrung der göttlichen (transzendenten) Wirklichkeit, die das gewöhnliche Bewusstsein und die rationale Erkenntnis übersteigt (↑Transzendenz). 2. Christliche Mystik ist schon in der ↑Heiligen Schrift mehrfach bezeugt, z. B. beim ↑Apostel Paulus, und hat in der Geschichte vielfache Ausprägungen in allen christlichen Kirchen gefunden (↑Nachfolge Christi), besonders bei gottverbundenen Frauen und Männern, häufig in ↑Klöstern, der ↑Beschauung und Betrachtung (↑Vision) eng verbunden, auch als Leidens- oder ↑Passions-Mystik. Im Unterschied zu nichtchristlichen Erscheinungsformen, etwa im Buddhismus, wird in der christlichen Mystik der individuelle Personkern nie «ausgelöscht», auch nicht in der Ekstase (gr. = Entrückung), sondern bleibt stets gewahrt.

N

Nachfolge Christi (lat. *Imitatio Christi*), 1. selbstverständliches Anliegen der Selbstheiligung, der Christus- ↑Mystik und des praktischen Christentums, die auf die mehrfache Forderung Jesu an seine Jünger zurückgehen, ihm nachzufolgen und ihn nachzuahmen (Mt 16,24–28; Mk 8,34–9,1; Lk 9,23–27; Joh 8,12). Ihre Verwirklichung ist zu allen Zeiten besonders ausgeprägt bei ↑Märtyrern, ↑Heiligen und ↑Asketen, im ↑Mönchtum, in der ↑Armen- und Krankenpflege, im ↑Hospital-Wesen, in den ↑Armutsbewegungen des hohen Mittelalters. 2. Sie wirkte weiter in der ↑Devotio moderna, v. a. durch das Buch von der «Nachfolge Christi» (lat. De imitatione Christi) des Agnetenberger ↑Augustiner-Chorherren Thomas von Kempen (1379/80–1471, ↑Brüder [Schwestern] vom gemeinsamen Leben). Mit seinem in lateinischer Sprache verfassten Werk schuf Thomas nicht nur die zweifellos wichtigste und schönste Selbstaussage eines neuartigen, von demütigeinfältiger Gottergebenheit ergriffenen ↑Frömmigkeits-Ideals, sondern auch das nach der ↑Bibel am weitesten verbreitete christliche Buch. Es will dem Menschen, der auf Erden keine bleibende Stätte hat, ein Fremder auf Wanderschaft ist, auf dem Weg seiner welt- und selbstentsagenden Suche nach Jesus Christus, dem «Licht der Welt» (Joh 8,12), Hilfe und Orientierung sein. 3. Große Bedeutung erlangte die Nachfolge Christi auch bei Ignatius von Loyola (↑Jesuiten), in der spanischen Mystik des 16./17. Jh.s, bei Charles de Foucauld († 1916), Arbeiterpriestern des 20. Jh.s, Mutter Teresa, dem «Engel der Armen» (↑Missionarinnen der Nächstenliebe), und den von ihnen ausgelösten Bewegungen, in allen Diensten der ↑Barmherzigkeit und der ↑Caritas. Bei den Reformatoren steht über der Nachahmung die Nachfolge im Glauben (im Rahmen der mit Christus geschenkten ↑Rechtfertigung), im ↑Pietismus kam es wieder zur stärkeren Betonung der Leidensnachfolge (↑Kreuz, ↑Passion).

Nächstenliebe, Gebot Jesu, das christliche Hauptgebot, u. a. ausgedrückt durch ↑Almosen, ↑Armen- und Krankenpflege, ↑Barmherzigkeit, ↑Caritas, ↑Hospital, ↑Nachfolge Christi.

Nachtmahl ↑Abendmahl

Nag' Hammadi, Ort in Oberägypten, wo 1945/46 13 koptische Handschriften einer christlich-gnostischen Gruppe aus dem 2. Jh. (↑Gnosis) gefunden wurden, u. a. ein Thomas-Evangelium.

Naherwartung, die baldige Erwartung der ↑Parusie.

Name der Rose ↑Rose

Namenstag, der mit der ↑Heiligenverehrung in der ↑Katholischen Reform des 16./17. Jh.s verstärkt einsetzende katholische Brauch, das Heiligenfest des Namens- ↑Patrons besonders zu feiern; seit der Mitte des 20. Jh.s ist seine Feier (auch im ländlichen Raum) weitestgehend von der des Geburtstages abgelöst worden.

Narthex (gr.), Binnenvorhalle der altchristlichen und byzantinischen ↑Basilika.

Nationalkirche, im Unterschied zur Welt- und Volkskirche eine auf die politischen Grenzen einer Nation beschränkte Kirche, in der Geschichte oft unter Staatskirchenhoheit. ↑Landeskirche, ↑Staatskirche.

Nationalkonzil ↑Konzil

Navikulum (lat. = Schifflein), Gefäß in Form eines Schiffchens für den ↑Weihrauch in der katholischen und orthodoxen ↑Liturgie. ↑Rauchfass

Nazaräer, alter Beiname ↑Jesu von Nazaret, dann auch Bezeichnung der frühen Christen, später der ↑Judenchristen in Syrien.

Nazarener (von ↑Nazaräer), Maler des 1809 von Johann Friedrich Overbeck und Franz Pforr in Wien gegründeten, seit 1810 in Rom vereinigten «Lukasbundes» (dem u. a. Peter Cornelius, Wilhelm von Schadow und Julius Schnorr von Carolsfeld angehörten), die eine Erneuerung der Kunst auf religiöser Grundlage erstrebten.

Nazoräer ↑Mandäer

Nebenaltar ↑Altar

Negro Spiritual ↑Gospel

Nekrologien (von gr.-lat. = Totenbücher), kalenderartige Verzeichnisse der Namen verstorbener Mitglieder, Stifter, Wohltäter und Verbrüderter (↑Gebetsverbrüderung) einer geistlichen Gemeinschaft (z. B. ↑Kloster, ↑Kapitel, ↑Ordensprovinz), deren jährlich an ihrem Todestag im Gebet gedacht werden soll. Anfänge derartiger Verzeichnisse liegen in der Spätantike und am Beginn des Frühmittelalters; seit dem 8. Jh. wurden sie entweder nach Todestagen meist ohne Jahresangabe (Totenkalender) oder nach Todesjahren (Totenannalen) angelegt. Sie sind wichtige Quellen zur ↑Geschichte, auch für Sprachwissenschaft und ↑Genealogie.

Neologie (gr. = «neue Lehre»), Begriff für eine Richtung in der protestantischen ↑Theologie zwischen 1740 und 1790, die in Absetzung von der ↑altprotestantischen Orthodoxie sich der ↑Aufklärung öffnete und das christliche ↑Dogma mit deren Kritik zu versöhnen suchte, freilich zumeist unter Preisgabe des Offenbarungscharakters der kirchlichen Lehre. ↑Tübinger Schulen

Neophyt (gr. = Neugeborener), frühkirchliches Wort für den durch die Initiationssakramente ↑Taufe, ↑Firmung und ↑Eucharistie in die Kirche aufgenommenen und zum neuen Leben in Christus wiedergeborenen Menschen.

Neovulgata ↑Vulgata

Nepotismus (von lat. *nepos* = Enkel, Neffe, Nachkomme), Begünstigung der Anverwandten, in der Geschichte das Bestreben geistlicher und weltlicher Machthaber, Verwandten und anderen Günstlingen über das rechte Maß hinaus Vorteile zu verschaffen («Vetternwirtschaft»). Vornehmlich berühmt und berüchtigt ist der Nepotismus der ↑Kardinäle (Kardinalnepoten) und ↑Päpste, der im Mittelalter und in der Neuzeit häufig begegnet, aber differenziert zu beurteilen ist. Dem päpstlichen Nepotismus entsprachen ähnliche Praktiken vieler ↑Bischöfe, ↑Domkapitel und Groß-↑Klöster sowie die Verwandtenbegünstigung im wirtschaftlich-politischen Bereich zu allen Zeiten; er wird in einem weiteren Sinn gegenwärtig auch als Lobbyismus bezeichnet.

Nestorianische Kirche. Nicht alle ↑Bischöfe ↑Antiochiens billigten die Einigung zwischen Cyrill von ↑Alexandrien und Johannes von Antiochien 433, mit der der ↑Nestorianische Streit beigelegt werden sollte. Einige von ihnen schlossen sich mit ihrem ↑Klerus der ostsyrischen Kirche an, die auf der ↑Synode von Seleukia 486 offiziell den Namen Nestorianische Kirche annahm und möglicherweise (auch) wegbereitend für den Islam wurde. ↑Antiochenische Schule

Nestorianischer Streit, Nestorianismus, theologische Kontroverse in der ersten Hälfte des 5. Jh.s um die rechte Formulierung der Personeinheit Jesu bei gleichzeitiger Unterscheidung von göttlicher und menschlicher Natur (↑Trennungschristologie). Er wurde ausgelöst durch die den antiochenischen Theologen entgegenkommende Kompromissformel des Nestorius (428–431, Erzbischof von Konstantinopel) von Maria als Christotokos (Christusgebärerin) statt Theotokos (Gottesgebärerin, ↑Gottesmutter). Dessen Hauptgegner war Cyrill von Alexandrien, der Nestorius die Trennung von göttlicher und menschlicher Natur in Jesus Christus (nur moralische Einheit; Bewährungschristologie; ↑Adoptianismus) vorwarf. Auf einer alexandrinischen Synode 430 verteidigte Cyrill in 12 ↑Anathematismen die Personeinheit Christi, geriet dabei allerdings mit seiner Rede von der nicht nur wesenhaften, sondern auch naturhaften Einheit Christi in gefährliche Nähe zur apollinaristischen Formel von der «mia physis» (↑Apollinarismus). Um die Personeinheit Christi zu wahren, bekannte sich das Konzil von Ephesus (431) zum bereits traditionellen Titel «Theotokos» für Maria. Obwohl der Titel «Christotokos» auch ↑orthodox verstanden werden kann, wurde Nestorius abgesetzt; er kehrte in sein antiochenisches Kloster zurück und starb im oberägyptischen Exil. 433 einigten sich Cyrill von Alexandrien und Johannes von Antiochien auf die Formel von Ephesus. Erst das Konzil von Chalcedon (451) brachte mit der Formulierung der hypostatischen Union (↑Hypostase) Klarheit. Nestorius sah sich durch die weitere Entwicklung

bestätigt. ↑Dreikapitelstreit, ↑Logos-Sarx-Christologie, ↑Nestorianische Kirche

Neuapostolische Gemeinde/Kirche, aus der Katholisch-Apostolischen Gemeinde um 1860 entstandene christliche Religionsgemeinschaft, deren Angehörige sich selbst auch als ↑Apostelbrüder bezeichnen. Ihre Lehre ist an die reformierte Kirche Calvins (↑Calvinismus) angelehnt.

Neuendettelsauer Missionsgesellschaft, 1841 von Pfarrer Johann Konrad Wilhelm Löhe in Neuendettelsau bei Ansbach für die nach Amerika ausgewanderten Glaubensgenossen eigens entwickeltes ↑Missions-Konzept, mit Hauptmissionsgebieten in Neuguinea und Brasilien; das 1854 ebenfalls von Löhe gegründete ↑Diakonissenmutterhaus umfasst zahlreiche karitative Anstalten (↑Caritas) und Fachschulen.

Neumen (gr.-lat. = «Wink»), im ↑Gregorianischen Gesang Bildzeichen zur Melodienführung, seit dem 9. Jh. über dem Text aufgezeichnet, zunächst noch ohne Linien, seit dem 12. Jh. zur quadratischen Notenschrift entwickelt.

Neuprotestantismus, von Ernst Troeltsch eingeführte Kategorie zur Deutung der protestantischen ↑Kirchengeschichte, im Besonderen der von der ↑Aufklärung geprägten Erscheinungsformen des reformierten Christentums seit der zweiten Hälfte des 17. Jh.s. Während die ↑Reformation selbst und der ↑Altprotestantismus noch dem Mittelalter zugehören, ist der Neuprotestantismus auf die moderne Welt ausgerichtet.

Neuscholastik, Erneuerung der scholastischen Philosophie und Theologie (↑Scholastik) im 19. Jh. nach einer Periode des Niedergangs. Sie erfuhr große Förderung durch die Empfehlung des Studiums der Werke des Thomas von Aquin durch die Enzyklika «Aeterni Patris» (1879) Papst Leos XIII. Die stark apologetisch (↑Apologetik) und rational ausgerichtete Neuscholastik (auch römische Theologie genannt) wurde Mitte des 20. Jh.s als führende theologische Richtung in der katholischen Theologie abgelöst durch ein mehr heilsgeschichtliches Denken (↑Heilsgeschichte) im Rückgriff auf die Theologie der ↑Kirchenväter (frz. «Nouvelle Théologie» = Neue Theologie).

Neuzeit, Epochenbegriff für die Zeit seit Ende des ↑Mittelalters (etwa 1500), spätestens für die Zeit seit Beginn der ↑Reformation, als Neuere bzw. Neueste Zeit untergliedert für die Zeit seit 1789 und seit 1917.

Nicaeno-Constantinopolitanum, ↑Glaubensbekenntnis der ↑Ökumenischen Konzilien von Nizäa (325) und Konstantinopel (381). In Nizäa war ein traditionelles Taufbekenntnis (↑Taufe) um die christologischen Artikel (↑Christologie) erweitert worden, die jede Unterordnung des Sohnes unter den Vater (↑Arianismus) ausschließen. In Konstantinopel wur-

den zur Präzisierung der Lehre vom Heiligen Geist gegen die ↑Pneumatomachen weitere Bestimmungen eingefügt, die die Gottheit und ↑Hypostase des Geistes feststellen. Anlass zu ökumenischen Kontroversen bot die Einfügung des ↑Filioque in der ↑Westkirche. ↑Katholizität

Niederbronner Schwestern, 1849 von Elisabeth Eppinger zu Niederbronn (Elsass) gegründete, 1866 päpstlich bestätigte Gemeinschaft zur ↑Armen- und (Haus-) Krankenpflege, im deutschen Sprachraum Bezeichnung für die Mitglieder der «Kongregation der Schwestern vom Allerheiligsten Heiland» (Töchter des Göttlichen Erlösers), die heute in Deutschland und den angrenzenden Ländern meist in Kranken- und Altenheimen sowie in der Jugenderziehung wirken.

niedere Weihen ↑Weihegrade

niederer Klerus ↑höherer Klerus

Niederkirchliche Bewegung ↑Anglikanische Kirche

Nihil obstat (lat. = es steht nichts dagegen), 1. im katholischen Eherecht Begriff für die Feststellung der Erlaubtheit einer Eheschließung (↑Ehe) durch die bischöfliche Aufsichtsbehörde (↑Bischof); 2. wo staatskirchenrechtlich dem verantwortlichen Ortsbischof durch das ↑Konkordat ein Aufsichtsrecht bei der Besetzung theologischer Lehrstühle an staatlichen ↑Fakultäten eingeräumt wird, ist das «Nihil obstat» die vom zuständigen Bischof erteilte Unbedenklichkeitsbescheinigung als Voraussetzung für die Berufung durch den Staat.

● **Nikolaitismus** (gr.), 1. angeblich nach dem in Apg 6,5 genannten Nikolaus von Antiochien benannte christlich-gnostische Sekte (nach Offb 2) in Kleinasien (↑Gnosis); 2. seit der ↑Gregorianischen Reform nannte man nicht im ↑Zölibat lebende ↑Kleriker Nikolaiten.

Nimbus (lat. = Wolke, Nebel), in der bildlichen Darstellung zur ↑Heiligenverehrung der auch Glorie, Gloriole oder Glorienschein (von lat. *gloria* = Ruhm, Ehre, Herrlichkeit [Gottes]; ↑Gloria) genannte Heiligenschein um das ganze Haupt, während den Seligen «Strahlen» um das Haupt als ↑Attribut zukommen. ↑Mandorla

Nisan ↑Osterfeststreit, ↑Passah

Nizänum ↑Nicaeno-Constantinopolitanum

Nokturn (von lat. *nox* = Nacht), Teil des nächtlichen ↑Stundengebets. Bis zu den Reformen des ↑Vaticanum II (1962–1965) war die ↑Matutin gewöhnlich in drei Nokturnen gegliedert, jeweils bestehend aus drei ↑Psalmen und drei Lesungen.

Nolasker ↑Mercedarier

● **Nominalismus,** philosophisch-erkenntnistheoretische Position des Spätmittelalters, wonach die Allgemeinbegriffe (lat. *universalia*) bloße Namen (lat. *nomina*) sind, denen kein wirkliches Sein entspreche. ↑Ockhamismus, ↑Universalienstreit, ↑Via antiqua/moderna

Nomination (lat. = Ernennung), 1. allgemein die Be- oder Ernennung für ein Amt; 2. im ↑Staatskirchenrecht die seit dem 15. Jh. praktizierte, auch in ↑Konkordaten festgelegte Nomination eines Kandidaten für ein höheres kirchliches ↑Amt, besonders für das des ↑Bischofs, durch den Landesherrn aufgrund eines päpstlichen ↑Privilegs. Mit dem Ende der meisten katholischen Monarchien ist das landesherrliche Nominationsrecht nach dem Ersten Weltkrieg weitestgehend erloschen.

Nomokanon (von gr. *nomos* = Gesetz und ↑Kanon), in der griechisch-orthodoxen Kirche eine Sammlung staatsrechtlicher und kanonistischer Texte.

Non (lat. *nona hora* = neunte Stunde, etwa 15 Uhr), die letzte der «kleinen Horen» des ↑Stundengebets zum Gedächtnis des Todes Jesu am ↑Kreuz und der eigenen Vergänglichkeit.

Nonkonformisten ↑Dissenters

Nonne (lat.), ursprünglich eine gottgeweihte Jungfrau, v. a. in klösterlicher Gemeinschaft (↑Kloster; männliche Entsprechung: ↑Mönch), heute ein Mitglied einer weiblichen ↑Ordens-Gemeinschaft in ↑Klausur, im weiteren Sinn jede Ordensfrau oder «Klosterfrau». ↑Seelnonne

Nonnenchor ↑Chor

Norbertiner ↑Prämonstratenser

Normaljahr (lat. *annus decretorius*), ● das Jahr 1624. Im ↑Westfälischen Frieden (1648) wurde festgelegt, dass der Besitzstand der geistlichen Güter und die religiösen Verhältnisse entweder aufrechtzuerhalten oder gemäß den im Jahr 1624 bestandenen Zuständen wiederherzustellen seien. Dadurch wurden Änderungen vor diesem Jahr als rechtsgültig anerkannt, besonders die Rekatholisierung Böhmens.

Notgottes ↑Schmerzensmann

Nothelfer, in der katholischen ↑Heiligenverehrung 14 Heilige, die meist ein besonders grausames ↑Martyrium erlitten haben und in allen oder speziellen Nöten angerufen werden. Ihr ↑Kult entstand im Spätmittelalter, die leicht variierende Zusammensetzung der Gruppe in dieser Form: Achatius, Ägidius, Blasius, Christophorus, Cyriacus, Dionysius, Erasmus, Eustachius, Georg, Pantaleon, Vitus, dazu die heiligen drei Jungfrauen Barbara, Margareta und Katharina. Ihr bekanntester ↑Wallfahrts-Ort ist Vierzehnheiligen bei Bamberg mit der höchstbedeutenden Kirche nach Plänen Balthasar Neumanns aus dem 18. Jh.

Notre-Dame (frz.), in der mittelalterlichen ↑Marienverehrung wurzelnde, besonders in der Zeit der ↑Gotik in Frankreich als Kirchentitel (↑Patron, Patronat) gebräuchlich gewordener Ehrentitel der ↑Gottesmutter Maria, im deutschen Sprachgebrauch «Unsere Liebe Frau».

Novatianer, nach dem gelehrten römischen Gegen-↑Bischof Novatian, der wegen der milderen ↑Bußpraxis der römischen Kirche gegenüber schwach gewordenen Christen der Verfolgungszeit (↑Lapsi) sich 251 gegen Papst Cornelius weihen ließ, benannte Anhänger einer rigoristischen Gegenkirche vom 3. bis 7. Jh., die als sittenstrenge, «reine» Vorläufer der ↑Katharer gelten.

Novene (von lat. *novem* = neun), in der katholischen ↑Frömmigkeit seit der Barockzeit beliebte neuntägige ↑Andacht, die der ↑Pfingst-Novene (Apg 1,13) nachgebildet ist und privat oder öffentlich durchgeführt wird zur Vorbereitung auf ein festliches Ereignis oder in einem besonderen Anliegen.

Noviziat (von lat. *novitius* = Neuling, Novize), die im katholischen ↑Kirchenrecht geforderte, auf das ↑Postulat folgende Zeit der Vorbereitung und Erprobung im ↑Orden, die unter Leitung des Novizenmeisters bzw. der Novizenmeisterin der ↑Profess vorausgehen muss.

Numismatik (gr.-lat.), Fachbegriff für Münzkunde, historische Hilfswissenschaft auch der ↑Kirchengeschichte.

Nuntiatur, Nuntius ↑Apostolische Nuntiatur, ↑Apostolischer Nuntius

Nuntiaturstreit, der durch die Errichtung einer neuen ↑Apostolischen Nuntiatur in München 1784 ausgelöste Streit um den Einfluss des ↑Papstes auf die ↑Reichskirche, der durch die Emser Punktation von 1786 (↑Emser Kongress) seinen Höhepunkt fand.

Nürnberger Anstand/Religionsfriede, 1532 zwischen Kaiser Karl V. und dem ↑Schmalkaldischen Bund geschlossener Vertrag, der den lutherischen ↑Reichsständen gegen «Türkenhilfe» bis zum ↑Konzil bzw. nächsten Reichstag freie Religionsausübung zugestand. ↑Frankfurter Anstand

O

O.A.M.D.G., Abkürzung für ↑Omnia Ad Maiorem Dei Gloriam.

Oberacht ↑Aberacht

Oberhirte, gebräuchliche Bezeichnung für ↑Bischof.

Oberkirchenrat, oberste Verwaltungsbehörde einiger evangelischer ↑Landeskirchen in Deutschland (Vorsitzender ist jeweils der Landesbischof), auch Amtsbezeichnung für die Mitglieder der evangelischen Kirchenkanzlei.

Oberprokurator, Oberprokuror, im zaristischen Russland von 1721 (Abschaffung des ↑Patriarchates durch Peter den Großen) bis 1917 der Vertreter (das «Auge») des Zaren im ↑Heiligsten Synod.

Oblate, Oblation (von lat. *offerre* = darbringen, opfern; ↑Oblei), 1. Kinder, die von Eltern oder Vormündern Gott bzw. dem ↑Kloster «dargebracht» und für das Leben im Kloster bestimmt wurden (im Unterschied zu den ↑Konversen). Der für Buben und Mädchen geltende Brauch bezog sich auf Vorbilder im AT, wurde schon im frühen ↑Mönchtum, hauptsächlich in ↑Benediktiner-Klöstern geübt, blieb nicht unwidersprochen, wurde in der katholischen Kirche aber erst durch das Konzil von Trient (1545–1563) beseitigt, das zur Gültigkeit der ↑Profess ein Mindestalter von 16 Jahren vorschrieb. Daneben gab es seit dem 7. Jh. Oblaten oder Donaten (lat. *donatus* = der Geschenkte), die sich aus religiösen Gründen einem Kloster weihten und ein Versprechen ablegten; dieses Oblaten-Institut besteht auch in vielen Mönchs- und Nonnenklöstern der Gegenwart in verschiedenen Formen (Chor-, Brüder-, Schwestern-Oblate). Seit dem 13. Jh. gab es auch den Brauch, dass Könige nicht mehr dienstfähige ↑Laien (meist Soldaten) Klöstern zur lebenslangen Versorgung als Oblaten zuwiesen, praktisch als ↑Pfründner. 2. Von den im Kloster lebenden Oblaten sind zu unterscheiden Männer und Frauen, die in der Welt leben, sich aber durch Oblation einem Kloster oder ↑Orden nach Art der ↑Terziaren anschließen. 3. Oblation war zudem der in der ↑Alten Kirche gebräuchliche Name für die ↑Eucharistiefeier; von da ging die Bezeichnung über auf die eucharistischen Gaben Brot und Wein, auch auf die im ↑Opfergang dargebrachten Reichnisse (↑Almosen, ↑Abgaben). In den meisten christlichen Kirchen wird auch das dünne Brotgebäck, das zur Eucharistiefeier bzw. zum ↑Abendmahls-Gottesdienst gebraucht wird, Oblate genannt (↑Hostie). 4. Oblaten bzw. Oblatinnen nennen sich auch die Mitglieder mehrerer katholischer religiöser Genossenschaften des 19./20. Jh.s, die meist einfache ↑Gelübde ablegen, z. B. die Oblaten des hl. Franz von Sales.

Oblei (gr.-lat. *eulogium*, lat. *obleia*, *oblegium*, *oblagium*, *oblata*; ↑Oblate, Oblation), 1. die geopferte Gabe (↑Opfer, als Bestellung einer einzelnen ↑Messe [Messstipendium, ↑Applikation] oder Errichtung einer Messstiftung [↑Stift]); 2. in anderer Bedeutung bezeichnet der Begriff einen in ↑Klöstern zur Aufbesserung der Lebenshaltung bestimmten Fundus (Fonds), in weltgeistlichen Stiften die stiftungsmäßige Ergänzung der Präbenden (↑Pfründe); 3. diese Stiftungen sind im Obleibuch verzeichnet (folio 10 recto aus dem Obleibuch des Stiftes Öhringen aus der Mitte des 15. Jh.s wurde als Bildvorlage für den Einband des vorliegenden Buches verwendet); 4. Obleipfarreien sind im Mittelalter inkorporierte ↑Pfarreien (↑Inkorporation).

Obödienz (lat. *oboedientia* = Gehorsam), 1. die Pflicht des ↑Klerikers bzw. ↑Ordens-Mitgliedes zu ↑Gehorsam gegen den geistlichen Oberen (↑Papst, ↑Bischof, Ordensoberer u. a.), übernommen im Obödienzversprechen, auch Gehorsams- ↑Gelüb-

de von Ordensangehörigen. 2. Im ↑Abendländischen Schisma (1378–1417) die jeweilige Anhängerschaft eines Papstes.

Obsequien ↑Exsequien

Observanten (von lat. *observare* = beobachten, einhalten), Anhänger einer Reformbewegung der ↑Franziskaner im 14. Jh., deren Ziel die strenge Einhaltung der Regel des hl. Franz von Assisi gegenüber der milderen Auslegung der ↑Minoriten (↑Konventualen) war. 1517 trennte Papst Leo X. die Observanten von den Konventualen, so dass zwei selbständige Zweige der franziskanischen Ordensfamilie entstanden. ↑Kapuziner, ↑Spiritualen

Observanz (lat., wie ↑Observanten), in der katholischen Kirche die Gewohnheit einer begrenzten Gruppe, die in den ↑Mönchs- ↑Orden gewöhnlich mit einer strengeren Auslegung der ↑Ordensregel verbunden ist.

Ockhamismus, Occamismus, Schule und Lehre des ↑Franziskaner-Theologen Wilhelm von Ockham (1285/90–1347). Im ↑Universalienstreit lehnte er den Realismus ab, der den Allgemeinbegriffen ein wahres Sein zusprach, und wandte sich dagegen dem je Einzelnen zu. Damit wurde er zum Wegbereiter des ↑Nominalismus und auch der empirischen Naturwissenschaften. In der Gottesfrage führte Ockham den Ansatz des Duns Scotus von der absoluten Freiheit Gottes (lat. *potentia Dei absoluta*) fort, die sich nur an die von ihr selbst gesetzte

Ordnung (lat. *potentia Dei ordinata*) gebunden habe. Auf kirchenpolitischem Gebiet führte Ockham den ↑Konziliarismus weiter.

Oculi (lat. = die Augen), Name des Dritten ↑Fasten-↑Sonntags (↑Passions-Sonntags) nach dem Anfangswort des lateinischen ↑Introitus (Meine Augen sehen stets zum Herrn, Ps 25,15).

Offenbarung, Offenbarungsreligion ↑Christentum, ↑Theologie

Offertorium (von lat. *offerre* = darbringen), in der lateinischen ↑Liturgie das Lied zur ↑Opferung (Gabenbereitung) der ↑Eucharistiefeier.

Offizial (von lat. *officium* = Pflicht, Amt, Dienst, Gottesdienst), 1. im katholischen ↑Kirchenrecht der in Gerichtssachen den ↑Bischof vertretende Leiter des Offizialates; er wird dabei von Vize-Offizialen unterstützt. Das ↑Amt wurde seit dem Hochmittelalter (gegen die Macht des ↑Archidiakons) ausgebildet; 2. in der Geschichte manchmal auch Bezeichnung für den ↑Generalvikar.

Offizium ↑Stundengebet

Ökonom ↑Zellerar

Ökumene (gr. *oikumene* = der ganze bewohnte Erdkreis), die gesamte Weltkirche. Ihre erste «Hauptstadt» wurde ↑Konstantinopel. ↑ökumenische Bewegung, ↑Ökumenischer Patriarch

ökumenisch, die gesamte Weltkirche betreffend (z. B. ökumenische ↑Konzilien), seit der ↑ökumenischen Bewegung auch im Sinne von: Die Wiedergewinnung der sichtbaren Einheit der gesamten Christenheit anzielend.

ökumenische Bewegung, Sammelbegriff für die Tätigkeiten und Unternehmungen der christlichen Kirchen, das Gemeinsame herauszuarbeiten, das Trennende zu überwinden und die sichtbare Einheit wiederzugewinnen. In größerem, auch organisierten Stil begann sie im 19. Jh. Zwei Richtungen bildeten sich heraus: ↑Life and Work und ↑Faith and Order. Diese schlossen sich 1948 in Amsterdam zum ↑Ökumenischen Rat der Kirchen zusammen. Die ökumenische Bewegung, als deren Symbol gegenwärtig die Gemeinschaft von ↑Taizé gelten kann, wurde durch das ↑Ökumenismusdekret des ↑Vaticanum II von katholischer Seite begrüßt.

ökumenischer Gottesdienst, die Feier der ↑Liturgie unter Leitung von Repräsentanten verschiedener ↑Bekenntnisse. Nach katholischer Auffassung setzt die gemeinsame ↑Eucharistie als Höhepunkt gottesdienstlichen Feierns und Darstellung der Einheit der Kirche die Einheit im Glauben voraus (↑Abendmahlsgemeinschaft).

Ökumenischer Patriarch, seit dem 6. Jh. (Ehren-) Titel des ↑Patriarchen von ↑Konstantinopel, der damaligen «Hauptstadt» der ↑Ökumene. ↑orthodoxe Kirchen

Ökumenisches Konzil, Ökumenische Konzilien ↑Konzil; siehe die Liste im Anhang dieses Lexikons.

Ökumenischer Rat der Kirchen (engl. World Council of Churches), 1948 als Zusammenschluss der ökumenischen Konferenzen für ↑Life and Work und ↑Faith and Order entstanden. ↑Kirchenrat, ↑ökumische Bewegung

Ökumenismusdekret (lat. *Unitatis redintegratio* = «Rückintegration der Einheit»), Reaktion des ↑Vaticanum II auf die ↑ökumenische Bewegung, die es begrüßt und ermutigt; gleichzeitig werden in diesem ↑Dekret die katholischen Prinzipien der Ökumene und des Ökumenismus vorgelegt.

Oktav (von lat. *octo* = acht), in der katholischen ↑Liturgie bis zu den Reformen des ↑Vaticanum II die Nachfeier der Hochfeste (↑Festtage, Festzeiten) des ↑Kirchenjahres mit Abschluss am achten Tag, heute nur noch ↑Weihnachts- und ↑Oster-Oktav.

Okzident ↑Abendland

Ölberg, 1. in der ↑Bibel häufig genannter Höhenzug östlich von ↑Jerusalem, jenseits des Kidron, an dessen westlichem Fuß der Garten Gethsemane liegt, wo Christus nach dem Letzten ↑Abendmahl blutigen Schweiß vergoss, während die drei ihn begleitenden Jünger schliefen, und gefangen wurde (Beginn der ↑Passion). 2. Der am Ölberg betende und von einem ↑Engel gestärkte Christus mit den schlafenden Jüngern wurde seit dem Spätmittelalter häufig an Kircheneingängen zur frommen Einstim-

mung bildlich dargestellt, gleichzeitig begannen die Ölberg- ↑Andachten (an Donnerstagen der Passionszeit).

Olivetaner, Orden des hl. Benedikt auf dem Monte Oliveto (↑«Ölberg» bei Siena), eine ↑Kongregation des ↑Benediktiner-Ordens, die 1313 mit einigen Einsiedlern begann und im 14./15. Jh. erhebliche Bedeutung in Italien erlangte; im 19. Jh. fast völlig erloschen, sind sie seit 1960 den Benediktinern angeschlossen.

Omnia Ad Maiorem Dei Gloriam (lat. = Alles zur Größeren Ehre Gottes, abgekürzt O. A. M. D. G.), Wahlspruch der ↑Jesuiten, an vielen Kirchen und Altären angebracht.

Omophorion (gr.), breites, mit Doppel- ↑Kreuzen geschmücktes und dem ↑Pallium entsprechendes Band, zu den ↑liturgischen Gewändern gehörendes Würdezeichen der ↑Bischöfe der griechischen, armenischen, syrischen und unierten koptischen Kirche.

Onomastik (gr.), die Namenkunde, wichtige Hilfswissenschaft auch für die ↑Kirchengeschichte, etwa zur Erforschung der ↑Patrozinien, der Flur- und Ortsnamen.

Opfer, Opfergabe, Opferung, 1. in allen Religionen verbreiteter ↑Ritus; 2. im NT ist das entscheidende Ereignis der Opfertod Jesu am ↑Kreuz; während die katholische Kirche im ↑Messopfer die Gegenwärtigsetzung (nicht Wiederholung) des Opfers Christi feiert, lehnten die ↑Reformatoren den Opfercharakter der Messe ab, weil das Kreuzesopfer Christi einzigartig und unwiederholbar sei; 3. heute wird auch in der katholischen Theologie der Mahlcharakter (Opfermahl) stärker dargestellt.

Opfergang, in der ↑Liturgie der lateinischen Kirche bis ins 11. Jh. geübter, heute wieder öfters aufgenommener Brauch, Gaben im ↑Gottesdienst zum ↑Altar zu tragen, die später als Liebesgaben (↑Agape) verteilt werden sollen (↑Kollekte). In manchen katholischen Gegenden wird der Opfergang heute noch regelmäßig geübt beim ↑Begräbnis-Gottesdienst (mit Geldspende). ↑Oblei

Ophiten (gr. = Schlangenanbeter), Anhänger verschiedener gnostisch-dualistischer Sekten im 2. bis 4. Jh. (↑Gnosis, ↑Dualismus), welche die ↑Paradies-Schlange als Vermittlerin göttlicher Erkenntnis verehrten, auch Ophianer, Sethianer oder Sethiten genannt.

O. P. N., Abkürzung für lateinisch ↑Ora Pro Nobis.

Opus Dei (lat. = Werk Gottes), 1928 in Madrid von dem spanischen Priester Josemaría Escrivá de Balaguer y Albás (1902–1975, 2002 heiliggesprochen) als eine Vereinigung katholischer Christen gegründet; 1930 wurde eine weibliche Abteilung, 1943 die priesterliche Gesellschaft vom Heiligen Kreuz eingerichtet. Das Opus Dei wurde 1950 päpstlich endgültig approbiert, 1982 durch Johannes Paul II. als ↑Personalprälatur (vom Heiligen Kreuz und Opus Dei)

errichtet. Nach eigener Aussage sind Ziel und Aufgabe des seit Ende des Zweiten Weltkriegs weltweit verbreiteten Werks der Dienst an den Teilkirchen, in allen Bereichen der Gesellschaft ein tiefes Bewusstsein für die Berufung des Christen zur Heiligkeit und damit zum ↑Apostolat wecken zu helfen.

ora et labora (lat. = bete und arbeite), Kurzformel für das Wirken der ↑Benediktiner gemäß der Benediktregel.

Oranierorden (engl. Orange Order), 1795 gegründeter Zusammenschluss von Protestanten in Nordirland, benannt nach der Farbe des ehemaligen Fürstentums Oranien im Rhône-Tal mit der Hauptstadt Orange, das 1544 an Wilhelm I. von Nassau-Dillenburg kam, den späteren Statthalter der Niederlande (daher auch die Farbe Orange/Oranje der Niederlande). Die ältere Linie des Hauses Nassau-Oranien erlosch 1702 mit Wilhelm III. von England, auf den der ↑Orden zurückgeführt wird. Zur Erinnerung an die Schlacht am Boyne in Ostirland am 12. 7. 1690 veranstalten die Oranier u. a. in Nordirland alljährlich Umzüge, die auch durch katholische Stadtviertel führen und bei denen es – weil als Provokation empfunden – in den letzten Jahrzehnten immer wieder zu schweren Unruhen und gewalttätigen Auseinandersetzungen kam. ↑Karfreitagsabkommen

Ora Pro Nobis (lat. = Bitte Für Uns, abgekürzt O.P.N.), Bittruf an ↑Heilige, vielfach angebracht auf, über oder unter Heiligenbildern.

Oratorianer, Mitglieder einer katholischen ↑Weltpriester-Vereinigung, die aus Zusammenkünften von Weltpriestern im ↑Oratorium (lat. = Betsaal) des Priesterhauses ihres Gründers, des hl. Philipp Neri (1515–1595; ↑Papstweissagungen), in Rom entstand. Diese Geistlichen entschlossen sich zu einem gemeinsamen Leben in ↑Gebet und intensiver ↑Seelsorge. Die in vielen Ländern verbreiteten Oratorien zählen seither zahlreiche Angehörige vorbildlichen Wandels und hoher Gelehrsamkeit in ihren Reihen. Ihnen geistesverwandt sind die ↑Sulpizianer.

Oratorium (lat.), 1. Betraum, kleine Kirche; 2. Vertonung religiöser, später auch weltlicher Texte für Chor, Soli und Orchester, teilweise für die szenische Darstellung bestimmt. ↑Oratorianer

Orden, Ordensstand (lat. *ordo* = Ordnung, Stand, Regel; die dem Stand entsprechende Lebensweise), 1. die dauernde gemeinschaftliche Lebensweise, in der sich Christen über die allgemeine christliche Lebensführung hinaus auch zur Befolgung der ↑Evangelischen Räte durch die ↑Gelübde des ↑Gehorsams, der ehelosen ↑Keuschheit und der ↑Armut verpflichten. Die Mitglieder der Gemeinschaft leben unter einem gemeinsamen Oberen und nach gemeinsamer Lebensordnung (↑Ordensregel, Konstitutionen [↑Constituta]). Das Ziel des Ordenslebens ist religiös bestimmt, doch können die Ordensangehörigen häufig in allen Bereichen des kirchlichen und öffentlichen Lebens tätig werden, wobei oft vorrangige Aufgaben schon durch die Regel gegeben sind (z. B. Schule, Erziehung, ↑Armen- und Krankenpflege, ↑Mission). Name, Einrichtung und Lebensweise sind in der katholischen Kirche durch das Ordensrecht (↑Kirchenrecht) festgelegt. Zu besonderer Wertschätzung trug stets der hohe Einsatz von Orden und einzelnen Mitgliedern im Dienst der Kirche, aber auch in weiten Bereichen geistig-kulturellen Lebens und sozial-karitativer Tätigkeit (↑Caritas) bei. Über viele Jh.e hinweg, beginnend an der Wende von der Spätantike zum abendländischen Frühmittelalter, wurden ↑Klöster und Orden oft die alleinigen oder doch vorrangigen Lehrer und Begleiter der Völker. 2. Das ↑Mönchtum der Ostkirchen blieb im Wesentlichen den in der Frühzeit entwickelten Formen verbunden, während die abendländische Kirche das ↑Koinobitentum in einer Vielzahl neuer Formen ausgestaltete. 3. Außer der Unterscheidung in männliche und weibliche Orden werden in der katholischen Kirche folgende Hauptgruppen unterschieden: a) Regular-↑Kanoniker, b) Mönchs-Orden (monastische Orden), c) ↑Bettelorden (Mendikanten), d) ↑Regularkleriker-Orden (16./17. Jh.), e) ↑Ritterorden. Einen neuen Typus stellen die ↑Personalprälaturen dar. 4. Nach Lebensweise und Wirken unterscheidet man beschauliche (kontemplative) und tätige Orden, dazu ↑gemischte Orden, die ↑Beschauung und äußere Tätigkeit verbinden, sowie nach dem kirchlichen Stand der überwiegenden Mitgliederzahl ↑Priester- und ↑Laien-Orden. 5. In den reformierten Kirchen entstanden im 19./20. Jh. verschiedene Gemeinschaften (Bruder- und Schwesternschaften, ↑Kommunitäten), die nach Lebensweise und Aufgaben den katholischen ↑Säkularinstituten vergleichbar sind.

Orden vom Goldenen Vlies, 1429 von Herzog Philipp dem Guten von Burgund gegründete Gemeinschaft christlicher Fürsten und Adeliger zu Ehren des ↑Apostels Andreas, zum Schutz des christlichen Glaubens und der Kirche, zur Wahrung der ritterlichen Tugenden und besonders der ↑Marienverehrung. Die Gründung des ↑Ordens, an dessen Spitze ein Ordenssouverän steht (derzeit aus dem Hause Habsburg), erfolgte im Rückgriff auf die bald mit biblischen und christlichen Reminiszenzen durchtränkte Vlies-Mythologie in der heidnischen Argonauten-Sage; das Vlies wurde durch die Verbindung mit dem ↑Agnus Dei zum ↑Symbol für ↑Christus. ↑Ritterorden (geistliche)

Orden von der Heimsuchung Mariens ↑Salesianerinnen

Ordensgeneral ↑Generalat (der Orden)

Ordenshabit ↑Habit, ↑Ordenskleid, -tracht

Ordenskapitel ↑Kapitel

Ordenskleid, -tracht, 1. die für eine ↑Ordens-Gemeinschaft durch ↑Ordensregel, Konstitutionen (↑Constituta) und Herkommen festgelegte einheitliche Kleidung, auch (Ordens-) ↑Habit genannt. Sie war zunächst der Kleidung der einfachen, arbeitenden Bevölkerung angepasst und entwickelte sich durch die Satzungen bald zur Standestracht. Im Mittelalter diente v. a. die ↑Benediktregel (Kap. 55) als Vorbild. Die weiblichen Zweige schlossen sich allgemein den männlichen Orden an. Die Orden und ↑Kongregationen der Neuzeit, auch die männlichen Gesellschaften des 19./20. Jh.s, gestalteten ihre Kleidung meist im Anschluss an den ↑Weltklerus. In den letzten Jahrzehnten sind in der katholischen Kirche (besonders bei Frauen-Verbänden) starke Vereinfachungen des Ordenskleides eingetreten. 2. Bei der Aufnahme in die Gemeinschaft wird das Ordenskleid in der feierlichen Zeremonie der ↑Einkleidung überreicht. ↑Kukulle, ↑Kutte, ↑Schema, ↑Tunika

Ordensoberer ↑Orden, Ordensstand

Ordensprovinz, seit dem Hochmittelalter die regionale Gliederung der meisten neuen ↑Orden (z. B. ↑Bettelorden) unter eigener Leitung (Provinzoberer, Provinzial) und eigenem Aufgabenbereich, die ordensrechtlich umschrieben sind. ↑Definitor

Ordensreformen (auch monastische Reformen). Reform (lat. *reformare* = reformieren; ↑Reformation) ist im Mittelalter allgemein die v. a. auf kirchliche Einrichtungen bezogene Wiedergewinnung der ursprünglichen Gestalt. Reformbestrebungen gab und gibt es in den ↑Orden und ordensähnlichen Gemeinschaften zu allen Zeiten. Einzelne Epochen sind besonders stark von Reformtendenzen geprägt, in der abendländischen Kirche z. B. das 11./12. Jh. In der Geschichte erwiesen sich Reformen nicht selten als problematisch: Während eine Verbesserung erwartet wurde, kam tatsächlich nur eine (oft rigorose) Veränderung, die sich bald als zweifelhaft erwies. ↑Cluny, ↑Hirsauer, ↑Kastler, ↑Lothringer, ↑Melker, ↑Siegburger Reform

Ordensregel (von lat. *regula* = Form, Regel, Regelbuch), 1. in den ↑Ordens-Verbänden (die oft vom Ordensstifter stammende) schriftlich gefasste Lebensordnung der Gemeinschaft, die von der Kirche anerkannt oder (vom ↑Papst) förmlich approbiert ist (↑Approbation); 2. in einem weiteren Sinn gehören dazu auch alle die Regel erläuternden Ausführungsbestimmungen verbindlichen, normativen Charakters (u. a. ↑Constituta, ↑Consuetudines, Deklarationen), auch ungeschriebenes Gewohnheitsrecht. ↑Kapitel, ↑Observanz

Ordensstaat ↑Deutscher Orden

Ordenstracht ↑Ordenskleid

Ordinariat (von lat. *ordo* = Ordnung), 1. das ↑Bischöfliche Ordinariat als oberste Verwaltungsstelle eines katholischen ↑Bistums unter Leitung des ↑Generalvikars; 2. Amt eines ↑Ordinarius. ↑Konsistorium

Ordinarius (lat., wie ↑Ordinariat), 1. im katholischen ↑Kirchenrecht der

ordentliche Inhaber der ↑Kirchengewalt auf territorialer Ebene (lat. *ordinarius loci* = Ortsordinarius): ↑Papst, regierender ↑Bischof (Ortsbischof, Ortsordinarius), freier ↑Abt oder ↑Prälat, ↑Apostolischer Administrator; 2. personaler Ordinarius: ↑Ordens-Oberer, ↑Militärbischof; 3. ordentlicher ↑Universitäts- bzw. ↑Hochschul-Professor; 4. veraltete und regionale Bezeichnung für Klassenleiter an höheren Schulen.

Ordination (von lat. *ordo* = Ordnung), 1. in der katholischen Kirche die ↑Weihe eines ↑Klerikers durch einen rechtmäßig geweihten ↑Bischof innerhalb des dreistufigen Weihesakramentes (↑Weihegrade); 2. in den evangelischen Kirchen wird der Unterschied von Klerikern und ↑Laien abgelehnt, das allgemeine ↑Priestertum betont. Die Ordination in Rechte und Pflichten des ↑Amtes (Wortverkündigung, Sakramentsverwaltung, Schlüsselamt) geschieht im ↑Gemeinde- ↑Gottesdienst durch einen von der Kirchenleitung beauftragten Amtsträger unter Assistenz zweier Ordinierter; heute ist auch die Ordination von Frauen üblich. ↑Kirchengewalt, ↑Quatember

Ordinationsregister ↑Weiheregister

Organische Artikel ↑Edikt von Nantes

Orgel (von gr.-lat. *organon/organum* = Werkzeug), Tasteninstrument mit Pfeifen, die durch einen mechanisch, pneumatisch oder elektrisch erzeugten Luftstrom (Wind) ertönen. Ihre

Hauptglieder sind: a) Windwerk, b) Pfeifenwerk, c) Regierwerk mit (in der Regel zwei, bei sehr großen Orgeln bis fünf) Tastenreihen (Klaviaturen) für die Hände (Manuale) und eine für die Füße (Pedal) sowie die Registerzüge, die (gewöhnlich mehrere) zu jeder Klaviatur gehören und durch deren Betätigen («alle Register ziehen») der Luftstrom zu den Registern geleitet wird. Das Orgelgehäuse (Orgelstuhl oder -prospekt) ist besonders in Kirchen des süddeutsch-österreichischen ↑Barock und ↑Rokoko oft höchst kunstvoll gestaltet. Die «Königin der Instrumente» ist seit ältesten Zeiten Teil der musikalischen Kultur. Ein genauer Zeitpunkt für ihren Einsatz in der ↑Liturgie ist nicht bestimmbar, er ist aber bis spätestens Anfang des 16. Jh.s sicherlich erfolgt. Die Begleitung des ↑Gemeinde-Gesangs im Gottesdienst wurde erst seit dem 17. Jh. üblich. Einer der bedeutendsten Orgelkomponisten in der Barockzeit war u. a. Johann Sebastian Bach (1685–1750), berühmte Orgelbauer etwa die Familie Silbermann (17./18. Jh). ↑Kirchenmusik, ↑Lettner

Orient ↑Morgenland

orientalisch-orthodoxe Kirchen ↑orthodoxe Kirchen

Origenistische Streitigkeiten, theologische und kirchenpolitische Auseinandersetzungen um die Rechtgläubigkeit und richtige Interpretation der Schriften des Origenes (185–254), besonders die vermeintliche Lehre von der Allversöhnung (gr. *apokatas-*

tasis) und andere dogmatische und metaphysische Lehren wie etwa die Präexistenz (nicht Re- ↑Inkarnation) der Seele. Erster Origenismusstreit: Ende des 4. Jh.s; Anhänger des Origenes: Johannes von Jerusalem und Rufinus von Aquileja, Gegner: Hieronymus, Epiphanius von Salamis und Theophilus von Alexandrien. Zweiter Origenismusstreit: Ausgelöst durch eine von dem Edessener Mönch Stephan bar Sudaili zum System verhärtete und verfälschte Lehre des Origenes. Im Vorfeld des 2. Konzils von Konstantinopel wurden 553 15 vermeintliche Irrtümer des Origenes verurteilt. In der Folge kam es zur Vernichtung weiter Teile seines immensen Werkes; nur Bruchteile im griechischen Original, v. a. Homilien in (zuverlässiger) lateinischer Übersetzung, blieben erhalten. Nach neueren Forschungen war Origenes in den wesentlichen Fragen des Glaubens rechtgläubig (↑orthodox).

Ornat (lat.), der Schmuck, die feierliche (auch kirchliche) Amtstracht.

orthodox, Orthodoxie (gr. = rechtgläubig) 1. eine Lehre, Person oder Kirche, die in Übereinstimmung mit dem überlieferten kirchlichen ↑Dogma steht (Gegensatz: ↑heterodox); 2. in diesem Sinne Selbstbezeichnung der ↑orthodoxen Kirchen (Ostkirchen); 3. protestantische Orthodoxie nennt (nannte) man die ↑Theologie zwischen dem ↑Augsburger Religionsfrieden (1555) und der Zeit des ↑Pietismus und der ↑Aufklärung, die den Bestand reformierter Lehren festlegte.

orthodoxe Kirchen, ursprünglich die Kirchen, welche die Konzilsbeschlüsse von Nizäa (325), Ephesus (431) und Chalcedon (451) (↑Christologie) annahmen und sich gegenüber abspaltenden Gruppen als «rechtgläubig», also ↑orthodox verstanden. Heute versteht man darunter alle ↑Ostkirchen ([alt-] orientalische, orientalisch-orthodoxe) Kirchen, die aus der ↑byzantinischen Kirche hervorgegangen sind und im Gefolge des ↑Morgenländischen Schismas sich von der ↑lateinischen Kirche des Westens getrennt haben. Nur kleine Gruppen haben sich als ↑unierte Kirchen Rom wieder angeschlossen. Gegenwärtig setzt sich die orthodoxe Christenheit aus einer Reihe ↑autokephaler Kirchen zusammen, die sich aufgrund ihrer Gleichförmigkeit in ↑Liturgie, ↑Theologie und ↑Hierarchie als Einheit fühlen. Der ↑Ökumenische Patriarch von ↑Konstantinopel hat einen Ehrenvorrang.

Ortsbischof ↑Bischof, ↑Ordinarius

Ortskirche (auch Teilkirche), vom ↑Vaticanum II (1962–1965) wieder betonter Begriff für einen Teil der einen Kirche Jesu Christi, die in und aus Ortskirchen, d. h. ↑Bistümern mit ihren ↑Pfarreien, besteht.

Ortsordinarius ↑Ordinarius

Osiandrischer Streit, benannt nach dem lutherischen Theologen Andreas Osiander (1498–1552); seine Lehre, wonach die ↑Rechtfertigung durch die sündentilgende «Einwohnung Christi», des Wortes, im Glaubenden sowie durch den Glauben selbst geschehe, führte zum Streit (Gegner waren ↑Philippisten und ↑Gnesiolutheraner), der in der ↑Konkordienformel im Sinne Philipp Melanchthons beigelegt wurde.

Osservatore Romano (it. = Römischer Beobachter), 1861 gegründete Tageszeitung, seit 1929 in der ↑Vatikanstadt; nur offiziöses Organ des ↑Apostolischen Stuhles.

Ossuarium ↑Karner, ↑Totenkeuche, Seelkammer

Ostensorium ↑Monstranz

Osterbeichte, die auf dem IV. Laterankonzil (1215) mit der ↑Kommunion an ↑Ostern jährlich verpflichtend vorgeschriebene ↑Beichte.

Osterfeststreit, in frühchristlicher Zeit der Streit um den Termin des Festes ↑Ostern zwischen kleinasiatischen, syrischen und judenchristlichen (↑Judenchristen) ↑Gemeinden, die am jüdischen ↑Passah-Termin (14. Nisan, von daher Quartodecimaner [von lat. 14] genannt) festhielten, und der römisch-heidenchristlichen [↑Heidenchristen] Gemeinde, die Ostern am ↑Sonntag nach dem jüdischen Passah feierte. Der unter Papst Viktor I. verschärfte Streit wurde durch das Konzil von Nizäa (325) zugunsten Roms entschieden. Unsicherheiten hinsichtlich des Passah-Termins wurden durch Dionysius Exiguus um 525 (↑Ostertafel) beseitigt; seitdem wird Ostern am Sonntag nach dem ersten Frühlingsvollmond gefeiert. ↑Chronologie

Osterkanon ↑Ostertafel

Ostermärlein, eine in ↑Oster- ↑Predigten eingeflochtene heitere Erzählung (auch ↑Anekdote, ↑Exempel), die zum Freudenfest der Kirche das «Ostergelächter» (lat. *risus paschalis*) hervorrufen sollte. Der vom Spätmittelalter bis ins 18. Jh. übliche Brauch wurde von Protestanten bekämpft und führte bei Entartungen auch zum Einschreiten der katholischen Obrigkeit.

Ostern (ahd. ostara, ostaru, mhd. oster, altengl. eastron). Das vielleicht vorchristlicher, heidnisch-germanischer Gedankenwelt entstammende deutsche Wort bezeichnet das höchste und älteste Fest des ↑Kirchenjahres, zugleich die Mitte des christlichen ↑Fest- ↑Kalenders, an dem die Auferstehung des nach seiner ↑Passion am ↑Kreuz gestorbenen ↑Jesus Christus von den Toten gefeiert wird als der alles tragende Grund des ↑Christentums, des christlichen ↑Glaubens an die Auferstehung der Toten und an das ewige Leben. In den meisten anderen Sprachen leitet sich der Begriff her vom jüdischen ↑Passah-Fest (z. B. frz. Pâques) und stellt so dessen Verchristlichung dar. Das seit dem 5. Jh. belegte lateinische Wort für Ostern (*albae paschalis*) meint hingegen die weißen Kleider, mit denen die um diese Zeit Getauften (↑Taufe) gewandet waren (↑Weißer Sonntag). Nach ältester Überlieferung ist die Osternacht (die Nacht von Karsamstag [↑Kartage] auf Ostersonntag) eine Nacht der Wache für den Herrn (↑Vigil), in der die Gläubigen mit brennenden Lampen (↑Kerze) in den Händen auf ihren Herrn warten, damit er sie bei seiner Wiederkunft wachend findet und sie einlädt, an seinem Tisch (Letztes ↑Abendmahl, ↑Altar) Platz zu nehmen. Die Feier der Osternacht in der ↑Liturgie, deren erster (von vier Teilen) die Segnung des Feuers und die Bereitung der Osterkerze, ↑Symbol für das «Lumen Christi» (lat. = Licht Christi), einnimmt, soll nicht vor Einbruch der Dunkelheit am Karsamstag beginnen und nicht nach der Morgendämmerung des Ostersonntags enden. Nach den vierzig Tagen der ↑Fasten-Zeit entfaltet sich die österliche Freude durch fünfzig Tage bis ↑Pfingsten in ihrer ganzen Fülle. ↑Epakten, ↑Ostertafel

Ostertafel (lat. *tabula paschalis*, Osterkanon), gibt in Tabellenform den beweglichen Termin für das Fest ↑Ostern (Ostertermin) an. Größte Bedeutung erlangte die Ostertafel des Abtes Dionysius Exiguus (um 525), durch die sich die Jahreszählung «nach Christi Geburt» (n. Chr.) in der christlichen Welt durchzusetzen begann. ↑Osterfeststreit, ↑Zeitrechnungen

Osterspiel ↑Passionsspiel

Ostertermin ↑Osterfeststreit

Osterzettel ↑Beichtzettel

Ostiariat ↑Ostiarier

Ostiarier (lat. = Pförtner), früher ein ↑Kleriker, der die erste der vier niederen Weihen (Ostiariat) erhalten hat (↑Weihegrade).

Ostkirche, Ostkirchen, Bezeichnung für die Gesamtheit der östlichen (orientalischen) und/oder ↑orthodoxen und/oder ↑unierten Kirchen des nicht- ↑lateinischen ↑Ritus. ↑Morgenländische Kirche, ↑Photianisches Schisma

Ostrom, Oströmisches Reich ↑Byzantinisches Reich

Ostung, 1. in den Religionen vielfach begegnende «Orientierung» des ↑Gebetes nach Osten; 2. aus der ↑Alten Kirche übernommene, seit dem 10. Jh. allgemein übliche (aber nicht immer exakte) West-Ost-Richtung des christlichen Kirchenbaus (↑Altar im Osten), die als Hinwendung zu ↑Jesus Christus, dem Licht der Welt, gedeutet wird; 3. entsprechende Ostung begegnet auch bei Bestattungen (↑Begräbnis). ↑Chor

Ottilianer (Missionsbenediktiner), Mitglieder der ↑Missions- ↑Kongregation der ↑Benediktiner von St. Ottilien (bei Landsberg am Lech), die vom Beuroner Benediktiner Andreas Amrhein 1884 in Reichenbach am Regen begründet wurde (seit 1887 in St. Ottilien) und weite Missionsgebiete in Ost- und Südafrika, Korea, China (Mandschurei) übernahm. Ihr zugeordnet sind die Missionsbenediktinerinnen von Tutzing.

Oxfordbewegung (engl. Oxford-movement), in der Anglikanischen Kirche eine 1832 aus der ↑Hochkirche hervorgegangene Erneuerungsbewegung, die sich gegen ↑Liberalismus und ↑Säkularisierungs-Tendenzen in Staat und Gesellschaft wandte, auf das Verständnis von Kirche, ↑Amt, ↑Sakrament und ↑Liturgie der ↑Alten Kirche zurückgriff und die Anglikanische Kirche als Mittelweg zwischen dem römischen Katholizismus und dem Protestantismus ansah. Bedeutendster Konvertit (↑Konversion) aus dieser Bewegung war der spätere ↑Kardinal John Henry Newman (1801–1890). ↑Kommunitäten

Oxfordgruppenbewegung, 1921 von Frank Nathan Daniel Buchman gegründete christliche Bewegung mit dem Ziel, den Menschen durch Anleitung zur Erkenntnis der ↑Sünde und vertrauenden Gotteshingabe zu bessern. Aus ihr entstand 1938 die «Moralische Aufrüstung» (engl. Moral Re-Armament, auch Caux-Bewegung, nach dem Sitz der europäischen Zentrale am Genfer See), die eine Veränderung der Welt durch die Änderung des Einzelnen gemäß den «Vier Absoluten» Ehrlichkeit, Reinheit, Selbstlosigkeit und Liebe für möglich hält und anstrebt.

P

P., Abkürzung für ↑Pater.

Pactum Ottonianum ↑Constitutio Romana

Paganismus (lat. *paganus* = ländlich), das Heidentum (↑Heide), heidnische Bestandteile in christlichem ↑Glauben und ↑Brauchtum.

Palais ↑Bischofshof

Palamismus (gr.), nach dem hl. Grigorios Palamas († 1358/59), byzantinischen Theologen, Schriftsteller und Mönch auf dem ↑Athos, Erzbischof von Saloniki, Hauptvertreter des ↑Hesychasmus, benannte Ausprägung des griechischen ↑Mönchtums in ↑Theologie und ↑Mystik.

Palatina ↑Bibliotheca Palatina

Palimpsest (gr.-lat.), ein aus Sparsamkeitsgründen abgeschabtes und mindestens ein zweites Mal beschriebenes Pergamentblatt, wobei der frühere Text durchscheinen oder mit moderner Technologie oft wieder lesbar gemacht werden kann. ↑Buch

Palla (lat. = Festkleid), heute ein meist über Karton gezogenes Leinentüchlein, mit dem der ↑Kelch bei der heiligen ↑Messe bedeckt wird.

Pallium (lat. = Hülle), ursprünglich das mantelähnliche Oberkleid der Römer, wurde es seit dem 6. Jh. von den ↑Päpsten übernommen und bald von ihnen an ↑Bischöfe als päpstliche

Auszeichnung übertragen. Seit der Mitte des 9. Jh.s wurde es als Pflicht der ↑Erzbischöfe deklariert, sich das Pallium vom Papst zu erbitten, vor dessen Empfang sie ihre Gewalt als ↑Metropoliten nicht ausüben durften. Die Gestalt des Palliums hat sich stark verändert. Heute ist es eine päpstliche und vom Papst an die Erzbischöfe (und manche hohe ↑Prälaten als päpstliche Auszeichnung verliehene) Insignie (↑liturgische Gewänder). Es wird über dem Messgewand (↑Kasel) als knapp handbreites weißwollenes Band, in das sechs schwarze ↑Kreuze eingestickt sind, getragen und aus der Wolle zweier Lämmer hergestellt, die der Papst am Fest der hl. Agnes (21. Januar) segnet, muss vom Papst erbeten werden und wird dem Erzbischof ins ↑Grab mitgegeben. Aus dem Pallium ging das Rationale (lat.) mancher Bischöfe hervor, ein Schulterschmuck, der heute noch von einigen Bischöfen (Eichstätt, Paderborn, Toul, Krakau) über dem Messgewand getragen wird. ↑Omophorion

Pallottiner (Gesellschaft des katholischen ↑Apostolates), 1835 von Vinzenz Pallotti in Rom gegründete katholische ↑Priester-Gemeinschaft ohne ↑Gelübde, aber mit dem Versprechen zum gemeinsamen Leben nach den ↑Evangelischen Räten; heute weltweit in ↑Seelsorge und ↑Mission tätig, ähnlich in karitativen (↑Caritas) und schulisch-erzieherischen Aufgaben der 1843 gegründete weibliche Zweig. Aus der ↑Marienverehrung der Gemeinschaft ging das von deutschen Pallottinern seit dem Ersten Weltkrieg in Vallendar-Schönstatt (bei Koblenz) aufgebaute «Schönstatt-Werk» hervor, eine weltweite Bewegung zur Vertiefung des religiösen Lebens und des Wirkens der ↑Laien (seit 1964 von den Pallottinern unabhängig).

Palme des Martyriums, ↑Attribut der ↑Märtyrer (in der Hand getragener Palmzweig) zum Zeichen des Sieges über den Tod.

Palmsonntag, ↑Sonntag vor ↑Ostern, mit dem die ↑Karwoche beginnt, benannt nach Palmweihe und – ↑Prozession in Erinnerung an den Einzug Jesu in ↑Jerusalem.

Panegyrik, Panegyrikus (gr.), der in einer (religiösen) Festversammlung der alten Griechen gehaltene Vortrag (Panegyris); allgemein die (auch christliche) Lobrede. ↑ Kirchengeschichtsschreibung

Panhagia (gr. = die Allheilige), in den orthodoxen Kirchen Beiname und Ehrentitel der ↑Gottesmutter Maria, ihr Bild (auch in der ↑Ikonostas) und unter Anrufung Mariens geweihtes Brot.

Pantheismus (gr. = Allgöttlichkeit), in der ↑Philosophie eine Lehre, wonach das All Gott sei; Natur und Gott werden gleichgesetzt. ↑Theismus

Pantokrator (gr. = Allherrscher), 1. Ehrentitel für Gott und den auferstandenen ↑Christus; 2. Darstellung des thronenden, segnenden, lehrenden Christus in der christlichen, besonders byzantinischen Kunst, häufig in der ↑Apsis der Kirchen.

papa, pappas ↑Papas, ↑Papst, Papsttum

Papalismus, Papalsystem, im Gegensatz zum ↑Episkopalismus die päpstlich-zentralistische ↑Kirchenverfassung der katholischen Kirche, auch kurialer Zentralismus, Kurialismus (↑Römische Kurie) oder papale Theorie (↑Papst) genannt.

Papamobil, seit Johannes Paul II. (1978–2005) übliches Automobil des ↑Papstes, das zu besonderen Anlässen im ↑Vatikan sowie bei Staats- und Pastoralbesuchen eingesetzt wird. Das Fahrzeugheck ist mit einer geräumigen, panzerverglasten Kabine ausgerüstet.

Papas (gr. = Vater), Name für ↑Weltgeistliche der griechisch-orthodoxen Kirche.

Papat, (seltenere) Bezeichnung für das ↑Papsttum, wie ↑Pontifikat auch (ebenso selten) für die Regierungsdauer eines Papstes.

Papismus (besser: «Papacaesarismus» [vgl. ↑Caesaropapismus]), Wort zur Kennzeichnung des päpstlich beanspruchten Vorrangs der geistlichen vor der weltlichen Gewalt, wie ihn ↑Papst Gregor VII. in seinem ↑Dictatus papae von 1075 erhob und unter

Innocenz III. (1198–1216) zu höchster Entfaltung gekommen war; auch verächtlich für Hörigkeit gegenüber Papsttum und ↑Römischer Kurie.

Papst, Papsttum, ↑Amt und Institution des Oberhauptes der katholischen Kirche. Das griechisch-lateinische Wort pappas, papa (= Vater, abgekürzt pp, p. p.), im Osten ursprünglich Titel für ↑Äbte, ↑Bischöfe und ↑Patriarchen, ist in ↑Rom seit dem 4. Jh. bezeugt, seit Ausgang der christlichen Spätantike im lateinischen Westen zunehmend dem Bischof von Rom vorbehalten, festgelegt durch Papst Gregor VII. (↑Dictatus papae, 1075); heute bezeichnet es den «Bischof von Rom, Stellvertreter [lat. ↑Vicarius] ↑Jesu Christi, Nachfolger des [↑] Apostelfürsten [Petrus], das Oberhaupt der Gesamtkirche, [↑] Primas von Italien, [↑] Erzbischof und [↑] Metropoliten der römischen [↑] Kirchenprovinz, Souverän des Staates der [↑] Vatikanstadt». Da in der Antike und im Mittelalter die «Rechtmäßigkeit» des ↑Pontifikates nicht in allen Fällen zu klären ist (z. B. bei den zwei bzw. drei Papstreihen des ↑Abendländischen Schismas), wird neuerdings auf eine fortlaufende Zählung der «rechtmäßigen» Päpste verzichtet (Papstliste im Anhang dieses Lexikons). ↑Gegenpapst, ↑Papstwahl

Papstabsetzung, häufig umstrittene, meist gewaltsame Entfernung römischer Bischöfe (↑Papst) in Spätantike und Mittelalter durch die weltliche Macht (Kaiser, Adelsgruppen) und ↑Synoden, so im ↑Dunklen Jahrhundert und auf dem Allgemeinen ↑Konzil von Konstanz (1414–1418) zur Beilegung des Großen ↑Abendländischen Schismas. ↑Gegenpapst

Papstfabeln (lat. *fabula* = Erzählung, Sage, Erdichtung), mittelalterliche Erdichtungen, die Ignaz von Döllinger unter diesem Titel kritisch untersucht hat (1863). Dazu gehört u. a. die Fabel von der ↑Päpstin Johanna.

Papstfinanz (auch päpstliche Finanz), Einkommen des römischen Bischofsstuhles (↑Papst, Papsttum und dessen Verwaltung), geschichtlich aus ↑Patrimonium Petri, ↑Kirchenstaat, Schenkungen und pflichtmäßigen ↑Abgaben aus der Gesamtkirche, besonders ausgebaut seit dem Hochmittelalter und im päpstlichen Stellenbesetzungs- und Finanzsystem des 14. Jh.s (↑Avignoner Exil), heute festgelegt im ↑Kirchenrecht.

Papstgeschichtsschreibung, Teil der ↑Kirchengeschichtsschreibung, der sich besonders mit ↑Papst und Papsttum beschäftigt. ↑Liber Pontificalis

Päpstin Johanna. Mitte des 13. Jh.s tauchte in ↑Chroniken die Fabel auf, nach ↑Papst Leo IV. (847–855) habe eine Päpstin Johanna (Frau Jutte) den römischen Bischofsstuhl eingenommen. Die Fassungen der ↑Papstfabel weichen stark voneinander ab; weiteste Verbreitung fand sie durch die Chronik des Martin von Troppau († 1278): Ein Mädchen aus Mainz habe in Athen studiert und sei unter Verheimlichung seines Geschlechtes nach Rom gekommen und wegen seiner Gelehrsamkeit 855 als Johannes Anglicus zum Papst gewählt worden; nach mehr als zwei Jahren Regierung sei die «Päpstin» bei einer ↑Prozession zum ↑Lateran niedergekommen, an dieser Stelle gestorben und begraben worden. Die Unhaltbarkeit des angeblichen Ereignisses ist längst erwiesen. Die Fabel wurde dennoch, teilweise bis in die Gegenwart herein, aufgegriffen und wird gelegentlich für eine «feministische Theologie» herangezogen.

päpstliche Familie (lat. Familia pontificia), heute der Hofstaat des ↑Papstes und seine Mitarbeiter (↑Kleriker, ↑Laien) in der Regierung und des Staates der ↑Vatikanstadt, festgelegt in der Reform der ↑Römischen Kurie durch Papst Paul VI. 1968 und im geltenden ↑Kirchenrecht; im weiteren Sinn gehören zu ihr alle ↑Kardinäle und Inhaber hoher päpstlicher Auszeichnungen (z. B. ↑Prälaten).

Päpstliche Kanzlei ↑Apostolische Kanzlei

päpstliche Kapelle (it. Capella pontificia), 1. Gesamtheit der geistlichen und weltlichen Würdenträger (↑Dignität), die an feierlichen liturgischen Handlungen (↑Liturgie) des ↑Papstes teilnehmen (seit 1968 nur noch die direkt mitwirkende Thronassistenz); 2. die für den ↑Gottesdienst im ↑Vatikan zuständige Sängergruppe (Capella Sixtina). ↑Eunuch

Päpstliche Kommissionen, an der ↑Römischen Kurie eingerichtete behördenübergreifende (interdikasterielle; ↑Dikasterium), ständige Gremien für besondere Aufgaben, z. B. die ↑Internationale Theologenkommission.

päpstlicher Primat (lat. *primatus* = Vorrang), Ehren- und Rechtsstellung des ↑Papstes, die durch ↑Dogma v. a. auf dem ↑Vaticanum I 1870 festgelegt (Konstitution «Pastor aeternus»), auf dem ↑Vaticanum II 1964 bestätigt wurde und im ↑Kirchenrecht im ↑Codex Iuris Canonici von 1983 umschrieben ist. «Pastor aeternus» handelt von der Einsetzung des ↑apostolischen Primats in Petrus, von der beständigen Fortdauer in den römischen Päpsten, von der Gewalt (Supremat, von lat. *suprema potestas* = höchste Gewalt; ↑Kirchengewalt) und dem Wesen des Primats, vom unfehlbaren ↑Lehramt des Papstes. Der Papst besitzt den Universalepiskopat, d. h. er ist Träger der «vollen und obersten Gewalt der Rechtsentscheidung (lat. *iurisdictio*) [↑Jurisdiktion] in der ganzen Kirche» in Sachen der Glaubens- und Sittenlehre, der Disziplin und Kirchenleitung. In den Universalepiskopat eingebaut ist die lehramtliche Unfehlbarkeit (Infallibilität, von lat. *infallibilitas*): «Der Römische Papst, wenn er [↑] ex cathedra spricht, das heißt, wenn er in Ausübung seines Amtes als Hirte und Lehrer aller obersten Autorität [↑auctoritas] eine Lehre, den [↑] Glauben oder die Sitten betreffend, als von der gesamten Kirche festzuhalten definiert, besitzt durch den göttlichen

Beistand, der ihm im hl. Petrus verheißen ist, die Unfehlbarkeit, mit der der göttliche Erlöser seine Kirche bei Definierung einer Lehre in Sachen des Glaubens und der Sitten ausgestattet haben wollte: und deshalb sind solche Definitionen des Römischen Papstes unabänderlich aus sich selbst und nicht aus der Zustimmung der Kirche ([lat.] *ex sese, non autem ex consensu Ecclesiae*).» Die Glaubenslehre (mit Einschluss der kirchenrechtlichen Festlegungen) und die Entwicklung in historisch-kritischer Betrachtung sind hierbei zu unterscheiden. Anspruch und Anerkennung des päpstlichen Primates geschahen unter erheblichen Schwankungen und blieben schließlich auf die ↑lateinische Kirche des Westens beschränkt, endgültig seit dem ↑Morgenländischen Schisma (1054) und den Strukturveränderungen, die «Kirchenreform» und ↑«Reformpapsttum» des 11./12. Jh.s heraufgeführt hatten. ↑altkatholische Kirche, ↑Dictatus papae, ↑Gregorianische Reform, ↑Konstantinische Schenkung

Papstschismen, Spaltungen (↑Schisma) in der Besetzung des römischen Bischofsstuhles (↑Papst, Papsttum), geschichtlich vom 3. bis zum 15. Jh. öfters erfolgt, verursacht durch strittige Wahlen (Einmischung durch weltliche und klerikale Einflüsse auf die ↑Papstwahl), v. a. im 11./12. Jh. (↑Gregorianische Reform, ↑Investiturstreit; Streit mit den Staufern), im Großen ↑Abendländischen Schisma 1378 bis 1417 (zwei, seit 1409 drei Papstreihen), zuletzt auf dem ↑Konzil von Basel (↑Gegenpapst Felix V. 1439–1449).

Papsttum ↑Papst, Papsttum

Papstvatizinien ↑Papstweissagungen

Papstwahl, ursprünglich die Wahl des römischen Bischofs (↑Papst) durch «Klerus und Volk von Rom», wurde seit dem 4. Jh. der Einfluss der römischen Kaiser wirksam, im 5. bis 10. Jh. in erheblichem Maß der römisch-mittelitalischen Aristokratie, im 9. bis 11. Jh. der fränkischen (↑Constitutio Romana) und deutschen Könige und Kaiser. Seit dem Papstwahldekret von 1059 (↑Investitur, Investiturstreit) ist die Wahl des Papstes fortschreitend, dann ausschließlich den ↑Kardinälen (Kardinalskollegium) vorbehalten, seit dem 13. Jh. (erstmals Cölestin IV. 1241) im ↑Konklave, mit Zweidrittelmehrheit der Wähler. Kleine Änderungen der im ↑Kirchenrecht festgelegten Papstwahl gab es bis zur Gegenwart.

Papstweissagungen (Papstvatizinien), verschiedene Voraussagen über das ↑Papsttum; am bekanntesten ist die angeblich von Erzbischof Malachias von Armagh (Irland, † 1148) verfasste «Papstweissagung des heiligen Malachias», die wohl 1590 entstand und im Druck zuerst in der Sammlung «Lignum vitae» des Benediktiners Arnold von Wion 1595 erschien. Das mit einiger Wahrscheinlichkeit Philipp Neri (1515–1595; ↑Oratorianer) zugeschriebene Werk enthält in 112 kurzen Sinnsprüchen eine Charakteristik der Päpste von Cölestin II. (1143) bis zum letzten Papst («Petrus Romanus») am Weltende. Nach dieser Prophetie folgt auf das Vatizinium «Gloria olivae» (lat. = Ruhm des Ölbaums), das Papst Benedikt XVI. (seit 2005) gilt, der abschließende Satz der Weissagung: «Während der größten (äußerst schlimmen) Verfolgung der Heiligen Römischen Kirche wird der Römer Petrus den Stuhl (Petri) innehaben und die Schafe unter vielen Drangsalen weiden. Danach wird die Siebenhügelstadt zerstört werden und der furchtbare [↑] Weltenrichter sein Volk richten.»

Papstzitat von Regensburg ↑Regensburger Vorlesung

Parabel (gr. = Vergleichung, Gleichnis) literarische Gattung, die eine allgemeingültige (v. a. sittliche) Wahrheit an einem Beispiel veranschaulicht (etwa die Parabel vom verlorenen Sohn in Lk 15).

Paradies (von iranisch-avestisch pairidaeza = Umwallung, altpersisch paridaida = Lustgarten, eingehegter [Wild-] Park), 1. biblische Bezeichnung für den Garten Eden (Gen 2,8), Aufenthaltsort der ersten Menschen vor dem ↑Sünden-Fall, aber auch (neben Scheol) Aufenthaltsort der verstorbenen Gerechten bis zur Himmelfahrt Christi («Vorhölle»; ↑Nimbus); 2. theologisch kann es sowohl den Zustand des Heilseins in Heiligkeit und Gerechtigkeit vor dem Sündenfall als auch, gleichbedeutend mit ↑Himmel, den Zustand endgültigen

Erlöstseins (↑Erlösung) durch Jesus Christus und der Teilhabe am Leben des dreifaltigen Gottes (↑Trinität) meinen (↑Endzeit, ↑himmlisches Jerusalem); 3. in Anspielung an das biblische Paradies wird so auch (von frz. parvis) der mit Mauer und Säulenumgang umfriedete, gartenartig bepflanzte Vorhof oder die überdeckte Vorhalle (Portalvorbau, ↑Atrium) an der Frontseite frühchristlicher und mittelalterlicher Gotteshäuser genannt, wohl auch als ↑Symbol für das Paradies als «Vorhimmel», durch das man in die Kirche (symbolische Darstellung des himmlischen Jerusalem) gelangt. ↑Armenbibel, ↑Zeitalter

Paramente (lat.), Kirchen- und Messgewänder, ↑Kirchengerät, ↑Altar-Schmuck (↑Liturgie, ↑liturgische Gewänder). ↑Domkustos

Paränese (gr.), Ermahnung, Mahn-↑Predigt.

Pariser Bluthochzeit ↑Bartholomäusnacht

Parität (lat. par = gleich), allgemein die zahlenmäßige Gleichheit oder Gleichstellung, auch in Religionsangelegenheiten, z. B. im ↑Augsburger Religionsfrieden 1555. ↑Toleranz

Parlatorium (lat.), Sprechraum in einem ↑Kloster, gelegentlich auch ↑Auditorium genannt.

Parochie ↑Bistum, ↑Gemeinde, ↑Pfarrei

Partikularkonzil, -synode, Teil- ↑Konzil bzw. -↑Synode einer ↑Kirchenprovinz oder eines Landes (auch National-, Reichskonzil bzw. -synode).

Parusie (gr. = Gegenwart, Ankunft), die glorreiche Wiederkunft Christi am ↑Jüngsten Tag zum Jüngsten Gericht (↑Apokalypse, ↑Endzeit). Das NT bezeugt verschiedentlich die Erwartung der nahe bevorstehenden Parusie (Naherwartung) im ↑Urchristentum, die sich zur Stetsbereitschaft läutert.

Passah (hebr., Pascha, sprich Pas-cha, auch Pesach), jüdisches ↑Opfer-Fest der ungesäuerten Brote (hebr. Mazzot, Mazzen-Fest, gr. *azyma*; ↑Azymiten) am Frühlingsvollmond (14. Nisan; ↑Osterfeststreit) zur Erinnerung an den Auszug des Volkes ↑Israel aus Ägypten (Ex 12,1–18,27); im NT wird das Letzte ↑Abendmahl Jesu als Passahmahl verstanden, er selbst als das wahre Lamm Gottes (Passahlamm oder Sühneopfer). ↑Pfingsten

● **Passauer Vertrag,** am 2.8.1552 in Passau, einer überkonfessionell (↑Bekenntnis) angesehenen Stadt gelehrter Humanisten (↑Humanismus), zwischen König Ferdinand (für seinen Bruder Kaiser Karl V.) und ↑Kurfürst Moritz von Sachsen (für die Fürstenopposition) geschlossenes Friedensabkommen, das den Anhängern der lutherischen ↑Confessio Augustana vorläufige Duldung einräumte, das ↑Augsburger Interim ablöste und den Weg zum ↑Augsburger Religionsfrieden ebnete. Von Leopold von Ranke als «unermeßliches Glück für Deutschland» bewertet, schuf der Vertrag (nur vorläufig) eine diplomatische Basis für die europäische Friedensordnung, Grundlage für eine friedliche Koexistenz von Katholizismus und Protestantismus im Heiligen Römischen Reich. ↑Restitutionsedikt

Passion (lat. *passio* = Leiden), 1. Leiden und Sterben ↑Jesu Christi am ↑Kreuz in den Berichten der vier ↑Evangelien, ausführlich vorgetragen in der ↑Liturgie der ↑Karwoche, vergegenwärtigt in jeder ↑Eucharistiefeier (↑Abendmahl), in ↑Fasten- und Passions-Zeiten des ↑Kirchenjahres, von größter Bedeutung für christliche ↑Mystik (Leidens- und Kreuztheologie) und ↑Frömmigkeit vom Mittelalter bis zur Gegenwart: Das Zeichen des Kreuzes Christi ist das wichtigste ↑Symbol des Christentums. 2. Zur szenischen Darstellung gelangte die Passion in ↑Passionsspiel, Karfreitags- und Leiden-Christi-Prozessionen, neuerdings auch im Film (zuletzt durch Mel Gibson 2004), reiche musikalische Gestaltung erfährt sie u. a. in Passionen (Johann Sebastian Bach) und wird besonders seit dem Spätmittelalter bildlich sichtbar gemacht in Kreuzigungsgruppen und ↑Kalvarienbergen, in ↑Andachts- und ↑Erbärmdebildern, in den Passions-, Leidens- oder Kreuzwerkzeugen (lat. *arma Christi* = Waffen Christi): Kreuz, Lanze, Geißel, Nägel. 3. Passion ist auch Bezeichnung für das ↑Martyrium, für Leiden und Sterben der Märtyrer und die Berichte hierüber.

Passionisten, auf den hl. Paul vom Kreuz (1694–1775) zurückgehende, heute weltweit verbreitete katholische ↑Kleriker- ↑Kongregation vom Leiden Christi (Regel bestätigt 1741), deren Mitglieder sich die besondere Verehrung der ↑Passion Christi (v. a. durch ↑Volksmission und geistliche Übungen) zur Aufgabe machen. Ihr zugehörig ist der streng kontemplative (↑Beschauung) weibliche Zweig der Passionistinnen.

Passionsmystik ↑Mystik, ↑Passion

Passionssäule ↑Martersäule

Passionsspiel, Leiden und Sterben Jesu Christi (↑Passion) in dramatischer Gestaltung, neben dem Osterspiel (↑Ostern) der bedeutendste Typus des mittelalterlichen geistlichen ↑Schauspiels, mit Blütezeit im 15. und 16. Jh. Passionsspiele waren besonders beliebt im deutschsprachigen Raum; die meisten beschränkten sich nicht auf eine Darstellung der Passion, sondern bezogen die ganze ↑Heilsgeschichte des AT und NT ein. Sie münden meist in ein Osterspiel. Die Aufführung der Spiele erfolgte außerhalb des Kirchenraumes und erstreckte sich über zwei oder drei Tage, oft mit Tausenden von Mitwirkenden. Neben wenigen lateinischen gibt es zahlreiche deutsche Passionsspiele. Der Protestantismus brachte seit dem 16. Jh. einen starken Rückgang. Nur in katholischen Gebieten blieb das Passionsspiel über das 16. Jh. hinaus lebendig. Erhebliche Einschränkungen und Verbote brachten vielerorts Reformen der ↑Aufklärungs-Zeit. Bis heute haben sich große Passionsspiele in Oberammergau (Oberbayern) und in Erl (Tirol) erhalten. An manchen katholischen Orten wurden alte Passionsspiele neu belebt oder neu eingeführt. ↑Mysterienspiele

Pastor, Pastorin (lat. *pastor* = Hirt), regional verschiedene Anrede und (Dienst-) Bezeichnung evangelischer und katholischer ↑Geistlicher.

Pastoralbriefe, Name für 1 und 2 Tim und Tit im NT. Inhaltlicher Schwerpunkt aller drei Briefe ist u. a. das Hirtenamt in der Kirche, seine Ausübung und Eignungskriterien.

Pastorale ↑Hirtenbrief

Pastoralkonferenz, ↑Seelsorge-Konferenz in der katholischen und den evangelischen Kirchen (Pfarrkonferenz).

Pastoralkonstitution (lat. Gaudium et Spes = Freude und Hoffnung). Das ↑Vaticanum II reagierte damit auf die Herausforderung der Moderne (u. a. ↑Atheismus, Irrelevanz des Glaubens für die Weltgestaltung). Sie setzt an bei den existentiellen Grunderfahrungen und der Heilsfrage aller Menschen und verkündet in einem ersten Hauptteil Christus als die Antwort auf die tiefste Sehnsucht des Menschen. Der zweite Hauptteil legt konkrete Folgerungen für die Weltgestaltung vor.

Pastoralreferent(in), in der katholischen Kirche seit dem ↑Vaticanum II ↑Laien-Helfer(in) mit abgeschlossenem Studium der ↑Theologie in ↑Seel-

sorge und Verwaltung. ↑Gemeinde-
referent(in)

Pastorat, ↑Amts-Wohnung des ↑Pas-
tors.

● **Pataria, Patarener** (it. = «Lumpen-
pack»), in der zweiten Hälfte des
11. Jh.s eine gegen Feudaladel (↑Le-
hen) und dem zugehörigen höheren
↑Klerus gerichtete religiös-soziale
Aufstandsbewegung in der Lombardei mit Zentrum in und um Mailand.
↑Gregorianische Reform, ↑Investitur-
streit, ↑Katharer

Pate, Patin (von lat. *pater* = Vater), als
Tauf- und/oder Firmpate (↑Taufe,
↑Firmung) Zeuge der Sakramentenspendung mit der Verpflichtung, für
die religiöse Erziehung des «Paten-
kindes» mitzusorgen; die Patenschaft
begründet in der katholischen Kirche
eine «geistliche Verwandtschaft».

Patene (lat.), kleiner flacher Teller
(golden oder vergoldet) für die ↑Hos-
tie bei ↑Eucharistie und ↑Abendmahl.
↑Antimension

Pater (lat. = Vater), Anrede und Titel
(mit dem ↑Ordens-Namen) für katholische Ordenspriester (auch ↑Pries-
termönch).

Paternoster (lat.), 1. das ↑Vaterunser;
2. früher auch Name für den ↑Rosen-
kranz (Paternosterschnur); 3. Aufzug
(in Hochhäusern) mit permanent um-
laufenden offenen Kabinen, die sich
(ähnlich dem Riesenrad) vom Keller
bis zum Dach und wieder zurück dre-
hen und durch einen besonderen Me-
chanismus nicht auf den Kopf gestellt

werden, sondern in ihrer aufrechten
Position bleiben. Eine fortlaufende
Weiterfahrt ist daher ungefährlich.
Der Name leitet sich von der früheren
Bezeichnung für Rosenkranz ab. In
Deutschland gibt es gegenwärtig
noch etwa 200 dieser Aufzüge, deren
erster in Europa 1886 in Hamburg in
Betrieb genommen wurde; ihr Neu-
bau ist seit 1974 aus Sicherheitsgrün-
den verboten.

Patriarch (gr.-lat. = «Erzvater»),
1. die Erzväter ↑Israels (v. a. Abraham, Isaak und Jakob, König David);
2. Amts- und Ehrentitel der katholischen und orthodoxen Kirchen; er
war in der ↑Alten Kirche verbunden
mit den fünf vornehmsten (Patriar-
chen-) Sitzen der Christenheit (↑Rom,
↑Konstantinopel [↑Ökumenischer
Patriarch], ↑Alexandrien, ↑Antio-
chien, ↑Jerusalem; ↑Pentarchie); 3. in
der katholischen Kirche ein (unter
Benedikt XVI. 2005 nach rund 1500
Jahren abgeschaffter) Titel des ↑Paps-
tes als Patriarch des ↑Abendlandes
und katholisch- ↑unierter Oberhäup-
ter; 4. in der Geschichte auch Ehrentitel der ↑Bischöfe von Aquileija-Gra-
do, Goa (Patriarch von Ostindien),
Lissabon, Venedig und Madrid (Patriarch von Westindien).

Patriarchalbasiliken, Ehrentitel (↑Pa-
triarch) der fünf besonders hervor-
ragenden ↑Basiliken (lat. Basilicae
maiores) in ↑Rom: S. Giovanni in Laterano, S. Pietro in Vaticano (Peterskirche), S. Maria Maggiore, S. Paolo
fuori le mura und S. Lorenzo fuori le
mura.

Patriarchat, Gebiet der ↑Jurisdiktion eines ↑Patriarchen, in der ↑Alten Kirche der Patriarchen von ↑Rom, ↑Konstantinopel, ↑Alexandrien, ↑Antiochien und ↑Jerusalem, besonders festgelegt durch Kaiser Justinian I. (527–565; ↑Pentarchie); die Grenzen waren dabei oft umstritten.

Patriarchensitze ↑Patriarch, ↑Pentarchie

Patricius (von lat. *pater* = Vater), 1. spätrömisch-byzantinischer Hoftitel, den in der Regel der kaiserliche ↑Exarch von Ravenna, der Dux von Rom und die Statthalter in Sizilien und Afrika führten; er wurde auch an fremde Fürsten verliehen, um sie dem ↑Byzantinischen Reich einzugliedern. 2. Besondere Bedeutung bekam bis ins 12. Jh. der Titel «Patricius Romanorum» (als Schutzherr der römischen Kirche), wobei der Rechtscharakter nicht einheitlich war (↑Designation; ↑Sakrales Herrschertum). ↑Pippinische Schenkung

Patrimonium Petri (lat.), Grundbesitz (Vermögen) des heiligen ↑Apostels Petrus, d. h. der in der Spätantike durch Schenkungen erworbene Grundbesitz des ↑Papsttums, wesentlicher Bestandteil des späteren ↑Kirchenstaats. ↑Kirchenlehen, ↑Papstfinanz

Patristik, Patrologie (gr. *pater* = [Kirchen-] Vater). 1. Patristik ist die Lehre und Erforschung der frühesten ↑Epoche der ↑Kirchengeschichte (↑Alte Kirche), benannt nach den ↑Kirchenvätern. Sie endet im Westen (Grenzen fließend) mit Isidor von Sevilla († 636) und im Osten mit Johannes von Damaskus († um 750). 2. Unter Patrologie versteht man gewöhnlich die Wissenschaft von der ↑altchristlichen Literatur.

Patron, Patronat (lat. *pater* = Vater, Hausherr). 1. Patron ist ein Heiliger (↑Heilige) oder ↑Engel als besonderer Schutzpatron einer ↑Kirche, eines Standes oder Berufes (Zunftpatrone, Patrone der Ritter, Bauern, Viehpatrone), eines Landes, einer Stadt, eines ↑Bistums, eines ↑Ordens oder einer Person (Namenspatron = Vorname in der ↑Taufe, gefeiert im alljährlichen ↑Namenstag). Jede Kirche (Haus Gottes) ist zunächst Gott geweiht, steht aber nach katholischem und orthodoxem Verständnis unter einem besonderen ↑Glaubensgeheimnis oder der Schutzherrschaft eines Heiligen, dessen Fest alljährlich als Patrozinium gefeiert wird (↑Kirchweihe). 2. Patron ist zudem im katholischen und evangelischen ↑Kirchenrecht der Träger eines Patronates; es geht auf den Stifter (und dessen Rechtsnachfolger) einer Kirche oder eines kirchlichen ↑Benefiziums (z. B. Messstiftung; ↑Stift) zurück und umfasst Rechte und Pflichten am Stiftungsobjekt (Baulast, Unterhalt). Zu den wichtigsten Rechten gehört das Präsentationsrecht, d. h. der Patronatsinhaber kann der zuständigen kirchlichen Stelle (↑Bischof, ↑Konsistorium) den ↑Pfarrer oder Benefiziaten rechtsverbindlich präsentieren, d. h. vorschlagen (↑Eigenkirche, ↑Hauskloster). Präsentationsrechte betreffen auch die meisten ↑Inkorporationen. Patronatsherr ist meist ein ↑Laie, kann aber auch ein ↑Kleriker oder eine juristische Person (Gemeinde, Universität, Regierung) sein. ↑Attribute

Patrozinium ↑Patron, Patronat

Paulaner, 1454 von Franz von Paula in Kalabrien als ↑Orden der «Eremiten vom heiligen Franz von Assisi», bald Minimen (lat. *minimus* = der Geringste) genannter, sehr strenger Orden mit ↑Privilegien der ↑Bettelorden. Der zugehörige weibliche Zweig sind die Minimitinnen oder Paulanerinnen.

Paulikianer, Anhänger einer sich auf den ↑Apostel Paulus berufenden, seit dem 7. Jh. im Vorderen Orient und auf dem Balkan verbreiteten christlichen ↑Sekte mit gnostisch-dualistischer Lehre (↑Gnosis, ↑Dualismus), die u. a. ↑Bogomilen und ↑Katharer beeinflusste.

Pauliner, um 1250 als ↑Eremiten-↑Kongregation in Ungarn gegründeter ↑Orden der «Brüder des heiligen Paulus», des ersten Eremiten (gemeint ist der ägyptische Einsiedler Paul von Theben, † 341). War die Gemeinschaft im Spätmittelalter in einigen europäischen Ländern verbreitet, gibt es heute nur wenige ↑Klöster (Krakau und der Wallfahrtsort Tschenstochau in Polen).

Pauperes Christi ↑Waldenser

Pax (lat. = Friede; ↑Friedensbewegung), häufiger schriftlicher und mündlicher Friedensgruß, besonders bei Ordensleuten.

Pax Christi (lat. = Friede Christi), 1944 in Frankreich gegründete katholische ↑Friedensbewegung zur Völkerverständigung aus christlichem Geist.

Pax Dei ↑Gottesfriede

Paxtafel (von lat. *pax* = Friede), reich verzierte Kusstafel, die früher zur Weitergabe des Friedenskusses in der ↑Liturgie der ↑Eucharistiefeier benutzt wurde.

Pazifismus ↑Friedensbewegung

Pedal ↑Orgel

peinliche Frage ↑Folter

Pektorale (lat. *pectus* = Brust), zu den ↑liturgischen Gewändern des ↑Papstes, der ↑Kardinäle, ↑Bischöfe, ↑Äbte und Äbtissinnen gehöriges, meist kostbar ausgeführtes Brustkreuz.

Pelagianischer Streit, Pelagianismus, Auseinandersetzung in der ↑Theologie um die ↑Gnaden-Lehre des Pelagius († 418/31) zwischen ihm, seinen Anhängern (Pelagianern), die seine Lehre radikalisierten, und Vertretern der Kirche (v. a. Augustinus). Der britische, von asketischem Eifer erfüllte Mönch lehnte um 400 in Rom die kirchliche Auffassung von der ↑Erbsünde ab und lehrte, der Mensch werde im Zustand des Adam vor dem Sündenfall geboren (daher Ablehnung der Kinder- ↑Taufe), könne aus eigener Kraft die Gebote Gottes erfüllen und selbst sein ewiges Heil erwirken. Die Erlösungstat Jesu (↑Erlösung) bestehe demnach nur darin, ein Beispiel für gottgefällige Lebensgestaltung gegeben zu haben. Augustinus wandte sich in zahlreichen Schriften gegen Pelagius. Nach den ↑Synoden von Karthago und Mileve (416) und den Päpsten Innozenz I. (417) und Zosimus (418) verurteilte auch das ↑Konzil von Ephesus (431) den Pelagianismus. ↑Semipelagianer, ↑Prädestination

Pentarchie (gr. = «Fünfherrschaft»), im staatskirchlichen Verständnis Kaiser Justinians I. (527–565) die Theorie von fünf grundsätzlich gleichgeordneten ↑Patriarchaten des ↑Byzantinischen Reiches (↑Rom, ↑Konstantinopel, ↑Alexandrien, ↑Antiochien, ↑Jerusalem), welche die ↑Ökumene repräsentieren.

Pentateuch (gr. = Fünfrollenbuch), die fünf Bücher Mose im AT (Gen, Ex, Lev, Num, Dtn).

Pentekoste ↑Pfingsten

perfid, perfide (lat. *per* = durch, hindurch, *fides* = Treue, ↑Glaube), treulos, hinterlistig.

Perikope (gr.), Abschnitt der ↑Heiligen Schrift (↑Epistel oder ↑Evangelium) zur Verlesung im ↑Gottesdienst, festgelegt seit der Spätantike in Perikopenordnungen, aufgezeichnet im Perikopenbuch. ↑Evangelistar ↑Postille

Perill., Abkürzung für lateinisch perillustris = sehr ehrenvoll, sehr angesehen: Früher Anrede und Titel für hochgestellte weltliche und geistliche Personen.

Peritus (lat. = der Erfahrene), allgemein ein Sachverständiger, im Besonderen ein Fachberater eines (Ökumenischen) ↑Konzils.

Personalgemeinde, -pfarrei, im Unterschied zum Gemeinde- oder Pfarrgebiet eine ↑Gemeinde oder ↑Pfarrei für bestimmte Personen oder Stände (z. B. Militärpfarrei, Hochschulgemeinde).

Personalprälatur, neue, allgemein so umschriebene Rechtsfigur der katholischen Kirche: «Klerikale Zweckverbände weltgeistlichen Charakters, die zur Erfüllung besonderer [↑] apostolischer Aufgaben unter eigener Leitung [Personal- ↑Prälat] und mit eigenen Statuten vom [↑] Apostolischen Stuhl errichtet werden; ihnen können auch [↑] Laien angehören» (Heribert Schmitz). 1982 wurde das ↑Opus Dei durch Papst Johannes Paul II. als Personalprälatur errichtet.

Petent ↑Supplik

Peterspfennig, im Mittelalter die zunächst von England freiwillig gezahlte ↑Abgabe an den ↑Papst, die allmählich auch für andere Länder (Polen, Dänemark, Norwegen, Schweden) verpflichtend wurde. Seit 1860 ist er eine freiwillige jährliche Zahlung der Katholiken für den Unterhalt von Papst und ↑Römischer Kurie.

Pfaffe (gr.-got.), im Mittelalter unbelastete, seit der ↑Reformation verächtlich gebrauchte Bezeichnung für einen katholischen ↑Geistlichen.

Pfalzkapelle (lat. *palatium* = Pfalz), ↑Kapelle der fränkischen Könige an ihrem jeweiligen Aufenthaltsort, der Pfalz.

Pfarradministrator ↑Administrator

Pfarrbann ↑Pfarrzwang

Pfarrbezirk ↑Kirchspiel

Pfarrei (von gr.-lat. *parochia* = Parochie, Sprengel, Pfarrei; mittellat. *parricus* = eingeschlossener Raum, «Pferch»), 1. in der katholischen Kirche der unterste kirchenrechtlich (↑Kirchenrecht) selbständige Teilverband eines ↑Bistums, der von einem ↑Pfarrer oder dessen kanonischen Vertreter (↑Administrator) in Unterordnung unter den ↑Bischof und im Zusammenwirken mit dem ↑Pfarrgemeinderat zur Wahrnehmung der ↑Seelsorge (Pfarrseelsorge) geleitet wird. Regel ist die Territorialpfarrei mit klaren Grenzen (Pfarr- ↑Gemeinde mit Pfarrkirche und gegebenenfalls zugehörigen ↑Filialkirche[n]), daneben gibt es auch ↑Personalgemeinden und -pfarreien und Anstaltspfarreien mit festgelegten Pfarrrechten. 2. In den evangelischen Kirchen ist die Pfarrei der territorial und konfessionell begrenzte Bezirk der Gemeinde. ↑Benefizium, ↑Inkorporation, ↑Kloster-, Stiftspfarrei, ↑Oblei, ↑Pfründe

Pfarrer (lat. *parochus*), 1. im katholischen ↑Kirchenrecht der vom ↑Bischof als ↑Seelsorger für eine ↑Pfarrei bestellte ↑Geistliche (meist Weltpriester);

2. im evangelischen Kirchenrecht der durch ↑Ordination und ↑Amts-Übertragung nach Wahl durch die Kirchengemeinde oder Einsetzung durch die Kirchenbehörde mit der Verwaltung beauftragte Geistliche. 3. Die Bezeichnungen Pfarrer und ↑Pastor werden konfessionell und regional verschieden gebraucht. Heute führen oft auch Priester, die Personengruppen betreuen, den Titel Pfarrer, z. B. Studenten- und Jugendpfarrer.

Pfarrernotbund ↑Bekennende Kirche

Pfarrgemeinde ↑Pfarrei

Pfarrgemeinderat, in einer katholischen ↑Pfarrei der auf Zeit gewählte beratende ↑Laien-Rat.

Pfarrhaus, aus den Pastoralbriefen des NT (z. B. 1 Tim 3,1–7) abgeleitete ideale (heute rückläufige) Institution der aus der ↑Reformation hervorgegangenen Kirchen, in dem der ↑Pfarrer mit seiner Familie (früher meist mit vielen Kindern) in einer Art «Hauskirche» als Vorbild seiner ↑Gemeinde leben soll. ↑Pfarrhof

Pfarrhof, früher auch Widenhof (↑Wittum) genannter Amtssitz und Wohnhaus des katholischen ↑Pfarrers, je nach Größe und Ausstattung der Pfarrei auch stattlichen (schlossähnlichen) Ausmaßes, bis ins 20. Jh. herein mit ausgedehnter ↑Pfarrökonomie und entsprechendem Dienstpersonal verbunden. ↑Pfarrhaus

Pfarrkirche ↑Pfarrei

Pfarrkonkurs (von lat. *concursus* = Wettbewerb), in bestimmten katholischen Ländern eine seit den Reformen der ↑Aufklärungs-Zeit festgesetzte Prüfung, die Voraussetzung der Bewerbung um eine ↑Pfarrei ist.

Pfarrlehen ↑Kirchenlehen

Pfarrökonomie, wirschaftliche Ausstattung einer ↑Pfarrei bzw. eines ↑Benefiziums (Pfarrpfründestiftung), früher fast nur mit liegenden Gründen; sie wurde in Deutschland seit etwa 1900 fortschreitend in Pachtverhältnisse umgewandelt und ist heute fast ausschließlich ersetzt durch Gehaltsregelungen in Geld. ↑Kirchengut, ↑Pfarrhof, ↑Wittum

Pfarrprovisor, -verweser ↑Administrator

Pfarrschulen, im Mittelalter an Pfarrkirchen (↑Pfarrei) von weltlicher und geistlicher Obrigkeit häufig angeordnete Einrichtung von Schulen für allgemeine und religiöse Unterweisung.

Pfarrseelsorge ↑Pfarrei

Pfarrverband, durch gesellschaftliche Veränderungen und Priestermangel in deutschen Diözesen so oder ähnlich genannter vorgenommener Zusammenschluss mehrerer ↑Pfarreien unter einheitlicher priesterlicher Leitung bei Erhaltung der Rechtsstellung der einzelnen Pfarreien.

Pfarrvikar ↑Vikar

Pfarrzwang (Pfarrbann), im Mittelalter festgelegte, heute im katholischen ↑Kirchenrecht weitgehend aufgehobene oder gelockerte strenge Bindung der Pfarrangehörigen an die ↑Pfarrei,

wonach ↑Taufe, Eheschließung (↑Ehe), ↑Begräbnis, ↑Sonntags- ↑Gottesdienst, ↑Beichte und ↑Oster-↑Kommunion nur beim bzw. vom zuständigen ↑Pfarrer erfolgen mussten. Dem entspricht im evangelischen Kirchenrecht die Bindung des Gemeindegliedes an seine zuständige Kirchen-↑Gemeinde (Pfarramt).

Pfingstbewegung, Sammelbezeichnung für uneinheitlich organisierte enthusiastische Gemeinschaften, die um 1890 zunächst aus der amerikanischen baptistisch-methodistischen ↑Erweckungsbewegung um 1890 entstanden. ↑Charisma, ↑Pfingsten

Pfingsten (von gr. *Pentecoste* = fünfzig), 1. alttestamentliches Wochenfest 50 Tage nach ↑Passah; 2. vorisraelitisches Erntefest, das heilsgeschichtlich (↑Heilsgeschichte) mit dem Gedächtnis der Übergabe der Gesetzestafeln auf dem Sinai verknüpft ist; 3. christlich wurde es neu geprägt durch die Geistsendung am Pfingsttag (Apg 2).

Pfründe (ahd., von lat. *praebere* = darreichen, gewähren, daher Präbende), das mit einem kirchlichen oder geistlichen ↑Amt, z. B. ↑Pfarrei, ↑Benefizium, ↑Dom- und Stiftskapitel dauernd verbundene Einkommen des Pfründeninhabers (Pfründners) aus Land, Naturalien (↑Immerkuh), Geldvermögen, Reichnissen (↑Abgaben). ↑Dotation, ↑Karenz, ↑Kollation, ↑Kongrua, ↑Leutpriester, ↑Supplik

Pfründenhäufung ↑Kumulation

Pfründner, Inhaber einer ↑Pfründe.

Pfründnerhaus ↑Kollegiatkapitel, Kollegiatstift

Phelonion (gr. = Mantel), das der ↑Kasel ähnliche mantelartige Messgewand des orthodoxen ↑Priesters.

Philippisten, Anhänger der Lehre Philipp Melanchthons im 16. Jh., v. a. hinsichtlich ↑Christologie, ↑Abendmahls-Lehre, guten Werken und freiem Willen. ↑Gnesiolutheraner, ↑Adiaphoristische Streitigkeiten, ↑Kryptocalvinismus

Philologie (gr. = Liebe zum Wort, zur Lehre und die Bemühung darum), aus dem Wunsch griechischer Dichter des Jh.s v. Chr., sich an Homer zu schulen und zu üben, entstandene eigenständige Disziplin, die «Kunst, aus dem Zusammenhang zu verstehen» (Hans-Georg Gadamer). ↑Exegese, ↑Griechisch, griechische Sprache, ↑Hermeneutik, ↑Latein, lateinische Sprache

Philosophie (gr. = Liebe zur Weisheit), 1. im weitesten Sinne alle Bemühungen des Denkens (ohne Rückgriff auf das Licht der göttlichen Offenbarung; ↑Christentum, ↑Theologie), begrifflich (d. h. nicht mythologisch) Herkunft, Sinn und Ziel der Gesamtwirklichkeit, insbesondere der menschlichen Existenz zu ergründen. Nach Immanuel Kant (1724–1804) beschäftigt sich die Philosophie mit folgenden vier Fragen: «Was kann ich wissen? Was soll ich tun? Was darf ich hoffen? Was ist der Mensch?» Dem entspricht eine Einteilung der philosophischen Disziplinen in Er-

kenntnislehre und Metaphysik bzw. Ontologie, Moralphilosophie (Ethik), Philosophische Gotteslehre und Anthropologie. Theologie als systematische Glaubensreflexion vollzog und vollzieht sich immer in Anknüpfung und kritischer Auseinandersetzung mit dem philosophischen Denken. 2. Es war die epochale Leistung der ↑Kirchenväter, den christlichen ↑Glauben in den Begriffen der hellenistisch-philosophischen Tradition darzustellen und ihn so vermittelbar zu machen für die geistige Welt des Mittelmeerraumes. Dabei kam es zu meist erheblichen Bedeutungsübergängen, etwa hinsichtlich der griechischen Begriffe theos (Gott), psyche (Seele), prosopon (Antlitz, Person), ousia (Wesen), allegoria (Allegorie) usw., die ihrer hellenistischen Bedeutung entkleidet und vom Inhalt der Offenbarung her spezifisch christlich geprägt wurden, so dass man besser von Ent-Hellenisierung als von Hellenisierung sprechen sollte. 3. Eine entscheidende Epoche für das Verhältnis von Philosophie und Theologie ist die ↑Scholastik. Analog zum Vorgehen der Kirchenväter gelang es v. a. Thomas von Aquin (1224/25–1274), in kritischer Rezeption der (durch arabische Wissenschaftler vermittelten) Philosophie des Aristoteles, philosophische Begrifflichkeit für die Theologie fruchtbar zu machen (Hylemorphismus) und die dogmatische Begrifflichkeit (↑Dogma) auf lange Sicht entscheidend zu prägen. 4. Die Frage, ob der Philosophie damit nicht zu große Bedeutung eingeräumt wurde, ob mit der Rezeption der philosophischen Begrifflichkeit ein Verrat an spezifisch biblischem Denken einherging, sollte eine der großen Streitfragen der ↑Reformation werden. Das gründliche Studium der Philosophie (theologische ↑Propädeutik), sowohl geschichtlich als auch systematisch, ist für das der Theologie unbedingt notwendig, um erstens die eigene Theologie verstehen zu können und zweitens in kritischer Auseinandersetzung mit den geistesgeschichtlichen Strömungen der Gegenwart das Offenbarungszeugnis je neu verständlich zur Sprache bringen zu können als Gottes Antwort auf die Frage, die der Mensch nicht nur stellt, sondern existentiell ist.

Philosophisch-Theologische Hochschulen ↑Hochschulen

Photianisches Schisma, Spaltung (↑Schisma), die durch die ↑Exkommunikation des Photios, Erzbischofs von ↑Konstantinopel (858–867 und 877–886), durch Papst Nikolaus I. (858–867) eingetreten ist. Vorausgegangen war ein Streit zwischen Photios und seinem Vorgänger Ignatius, der nur bedingt resigniert hatte. Im Verlauf der Auseinandersetzung appellierte Ignatius an den Papst, Photios legte seinerseits beim Papst Beschwerde ein. 863 erklärte Nikolaus I. Photios für abgesetzt, worauf dieser in einem Rundschreiben das ↑Filioque für häretisch (↑Häresie) und 867 seinerseits den ↑Papst für abgesetzt erklärte. Infolge eines Thronwechsels in Konstantinopel musste noch im selben Jahr Photios seinem Vorgänger auf dem Bischofsstuhl weichen. Eine ↑Synode mit päpstlicher Gesandtschaft schloss Photios 869/70 aus der Kirche aus. Das Schisma wurde in der Folge bedeutsam wegen der erstmaligen Inanspruchnahme des Filioque als dogmatische Differenz (↑Dogma) zwischen ↑Ost- und ↑Westkirche.

Photismos (gr. = Erleuchtung), frühkirchliches Wort für die ↑Taufe; Photizomenen (gr. = die erleuchtet werden) sind im Osten die Taufbewerber (↑Katechumenat; sie heißen im Westen Kompetenten oder Electi.

Piaristen (von lat. *pius* = fromm), auf «fromme Schulen» des spanischen Priesters Joseph von Calasanza (1557–1648) in Rom zurückgehender katholischer ↑Regularkleriker-Orden (seit 1621) zur Erziehung und Unterrichtung der Jugend. Er ist entsprechend dem Gründungsideal in vielen Ländern tätig.

Pietà (it. = ↑Frömmigkeit), in Malerei und Plastik, v. a. in Spät- ↑Gotik und ↑Barock, weitverbreitete Darstellung (↑Andachtsbild) der ↑Gottesmutter Maria mit dem Leichnam Jesu auf dem Schoß, auch ↑Vesperbild genannt.

Pietismus (von lat. *pietas* = ↑Frömmigkeit), religiöse Bewegung im ↑Protestantismus vom späten 17. bis Ende des 18. Jh.s, die sich als Vollendung der ↑Reformation und Überwindung der als starr empfundenen ↑altprotestantischen Orthodoxie (Barocktheologie) verstand und unter betonter Einbeziehung des Gefühls Innerlichkeit, individuelle Frömmigkeit und Selbstheilung erstrebte. Der Pietismus übte deutliche Einflüsse auf katholische Christen sowie ↑Erbauungs- und ↑Erweckungsbewegungen aus (z. B. ↑Herrnhuter Brüdergemeine). ↑Freikirchen, ↑Quietismus

Pilaster (frz.), in der Architektur ein flacher Vorsprung aus der Wand zu ihrer Verstärkung nach Art der Säule (↑Kapitell).

Pileolus (lat.), aus der ↑Kalotte entstandenes, auch Zucchetto genanntes Scheitelkäppchen katholischer Geistlicher, das nach Rang verschiedenfarben ist (z. B. weiß beim ↑Papst, rot beim ↑Kardinal).

Pilger, Pilgerfahrt, Pilgerstraßen ↑Jakobsweg, ↑Wallfahrt

Pilgerväter ↑Pilgrim Fathers

Pilgrim Fathers (engl. = Pilgerväter), die erste Gruppe der nach Nordamerika ausgewanderten englischen ↑Puritaner, die 1620 mit dem Schiff «Mayflower» landete (auch ↑Dissenters). ↑Independenten

Pippinische Schenkung (Pippinisches Schenkungsversprechen), auf dem Reichstag von Quiercy an Ostern 754 vom fränkischen König Pippin dem Jüngeren (741–768, seit 751 König) Papst Stephan II. (752–757) gegebene Garantie, die früheren byzantinischen Gebiete Italiens (u. a. ↑Exarchat von Ravenna, Dukat von Rom) wieder herzustellen; sie bedeutete den Höhepunkt im Bund des ↑Papsttums mit den Franken, zugleich den Bruch mit der bisherigen langobardenfreundlichen fränkischen Politik. Papst Stephan II. salbte daraufhin Pippin und seine Söhne erneut zum König und verlieh ihnen den wichtigen ↑Patricius-Ehrentitel, den bisher der byzantinische Exarch von Ravenna geführt hatte. Er gewährte Pippin auch alle geistliche Unterstützung bei der Ausschaltung dessen Bruders Karlmann von der Regierung. Noch 754 führte der Frankenkönig anstelle der bisherigen gallikanischen die römische ↑Liturgie im Frankenreich ein; 756 erzwang er vom Langobardenkönig Aistulf die Herausgabe des Exarchats und sonstiger Eroberungen, die er nun urkundlich dem ↑Apostolischen Stuhl überwies. Damit war der ↑Kirchenstaat grundgelegt und zugleich auch ein entscheidender Schritt zur völligen Lösung des italischen ↑Patrimonium Petri aus dem byzantinischen Reichsverband getan.

Pius-Vereine, in Deutschland und Österreich seit 1848 bestehende, nach Papst Pius IX. (1846–1878) benannte katholische Vereine zur Förderung der religiösen Freiheit.

Plazet (lat. = es gefällt), allgemein Erlaubnis und Zustimmung, v. a. im ↑Staatskirchenrecht die Genehmigung kirchlicher Verlautbarungen durch den Staat vom Spätmittelalter bis ins 20. Jh.

Pleban, Plebanus ↑Leutpriester

Plenarablass ↑Ablass

Plenarkonzil, im katholischen ↑Kirchenrecht ein Partikular- ↑Konzil mehrerer ↑Kirchenprovinzen.

Pluviale (lat. = Regenschutzmantel), langer, um die Schultern getragener, meist Rauchmantel genannter (↑Chor-) Mantel in liturgischer Farbe, der auf der Brust durch eine Schließe zusammengehalten und vom Geistlichen bei bestimmten feierlichen Handlungen getragen wird, z. B. bei ↑Sakraments- ↑Andachten und -↑Prozessionen, oft auch in Violett oder Schwarz beim ↑Begräbnis. ↑Cappa, ↑liturgische Gewänder

Plymouth-Brüder ↑Darbysten

p. m. (lat.), Abkürzung für ↑pontifex maximus und piae memoriae = seligen Angedenkens.

Pneumatologie (gr. *to pneuma* = der Geist), Teilgebiet der ↑Dogmatik bzw. Systematischen ↑Theologie: Die Lehre von der göttlichen Natur, Wirksamkeit und Person (↑Hypostase) des Heiligen Geistes. Ihren Abschluss fand die Lehrentwicklung auf dem Konzil von Konstantinopel (381), wo in Reaktion auf die ↑Pneumatomachen, das Konzil von Nizäa (325) präzisierend, vom Geist gelehrt wird: «… der Herr (= Gott) ist und lebendig macht, der vom Vater ausgeht, der mit dem Vater und dem Sohne zugleich angebetet und verherrlicht wird. Der gesprochen hat durch die Propheten». ↑Trinität

Pneumatomachen (gr. = Geistbekämpfer; auch Makedonianer), Sammelbezeichnung für verschiedene Theologen des 4. Jh.s, welche die kirchliche Lehre von der Gottheit und Personalität des Heiligen Geistes (↑Pneumatologie) bestritten und ihn entweder als obersten ↑Engel, als Geschöpf oder als Zwischenwesen zwischen Gott und den Menschen dachten. Theologisch wurden sie von den ↑Kappadokiern bekämpft und vom Konzil von Konstantinopel (381) zurückgewiesen. ↑Nicaeno-Constantinopolitanum

Polemik ↑Apologetik, ↑Kirchengeschichtsschreibung

Polytheismus ↑Theismus

politischer Katholizismus, oft missbrauchtes Schlagwort für politische Kräfte im 19./20. Jh., welche katholische Sozial-, Schul- und Kulturpolitik sowie Morallehre mit politischen Mitteln durchsetzen wollen (↑katholische Bewegung). ↑Zentrum

Pönitent (von lat. *poena* = Strafe, ↑Buße), der Büßende (↑Buße), Beichtende (↑Beichte).

Pönitentialien ↑Bußbücher

Pönitentiar (von lat. *poena* = Strafe, ↑Buße) 1. ein Bußpriester oder ↑Beichtvater, der auch in den dem ↑Bischof vorbehaltenen, «reservierten» Fällen (Reservatfällen) die ↑Absolution erteilen kann; 2. der Großpönitentiar an der ↑Apostolischen Pönitentiarie ist mit besonderen Absolutionsvollmachten ausgestattet.

Pontifex ↑Bischof

pontifex maximus (lat. = «größter Brückenbauer» [lat. *pons* = Brücke, *facere* = machen] oder ↑Bischof, Abkürzung p. m.), 1. ursprünglich der heidnische römische Oberpriester, dann kaiserlicher Titel; 2. seit Papst Leo I. (440–461) Ehrentitel der ↑Päpste, besonders ausgeprägt in der Renaissance.

Pontificale, Pontifikale ↑Pontifikalien, ↑Rituale, ↑Weihe

Pontifikalamt ↑Pontifikalien

Pontifikalien (von lat. *pontifex* = ↑Bischof), 1. in der katholischen Kirche alle dem ↑Bischof und dem zu ihrem Gebrauch befugten ↑höheren Klerus zukommenden Insignien (Abzeichen, ↑liturgische Gewänder), besonders ↑Mitra, ↑Ring und Stab, ↑Pektorale. Seit Beginn des Hochmittelalters wurde der Gebrauch von Mitra und Stab von ↑Päpsten und ↑Konzilien vielen ↑Äbten und ↑Pröpsten der ↑Prälatenklöster («infulierte Prälaten»; ↑Inful) durch ↑Privileg gestattet, so auch den ersten ↑Dignitäten der ↑Dom- und Stiftskapitel. Das Recht auf Pontifikalien wurde 1968 (im Zuge des ↑Vaticanum II) stark eingeschränkt. 2. Pontifikalien werden außerdem Handlungen genannt, bei denen nach den liturgischen Vorschriften Mitra und Stab benutzt werden, z. B. Pontifikal-↑Amt, -↑Vesper.

Pontifikat (lat. von *pontifex* = ↑Bischof), Regierungsdauer des ↑Papstes oder eines ↑Bischofs (auch ↑Episkopat).

Pope (russ., von gr. *pappas* = Vater), 1. ursprünglich Titel des ↑Weltgeistlichen in Griechenland, Russland und

auf dem Balkan; 2. im Russischen seit dem 19. Jh. abwertende, verächtliche Bezeichnung für orthodoxe Geistliche; 3. im Englischen der ↑Papst.

populus Dei (lat.), das Volk Gottes, die Christenheit.

Pornokratie (gr. = «Hurenregiment»), Wort für die Zeit des Papsttums in den Jahren 904–932 im ↑Dunklen Jahrhundert, als die Römerin Marozia («Mariechen») die Stadt Rom und den ↑Kirchenstaat weitgehend beherrschte.

Porta Coeli ↑Domus Dei

Portal (lat. *porta* = Pforte), monumental gestalteter Eingang, v. a. zu Palästen und Kirchen. ↑Atrium, ↑Basilika, ↑Paradies, ↑Tympanon

Portatil(e), (von lat. *portare* = tragen), der im Früh- und Hochmittelalter besonders kostbar ausgestattete Trag- oder Reise- ↑Altar.

Porticus (von lat. *porta* = Pforte), als Säulenhalle gestalteter Vorbau an der Haupteingangsseite von (Kirchen-) Gebäuden.

Portiunkula (lat. = «kleine Pforte»), 1. Name der Marien- ↑Kapelle bei Assisi (it. Santa Maria degli Angeli = Heilige Maria von den [↑] Engeln; ↑Gottesmutter), die von Franz von Assisi († 1226, ↑Franziskaner) restauriert und im 16. Jh. von einer großen ↑Basilika überbaut worden ist; 2. der Portiunkula- ↑Ablass ist ein vollkommener Ablass, der als Toties-quoties-Ablass (lat. = «so oft, wie oft», d. h. mehrmals täglich, so oft man nach

Empfang von ↑Beichte und ↑Kommunion die dafür privilegierte Kirche besuchte und die vorgeschriebenen Gebete verrichtete) «gewonnen» werden konnte (bis zu den liturgischen Reformen des ↑Vaticanum II), ursprünglich am jährlichen Weihetag der Portiunkulakirche und in Franziskanerkirchen gewährt, dann durch päpstliches ↑Privileg auf Pfarrkirchen (↑Pfarrei) und andere Kirchenräume ausgedehnt wurde.

Positio (lat. = Stellung, Stand, Lage), Zusammenfassung der Untersuchungsergebnisse im Verfahren zur Selig- und Heiligsprechung (↑Kanonisation), die bei der ↑Römischen Kurie eingereicht wird.

post Christum natum (lat.), nach Christi Geburt. ↑ante Christum natum

Postglossator ↑Glossator

Postille (von lat. *post illa verba* = nach jenen Worten [des ↑Evangeliums]), 1. im späten Mittelalter die schulmäßige Auslegung der ↑Bibel bzw. einzelner ↑Perikopen; 2. seit der ↑Reformation das ↑Predigt-Buch zu den Sonn- und Festtagen des ↑Kirchenjahres für den Prediger oder als häusliches ↑Erbauungs-Buch (Hauspostille) für das Volk. Weitverbreitet waren Martin Luthers Kirchenpostille (1527) und die katholische Hauspostille von Leonhard Goffiné (1690), genannt «die Goffiné».

Postulat (lat. = Forderung, Gesuch), im katholischen ↑Ordens-Recht eine dem ↑Noviziat vorausgehende Probezeit zum Kennenlernen des Lebens im Ordensstand.

Postulation (lat. = Forderung, Gesuch), eine bei der Besetzung eines kirchlichen ↑Amtes seit dem 12. Jh. begegnende Besonderheit der Wahl: Wenn eine geeignete Person wegen eines Hindernisses, von dem gewöhnlich ↑Dispens erteilt wird, für das Amt u. a. eines ↑Bischofs, ↑Abtes oder einer Äbtissin nicht gewählt werden kann, können die Wähler an den Oberen, dem die Wahlbestätigung zusteht, sonst an den ↑Papst das Gesuch um Verleihung des Amtes und der Dispens von Mängeln richten (in der ↑Reichskirche z. B. häufig bei ↑Kumulation).

Postulator (lat.), Antragsteller und Betreiber (Anwalt) eines ↑Kanonisations-Verfahrens (lat. Advocatus Dei), im Unterschied zum ↑Advocatus diaboli.

pp, p. p., Abkürzung für lateinisch papa, den ↑Papst.

Präbende ↑Pfründe

Prädestination (lat. = Vorherbestimmung), der von Gott seit Ewigkeit aus Liebe gefasste Beschluss, auf dem Wege einer geschichtlichen Heilsordnung (↑Heilsgeschichte) allen Menschen das ewige Heil zu ermöglichen (universaler Heilswille Gottes: 1 Tim 2,4): 1. Der Heilswille Gottes hebt die Freiheit des Menschen nicht auf. Das in Jesus Christus für alle Menschen erwirkte und von der Kirche durch die Zeiten vermittelte Heil muss vom Menschen in Freiheit gläubig angenommen und in einem Leben in Liebe gewirkt werden. Die Auseinandersetzung mit Pelagius (↑Pelagianischer Streit, Pelagianismus) veranlasste Augustinus (354–430) zu einigen extremen Aussagen hinsichtlich der Auswahl nur weniger innerhalb der Menschheit (als lat. *massa damnata* = verdammte Masse) zum ewigen Heil durch Gott. Das kirchliche Lehramt wies erstmals auf der Synode von Arles (473) mit den Thesen des Presbyters Lucidus eine absolute Vorherbestimmung einzelner entweder zum Heil oder zur Verdammnis und die damit verbundene Aufhebung des freien Willens zurück. 2. Die Frage der Prädestination rückte v. a. in der Zeit der ↑Reformation ins Zentrum der ↑Theologie. Martin Luther lehrt in «De servo arbitrio» (lat. = Über den «geknechteten» Willen) im Zusammenhang mit seiner ↑Rechtfertigungslehre die absolute Vorherbestimmung: Gott allein wirke sowohl das Heil als auch das Unheil. Hierin wurde ihm aufs entschiedenste von Erasmus von Rotterdam widersprochen («De libero arbitrio», lat. = Über den freien Willen). Für die reformierte Kirche Calvins (↑Calvinismus) wurde die Lehre von der doppelten Prädestination zu einem der Hauptkennzeichen: Gott bestimme im voraus einen Teil der Menschen zum Heil, einen anderen zum Unheil. Innerhalb des Calvinismus wandten sich die Arminianer (↑Arminianismus) in den Niederlanden gegen die Prädestinationslehre. 3. Sie wurde schließlich von Karl Barth (1886–

1968) in dem Sinne modifiziert, dass Christus als die doppelte Prädestination in Person stellvertretend für alle die Verwerfung auf sich genommen habe, so dass es keine zur Verdammnis Vorherbestimmten mehr gebe. ↑Jansenismus, ↑Synergismus

Prädikant (von lat. *praedicare* = verkünden, predigen; ↑Predigt), der evangelische (Hilfs-) Prediger.

Präfation (lat. = Eingangsworte, Vorrede), das in der ↑Liturgie nach Zeiten des ↑Kirchenjahres und Festen variierende große Lob- und Dankgebet der ↑Eucharistie und des evangelischen ↑Abendmahls-Gottesdienstes, das im ↑Sanctus ausklingt.

Präfekt (lat. = der Vorgesetzte), 1. als ↑Kardinal-Präfekt der Leiter einer Kardinals- ↑Kongregation; 2. der ↑Apostolische Vikar/Präfekt; 3. der Leiter religiöser Vereinigungen, z. B. ↑Marianischer Kongregationen; 4. als Präfektur wird auch die Verwaltung der ↑Vatikanstadt bezeichnet, die dem ↑Kardinalstaatssekretär obliegt. ↑Eparch

Präfiguration ↑Typologie

Prager Kompaktaten, 1433 geschlossener Vertrag zwischen Vertretern des Konzils von Basel und der gemäßigten Partei der ↑Hussiten, u. a. mit dem Zugeständnis der ↑Kommunion unter beiden Gestalten für ↑Laien in Böhmen und Mähren.

Pragmatische Sanktion von Bourges, auf der ↑Synode von Bourges verkündetes französisches Staatsgesetz von

1438, das den Einfluss des ↑Papstes auf die Kirche Frankreichs stark verringerte (↑Gallikanismus).

Präkonisation (lat. = Verkündung), Bekanntmachung einer ↑Bischofs-Bestellung durch den ↑Papst.

Praktisches Christentum ↑Life and Work

Prälat (von lat. *praeferre, praelatus* = hervorheben), 1. in der katholischen Kirche im engeren Sinn der Träger ordentlicher ↑Jurisdiktion im äußeren Bereich (Diözesanbischof [↑Bischof] oder gleichgestellter Amtsinhaber); 2. im weiteren Sinn der Inhaber eines hohen kirchlichen ↑Amtes; 3. meist Kurzbezeichnung für den päpstlichen Ehrenprälat (ohne Jurisdiktion), derzeit in drei Rangstufen gegliedert: Apostolischer Protonotar, Päpstlicher Ehrenprälat (bis 1968 Hausprälat), Päpstlicher Kaplan (bis 1968 Päpstlicher Geheimkämmerer; in Deutschland ↑Monsignore); 4. in Österreich und Bayern häufig Bezeichnung für ↑Äbte und ↑Pröpste der Prälatenklöster (↑Prälatenorden); 5. in einzelnen deutschen evangelischen ↑Landeskirchen ein geistliches Mitglied bzw. Amtsträger bestimmter kirchlicher Verwaltungsorgane. ↑Inful

Prälatenbank, im ↑Heiligen Römischen Reich auf dem Landtag die Kurie des geistlichen Standes, auf dem Reichstag (↑Reichsstände und Reichstag) das zur geistlichen Bank gehörende Kollegium der nicht ↑gefürsteten ↑Prälaten im Reichsfürstenrat, das in der schwäbischen und rheinischen Prälatenbank zusammengefasst war.

Prälatenorden, herkömmlich Bezeichnung für die ↑Orden, deren Stifts- und Klostervorstände ↑Äbte und ↑Pröpste, damit in der Regel infulierte ↑Prälaten sind (↑Pontifikalien), in Deutschland und Österreich gewöhnlich die Orden der ↑Augustiner-Chorherren und ↑Prämonstratenser, der ↑Benediktiner und ↑Zisterzienser. ↑Bauprälaten

Prälatur (lat.), 1. Würde und Stellung eines ↑Prälaten; 2. höheres kirchliches ↑Amt; 3. die praelatura nullius (lat.) ist eine selbständige Prälatur (↑Abtei) oder ein selbstständiges höheres Kirchenamt mit eigenem Gebiet, das keinem ↑Bistum eingegliedert ist; 4. eine ↑Personalprälatur.

Prämonstratenser, 1. von Norbert von Xanten (1080/85–1134, seit 1126 ↑Erzbischof von Magdeburg, hl.) 1121 als ↑Eremiten-Gemeinschaft in einem unwegsamen Felsental bei Laon (lat. Praemonstratum [pratum monstratum], heute Prémontré im Département Aisne, Frankreich) gegründeter, 1126 päpstlich bestätigter ↑Chorherren-Orden, mit den ↑Augustiner-Chorherren der bedeutendste der regulierten Chorherrenorden, dessen Angehörige nach ihrem Stifter auch Norbertiner genannt werden. Der Gemeinschaft liegt die strengere Fassung der ↑Augustinusregel zugrunde, die ein von völliger ↑Armut und äußerster ↑Buße geprägtes Leben mit ↑Fasten und Schweigen, ausgedehntem ↑Chordienst und Handarbeit vorschreibt. Gleichzeitig wird die ↑Seelsorge in besonderer Weise betont. Durch deren Verbindung mit dem Gemeinschaftsleben im ↑Kloster wurde die Einrichtung zu einer Neuerscheinung in der Ordensgeschichte. Die um 1130 abgefassten ↑Consuetudines wurden zur Grundlage für die Vereinheitlichung der Kleidung (sie besteht in ↑Talar, ↑Skapulier, ↑Zingulum und ↑Birett aus weißer Wolle, dazu im ↑Chor das ↑Rochett, im Winter auch die ↑Almuzia und die ↑Cappa, ein weißer Mantel, oft auch mit ↑Kapuze), die Gestaltung des Lebensunterhalts, die Sitten und Einrichtungen; gleichzeitig wurde die Rolle des «Vaterabtes» (↑Abt) eingeführt; bis 1790 war der Abt von Prémontré zugleich Generalabt, der seit 1937 in Rom residiert. Gemäß dem Prinzip der ↑Filiation akzeptierte ein neu gegründetes (Tochter-) Kloster das Aufsichtsrecht seines Mutterklosters. Dieses hatte seinerseits wieder ein Mutterkloster über sich. Oberstes Kloster dieses «familiären» Verbandes von Müttern, Töchtern und Geschwistern war das Prämonstratenserstift in Prémontré, wo sich die Vorsteher aller Stifte einmal im Jahr einfanden. Schließlich wurde von den ↑Zisterziensern das Organisationsmodell des ↑Generalkapitels übernommen, das alljährlich am 9. Oktober in Prémontré stattfand (zum letzten Mal 1736). Die Einführung des Zirkariensystems (mit eigenen Ordensprovinzen) um 1200 führte zu einer engen Zusammenfügung des Or-

dens, der sich bis zum 13./14. Jh. über ganz Europa ausbreitete und zur Zeit seiner höchsten Blüte mehr als 3000 Stifte und Klöster zählte. Die seit dem 14./15. Jh. allgemein übliche Betreuung von ↑Pfarreien bildet bis zum heutigen Tag das Hauptbetätigungsfeld vieler Klöster der Prämonstratenser, v. a. in Deutschland, Frankreich, Belgien und Böhmen. Als Ordensleute besitzen sie das keinem anderen Orden gewährte (1750 bestätigte) ↑Privileg, ohne besondere ↑Dispens des ↑Apostolischen Stuhls Pfarr- und andere Seelsorgestellen erlangen zu können. 2. Als Zweiter Orden gingen die Prämonstratenserinnen hervor aus den ↑Chorfrauen oder ↑Kanonissen, die im 11./12. Jh. die Augustinusregel angenommen und die feierlichen Ordensgelübde abgelegt hatten. Ihren Ursprung führen sie auf den hl. Norbert zurück (daher auch Norbertinerinnen genannt) und verehren zusammen mit ihm die selige Ricuera (Ricovera) von Clastre als Stifterin. 3. Nach großen Verlusten im 15. Jh. durch Hussitenstürme (↑Hussiten) und Türkenkriege, im 16. Jh. durch die ↑Reformation, kam es im 17./18. Jh. zu einem neuen Aufschwung (in Süddeutschland und Österreich sind die ↑Barock- und ↑Rokoko-Kirchen der Prämonstratenserstifte Zeugnis für die neue Blüte, so die weltberühmte Wieskirche bei Steingaden [Oberbayern]). Die ↑Klosterstürme am Ende des 18. und Beginn des 19. Jh.s führten zum nahezu völligen Untergang des Ordens, der heute in mehr als 70 selbstständigen

Klöstern (meist Abteien) weltweit verbreitet ist. Zur Ordensfamilie gehören auch der ↑Dritte Orden des hl. Norbert für Weltleute und der im 18. Jh. nach dem Vorbild der ↑Franziskaner gegründete Dritte Orden der Prämonstratenser.

Prangertag, in manchen deutschen Regionen seit dem Spätmittelalter volkstümliche Bezeichnung für ↑Fronleichnam, an dessen Festtag die an ↑Gottesdienst und ↑Prozession Beteiligten «prangen», d. h. festlichen Schmuck aufwenden.

Präsentationsrecht ↑Patron, Patronat

praesentia regis ↑Reichskirche

Präses (lat. = Vorsitzender), 1. Bezeichnung für verschiedene Ämter (↑Amt) in den evangelischen Kirchen; 2. in der katholischen Kirche der geistliche Vorstand eines kirchlichen Vereins, z. B. des ↑Kolpingwerks.

Precist ↑Supplik

Predella (it. = Fußschemel), 1. oberste Stufe zum ↑Altar, auf welcher der ↑Priester vor dem Altar steht; 2. mit dem Aufkommen der ↑Flügelaltäre im 15. Jh. Wort für den Untersatz des Altar- ↑Retabels (zwischen Altartisch und -aufbau), der häufig mit Darstellungen der ↑Apostel mit ↑Christus oder der vier ↑Evangelisten versehen ist.

Predigerorden ↑Dominikaner

Predigt (zu lat. *praedicare* = öffentlich bekanntmachen, verkünden), im heutigen Sprachgebrauch meist die im ↑Gottesdienst stattfindende geistliche Rede (↑Sermon) von der ↑Kanzel oder am ↑Ambo. Andere mögliche Bezüge zeigen die Bergpredigt in Mt 5–7, die ↑Missions- und ↑Kreuzzugs-Predigten des Mittelalters, Predigten in Rundfunk und Fernsehen oder auf (den ↑Deutschen Evangelischen) Kirchen- bzw. (↑Deutschen) Katholikentagen. Im Unterschied zu anderen Weisen der Vermittlung (z. B. Kunst, Musik) ist die Predigt an die Sprache und meist an einen ↑Bibel-Text gebunden. Sie ist seit frühchristlicher Zeit an bestimmte Menschen und ihre Situationen gerichtet, soll das Wort Gottes verkünden und auslegen, zur Einkehr mahnen und Trost spenden. Der Stellenwert im Gottesdienst schwankte in der Geschichte und in den einzelnen Kirchen. In der katholischen Kirche steht die ↑Messe im Mittelpunkt, doch gewann die Predigt seit dem ↑Vaticanum II an Bedeutung. In den reformierten Kirchen ist sie (verbunden mit dem Predigtamt) der wesentliche Teil des Gottesdienstes, doch wird der ↑Liturgie und dem ↑Sakrament zunehmende Aufmerksamkeit geschenkt. Nach der Blütezeit der Predigt im Hoch- und Spätmittelalter (↑Minoriten und v. a. ↑Dominikaner als «Predigerorden») erreichte die Predigt in den Glaubenskämpfen des 16./17. Jh.s besondere Bedeutung als Kontroverspredigt (häufig auf allen Seiten sehr polemisch) und eine neue Blüte in der breit ausladenden ↑Barock-Predigt; im Spätmittelalter und in der Barockzeit war sie oft gewürzt durch kräftige, manchmal recht derbe ↑Exempel («Predigtmärlein»). Die gesprochene und gedruckte Predigt ist stets wertvolle Quelle der Sprachentwicklung und des Lebens in allen Bereichen, weit über den unmittelbaren religiösen Bezirk hinaus; man denke etwa an den ↑Zisterzienser Bernhard von Clairvaux († 1153), die ↑Franziskaner Berthold von Regensburg († 1272) und David von Augsburg († 1272), an Johannes Geiler von Kaysersberg († 1510), Martin Luther († 1546) und den großen Barockprediger Abraham a Sancta Clara († 1709). ↑Homilie, ↑Postille

preisen ↑Segen, segnen, Segnung

Prekarie (von lat. *preces* = Bitten), seit dem 6. Jh. ausgebildetes kirchliches Recht der Landleihe an einen ↑Kleriker zu dessen Lebensunterhalt, Vorstufe des ↑Benefiziums.

Presbyter (gr. = der Ältere, der an Alter und Stand Vorgerückte), 1. ↑Gemeinde- und ↑Kult-Vorsteher der ↑Urkirche (Kirchenältester), der schon um 100 hinter dem ↑Bischof zurücktritt; 2. im katholischen ↑Kirchenrecht der geweihte ↑Priester (↑Priesterweihe); 3. in verschiedenen deutschen evangelischen Kirchen Mitglied des Gemeindekirchenrates. ↑Admissio, ↑Archipresbyter

Presbyterialverfassung (oft gleichbedeutend mit Synodalverfassung), Typus reformierter Kirchenverfassung. Die kirchlichen Leitungs- und Dienstfunktionen werden von einem gewählten Gremium (↑Synode) wahrgenommen, in dem ↑Laien und Ordinierte (↑Ordination) gleichberechtigt zusammenwirken. ↑Presbyterianer

Presbyterianer (gr., von ↑Presbyter), 1. in einem weiteren Sinn alle reformierten Kirchenverbände, deren Ordnung auf der ↑Presbyterialverfassung beruht; 2. im engeren Sinn jene reformierten Kirchengemeinschaften, die im 16. Jh., von Schottland ausgehend, v. a. unter John Knox, die calvinistisch-hugenottische Synodalverfassung verwirklichten und sich seit dem ausgehenden 16. Jh. nach England, Wales und den USA verbreiteten (↑Calvinismus, ↑Hugenotten); daneben gibt es freikirchliche Abspaltungen. ↑Puritaner, ↑Westminstersynode

Presbyterium (gr., von ↑Presbyter), 1. allgemein die Geistlichkeit; 2. evangelischer Gemeindekirchenrat; 3. ↑Altar-, ↑Chor- und ↑Kleriker-Raum einer Kirche. ↑Domkapitel

Priester (von altfrz. «prestre»), deutsches Wort für ↑Presbyter.

Priesterehe. 1. In der katholischen Kirche wird von den ↑Priestern als Angleichung an die Lebensform Jesu die ↑Ehelosigkeit verlangt. In der Antike galt das Ideal des Enthaltsamkeits- ↑Zölibats (verheiratete Priester lebten ab der ↑Weihe enthaltsam), das sich unter dem Einfluss des ↑Mönchtums zum Ehelosigkeitszölibat fortentwickelte. Von Papst Siricius (385) gefordert, wurde dieser Zölibat von Papst Leo I. (440–461) auf den Subdiakonat (↑Subdiakon) ausgedehnt. Nach Lockerung der Zölibatsdisziplin erklärte im Zuge der

↑Gregorianischen Reform Papst Innozenz II. (1139) die Ehe zum Weihehindernis (ab dem Subdiakonat). 2. Im Unterschied zur Praxis der römisch-katholischen Kirche sind die Priester in den orthodoxen Kirchen verheiratet (nicht die ↑Bischöfe). ↑Augsburger Interim

Priestermönch, ein ↑Mönch, der die ↑Priesterweihe empfangen hat (auch Chormönch genannt). ↑Pater

Priesterorden, herkömmlich ↑Orden und ↑Religiosen-Verbände, deren Mitglieder überwiegend die ↑Priesterweihe empfangen haben.

Priesterrat, das für jedes ↑Bistum vorgeschriebene, auf Zeit gewählte Gremium von ↑Priestern, das als «Senat» den ↑Bischof in der Bistumsleitung beratend unterstützt. Es ist so zusammengesetzt, dass es die Gesamtheit der Geistlichen einer Diözese repräsentiert.

Priesterseminar ↑Seminar

Priestertum aller Gläubigen (allgemeines Priestertum), 1. nach 1 Petr 2,9 der Verkündigungs- und Seelsorgeauftrag aller Christen; 2. nach katholischer und orthodoxer Glaubenslehre das besondere Priestertum in der ↑Hierarchie, Weihesakrament in den drei Stufen: ↑Diakon, ↑Priester, ↑Bischof (↑Weihegrade). ↑Laie

Priesterweihe, nach katholischer und orthodoxer Glaubenslehre die zweite Stufe des dreigliedrigen Weihesakramentes (↑Diakon, ↑Priester, ↑Bischof; ↑Weihegrade), die nur von einem ordnungsgemäß geweihten ↑Bischof gespendet werden kann und unerlässliche Voraussetzung zur Feier der ↑Sakramente der ↑Eucharistie, der ↑Buße und der ↑Krankensalbung (früher Letzte Ölung) ist. ↑character indelebilis

Prim (lat. *prima hora* = erste Stunde), im ↑Stundengebet die Morgen- ↑Hore vor Verteilung der Tagesarbeit, die als Morgengebet in das ↑Brevier-Gebet einging. Seit der ↑Liturgie-Reform 1964 entfällt sie für Weltkleriker und Ordensleute ohne ↑Chordienst.

Primas (lat. = der Erste), in der katholischen Kirche dem ↑Exarchen vergleichbarer Titel des ersten ↑Bischofs mancher Länder, heute in der Regel nur noch Ehrentitel. In der Geschichte waren mit dem Metropolitansitz des Primas gewisse Rechte über andere ↑Metropoliten und Bischöfe eines Landes, Reiches oder einer Nation verbunden, z. B. Einberufung und Vorsitz des National- ↑Konzils, Annahme von ↑Appellationen, ↑Weihe der Metropoliten, Krönung des Fürsten (Königs). In der ↑Reichskirche war der Erzbischof von Mainz «Primas Germaniae». Andere Metropoliten des Reiches (Salzburg) führten vorübergehend diesen Würdetitel.

Primat, Primatialgewalt ↑päpstlicher Primat, ↑Jurisdiktion

primissarius ↑Frühmesser

Primiz (lat. *primitiae* = Erstlingsgaben), die festlich begangene erste heilige ↑Messe des neu geweihten katholischen ↑Priesters.

Prior, Priorin (lat. = der Erstere, der Obere), 1. der zweite Obere einer ↑Abtei (zugleich Stellvertreter des Abtes); 2. der Obere eines selbständigen ↑Klosters eines ↑Mönchs-Ordens, das nicht Abtei ist (Priorat); 3. der Obere eines Klosters oder einer Niederlassung verschiedener Orden; 4. in Frauenkonventen entspricht ihm die Priorin; 5. ↑Ritterorden kennen für höhere Ränge den Titel Groß-Prior.

Priscillianismus, auf den spanischen Asketen (Bischof?) Priscillian (hingerichtet 385) zurückgeführte Irrlehre, die Elemente der ↑Gnosis und des ↑Manichäismus aufnahm und in den göttlichen Personen (↑Trinität) lediglich drei Erscheinungsweisen Gottes sah.

Privileg (lat. = Vorrecht, Vergünstigung), 1. allgemein ein von der zuständigen höheren Instanz gewährtes Ausnahmerecht, das entweder von einer Verpflichtung entbindet oder zu einem besonderen Handeln berechtigt (z. B. Gebrauch der ↑Pontifikalien). Im katholischen ↑Kirchenrecht sind ihm ähnlich ↑Indult und ↑Dispens; 2. feierliches Privileg wird die spezielle Form der Urkunde des ↑Papstes genannt, die bei besonders wichtigen Anlässen vom späten 11. bis ins 13. Jh. verwendet wurde. Äußere Kennzeichen dieser Urkundenform sind beim Schlussteil (Eschatoll) die Rota (links) und das Bene-Valete-Monogramm (rechts), dazwischen die eigenhändige Unterschrift des Papstes und darüber in drei Kolumnen die Unterschriften der ↑Kardinä-

le, gegliedert nach dem ↑Weihegrad (links die Kardinalpriester, in der Mitte die Kardinalbischöfe, rechts die Kardinaldiakone). ↑Reichskirche, ↑Wiener Konkordat

privilegierter Altar ↑Altar

Probabilismus (von lat. *probabilis* = vertretbar, annehmbar, wahrscheinlich), in der ↑Theologie die Lehre, nach der man im Zweifel über die Erlaubtheit oder Unerlaubtheit einer Handlung der probablen, d. h. auf gute (vertretbare) Gründe sich stützenden Meinung folgen darf, auch wenn die entgegengesetzte Meinung probabler ist. In den Moralstreitigkeiten der katholischen Kirche des 17./18. Jh.s wurde dieses System v. a. von ↑Jesuiten vertreten, von Jansenisten (↑Jansenismus) als «Jesuitenmoral» scharf bekämpft. ↑Tutiorismus

Prodatar ↑Apostolische Datarie

profan (lat. = vor dem Tempelbezirk liegend), weltlich, nicht geweiht (↑Weihe), nicht dem ↑Heiligen zugehörig, alltäglich. Davon abgeleitet: Profanierung (Überführung von einer ↑sakralen in eine weltliche Bestimmung, z. B. eines Kirchengebäudes; ↑Säkularisation, ↑Säkularisierung), Profanation oder Profanisierung (Entweihung, Missbrauch des Heiligen), Profangeschichte (im Unterschied zu ↑Heils- oder ↑Kirchengeschichte die «Weltgeschichte»).

Professio fidei (lat. = Bekenntnis des Glaubens). Alle Gläubigen sind in der ↑Nachfolge Jesu zum ↑Bekenntnis ihres ↑Glaubens (in Wort und Tat) verpflichtet und durch ↑Taufe und ↑Firmung auch dazu befähigt. Erwachsene Taufbewerber legen sie vor der Taufe ebenso ab wie Konvertiten (↑Konversion) vor der Aufnahme in die Kirche (↑Glaubensbekenntnis). Zur Vergewisserung ihrer Treue zum überlieferten Glauben der Kirche wird vor der Übernahme eines verantwortlichen kirchlichen/geistlichen ↑Amtes von den Kandidaten verlangt, persönlich vor einem Träger oberhirtlicher Gewalt in jeweils vorgeschriebener Form das Glaubensbekenntnis abzulegen.

Profess (lat. = Bekenntnis, Versprechen), Ablegen der klösterlichen ↑Gelübde durch den Professen, der dadurch dem ↑Kloster-Verband eingegliedert wird. Ihr vorausgehen muss das ↑Noviziat. Das katholische ↑Ordens-Recht (↑Kirchenrecht) unterscheidet feierliche, einfache, zeitliche (zeitlich begrenzte) und ewige (lebenslängliche) Profess.

Prokurator (lat. = Verwalter, Stellvertreter), 1. im ↑Kirchenrecht der mit Vollmacht ausgestattete Vertreter einer Amts- oder Privatperson; 2. der ↑Zellerar.

Promulgation (lat.), öffentliche Bekanntmachung einer Rechtshandlung.

Pronuntius (lat.), 1. ↑Apostolischer Nuntius, der ↑Kardinal ist; 2. Botschafter des ↑Heiligen Stuhls in den Staaten, in denen der Nuntius nicht Doyen (Sprecher des diplomatischen Korps) ist.

Propädeutik (gr. = Vorausbildung, Einführung), entwickelt aus dem mittelalterlichen Studium der ↑Septem artes liberales, ist sie die in den Studienordnungen ↑Theologischer Fakultäten vorgesehene Hinführung der Studierenden zum Erwerb der zum Studium der ↑Theologie erforderlichen hilfswissenschaftlichen Kenntnisse und Fertigkeiten, insbesondere der biblischen Sprachen (↑Exegese), der ↑Philosophie und ihrer Begrifflichkeit. Neuerdings erweist sich zunehmend eine grundlegende Einführung in zentrale Themen des christlichen ↑Glaubens zu Beginn des Studiums als notwendig (Grundkurs des Glaubens, Orientierungskurs Theologie).

Propagandakongregation (lat. *propagandum* = das zu Verbreitende), 1622 von ↑Papst Gregor XV. errichtete päpstliche ↑Kongregation zur Verbreitung des katholischen ↑Glaubens (Congregatio de Propaganda Fide), Zentrale der Welt- ↑Mission.

Propst (von lat. *praepositus* = der Vorgesetzte), 1. Titel der ersten ↑Dignitäten der ↑Domkapitel (↑Dompropst) und ↑Kollegiatkapitel (Stiftspropst); 2. Vorstand eines ↑Chorherren-Stiftes, z. B. der ↑Augustiner-Chorherren, dem ↑Abt der ↑Benediktiner vergleichbar; 3. im ↑Heiligen Römischen Reich Titel ↑geistlicher Fürsten (Fürstpropst); 4. Titel von ↑Pfarrern bedeutender Kirchen (z. B. ehemaliger ↑Kathedralen); 5. Feldpropst hieß früher der oberste Geistliche des Heeres in Preußen, Bayern und Österreich (später Feld- bzw.

Armee- oder ↑Militärbischof); 6. in evangelischen Kirchen Deutschlands und Skandinaviens (mit Finnland) ist Propst, neuerdings auch Pröpstin, ein dem ↑Superintendenten vergleichbarer Titel für Inhaber eines höheren geistlichen ↑Amtes.

Propstei (von ↑Propst), 1. dem Haupt- ↑Kloster unterstehendes Außenkloster unter Leitung eines Propstes; 2. ↑Sprengel in einigen deutschen evangelischen ↑Landeskirchen.

Proskynese (gr. = Fuß-, Kniefall), 1. kniefällige Verehrung eines Gottes, auch eines Herrschers (v. a. im ↑Byzantinischen Reich); von daher fand sie Eingang in Riten der katholischen und den orthodoxen Kirchen, auch in das frühere päpstliche Zeremoniell. ↑Adoration, ↑Prostratio

Prostratio (lat.), das Sich-Niederwerfen, das der ganzen Länge nach am Boden Sich-Hinstrecken, liturgisch am Beginn der katholischen Karfreitags-Zeremonien (↑Kartage) und bei bestimmten ↑Weihen, während die ↑Allerheiligen- ↑Litanei über dem Weihekandidaten gesungen wird, auch die tiefe Verehrung und Anbetung (↑Adoration) des ↑Allerheiligsten durch Niederknien mit beiden Knien und tiefer Verneigung des Hauptes. ↑Proskynese

Protektor ↑Kardinalprotektor

Protestantenpatent, Verordnung Kaiser Franz Josephs I. von 1861, die den österreichischen Protestanten volle Gleichberechtigung mit den Katholiken gewährte.

Protestantismus, Protestanten (von lat. *protestari* = öffentlich bezeugen, verkünden), Gesamtheit der aus der ↑Reformation des 16. Jh.s hervorgegangenen christlichen Kirchen und Bewegungen, benannt nach der feierlichen Verwahrung (Protestation) der evangelischen ↑Reichsstände gegen die kaiserliche Religionspolitik auf dem Reichstag zu Speyer 1529.

Protonotar ↑Apostolischer Protonotar

Providierung ↑Provision

Provinz ↑Kirchen-, ↑Ordensprovinz

Provinzial ↑Ordensprovinz

Provinzialbischof ↑Suffraganbischof

Provinzialkonzil, ↑Konzil (↑Synode) einer ↑Kirchenprovinz.

Provinzialverfassung ↑Kirchenprovinz

Provinzkapitel, Versammlung (↑Kapitel) der ↑Kloster-Vorstände einer ↑Ordensprovinz nach Maßgabe der jeweiligen ↑Ordensregel. ↑Definitor

Provision (von lat. *providere* = vorhersehen, sorgen für), im katholischen ↑Kirchenrecht die ↑kanonische Besetzung (Verleihung, Providierung) eines kirchlichen ↑Amtes.

Prozession (von lat. *procedere* = voranschreiten), der im Christentum von antiken ↑Kulten übernommene feierliche Umzug oder Umgang, in der katholischen Kirche ↑Bittgang oder -prozession, ↑Flur- und Stadtumgang sowie ↑theophorische Prozession, in denen das ↑Allerheiligste in der

↑Monstranz (gegebenenfalls unter einem ↑Baldachin) mitgetragen wird; am bekanntesten ist hierbei die ↑Fronleichnamsprozession.

Psalmen (gr. *psalmos* = Saitenspiel, zum Saitenspiel vorgetragenes Lied, Gesang [↑Cantilene]), eine Sammlung von 150 Liedern des AT, die nach der Überlieferung pauschal dem König David zugeschrieben wurden («Psalmen Davids»). Sie fanden früh Eingang in ↑Liturgie und privates Gebet der Christen, ebenso in das ↑Stundengebet der Orden und das ↑Brevier der Kleriker. Der gehobene Sprechgesang nach den Psalmtönen (v. a. im Chorgebet; ↑Chordienst) wird Psalmodie genannt. ↑Gregorianischer Gesang, ↑Psalter

Psalter (lat.), 1. Buch der ↑Psalmen; 2. im Mittelalter das liturgische Textbuch der Psalmen mit den ↑Antiphonen zur feierlichen Rezitation im ↑Stundengebet; 3. heute seltenere Bezeichnung für den ↑Rosenkranz. ↑Hugenottenpsalter

Pseudepigraphie, Pseudepigraphen (gr. = «falsche» Zuweisung der Autorschaft eines literarischen Textes), 1. in der Antike, die nicht das moderne Urheberrecht kannte, oft praktiziert zur Erhöhung der Autorität und des Ansehens; 2. in der protestantischen Tradition bezeichnet man die deuterokanonischen Bücher als ↑Apokryphen, alles darüber hinausgehende unechte alttestamentliche Schrifttum als Pseudepigraphen, katholisch als Apokryphen. ↑Fälschung

pseudo-isidorische Dekretalen, wohl um 850 in der ↑Kirchenprovinz Reims entstandene größte ↑Fälschung des Mittelalters. Die ↑Dekretalen des angeblichen Isidor enthalten neben echtem ↑Konzils-Material und vielen Auszügen aus den ↑Kirchenvätern echte, gefälschte und verfälschte, mosaikartig ineinandergemischte Bestandteile, v. a. Synodalbeschlüsse, Papstbriefe, fränkische Reichsgesetze und die ↑Konstantinische Schenkung. Die Fälschungen beabsichtigten offenkundig, die Stellung der ↑Bischöfe gegenüber den ↑Metropoliten und ↑Synoden zu stärken; die Macht des ↑Papsttums wird zudem indirekt stark betont und herausgestellt, der Papst erscheint als Schützer der Bischöfe und Wahrer kirchlicher Freiheit gegenüber der Übermacht der Metropoliten und der fränkischen Reichsgewalt. Alle Synoden der Kirchenprovinzen bedurften der päpstlichen Bestätigung, sämtliche Rechtsfälle der Person eines Bischofs waren Sache des Papstes. Diese Vorstellungen bedeuteten eine Umschichtung der kirchlichen Rechtsordnung. Besonders seit der ↑Gregorianischen Reform gewann Pseudo-Isidor breiteren Eingang in das gesamte ↑Kirchenrecht, allerdings wurde der Einfluss der pseudo-isidorischen Fälschungen auf die Entwicklung des ↑päpstlichen Primats lange Zeit überschätzt, wie Horst Fuhrmann in seinen gründlichen Untersuchungen zeigen konnte, denn: «Die Totalisierung der Kirche zu einer Papstkirche wäre fraglos auch ohne sie erfolgt».

Pult ↑Ambo

Purgatorium ↑Fegfeuer

Purifikatorium ↑Kelch

Puritaner (engl., von lat. *purus* = rein), anfangs Spottname, dann Selbstbezeichnung der Anhänger einer unter König Eduard VI. (1547–1553) einsetzenden, vom ↑Calvinismus geprägten Bewegung (Puritanismus) in England, welche die Lösung der englischen von der katholischen Kirche vollenden wollte, ↑Episkopalsystem, ↑Liturgie und Lehre der ↑Anglikanischen Kirche bekämpfte. Als ↑Presbyterianer oder kongregationalistische ↑Independenten wurden sie wichtige Ursache des Bürgerkriegs in England und der Auswanderung vieler Puritaner in die USA (↑Pilgrim Fathers). Der Puritanismus mit seiner rigorosen Ethik und Reinheit der Lebensführung, seinem strengem Arbeitsethos und einem alles durchdringenden Biblizismus (↑Bibel) prägte weitestgehend Religiosität, Volkscharakter und Literatur in England und den USA. ↑Westminstersynode

Putto (it. = Kind, Knäblein), in der bildlichen Kunst ein kleiner nackter oder leicht bekleideter Knabe (auch ein geschlechtsunspezifiziertes Kleinkind) mit oder ohne Flügel. Vielleicht angeregt durch die antiken Eroten, kleine Figuren des griechischen Liebesgottes Eros bzw. der Kinder der Aphrodite, wurden seit dem 14. Jh. die Putti geschaffen; im Zeitalter des ↑Barock spielten sie dabei eine besondere Rolle. Obwohl sie nach theologischer Deutung keine ↑Engel sind, werden sie seither (im Unterschied zur Antike) als himmlische Wesen (↑Himmel) betrachtet.

PX ↑Christogramm

Pyxis (gr. = Büchse), liturgisches Gefäß zur Aufbewahrung der konsekrierten ↑Hostie, in der katholischen Kirche besonders der großen Hostie für die ↑Monstranz im ↑Tabernakel.

Q

Quadragesima (lat. = vierzig), die vierzigtägige ↑Fasten-Zeit.

Quadrivium ↑Septem artes liberales

Quäker (engl. = Zitterer), anfangs Spottname, dann Selbstbezeichnung der Anhänger einer von George Fox in England 1652 begründeten religiösen Gemeinschaft (engl. Society of Friends = Gesellschaft der Freunde), die ↑Kirche, ↑Sakrament, ↑Priestertum und ↑Dogma ablehnen und einen schlichten Bibelglauben sowie die Einwohnung des Heiligen Geistes als «inneres Licht» in jedem Menschen lehren. Im «schweigenden Gebet» warten sie in ihren Versammlungen oft stundenlang auf das plötzliche «Aufstrahlen» des «inneren Lichtes» in einem Mitglied. Die Quäker, die sich weltweit sozial-karitativ engagieren, fordern unbedingte Wahrhaftigkeit und Ehrlichkeit, Anspruchslosigkeit und Abstinenz; sie lehnen Krieg, Sklaverei, höfliche Heuchelei und Eid ab und wurden deshalb immer wieder auch verfolgt. ↑Freikirchen, ↑Quietismus

Quartierfreiheit, eine Art Recht auf ↑Asyl, ↑Immunität und Zollfreiheit, die von den auswärtigen Gesandten beim ↑Heiligen Stuhl für ihre Gesandtschaftspaläste gefordert, dann auf die Umgebung («ihr Quartier») und alle Häuser mit ihrem Wappenschild ausgedehnt wurde. Diese Ausweitung geriet zum schweren Hindernis einer geordneten Rechtspflege und führte Ende des 17. Jh.s zum schwersten Konflikt (Quartierstreit) mit König Ludwig XIV. von Frankreich.

Quartodecimaner ↑Osterfeststreit

Quatember (von lat. *quattuor tempora* = vier Zeiten), die vier liturgischen Wochen der ↑Buße und ↑Fasten-Zeit des ↑Kirchenjahres (die Wochen nach dem dritten ↑Advents-, dem ersten ↑Fasten- ↑Sonntag, nach ↑Pfingsten und nach dem dritten Septembersonntag), die früher häufig als ↑Ordinations-Zeiten und Termine für Zahlungen gebraucht wurden.

Querhaus, Querschiff ↑Kirchenschiff, ↑Langhaus

Quickborn, Name eines konfessionellen deutschen Jugendbundes mit Zentrale in Burg Rothenfels am Main, der innerhalb der Jugendbewegung 1909 aus katholisch abstinenten (Verzicht auf Alkohol und Nikotin) Schülergruppen entstanden ist.

Quietismus (von lat. *quies* = Ruhe), 1. in vielen Religionen (v. a. im Buddhismus) begegnende Lehre von der Seelenruhe des Menschen mit dem Ziel der tatenlosen Passivität; 2. im Christentum wurde der Quietismus als Vorwurf gegen den ↑Hesychasmus sowie die Brüder und Schwestern des freien Geistes erhoben, in der katholischen Kirche 1687 und 1699 verurteilt. Einflüsse gingen über auf ↑Pietismus, ↑Quäker und die empfindsame Literatur des 17. bis 19. Jh.s.

Quinisextum, Name der 2. Trullanischen ↑Synode, die im Herbst 691 von Kaiser Justinian II. im Trullos, dem Kuppelsaal des byzantinischen Kaiserpalastes, einberufen wurde (↑Trullanum). Sie sollte gegenüber dem stark römisch beeinflussten 6. ↑Ökumenischen Konzil (Konstantinopel 680/81 = 1. Trullanische Synode) die Bedeutung Konstantinopels als Neu-Rom stärker zur Geltung bringen. Diesem Zweck dienten 102 ↑Kanones, die als Ergänzung der dogmatischen Beschlüsse (↑Dogma) des 5. und 6. Ökumenischen Konzils Erlasse disziplinärer Art enthalten und fast ausschließlich die kirchlichen Verhältnisse des Ostens berücksichtigen.

Quinquagesima (lat. = der fünfzigste Tag), wie ↑Estomihi der ↑Sonntag vor ↑Aschermittwoch.

Quinquennalfakultäten (lat. = Fünf-
jahresvollmachten), vom ↑Apostoli-
schen Stuhl den ↑Bischöfen anlässlich
ihrer Fünfjahresberichte jeweils auf
fünf Jahre gewährte Vollmachten
(↑Fakultät) zur Erteilung von bestimmten ↑Dispensen, über die jährlich Rechenschaft abgegeben werden
muss.

Qumran, Ruine Q (= Chirbet Qumran) im Ostteil der Wüste Juda nord-
westlich des Toten Meeres, 1952 bis
1956 ausgegraben und archäologisch
untersucht. Es handelt sich um die
Überreste einer Art ↑Kloster, das von
einer den Essenern nahestehenden jüdischen ↑Sekte um 150 v. Chr. erbaut
und 68 n. Chr. während des jüdischen
Krieges zerstört wurde. 1947 hatten
Beduinen in nahegelegenen Höhlen
Handschriften aus biblischer Zeit gefunden. Unter den ↑Bibel-Handschrif-
ten befinden sich hebräische Texte, die
man bis dahin nur ↑griechisch kannte.

Die Schriften von Qumran sind mitt-
lerweile ediert. «Enthüllungsartig»
aufgemachte Theorien über vermeintliche Geheimhaltungsstrategien ent-
behren jeder Grundlage. Die gefundenen Texte ermöglichen ein Bild von
Leben und ↑Theologie der Sekte; sie
geht zurück auf den «Lehrer der Gerechtigkeit» (ca. 150 v. Chr.), vermutlich einen ↑Priester und Schriftausle-
ger. Ihre Kennzeichen sind u. a. strenge Gesetzesobservanz, Schriftstudium,
Waschungsriten, strenge hierarchische
Ordnung, Gütergemeinschaft, Erwartung eines priesterlichen und eines königlichen ↑Messias. Die Erforschung
der Schriften, die einen hochinteres-
santen Einblick in die neutestamentli-
che Zeit gewähren und die Einbettung
des ↑Urchristentums ins Judentum
(↑Juden), gleichzeitig aber auch seine
überraschende Originalität zeigen, ist
noch nicht abgeschlossen.

R

Raparium (von lat. *rapax* = räube-
risch), Sammlung religiös-erbaulicher
Zitate, die Eingang etwa in die ↑Nach-
folge Christi des Thomas von Kempen
gefunden haben. ↑Florilegium

Raskolniken ↑Altgläubige

Rationale ↑Pallium

Rationalismus ↑Aufklärung, ↑Deis-
mus, ↑Exegese, ↑Fideismus, ↑Theo-
logie

Räubersynode (lat. *latrocinium*), von
Papst Leo I. geprägte Bezeichnung für
das von Kaiser Theodosius II. auf
Betreiben Dioskurs von Konstantinopel 449 nach Ephesus einberufene
Reichskonzil, auf dem den ↑Apostoli-
schen Legaten der Vorsitz verweigert,
ein klärendes Schreiben Leos unterdrückt und der monophysitische
Mönch Eutyches rehabilitiert wurde
(↑Eutychianischer Streit).

Rauchfass (lat. *thuribulum*), ein an Ketten hängendes, seit dem 6. Jh. oft kunstvoll gestaltetes Metallgefäß, in das glühende Kohlen für den ↑Weihrauch eingelegt werden; es wird zu den vorgeschriebenen Räucherungen (Inzens, von lat. *incendere* = anzünden, räuchern) in der feierlichen ↑Liturgie der katholischen Kirche (z. B. ↑Amt, ↑Vesper, ↑Begräbnis) gebraucht, verstärkt in den Ostkirchen. Der zugehörige Weihrauch wird im ↑Navikulum, das neben dem Rauchfassträger ein weiteres Mitglied des liturgischen (↑Altar-)Dienstes (↑Ministrant, ↑Thuriferar) trägt, aufbewahrt und mit einem kleinen Löffel auf die Glut gelegt.

Rauchmantel ↑Pluviale

Raudnitzer Reform, vom 1333 gegründeten ↑Augustiner-Chorherren-Stift Raudnitz in Böhmen ausgehende ↑Chorherren-Reformbewegung im Spätmittelalter, die ↑Klöster in Böhmen, Mähren, Schlesien, Polen, Österreich und Süddeutschland erfasste.

Realienstreit ↑Universalienstreit

Realpräsenz (lat.), die wirkliche (reale) Gegenwart Christi in den konsekrierten eucharistischen Gestalten von Brot und Wein (↑Eucharistie, ↑Konsekration). Sie ist Glaubensüberzeugung der katholischen, orthodoxen und evangelischen Christen, wenngleich das Zustandekommen theologisch jeweils unterschiedlich erklärt wird (↑Impanation, ↑Transsubstantiation, ↑Ubiquitätslehre), nach Martin Luther die Realpräsenz auf die Feier des ↑Abendmahls beschränkt ist. Von Huldrych Zwingli und Johannes Calvin wurde sie bestritten.

Rechtfertigungslehre, hart umkämpfte theologische Lehre, besonders im Zeitalter der ↑Reformation: Nach Martin Luther wird der Mensch gerechtfertigt (d. h. er kann vor Gott bestehen) *allein* aus ↑Gnade, durch den Glauben, um des Kreuzestodes Christi willen; nach katholischer Lehre ist Rechtfertigung die in der ↑Erlösung durch Christus gegründete innere Heiligung und Gerechtmachung, d. h. des Menschen Heil (Selbst-↑Heiligung) erfordert auch eigenes Mitwirken. Nach gegenseitigen Lehrverwerfungen und vier Jh.n des «Auseinanderlebens» lutherischen und katholischen ↑Bekenntnisses begann im Rahmen der ↑ökumenischen Bewegung des 20. Jh.s eine Rückbesinnung auf die Einheit im Glauben, wie sie im ↑Apostolischen Glaubensbekenntnis vorgegeben ist. Ein außerordentlich wichtiger Schritt zu einer gegenseitigen Annäherung wurde mit der Anfang 1997 vorgelegten «Gemeinsame[n] Erklärung zur Rechtfertigungslehre» gemacht, die vom Lutherischen Weltbund und dem Päpstlichen Einheitsrat nach drei Jahrzehnten intensiver Beratungen erarbeitet wurde. Sie hebt die Übereinstimmung in den Grundwahrheiten der Rechtfertigungslehre hervor und betont, dass die verbleibenden Unterschiede nicht mehr kirchentrennend seien. Zu dieser Erklärung gab und gibt es aber auch unüberhörbare kritische Stimmen auf beiden Seiten. ↑Ablass, ↑Antinomistische Steitigkeiten, ↑Prädestination, ↑sola fide, sola gratia, solus Christus, ↑Werkerei

rechtgläubig ↑orthodox

Reconquista (span. = Rückeroberung), vom 8. Jh. bis 1492 der Kampf der christlichen Staaten der Iberischen Halbinsel zur Rückgewinnung der von den (islamischen) Mauren beherrschten Teile. ↑Conversos, ↑Morisken

Recreatio (lat. = Erholung, Wiederherstellung), im ↑Kloster etwa nach dem gemeinsamen Essen im ↑Refektorium die Gelegenheit zum Verweilen und Gespräch.

recursus ab abusu/ad principem ↑appellatio ab abusu

Redemption (lat. = ↑Erlösung), in der Bußdisziplin (↑Buße, ↑Bußsakrament) der lateinischen Kirche des Mittelalters die Umwandlung schwerer, in den ↑Bußbüchern vorgeschriebener Bußleistungen in leichtere Leistungen oder die entgeltliche Abwälzung von Bußschulden, die im ↑Ablass weiterlebte. ↑Redemptoristen

Redemptoristen (von lat. *redemptor* = Erlöser), ↑Kongregation des heiligsten Erlösers (auch Erlösermissionare oder Liguorianer), eine 1732 von Alfons Maria di Liguori im Königreich Neapel gegründete, bis ins 19. Jh. hinein weitverbreitete katholische Gemeinschaft von ↑Klerikern mit den Hauptaufgaben: Eindring-

liche ↑Volksmission, ↑Exerzitien sowie andere Mittel der ↑Buße und Bekehrung. ↑Redemption

Reduktionen (span.), in den portugiesischen und spanischen Kolonien in Südamerika, besonders im Gebiet des heutigen Paraguay (seit 1609) die von ↑Jesuiten (vereinzelt auch anderen Orden) angelegten Indianersiedlungen (zu deren Schutz gegen Ausbeutung und Versklavung) mit weitgehender Gemeinwirtschaft und -eigentum unter Leitung eines Ordensgeistlichen, die mit der Vertreibung der Jesuiten 1759 (↑Antijesuitismus), v. a. durch den Einfluss des portugiesischen Staatsmannes Pombal († 1782), zerstört wurden. ↑Jesuitenstaat

Refektorium (von lat. *reficere* = wiederherstellen, erquicken; altdt. *Remter*), im ↑Kloster der Speisesaal für die gemeinsamen Mahlzeiten. Großklöster der Barockzeit errichteten manchmal ein (heizbares) Winterund ein (kühles) Sommerrefektorium, ähnlich dem Winter- und Sommer↑Chor für das Chorgebet. ↑Recreatio

Reform, Reformen ↑ecclesia semper reformanda, ↑Ordensreformen, ↑Reformation, ↑Reformpapsttum

Reform der Kirche an Haupt und Gliedern, wiederholte Forderung nach grundlegender Erneuerung am Haupt (↑Papsttum und ↑Römische Kurie) und der gesamten Christenheit, die von einzelnen Schriftstellern und auf den «Reformkonzilien» des 15. Jh.s nachdrücklich aber vergeblich erhoben wurde; so kam es im folgenden Jh. zur ↑Reformation.

Reformaten, von Häusern der ↑Rekollekten ausgegangener, im 16. Jh. entstandener sehr strenger Zweig der ↑Franziskaner in Italien, der von Papst Leo XIII. 1897 mit den ↑Observanten zu der einen franziskanischen Ordensfamilie vereinigt wurde.

Reformatio Sigismundi (lat. = «Reformation [Kaiser] Sigismunds»), zur Zeit des Konzils von Basel, also um 1439, verfasste ↑Flugschrift unbekannter Autorenschaft, die mit leidenschaftlichen Worten eine Reform des weltlichen und geistlichen Standes verlangt (u. a. Forderung der Aufhebung der bäuerlichen Leibeigenschaft).

● **Reformation** (lat. *reformatio* = Erneuerung, Neugestaltung). Während im Mittelalter mit dem Begriff die Wiederherstellung der ursprünglichen Form gemeint war (bezogen v. a. auf die Erneuerung der Kirche), nannten sich im 16. Jh. Erneuerung des ↑Glaubens und katholische Erneuerungsbewegung «Reformation». Seit Leopold von Ranke († 1886) wird mit dem Wort gewöhnlich die evangelische Bewegung des 16. Jh.s umschrieben. Im Vergleich zu den Reformbestrebungen, die sich schon seit Ende des 14. Jh.s abgezeichnet hatten, gilt die Reformation als Ereignis von größter Tragweite, Auswirkung und epochaler Bedeutung: Sie veränderte das politische, wirtschaftliche, soziale sowie religiös-geistige Leben und führte zur Auflösung der Glaubenseinheit im ↑Abendland durch die «Glaubensspaltung»; nach der traditionellen Periodisierung der Weltgeschichte beginnt mit ihr eine neue Zeit – die Neuzeit. Die Reformation nahm von den deutschen Landen ihren Ausgang und erfasste (oder berührte zumindest) in verschiedenen Ausprägungen ganz Europa. Aus ihr gingen nicht nur protestantisches ↑Christentum (↑Protestantismus), neue ↑Bekenntnisse und Kirchen hervor, sie unterwarf die alte (katholische) Kirche auch einer tiefgreifenden Veränderung. War allen Reformatoren gemeinsam zunächst die Absicht, die Reinheit des ↑Urchristentums im Geist der ↑Heiligen Schrift wiederherzustellen, ist die Reformation der «leidenschaftlichste Kampf» der gesamten ↑Kirchengeschichte um die wahre Gestalt des Christentums. Sie war wesentlich das Werk Martin Luthers (1483–1546), der im Spätjahr 1517 mit seinen Thesen hervorgetreten ist und sich dabei gegen die Praktiken des ↑Ablass-Handels (Geldablass) wandte, die im Zusammenhang mit dem Neubau der Peterskirche in ↑Rom geübt wurden. Die rasche Ausbreitung und Festigung der reformatorischen Bewegung waren aber nur möglich, weil sich im Spätmittelalter, auf dem Hintergrund von ↑Renaissance und ↑Humanismus, die religiösen, geistesgeschichtlichen und auch politischen Voraussetzungen dafür herausgebildet hatten. Der Ruf nach ↑«Reform der Kirche an Haupt und Gliedern» verstummte nicht mehr, nachdem die «Reform»-↑Konzilien des 15. Jh.s (Pisa 1409, Konstanz 1414–1418, Pavia-Siena 1423/24, Basel-Ferrara-Florenz-Rom 1431–1445) letztlich wirkungslos geblieben waren. Hinter den äußerlich blühenden Formen der ↑Frömmigkeit im vielfarbenen ↑«Herbst des Mittelalters» verbarg sich ein tiefes Unbehagen über die vielfach verweltlichten und materialistisch betonten innerkirchlichen Zustände (auch innerhalb der ↑Römischen Kurie), ein echtes Bedürfnis nach religiöser Erneuerung, das sich nunmehr verstärkt bemerkbar machte und besonders im Jahrzehnt von 1520 bis 1530 sich mit aller Macht Bahn brach. Im ↑Heiligen Römischen Reich brachte der ↑Augsburger Religionsfriede von 1555 die reichsrechtliche Gleichstellung der (lutherischen) Augsburger Konfession (↑Confessio Augustana) mit der alten katholischen Kirche; die reformierte Kirche Calvins (↑Calvinismus) erlangte erst im ↑Westfälischen Frieden (1648) als drittes Bekenntnis reichsrechtliche Anerkennung; ↑Täufer und ↑Schwarmgeister (Schwärmer) blieben ausgeschlossen. Aus der Reformation gingen drei große Konfessionskirchen hervor: Die ↑evangelisch-lutherischen Kirchen, die ↑reformierten Kirchen Calvins (mit Einschluss Zwinglis, ↑Zwinglianismus) und die ↑Anglikanische Kirche. Die Reaktion der katholischen Kirche zeigte sich nach Jahrzehnten schwerer Erschütterung in der Festlegung wichtiger Glaubenslehren auf dem Konzil von Trient (1545–1563), in der ↑Katholischen Reform und ↑Gegenreformation (auch ↑Restauration). Die Konfessionskarte im mittleren Europa gewann ihre bleibende Ausprägung im Westfälischen Frieden nach dem ↑Dreißigjährigen Krieg.

Reformationsfest, evangelisches ↑Fest zum Gedächtnis der ↑Reformation, anfangs an verschiedenen Tagen gefeiert (je nach Einführung der Reformation in den Ländern); nach kursächsischem Vorbild setzte sich seit 1667 der 31. Oktober (Hervortreten Luthers mit den Thesen) als Reformationstag in den evangelischen ↑Landeskirchen Deutschlands durch.

Reformatoren, die führenden Vertreter der ↑Reformation des 16. Jh.s.: Martin Luther, Huldrych Zwingli, Johannes Calvin und ihre Mitarbeiter.

reformierte Kirche(n), Sammelbezeichnung für die aus der ↑Reformation hervorgegangenen, auf die ↑Reformatoren Huldrych Zwingli und Johannes Calvin zurückgehenden Glaubensgemeinschaften des ↑Protestantismus (↑Zwinglianismus bzw. ↑Calvinismus). Die bedeutendsten reformierten Kirchen Europas bestehen in der Schweiz, in Schottland, in den Niederlanden, in Deutschland und in Ungarn. Die größte reformierte Kirche ist die Vereinigte Presbyterianische Kirche in den USA (↑Presbyterianer). ↑Westminstersynode

Reformierter Weltbund (engl. Alliance of the Reformed Churches throughout the World holding the Presbyterian Order), 1875 in Edinburgh begründete Organisation der ↑reformierten Kirchen (seit 1949 mit Sitz in Genf), die stark in der ↑ökumenischen Bewegung engagiert ist.

Reformkatholizismus, Ende des 19. Jh.s geprägter Begriff für zeitgemäße Reformbestrebungen in der katholischen Kirche. ↑Integralismus, ↑katholische Bewegung, ↑Modernismus, ↑Liberaler Katholizismus

Reformkonzilien ↑Reformation

Reformpapsttum. Mit dem Vordringen kirchlichen Reformdenkens im 10./11. Jh. bereitete sich eine deutliche Wende in der abendländischen Kirche vor. Sie führte, den Zeitgenossen anfangs keineswegs bewusst, von etwa 1050 bis 1150 zur tiefgreifenden Umwandlung in Kirche und Gesellschaft. Reformbewegungen des ↑Mönchtums (↑Cluny) und der ↑Chorherren hatten daran entscheidenden Anteil. Fortschreitend wurde das ↑Papsttum und die sich bildende ↑Römische Kurie in diese Entwicklung einbezogen; das Papsttum übernahm zunehmend die Führung und gewann dann seine neue «gregorianische» Gestalt (↑Gregorianische Reform, ↑Investiturstreit). ↑Designation

🔸 **Regalien** (lat. = Königsrechte), wirtschaftlich nutzbare Hoheitsrechte (z. B. Zoll-, Markt-, Münz-, Bergrecht) im Mittelalter, die im ↑Heiligen Römischen Reich bis zum Ende (1806) an die ↑geistlichen Fürsten (↑Reichsstände und Reichstag) bei deren Amtsantritt übertragen wurden. ↑Investitur, ↑Spolien, ↑Temporalia

Regel ↑Ordensregel

Regens (lat.), in der katholischen Kirche der Leiter des Priester- ↑Seminars.

Regensburger Buch, der von Kaiser Karl V. dem ↑Regensburger Religionsgespräch von 1541 vorgelegte Entwurf zum ↑Bekenntnis-Vergleich.

Regensburger Interim ↑Regensburger Religionsgespräche

Regensburger Konvent und Bündnis, auf Betreiben des ↑Apostolischen Legaten Lorenzo Campeggi nach dem Nürnberger Reichstag von 1524 erzielte Verständigung katholischer ↑Reichsstände im Juni/Juli 1524 zur Durchführung des ↑Wormser Ediktes, Reform des ↑Klerus, Überwachung der ↑Predigt, Bücherzensur (↑Index, ↑Zensur), zum Verbot des Studiums in Wittenberg und zur gegenseitigen Hilfe bei Aufruhr. Das Bündnis bedeutete den ersten offiziellen Schritt zur ↑Katholischen Reform, aber auch den Beginn der konfessionellen Parteibildung (↑Bekenntnis), die im ↑Dessauer Bündnis (1525) und im Gotha-Torgauer Bündnis (1526) fortgesetzt wurden.

Regensburger Religionsgespräche. 1. Nach Abbruch der ↑Religionsgespräche in Hagenau und Worms wurde im April/Mai 1541, anlässlich des Regensburger Reichstags, in Anwesenheit Kaiser Karls V. und der ↑Apostolischen Legaten Contarini und Morone das erste «Regensburger

Religionsgespräch» geführt; die hierbei verglichenen Artikel nahm der Kaiser als «Regensburger Interim» in den Reichstagsabschied auf. 2. Von Januar bis März 1546 ließ Karl V. ein neues Religionsgespräch in Regensburg durchführen, obwohl das Konzil von Trient (1545–1563) bereits seine Tätigkeit aufgenommen hatte. 3. Im November/Dezember 1601 fand in Regensburg ein weiteres Religionsgespräch statt, vereinbart von Herzog Maximilian I. von Bayern und Pfalzgraf Philipp-Ludwig von Neuburg, wobei es v. a. um die Heilige Schrift als einzige Glaubensquelle ging (↑sola scriptura).

Regensburger Vorlesung (auch Papstzitat von Regensburg), die im Rahmen seines zweiten Deutschlandbesuches (in Bayern) von Papst Benedikt XVI. am 12. 9. 2006 an der Universität Regensburg gehaltene Vorlesung über «Glaube und Vernunft». Ein darin enthaltenes Zitat des byzantinischen Kaisers Manuel II. Palaiologos (1391–1425) zur Rolle der Gewalt im Islam führte auf muslimischer Seite zu teilweise massiver Kritik.

Regesten (lat. = Verzeichnisse), zeitlich geordnete Auszüge (mit wesentlichem Inhalt), besonders mittelalterlicher Urkunden (v. a. der Kaiser, Könige, Päpste).

Regina coeli (lat. = Himmelskönigin, ↑Gottesmutter), marianischer ↑Hymnus im ↑Stundengebet der österlichen Zeit (↑Ostern).

Regionalbischof, in der katholischen Kirche der Gegenwart ein Hilfs- ↑Bischof (↑Weihbischof), dem unter Leitung des Diözesanbischofs eine bestimmte Region des (Erz-) Bistums zur pastoralen Betreuung zugewiesen ist.

Register (lat.), in der Geschichte ein amtliches Verzeichnis rechtlicher Vorgänge, z. B. der päpstlichen Kanzlei, heute gewöhnlich ein Personen-, Orts- und/oder Sachregister im Anhang einer wissenschaftlichen Publikation (↑Konkordanz); Teil des Regierwerks der ↑Orgel.

Registratur (lat.), die geordnete Ablage von Dokumenten (Schriftstücken), z. B. von ↑Akten.

Regnum und Sacerdotium, in der Verbindung und Gegenüberstellung regnum (lat. = Königreich, Königsherrschaft) und sacerdotium (lat. = Priestertum, -herrschaft) sinngemäß gebraucht für weltliche und geistliche Gewalt (↑Zwei-Gewalten-Lehre).

Regula Magistri ↑Magisterregel

Regularkanoniker ↑Chorherren, ↑Kanoniker

Regularkleriker, die Mitglieder männlicher katholischer ↑Ordens-Gemeinschaften, die im 16./17. Jh. im Zug der Erneuerung entstanden sind und sich in freierer Form der Tradition des Ordenslebens anschlossen. Ihre Hauptaufgaben liegen in ↑Seelsorge, ↑Predigt, ↑Volksmission, karitativer (↑Caritas) und schriftstellerischer Tätigkeit. Zu diesen Verbänden gehören u. a. ↑Jesuiten, ↑Theatiner, ↑Barnabiten, ↑Kamillianer und ↑Piaristen.

Reichnisse ↑Abgaben, ↑Pfründe, ↑Stolgebühren, ↑Zehnt

Reichsabt, -äbtissin ↑Abt, Äbtissin

Reichsabtei, -stift, im ↑Heiligen Römischen Reich eine ↑Abtei, ein ↑Stift oder ein ↑Kloster, das ↑Reichsunmittelbarkeit und -standschaft innehatte sowie im Fürstenrat des Reichstags (↑Reichsstände und Reichstag) eine Viril- oder Kuriatstimme führte.

Reichsacht ↑Acht, ↑Aberacht

Reichsbischof, ein ↑Bischof der ↑Reichskirche.

Reichsdeputations-Hauptschluss, Beschluss über die Festlegung der Gebietsentschädigungen an die deutschen Fürsten für Verluste links des Rheins (an Frankreich) durch die letzte außerordentliche Reichsdeputation vom 25. 2. 1803, formell eine Ausführungsbestimmung des Friedens von Lunéville (1801), der die französischen Revolutionskriege (↑Französische Revolution) beendete. Die wesentlichen Teile stellten materiell ein französisches Diktat dar. Er führte die größte territoriale Umwälzung herbei, die sich bis dahin im ↑Heiligen Römischen Reich vollzogen hatte. Der Hauptschluss verfügte im Einzelnen die Verteilung des Besitzes der mediatisierten (↑Mediatisierung), d. h. ihrer ↑Reichsunmittelbarkeit beraubten und säkularisierten ↑Reichsstände. Auch die meisten der kleine-

ren weltlichen Reichsstände, darunter fast alle Reichsstädte, wurden in den Prozess der Mediatisierung hineingezogen. Die ↑Säkularisation als Mediatisierung umschloss alle geistlichen Reichsstände mit ihrem Annex (↑Hochstifte, ↑Domkapitel, ↑Reichsabteien, Reichsstifte und Reichsklöster), ausgenommen noch auf wenige Jahre den Staat des ↑Kurfürsten, ↑Erzkanzlers und ↑Erzbischofs Carl Theodor von Dalberg, den ↑Johanniter- und ↑Deutsch-Orden. Doch wurden auch sämtliche nicht unmittelbaren, also landsässigen Stifte und Klöster der Verfügungsgewalt der Landesherren übergeben, d. h. der Aufhebung nach Gutdünken. Mit wenigen Ausnahmen wurden die landsässigen Stifte und Klöster im Heiligen Römischen Reich (ausgenommen die Habsburger Lande) anderen Zwecken zugeführt, vielfach ganz oder teilweise zerstört. Erhalten blieb in der Regel nur das Ortskirchenvermögen (↑Kirchengut) für die ↑Seelsorge in den ↑Pfarreien.

Reichsepiskopat, Gesamtheit der ↑Bischöfe der ↑Reichskirche.

Reichsfürst ↑geistliche Fürsten

Reichskanzlei ↑Erzkanzler

Reichskirche, 1. allgemein die Kirche eines christlichen Reiches (auch Staats- oder Nationalkirche), im Altertum die Kirche des Römischen (↑Byzantinischen) Reiches seit dem 4. Jh.; 2. im Abendland die Kirche des ↑Heiligen Römischen Reiches seit den Anfängen unter Karl dem Gro-

ßen (768–814) und Otto I. dem Großen (936–973) bis zum förmlichen
Ende 1806. Sie war wie das ganze
Reich eine aristokratische Institution
feudaler, lehensrechtlicher Ausprägung (↑Lehen). Was sie unter den Ot-
tonen (Sachsen) im 10. Jh. einigte und
zur Reichskirche werden ließ, war ihr
reichsrechtlicher Status, der unter
schweren Verlusten auch den Sturm
der ↑Reformation überdauerte und
im ↑Westfälischen Frieden (1648) erneut reichsrechtliche Bekräftigung
fand. Als solche bildete sie einen inte-
grierenden Bestandteil des Reiches,
das wiederum mit dem König und
Kaiser an der Spitze einer sakralen
Idee verpflichtet war (↑Sakrales Herrschertum). Die ottonische Reichskirche verband die Stämme des Fränkischen Reiches, stützte zugleich die
Zentralgewalt des sakralen König-
und Kaisertums, integrierte die her-
zoglichen Gewalten und Stammes-
regionen, festigte und bewahrte die
Einheit des Reiches sowie seines
durch den gesalbten König und Kaiser verkörperten Rechtes, damit des
nach außen und innen zu sichernden
Friedens. Auf der Grundlage älterer
Besitz- und Herrschaftsrechte (↑Im-
munität) wurde das «geistliche Fürstentum» (↑geistliche Fürsten) im
Reich unter den Königen und Kaisern
aus sächsischem und salischem Haus
im 10./11. Jh. zu seiner im ganzen
Abendland einzigartigen Stellung ausgebaut («ottonisch-salisches Reichs-
kirchensystem»). 3. Die engste Verbindung des Reichsoberhauptes mit
der Kirche zeigt sich auch darin, dass

drei Mitglieder des bevorrechtigten
↑Kurfürsten-Kollegiums ↑Erzbischöfe
des Reiches waren (Mainz, Köln und
Trier), wobei der Kurfürst-Erzbischof
von Mainz als ↑Erzkanzler des Reiches die angesehenste und einflussreichste Stellung unter allen Prälaten
des Reiches einnahm. Zwar brachte
der ↑Investiturstreit eine erhebliche
Minderung des königlichen Einflus-
ses bei der Bestellung der ↑Bischöfe
und der ↑Äbte der Groß- ↑Klöster,
sicherte der Kompromiss zwischen
Kaiser und Papst im Wormser Konkordat (1122) die freie ↑kanonische
Wahl, gab dem König aber durch
seine «Anwesenheit» weiterhin vielfache Möglichkeiten des Einwirkens
auf die geistlichen Wähler und v. a.
das Recht der Investitur des Gewählten in die weltlichen Besitz- und
Herrschaftsrechte. Für die Bestellung
der Reichsbischöfe blieben die Bestimmungen des Wormser Konkorda-
tes grundlegend bis 1806; das 1448
abgeschlossene ↑Wiener Konkordat
führte u. a. die ↑Konfirmation der kanonischen Bischofswahlen durch den
↑Papst im Reich ein. 3. In der Reichskirche zeigte sich der kaiserliche Einfluss bis zuletzt durch Entsendung
von Wahlkommissären, durch Einmischung in die Kandidatenvorschläge,
nach vollzogener Wahl durch die
Übertragung der mit dem Bischofsstuhl verbundenen Reichs- ↑Lehen
und ↑Regalien an den Neugewählten.
Zu den begehrten kaiserlichen Handlungen gehörten ferner die Wahrung
kirchlicher Rechte, die Erteilung von
↑Privilegien, die Bestätigung eines

alten oder neu geschaffenen Rechts-
zustandes und nicht zuletzt die dem
Kaiser vorbehaltene Erhebung innerhalb der Adelsklasse. 4. Bis zum Zusammenbruch der Reichskirche in der
großen ↑Säkularisation von 1802/03
waren starke Träger des Reichskir-
chenbewusstseins neben den Reichs-
↑Prälaten selbst die adeligen ↑Dom-
kapitel der Reichsbistümer, ähnlich
die ↑Kapitel der übrigen ↑Reichsab-
teien, Reichsstifte und Reichsklöster.
↑Approbation

Reichskleinodien ↑Heiltum, ↑Sakra-
les Herrschertum

Reichskloster ↑Reichsabtei, -stift

Reichskonkordat, am 20. 7. 1933
zwischen der nationalsozialistischen
Regierung des Deutschen Reiches
und dem ↑Heiligen Stuhl abgeschlossenes ↑Konkordat; daneben blieben
die Länderkonkordate mit Bayern,
Preußen und Baden in Kraft.

Reichskonzil, ↑Konzil der ↑Reichs-
kirche.

Reichskrone ↑Heiltum, ↑Sakrales
Herrschertum

Reichsstände und Reichstag. 1. Im
↑Heiligen Römischen Reich waren
Reichsstände die Reichsfürsten, -gra-
fen, -prälaten und -städte, die Reichsstandschaft besaßen und damit neben
dem römisch-deutschen Kaiser in der
Neuzeit das Reich repräsentierten
(Kaiser und Reich). Reichsstandschaft war das aus der ↑Reichsun-
mittelbarkeit einer natürlichen (z. B.

Reichsfürst) oder juristischen Person
(z. B. ↑Reichsabtei bzw. Reichsstift),
mit Ausnahme der Reichsritter und
der Reichsdörfer, erwachsene Recht,
im Reichstag eine Virilstimme zu führen oder sich an einer Kuriatstimme
zu beteiligen. Virilstimme war das
Recht, im Reichsfürstenrat als Einzelner (lat. *vir* = Mann) eine eigene Stimme abzugeben. Im Unterschied davon
konnte die Kuriatstimme von einem
Stimmberechtigten in einem Kollegium (lat. *curia* = Kurie, Hof, Hofhaltung, Regierung) nur mit anderen
zusammen als Gesamtstimme abgegeben werden. Der Reichsfürsten-
stand umfasste ↑geistliche Fürsten (an
Zahl überwiegend) und weltliche
Fürsten. 2. Der Reichsfürstenrat war
im 15. Jh. als Kurie des Reichstags in
der Auseinandersetzung der Fürsten
mit dem ↑Kurfürsten-Kollegium entstanden. In ihm schlossen sich die
eine Virilstimme führenden Reichsfürsten sowie die Kuriatstimme führenden Reichsgrafen, die reichsständischen Herren (in Grafenbänken)
und die nicht-gefürsteten ↑Prälaten
(in ↑Prälatenbänken) zusammen. Der
Reichsfürstenrat (Fürstenbank) gliederte sich in eine von Salzburg geführte geistliche und eine von Österreich geführte weltliche Bank. Die
Reichsgrafen und reichsständischen
Herren bildeten seit 1653 im Reichsfürstenrat vier Grafenbänke, die wet-
terauische, schwäbische, fränkische
und westfälische Bank. Zur geistlichen Bank im Reichsfürstenrat gehörten gegen Ende des alten Reiches 37
Stimmen: 35 geistliche Reichsfürsten

mit Virilstimme und zwei Kuriatstimmen, d. h. die Vorstände von etwa 40 reichsunmittelbaren Stiften und Klöstern, die in der schwäbischen und rheinischen Prälatenbank zusammengefasst waren. Kraft alter kaiserlicher ↑Privilegien besaßen auch die Vorstände verschiedener Reichsstifte eine Virilstimme. Nach dem Reichstagsbeschluss von Regensburg 1641 konnten die vom Kaiser ernannten Reichsfürsten die Rechte der Reichsstandschaft nur ausüben, wenn sie ein die Reichsunmittelbarkeit besitzendes Gebiet erworben hatten. Reichsstandschaft wurde nur dann begründet, wenn auch die Aufnahme in ein Kollegium des Reichstags erfolgte. 3. Der Reichstag war im Heiligen Römischen Reich die Vertretung der Reichsstände gegenüber dem Kaiser, jahrhundertelang vom König/Kaiser von Zeit zu Zeit berufen, seit 1663 als «Immerwährender Reichstag» (ständiger Gesandtenkongress) in Regensburg tagend. Seit 1489 gliederte sich der Reichstag in drei Kurien oder Kollegien: Kurfürstenkollegium, Reichsfürstenrat (mit den genannten Grafen- und Prälatenbänken) und Reichsstädte-Kollegium. Der Reichstag löste sich am 1. 8. 1806 auf. ↑immediat, Immediatherrschaft, -stand, ↑Regalien

Reichsstift ↑Reichsabtei

Reichstag ↑Reichsstände und Reichstag

Reichsunmittelbarkeit, reichsunmittelbar (↑Immediat-Stand im Unterschied zum Mediat-Stand [↑Mediatherrschaft]), kam im ↑Heiligen Römischen Reich allen natürlichen und juristischen Personen zu, die nicht der Landeshoheit eines Fürsten (Landesherrn, auch einer Reichsstadt), sondern nur dem König/Kaiser im Rahmen der Reichsverfassung (↑Reichsstände und Reichstag) unterstanden. Dazu gehörten die Reichsstände, mit ihnen die reichsständischen ↑geistlichen Fürsten, Reichsstifte und Reichsklöster (↑Reichsabtei bzw. Reichsstift). Sie hatten ihren Gerichtsstand in den Reichsgerichten und wurden im Zusammenbruch des Reiches und der ↑Reichskirche 1803/ 1806 mediatisiert, größtenteils aufgehoben. ↑Immunität

Reisealtar ↑Portatil(e)

Rekatholisierung ↑Gegenreformation

Rekluse ↑Inkluse

Rekollekten (lat. = die Zurückgezogenen, innerlich Gesammelten), erwuchsen im 16./17. Jh. aus den Rekollektionshäusern der franziskanischen ↑Observanten in Spanien, Frankreich, Flandern und im Rheinland, die wegen ihrer Liebe zur ↑Armut und Strenge in der ↑Buße geschätzt, in Frankreich auch als Feldgeistliche tätig waren. In der ↑Französischen Revolution fast ausgelöscht, wurden sie durch die Union von 1897 mit dem ↑Franziskaner-Orden vereinigt (↑Reformaten). Rekollektinnen nennen sich strenge Reformzweige von Frauenorden. Einige strenge Rekollektionshäuser, die aus Einsie-

deleien in Italien und Spanien hervorgegangen sind, bestehen in den franziskanischen Orden bis heute.

Rekonziliation (lat. = Aussöhnung),
im katholischen ↑Kirchenrecht die
Lossprechung (↑Absolution) eines
Büßenden (z. B. vom Kirchen-
↑Bann), auch die erneute Weihe einer
entweihten, «geschändeten» Kirche
oder eines ↑Friedhofs. ↑Buße, ↑Re-
demption

Relief (frz.), in der Bilhauerkunst ein
aus einer Fläche herausgearbeitetes
oder eingetieftes plastisches Bildwerk
(↑Diptychon, ↑Hochrelief).

Religion (lat. *religio* = «Rückbin-
dung»), Gewissenhaftigkeit, Genau-
igkeit; ↑Andacht, ↑Frömmigkeit,
Gottesfurcht (↑Devotion), ↑Glaube;
↑Gottesdienst, ↑Kult; Heiligkeit
(↑heilig, das Heilige); religiöse Verpflichtung, ↑Orden, ↑Kloster-Ge-
meinschaft. Allgemein die gesamte,
das menschliche Dasein «durchwal-
tende» Art der Existenz, die auf das
Numinose, auf ↑Transzendenz, Erfahrung höherer Macht und die
Überzeugung einer übernatürlichen
Offenbarung bezogen ist. Mit der Religion befassen sich u. a. ↑Theologie,
Religionswissenschaft, -phänomeno-
logie, -soziologie und -psychologie
und -philosophie. «Religion ist die
Verehrung der unbekannten Kraft,
die die Weltgesetze lenkt und die
Grundformen des Seienden erhält. Sie
ist die leidenschaftliche Sehnsucht unseres Herzens nach Unendlichkeit,
Ewigkeit, nach tiefstem Wissen und

grenzenloser Liebe – Verheißungen,
die unserem Denken Schwerkraft verleihen. In diesem Sinne bin ich religiös.» (Auguste Rodin) ↑Gewissens-
freiheit, ↑Glaubensfreiheit

Religionsedikt, staatlicher Erlass
(↑Edikt), der sich auf ↑Religion und
ihre Ausübung im Staat bezieht, z. B.
Mailänder Edikt (↑Konstantinische
Wende), ↑Edikt von Nantes, ↑Tole-
ranzedikte.

Religionsfreiheit ↑Gewissensfreiheit,
↑Glaubensfreiheit

Religionsfriede, Bezeichnung für die
in der ↑Reformation zur Sicherung
der Rechte der evangelischen ↑Reichs-
stände geschlossenen Verträge, so
↑Nürnberger Anstand (1532), ↑Augs-
burger Religionsfriede (1555).

Religionsgesellschaften, Begriff des
deutschen ↑Staatskirchenrechts, der
(ohne zu Inhalten Stellung zu nehmen) rechtlich organisierte Vereinigungen von Anhängern einer bestimmten religiösen Überzeugung bezeichnen soll.

Religionsgespräche, seit Beginn der
↑Reformation zwischen Theologen
verschiedener kirchlicher Parteien
zum Ausgleich konfessioneller Ver-
schiedenheiten (↑Bekenntnis) geführte Gespräche (↑Disputation), z. B. die
↑Regensburger Religionsgespräche.

Religionskriege, die aus religiösen
Gründen geführten Kriege, im Besonderen die Glaubens- oder Konfessionskriege des 16./17. Jh.s (↑Drei-
ßigjähriger Krieg), auch die von

großer Gewalt begleiteten Auseinandersetzungen zwischen Protestanten und Katholiken in Nordirland (↑Karfreitagsabkommen).

Religionsmandat (lat. *mandatum* = Auftrag, Befehl, Gebot). Ein nicht eindeutig zu spezifizierender Begriff, bezeichnet das Wort Mandat allgemein den Erlass eines Herrschers, ob als ↑Edikt, ↑Dekret oder Reskript. Es fand zudem für das Instrument der landesherrlichen Gesetzgebung Verwendung, die seit Mitte des 15. Jh.s auch als «Policeyordnung», in Bayern als Landgebot bezeichnet wurde; es handelte sich also um eine Rechtsnorm, die als (General-) Mandat rechtsverbindlich wurde. Dementsprechend war ein Religionsmandat ein von katholischer Seite eingesetztes Mittel der ↑Gegenreformation, das z. B. Ausführungsbestimmungen des ↑Wormser Edikts oder spezielle Maßnahmen (↑Zensur von Büchern, Verbot der ↑Predigt) zur Abwehr der evangelischen Bewegung enthalten konnte.

Religiose, weibliches bzw. männliches Mitglied religiöser ↑Orden und Gemeinschaften.

religiöse Institute, seit dem ↑Vaticanum II (1962–1965) gebräuchlicher Oberbegriff für ↑Orden und ↑Kongregationen der katholischen Kirche, die mit den ↑Säkularinstituten zu den Einrichtungen (Instituten) des gottgeweihten Lebens gehören.

Reliquiar (lat.), Behälter zur Aufbewahrung einer ↑Reliquie, griechisch Lipsanothek genannt.

Reliquie, Reliquienverehrung, Reliquienkult (lat. *reliquiae* = Überreste). 1. Reliquien oder, als ältere Bezeichnung, Heiltümer (↑Heiltum) sind in der katholischen Kirche und in den orthodoxen Kirchen Überreste der Körper von ↑Heiligen und ↑Seligen (Gebeine), im weiteren Sinn alle Dinge und Gebrauchsgegenstände, die sie im Leben benützt haben, oder Dinge, die mit ihrem toten Körper in Berührung gekommen sind (Kontaktreliquien). 2. Die Reliquienverehrung begann in der ↑Alten Kirche mit der Verehrung der ↑Märtyrer-Gräber. Seit dem 4. Jh. errichtete man über den Grabstätten ↑Altäre und Kirchen (↑Krypta), bald ausgedehnt auf andere verehrungswürdige Personen. Der Besitz eines Märtyrer- oder gar ↑Apostel-Grabes gab einer Kirche, dem dazugehörigen ↑Bischofssitz oder ↑Kloster hohes Ansehen, auch großen Zulauf in ↑Wallfahrten, was das Bestreben nach Reliquienerwerb im ganzen Mittelalter gewaltig steigerte und manchmal zu Reliquienschacher und Betrug führte. Reliquien wurden in kunstvollen Reliquienschreinen (z. B. Dreikönigsschrein im Kölner Dom) oder kleineren Behältern (↑Reliquiar, Lipsanothek) aufbewahrt, an ↑Festen ausgestellt und in der Heiltumsschau «gewiesen», d. h. gezeigt und erklärt (↑Sanktuarium). 3. Gegenüber der scharfen Ablehnung des Reliquien- ↑Kultes durch die ↑Reformation hielt die katholische Kirche im Rahmen ihrer ↑Heiligenverehrung an der Reliquienverehrung fest (Konzil von Trient, 1545–1563); doch sollten Missstände unbedingt vermieden werden. Im Zeitalter des ↑Barocks erlebte der Reliquienkult einen neuen Höhepunkt, wobei «heilige Leiber» als kostbar gezierte Skelette und Gebeine sichtbar in die Altäre eingebaut wurden. Besonders Klöster bemühten sich jetzt um «heilige Leiber» aus Rom, da man die in den wiederentdeckten ↑Katakomben Bestatteten durchweg für Märtyrer der altchristlichen ↑Christenverfolgungen hielt. 4. Reliquienverehrung – meist in Verbindung mit Totenkult – findet sich auch in fast allen außerchristlichen Religionen und Kulturen.

Remanenzlehre (Remanentismus), Auffassung in der ↑Theologie der ↑Eucharistie, derzufolge nach der ↑Konsekration der Gaben die Substanzen von Brot und Wein zurückblieben (lat. *remanere*). Sie widerspricht der Lehre von der ↑Transsubstantiation und wurde vom Konzil von Trient (1545–1563) zusammen mit der Lehre von der ↑Konsubstantiation und ↑Impanation zurückgewiesen.

Reminiscere (lat. = Gedenke [Herr, deiner Barmherzigkeit]), nach den Anfangsworten der lateinischen ↑Liturgie Name des zweiten ↑Fasten-↑Sonntags.

Remonstranten ↑Arminianismus

Remter ↑Refektorium

Renaissance (frz. = Wiedergeburt), kulturgeschichtlicher Begriff, der im engeren Sinn Kultur und Kunst (↑Gotik) an der Wende vom Mittelalter zur Neuzeit bezeichnet, besonders das Italien des 15. und 16. Jh.s, aber auch auf andere Zeitalter (z. B. Karolingische Renaissance; ↑Karolingische Reform) angewendet wird. Unterstützt vom ↑Humanismus, brachte die Renaissance eine Umformung des geistigen Lebens in allen seinen Bereichen, auch die Lösung des Menschen aus der mittelalterlichen Ordnung und ihren Lebensnormen, den Autonomieanspruch des Individuums und ein neues, nicht mehr kirchlich geprägtes staatspolitisches Denken. ↑Reformation

Renaissancepapsttum. Mit Nikolaus V. (1447–1455) begann die enge Verbindung des ↑Papsttums mit ↑Humanismus und ↑Renaissance, die bis in die zweite Hälfte des 16. Jh.s reichte. Papsttum und Kirche sollten als führende Kulturmacht zu neuem Ansehen gebracht werden, doch wurde das drängende Problem der Kirchenreform von den Päpsten dieser Epoche zu wenig beachtet; alle Förderung der Künste und Wissenschaften konnte über religiösen Substanzverlust und Verweltlichung nicht hinwegtäuschen, so dass im 16. Jh. mit der ↑Reformation die religiöse Revolution ausbrach.

Rendant (frz.), Zahlmeister, Rechnungsführer, auch Verwalter der Kirchenkasse. ↑Zechpropst

Renovabis ↑Caritas

renovatio imperii ↑Karolingische Reform, ↑Sakrales Herrschertum

Repertorium (lat. *reperire* = auf-, wiederfinden), v. a. für Bestände der

↑Archive und ↑Bibliotheken gebräuchliches wissenschaftliches Nachschlagewerk (Verzeichnis). ↑Inventar

Requiem, in der katholischen ↑Liturgie die (auch feierliche) ↑Messe (Seelen- oder Totenamt bzw. -messe) für Verstorbene, gefeiert anlässlich des ↑Begräbnisses oder allgemein zum Gedächtnis der Verstorbenen. Der Name leitet sich her von den lateinischen Anfangsworten der römisch-lateinischen Liturgie: Requiem aeternam dona eis, Domine … (Ewige Ruhe schenke ihnen, Herr …). Die vom ↑Chor gesungenen lateinischen Texte wurden vielfach vertont, so von Palestrina, Mozart, Cherubini, Bruckner, Verdi, Bizet, Fauré, Webber. Dem «Deutschen Requiem» von Brahms liegen ausgewählte Texte der Luther- ↑Bibel zugrunde. ↑Dies irae, ↑Exseqien

Reservat, Reservation (lat. = Vorbehalt, Sonderrecht), im katholischen ↑Kirchenrecht der Vorbehalt kirchengewaltlicher Befugnisse: 1. der causae maiores (lat. = «höhere Angelegenheiten»; dem ↑Papst vorbehaltene Entscheidungen), 2. von ↑Sünden und Sündenstrafen (Reservatfälle; Papst, ↑Bischof oder ↑Ordens-Oberen vorbehaltene Lossprechung [↑Absolution] bestimmter Sünden), 3. von kirchlichen ↑Ämtern (dem Papst vorbehaltene Besetzung bestimmter Ämter, v. a. Bischofs- und ↑Kardinals-Ernennungen), 4. Mentalreservation (geheimer Gewissensvorbehalt). ↑Spolien

reservatum ecclesiasticum ↑Augsburger Religionsfriede

Residenz (lat.), 1. Wohnsitz eines Staatsoberhauptes, Fürsten oder hohen Geistlichen; 2. Residenzpflicht ist die Pflicht des Beamten, am oder beim Dienstort zu wohnen, im katholischen und evangelischen ↑Kirchenrecht die Verpflichtung aller Träger von kirchlichen ↑Ämtern, zur ordnungsgemäßen Wahrnehmung der Geschäfte am Dienstort zu wohnen; für ↑Bischöfe wurde sie betont eingeschärft durch das Konzil von Trient (1545–1563), häufig jedoch durch päpstliche ↑Dispens durchbrochen (↑Absenz). ↑Karenz

Resignation, resignieren (lat.), Verzicht, verzichten auf ein (kirchliches) ↑Amt. ↑Erledigung

Responsoriale (von lat. *respondere* = antworten), Sammlung der Responsorien (↑Responsorium) des ↑Stundengebets (↑Antiphon).

Responsorium (lat.), liturgischer Wechselgesang (↑Antiphon) mit Kehrvers (z. B. nach den Lesungen und Kapiteln im ↑Stundengebet), auch eine Form des ↑Graduale, gesungen in der responsorischen Psalmodie (↑Psalmen).

Restauration (lat.), 1. allgemein die Wiederherstellung eines politischen, gesellschaftlichen und/oder kirchlichen Zustandes, der beispielsweise durch eine (auch religiöse) Revolution (↑Reformation) beseitigt worden ist. 2. Als ↑Epochen-Begriff ist damit im Besonderen die Zeit zwischen dem

↑Wiener Kongress 1814/15 und der Julirevolution in Paris 1830 umschrieben, in der die europäischen Mächte die Verhältnisse der Zeit vor Ausbruch der ↑Französischen Revolution zu restaurieren suchten.

Restitutionsedikt, bis heute in seiner rechtlichen Form – ob (Einzelfall-) Gesetz oder Urteil, Machtspruch oder ↑Edikt – nicht eindeutig geklärte so genannte Verfügung, mit der Kaiser Ferdinand II. im ↑Dreißigjährigen Krieg 1629 die Rückgabe aller seit dem ↑Passauer Vertrag (1552) durch die Protestanten eingezogenen, ehedem katholischen ↑Kirchengüter anordnete. Eine Durchführung war nur in den kaiserlichen Erblanden einigermaßen möglich. Nach dem politischen Umschwung seit 1630 verzichtete der Kaiser (Ferdinand III.) für das Reich 1635 vorläufig, 1648 endgültig auf den Vollzug.

Retabel (frz.), ↑Altar-Aufsatz, meist auf dem Altartisch (Mensa) stehendes, mit ihm (oft durch die ↑Predella) fest verbundenes Altarbildwerk u. a. aus Stein und Holz; in Deutschland und den Niederlanden seit dem Spätmittelalter (↑Gotik) weitverbreitet in der Form des geschnitzten und gemalten ↑Flügelaltars, in der ↑Renaissance und im ↑Barock meist als monumentaler Aufbau mit gemaltem Altarblatt. ↑Diptychon, ↑Hochaltar, ↑Schreinaltar

Reverendus (lat. = der zu Verehrende, Abkürzung Rev.), 1. Ehr-und Hochwürden: Titel und Anrede katholischer ↑Geistlicher; 2. R. P. (für lat. Reverendus Pater = Ehrwürdiger Vater): Titel katholischer ↑Ordens-Geistlicher; 3. Reverendissimus (lat. = Hochwürdigster Herr): Titel katholischer ↑Prälaten; 4. Reverend (engl., Abkürzung Rev.): Titel und Anrede der Geistlichen in englischsprachigen Ländern.

Rezess (lat.), 1. Auseinandersetzung, Vergleich, schriftlich niedergelegtes Ergebnis von Verhandlungen (Vertrag), öfters auch im ↑Staatskirchenrecht der älteren Zeit; 2. in der lateinischen ↑Liturgie Gebet des ↑Priesters und ↑Bischofs nach der ↑Eucharistiefeier.

Rheinische Missionsgesellschaft, 1828 aus Barmener, Kölner und Weseler ↑Missionsgesellschaft zusammengeschlossener evangelischer Missionsverband, der heute besonders in Afrika und Asien tätig ist (auch Barmer Mission genannt).

Rigorismus (lat. *rigor* = Härte, Starre), im Gegensatz zum ↑Laxismus das unbeugsame, starre Festhalten an Grundsätzen, v. a. in der Moral.

Ring und Stab (Bischofs-, Hirtenstab, ↑Krummstab), Insignien (Abzeichen) eines geistlichen ↑Amtes (↑Bischof, ↑Abt; ↑Pontifikalien), überreicht zur sinnenfälligen Einweisung (↑Investitur), gewöhnlich verbunden mit der ↑Weihe. Die Verleihung von Bischofsstühlen und Großklöstern durch den König «mit Ring und Stab» bildete einen wesentlichen Hintergrund des

Investiturstreites im 11./12. Jh. ↑liturgische Gewänder

R. I. P., Abkürzung für lateinisch Requiescat (Requiescant) In Pace = Er/Sie möge/Sie mögen ruhen in Frieden, vielfach auf Grab- oder Gedenksteinen (↑Epitaph) angebracht.

Risorgimento (it. = Wiedererstehung), nationale Einigungsbewegungen in Italien im 19. Jh. mit dem Ziel eines geeinigten Italien (it. «Italia unita»), das mit der Eingliederung des ↑Kirchenstaates 1870 im wesentlichen erreicht wurde. ↑Ghibellinen und Guelfen

risus paschalis ↑Ostermärlein

Ritenkongregation, von Papst Sixtus V. 1588 gegründete Kardinals-↑Kongregation für die lateinische ↑Liturgie sowie für Heilig- und Seligsprechungsprozesse (↑Kanonisation, ↑Beatifikation) der katholischen Kirche. In ihr ist u. a. der Glaubensanwalt (↑Advocatus diaboli) tätig. ↑Ritus

Ritenstreit (Akkomodationsstreit), im 17./18. Jh. die Auseinandersetzung um die Anpassung (↑Akkomodation, auch als Assimilation [lat. = Angleichung] verstanden) von katholischer Lehre und ↑Liturgie an Gedankengut und Lehre des Fernen Ostens, die zeitweilig mit größter Schärfe zwischen ↑Jesuiten (die eine weitgehende Anpassung erstrebten) und ↑Dominikanern sowie ↑Franziskanern (die eine Assimilation scharf ablehnten) andererseits ausgetragen wurde. Die Päpste Clemens XI. (1704) und Benedikt XIV. (1742) entschieden gegen die Jesuiten. Folge war, dass das Christentum in China und Indien weitgehend als fremd empfunden wurde und den einheimischen Religionen unterlag.

Ritterorden (geistliche), 1. in Verbindung mit der ↑Kreuzzugs-Bewegung seit der zweiten Hälfte des 11. Jh.s in Palästina (↑Heiliges Land) entstandene Verbindung von ↑Mönchtum und Rittertum. Die Aufgaben dieser ↑Orden waren ursprünglich die Begleitung der Pilger zu den heiligen Stätten (↑Wallfahrt), ihr Schutz gegen Überfälle sowie die ↑Armen- und Krankenpflege dieser Pilger; später kam hinzu die Verpflichtung zur Verteidigung der heiligen Stätten, der Kampf gegen Muslime und ↑Heiden sowie die Verteidigung der christlichen Staaten. 2. Die drei bedeutendsten geistlichen Ritterorden waren die ↑Johanniter (Malteser), die ↑Templer und der ↑Deutsche Orden. Der im frühen 13. Jh. bestehende Orden der Schwertbrüder in Livland wurde schon 1237 dem Deutschen Orden eingegliedert. 3. Die ↑Ordensregeln entstanden in Anlehnung an die Ordensregeln der Zeit, besonders im Anschluss an ↑Zisterzienser und regulierte ↑Chorherren. Die streng zentralisierte Verfassung stellte an die Spitze der jeweiligen Ordensleitung den Großmeister (Johanniter, Templer) oder Hochmeister (Deutscher Orden). Die Ritterorden waren gewöhnlich in drei Gruppen gegliedert: Adelige Ritter für Pilgerschutz und

Waffendienst, Ordens- ↑Kapläne für geistliche Funktionen, dienende Brüder für Waffendienst und handwerkliche Arbeiten. Als Kriegerstand verpflichteten sich die Ritter außer zu den drei üblichen ↑Gelübden zum Waffendienst. 4. In veränderter, auch den geschichtlichen Gegebenheiten angepasster Gestalt bestehen der Johanniter- und der Deutsche Orden in der katholischen Kirche bis heute, wobei sie als Orden im engeren Sinn streng religiös ausgerichtet sind. 5. Neben diesen drei großen Ritterorden entstanden im Hoch- und Spätmittelalter noch viele kleinere, meist regional beschränkte geistlich-weltliche Ritterorden, auch einige weibliche Zweige. Die meisten von ihnen fielen ↑Säkularisationen und politischen Veränderungen zum Opfer; mehrere bestehen in streng religiöser Prägung oder als monarchischer, staatlicher bzw. päpstlicher Verdienstorden fort. Zu den vornehmsten (bis heute bestehenden) Ritterorden dieser letzten Gruppe gehört z. B. der 1429 von Herzog Philipp dem Guten von Burgund zu Ehren des ↑Apostels Andreas, zum Schutz des christlichen Glaubens und zur Verteidigung der Kirche gestiftete ↑Orden vom Goldenen Vlies. 6. Der Ritterorden vom ↑Heiligen Grab (Grabesritter) ging hervor aus der Kreuzzugsbewegung, näherhin aus dem Ritterschlag am Heiligen Grab zu Jerusalem (erstmals bezeugt um 1335), den der hohe und niedere Adel des Abendlandes auf der Fahrt ins Heilige Land erwarb. Seit dem 16. Jh.

war die Ritterwürde nicht mehr auf den Geburtsadel beschränkt, ihre Verleihung wurde durch päpstliches ↑Privileg Vorrecht des ↑Franziskaner-Guardians vom Berg Sion (↑Zion) in ↑Jerusalem. Im 19./20. Jh. wurde der Orden durch Päpste neu konstituiert. ↑Kommende, ↑Komtur

Ritterschaft (christliche/geistliche) ↑Kreuzzug

Rituale (von ↑Ritus), liturgisches Buch der katholischen Kirche, das die vorgeschriebenen Texte (Gebete und Anweisungen zum Vollzug) für die Spendung der ↑Sakramente und Sakramentalien enthält, ausgenommen die im ↑Missale enthaltenen Messtexte. Als Richtschnur für die Diözesan-Rituale gab Papst Paul V. 1614 das lateinische «Rituale Romanum» heraus. Im Gefolge der ↑Liturgie-Reformen erscheinen seit 1969 neue Ritualien. Dem Rituale für ↑Priester entspricht das Pontificale für ↑Bischöfe. Die großen ↑Orden haben vielfach eigene Ritualien herausgebracht. ↑Agende, ↑Weihe

Ritualmord, 1. Tötung eines Menschen in ritueller Handlung (↑Ritus); 2. Anschuldigung der Römer gegen die Christen (aus falsch verstandener ↑Abendmahls-Lehre); 3. seit dem Hochmittelalter v. a. die christliche Anschuldigung gegen die ↑Juden wegen angeblich ritueller Tötung christlicher Kinder. Obwohl mehrfach als unhaltbar erwiesen, wurden derartige Behauptungen Anlass vieler Judenpogrome (↑Antijudaismus, ↑Antisemitismus).

Ritus (lat. = Religionsbrauch, Sitte), weitgehend dem ↑Kult entsprechende Bezeichnung ursprünglich für den Ablauf religiöser Handlungen. In der katholischen Kirche ist mit dem Begriff eine Teilgemeinschaft umschrieben, die in Handlungen der ↑Liturgie den gleichen Ritus befolgt, z. B. die lateinischen oder orientalischen Riten. Ritus kann u. a. auch den unterschiedlichen Grad der Feierlichkeit im liturgischen Vollzug oder liturgische Sonderbräuche einzelner Orden bedeuten. ↑Ritenkongregation

Rochett (lat.), ↑Chorrock mit engen Ärmeln; die Begriffe werden im deutschen Sprachgebrauch kaum unterschieden. ↑liturgische Gewänder

Rogate (lat. = Bittet!), nach den Eingangsworten der lateinischen ↑Liturgie Name des fünften ↑Sonntags nach ↑Ostern.

Rokoko (von frz. *rocaille* = Muschelwerk), Stilphase (im Wesentlichen ein Dekorationsstil) der europäischen Kunst (Spätzeit des ↑Barocks) mit Ausgangspunkt um 1720 bis 1730 in Frankreich, die auf alle Länder europäischer Kultur übergriff, bis etwa 1780 reichte und vom Klassizismus abgelöst wurde. Das kirchlich-geistliche Rokoko ist besonders ausgeprägt im katholischen Süddeutschland.

Rom, Hauptstadt des Römischen Reiches (und Italiens), in der ↑Pentarchie erster der fünf Patriarchensitze neben ↑Konstantinopel, ↑Alexandrien, ↑Antiochien, ↑Jerusalem, Sitz des ↑Papstes, Mittelpunkt der katholischen Kirche. ↑Byzantinisches Reich, ↑Latein, lateinische Sprache, ↑Westrom, Weströmisches Reich

Romanik (Romanischer Stil), erster universaler Kunststil des abendländischen Mittelalters, der zu höchster Ausprägung seit Ende des 10. Jh.s bis in die Mitte des 12. Jh.s, als Spätromanik bis in die Mitte des 13. Jh.s gelangte. Die Anfänge aus spätantiken Formen und der Übergang zur frühen ↑Gotik sind nach Ländern verschieden. Bedeutendster Kirchenbau in Deutschland ist der Dom der Salier in Speyer.

römisch-katholisch, zur ↑katholischen Kirche gehörig.

Römische Frage ↑Lateranverträge

römische Kirche ↑katholische Kirche, ↑lateinische Kirche, ↑Rom

römische Liturgie/Messe ↑Liturgie, ↑Messe

Römische Kurie (lat. *Curia Romana*), die Zentralbehörden des ↑Papstes (auch der Päpstliche Hof) in ↑Rom, im Zeitalter des ↑Reformpapsttums seit 1050, besonders seit der ↑Gregorianischen Reform bis etwa 1150 ausgebaut und bis zur Gegenwart öfters reformiert und neu organisiert, so von Sixtus V. (1585–1590), Pius X. (1903–1914) und Paul VI. (1963–1978). ↑Kardinal, ↑Kongregation

Römischer Katechismus ↑Catechismus Romanus

Römisches Messbuch ↑Liturgie, ↑Messe

Römisches Reich ↑Byzantinisches Reich, ↑Rom, ↑Westrom

Rorate (lat. = Tauet [Himmel den Gerechten]), nach den Anfangsworten der ↑Liturgie benannte gesungene ↑Messe (auch Engelamt) frühmorgens im ↑Advent.

Rosarium ↑Rosenkranz

Rose, 1. aus der antiken ↑Ikonographie vom christlichen ↑Kult erst allmählich übernommenes ↑Symbol für Schönheit und Reinheit, Wunden (Dornen) und Vergänglichkeit, das bis zum Spätmittelalter sehr bedeutend für Marien- ↑Allegorese und -symbolik wurde (die ↑Gottesmutter Maria im Unterschied zu Eva als Rose ohne Dornen (Maria im Rosenhag, ↑Rosenkranz; ↑Ave), auch für den höfischen Bereich (Rosenroman, Minnesang); 2. «Der Name der Rose» ist der deutsche Titel des 1980 erschienenen italienischen Romans «Il nome della rosa» des Bologneser Sprachwissenschaftlers Umberto Eco. Der im 14. Jh. spielende Mönchs- und Kriminalroman wurde – in zahlreiche Sprachen übersetzt, für Film und Hörfunk bearbeitet – zu einem der größten literarischen Welterfolge und führte zu einem bis dahin unbekannten, auch populären Interesse an Erlebniswelt und Geisteshaltung des Mittelalters. ↑Goldene Rose

Rosenkranz (lat. *rosarium*), symbolisch gedeutet (↑Symbol) als Kranz geistlicher ↑Rosen, ist er in der katholischen Kirche ein ↑Gebet, das privat und in Gemeinschaft, auch als kirchliche ↑Andacht verrichtet wird. Sein Inhalt ist die Betrachtung der ↑Heilsgeschichte im Rahmen der ↑Marienverehrung, von der Verkündigung der Menschwerdung Gottes in Jesu Christi (↑Angelus) bis zur Vollendung im ↑Himmel. Die Anfänge im Hochmittelalter (die in Verbindung mit dem hl. Dominikus [↑Dominikaner] stehen) sind legendarisch verklärt. Im ausgehenden 15. Jh. erhielt der Rosenkranz seine bis heute bestehende Grundgestalt, die in Deutschland diese Ausprägung gefunden hat: am Beginn das ↑Apostolische Glaubensbekenntnis, Erweckung von Glaube, Hoffnung und Liebe, dann der Hauptteil aus fünf Gesätzen (je ein ↑Vaterunser und zehn ↑Ave Maria mit variierenden, dem Ave Maria eingefügten «Geheimnissen»). Man unterscheidet den freudenreichen, schmerzhaften und glorreichen (seit Papst Johannes Paul II. [1978–2005] auch den lichtreichen, aber noch nicht sehr üblichen) Rosenkranz, jeweils in der vorhin genannten Gestalt, so dass der aus diesen drei (vier) Rosenkränzen bestehende Gesamtrosenkranz insgesamt 150 (200) Ave Maria ergibt, in Anlehnung an die 150 ↑Psalmen deshalb auch ↑Psalter genannt wird. 1573 wurde (nach dem Sieg über die Osmanen in der Seeschlacht bei Lepanto 1571, den man den Wirkungen des Rosenkranzgebetes zuschrieb) das Rosenkranzfest am ersten ↑Sonntag im Oktober eingeführt, der Oktober von Papst

Leo XIII. (1878–1903) als Rosenkranzmonat bestimmmt. Der Rosenkranz wurde v. a. von Ordensleuten eifrig verbreitet, seit 1475 auch durch Rosenkranz- ↑Bruderschaften, da er als eine Art ↑Stundengebet betrachtet wurde und wird. Die einzelnen Gebete werden an einer aus «Perlen» (meist aus Holz oder Perlmutt) zusammengesetzten Schnur oder Kette abgezählt, die in einem ↑Kreuz endet und, oft kostbar ausgeführt, ebenfalls Rosenkranz, früher auch ↑Paternoster genannt wird.

Rosenkreuzer, nach einem legendären Gründer Christian Rosencreutz im 14./15. Jh. benannte Gemeinschaft, die wahrscheinlich aus Geheimbünden des 15. bis 18. Jh.s mit sozialreformerischen, okkultistisch-theosophischen Tendenzen hervorgegangen ist und erhebliche Einflüsse auf die ↑Freimaurerei übt.

Rosensonntag ↑Laetare

Rota ↑Sacra Romana Rota

Rotulus, Rodel, Rotel (lat. = Rädchen, Rolle), eine vom 1. bis 5. Jh. neben ↑Codex und Wachstäfelchen gebräuchliche Form des ↑Buches (aus Papyrus oder Pergament) als Buchrolle, deren Textspalten um einen Stab mit Knauf an beiden Enden gewickelt waren. Im Mittelalter wurde der Rotulus beibehalten für liturgische Schriften, für besonders umfangreiche Urkunden, Namenverzeichnisse, v. a. für die Aufzeichnung der in einer kirchlichen Gemeinschaft (↑Kloster) Verstorbenen, Totenroteln genannt.

Rotunde (lat.), Rundbau und runder Saal, meist mit Kuppeldach.

R.P. ↑Reverendus

Rubrik (von lat. *ruber* = rot), ursprünglich rotgehaltene Überschrift, Inhaltsangabe oder ↑Initiale in mittelalterlichen Handschriften, dann die rotgedruckte Anweisung für den ↑Ritus kirchlicher Zeremonien und den Gebrauch liturgischer Texte (↑Agende, ↑Missale, ↑Rituale); der Rubrikator war der für die Herstellung Geschulte (↑Buchkunst, Buchmalerei, ↑Skriptorium).

Ruralbischof ↑Chorbischof

Ruraldekan ↑Dekan

Ruralkapitel ↑Dekanat

russisch-orthodoxe Kirche, die nach Lehre, ↑Liturgie und ↑Frömmigkeit ganz der orthodoxen Kirche zugehörige Kirchengemeinschaft, die aber durch ihre besondere Geschichte (bis 1917 die ↑Staatskirche Russlands) und durch typisch russische Züge eine eigenständige Ausprägung erhielt (slawische Liturgie und ↑Kirchensprache, russisches ↑Mönchtum). Die Christianisierung seit Ende des 10. Jh.s nahm hauptsächlich von ↑Konstantinopel ihren Ausgang. Nach dem Fall Konstantinopels 1453 fühlte sich Moskau (in der Nachfolge des älteren Zentrums Kiew) als das «dritte Rom» zum Erben berufen. 1589 kam es zur Errichtung eines endgültig von Konstantinopel unabhängigen Moskauer ↑Patriarchats, das 1721 durch den ↑Heiligsten Regierenden Synod ersetzt, 1924 wiederhergestellt wurde. Schwerste Verfolgung erlitt die russisch-orthodoxe Kirche, die heute stark in der ↑Ökumene engagiert ist, unter der bolschewistischen Diktatur bis weit in die zweite Hälfte des 20. Jh.s herein.

S

S., Abkürzung für lateinisch ↑Sanctus und für italienisch San, Sant', Santa, Santo.

Saalkirche (engl. hall church), eine Kirche, deren Innenraum ein Saal ist, meist mit ↑Apsis oder ↑Chor, der nicht durch Stützen unterteilt ist (ausgenommen die ↑Emporen-Pfeiler). ↑Hallenkirche

Sabbat (jüd.), der religiös vorgeschriebene wöchentliche jüdische Ruhe- und Feiertag zum Gedenken an die Ruhe Gottes am siebten Tag nach Erschaffung der Welt (Genesis), beginnend am Freitagabend und endend am Samstag nach Eintritt der Dunkelheit. ↑Jobeljahr

Sabellianismus, auf Sabellius (220 in Rom exkommuniziert) zurückgehende ↑Häresie im 3./4. Jh., welche die ↑Trinität leugnete und insofern eine Variante des ↑Monarchianismus und ↑Modalismus darstellt. Sie lehrte, dass die Dreiheit in Gott nur scheinbar bestehe. Mit der Menschwerdung höre Gott auf, Vater zu sein, und mit der Himmelfahrt, Sohn zu sein.

Sacco di Roma (it.), Name für die in ein grauenhaftes Blutbad mündende Erstürmung und Plünderung Roms durch spanische, italienische und deutsche Söldner König Karls V. im Jahr 1527; sie erfolgte als Reaktion auf die gegen ihn gerichtete Politik der Heiligen ↑Liga von Cognac (1526). Bei der Verteidigung des Papstes starben 149 Soldaten der ↑Schweizergarde.

Sacerdotium (lat.), Priestertum, Priesterherrschaft. ↑Regnum und Sacerdotium

Sacra Romana Rota (lat. = Heilige Römische Rota), unter Papst Innocenz III. (1198–1216) entstandener oberster Gerichtshof der ↑Römischen Kurie; das gewöhnlich nur Rota genannte privilegierte ↑Prälaten-Kollegium ist höchste ↑Appellations-Instanz in kirchlichen Prozessen.

Sacre ↑Sakrales Herrschertum

Sacrificati ↑Lapsi

Sacrum Romanum Imperium (Abkürzung S. R. I.), lateinische Bezeichnung des ↑Heiligen Römischen Reiches vom 13. Jh. bis zu seinem Ende 1806.

Saeculum obscurum ↑Papst, Papsttum

Sakkelarios (gr.), im ↑Byzantinischen Reich der oberste Überwacher der Finanzbehörden.

Sakkeliu (gr.), Aufseher über die Verwaltung der Kirchengemeinden von ↑Konstantinopel.

sakral (lat.), ↑heilig, den ↑Gottesdienst betreffend, im Unterschied zu ↑profan oder ↑säkular.

● **Sakrales Herrschertum.** 1. Die Krönung war und ist in verschiedenen Kulturen Teil der feierlichen Einsetzung des Herrschers. Sie erfolgte im alten Orient üblicherweise durch den Priester, im ↑Byzantinischen Reich durch den ↑Patriarchen, wodurch wie bei der Salbung zum Ausdruck gebracht werden sollte, dass der Herrscher von Gott auserwählt war und besondere Gaben besaß. Für das westliche Krönungszeremoniell, das spätantik-byzantinischen Vorbildern folgte, blieben die Schilderungen in den Königsbüchern des AT (z. B. 1 Kön 1,38–53) grundlegend. Salbung und Krönung bildeten den wichtigsten Bestandteil der Königs- und Kaiser- ↑Weihe (frz. le Sacre) zur Sichtbarmachung und Verstärkung des Heils des Herrschers. Von entscheidender Bedeutung für die Entfaltung des christlichen Königsgedankens zum ↑Gottesgnadentum im Abendland wurde die Königsweihe Pippins im Jahr 751, denn seither war die Stellung des Herrschers im Frankenreich ↑sakral begründet; und als Karl der Große zusammen mit seinen Söhnen Pippin und Ludwig dem From-

men 781 von Papst Hadrian II. das «königliche Diadem» empfing, war der Weg für die Wiedererrichtung des westlichen Kaisertums (lat. *renovatio imperii*) mit der Krönung Karls in ↑Rom am Weihnachtstag des Jahres 800 durch ↑Papst Leo III. bereitet. Die Kaiserkrönung Ludwigs des Frommen 816 durch Papst Stephan IV. in Reims schließlich war grundlegend für eine einheitlich-feierliche Handlung in der ↑Liturgie, bei der fränkische Königssalbung und byzantinische Krönung miteinander verbunden waren. 2. Die Weihe und Krönung des Sachsen Otto I. zum König der Deutschen am alten karolingischen Zentrum in Aachen im Jahr 936 durch die ↑Erzbischöfe von Mainz und Köln (später zu den ↑Kurfürsten gehörig) erfolgte ebenso wie seine Salbung und Krönung zum Kaiser der Römer (lat. imperator Romanorum) in Rom durch den Papst an ↑Lichtmess des Jahres 962 zur sakralen Legitimierung seines Königtums. Er begründete damit die 844 Jahre währenden, bis zum Ende des ↑Heiligen Römischen Reiches (als der Habsburger Franz II. in Wien am 6. 8. 1806 die Kaiserwürde niederlegte) gültigen gewohnheitlichen Rechtsanspruch des deutschen Königs auf die römische Kaiserwürde. Krönung und Weihe des deutschen Königs zum Römischen Kaiser erfolgten trotz mancher Abweichungen, v. a. im Spätmittelalter, in Rom durch den Papst, zuletzt im Jahr 1452. 1530 wurde mit Karl V. in Bologna zum letzten Mal ein Kaiser vom Papst gekrönt. 3. Nach dem Vorbild des Priesterkönigs Melchisedek im AT wurde dem Herrscher eine einzigartige Zwischenstellung zwischen ↑Laie und ↑Presbyter eingeräumt: Durch die den entscheidenden Akt im Krönungszeremoniell bildende kirchliche Salbung an Haupt, Schultern, Brust und Armen nimmt der König eine neue Gestalt an, wie auch der Christ durch die ↑Taufe zu einem neuen Menschen wird; er verändert sich zum «typus Christi» und wird gleichsam «deifiziert», d. h. unsterblich (Ernst Kantorowicz hat diese zweifache, sterbliche und unsterbliche Natur des gesalbten Königs mit der Formel von den «zwei Körpern des Königs» umschrieben). Er ist (in Klammern die lateinischen Titel) Stellvertreter Christi auf Erden (vicarius Christi in terris), Gesalbter des Herrn (Christus Domini), Abbild Gottes (imago Dei), Heiland der Welt (salvator mundi), Beschützer der Kirche (defensor ecclesiae). Seines Amtes ist es, Lenker des christlichen Namens zu sein und den ↑Glauben zu steuern (fidem gubernare). Als Gesalbten des Herrn, ↑Christus Domini, so wie auch der ↑Bischof ein Gesalbter des Herrn ist, hatte die ↑Synode von Hohenaltheim des Jahres 916 den König zum ersten Mal bezeichnet und den ihm geleisteten Eid als ↑Sakrament, dessen Bruch als ↑Sakrileg bewertet, gemäß dem biblischen Spruch: «Tastet meine Gesalbten nicht an» (Ps 105,15; 1 Chr 16,22). Auf den Bildern dieser Epoche setzt Christus selbst dem Kaiser, dem Herrscher von Gottes Gnaden, die

Krone aufs Haupt, über dem, wie im Aachener Liuthar- ↑Evangeliar (10. Jh.), auch die Hand Gottes schwebt. Dementsprechend wird Ottos Königswürde in ihrer sakralen Einzigartigkeit hervorgehoben, v. a. in der ↑Vita seines Bruders, des Kölner Erzbischofs Brun, die dessen ↑Kaplan Ruotger 968/969 verfasste: Durch das enge Zusammenwirken des Königs Otto und des Priesters Brun sei zu Ottos Herrschaft ein königliches Priestertum (lat. regale sacerdotium) hinzugetreten, dienten der Dienst am Reich und der Dienst an der Kirche dem Ziel der Ordnung des Reichs und der Sicherung des Friedens. 4. Von daher wird auch verständlich, dass die Herrschaft der ottonisch-salischen Sakralkönige in besonderer Weise auf die Bischöfe angewiesen war, nachdem sie deren herausragende Rolle für die Integration des Reichs erkannt hatten. ↑Symbol dafür ist, dass der Herrscher den Reichsbischöfen und Reichsäbten ↑Ring und Stab überreichte und sie damit in ihr Amt – im Dienst der ↑Reichskirche und des Reiches zugleich – einwies. Unter Kaiser Heinrich III. (1039–1056) kam der sakrale Charakter des frühmittelalterlichen Königtums – symbolisiert durch die Herrschaftsinsignien Szepter, Schwert, Reichsapfel, (Himmels-) Mantel, ↑Heilige Lanze und v. a. Reichskrone –, kam die Harmonie der weltlichen und geistlichen Gewalt unter Führung des Herrschers am schönsten zur Darstellung und erreichte ihren letzten Höhepunkt. Sichtbarer

Ausdruck dafür war nicht zuletzt das damals größte Gotteshaus der abendländischen Christenheit, der Dom zu Speyer, die Grablege der Salier (↑Romanik). Im revolutionären Streit der Päpste mit den Königen und Kaisern des Abendlandes um die Frage der ↑Investitur war im 11. Jh. jedoch die entscheidende Wende im Verhältnis der beiden Gewalten, damit auch die Entsakralisierung des Sakralen Herrschertums eingeleitet: Die «erste europäische Revolution» (Karl Leyser) wurde ausgelöst durch den Gebrauch eines Wortes, das die Päpste seit der ↑Gregorianischen Refom nunmehr auf die christlichen Herrscher zu übertragen begannen, als sie die von diesen vorgenommene Investitur von Geistlichen als *Laien*-Investitur verurteilten und verboten. ↑Akklamation, ↑Canossa, ↑Immunität

Sakrament (von lat. *sacer* = heilig; *sacramentum* = Heiliges, zunächst Fahneneid, für gr. *mysterion*; ↑Mysterium). Kraft seiner geistigen Selbst-↑Transzendenz begegnet der Mensch Gott in personaler Unmittelbarkeit. Insofern er aber seiner Natur nach leibhaft, welthaft und geschichtlich ist, nimmt die Begegnung mit Gott in der ↑Gnade und im ↑Glauben sichtbar konkrete Gestalt an. Als von Jesus Christus zum Zeichen der innigsten Vereinigung zwischen Gott und den Menschen und der Menschen untereinander berufen, ist die Kirche selbst das «Ursakrament» (Lumen Gentium 1). Die schon in der ↑Urkirche praktizierten und im NT bezeug-

ten Zeichenhandlungen der ↑Liturgie werden seit der Mitte des 12. Jh.s als «Sakramente» bezeichnet. Nach der Definition durch die ↑Scholastik sind sie heilige Zeichen (↑heilig, das Heilige), die das Heil, das sie anzeigen, auch bewirken. Wenn weiter die «Einsetzung» durch Christus genannt wird, dann ist dies nicht in jedem Falle im Sinne eines ausdrücklichen Stiftungswortes zu verstehen. Vielmehr wuchsen die Sakramente in der Dynamik des Heilshandelns Christi für die Menschen im Herzen der Urkirche. Sie wirken dadurch, dass sie vollzogen werden (lat. *ex opere operato*), setzen aber, um im Empfänger fruchtbar werden zu können, die glaubensmäßige «Empfangsbereitschaft» voraus. Die Feststellung der Siebenzahl der Sakramente (↑Taufe, ↑Buße, ↑Eucharistie, ↑Firmung, ↑Weihe, ↑Ehe, ↑Krankensalbung [Letzte Ölung]) im Mittelalter führte zur Unterscheidung von Sakramenten und ↑Sakramentalien. Martin Luther ließ nach seinem Schriftprinzip (↑sola scriptura) nur Taufe und ↑Abendmahl als Sakramente gelten; zur Sakramentalität der Buße verhielt er sich nicht eindeutig, da das ganze Leben eine Buße sei.

Sakramentalien, ↑Weihe- und ↑Segens-Handlungen in der katholischen Kirche (↑Sakrament). Als fürbittendes, mit sinnlichen Zeichen verbundenes Gebet der Kirche für Menschen in den verschiedenen Lebenssituationen erfüllen sie eine wichtige Aufgabe in der alltäglichen Konkretisierung des ↑Glaubens.

Sakramentar, ein liturgisches Buch für den Vorsteher der ↑Eucharistie und mit ihr verbundener Feiern (↑Sakrament). Es enthält die dem Zelebranten (↑Zelebration) zukommenden ↑Gebete und zumeist eine kurze Darstellung der gesamten heiligen ↑Messe (z. B. das Gelasianum, benannt nach einer falschen Zuschreibung an Papst Gelasius I. [492–496], das nur in einer Abschrift aus der Mitte des 8. Jh.s erhalten ist, ein verbindliches Jahressakramentar darstellt und zahlreiche gallische Einflüsse aufweist). Seit dem hohen Mittelalter wurde das Sakramentar durch das ↑Missale verdrängt.

Sakramentierer (von ↑Sakrament), im 16. Jh. (abwertende) Bezeichnung für Leugner der Gegenwart Christi (↑Realpräsenz) im ↑Abendmahl, auch für ↑Schwarmgeister.

Sakramentshäuschen ↑Tabernakel

Sakrarium (von lat. *sacer* = ↑heilig) 1. Aufbewahrungsort für heilige Gegenstände, die ↑Sakristei; 2. Senkgrube hinter dem Haupt- ↑Altar und in der ↑Tauf- ↑Kapelle, die dazu dient, das Wasser von Waschungen im ↑Gottesdienst, die Reste oder die Asche gebrauchter geweihter Sachen aufzunehmen; 3. Wort für kleines Heiligtum und Kapelle.

Sakrileg (lat.), 1. Kirchenraub, Gottesraub (z. B. unwürdiger Empfang der ↑Kommunion); 2. Entweihung des ↑Heiligen oder gottgeweihter Personen, Religionsfrevel; 3. deutscher Titel der Übersetzung eines in mehreren Millionen Auflagen und mehr als 40 Sprachen übersetzten, dann auch verfilmten Romans von Dan Brown, der 2003 unter dem Titel «The Da Vinci Code» erschien. Der mit historisch völlig haltlosen Verschwörungstheorien durchtränkte Thriller will – ob beabsichtigt oder nicht – offensichtlich eine «alternative» Perspektive auf die ↑Kirchengeschichte eröffnen (↑Templer).

Sakristan ↑Mesner

Sakristei (von lat. *sacer* = ↑heilig), allgemein ein Nebenraum (Anbau) der Kirche, im Besonderen der Aufenthalts- und Ankleideraum der ↑Geistlichen und ↑Ministranten sowie der Aufbewahrungsort für ↑liturgische Gewänder und Geräte, betreut vom ↑Mesner (Sakristan). ↑Diakonikon

sakrosankt (von lat. *sacer* = ↑heilig, ↑Sakrament, und lat. *sanctus* = heilig), hochheilig, unverletzlich.

säkular (von lat. *saeculum* = Zeitalter, Jh., irdische Welt), weltlich, im Unterschied zu ↑sakral, geistlich.

Säkularinstitute, in der katholischen Kirche Genossenschaften von ↑Klerikern und ↑Laien, die durch ein gottgeweihtes Leben nach Vollkommenheit der christlichen Liebe in der Welt streben und zur Heiligung der Welt von innen her beizutragen suchen. Die Mitglieder leben in ihrer weltlichen, beruflichen und familiären Umgebung oder in kleinen Gemeinschaften, von denen aus sie «in der Welt» wirken. Dazu gehören: ↑Weihe, ↑Apostolat, Bindung an die Gemeinschaft. Nach Anfängen im 16./ 17. Jh. erlangten die Säkularinstitute erst im 20. Jh. erhebliche Bedeutung; unter Papst Pius XII. entstand 1947 das erste Grundgesetz für diese Einrichtungen, die heute sehr zahlreich und weitverbreitet sind, wobei Frauengemeinschaften überwiegen. Ihnen ähnlich sind manche Gemeinschaften der evangelischen Kirchen der Gegenwart (↑Kommunitäten, ↑Kongregation, ↑Bruderschaft). ↑religiöse Institute

Säkularisation (von lat. *saeculum* = Zeitalter, Jh., irdische Welt), 1. im weiteren Sinn jede «Verweltlichung» geweihter Personen oder Sachen, auch das Ausscheiden des ↑Religiosen aus dem ↑Ordens-Stand, der ↑Kleriker aus dem Klerus, die Aufhebung von ↑Klöstern, die Profanation (↑profan) von Kirchen und ↑sakralen Geräten; 2. im engeren Sinn die Enteignung kirchlicher Einrichtungen (↑Bistümer, ↑Stifte, ↑Klöster, ↑Pfründen) und ihr Gebrauch zu profanen Zwecken. Derartige Enteignungen und Zweckentfremdungen von ↑Kirchengut, die gewaltsame Überführung in weltlichen Besitz und weltliche Nutznießung hat es seit den Zeiten der ↑Alten Kirche immer wieder gegeben; sie wurden in den Verhandlungen zum ↑Westfälischen Frieden (1648) erstmals von den Vertretern Frankreichs als «Säkularisation» bezeichnet. Zu Säkularisationen größten Umfangs kam es durch die ↑Reformation im 16./17. Jh., in vielen katholischen Ländern wieder im 18. Jh.

3. Die eigentliche, die große Säkularisation nennt man den umfassenden Enteignungsprozess der katholischen Kirche, der unmittelbar angestoßen wurde durch ↑Französische Revolution und Napoleonische Kriege und sich vom Ausbruch der Revolution 1789 bis zur europäischen Neuordnung im ↑Wiener Kongress 1815 erstreckte. Betroffen waren fast alle Länder Europas und Lateinamerikas. 4. Im Hinblick auf das ↑Heilige Römische Reich ist hier der ↑Reichsdeputations-Hauptschluss von 1803 zu nennen. 5. Im späteren 19. und 20. Jh. gab es immer wieder Aufhebungen, Vertreibungen und Konfiskationen von Klöstern und kirchlichem Besitz, besonders massiv in Frankreich 1905, mit aller Härte in den kommunistischen Diktaturen und durch den Nationalsozialismus (↑Kirchenkampf). ↑Restauration

Säkularisierung (lat.), 1. Begriff für den Vorgang der ↑Säkularisation; 2. allgemein die Verweltlichung (Profanierung; ↑profan) religiöser Begriffe und Vorstellungen, Lösung gesellschaftlicher und staatlicher Ordnungen aus Bindungen an eine Religionsgemeinschaft, in der abendländischen Neuzeit gegenüber dem Christentum bis zur Gegenwart erheblich voranschreitend.

Säkularkanoniker ↑Chorherren, ↑Kanoniker, ↑Kollegiatstift

Säkularkleriker, Weltgeistliche, im Unterschied zu ↑Ordens-Geistlichen (↑Kleriker).

Salbuch (ahd. sal, sala = Besitzübertragung), Güterverzeichnis, ↑Inventar, ↑Urbar.

Salbung ↑Firmung, ↑Sakrales Herrschertum

Salesianer Don Boscos, seit 1946 Name der 1859 von Don Giovanni Bosco in Turin gegründeten katholischen Gesellschaft des hl. François de Sales (1567–1622) zur Betreuung und Ausbildung (gefährdeter) Jugendlicher, die seit 1875 auch eine rege Tätigkeit in der ↑Mission entfaltet; nach den ↑Jesuiten derzeit der zweitgrößte Männerorden der katholischen Kirche mit rund 17 000 Angehörigen (Stand 2008).

Salesianerinnen, Mitglieder des 1610 von François de Sales und Jeanne Françoise de Chantal begründeten katholischen ↑Ordens von der Heimsuchung Mariä (auch Visitandinnen genannt), der ↑Beschauung mit ↑Armen- und Krankenpflege sowie Jugenderziehung verbindet.

Salvation Army ↑Heilsarmee

Salvator (lat.), Retter, Erlöser, ↑Heiland; im Christentum Name für ↑Jesus Christus.

Salvatorianer (lat.) Gesellschaft des Göttlichen ↑Heilandes (↑Salvator), 1881 gegründete katholische ↑Kongregation zur ↑Seelsorge, Jugendbetreuung und ↑Mission.

Salve Regina (lat. = Sei gegrüßt, Königin), bekannteste der Marianischen ↑Antiphonen, die am Schluss des ↑Stundengebetes gebetet oder gesungen wird. Nach diesem Gesang zu Ehren der ↑Gottesmutter ist die Salve- ↑Andacht seit dem 15./16. Jh. eine beliebte marianische Volksandacht in der katholischen Kirche.

Sancta Sedes ↑Heiliger Stuhl

Sanctum Officium ↑Heiliges Offizium

Sanctus (lat. = ↑heilig), Anfang und Bezeichnung des Lobgesangs, in dem die ↑Präfation in allen christlichen ↑Liturgien des Ostens und Westens ausklingt; bedeutende Vertonungen (mit dem ↑Benedictus) innerhalb der lateinischen ↑Messe.

Sanktimonialen (lat. = Gottgeweihte, Fromme), Ordensfrauen, ↑Nonnen.

Sankturarium (lat. = Heiligtum; ↑heilig), Bezeichnung für das ↑Presbyterium und den Aufbewahrungsort für einen Reliquienschrein (↑Reliquien), auch für diese selbst.

Sant' Egidio, 1968 gegründete, nach einem ↑Kloster im römischen Stadtteil Trastevere benannte Gemeinschaft zur ↑Armen- und Krankenpflege, zur Betreuung von Menschen «am Rand der Gesellschaft», u. a. von Obdachlosen, Ausländern, Aidskranken. Weltweit verbreitet, setzt sich der von der katholischen Kirche anerkannte Verein in besonderer Weise für ein Verbot der Todesstrafe ein (erster Welttag 2002).

Sarg ↑Sarkophag

Sarkophag (gr. = fleischessend), im ganzen Altertum bekannter monumentaler, meist reich geschmückter Sarg aus (Kalk-) Stein, Ton, Metall oder Holz, seit dem Mittelalter häufig Bezeichnung für Prunkgrabmäler für hochgestellte Persönlichkeiten geistlichen und weltlichen Standes in Kirchen und Gruften (↑Krypta). ↑Altar

Sarrozium, bei den ↑Augustiner-Chorherren vor allem in Bayern, Österreich und der Schweiz der im 18. Jh. zu einem langen, schmalen Band aus Leinwand reduzierte ↑Chorrock.

Satan ↑Teufel

Säulenheilige, -steher ↑Styliten

Schatzmeister ↑Kämmerer

Schauspiel (geistliches), szenische Darstellungen aus der ↑Heilsgeschichte und aus dem Leben der ↑Heiligen (auch ↑Passionsspiel), besonders ausgeprägt in Spätmittelalter und Barock (↑Jesuitendrama); in der katholischen Kirche lebt es bis heute fort. ↑Mysterienspiele

Schema (gr.), 1. in orthodoxen Kirchen das Mönchskleid (↑Ordenskleid, -tracht); 2. auf ↑Konzilien Entwurf für ein ↑Dekret.

Schematismus (gr.-lat.), seit dem 18. Jh. Personalverzeichnis über den ↑Klerus katholischer ↑Bistümer, heute auch über das gesamte Personal im Kirchendienst (Kleriker und ↑Laien).

Schisma (gr.), in der katholischen Kirche und den orthodoxen Kirchen die Spaltung in der ↑Hierarchie, die Lossagung von der kirchlichen Gemeinschaft ohne Verletzung der ↑Glaubens-Lehre (Glaubensdelikt) in wesentlichen Punkten; es stellt einen kirchlichen Straftatbestand dar. Anhänger der Spaltung sind Schismatiker, im Unterschied zu Häretikern (↑Häresie) und Apostaten (↑Apostasie). ↑Abendländisches Schisma, ↑Morgenländisches Schisma, ↑Papstschismen

Schmalkaldische Artikel, von Martin Luther 1536 für den ↑Schmalkaldischen Bund verfasste ↑Bekenntnisschrift, über die man auf dem kommenden ↑Konzil verhandeln wollte und die später in das ↑Konkordienbuch aufgenommen wurde.

Schmalkaldischer Bund, von ↑Kurfürst Johann von Sachsen, Landgraf Philipp von Hessen, anderen Fürsten und mehreren Städten in Schmalkalden (Sachsen) am 27. 2. 1531 geschlossener Bund zur Verteidigung des evangelischen ↑Glaubens gegen die Religionspolitik Kaiser Karls V. Das Bündnis wurde bald zum Mittelpunkt der antihabsburgischen Kräfte in Europa, dem sich später weitere deutsche Fürsten und Städte anschlossen. Im Schmalkaldischen Krieg (1546/47) wurde der Bund bei Mühlberg/Elbe von Karl V. geschlagen und zerfiel. ↑Liga, ↑Schmalkaldische Artikel

Schmerzensmann, als ↑Andachtsbild die besonders im Spätmittelalter begegnende Darstellung des leidenden Christus (↑Passion), auch «Notgottes» genannt. ↑Ecce homo, ↑Erbärmdebild

Schnitzaltar ↑Flügelaltar

Schola, schola (gr.-lat. = Schule), 1. im Mittelalter eine Vereinigung von Lehrern und Schülern zur Pflege des ↑Gregorianischen Gesangs (lat. schola cantorum); 2. in der ↑Liturgie die Vorsängergruppe (↑Antiphon, ↑Kantor); 3. allgemein Bezeichnung für die Schule im Mittelalter (↑Domschule, ↑Klosterschule).

Scholare (von ↑Schola), im Mittelalter der Schüler und Student an ↑Dom-, ↑Kloster- und Hoher Schule (↑Universität). ↑Vaganten

Scholasticus, Scholaster (von ↑Schola), 1. im Mittelalter der gelehrte Vorsteher einer ↑Dom-, ↑Kloster- oder Stiftsschule, auch der bischöfliche Beauftragte für das Schulwesen im ↑Bistum; 2. bis zur Gegenwart Titel (↑Dignität) in ↑Dom- und Stiftskapiteln.

Scholastik (von ↑Schola), Methode und Gestalt mittelalterlicher Wissenschaft, nicht auf ↑Theologie und ↑Philosophie allein beschränkt; sie wird gewöhnlich in die Frühscholastik (9. bis Ende 12. Jh.), Hochscholastik (1200–1300) und Spätscholastik (1300–1450) unterteilt. Im Rahmen des mittelalterlichen Erkenntnisstrebens will sie in besonderer Weise «durch Anwendung der Vernunft, der Philosophie auf die Offenbarungswahrheiten möglichste Einsicht in den Glaubensinhalt gewinnen» (Martin Grabmann). Die scholastische Methode (↑Syllogismus), die mit ihrer Zielsetzung zugleich die spezielle Form ihrer Lehre im Unterricht entwickelt hat, ist bestimmt a) vom lernenden Rückgriff auf das Wissen der Vergangenheit durch die (kommentierende) Lesung (lat. *lectio*) eines tradierten Textes, dem die Würde der Autorität (lat. ↑*auctoritas*) eignet, b) von der kritischen, von der Vernunft (lat. *ratio*) geleiteten Auseinandersetzung mit dem angeeigneten (rezipierten) Wissensstoff durch systematische Verarbeitung und Kommentierung eines Textes anhand der ↑Sentenzen (Sentenzenkommentare) anerkannter Autoren, c) von der lehrenden Weitergabe des Wissens. Die rationale Auseinandersetzung mit dem Wissensstoff, seine Einübung und Wiederholung im eigentlichen Sinn geschieht in der *quaestio disputata* (lat.): Im kritischen Streitgespräch (lat. *disputatio*, ↑Disputation) werden bei der Behandlung eines Themas, in der Argumentation des Für und Wider (lat. *pro et contra*), zunächst die Gründe dargelegt, die gegen die fragliche These (lat. *quaestio*) sprechen. In seiner Antwort vertieft der Lehrer (↑Magister) das Problem, indem er seine eigene Meinung darlegt, die Gegenargumente entkräftet und dann eine die Meinungen ausgleichende Lösung (lat. *solutio*) sucht, die er begründet, schließlich eine Entscheidung (lat. *determinatio*) trifft. Im Streben nach systematischer Strukturierung sind die in lateinischer Sprache verfassten «Libri quattuor sententiarum» (Vier Bücher Sentenzen) des

Petrus Lombardus (um 1095–1160) von herausragender Bedeutung; sie wurden bis zum Ende des 16. Jh.s zur Grundlage des Theologiestudiums. Nach der heilsgeschichtlich-chronologischen Ordnung (↑Heilsgeschichte, ↑Chronologie) sind des Petrus Lombardus Sentenzen in vier Bücher unterteilt: a) Gotteslehre, b) Schöpfungslehre, c) Erlösungslehre, d) Sakramentenlehre und Eschatologie. Die Geschichte der Scholastik, als deren wichtigste Vertreter Johannes Scotus Eriugena (um 810 – um 877), Anselm von Canterbury (1033–1109), Peter Abaelard (1079–1142), Albertus Magnus (um 1200–1280), Thomas von Aquin (1224/25–1274), Bonaventura (1217/21–1274), Johannes Duns Scotus (1265/66–1308) und Wilhelm von Ockham (1285/90–1347) zu nennen sind, ist eng verbunden mit der Rezeptionsgeschichte des mit Platon einflussreichsten Philosophen der Antike Aristoteles († 322 v. Chr.). Analog zum Vorgehen der ↑Kirchenväter gelang es der Scholastik, in besonderem Maße der Hochscholastik – Albertus Magnus und Thomas von Aquin an der Spitze –, die Höhe griechischen Geistes, griechischer Wissenschaft, griechischen Denkens, verkörpert im neuentdeckten Aristoteles, der lateinischen Welt verständlich zu machen. Die Aristotelesrezeption und der Einfluss jüdisch-arabischer Überlieferung waren für die Entwicklung des philosophisch-theologischen Denkens im lateinischen Mittelalter von größter Tragweite. ↑Via antiqua/moderna

Scholastikat (von ↑Schola), Ausbildung des ↑Jesuiten im Studium.

Scholien (gr.), erklärende Randbemerkungen zu antiken Autoren und zur ↑Bibel (↑Glossar).

Schönstatt-Werk ↑Pallottiner

Schottenklöster ↑irisches Mönchtum

Schreinaltar, besonders in der späten ↑Gotik (und Neugotik des 19. Jh.s) üblicher Aufbau (↑Retabel) über dem ↑Altar-Tisch (Mensa), wobei ↑Christus, die ↑Gottesmutter und ↑Heilige figürlich in einem «Schrein» gefasst sind; er ist meist durch seitliche Flügel bereichert (↑Flügelaltar).

Schriftauslegung ↑Exegese

Schriftsinn ↑Exegese, ↑Hermeneutik

Schulbrüder (Institut der Brüder christlicher Schulen), größte, heute weltweit tätige katholische ↑Laien-↑Kongregation für Erziehung und Unterricht, gegründet 1683 vom französischen Priester Jean-Baptiste de La Salle (1651–1719), der Schulen für die Armen (↑Armut) einrichtete. Nach schweren Verlusten in der ↑Französischen Revolution kam es seit dem 19. Jh. zu einem neuen Aufschwung. In Deutschland werden auch die ↑Maristen häufig nur Schulbrüder genannt.

Schuldbekenntnis ↑Confiteor

Schuldkapitel ↑Kapitel

Schule ↑Domschule, ↑Klosterschule, ↑Scuola

Schulschwestern, katholische Frauen-↑Orden und -Gesellschaften, die sich hauptsächlich der Schule und Erziehung widmen; ausgesprochene Schulorden sind die ↑Ursulinen und ↑Englischen Fräulein. Im engeren Sinn werden in Deutschland und Österreich v. a. die von der seligen Theresia von Jesu Gerhardinger (1797–1879) gegründeten ↑Armen Schulschwestern von Unserer Lieben Frau so genannt.

Schultertuch (lat. *humerale*), um die Schulter gelegtes weißes Tuch unter der ↑Albe oder dem ↑Chorrock (↑Rochett), auch ↑Amikt genannt. ↑Fano, Fanone, ↑liturgische Gewänder

Schutzengel ↑Engel

Schutzmantelmadonna, seit dem späten Mittelalter Darstellung der ↑Gottesmutter mit ausgebreitetem Mantel, von dem geistliche und weltliche Stände der Christenheit umschlossen sind.

Schwabacher Artikel, von Martin Luther 1529 verfasstes, nach der Stadt Schwabach bei Nürnberg benanntes ↑Glaubensbekenntnis, das u. a. zur Grundlage der ↑Confessio Augustana von 1530 wurde.

Schwangerschaftskonfliktberatung ↑Donum vitae

Schwarmgeister (Schwärmer), im weiteren Sinn alle chiliastischen, apokalyptischen und spiritualistischen Gruppen der Kirchengeschichte (↑Apokalypse, ↑Chiliasmus), im engeren Sinn die von Martin Luther nach den Ausschreitungen in Wittenberg angeprangerten ↑Sakramentierer, die er der Spiritualisierung der ↑Sakramente zieh,

v. a. ↑Täufer, Schwenckfelder und Zwickauer Propheten.

Schweigepflicht ↑Beichtgeheimnis

Schweißtuch der Veronika ↑Vera Icon

Schweizergarde, die von Papst Julius II. zum Schutz seiner Person und Residenz im ↑Vatikan 1505 angeworbenen Soldaten aus der Schweiz, die sich erstmals am 22. 1. 1506 in Rom präsentierten, als 150 Schweizer Söldner unter Heerführer Kaspar von Silinen «durch das Tor des Volkes» kamen. Die Päpstliche Schweizergarde mit der traditionellen ↑Renaissance-Uniform (Farben: Rot, Gelb, Blau) ist seit 1970 das einzige bestehengebliebene päpstliche Militärkorps; ihr Bestand ist seit 1979 auf 100 Mann festgelegt, an ihrem Grundauftrag hat sich bis heute nichts geändert. ↑Sacco di Roma

Schwenckfelder (Schwenckfeldianer) ↑Schwarmgeister

Schwertbrüder ↑Ritterorden

Schwertmission, Begriff für eine ↑Mission mit hartem (gewaltsamem) Einsatz der fürstlich-staatlichen Gewalt, z. B. in Teilen der mittelalterlichen Germanen- und Slawenmission, die gleichbedeutend mit den Zwangsbekehrungen und -taufen in der Geschichte ist und zu den schweren Problemfällen der Kirchengeschichte gehört.

Schwester ↑Soror

Schwestern vom Guten Hirten (↑Kongregation Unserer Frau von der

Liebe des Guten Hirten), internationale katholische ↑Ordens-Gemeinschaft, deren Ursprünge in einer Gründung des Jean Eudes 1641 in Caen (Frankreich) liegen; im 19. Jh. zweigten sich von ihr die heute weltweit verbreiteten «Frauen vom Guten Hirten» ab, die zur Seelenrettung und Betreuung gefährdeter Mädchen und (auch gefangener) Frauen durch religiöse Unterweisung, liebevolle Behandlung und Beschäftigung in häuslicher und wirtschaftlicher Arbeit wirken. Häuser der «Guten Hirtinnen» finden sich häufig im Bereich großer Städte und sind besonders bedeutsam für Lateinamerika und viele Missionsgebiete. 2006 wurde der Prozess zur Wiedervereinigung des Ordens nach mehr als 170 Jahren der Trennung eingeleitet.

Schwesternschaften ↑Bruderschaften

Scinopoden, mythische Fabelwesen mit einem Bein und großem Entenfuß, die oft hoch oben auf ↑Kathedralen begegnen.

Scuola (it.), in Italien die Schule, Gemeinschaft von Lehrenden und Lernenden, auch die geistliche Gemeinschaft oder ↑Bruderschaft; berühmt für die vielen Bruderschaften und ihre Einrichtungen ist hierbei etwa die Scuola Grande di San Rocco in Venedig, die 1478 zur ↑Armen- und Krankenpflege gegründet und dem Pestheiligen Rochus als ↑Patron geweiht wurde. In ihr befinden sich berühmte Gemäldezyklen Tintorettos (1519–1594).

Sedes Apostolica ↑Apostolischer Stuhl

Sedile, Sedilien (lat.), Sitze des ↑Klerus innerhalb der ↑Liturgie, gewöhnlich im ↑Presbyterium der Kirche.

Sedisvakanz (von lat. *sedes* = Stuhl, Sitz und *vacare* = frei sein, also das Freisein des Stuhles), die Zeit zwischen ↑Erledigung und Wiederbesetzung eines höheren kirchlichen ↑Amtes (↑Papst, ↑Bischof, ↑Abt). ↑Apostolische Administratur

Seelbuch (lat. *liber anniversariorum* = Buch der Jahrtage), Verzeichnis der gestifteten ↑Seelenmessen und Todesjahrtage.

Seelenbeschreibung, in der katholischen Kirche seit dem Konzil von Trient (1545–1563) Hausbesuche des ↑Seelsorge-↑Klerus am Ende der österlichen Zeit (↑Ostern) mit Feststellung der Gläubigenzahl und Prüfung der ↑Beichtzettel, in Deutschland meist geübt bis zur Mitte des 20. Jh.s.

Seelenmesse, -amt, heilige ↑Messe bzw. ↑Amt (↑Requiem) für Verstorbene am Begräbnistag und im späteren Totengedenken (Jahrtagsmesse). ↑Seelbuch

Seelgerät, besonders im Mittelalter übliche (Gebets- oder ↑Mess-) Stiftungen (↑Stift) zum eigenen oder der Verstorbenen Seelenheil.

Seelhäuser, frühere Bezeichnung für Leichenhäuser.

Seelkammer ↑Totenkeuche

Seelnonne, (frühere) Bezeichnung für Leichenfrau. ↑Nonne

Seelsorge (lat. *cura animarum*), geistliche Betreuung der Gläubigen durch ↑Predigt, ↑Katechese, ↑Sakramenten-Spendung und Hilfe in allen Lebenslagen. Sie ist Aufgabe der ↑Pfarrer und der ↑Orden sowie der in ↑Gemeinden und Pfarreien mit ihr betrauten Personen, auch anderer Einrichtungen (z. B. ↑Militärbischof). ↑Kasualien, ↑Seelsorgepriester

Seelsorgehelfer(in) ↑Gemeindereferent(in)

Seelsorgepriester, Seelsorger in der katholischen Kirche der amtlich zur ↑Seelsorge bestellte und verpflichtete Geistliche (u. a. ↑Pfarrer, ↑Kurat).

Segen, segnen, Segnung (von lat. *signum* = Zeichen [↑Siegel], lat. *benedictio* [↑Benedictus, ↑Benediktionale], *benedicere* = segnen, preisen, lobpreisen, ↑benedeien), in der Religionsgeschichte oft mit magischen Vorstellungen verbunden, christlich im ↑Kult oder in jeder Lebenslage über Personen oder Sachen verbundene Geste, Spruch, Segenszeichen und -gebet, wodurch göttliches Heil, Gesundheit usw. herabgerufen wird. Segnungen erfolgen im liturgischen und außerliturgischen Bereich, in der ↑Liturgie regelmäßig eingebunden in einer Formel zur Entlassung. ↑Apostolischer Segen, ↑absegnen, ↑Aussegnung, ↑Einsegnung, ↑Weihe

Seine Heiligkeit (auch Euere Heiligkeit), im Mittelalter Ehrentitel und Anrede des ↑Bischofs, dann aber ausdrücklich dem ↑Papst vorbehalten und manchen hohen Würdenträgern der orthodoxen Kirchen.

Seitenaltar (Nebenaltar) ↑Altar

Seitenschiff ↑Kirchenschiff

Sekret (lat. *secreta oratio* = heimliches Gebet, «Stillgebet»), in der lateinischen ↑Liturgie älteres Wort für das ↑Gebet über die Gaben Brot und Wein nach der Gabenbereitung (↑Opfer, Opferung).

Sekte (von lat. *secare* = abschneiden), Bezeichnung für eine meist kleinere, von einer christlichen Kirche (durch ↑Häresie) abgespaltene Gemeinschaft (deren größte waren im Mittelalter die ↑Katharer), auch in außerchristlichen Religionen begegnend. Daneben werden in neuerer und neuester Zeit zahlreiche selbstständig entstandene und ausgebaute religionsähnliche Gruppierungen mit oft esoterischer und scharf-autoritärer («psychagogischer») Bindung als Sekten bezeichnet.

Sekundiz (von lat. *secundus* = der Zweite), «Zweitfeier» zum 50-jährigen Jubiläum der ↑Primiz oder Ordens- ↑Profess.

Sekundogenitur (lat. = «zweitgeboren», im Unterschied zur Primogenitur), 1. in der Erbfolgeordnung fürstlicher Häuser das Recht des Zweitgeborenen (und seiner Nachkommen) auf bestimmte Vermögensteile und Titel; 2. in der ↑Reichskirche wurden häufig reiche ↑Pfründen (↑Bischofsstuhl, ↑Reichsabtei) als eine Art

Sekundogenitur zur Versorgung nachgeborener Söhne katholischer Dynastien benützt. ↑Koadjutor, ↑Kumulation

Selbstheiligung ↑Gemeinschaftsbewegungen, ↑Heiligung, ↑Mönch, Mönchtum, ↑Nachfolge Christi, ↑Rechtfertigungslehre, ↑Seelgerät

Selbständige Evangelisch-Lutherische Kirche ↑Altlutheraner, ↑Freikirchen

selig, Seligkeit (lat. Beatus, abgekürzt B., *beatus, beatitudo*; ↑Beatifikation), nach christlichem Glauben das vollkommene Heil und Glück des (glückseligen; ↑Eudämonismus) Menschen in der ewigen Anschauung Gottes im ↑Himmel. ↑Alleinseligmachende Kirche

Seligpreisungen, die bei Mt 5,3–10 überlieferten eschatologischen (↑Eschatologie) Lobpreisungen und Verheißungen («acht Seligkeiten») in der Bergpredigt Jesu.

Seligsprechung ↑Beatifikation

Semantik (von gr. *sema* = Zeichen), Lehre von den (Wort-) Bedeutungen, von der Beziehung der Zeichen zum gemeinten Gegenstand (Zeichenlehre); die auch für die ↑Kirchen- und Kunst-Geschichte wichtige sprachwissenschaftliche Disziplin ist Teilgebiet der ↑Semiotik.

Seminar, Seminarien, 1. in der katholischen Kirche Ausbildungsstätten des künftigen ↑Klerus, die nach Anfängen im Spätmittelalter durch das Konzil von Trient (1545–1563; ↑Katholische Reform) vorgeschrieben, meist je-

doch erst viel später verwirklicht wurden, im 19. und bis zur Mitte des 20. Jh.s zur größten Entfaltung gelangten. Unterschieden werden ↑Knabenseminare (Studienseminare) für die gymnasiale Ausbildungsstufe, Priesterseminare für die philosophisch-theologische und pastorale Ausbildung künftiger Priester, die regional verschieden auch ↑Konvikt oder Alumnat (↑Alumne) genannt wurden; 2. in den evangelischen Kirchen bestehen vergleichbare Einrichtungen zur pastoralen Ausbildung, z. B. «Stifte» und Predigerseminare. ↑Seminaristicum

Seminaristicum (lat.), in der katholischen Kirche seit dem Konzil von Trient (1545–1563) eine festgelegte ↑Abgabe zur Gründung und zum Unterhalt der Diözesan- ↑Seminarien («Seminarsteuer»).

Semiotik (von gr. *sema* = Zeichen), die Lehre von den Zeichen, zu der die ↑Semantik gehört.

Semipelagianer, seit dem 16. Jh. Bezeichnung für eine Gruppe gallischer Theologen (Johannes Cassian, Vinzenz von Lérins, Faustus von Reji), die zwischen Pelagianern (↑Pelagianischer Streit, Pelagianismus) und der von Augustinus entfalteten ↑Gnaden-Lehre zu vermitteln suchten; sie vertraten dabei die Theorie, dass der Mensch auf dem Weg der ↑Heiligung den ersten Schritt aus eigener Kraft tun könne. Damit wird allerdings das Zueinander von göttlicher Gnade und menschlicher Freiheit in einem primitiven ↑Synergismus aufgelöst. Die Lehre der Semipelagianer wurde von der 2. Synode von Orange 529 (unter Vorsitz des Caesarius von Arles) verurteilt.

Sendgericht (von gr.-lat. ↑Synode), aus den bischöflichen ↑Visitationen des Frühmittelalters entstandenes kirchliches Gericht, das Strafen für Verstöße gegen göttliches und kirchliches Recht verhängen konnte; es war anfänglich für ↑Geistliche und ↑Laien zuständig, später auf letztere allein beschränkt. Die Rechtsprechungsgewalt (Send, -gewalt, -herrlichkeit) lag zunächst beim ↑Bischof (Sendherr), seit dem 11. Jh. zunehmend beim ↑Archidiakon, manchmal auch beim ↑Pfarrer. Auswirkungen dieses Rechtsinstituts reichten bis zum Beginn des 19. Jh.s.

Sentenz (lat. *sententia* = Ausspruch, Denkspruch, Meinung, Satz), 1. richterliches Urteil (z. B. ↑Exkommunikations-Sentenz), kirchlicher Lehrsatz; 2. Sentenzen nennt man auch die Sammlungen wichtiger Stellen aus den Schriften der ↑Kirchenväter seit dem 5. Jh. als Grundlage des Studienbetriebs der mittelalterlichen ↑Scholastik. Am bedeutendsten waren hierbei die Sentenzen des Petrus Lombardus (des [↑] «Magister Sententiarum», um 1095–1160), die zum grundlegenden Lehrbuch der ↑Theologie bis ins 16. Jh. und in zahlreichen Sentenzenkommentaren behandelt wurden.

Separierte Lutheraner ↑Altlutheraner

Septem artes liberales (lat. = die sieben freien Künste), 1. Kenntnisse der spät-

antiken Bildung mit den zwei Abteilungen: Trivium (lat. = «Dreierweg»): Grammatik, Rhetorik, Dialektik; Quadrivium (lat. = «Viererweg»): Arithmetik, Geometrie, Musik, Astronomie. Sie vermittelten ein Grundwissen und waren eingebettet in die lateinische Sprache (↑Latein) und die ↑Philosophie; 2. sie waren bis zum Beginn der ↑Scholastik die Grundlage des mittelalterlichen Bildungswesens und wurden gepflegt in ↑Dom-, ↑Kloster-, ↑Stifts- und ↑Kathedralschulen. In der abendländischen ↑Universität (seit etwa 1200) bildeten sie in der grundlegenden ↑Artistenfakultät die unerlässliche Vorstufe (↑Propädeutik) zum Aufstieg in die drei höheren ↑Fakultäten (↑Theologie, Jurisprudenz und Medizin). Diese Ordnung blieb, nach Ländern verschieden, bis in die Neuzeit herein verbindlich. ↑Bakkalaureus, ↑Magister

Septuagesima (lat. = der siebzigste [Tag]), dritter ↑Sonntag vor Beginn der ↑Fasten-Zeit, neunter Sonntag vor ↑Ostern.

Septuaginta (lat. = 70, Abkürzung LXX), griechische Übersetzung des hebräischen AT, die im 3. bis 1. Jh. v. Chr. in ↑Alexandrien angefertigt wurde. ↑Hexapla

Sepulcrum (lat. ↑Grab, Grabmal), Begriff für die kleine Vertiefung in der ↑Altar-Platte (↑Mensa) zur Aufnahme der Altar- ↑Reliquien.

Sepulkralplastik ↑Epitaph

Sequenz (lat. = Folge), in der lateinischen ↑Liturgie aus dem ↑Halleluja entwickelter, seit der Mitte des 9. Jh.s textierter ↑Hymnus zwischen ↑Epistel und ↑Evangelium; im katholischen ↑Gottesdienst heute noch gebräuchlich sind Sequenzen zu ↑Ostern, ↑Pfingsten und ↑Fronleichnam, dazu ↑Dies irae (Sequenz des Totenamtes; ↑Requiem) und die Mariensequenz ↑Stabat Mater; v. a. letztere wurden mehrfach kunstvoll vertont.

Ser., Abkürzung für ↑Serenissimus.

Seraph, Seraphim (hebr.), bei Jes 6,2 f. genanntes himmlisches (↑Engel-) Wesen (↑Himmel), das mit den Cherubim (Kerub, Kerubim), die Salomo bei seinem Tempelbau im Raum des ↑Allerheiligsten anfertigen und mit Gold überziehen ließ (2 Chr 3,10–14), das Trishagion (gr. = «dreimal Heilig») als Lobgesang singt.

Serenissimus (lat. = Durchlauchtigster, abgekürzt Ser.), bis ins 19. Jh. Titulierung regierender Fürsten, auch als Serenissima. ↑Celsitudo.

Sermon (lat.), Rede, gelehrtes Gespräch, ↑Predigt.

Serviten (von lat. *servus* = Diener), im 13. Jh. aus einer ↑Bruderschaft entstandener katholischer ↑Orden der Diener Mariens (↑Gottesmuter): 1233 vereinigten sich sieben Brüder aus Florenz (die Sieben heiligen Stifter) zum gemeinsamen Leben. Sie wirken heute in Europa und Übersee in Seelsorge und Volksbildung. Nach Art der ↑Bettelorden entstanden um die Mitte des 13. Jh.s ein weiblicher Zweiter Orden (Servitinnen), im 14. Jh. ein ↑Dritter Orden; beide

Zweige sind in der Jugenderziehung und in Bereichen der ↑Caritas tätig.

Servitien ↑Annaten

Servus servorum Dei (lat. = Knecht der Knechte Gottes), seit Papst Gregor I. dem Großen (590–604) gebräuchliche päpstliche Formel der ↑Devotion, seit dem ↑Reformpapsttum des 11./12. Jh.s fester Bestandteil von Schreiben des ↑Papstes. ↑Vicarius Christi

Sessio (lat.), Sitzungszeit oder -dauer eines ↑Konzils.

Sethiten, Sethianer ↑Ophiten

Sexagesima (lat. = der sechzigste [Tag]), zweiter ↑Sonntag vor Beginn der ↑Fasten-Zeit, achter Sonntag vor ↑Ostern.

Sext (lat. *hora sexta* = sechste Stunde), die dritte der vier kleinen ↑Horen, die im ↑Stundengebet um 12 Uhr mittags gebetet wird.

Sieben freie Künste ↑Septem artes liberales

Sieben Zufluchten ↑Zufluchten

Siegburger Reform, nach dem ↑Benediktiner- ↑Kloster Siegburg im Rheinland benannte sogenannte jungcluniazensische Reform (↑Cluny) seit dem 11./12. Jh., die durch eine starke Bindung an die ↑Bischöfe gekennzeichnet war; weitere Mittelpunkte waren Köln und Deutz. Sie strahlte über weite Teile Deutschlands aus und erfasste rund 50 benediktinische Klöster. ↑Ordensreformen

Siegel (von lat. *signum* = Zeichen [↑Segen], sigillum = kleines Bild), allgemein der Abdruck eines Siegelringes, -stempels oder -zylinders in eine weiche, später erhärtete Masse als Beglaubigungszeichen, auch als Verschluss eines Schriftstücks (↑Bulle), eines Gefäßes oder ↑Reliquien-Behältnisses, zum Schutz des Inhalts und zur Sicherung gegen Verfälschung. Nach dem Vorbild des Königs gingen seit dem 9./10. Jh. auch ↑Bischöfe und ↑Äbte, seit dem 11./ 12. Jh. auch die weltlichen Fürsten zur Besiegelung ihrer Urkunden über. Als Siegelstoff wurde farbloses gefärbtes Wachs, weiches Metall (Blei), seit dem 16. Jh. Siegel-Lack verwendet. Im Einzelnen befasst sich mit der Siegelkunde die (hilfs-) wissenschaftliche Disziplin der Sphragistik.

Sigle ↑Abbreviaturen

Signatur ↑Apostolische Signatur

Silentium (lat. = Schweigen, Stille), die durch ↑Ordensregel und Gewohnheit festgelegte Stille für Zeiten und Orte im geistig-geistlichen Bereich, etwa in der ↑Bibliothek und besonders im ↑Kloster.

Silvester, der nach dem Tages- ↑Heiligen, ↑Papst Silvester I. (314–335), benannte letzte Tag des Jahres (31. Dezember). ↑Silvesterlegende

Silvesterlegende, im 5. Jh. entstandene ↑Legende um Papst Silvester I. (314–335; ↑Silvester), die seinen maßgeblichen Einfluss (↑Taufe Konstantins des Großen und Heilung vom Aussatz) hervorhebt; er ging in dieser Tendenz in die ↑Konstantinische Schenkung (um 750) ein.

Silvestriner, eine ↑Kongregation des ↑Benediktiner-Ordens, die auf Silvestro Guzzolini zurückgeht, der 1231 auf dem Monte Fano (Mittelitalien) ein ↑Kloster baute; seit 1233 mit weiblichem Zweig.

Simonie, nach dem «Zauberer» Simon Magus (Apg 8,9) benannter Begriff für den Kauf oder Verkauf eines geistlichen ↑Amtes und/oder Sache; im katholischen ↑Kirchenrecht ist jeder unter Simonie geschlossene Vertrag ungültig, Simonisten verfallen schwersten ↑Kirchenstrafen. Die Simonie wurde besonders angeprangert im ↑Investiturstreit.

Simultaneum (von lat. *simul* = zugleich; vgl. Simultandolmetscher), in der abendländischen Neuzeit das gleichzeitige Benutzungsrecht an kirchlichen Einrichtungen (u. a. ↑Kirche [Simultankirche], ↑Friedhof, ↑Orgel) durch verschiedene ↑Bekenntnisse, festgelegt durch Vertrag, Gesetz oder Herkommen in konfessionell gemischten Gebieten Deutschlands seit ↑Reformation und ↑Westfälischem Frieden. Manchmal wurden auch Kirchen geteilt, so dass etwa der ↑Chorraum der katholischen Kirche und den ↑Mönchen, das ↑Kirchenschiff dagegen der evangelischen Kirche zugeteilt war. Seit dem 19. Jh. wurde der Simultangebrauch an Kirchen meist friedlich zwischen den Kirchenleitungen gelöst, in Einzelfällen besteht er bis zur Gegenwart, stellt aber wohl ein in Auflösung befindliches Rechtsinstitut dar.

Simultanschule ↑Gemeinschafts-
schule

Sinekure ↑Benefizium

Sion ↑Zion, Zionismus

Sixtinische Kapelle, von Papst Sixtus IV. (1471–1484) erbaute päpstliche Haus- ↑Kapelle im ↑Vatikan, die
kostbarste Fresken (↑Fresko) enthält,
u. a. Deckenfresken (↑Deckenmale-
rei) und Jüngstes Gericht (↑Jüngster
Tag) an der Stirnseite, Hauptwerke
Michelangelos.

Sizilianische Vesper, in Palermo während der ↑Vesper am Ostermontag
(↑Ostern) 1282 ausgebrochene Volks-
erhebung gegen die französische Be-
satzung (König Karl I. von Anjou),
die sich rasch über die ganze Insel
ausbreitete.

Skapulier (lat. *scapulare* = Schulter-
kleid), Teil des ↑Ordenskleides mancher katholischer Orden und Gemeinschaften, ein breiter, von den
Schultern bis zu den Füßen reichen-
der Tuchstreifen, der über dem Or-
densgewand (↑Talar, ↑Tunika) getragen wird und Vorder- und Rückseite
bedeckt. Es war in der ↑Benediktregel
ursprünglich als Arbeitsschürze der
↑Mönche gedacht und wurde dann in
der genannten Art von Benediktinern
und anderen Orden in verschiedenen
Farben als Teil des Ordenskleides gestaltet. Ein verkleinertes Skapulier,
bestehend aus zwei Wollstücken, die
an einem Band über Schulter und
Brust unter der Kleidung getragen
werden, ist bei ↑Bruderschaften, ↑Obla-
ten oder ↑Terziaren gebräuchlich.

Skete (gr.), im byzantinischen Klos-
terwesen das ↑Priorat (↑Dikaios).

Skriptorium (lat.), Schreib- und Mal-
schule in einem mittelalterlichen
↑Kloster; es gehörte neben ↑Kloster-
schule, ↑Bibliothek und künstleri-
scher Werkstätte zu dessen herausragenden Einrichtungen. Speziell ausgebildete ↑Mönche (↑Amanuensis,
↑Kopist, ↑Illustrator) schufen hier
Meisterwerke der ↑Buchkunst und
-malerei; die Handschriften und Codices (↑Codex), wertvollste Zeugnisse
der Geistesgeschichte, spiegeln vielfach Kultur und Alltag des Mittelalters wider.

Skrutinium (lat.), 1. in ↑frühchrist-
licher Zeit die Prüfung der Katechumenen (↑Katechumenat) vor der
↑Taufe; 2. in der katholischen Kirche
allgemein die Durchsuchung, Sammlung und Prüfung bei einer geheimen
Wahl, besonders die Prüfung der
Kandidaten durch den ↑Bischof vor
einer höheren ↑Weihe.

Societas Jesu, lateinischer Ordensna-
me der ↑Jesuiten.

Sodale (lat.), frühere Bezeichnung für
Mitglieder einer katholischen ↑Bru-
derschaft (Sodalität) oder (Marianischen) ↑Kongregation.

sola fide, sola gratia, solus Christus
(lat. = allein aus ↑Glauben, allein aus
↑Gnade, allein ↑Christus), von Martin Luther im Zusammenhang mit
seiner ↑Rechtfertigungslehre aufgestellte Prinzipien, die besagen, der
Mensch werde gerechtfertigt allein
durch den Glauben (und nicht auch

durch die Werke; ↑Werkerei), allein aus Gnade (und nicht auch durch die Verdienste), und Christus allein sei der Mittler des Heils (nicht auch die Kirche), wobei er durch die Einfügung des «sola» die Rechtfertigungslehre des ↑Apostels Paulus radikalisierte. Das Konzil von Trient (1545–1563) präzisierte in Reaktion darauf in seinem ↑Dekret über die Rechtfertigung die katholische Lehre: Das unverdienbare Gnadengeschenk der Rechtfertigung als Überführung des Menschen vom Stand der ↑Sünde (in Adam) in den Stand der Gnade und die Annahme unter die Kinder Gottes durch den zweiten Adam Christus bedürfe zu ihrer Vollendung der freiwillentlichen Annahme des Menschen, der ganzmenschlichen Zustimmung zu ihr als einer Tat des Willens und des Verstandes sowie der daraus erwachsenen Früchte eines gottgefälligen Lebens. Die Mitwirkung des Menschen ist dabei nochmals von Gott getragen durch die erweckende und helfende Gnade.

sola scriptura (lat. = allein durch die Schrift), in Anlehnung an die lutherische Formulierung des ↑sola fide in späterer Zeit geprägte Zusammenfassung des protestantischen Schriftprinzips. Danach ist allein die ↑Heilige Schrift des Alten und Neuen Bundes, und nicht auch die ↑Tradition (wie nach katholischer Auffassung), exklusive Quelle und Bezugspunkt für ↑Theologie und Verkündigung (↑Predigt).

Sollizitation (lat.), im katholischen ↑Kirchenrecht der mit schwerster Strafe bedrohte Missbrauch des ↑Bußsakramentes zur sexuellen Verführung (lat. *sollicitatio ad turpia* = Verführung zu Schändlichem).

Somasker, aus der katholischen Erneuerung in Italien im 16. Jh. hervorgegangener ↑Regularkleriker- ↑Orden, der von Hieronymus Aemiliani 1528 vorbereitet, 1532 in Somasca (Lombardei) gegründet, 1540 päpstlich bestätigt wurde. Seine Hauptaufgaben sind: ↑Seelsorge, Leitung von Armen- und Waisenhäusern (↑Armen- und Krankenpflege) sowie Jugenderziehung. Zwei kleinere weibliche Zweige wirken ebenfalls in der Betreuung Jugendlicher.

Sonntag, 1. in der heidnischen Antike dem Sonnen- ↑Kult gewidmeter Tag; 2. im Christentum der erste Tag der Woche (lat. *dies dominica* = Herrentag, Tag des Herrn [it. domenica, frz. dimanche usw.]), an dem schon in ↑apostolischer Zeit der Tag der Auferstehung Christi (↑Ostern) gefeiert wurde. Unter Kaiser Konstantin I. dem Großen (↑Konstantinische Wende) erging 321 die Verordnung der Sonntagsruhe (Verbot von Gerichtshandlungen und knechtlicher Arbeit); 3. in der katholischen Kirche besteht für die Gläubigen die Verpflichtung zur Teilnahme an der ↑Eucharistie, in allen christlichen Kirchen zur Sonntags- ↑Heiligung. ↑Kirchenjahr

Soror (lat. = Schwester), Titel und Anrede (zum Ordensnamen) der Mitglieder verschiedener weiblicher ↑Orden und ↑Kongregationen der katholischen Kirche; im Deutschen wird dafür «Schwester» gebraucht. ↑Laienbruder, -schwester.

Soteriologie ↑Christologie

Soutane (frz.), bis zu den Knöcheln reichendes, eng anliegendes Obergewand (Leibrock) der katholischen ↑Geistlichen mit 33 Knöpfen (↑Symbol für die Lebensjahre ↑Jesu), vom ↑Papst weiß, von ↑Kardinälen rot, von ↑Bischöfen und ↑Prälaten violett gerandet, vom sonstigen Klerus schwarz getragen.

Soziale Frage ↑Sozialenzykliken

Sozialenzykliken, Rundschreiben (↑Enzyklika) des ↑Papstes zu der seit dem 19. Jh. brennend gewordenen Sozialen Frage und zur Soziallehre der katholischen Kirche, erstmals «Rerum Novarum» Leos XIII. (1891), dann u. a. «Quadragesimo Anno» Pius' XI. (1931), «Mater et Magistra» Johannes' XXIII. (1961), «Populorum Progressio» Pauls VI. (1967), «Laborem exercens» Johannes Pauls II. (1981).

Sozinianismus, System der ↑Theologie, das die Dreifaltigkeit Gottes (↑Trinität) und die Gottheit Jesu Christi ablehnt. Es ist nach den Italienern Lelio Socini (1525–1562) und seinem Neffen Fausto Socini (1539–1604) benannt; letzterer emigrierte nach Polen. Dort wurde Raków (Rakówer ↑Katechismus) in der Nähe von Sandomierz zum Zentrum sozinianischer Gemeinden. Der Sozinianismus nahm viele Elemente späterer ↑Aufklärungs-Theologie vorweg.

Speisegitter ↑Chorschranken

Spektabilität (lat. = Ansehnlichkeit), 1. im spätrömischen (↑Byzantinischen) Reich hoher Würdentitel; 2. Anrede für den ↑Dekan einer ↑Fakultät an Hochschulen.

Sphragistik ↑Siegel

Spiritaner (von lat. *spiritus* = Geist), 1703 in Paris gegründete katholische ↑Kongregation vom Heiligen Geist (↑Trinität) für Unterricht und ↑Mission.

Spiritual (lat. *spiritualis* = geistlich), in katholischen ↑Seminarien, manchen ↑Klöstern und entsprechenden Einrichtungen der für geistliche Bildung und Seelenführung der ↑Novizen und ↑Religiosen zuständige ↑Priester, streng beschränkt auf den inneren Bereich (↑forum internum).

Spiritualen (lat. *spiritualis* = geistlich), im 13./14. Jh. die rigoristische Richtung der ↑Franziskaner (auch Eiferer; ↑Rigorismus); radikale Anhänger wurden von der Kirche als Häretiker (↑Häresie) verfolgt, gemäßigtere lebten in den ↑Observanten weiter. ↑Fratizellen

Spiritualia (lat.), geistliche Dinge, im Unterschied zu weltlichen Dingen (Temporalia). ↑Investitur.

Spiritualität, deutsche Übersetzung des französischen *spiritualité* (von lat. *spiritus* = [Heiliger] Geist). Der Begriff beinhaltet die vom Heiligen Geist (↑Trinität) getragene geistliche Grundhaltung oder besondere Ausprägung der religiösen Lebensweise in der ↑Nachfolge Christi. Man spricht von ↑Ordens-Spiritualitäten, insofern jede Gemeinschaft in Orientierung am Gründer und an dessen besonderer Zielsetzung je eigene Formen und Schwerpunkte ausprägt. ↑Beschauung

Spirituals (engl.-amerikan., von lat. *spiritualis* = geistlich), aus der farbigen Bevölkerung Nordamerikas stammende geistliche Gesänge (Negro Spirituals; ↑Gospel).

Spital, Spitalpfarrei, Spitalkirche, Spittel ↑Hospital

Spolien (von lat. *spolium* = Beute, Raub), in der abendländischen Kirche des Mittelalters (in die Neuzeit hereinreichend) der bewegliche Nachlass eines katholischen ↑Geistlichen. Einzugsrechte geistlicher und weltlicher Herren wurden im Mittelalter aufgrund von ↑Eigenkirchen-, ↑Regalien- und ↑Reservations-Recht gefordert (Spolienrecht, lat. *ius spolii*), auch wenn testamentarisch über die Hinterlassenschaft verfügt war. Spolienrecht des Kaisers und ↑Papstes wurde auch auf den Nachlass ↑geistlicher Fürsten angemeldet und war häufig umstritten.

Sprengel, kirchlicher oder weltlicher Amtsbezirk (↑Amt, geistliches): ↑Bistum, ↑Pfarrei, ↑Apostolische Nuntiatur bzw. Gericht.

S.R.I., Abkürzung für lateinisch Sacrum Romanum Imperium, ↑Heiliges Römisches Reich.

St./St, Abkürzung für deutsch Sankt bzw. französisch Saint, Sainte (↑heilig, das Heilige).

Staatskirche, Staatskirchentum, kirchenpolitisches System, nach dem eine ↑Religion Staatsreligion, d. h. das einzig zugelassene oder weitgehend bevorzugtes ↑Bekenntnis ist; außerchristlich heute v. a. in den arabischen Staaten (Islam). ↑Kirche und Staat, ↑Landeskirche, ↑Nationalkirche, ↑Reichskirche

Staatskirchenhoheit ↑Absolutismus, ↑Aufklärung, ↑Landesbistum, ↑Reformation

Staatskirchenrecht, 1. allgemein das Recht zwischen dem Staat und den Religionsgemeinschaften (also nicht nur den Kirchen); es beinhaltet u. a. deren Selbstbestimmungsrecht, Fragen des Religionsunterrichts, die Stellung ↑Theologischer Fakultäten, Militär- ↑Seelsorge und ↑Kirchensteuer. Rechtsquellen des Staatskirchenrechts sind das vom Staat (einseitig) gesetzte Recht (Verfassung, Gesetz, Verordnung) und das zwischen Staat und Religionsgemeinschaft vereinbarte Recht (Staatskirchenvertrag, ↑Konkordat, ↑Kirchenvertrag). Seit der ↑Reformation waren Fragen des Staatskirchenrechts von zentraler und herausragender Bedeutung für die Verfassung des ↑Heiligen Römischen Reiches. Heutige staatskirchenrechtliche Systeme reichen von einer strikten Trennung zwischen ↑Kirche und Staat (z. B. in Frankreich seit 1905) über Trennungssysteme mit unterschiedlich ausgestalteter Kooperation (z. B. in Deutschland und Italien) bis zum ↑Staatskirchentum (z. B. Skandinavien). 2. Staatskirchenrecht als wissenschaftliche Disziplin ist in Deutschland in juristischen Fakultäten dem öffentlichen Recht, in Theologischen Fakultäten dem ↑Kirchenrecht zugeordnet. ↑Rezess

staatskirchenrechtlicher Territorialismus ↑Landesbistum

Staatskirchentum ↑Staatskirche

Stab ↑Ring und Stab

Stabat Mater (lat. = die Mutter [Jesu] stand [beim ↑Kreuz mit Schmerzen]; ↑Passion), mittelalterliche marianische ↑Sequenz und ↑Brevier- ↑Hymnus zum Fest der Sieben Schmerzen Mariens (↑Gottesmutter), bis zur Gegenwart mehrfach kunstvoll vertont.

Stabilität, stabilitas loci (lat. = Ortsbeständigkeit), eine Grundhaltung christlicher ↑Spiritualität; als Standhaftigkeit in der Gemeinschaft im ↑Kloster das erste Glied der ↑Profess-Formel der ↑Benediktiner, gemeint sind hierbei Treue zu Christi Lehre und Führung, Geduld im Kloster, gelobtes Festhalten an Ordensberuf und Regel in einer bestimmten ↑Klosterfamilie.

Stabkirche (auch Mastenkirche), ein- oder dreischiffige Kirche (↑Kirchenschiff) in Holzbauweise mit auffälligen Anlehnungen an den Schiffbau (das Dach wird im Inneren von freistehenden Masten getragen); sie begegnet seit dem 9. Jh., mit einem Höhepunkt im Hochmittelalter, vorwiegend in Norwegen und Schweden, weniger häufig auch in England.

Stanzen (it.), von Raffael und seinen Schülern am Beginn des 16. Jh.s mit Wandmalereien geschmückte Festräume im ↑Vatikan.

Starez (russ. = der Alte), im ↑Mönchtum der Ostkirchen ein älterer Mönch, der (noch heute auf dem ↑Athos) als bewährter Erzieher und Ratgeber junger Mönche berufen wird; seit Mitte des 18. Jh.s sind die Starzen in Russland als ↑Seelsorger, ↑Beichtväter und Ratgeber auch der ↑Laien angesehen.

Starowerzen ↑Altgläubige

Starzen ↑Starez

Statio (lat. = Standort), in der ↑Alten Kirche Versammlungsort zum ↑Gottesdienst, später der Gottesdienst des ↑Papstes (Stationsgottesdienst), der an bestimmten Tagen und Festen in bestimmten Stationskirchen ↑Roms gefeiert wurde, besonders an allen Tagen der ↑Fasten-Zeit.

Statusbericht (lat. *status* = Zustand), Bericht des ↑Bischofs über den Stand seiner ↑Diözese, der seit dem Spätmittelalter vom ↑Papst anlässlich des ↑Ad-limina-Besuchs gefordert, meist aber erst seit dem Konzil von Trient (1545–1563) üblich wurde. ↑Visitation

Sternsinger, im katholischen Deutschland geübter Brauch, dass Kinder und Jugendliche zum Fest ↑Epiphanie, als «Heilige Drei Könige» verkleidet,

Sammelaktionen für notleidende Kinder in der Welt durchführen (↑Caritas); bis heute beteiligen sich jährlich mehrere hunderttausend Mädchen und Jungen an dieser seit 1958 bestehenden Aktion.

Steuerfreiheit (der Kirche) ↑Kirchensteuer

Steyler Missionare und Missionsschwestern, im deutschen Sprachraum Name für die Mitglieder der «Gesellschaft des Göttlichen Wortes»; die ↑Kongregation entstand 1875 aus dem Missionshaus St. Michael des (2003 heiliggesprochenen) Priesters Arnold Janssen (1837–1909) in Steyl (wegen des ↑Kulturkampfes in den Niederlanden). Hauptaufgabe der großen und sehr leistungsfähigen Gesellschaft war und ist ↑Mission und ↑Seelsorge, besonders in nichtchristlichen und priesterarmen Ländern. Die Steyler Missionsschwestern leisten weltweit entsprechende Dienste in Erziehung und Unterricht, ↑Alten- und Krankenpflege und Seelsorgehilfe in allen Bereichen.

Stift, im engeren Sinn die (im Mittelalter) mit Grundvermögen («Stiftungen») ausgestattete, von Staat und Kirche zur juristischen Person erhobene Körperschaft eines ↑Dom-, ↑Kollegiat-, ↑Kloster- oder ↑Kanonissen- ↑Kapitels. Die Mitglieder heißen Stiftsherren, ↑Chorherren oder ↑Kanoniker bzw. Kanonissen oder Stiftsdamen. Aufgabe ist v. a. der ↑Chordienst an der Kollegiats- oder Stifts-

kirche. Das ursprünglich einheitliche Stiftungsvermögen wurde seit dem 9./10. Jh. meist in getrennten Präbenden (↑Pfründe; ↑Benefizium) aufgeteilt, was bei späteren Gründungen regelmäßig erfolgte. Der Präbendengenuss des einzelnen Stiftsherrn, wozu auch eigener Haushalt im Kanonikalhof gehörte, unterschied die Stifte von den ↑Klöstern, deren ↑Mönche kein eigenes Einkommen haben durften. Seit dem 11./12. Jh. wurden zahlreiche Stifte in klösterlicher Weise mit gemeinsamem Leben der Mitglieder gegründet, so ↑Augustiner-Chorherren und ↑Prämonstratenser; andererseits haben seit dem Spätmittelalter einzelne große Mönchs- und Nonnenklöster die stiftische Organisation ganz oder teilweise angenommen, so dass die vollberechtigten ↑Konventualen großer ↑Benediktiner- und ↑Zisterzienser-Klöster Österreichs sich als Stiftskapitulare bezeichnen, obwohl sie Mönche sind. Das Wort Stift ging auch auf die geistlichen Fürstentümer (↑geistliche Fürsten, ↑Hochstift, ↑Erzstift) und Reichsstifte (↑Reichsabtei) des ↑Heiligen Römischen Reiches über. Der Gedanke des Stifts lebt weltweit fort in den zahlreichen wohltätigen, vielfach religions- und weltanschaulich neutralen, der Humanität verpflichteten Stiftungen der Gegenwart. ↑Dotation, ↑Reichsunmittelbarkeit, ↑Seelgerät

Stifterbild, in der mittelalterlichen Kunst die Darstellung des Stifters (der Stifter), z. B. plastisch am Stifter- ↑Grab (↑Epitaph), als Gemälde am

Rand eines ↑Altar-Bildes oder auf dem Seitenflügel eines ↑Flügelaltars. Als Beispiel (unter unzähligen) sei hier Giotto di Bondones ↑Jüngstes Gericht genannt: Sein zwischen 1303 und 1310 entstandenes ↑Fresko in der Capella degli Scrovegni all'Arena in Padua zeigt Enrico Scrovegni, den Sohn des berüchtigten Wucherers Reginaldo Scrovegni (Dante versetzte ihn in die ↑Hölle seiner ↑Göttlichen Komödie), wie er der ↑Gottesmutter Maria und zwei ↑Heiligen, demütig vor diesen kniend, das Modell der ↑Kapelle überreicht, die er zur ↑Buße für das eigene, seines Vaters und seiner Vorfahren Seelenheil erbauen und von Bondone entsprechend ausmalen ließ. Unterschied: ↑Dedikationsbild. ↑Votivtafel

Stiftskapitel ↑Domkapitel, ↑Kollegiatkapitel

Stiftskirche ↑Münster, ↑Stift

Stiftspfarrei ↑Klosterpfarrei, Stiftspfarrei

Stiftsschule ↑Domschule, ↑Klosterschule

Stiftung ↑Seelgerät, ↑Stift

Stigma, Stigmatisierungen (gr. *stigma* = Stich, Brandzeichen von Sklaven), Auftreten von Wundmalen wie beim gegeißelten, mit Dornen gekrönten und gekreuzigten Jesus (besonders an Händen, Füßen und Herz) bei lebenden Personen als Folge intensiver Meditation (↑Beschauung) der ↑Passion. Ohne sich zu entzünden, bleiben die Wunden oft lange offen und widerstehen ärztlicher Behandlung. Es sind einige hundert Stigmatisierungen bezeugt (darunter Franz von Assisi; ↑Franziskaner).

Stipendium (Messstipendium) ↑Applikation

Stipes (lat.), der untere Teil des festgefügten ↑Altars, Stütze oder Träger des Altartisches oder der Altarplatte, der ↑Mensa.

Stola (gr.-lat.), ursprünglich ein langes Kleid, in der ↑Liturgie die zum breiten, um Hals und Schultern gelegten Streifen reduzierte Insignie, die dem ↑Diakon, ↑Priester und ↑Bischof zwar gemeinsam, nach ↑Weihegrad jedoch verschieden ist und in der Farbe des Messgewandes getragen wird (↑liturgische Gewänder).

Stolgebühren (Stolarien, von ↑Stola), in der katholischen Kirche ↑Abgaben oder Reichnisse, die bei bestimmten ↑Amts-Handlungen der ↑Geistlichen entrichtet werden (z. B. bei ↑Taufe, ↑Trauung, ↑Begräbnis). Sie dienen zum Unterhalt der Geistlichen, Kirchendiener und kirchlicher Einrichtungen. Ähnliche ↑Taxen oder Gaben sind in allen christlichen ↑Bekenntnissen üblich.

Studentenverbindungen ↑Cartellverband

Studiten, 1. ↑Mönche des 463 gegründeten berühmten Studion-↑Klosters in ↑Konstantinopel (Gelehrtenzentrum mit bedeutender Schreibschule), das 1555 durch Osmanen endgültig zerstört wurde; 2.

ukrainisch-unierte Mönchsgemeinschaft seit 1900. ↑Athos

Studium generale ↑Dominikaner,
↑Universität

Stufengebet (auch Rüst- oder Staffel-
gebet), das vom ↑Priester und seiner
Assistenz (↑Ministrant) bis zur ↑Li-
turgie-Reform durch das ↑Vatica-
num II (1962–1965) an den Stufen
des ↑Altars (leise) gesprochene ↑Ge-
bet zu Beginn der heiligen ↑Messe.

Stuhlfest ↑Brautexamen

Stundenbrüder, -schwestern, in evangelischen Gebieten Deutschlands
volkstümliche Bezeichnung für Anhänger einer (vom ↑Pietismus geprägten) ↑Frömmigkeit, die sich in der
«Stunde» (meist privat) zu ↑Gebet
und ↑Bibel-Lesung versammeln, z. B.
in Württemberg. ↑Stundisten

Stundenbuch (lat. *horarium*, frz. *livre
d'heures*), seit dem 11. Jh. Sammlung
der zunächst auf verschiedene Bücher
(u. a. ↑Psalter, ↑Lektionar) verteilten
Bestandteile des ↑Stundengebets,
auch ↑Brevier genannt.

Stundengebet, Breviergebet, 1. in der
katholischen Kirche das ↑Weltgeist-
lichen und ↑Ordens-Leuten für bestimmte Tagzeiten (↑Horen, von lat.
hora = Stunde) vorgeschriebene ↑Ge-
bet. Die zunächst auf verschiedene
Bücher (z. B. ↑Lektionar, ↑Psalter) verteilten Bestandteile des aus dem Ge-
bets- ↑Gottesdienst der frühen Chris-
tengemeinden erwachsenen Stundengebets wurden seit dem 11. Jh. im
↑Stundenbuch bzw. ↑Brevier zusam-

mengefasst; 2. im ↑orthodoxen
↑Mönchtum das acht Gebetsstunden
umfassende, teilweise zu drei Tagzeiten verkürzte Gebet (*Offizium*; lat. =
Pflicht). – Unter dem Einfluss jüdischer ↑Frömmigkeits-Praxis und grie-
chisch-römischer Tageseinteilung verrichteten die Christen zur dritten,
sechsten und neunten Stunde (heute
etwa 9, 12 bzw. 15 Uhr) ein Gebet.
↑Asketen und Mönche nahmen diese
Gebetszeiten der ↑Terz, ↑Sext und
↑Non in die regelmäßige Tagesord-
nung auf, wobei Tagesstunde und
↑Heilsgeschichte verbunden wurden.
Aus der Ostervigil (↑Ostern) entwickelte sich die Gebetzeit der ↑Vigil,
die bei Sonnenaufgang in einem Gotteslob ausklang (↑Matutin, später
↑Laudes). Zudem betete der ↑Bischof
oder ↑Priester mit dem ↑Klerus bzw.
der ↑Gemeinde eine Früh- und Abend-
hore (Matutin und ↑Vesper). Der
Wunsch nach einem eigenen Morgen-
und Abendgebet mündete ein in die
↑Prim und ↑Komplet. Das Stundengebet wurde in besonderer Weise von
den ↑Benediktinern geprägt. Die acht
Gebetszeiten des Stundengebets (Matutin, Laudes, Prim, Terz, Sext, Non,
Vesper, Komplet) sind nach Inhalt
u. a. aus den auf eine Woche aufgeteil-
ten 150 ↑Psalmen, ↑Hymnen, Lesungen aus der ↑Heiligen Schrift, ↑Heili-
gen-Viten und ↑Kirchenvätern aufgebaut. Die Tage schließen sich unter
Führung des ↑Sonntags zur Woche zusammen, deren Zyklus im Lauf des
↑Kirchenjahres vom Fest Ostern bestimmt wird. ↑Horologium, ↑Invitato-
rium

Stundisten, Anhänger einer von deutschen (württembergischen) Siedlern (↑Stundenbrüder, -schwestern) im 19. Jh. bei Odessa ausgehenden ↑Erweckungsbewegung (Stundismus) des freikirchlichen russischen Protestantismus.

Stuttgarter Schulderklärung oder -bekenntnis, von Vertretern der ↑Evangelischen Kirche in Deutschland gegenüber Vertretern der ↑Ökumene in Stuttgart am 19. 10. 1945 abgegebene Erklärung, mit der sie die kirchliche Mitschuld (nicht eine Kollektivschuld des deutschen Volkes) an Unrecht und Verbrechen des Nationalsozialismus bekannten.

Styliten (von gr. *stylos* = Säule), Säulensteher oder -heilige, die eine besonders strenge, ausgefallene Form der ↑Askese übten, indem sie ihr Leben, ähnlich wie die ↑Dendriten auf einem hohen Baum, auf einer hohen Säule verbrachten. Nach Anfängen im 4. Jh. wurde Syrien Ausgangspunkt und Zentrum dieser Form der Selbstkasteiung, die ihren Höhepunkt im 5./6. Jh. hatte (einzelne Styliten gab es im Osten noch im 9. Jh.), im lateinischen Westen aber kaum Nachahmung fand (hier der Anachoret Wulflaich im 6. Jh. in den Ardennen). Die Plattform der Säule war von einem Geländer geschützt und erlaubte ein zeitweiliges Hinlegen des Asketen, jedoch wurde jeglicher Schutz vor Sonne, Kälte und Regen abgelehnt. Dienende Jünger brachten über eine Leiter Nahrung, auch die ↑Eucharistie, auf die Plattform. Die asketischen Prinzipien des Verweilens an einem Ort, des Unbehaustseins und des Stehens wurden hier bis zur äußersten Grenze getrieben.

sub una/utraque specie ↑Kelchkommunion

Subdiakon (gr.-lat.), in der katholischen Kirche der Inhaber des Subdiakonates (mit dem die Verpflichtung zu ↑Stundengebet und ↑Zölibat begann), der ersten Weihestufe der ↑Majoristen, in den orthodoxen Kirchen der letzten Weihestufe der ↑Minoristen. Die kirchliche Tätigkeit war auf liturgische Assistenz beschränkt; der ↑Weihegrad wurde in der katholischen Kirche 1972 abgeschafft.

Submersionstaufe (lat. *submergere* = untertauchen, ertränken), ↑Taufe durch (dreimaliges) Untertauchen des Täuflings v. a. im byzantinischen Ritus. Sie versinnbildlicht das Begrabenwerden («Ersäuftwerden») des alten Menschen mit Christus und sein Auferstehen mit Christus zum neuen und unzerstörbaren Leben (↑Ostern).

Subordinatianismus, von zahlreichen Theologen vertretene Denkform im 2./3. Jh., die den Sohn dem Vater «unterordnet» (so das lateinische Wort). Zu unterscheiden sind heilsgeschichtlicher Subordinatianismus, der mit den vertieften Einsichten der weiteren Dogmenentwicklung vereinbar ist (↑Heilsgeschichte), und metaphysischer Subordinatianismus (v. a. ↑Arianismus), der das christliche ↑Dogma im Kern zerstört und durch das Homousios (↑Homousianer) des

Konzils von Nizäa (325) zurückgewiesen wurde (↑Christologie).

Subprior, in ↑Kloster und ↑Stift der/die Stellvertreter/-in des/der ↑Priors/Priorin.

Subregens, Stellvertreter des ↑Regens.

Subsidium caritativum (lat. = «Liebesgabe»), in der katholischen Kirche eine ursprünglich freiwillige, später pflichtmäßige ↑Abgabe von bepfründeten ↑Geistlichen (↑Pfründe) für außerordentliche Bedürfnisse des ↑Bistums.

Suburbikarische Bistümer (lat. *sub urbe* = vor/im Umkreis der Stadt [Rom]), die (seit dem 12. Jh. in der Sechszahl festgelegten) ↑Bistümer der ↑Kirchenprovinz ↑Rom. Derzeit gibt es sieben: Albano, Frascati (Tusculum), Ostia, Porto-Santa Rufina, Palestrina, Sabina-Poggio Mirteto, Velletri-Segni. Ihre Inhaber (seit 1962 als ↑Titularbischöfe) haben als ↑Kardinal-Bischöfe den höchsten Rang im Kardinalskollegium inne.

Successio Apostolica ↑Apostolische Sukzession

Succubus, Sukkubus ↑Hexenwahn

Suffraganbischof (von lat. *suffragium* = Stimme, Wahl-, Stimmrecht; Hilfe, Unterstützung), 779 erstmals belegte amtliche Bezeichnung (lat. *episcopus suffraganeus*) für einen ↑Bischof, der innerhalb einer ↑Kirchenprovinz einem ↑Metropoliten unterstellt ist, diesem als Gehilfe mit Stimmrecht auf dem ↑Provinzialkonzil zur Seite steht, daher auch Provinzialbischof

(lat. *episcopus provincialis*) genannt wurde und (bis zum 13. Jh.) bei der Wahl des Metropoliten fungierte. Die Entstehung von Suffraganbistümern erfolgte im Rahmen der allgemeinen kirchlichen Verfassungsentwicklung, näherhin im Zusammenhang mit der Errichtung und Organisation der Bistümer sowie der Ausbildung des Metropolitanverbandes (Provinzialverfassung), wobei es in den ersten Jh.en des Frühmittelalters zu einer Trennung der Entwicklungslinien zwischen westlicher und östlicher Kirchenverfassung kam (Zuordnung des Bistums und seines Bischofs zu einem Metropolitanverband [Konzil von Nizäa 325], Zusammenfassung der Bistümer im 4./5. Jh. zu Kirchenprovinzen, in der Ostkirche zu ↑Eparchien, die von einem ↑Patriarchen bzw. ↑Exarchen geleitet wurden). Seit dem abendländischen Hoch- und Spätmittelalter wurde der Titel auch für Hilfs- oder ↑Weihbischöfe der Diözesanbischöfe gebraucht, heute ist er allgemein auch für einen regierenden Bischof eines Suffraganbistums, das zu einer Kirchenprovinz gehört, üblich, jedoch seltener im Gebrauch. ↑Chorbischof

Suffragium (lat., wie ↑Suffraganbischof), Abstimmung, Wahl, Stimmrecht; in der katholischen ↑Liturgie Fürbitten für andere, auch ↑Ablass für Verstorbene, lateinisch: «per modum suffragii» (als Fürbitte).

Sukzession ↑Apostolische Sukzession

Sulpizianer, 1641 von Jean-Jacques Olier (1608–1657), Pfarrer von St-

Sulpice in Paris, gegründete katholische ↑Weltpriester- ↑Kongregation (ohne ↑Gelübde), die durch ↑Frömmigkeit und hohe Bildung starke Ausstrahlungskraft zur Erneuerung des Klerus, besonders in der Priesterbildung, erlangte; sie sind den ↑Oratorianern geistesverwandt.

Summepiskopat (lat. *summus episcopus* = oberster ↑Bischof), Bezeichnung für den Landesherrn, der (in den reformatorischen Kirchen) im Rahmen des ↑landesherrlichen Kirchenregiments auch höchste kirchliche Gewalt in seinem Territorium ausübt. ↑Kollegialismus

Sünde, als Wort, Tat oder Begehren (Tatsünde im Unterschied zur ↑Erbsünde) die freiwillentliche Verfehlung gegen die Liebe zu Gott und zum Nächsten und als solche ein Verstoß gegen die Vernunft, gegen die Wahrheit und das rechte Gewissen. Wie die Ursünde ist jede Sünde ihrem Wesen nach Auflehnung gegen Gott, selbst wie Gott sein und selbst Gut und Böse bestimmen zu wollen, die «bis zur Verachtung Gottes gesteigerte Selbstliebe» (Augustinus). Sünden werden unterschieden hinsichtlich ihres Gegenstandes, ihrer Schwere (Todsünde/lässliche Sünde) oder nach den Geboten, gegen die sie verstoßen. Jesu Hirtensorge galt in besonderer Weise den Zöllnern und Sündern, denen er nachging, die er zur Umkehr zu bewegen suchte und mit denen er Mahlgemeinschaft hielt. Am ↑Kreuz hat Jesus die Sünde der Welt und mit ihr den Tod als Folge (Gottferne) auf

sich genommen und besiegt. Als «Ostergeschenk» (↑Ostern) übergibt er den Jüngern die Vollmacht zur Sündenvergebung (Joh 20,21). Die Kirche kennt verschiedene Formen des Sündenbekenntnisses (↑Confiteor) und der Sündenvergebung (↑Taufe, ↑Bußsakrament). Zur vollständigen Sündenvergebung gehören auf seiten des Menschen Reue, Bekenntnis, Umkehr, Buße und, soweit möglich, Wiedergutmachung. ↑Ablass, ↑Paradies, ↑Rechtfertigungslehre

Sündenbekenntnis ↑Bekenntnis, ↑Confiteor, ↑Sünde

Sündenfall ↑Erbsünde, ↑Paradies

Superintendent (lat. = [Ober-] Aufseher, Übersetzung von gr. *episcopos,* ↑Bischof), 1. höherer evangelischer Geistlicher; 2. in der deutschen evangelischen Kirchenverfassung Amtsbezeichnung für den einen ↑Kirchenkreis leitenden Geistlichen (↑Ephorus, auch ↑Dekan), Mittelinstanz zwischen Kirchenleitung und Gemeinden; die früheren ↑General- bzw. Landes-Superintendenten führen heute meist den Titel ↑Bischof. ↑Propst

Superior (lat. = der Obere), Leiter eines ↑Klosters oder eines klösterlichen Verbandes (Ordensoberer).

Supernumerarius (lat. = der Überzählige), früher ein «überzähliger» Hilfspriester (↑Gesellpriester), der in der Zeit des Priesterüberflusses im Unterschied zum ↑Kooperator keine gestiftete Stelle innehatte und je nach Bedarf und finanziellen Möglichkeiten vom ↑Pfarrer angestellt und wieder entlassen werden konnte. In Kriegs- oder anderen Notzeiten konnte die wirtschaftliche Lage der überzähligen Priester besonders prekär werden.

Superstition ↑Aberglaube

Supplik (lat.), Bittgesuch, -schrift an den ↑Papst, meist um Verleihung einer ↑Pfründe; die genehmigten Gesuche wurden seit dem 14. Jh. in eigene Supplikenregister der ↑Römischen Kurie eingetragen. Supplikant ist der zugehörige Bittsteller, auch Impetrant, Petent, Precist genannt. ↑Apostolische Datarie

suprema potestas, Supremat ↑päpstlicher Primat

Suprematsakte (engl. Act of supremacy), Gesetz des englischen Parlaments von 1534, das König Heinrich VIII. und seinen Nachfolgern den Titel «einziges irdisches Oberhaupt der Kirche von England, genannt Anglikanische Kirche» (only supreme head in earth of the Church of England, called Ecclesia Anglicana) und damit den Supremat über die Anglikanische Kirche zuerkannte. Von Königin Maria der Katholischen wurde der Titel abgeschafft, von Elisabeth I. 1559 wieder eingeführt. Die Anerkennung der Suprematsakte wurde seit 1534 jedem englischen Staatsbeamten und Geistlichen im Supremateid abverlangt, auf Eidverweigerung standen härteste Strafen, z. B. 1535 die Todesstrafe für den Bischof von Rochester (Kent), Kardinal John Fisher, und Lordkanzler Sir Thomas More (Mo-

rus). Der Eid wurde 1829 teilweise, 1867 gänzlich abgeschafft. ↑Testakte

Suspension (lat. = Hemmung, Auf-, Enthebung), die zeitweilige Dienst- oder Amtsenthebung eines Beamten, die im katholischen ↑Kirchenrecht das Recht auf Ausübung des geistlichen ↑Amtes oder auf Bezug des Amtseinkommens entzieht. Diese ↑Kirchenstrafe kann über einzelne oder Gemeinschaften (↑Kapitel, ↑Kloster) verhängt werden. ↑Exkommunikation, ↑Interdikt

Sutane ↑Soutane

Syllabus (gr.-lat. = Zusammenstellung), Bezeichnung für die Sammlung von 80 «Zeitirrtümern» (lat. *Syllabus errorum*), die Papst Pius IX. 1864 (zusammen mit der ↑Enzyklika «Quanta cura») anprangerte und verurteilte. Das Dokument war heftig umstritten, weil darin vieles verworfen wurde, was die Menschen als freiheitlichen Fortschritt empfanden. Von integralistischen Kreisen (↑Integralismus) wurde das Dekret «Lamentabili» Papst Pius' X. (1907) mit der Verurteilung des ↑Modernismus als «Neuer Syllabus» bezeichnet. ↑Kulturkampf

Syllogismus (gr.-lat.), wichtige Methode der ↑Scholastik, ist er eine im Dreischritt vom Allgemeinen (1. Obersatz, lat. *praemissio maior*) auf das Besondere (2. Untersatz, lat. *praemissio minor*) geführte Schlussfolgerung (3. Konklusion, lat. *conclusio*). Beispiel: 1. Nicht alle Vögel können fliegen. 2. Gänse sind Vögel. 3. Also können nicht alle Gänse fliegen.

Syllukianisten ↑Lukianisten

Symbol (gr. *symballo* = die zwei getrennten Hälften zusammenwerfen), ursprünglich die auseinandergebrochenen, aber zusammengehörigen Teile eines Ringes oder einer kleinen Tafel, die ein Identifizieren oder Wiedererkennen ermöglichen. Von daher ist Symbol eine besondere Art von Zeichen, in dem das Bezeichnete zugleich anwesend und doch verborgen ist. Im Unterschied zum bloßen Zeichen spricht das Symbol aus sich selbst. Im Mittelalter erfuhr der Begriff im Zusammenhang mit den Auseinandersetzungen um die reale Gegenwart Christi (↑Realpräsenz) in der ↑Eucharistie eine Abwertung («nur symbolisch»). Ursymbol ist der Gottmensch Jesus Christus, in dessen unverkürzter Menschheit die Gottheit anwesend ist. ↑Sakramente sind Realsymbole des in Christus gewirkten Heils. ↑Bekenntnis, ↑Emblem, Emblematik

Synagoge (gr. = Zusammenkunft), jüdische Versammlungsstätte zu Gebet und Belehrung. ↑Ecclesia und Synagoge

Synapte (gr.), im orthodoxen ↑Gottesdienst das wechselweise gesprochene Fürbittgebet.

Synaxarion (gr.), 1. in den orthodoxen Kirchen ein kurzgefasster Festkalender mit Angaben über die Tages-↑Heiligen, auch eine kurze Lebensbeschreibung oder Bemerkungen zu

einem Heiligenfest im Menäum (gr. = Monatsbuch, ↑Menäen); 2. liturgisches Buch mit den einzelnen genannten Notizen (Synaxarien).

Synaxis (gr.), in den orthodoxen Kirchen die gottesdienstliche Versammlung und Feier des ↑Abendmahls.

Syndikus ↑Apostolischer Syndikus

Syneisakten (gr.; lat. *Virgines subintroductae*), im 3./4. Jh. verbreiteter Brauch der ↑Askese: ↑Mönche und ↑Kleriker nahmen Jungfrauen und Witwen zur Erprobung und Festigung der Tugend zu sich und lebten mit ihnen in «geistlicher ↑Ehe» zusammen. Wegen offenkundiger Gefährdung und Missständen wurde diese Sonderform bald verurteilt (z. B. in der ↑Benediktregel).

Synergismus (gr. = Zusammenwirken), 1. Begriff aus der ↑Gnaden-Lehre, der in einem polemisch-abwertenden Sinn eine Auffassung bezeichnet, wonach der begnadende Gott und der mit Freiheit ausgestattete Mensch das Heil so zusammen wirken, dass gewissermaßen jedem die Hälfte zukommt. Von protestantischer Seite wurde der katholischen Seite bisweilen Synergismus vorgeworfen. In der Tat spricht das katholische Lehramt von «Mitwirkung» des Menschen, doch geht es dabei nicht um eine Verringerung des Gottseins Gottes und seiner Heilsinitiative, sondern um das Ernstnehmen der geschöpflichen Eigenwirklichkeit des Menschen, der in Freiheit die Gnade Gottes annimmt und als Bundespartner sein Heil wirken könne. Dabei erhebe und trage die Gnade Gottes die menschliche Freiheit (habituelle Gnade, geschaffene Gnade, ↑Heiligung). 2. Unter synergistischem Streit versteht man die innerhalb der frühen evangelischen Theologie geführte Auseinandersetzung um den Anteil des freien menschlichen Willens bei seiner Bekehrung. ↑Semipelagianer

Synkellos (gr.), «Zellengenosse» des ↑Bischofs bzw. ↑Patriarchen der Ostkirchen; später Ehrentitel für Bischöfe, z. B. Protosynkellos.

Synkretismus (gr.), Vermischung und Verschmelzung verschiedener ↑Religionen, ↑Bekenntnisse und Weltanschauungen.

Synod ↑Heiligster Regierender Synod

Synode (gr.-lat. = Zusammenkunft, Versammlung), 1. das ↑Konzil; 2. in der katholischen Kirche als Diözesan-↑Synode die repräsentative Versammlung der Geistlichen eines ↑Bistums unter Leitung des Bischofs, als Provinzialsynode die Zusammenkunft der Bischöfe einer ↑Kirchenprovinz unter Leitung des ↑Metropoliten (↑Bischofssynode); 3. in evangelischen Kirchen eine partikuläre oder überregionale Kirchenversammlung (Kirchenparlament), von unterschiedlicher Autorität in Fragen des Glaubens, der Sitte und der kirchlichen Ordnung; über den Kreissynoden stehen die Landessynoden der einzelnen ↑Landeskirchen, darüber die Generalsynoden (nach der jeweiligen Kirchenverfassung); Mitglieder dieser Synoden heißen Synodalen; 4. als Ständige, Heilige Synode: Ständiges Kollegium der Bischöfe der Ostkirche unter ihrem jeweiligen Oberhaupt (↑Patriarch, Metropolit, ↑Katholikos); 5. im zaristischen Russland der ↑Heiligste Regierende Synod als Organ der staatlichen Kirchenlenkung (in der Zeit der Abschaffung des Patriarchats 1721–1917), heute in der russisch-orthodoxen Kirche ein ständiges Kollegium unter Leitung des Patriarchen von Moskau.

Synodalstatuten, Zusammenfassung und Veröffentlichung der auf einer ↑Synode ergangenen Anordnungen mit Gesetzeskraft, v. a. bezogen auf die Diözesansynode unter Leitung des Bischofs.

Synodalverfassung ↑Presbyterialverfassung

Synodaticum ↑Kathedralsteuer

Synopse, Synoptiker ↑Evangelien

Syntagma (gr. = Zusammenstellung), alte Bezeichnung für eine Sammlung von Schriften (besonders von Werken des ↑Kanonischen Rechts), von Aufsätzen und Bemerkungen verwandten Inhalts.

Synusiasten ↑Apollinarismus

T

Tabernakel (lat. *tabernaculum* = Hütte, Zelt; Laubhütte, Wohnung, Zelt; *tabernaculum foederis* = Bundeslade, in der Gott Fleisch annahm, einer von uns geworden ist, unter uns «zeltete» [Joh 1,14]), in einer katholischen Kirche ein kunstvoll gearbeitetes Gehäuse zur Aufbewahrung des ↑Allerheiligsten (↑Altar- ↑Sakrament), der konsekrierten ↑Hostien in ↑Ziborium, ↑Pyxis und ↑Kustodia. Vorformen waren eucharistische Taube und Sakramentshäuschen. Zum Tabernakel gehört das ↑Ewige Licht. ↑Gnadenstuhl, ↑Hochaltar

Taboriten, radikale Richtung der ↑Hussiten, die in Tabor (Stadt in Südböhmen) zwischen 1420 und 1450 eine chiliastische ↑Theokratie (↑Chiliasmus) anstrebte.

Tag des Herrn ↑Sonntag

Tagzeiten ↑Stundengebet

Taizé (Gemeinschaft von Taizé), ordensähnliche ↑Bruderschaft (frz. Communauté de Taizé; ↑Kommunitäten) um Roger Schutz (1915–2005), der sich 1940 in Taizé bei Cluny (Burgund) niederließ. 1949 verpflichteten sich unter ihm als ↑Prior (als solcher leitete er die Kommunität bis zu seinem gewaltsamen Tod) die ersten (evangelischen) Brüder zu einem Leben in Gütergemeinschaft, ↑Ehelosigkeit und unbedingtem ↑Gehorsam. Inzwischen gehören auch Angehörige anderer ↑Bekenntnisse zu dieser Gebetsgemeinschaft, die vom Streben nach der Einen Kirche geprägt und von großer, überkonfessioneller Bedeutung auch für die christliche Jugend ist. Seit 1978 (damals in Genf) findet jährlich zum Jahreswechsel ein «Europäisches Jugendtreffen» der zum Symbol der ↑ökumenischen Bewegung gewordenen Gemeinschaft statt, an dem mehrere zehntausend Jugendliche teilnehmen.

Talar (lat. *talaris* = bis an die Knöchel reichend), in spätrömischer Zeit langes Obergewand, dann langer und weiter, meist schwarzer Rock; Amtskleidung der Geistlichen, Richter und Professoren. ↑Tunika

Taufbecken ↑Baptisterium, ↑Taufe

Taufe, 1. grundlegendes ↑Sakrament der Eingliederung in die Kirche. Das äußere Zeichen besteht im «Wasserbad» (Besprengen oder Übergießen mit Wasser oder durch Ein- oder Untertauchen; Immersions- oder ↑Submersionstaufe) und im Wort (nach Mt 28,19): «auf den Namen des Vaters und des Sohnes und des Heligen Geistes». Die Taufe bewirkt die nicht mehr rückgängig zu machende (↑character indelebilis) heiligende und rechtfertigende Eingliederung in das Gottesvolk des Neuen Bundes, die Vergebung aller ↑Sünden und Sündenstrafen (↑Heiligung, ↑Rechtfertigungslehre). Der Getaufte ist von der Schuld Adams befreit und mit der Kraft ausgestattet, das Böse zu besiegen. Im Heiligen Geist ist der Getaufte hineingenommen in das Sohnesverhältnis Christi zum Vater (↑Trinität). Als «mit Christus begraben werden» und «mit Christus auferstehen» (Röm 6) begründet die Taufe eine innige Schicksalsgemeinschaft mit Jesus Christus. Die Taufe auf den dreifaltigen Gott ist das Kriterium für das Christsein und die bei aller konfessionellen Verschiedenheit (↑Bekenntnis) sich durchhaltende gemeinsame Basis aller Christen. 2. Die ↑Alte Kirche entwickelte zur Vorbereitung Erwachsener auf die Taufe das ↑Katechumenat. Bei der Säuglingstaufe stehen Eltern und ↑Paten stellvertretend mit ihrem Glauben ein und übernehmen die Verpflichtung zur Katechese. Der kurzgefassten Darstellung des Taufglaubens dienen die ↑Glaubensbekenntnisse, die beim Taufgedächtnis an ↑Sonntagen und an ↑Ostern Verwendung finden. ↑Kasualien, ↑Photismos

Täufer (von ↑Taufe), 1. Beiname des Johannes, der Jesus im Jordan taufte (Johannes Baptist); 2. aus dem ↑Zwinglianismus seit 1525 hervorgegangene Bewegung, deren Anhänger (von Zwingli Anabaptisten = Wiedertäufer genannt) nach ihrer Ablehnung der Kindertaufe und Forderung der Erwachsenentaufe benannt werden. Die Bewegung der Täufer oder Taufgesinnten ergriff die ganze Schweiz, dann Oberdeutschland, Mähren und Niederdeutschland, wo eine den ↑Chiliasmus predigende, gewalttätige Gruppe 1534/35 eine Schreckensherrschaft in Münster (Westfalen) errichtete. Seitdem wurden «Wiedertäufer» fast überall als ketzerische ↑Schwarmgeister und Revolutionäre hart verfolgt, obwohl die Mehrheit der Täufer und Taufgesinnten durchaus friedlich war. Weitergeführt wurde die Bewegung u. a. durch ↑Mennoniten und ↑Baptisten.

Taufkapelle, -kirche ↑Baptisterium

Taufpate ↑Pate, ↑Taufe

Tausendjähriges Reich ↑Chiliasmus

Taxe (gr.-lat. = Anordnung, Gebühr), seit dem Mittelalter Bezeichnung besonders für den amtlich festgesetzten Preis und festgelegte Gebühren; nach katholischem ↑Kirchenrecht die Gebühr, die für die Inanspruchnahme einer kirchlichen Behörde erhoben wird. Seit dem 13./14. Jh. stellten Taxen eine wichtige Einnahmequelle der ↑Römischen Kurie dar (↑Abgaben, ↑Annaten, ↑Papstfinanz).

Tedeum (lat. *Te Deum laudamus* = Dich, Gott, loben wir), fälschlich Ambrosius von Mailand oder Augustinus zugeschriebener ↑Hymnus, der meist zum Abschluss großer Kirchenfeste angestimmt wird (worauf im deutschen Sprachraum gewöhnlich das Lied «Großer Gott, wir loben dich» folgt).

Teilkirche ↑Ortskirche

Tempelherrn, -ritter ↑Templer

Templer (lat. *Templarii*, «Arme Ritterschaft Christi vom Salomonischen Tempel» [in ↑Jerusalem]), ältester der drei großen geistlichen ↑Ritterorden, die in der Zeit der ↑Kreuzzüge in Palästina entstanden sind. Der Templer-Orden ging 1120 hervor aus einer Gruppe französischer Ritter zum bewaffneten Schutz und Geleit der Jerusalem-↑Pilger im ↑Heiligen Land; seine Mitglieder waren Regular-↑Kanoniker, nicht ↑Mönche. Der Orden entwickelte sich zum stehenden Heer des Königreichs Jerusalem und anderer Kreuzfahrerstaaten. Die oberste Leitung hatte der aus der Klasse der adeligen Ritter gewählte Großmeister. Tapferkeit und Todesmut der Templer waren berühmt und gefürchtet, so dass in der Zeit erbitterter Kämpfe mit den Muslimen gefangenen Rittern meist sofort der Kopf abgeschlagen wurde. Von ↑Päpsten reichlich mit ↑Privilegien ausgestattet und von vielen Fürsten gefördert, gewann der Orden zahlreiche Niederlassungen in Europa, besonders in West- und Südwesteuropa. Nach dem Verlust des Heiligen Landes (Fall Akkons 1291) suchten die Templer zunächst auf Zypern ein neues Betätigungsfeld; bald jedoch traf sie schwere Verfolgung und Vernichtung. Die Hauptverantwortung dafür tragen König Philipp IV. der Schöne von Frankreich (1285–1314) und seine Berater, darunter Kanzler Wilhelm von Nogaret. Ein wesentliches Motiv war sicherlich die Eifersucht auf die gewaltige Macht und Autonomie des Ordens, dessen größter Besitz in Frankreich lag. Die Ordensschatzmeister der Templer-Niederlassung in Paris, der zugleich ein Mittelpunkt internationalen Geldverkehrs war, waren auch die Verwalter des Staatsschatzes. Aufgrund von Denuntiationen und widerlichen (v. a. im Bereich der Sexualität liegenden) Anschuldigungen wurde die Vernichtung des Ordens durch Philipp IV. eingeleitet, der schwache Papst Clemens V. (1305–1314), ein Franzose, unter schweren Druck gesetzt und allmählich gefügig gemacht. Der König ließ 1307 eigenmächtig die etwa 2000 Templer in Frankreich mit dem Großmeister Jacques de Molay gefangensetzen und ihre Güter einziehen. Die ↑Folter stand im Mittelpunkt der Templer-Prozesse in Frankreich und wurde auf das härteste eingesetzt; entsprechend waren die «Geständnisse». Unter massivem Druck hob Clemens V. am 22. 3. 1312 auf dem Konzil von Vienne den Templer-Orden auf, weil er sich der ↑Häresie schuldig gemacht habe und nutzlos geworden sei. Die Templer in Frankreich wurden entweder auf dem Scheiterhaufen verbrannt oder verschwanden im Kerker. Die viel erörterte Frage nach der Schuld des Templer-Ordens kann mit Bestimmtheit dahin beantwortet werden, dass der Orden in seiner Gesamtheit (er zählte einige tausend Mitglieder) unschuldig war. Die schweren Anschuldigungen sind nicht erwiesen, die belastenden «Geständnisse», weil durch Folter oder Angst vor der Folter erpresst, wertlos. Untersuchungen in allen Ländern, die unabhängig von französischem Einfluss blieben (Spanien, England, Deutschland, Italien, Zypern), haben keinerlei belastende Ergebnisse gebracht. Zudem erteilte Clemens V. den Rittern im sogenannten «Pergament von Chinon», das seit 1886/87 gedruckt vorliegt und 2007 vom Vatikanischen Geheimarchiv mit den Prozessakten gegen die Templer als Faksimile-Edition neu verlegt worden ist, die ↑Absolution und erlaubte den Angehörigen des Ordens, die ↑Sakramente zu empfangen. Es besteht daher das scharfe Urteil zurecht, wonach das Ende des Templer-Ordens der ungeheuerste Justizmord der Geschichte sei (Johannes Haller). Spätere, teilweise esoterische Templer-Vereinigungen und Verschwörungstheorien (darunter Dan Browns ↑Sakrileg), stehen mit dem Ritterorden des Mittelalters in keinerlei geschichtlichem Zusammenhang.

Temporalia (von lat. *tempus* = Zeit), weltlicher, «zeitlicher» Besitz, mit einem geistlichen ↑Amt verbundene Einkünfte, im Unterschied zu ↑Spiritualia. ↑Regalien

Tenebrae (lat. = Dunkelheit, Finsternis), 1. Anfangsworte des lateinischen Freitagsgebets (tenebrae factae sunt … = es sind Finsternisse entstanden …), das früher an Freitagen zum Läuten der großen ↑Glocke (Freitagsglocke) gesprochen wurde; 2. Tenebrae- ↑Andachten beruhten gewöhnlich auf Stiftungen zur ↑Passion Christi, meist an Freitagen der ↑Fasten-Zeit; 3. der Tenebraeleuchter ist in der katholischen ↑Liturgie ein seit dem Spätmittelalter zu den Trauer-↑Metten in der ↑Karwoche verwendeter Leuchter mit 12 oder 15 Stacheln zum Aufsetzen der ↑Kerzen, die nacheinander gelöscht werden. Die Zahl der Kerzen (12–15) galt als Zeichen für Christus, die elf ↑Apostel (ohne Judas), auch für die drei Marien – die ↑Gottesmutter, Maria von Magdala und Maria, die Frau des Klopas –, die beim ↑Kreuz standen (Joh 19,25).

Terminieren, Terminei (von lat. *terminus* = Grenze, Gebiet), das in einem rechtlich festgelegten Gebiet praktizierte ↑Almosen-Sammeln (↑Kollekte) religiöser Verbände, besonders der ↑Bettelorden.

Territorialpfarrei ↑Pfarrei

Territorialsystem, im 17. Jh. entwickelte staatskirchenrechtliche Theorie zur Begründung des ↑landesherrlichen Kirchenregiments, wonach dem Landesherrn unabhängig von seinem eigenen ↑Bekenntnis aufgrund seiner landesherrlichen Souveränität die äußere (nicht die innere) Gewalt über die Kirche zukommt. Der Souverän bestimmt im Hinblick auf die Einheit seines Territoriums die Konfession seiner Untergebenen (↑cuius regio, eius religio). Es steht als Ausdruck des aufgeklärten ↑Absolutismus sachlich und zeitlich zwischen ↑Episkopal- und ↑Kollegialsystem und wurde verschiedentlich auch von katholischen Landesfürsten übernommen (↑Josephinismus).

Tertiarier, Tertiaren ↑Terziaren

Tertullianisten, rigoristische Gruppe des ↑Montanismus, die in der Nachfolge Tertullians (Ende 2./Anfang 3. Jh.) bis ins 5. Jh. bestand.

Terz (lat. *hora tertia*), die zweite der vier kleinen ↑Horen des ↑Stundengebets, die im ↑Chordienst um 9 Uhr vormittags gebetet wird.

Terziaren, Tertiarier, Tertiaren (lat. *tertius* = der Dritte), männliche und weibliche Angehörige eines ↑Dritten Ordens der katholischen Kirche, u. a. ↑Franziskaner.

Testakte, in England 1673 erlassenes, 1829 aufgehobenes Gesetz, das den Antritt eines öffentlichen, auch kirchlichen ↑Amtes u. a. von der Ablegung des Suprematseides (↑Suprematsakte) und der Ablehnung (Testeid) der katholischen Lehre vom ↑Abendmahl abhängig machte.

Tetragramm (gr. = «Vierbuchstaben»), Bezeichnung für die vier hebräischen Konsonanten des Gottesnamens JHWH (Jahwe).

Teufel (gr. *diabolos* = Durcheinanderbringer, Verleumder; hebr. satan = Ankläger), in der ↑Bibel Name für den Bösen und Versucher, den gefallenen ↑Engel (Luzifer), der sich mit seinem Anhang gegen Gott aufgelehnt hat, den Menschen zum Bösen verführt, ihm das Gute neidet, dessen Vertrauen zu Gott angreift. Insofern er als Un-Person gelten muss, kann man nicht an ihn «glauben». Versuche, die biblische Rede vom Teufel als zeitbedingt mythologisch zu entlarven und als irrelevant abzutun, sind weltanschaulich geprägt und nehmen die Dramatik des Bösen nicht ernst. Ein pathologischer Teufelsglaube war hauptsächlich für den epidemieartigen Ausbruch des ↑Hexenwahns im Spätmittelalter. ↑Dämon, ↑Exorzismus

Textkritik, Prüfung der überlieferten Texte eines Werks zur Erschließung seiner Urfassung, die Vorarbeit für eine kritische Textausgabe (↑Edition) ist. ↑Kollation

Theatiner, 1524 in Rom von dem Priester Cajetan von Thiene und Giampietro Caraffa (damals Bischof von Chieti, lat. *episcopus Theatinus*, dem späteren Papst Paul IV. 1555–1559) gegründeter katholischer ↑Regularkleriker-↑Orden zur religiösen Erneuerung des ↑Klerus, der sich in Teilen Europas, in Lateinamerika und in der afrikanischen ↑Mission ausbreitete. Daneben bestehen kleine weibliche Ordensgemeinschaften (Theatinerinnen).

Theismus (gr. *theos* = Gott), allgemein der Gottesglaube im Gegensatz zu ↑Atheismus als Leugnung der Existenz Gottes, im Gegensatz zu ↑Pantheismus und Panentheismus die Annahme einer personalen, außerhalb der Dinge waltenden Gottheit, die die Welt nicht nur erschaffen hat, sondern auch im Dasein erhält (im Unterschied zum ↑Deismus). Theismus kann als ↑Monotheismus oder Polytheismus (Glaube an eine Vielheit von Göttern) auftreten. ↑Ditheismus, ↑Markioniten

Themistianer ↑Agnoëten

Theodizee (gr. = Rechtfertigung Gottes), durch Gottfried Wilhelm Leibniz 1710 eingeführte Bezeichnung für die «Rechtfertigung» Gottes angesichts des von ihm zugelassenen Übels in der Welt.

Theokratie (gr.), Gottesherrschaft.

Theologe (gr.), Wissenschaftler der ↑Theologie (früher auch Gottesgelehrter) und ↑Geistlicher.

Theologia crucis (gr.-lat.), ↑Theologie des ↑Kreuzes: Von Martin Luther (1483–1546) geprägter Begriff für seine am Kreuz Christi und des Christen ausgerichtete ↑Rechtfertigungslehre, im Unterschied zur scholastisch-spekulativen Theologie (↑Scholastik).

Theologia Deutsch («Der Franckforter»), Titel einer mystischen ↑Erbauungs-Schrift aus der zweiten Hälfte des 14. Jh.s, deren Autor unbekannt (wohl ein Priester aus dem ↑Deutschen Orden) und von Johannes Tauler (um 1300–1361) beeinflusst ist. Sie wurde von Martin Luther 1516 und 1518 eingeleitet und herausgegeben. Trotz ihrer Ablehnung durch Johannes Calvin, die Reformierten und auch die katholische Kirche (Indizierung 1612) fand sie weite Verbreitung und wurde für die Geschichte der ↑Frömmigkeit bedeutsam, auch als Bindeglied zwischen der mittelalterlichen, reformierten und barocken ↑Spiritualität.

Theologie (gr. *theos* = Gott und *logos* = Wort, also das «Sprechen» über Gott, Rede, Lehre und Wissenschaft von Gott), 1. seit dem Mittelalter Bezeichnung für die systematische Reflexion des ↑Glaubens sowie die wissenschaftliche Erhebung, Darstellung und Durchdringung der gesamten Wirklichkeit von Welt und Mensch im Licht der Offenbarung, des ↑Christentums. Bis dahin sprach man eher etwa von *doctrina sacra, sacra eruditio, sapientia* (lat. = heilige Lehre, Gelehrtheit, Weisheit) im Gegensatz zur Theologie als Sammelbezeichnung der «falschen Lehren» der ↑Heiden. 2. Die Übernahme des Begriffs Theologie erfolgte auf der Grundlage eines tiefgreifenden Bedeutungswandels der Begriffe «Theos» und «Logos» durch die in der ↑Bibel überlieferte Offenbarung. Theos wurde zum Namen des Schöpfers der Welt, der als Urheber und Träger der ↑Heilsgeschichte auf den Menschen zugeht und sich in Jesus Christus als Vater, Sohn und Heiliger Geist offenbart (↑Trinität). Insofern sich Gott selbst in seinem Sohn, der der ↑Logos ist, offenbart, ist Theologie Entfaltung, Aneignung und Durchdringung der Offenbarung. Die christliche Theologiegeschichte führte nach Ansätzen im NT (Joh, Paulusbriefe) über die frühen ↑Apologeten zur heilsgeschichtlichen Konzeption bei Augustinus (354–430). 3. Im Mittelalter kam es nicht nur zur logischen Unterscheidung von ↑Philosophie und Theologie, sondern auch zur Ausbildung und Unterscheidung theologischer Fächer. Der Trennung von Geschichte und Systematik (↑Exegese, vierfacher Schriftsinn) folgten in der Neuzeit weitere Differenzierungen und die Entwicklung der praktischen Fächer: 4. Man unterscheidet heute allgemein Biblische Theologie (Exegese des AT und NT), Historische Theologie (↑Kirchengeschichte), Systematische Theologie (↑Dogmatik, Fundamentaltheologie [früher ↑Apologetik], Moraltheologie, Christliche Soziallehre) und Praktische Theologie (↑Kirchenrecht, Liturgiewissenschaft [↑Liturgie], Religionspädagogik, Pastoraltheologie (↑Homiletik).

Theologische Erklärung von Barmen ↑Barmer Theologische Erklärung

Theologische Fakultät, ↑Fakultät mit Promotionsrecht an einer staatlichen ↑Universität oder in kirchlicher Trägerschaft, in denen ↑Theologie in Forschung und Lehre betrieben wird; sie sind zu unterscheiden von Philosophisch-Theologischen Hochschulen ohne Fakultätsrang, die von klösterlichen Verbänden getragen werden. In Deutschland ist die Theologie organisatorisch angesiedelt in einer an ein ↑Bekenntnis (Konfession) gebundenen Fakultät (als Fakultät/ Fachbereich einer Universität oder als selbständige wissenschaftliche ↑Hochschule) oder außerhalb einer konfessionsgebundenen Fakultät in einer Universität (als institutionelle Einheit oder als Einzelprofessur/-lehrstuhl). Die rechtliche Stellung Theologischer Fakultäten an staatlichen Universitäten und Hochschulen ist durch ↑Staatskirchenrecht, ↑Konkordat bzw. ↑Kirchenvertrag geregelt.

Theologumenon (gr.), Aussage innerhalb der ↑Theologie, die nicht den Anspruch erhebt, als solche zur Lehre der Kirche zu gehören, sondern als Ergebnis theologischer Forschung und der Bemühung um ein Verständnis des ↑Glaubens Zusammenhänge zwischen verbindlichen Glaubenssätzen herzustellen, die zu größerer Klarheit führen können.

Theologus, ↑Priester in einem ↑Dom- oder ↑Kollegiatkapitel, der in der ↑Heiligen Schrift, in der ↑Theologie und in allen Angelegenheiten der ↑Seelsorge unterrichtet und Aufsicht führt. Nach dem Konzil von Trient (1545–1563) sollte er womöglich ↑Doktor der Theologie sein. Seit Einführung des ↑Codex Iuris Canonici von 1983 ist das ↑Amt des Theologus weitgehend abgeschafft worden.

Theophanie ↑Epiphanie

theophorische Prozession (gr. theophorisch = «Gott tragend»), ↑Prozession, bei der das ↑Allerheiligste in der ↑Monstranz (auch unter einem ↑Baldachin, wie an ↑Fronleichnam) mitgetragen wird.

Theotokos ↑Gottesmutter

Theresianismus ↑Josephinismus

thesaurarius ↑Kämmerer

thesaurus ecclesiae ↑Kirchenschatz

Thesenanschlag, der später vielfach gefeierte, oft auch bildlich dargestellte Vorgang, wonach Martin Luther am 31. 10. 1517 an der Tür der Schlosskirche zu Wittenberg seine

Thesen (u. a. zum ↑Ablass) ange-schlagen habe; er ist nach der neueren Forschung aller Wahrscheinlichkeit nach jedoch unhistorisch, so dass man besser vom öffentlichen Hervor-treten Luthers mit den Thesen spricht. Jedenfalls beginnt mit ihm die ↑Reformation.

Thesenverteidigung (gr. *thesis* = Satz, Behauptung), Verteidigung eines auf-gestellten Satzes oder mehrerer Sätze; sie war Bestandteil des Graduierungs-verfahrens der ↑Universiät und wird (auch in der ↑Theologie) teilweise bis zur Gegenwart geübt (↑Disputation).

Thomaschristen, christliche Gruppen an der Malabarküste im Süd-Westen Indiens, die ihre sicher sehr frühe ↑Mission auf den ↑Apostel Thomas zurückführen, zunächst von der ost-syrischen Kirche abhängig waren, von den Portugiesen seit 1539 teil-weise latinisiert wurden und heute in verschiedenen kirchlichen Ausprä-gungen, zum Teil katholisch und uniert, bestehen.

Thron und Altar, aus dem Französi-schen um 1775 stammendes Schlag-wort zur Kennzeichnung der über-kommenen engen Verbindung von ↑Kirche und Staat in den Monar-chien. Seit dem Zeitalter der ↑Restau-ration in der zweiten Hälfte des 19. Jh.s galt die Paarformel als Kern-begriff einer christlich-konservativen Staatsanschauung.

thuribulum ↑Rauchfass

Thuriferar, der das ↑Rauchfass tra-gende ↑Ministrant.

Thurificati ↑Lapsi

Tiara (gr.-lat.), 1. Bezeichnung für altorientalische Kopfbedeckungen; 2. aus der ↑Mitra entwickelte, von den ↑Päpsten als Würdezeichen außerhalb der ↑Liturgie (bei feierlichen Anlässen) getragene Kopfbedeckung, die nach Vorstufen (im 12. Jh.) seit Bonifaz VIII. (1294–1303) mit einem zweiten Goldreif, seit Beginn des 14. Jh.s mit drittem Goldreif (lat. Triregnum = Dreifachkrone) geschmückt war und als ↑Symbol des päpstlichen Priester-, Hirten- und Lehramtes, auch als Sinn-bild päpstlicher Macht über Könige und Fürsten gedeutet wird. Sie wurde von Papst Paul VI. am 13. 11. 1964 demonstrativ abgelegt.

Tischlesung. Im ↑Kloster werden die gemeinsamen Mahlzeiten meist schweigend eingenommen. Außer dem Verlesen eines Abschnittes der ↑Heiligen Schrift, der ↑Ordensregel, dem Gedenken der Ordens- ↑Heiligen und der Verstorbenen wird häufig ein geistliches Buch oder ein Werk pas-senden profanen Inhalts von einem Lektor (gewöhnlich ein jüngeres Mit-glied) vorgelesen.

Tischtitel ↑Titel

Titel (lat.), im katholischen ↑Kirchen-recht Bezeichnung für: 1. ↑Titelkir-che; 2. ↑Heilige und ↑Glaubensge-heimnisse, auf die eine Kirche ge-weiht ist (↑Patrozinium); 3. ↑Weihe-Titel oder Tischtitel; bis zum ↑Codex Iuris Canonici von 1983 durfte nie-mand ohne ↑kanonischen Weihetitel (z. B. Vermögen, Pension, ↑Benefizium), durch den der Unterhalt des Kandidaten (der höheren Weihen; ↑Weihegrade) gewährleistet erschien, geweiht werden.

Titelkirche, eine Kirche in ↑Rom, die einem ↑Kardinal bei seiner Ernennung durch den ↑Papst zugewiesen wird.

Titularbischof, ein Nicht-Diözesanbischof (↑Auxiliarbischof, ↑Weihbischof).

Toleranz (lat. = Duldung), allgemein die Duldsamkeit gegenüber fremden und andersartigen Anschauungen, Sitten, Gewohnheiten, Rassen und ↑Religionen. Davon zu unterscheiden ist die staatsrechtliche Gleichstellung der Bürger in der ↑Parität. ↑Toleranzedikte

Toleranzakte (engl. Act of Toleration), nach der «Glorreichen Revolution» 1689 von König Wilhelm III. von Oranien erlassenes Gesetz, das den protestantischen ↑Dissenters annähernd gleiche bürgerliche Rechte verlieh wie den Mitgliedern der Anglikanischen Kirche; Katholiken und ↑Sozinianer blieben von der Toleranzakte ausgeschlossen.

Toleranzedikte, in der Geschichte des Christentums staatliche Regelungen der Religionsverhältnisse, besonders zur Duldung (Tolerierung, ↑Toleranz) bedrängter Minderheiten. Wichtigste Toleranzedikte (auch ↑Religionsedikt) sind: 1. Toleranzedikt von Mailand, 313 von den römischen Kaisern Konstantin dem Großen und Licinius 313 in Mailand erlassen, das den Christen im Römischen Reich die gleiche Freiheit des ↑Gottesdienstes wie allen übrigen erlaubten ↑Kulten einräumte und die Rückgabe von ↑Kirchengut verfügte (↑Konstantinische Wende); 2. ↑Edikt von Nantes von 1598, erlassen vom französischen König Heinrich IV. zur Beendigung der ↑Hugenotten-Kriege (zugunsten der Hugenotten, 1695 von Ludwig XIV. aufgehoben); 3. Toleranzpatent Kaiser Josephs II. von 1781, das den größeren Gemeinschaften der nichtkatholischen (lutherischen, reformierten, griechisch-orthodoxen) Christen in den Erblanden Kultusfreiheit und die gleichen bürgerlichen Rechte wie den Katholiken einräumte; 4. Toleranzedikt von Versailles (1787), mit dem König Ludwig XVI. den Reformierten wieder (wie im Edikt von Nantes 1598) die freie Religionsausübung zugestand.

Toleranzpatent ↑Toleranzedikte

Tonsur (lat.), die Schur (von scheren) des Haupthaares zum Zeichen der ↑Buße und ↑Devotion. Folgende kirchliche Formen werden unterschieden: Paulustonsur (Totalschur), Petrustonsur (kreisförmige Scheiteltonsur), für ↑Mönche ein großer, für ↑Weltgeistliche ein kleiner Kreis, Andreastonsur im ↑irischen Mönchtum (Schur des Vorderschädels von Ohr zu Ohr). In der katholischen Kirche ist die Tonsur heute weitestgehend außer Übung.

Torgauer Artikel, Gutachten (evangelisch-lutherische ↑Bekenntnisschrift)

Melanchthons, Luthers, Bugenhagens und Jonas' für den sächsischen Kurfürsten Johann zur Vorlage auf dem Reichstag zu Augsburg 1530, das von Melanchthon in die ↑Confessio Augustana eingearbeitet wurde.

Torgauer Bund, Schutzbündnis evangelischer ↑Reichsstände von 1526.

Tortur ↑Folter

Tote Hand (lat. *manus mortua*), das der Kirche zugewendete Vermögen (↑Kirchengut), das für den rechtsgeschäftlichen Verkehr im Hinblick auf die Übertragung von Eigentum «tot» ist, d. h. als Eigentum nicht übertragen werden kann (↑Amortisation).

Totenacker ↑Friedhof

Totenamt ↑Seelenmesse, ↑Requiem

Totengedenken ↑Memoria

Totenkeuche, Seelkammer, in Gegenden Süddeutschlands und Österreichs der ↑Karner im ↑Friedhof, oft gestaltet als kleiner (angebauter) Raum mit Herrenrast-Darstellung (↑Christus in der Rast) und *Ossuarium* oder *Ossarium* (lat. = Beinhaus), auch für Nischen in Friedhofsmauern, die Totengebein enthielten. Der Brauch, bei Vollbelegung des Friedhofs Gräber zu öffnen und die Gebeine zum zweiten Mal zu bestatten, begegnet seit dem 12. Jh. Die hier zum ↑Memento mori aufgeschichteten Totenschädel waren häufig mit Namen, Beruf, Sterbedatum und Ornamenten beschrieben bzw. bemalt. Im Karner von Grassau im Chiemgau mahnte dazu ein Gemälde: «All Köpf seind Zeichnet biss

an ein/Schreib drauf dein Namb/er ist der dein».

Totenmesse, Totenoffizium ↑Requiem

Totenroteln ↑Rotulus

Totentanz (frz. danse macabre), im Spätmittelalter (zunächst in Frankreich) und in der Barockzeit die zum ↑Memento mori gemalte oder graphische Darstellung eines vom Tod angeführten Reigens von Toten (mit Angehörigen aller Stände), eine «in Bild und Vers umgesetzte Volkspredigt» (Hellmut Rosenfeld) zur Versinnbildlichung der Macht des Todes. In der Literatur entsprechend sind Totentanz-Dichtungen.

Tradition (lat. *traditio* = Überlieferung, Weitergabe, Vermittlung), neben der ↑Heiligen Schrift die zweite Weise der Vermittlung der Offenbarung, deren eine Quelle die historische, ereignishafte Selbstmitteilung des dreifaltigen Gottes (↑Trinität) in Jesus Christus ist. ↑Theologie wurzelt in der mündlichen Verkündigung, durch die die ↑Apostel das ↑Evangelium weitertrugen und die Kirche aufbauten; sie fand erst allmählich zur schriftlichen Form. Insofern setzt die Schrift die Tradition voraus; diese erweist sich somit als die bezeugende und autoritative Glaubensverkündigung, die, von Christus den Aposteln anvertraut, aufgrund dieser apostolischen Herkunft und in historischer Kontinuität zu ihr ununterbrochen in der Kirche ausgeübt wird. ↑Brauchtum, ↑sola scriptura

Traditionalismus, 1. allgemein eine Ideologie, die den Wert der ↑Tradition verabsolutiert und sich ausschließlich rückwärtsgewandt jeder organischen Weiterentwicklung (etwa der ↑Liturgie oder der Lehre) verschließt; 2. spezielle Bezeichnung für eine Richtung in der ↑Theologie des 19. Jh.s, die in antirationalistischer Abwertung der menschlichen Vernunft sich allein auf die tradierte Offenbarung stützen wollte. Er wurde vom ↑Vaticanum I (1869/70) als mit der katholischen Lehre unvereinbar verurteilt.

Traditionsbücher (von ↑Tradition), Verzeichnisse von Schenkungen und Übereignungen, wie sie v. a. von ↑Bischofsstühlen und ↑Klöstern vom frühen bis ins hohe Mittelalter angelegt wurden, meist als Abschrift von Urkunden der Übergabe oder auch als bloße Traditionsnotiz über den Vorgang. Sie waren ein wichtiges Instrument zur Güterverwaltung und zur beweiskräftigen Sicherung des Besitzstandes. Seit dem 12. Jh. wird ein Übergang zum ↑Urbar erkennbar. ↑Archiv

Traditores ↑Lapsi

Tragaltar ↑Portatile

Traghimmel ↑Baldachin

Traktat (lat.), 1. (wissenschaftliche) Abhandlung, z. B. Philipp Melanchthons «Tractatus de potestate et primatu papae» (Traktat über die Macht und den Primat des Papstes [↑päpst-

licher Primat]), der im ↑Konkordienbuch enthalten ist; 2. ↑Flugblatt, Flugschrift.

Translatio, Translation (lat.), 1. die Übertragung oder Umbettung der Gebeine eines ↑heiligen Leibes nach deren Auffindung (lat. *inventio*) und Erhebung (↑Elevatio), die zum Ausgangspunkt der offiziellen ↑Heiligenverehrung wurde; 2. die Versetzung eines ↑Geistlichen (↑Bischofs); 3. Weitergabe eines geistlichen ↑Amtes; 4. translatio imperii (lat.) ist die Lehre von der Übertragung des römischen Kaisertums auf die fränkischen Könige (Kaiserkrönung Karls des Großen im Jahr 800), später auf die römisch-deutschen Könige und Kaiser (Kaiserkrönung Ottos I. des Großen 962; ↑Heiliges Römisches Reich, ↑Sakrales Herrschertum).

Transsubstantiation (lat.), nach katholischer Lehre Verwandlung der Substanz (nicht im chemischen, sondern im metaphysischen Sinn als Wesen) von Brot und Wein (↑Konsekration) in Leib und Blut Christi bei der Feier der ↑Eucharistie. Sie wurde auf dem IV. Laterankonzil 1215 von Papst Innozenz III. zum ↑Dogma erhoben, von Martin Luther (1483–1546) aus philosophischen Gründen als Deutung des Zustandekommens der ↑Realpräsenz abgelehnt. ↑Elevatio, Elevation, ↑Impanation, ↑Konsubstantiation, ↑Remanenzlehre, ↑Weihe

Transzendenz, transzendent (lat. = überschreitend), im Unterschied zur Immanenz das die Grenze der Erfahrung (Empirie) Überschreitende, die Jenseitigkeit, das jenseits des Bereichs der sinnlichen Erfahrung Liegende. ↑Beschauung, Kontemplation, ↑Mystik

Trappisten, nach der französischen Abtei La Trappe in der Normandie benannte ↑Zisterzienser sehr strenger ↑Observanz. Der neben den ↑Kartäusern strengste katholische ↑Orden (mit weiblichem Zweig) wurde seit dem 17. Jh. ausgebaut.

Trauung (von sich trauen, vertrauen), die Feier der ↑Liturgie, in der ein Brautpaar durch das Vermählungswort und die Bestätigung und den Segen der Kirche die ↑Ehe schließt (↑Kasualien, ↑Sakrament).

Trennungschristologie, eine Richtung in der ↑Theologie (v. a. des 5. Jh.s), die in der Frage, wie sich göttliche und menschliche Natur Jesu zueinander verhalten (↑Christologie), die Eigenständigkeit der menschlichen Natur Jesu betont. Sie ist besonders für die ↑Tradition Antiochiens (↑Antiochenische Schule) kennzeichnend und legt großen Wert auf die unverkürzte Menschheit Jesu, steht aber in Gefahr, die Personeinheit nicht genügend zum Ausdruck zu bringen. ↑Einigungschristologie, ↑Hypostase, ↑Nestorianischer Streit

Treuga Dei (lat.-altsächs. = *Treue Gottes*), seit dem 11. Jh. innerhalb des ↑Gottesfriedens das Fehdeverbot an bestimmten Tagen und (Fest-) Zeiten.

Tridentinische Messe, tridentinischer Ritus ↑Liturgie, ↑Messe, ↑Missale Romanum

Tridentinum (lat. *Concilium Tridentinum*), Kurzbezeichnung für das Konzil von Trient (1545–1563).

Triduum (lat. = drei Tage), in der katholischen ↑Frömmigkeit ↑Andachten, die häufig verbunden sind mit ↑Predigt und Anbetung (↑Adoration) vor ausgesetztem ↑Allerheiligsten in der ↑Monstranz über drei Tage hinweg. ↑Vierzigstündiges Gebet

Triforium (lat.), in Kirchen der ↑Romanik und ↑Gotik das Zwischengeschoss zwischen Arkaden und Fensterzone, entweder als offene Bogenreihen eines Laufgangs oder Blendbogenreihe.

Trinitarier, Ende des 12. Jh.s von Johannes von Matha und Felix von Valois in Paris gegründeter, 1198 von Papst Innocenz III. bestätigter ↑Orden von der Heiligsten Dreifaltigkeit (↑Trinität) zum Loskauf und Austausch der Gefangenen (zwischen Christen und Muslimen), der sich besonders in Frankreich rasch ausbreitete und angeblich 900 000 Gefangene (Sklaven) losgekauft haben soll. Vom weißen ↑Habit her wurden die Trinitarier in Österreich «Weißspanier» genannt. Der Orden ist heute noch in der ↑Mission, in der ↑Seelsorge an Strafgefangenen und in ↑Pfarreien tätig.

Trinität (lat. *trinitas* = Dreifaltigkeit Gottes), das zentrale christliche ↑Glaubensgeheimnis und das Spezifikum christlicher Gotteslehre, nicht Ergebnis philosophischer Reflexion über Einheit und Vielheit, sondern erkannt aufgrund der Offenbarung: Das eine göttliche Wesen (gr. *ousia*) ist verwirklicht in den drei Personen von Vater, Sohn und Heiligem Geist. Historischer Ansatzpunkt ist die exklusive Beziehung ↑Jesu zu seinem Vater (Abba-Relation), mit dem er sich in unvergleichlicher Weise «eins», von dem er sich aber doch unterschieden wusste, sowie die Verheißung des Heiligen Geistes als des anderen Parakleten (gr. = Tröster und Mahner [bei Joh]). Bereits eine Vielzahl neutestamentlicher Formeln bezeugt den Glauben an die Trinität Gottes. Zu unterscheiden sind «ökonomische Trinität» (Gott, insofern er in Schöpfung und ↑Heilsgeschichte wirkt) und «immanente Trinität» (Gott, der in sich das Schenken und Empfangen von Liebe, das Gegenüber von Ich, Du und Wir und somit völlig unbedürftige Fülle und Vollkommenheit ist). Die ökonomische Trinität setzt die immanente voraus, die immanente wird aber nur erkannt aufgrund der ökonomischen. Weil Gott in sich Fülle der Liebe ist, kann er in Freiheit den Menschen ins Dasein rufen, der gerade nicht gebraucht wird (zur Überwindung göttlicher «Einsamkeit») und somit umsonst geliebt werden kann. Christliche Existenz gründet in der ↑Taufe auf den Namen des dreifaltigen Gottes, alle Taufbekenntnisse (↑Glaubensbekenntnis, ↑Symbol) sind dementsprechend trinitarisch aufgebaut. Die Trinitätslehre ist nicht nur ein Traktat der ↑Theologie neben anderen, sondern durchgängiges Strukturprinzip. Das Gebet in der ↑Liturgie richtet sich an den Vater, vermittelt durch den Sohn im Heiligen Geist. Die eschatologische Vollendung ist die Aufnahme in das Leben und die Liebe des dreifaltigen Gottes. ↑Hospital, ↑Hypostase, ↑Logos, ↑Pfingsten, ↑Trinitatis

Trinitatis, Dreifaltigkeitsfest (↑Trinität), der ↑Sonntag nach ↑Pfingsten, 1334 für die ganze Kirche eingeführt, ältestes «Ideenfest» im ↑Kirchenjahr. In den evangelischen Kirchen werden noch heute die Sonntage im weiteren Verlauf des Kirchenjahres als «Sonntage nach Trinitatis» gezählt.

Triodion (gr.), in der Ostkirche das Buch für die ↑Liturgie mit den Texten der ↑Fasten-Zeit.

Triptychon (gr.), geschnitzter oder gemalter dreiflügeliger Altaraufsatz (↑Flügelaltar).

Trishagion ↑Seraph, Seraphim

Triumphkreuz, monumentale Darstellung Christi am ↑Kreuz mit der ↑Gottesmutter Maria und Johannes auf dem Triumphbalken (Triumphbogen) hoch zwischen ↑Chor und ↑Langhaus, v. a. im Kirchenbau der ↑Romanik.

Tropologie ↑Exegese

Trivium ↑Septem artes liberales

Truchsessen-Krieg ↑Kölner Krieg

Trullanum (gr.-lat.), Bezeichnung für das 6. ↑Ökumenische Konzil von 680/81, das nach dem gewölbten Saal (gr. *trullos*) im Kaiserpalast zu ↑Konstantinopel benannt ist, dann für die byzantinische Reichs- ↑Synode 692 am selben Ort (mit deutlicher anti-römischer Tendenz). ↑Quinisextum

Tübinger Schule. Die Universitäts-stadt (seit 1477) Tübingen am Neckar mit ihren ↑Theologischen Fakultäten hat mehrere bedeutende Schulen hervorgebracht: 1. Katholisch-Theologische Fakultät: Begründet von Johann Sebastian Drey (1777–1853), gehören zu ihr u. a. Johann Baptist Hirscher (1788–1865), Johann Adam Möhler (1796–1838), Johann Evangelist Kuhn (1806–1887), Carl Joseph Hefele (1809–1893). Kennzeichen sind Überwindung des Rationalismus der ↑Aufkärung, Hinwendung zu den Quellen der ↑Patristik, tiefes Gespür für historische Prozesse, Entwicklung einer sakramentalen ↑Ekklesiologie; 2. Evangelisch-Theologische Fakultät, auch Ältere, «Supranaturalistische» oder, nach ihrem Begründer Gottlieb Christian Storr (1746–1805), «Storr-sche» Tübinger Schule genannt. Sie stellte sich gegen die Vertreter der ↑Neologie und jede Bibelkritik; «Jüngere» oder «Historische» Tübinger Schule werden die Schüler Ferdinand Christian Baurs (1792–1860), nämlich David Friedrich Strauß (1808–1874), Eduard Zeller (1814–1908) genannt. Sie verbinden historischen Kritizismus mit dem Willen zum spekulativen System im Sinne des deutschen Idealismus. 3. Von den jeweiligen Gegnern wurde der Begriff «Tübinger Schule» als polemisches Schlagwort benutzt, ihre Vertreter wurden nach Möglichkeit von theologischen Lehrstühlen ferngehalten.

Tugenden ↑Kardinaltugenden

Tugendrose ↑Goldene Rose

Tumba (gr.-lat.), die beim ↑Requiem mit schwarzem Tuch verhüllte Scheinbahre (zum Ersatz des tatsächlichen Sarges), heute weitgehend außer Gebrauch. ↑Katafalk, ↑Libera

Tunicella ↑Dalmatik

Tunika (lat.), 1. in der römischen Antike ursprünglich das kurzärmelige oder ärmellose, bis zu den Knien reichende Untergewand (Leibrock) von Männern und Frauen; 2. dem ↑Talar ähnliches Hauptkleid (↑Kutte) der ↑Mönche, über dem ↑Skapulier und ↑Chorrock getragen werden; 3. im Mittelalter das Amtskleid des ↑Diakons, an dessen Stelle die Tunicella (↑Dalmatik) trat. ↑Heiliger Rock

Turiner Grabtuch, ein seit Mitte des 14. Jh.s bezeugtes, seit 1578 im Dom von Turin aufbewahrtes Leinentuch (etwa 4 × 1 Meter), das Blutspuren und den Abdruck eines meschlichen Körpers zeigt und als Grabtuch (Leichentuch) Jesu verehrt wird. Die Datierung ist umstritten; für die Zeit Jesu und Lokalisierung nach Palästina sprechen wichtige Gründe, die sich aus wissenschaftlichen Untersuchungen der letzten Jahre ergaben. ↑Vera Icon

Turmerlebnis, die von Martin Luther (1483–1546) wahrscheinlich im Turmzimmer des ↑Klosters der ↑Augustiner-Eremiten in Wittenberg gewonnene Erkenntnis, dass die «Gerechtigkeit Gottes» (Röm 1,17) in der Rechtfertigung des Sünders aus dem Glauben bestehe (↑Rechtfertigungslehre); diese «Enteckung» des gnädigen, barmherzigen Gottes wurde von Luther selbst als für ihn entscheidend betrachtet. Die zeitliche Festlegung ist umstritten. ↑Reformation

Tutiorismus (von lat. *tutior* = größere Sicherheit), rigoristisches Moralsystem (↑Rigorismus), das im Gegensatz zum laxistisch (↑Laxismus) eingestuften ↑Probabilismus eine freigewählte Handlung erst bei sicheren Gründen erlaubt. In den katholischen Moralstreitigkeiten des 17./18. Jh.s wurde diese Lehre von den Jansenisten (↑Jansenismus) gegen ↑Jesuiten vertreten.

Tympanon (gr. = Handpauke), Giebelfeld des griechischen Tempels, beim ↑Portal der ↑Romanik und ↑Gotik das Bogenfeld zwischen Türsturz und den Archivolten.

Typikon (gr.), in den orthodoxen Kirchen das ↑Brauchtums- und Regelbuch für das Leben im ↑Kloster und Ritualbuch der Jahres- ↑Liturgie.

Typologie (von gr. *typos* = Ur-, Vorbild), in der Auslegungs- ↑Tradition der ↑Bibel (↑Exegese) die «Inbezugsetzung» eines Geschehens oder einer Person aus dem AT mit dem Entsprechenden aus dem NT unter der Prämisse der Verheißung oder Erfüllung: Das im AT Verheißene, die Präfiguration, erfüllt sich im NT. ↑Armenbibel, ↑Ave Maria, ↑Ecclesia und Synagoge

U

Ubiquitätslehre (von lat. *ubique* = überall), spezielle Lehre Martin Luthers (1483–1546) zur ↑Christologie. Ausgehend von der Regel der Idiomenkommunikation, dass ein göttliches Attribut auch von der Menschheit Jesu ausgesagt werden könne, lehrt Luther das Erfülltsein des Alls von Christi Gegenwart (nach Eph 4,10). Gegen die Kritik Zwinglis (↑Zwinglianismus) u. a. an der ↑Realpräsenz (Christus könne nicht zugleich zur Rechten des Vaters sitzen und auf den ↑Altären der Welt gegenwärtig sein) wurde sie im Zusammenhang mit der ↑Theologie des ↑Abendmahls in Stellung gebracht: Der überall gegenwärtige Christus mache sich greifbar in den Gestalten von Brot und Wein. ↑Konsubstantiation

Übungen (geistliche) ↑Exerzitien

U.I.O.G.D., Abkürzung für lateinisch Ut In Omnibus Glorificetur Deus (Dass in allem Gott verherrlicht werde), auch als I.O.G.D. begegnend (lat. *In Omnibus Glorificetur Deus* = In allem werde Gott verherrlicht).

U.L.F., Abkürzung für ↑Unsere Liebe Frau.

Ultramontanismus (lat. *ultra montes* = jenseits der Berge, d. h. der Alpen [von Deutschland aus gesehen]), im 19. Jh., besonders im ↑Kulturkampf, meist verächtlich gebrauchte Bezeichnung für eine streng-päpstliche Orientierung des ↑politischen Katholizismus, die heute in der Geschichtswissenschaft eher neutral verwendet wird. ↑Jesuiten, ↑katholische Bewegung

Una-Sancta-Bewegung (lat. *una sancta* = eine heilige [Kirche]), eine katholische Form der ↑ökumenischen Bewegung.

Unbeschuhte ↑Barfüßer

Unfehlbarkeit (des Papstes) ↑päpstlicher Primat

unierte Kirchen, eine Gruppe voneinander unabhängiger ↑Ostkirchen, die sich nach dem ↑Morgenländischen Schisma (1054) im Lauf der Jh.e als «Unierte» ↑Rom wieder angeschlossen haben, mit dem ↑Papsttum verbunden und Teil der katholischen Kirche sind. Seit 18. 11. 1990 gibt es in der katholischen Kirche den ↑Codex Canonum Ecclesiarum Orientalium (in Kraft seit 1. 10. 1991), der sich allein auf die mit dem ↑Apostolischen Stuhl (Rom) unierten orientalischen Kirchen bezieht. ↑morgenländische Kirche

Uniformitätsakte (engl. Acts of uniformity), in der Anglikanischen Kirche bis heute gültige Gesetze in vier Fassungen (1549, 1552, 1559, 1662), welche die Einheitlichkeit von ↑Liturgie und ↑Kirchenverfassung nach dem ↑Common Prayer Book sicherstellen.

Union (lat. = Bund, Vereinigung), 1. Zusammenschluss der protestantischen ↑Reichsstände 1608 unter Führung Friedrichs V. von der Pfalz (ohne Kursachsen), der 1621 zerfiel; 2. Vereinigung verschiedener, durch ↑Bekenntnis, ↑Liturgie, ↑Kirchenverfassung und/oder geschichtliche Entwicklung getrennter kirchlicher Gemeinschaften. ↑Liga

Union von Brest (Brest-Litowsk), 1595 geschlossene Kirchen- ↑Union zwischen Kiew und Rom.

Unionskonzilien, die ↑Ökumenischen Konzilien von Lyon (1274) und Ferrara-Florenz (1438/39), die eine nur kurzfristige ↑Union der katholischen mit der orthodoxen Kirche beschlossen.

Unitarier (lat. = «Einheitler»), aus dem Protestantismus hervorgehende Gruppierungen, die das ↑Dogma der ↑Trinität als vermeintliche Abkehr vom strengen ↑Monotheismus ablehnen. Sie wurden vom Engländer Joseph Priestley (1733–1804), der 1794 in die USA ausgewandert war, in den Vereinigten Staaten von Amerika begründet, wo heute noch mitgliedsstarke Unitarier- ↑Gemeinden bestehen.

Universalepiskopat ↑päpstlicher Primat

Universalienstreit, Realienstreit, in der ↑Scholastik die Streitigkeiten über das Verhältnis der Allgemeinbegriffe (lat. *universalia*) zu den Dingen (lat. *realia*), im Besonderen um die Frage, ob die Allgemeinbegriffe vor den Dingen oder nur in den Dingen oder nach den Dingen oder nur bloße Namen (lat. *nomina*, ↑Nominalismus) sind. ↑Ockhamismus, ↑Via antiqua/moderna

Universität, eine der herausragenden, bis heute dauernden Schöpfungen des mittelalterlichen Abendlandes, verstanden als höchste Form der Lehr- und Lernanstalt. 1. Der ursprüngliche Name dieser Einrichtungen war *studium generale* (lat. = allgemeines, General-Studium), während *universitas* (lat.) entweder die Gesamtheit der Lehrenden (lat. *universitas magistrorum*) oder die Gesamtheit der Studierenden (lat. *universitas scholarium*) bezeichnet. 2. Die Entstehung der frühen Universitäten stand im Zusammenhang tiefgreifender Umschichtungen im politischen und geistigen Leben des 12. Jh.s. Die herkömmlichen Bildungsstätten (↑Dom-, ↑Kloster- und ↑Kathedralschulen) genügten den neuen geistigen Bedürfnissen nicht mehr. Die ältesten Universitäten wurden nicht «gegründet», sie entstanden vielmehr als spontane Bildungen durch den Zusammenschluss privater Gelehrtenschulen: Schüler verschiedener Regionen strömten bei berühmten Lehrern zusammen. Kaiserliche und päpstliche ↑Privilegien schützten und stabilisier-

ten diese Einrichtungen durch Gewährung von Satzungsautonomie, eigener Gerichtsbarkeit, Lehr- und Steuerfreiheit, von Rechten zur Verleihung akademischer Würden, durch Sicherung freien Geleites und ähnliche Gerechtsame. In besonderer Weise erteilten Kaiser Friedrich I. (1152–1190) sowie die Päpste Alexander III. (1159–1181) und Honorius III. (1216–1227) solche Privilegien. 3. Älteste Universitäten der genannten Art entstanden in Bologna, Oxford, Parma, Modena, Perugia, Padua, Neapel, Salamanca, Siena und Paris. Sie gliederten sich in ↑Fakultäten, wobei die Fakultäten der ↑Theologie, der Jurisprudenz und der Medizin als obere Fakultäten galten, die ↑Artistenfakultät die untere Stufe bildete. Die Studien der ↑Propädeutik in der Artistenfakultät erwuchsen aus den Sieben freien Künsten oder besser Studienfächern (↑Septem artes liberales), wie sie die Spätantike ins frühe Mittelalter hinübergeführt hatte. Sie vermittelten ein Grundwissen und waren eingebettet in die lateinische Sprache (↑Latein) und die ↑Philosophie und waren bis zum Beginn der ↑Scholastik die Grundlage des Bildungswesens. Das erfolgreiche Studium der Artistenfakultät bildete die unerlässliche Voraussetzung zum Aufstieg in eine der drei oberen Fakultäten. Besonders die Universitäten Paris und Bologna (Anfänge um 1200) dienten späteren Gründungen als Vorbild. Paris behielt über Jh.e den Vorrang in der Philosophie und Theologie, Bologna im Studium der

Rechte (↑Decretum Gratiani). 4. Die Studierenden waren beim Eintritt in die Artistenfakultät oft noch sehr jung. Die meist armen Studenten lebten in klosterähnlichen ↑Kollegien und ↑Bursen, in der Regel unter geistlicher Leitung. Der Unterricht in allen Fakultäten hatte die Form der «lectiones» (Vorlesungen) und «disputationes» (kritische Streitgespräche; ↑Disputation) und wurde in lateinischer Sprache gehalten. Ihrer Herkunft nach bildeten die Studenten innerhalb der Fakultäten «Nationen». Die akademischen Grade waren ↑Bakkalaureus (lat. *baccalaureus artium*), ↑Magister (lat. *magister artium*), in den höheren Fakultäten *magister* (seit dem 16. Jh. auf die artistisch-philosophische Fakultät beschränkt), ↑Lizentiat (lat. *licentiatus*) und ↑Doktor (lat. *doctor*). Die akademischen Grade wurden im ganzen Abendland anerkannt, obwohl ein erfolgreiches Studium an einer der berühmtesten Universitäten, etwa in Paris, Bologna oder Oxford, höhere Wertschätzung fand. 5. Während die frühen Hohen Schulen spontane Bildungen darstellen, handelt es sich bei den späteren um Institutionen, die von den geltenden Autoritäten geplant und errichtet wurden. Im Spätmittelalter erschien es immer mehr als Pflicht der größeren Fürsten oder auch einer bedeutenden Reichsstadt, für ihr Gebiet eine Universität zu gründen. Zu diesen Stiftungsuniversitäten gehören auch die ersten Universitäten im ↑Heiligen Römischen Reich: Prag (1348), Wien (1365),

Heidelberg (1385), Köln (1388) und Leipzig (1409); die deutschen Universitäten übernahmen für ihre Organisationsstruktur v. a. das Pariser Vorbild, damit auch die Fakultätsverfassung. Gegen Ende des 15. Jh.s zählte man im Heiligen Römischen Reich 16 Universitäten, die allerdings recht unterschiedlich ausgestattet waren und dementsprechend stärkere bzw. geringere Strahlungskraft hatten. 6. Die Universitäten wurden zu den stärksten Trägern der europäischen Bildung und des wissenschaftlichen Fortschritts; sie waren durchweg stark kirchlich geprägt und blieben es auch nach der Glaubensspaltung im Zeitalter der ↑Reformation. Für die Entwicklung der (lutherischen) Reformation wurde die Universität Wittenberg, 1502 vom sächsischen Kurfürsten Friedrich dem Weisen gestiftet, durch die Lehr- und Predigttätigkeit Martin Luthers seit 1517 von herausragender Bedeutung. 7. Erst mit dem Vordringen der ↑Aufklärung, mit der wachsenden ↑Säkularisierung der abendländischen Welt, begann die entscheidende Wende. Für Deutschland – weit darüber hinaus wirksam – bedeuteten die Gründungen der Universitäten Halle (1694), Göttingen (1737) und Berlin (1810) die wichtigsten Markierungspunkte bis zu den tiefgreifenden, meist grundstürzenden Veränderungen des späteren 20. und beginnenden 21. Jh.s («Bologna-Prozess»).

Unsere Liebe Frau (Abkürzung U.L.F.), im katholischen Deutschland ehrende Bezeichnung für die ↑Gottesmutter Maria, die in der mittelalterlichen ↑Marienverehrung wurzelt und (wie in Frankreich ↑Notre Dame) zum vielfachen Titel von Kirchen (z. B. Liebfrauenkirche, -dom) wurde.

Urbanistinnen ↑Klarissen

Urbar (lat.), im Mittelalter das Verzeichnis der Güter (↑Kirchengut) und ↑Abgaben großer Herrschaften, auch der grundbesitzenden ↑Klöster. ↑Archiv, ↑Inventar, ↑Salbuch, ↑Traditionsbücher

Urbi et Orbi (lat. = der Stadt [Rom] und dem Erdkreis), der feierliche päpstliche Segen (↑Apostolischer Segen), heute meist von der äußeren Loggia der Peterskirche.

Urchristentum, gegenüber dem Begriff ↑Urgemeinde (Urkirche) ein weiterer Begriff, der über die Ursprünge der Kirche in ↑Jerusalem und Palästina hinaus auch die Ausbreitung auf die ↑Heiden im Mittelmeerraum anzielt und somit den für die Kirche entscheidenden Zeitraum des Übergangs von der apostolischen zur nachapostolischen Zeit umfasst (Apg). In ihm entstanden die Schriften des NT, ist daher «normgebend» für die Kirche aller Zeiten. ↑apostolisches Zeitalter, ↑Parusie

Urgemeinde, Urkirche, die älteste ↑Gemeinde der Christen von ↑Jerusalem, deren geistgewirkte Entstehung (↑Pfingsten) mit der Geburt der Kirche überhaupt zusammenfällt. Nach dem Weggang des Petrus wurde sie vom «Herrenbruder» Jakobus geleitet (44–64), der im Zusammenhang des jüdischen Krieges ins Ostjordanland floh. Sie ist mit dem ↑Judenchristentum in den folgenden Jh.n untergegangen. ↑Alte Kirche, ↑Kirche und Staat, ↑Urchristentum

Urkunde ↑Akten, ↑Diplomatik

Ursulinen, als religiöse Vereinigung 1535 konstituierter und bestätigter ↑Orden der hl. Ursula, der auf die Bemühungen Angela Mericis (1474–1540) zurückgeht, Mädchen und Frauen zu einem religiösen Leben in allen Gefährdungen der Zeit zu führen. Er ist heute in vielen ↑Kongregationen und einzelnen ↑Klöstern einer der stärksten und weltweit tätigen weiblichen Erziehungsorden (↑Schulschwestern) der katholischen Kirche.

Utraquisten ↑Calixtiner

Utrechter Kirche, im Streit um den ↑Jansenismus die seit dem frühen 18. Jh. von Rom getrennte niederländische Kirche (von Utrecht) mit ↑Apostolischer Sukzession, die seit 1889 in der ↑Utrechter Union mit der ↑altkatholischen Kirche vereinigt ist.

Utrechter Union, 1. die 1579 in Utrecht zustandegekommene ↑Union, in der sich die (größtenteils reformierte) nördlichen Niederlande gegen die spanische Herrschaft verbunden haben; 2. Zusammenschluss der ↑altkatholischen Kirche Deutschlands, der Niederlande, der Schweiz, Österreichs und der ↑Utrechter Kirche im Jahr 1889.

V

Vaganten (lat., in Frankreich Goliarden), im 12./13. Jh. fahrende Leute, besonders Schüler (↑Scholaren) und auch ↑Kleriker (lat. *clerici vagantes*), die keine Vagabunden waren, sondern sich als Wanderer in der Fremde auf der Suche nach der ewigen Heimat verstanden. Die Vagantendichtung besingt Lebensfreude und -genuss, Spiel, Liebe und Trunk und verspottet oft weltliche und geistliche Herren; berühmt sind die Carmina Burana (lat. = Lieder aus Beuern/Beuren), eine von Andreas Schmeller 1847 unter diesem Titel erstmals veröffentlichte Sammlung mittellateinischer Vagantendichtungen und eingestreuter deutscher Strophen (moralisch-satirische Gedichte, Liebespoesie, Trink-, Spiel-, Schlemmerlieder), die in einer 1803 im ↑Kloster Benediktbeuern in Oberbayern gefundenen Handschrift aus dem 13. Jh. überliefert sind (1937 uraufgeführte Vertonung durch Carl Orff).

Vakanz ↑Erledigung, ↑Sedisvakanz

Valentinianer, nach Valentinos aus Ägypten (etwa Mitte des 2. Jh.s) benannte Anhänger einer christlichgnostischen ↑Sekte (↑Gnosis).

Vallombrosaner, strenge, ursprünglich eremitische (↑Eremit) Abzweigung des ↑Benediktiner-Ordens, die auf den hl. Johannes Gualbertus, der 1037/39 in der Einsamkeit von Aqua-

bella (später Vallombrosa genannt) bei Florenz ein ↑Kloster gebaut hatte, zurückgeht. Die Gemeinschaft kämpfte leidenschaftlich gegen ↑Priesterehe und ↑Simonie. Bis heute besteht auch ein kleiner weiblicher Zweig.

Vanitas (lat.), die Nichtigkeit, Eitelkeit, vergängliche Welt; zentraler Begriff des ↑Memento mori.

Variata ↑Confessio Augustana

Vaterunser (lat. ↑Paternoster), im Christentum das Gebet des Herrn, ein von Jesus den Jüngern gegebener Gebetstext, der in zwei Versionen (Mt 6,9–13, Lk 11,2–4) überliefert ist. Es ist Bestandteil der ↑Eucharistiefeier in allen christlichen Kirchen.

Väter vom guten Tod ↑Kamillianer

Vätertheologie, theologische Lehre der ↑Kirchenväter.

Vaticana ↑Medicaea editio

Vaticanum I (1. Vatikanisches Konzil), in katholischer Zählung das 20. Allgemeine (↑Ökumenische) Konzil der katholischen Kirche, abgehalten unter Papst Pius IX. in Rom in St. Peter vom 8. 12. 1869 bis 20. 10. 1870 (vertagt wegen des deutsch-französischen Krieges und der Besetzung Roms durch das italienische Königshaus Savoyen-Piemont). Das Konzil tagte in erregter Atmosphäre und verabschiedete zwei dogmatische Konstitutionen (↑Constituta, ↑Dogma): Über den katholischen ↑Glauben (24. 4. 1870; Schöpfung, Offenbarung, Glaubensakt, Glauben und Wissen); über die Kirche Christi (Konstitution «Pastor aeternus» vom 18. 7. 1870: Umschreibung des ↑päpstlichen Primates mit Universalepiskopat und lehramtlicher Unfehlbarkeit [Infallibilität] in Sachen des Glaubens und der Sitten). ↑altkatholische Kirche, ↑Kulturkampf

Vaticanum II (2. Vatikanisches Konzil), in katholischer Zählung das 21. Allgemeine (↑Ökumenische) Konzil der katholische Kirche, durchgeführt vom 11. 10. 1962 bis 8. 12. 1965 in vier Sitzungsperioden unter den Päpsten Johannes XXIII. und Paul VI. Anders als auf dem Konzil von Trient (1545–1563) und auf dem ↑Vaticanum I (1869/70) war die katholische Weltkirche repräsentativ vertreten. Durchschnittlich waren im Konzilsverlauf über 2000 stimmberechtigte Konzilsväter anwesend, davon jeweils ein gutes Drittel aus Europa und Amerika, ein knappes Drittel aus den übrigen Kontinenten. Als Beobachter (lat. Observatores) waren – dies eine aufmerksam registrierte Neuerung – 93 Vertreter aus 18 nichtkatholischen christlichen Kirchen und Gemeinschaften anwesend, darunter Reformationskirchen und Vertreter der russisch-orthodoxen Kirche und des Ökumenischen Patriarchen von Konstantinopel. Nach der Absicht Johannes' XXIII. sollten innerkirchliche Reform und Festigung der Einheit die Aufgaben des Konzils sein (↑aggiornamento). Das Vaticanum II wurde der stärkste Ausdruck der ernsten Besinnung der katholischen Kirche auf die christlichen Aufgaben in der modernen Welt. Erhebliche Widerstände gegen «Änderungen», die das Konzil für notwendig und fruchtbar hielt (z. B. ↑Liturgie-Reformen), traten schon während des Ablaufes hervor und haben sich in der Folgezeit zunächst verschärft. Auseinandersetzungen um die Verwirklichung der programmatischen Aussagen dauern bis heute an. ↑Würzburger Synode

Vatikan, der in ↑Rom auf dem vatikanischen Hügel neben der Peterskirche erbaute Palast des ↑Papstes, der mit etwa 1000 Sälen, Kapellen und Gemächern größte und an Kunstschätzen reichste der Erde. Kaiser Konstantin I. (306–337, ↑Konstantinische Wende) wies den Päpsten den ↑Lateran (neben der ↑Bischofskirche San Giovanni in Laterano) als Wohnung an und ließ über der tradierten Stelle des Petrusgrabes die gewaltige ↑Basilika Konstantiniana bauen, die Petersbasilika. Die Anfänge einer päpstlichen Wohnung bei St. Peter finden sich um 500. Seit Mitte des 15. Jh.s wurde die Bipolarität der römischen Papstresidenz Lateran/Vatikan aufgegeben, der Vatikan wurde fortan definitive Residenz der Päpste, seit dem Hochmittelalter und erneut von den ↑Renaissancepäpsten prunkvoll ausgebaut. Der Vatikan blieb auch nach Ende des ↑Kirchenstaates (1870) Residenz der Päpste und Sitz der ↑Römischen Kurie; in den ↑Lateranverträgen wurde der neue souveräne Staat der ↑Vatikanstadt geschaffen.

Vatikanische Konzilien ↑Vaticanum I, ↑Vaticanum II

Vatikanstadt (it. Stato della Città del Vaticano), 1929 durch einen Teil der ↑Lateranverträge (zwischen dem ↑Heiligen Stuhl und dem Königreich Italien) geschaffener Staat der Vatikanstadt (so die deutsche Übersetzung). Das Staatsgebiet des ↑Vatikan umfasst knapp 44 Hektar, die hier gelegenen Gebäude und Parkanlagen einschließlich der Petersbasilika und dem Petersplatz sowie die Vatikanischen Museen. Nicht zum Staatsgebiet gehören die Immobilien des Heiligen Stuhles in der Stadt Rom und deren Umgebung (Sommerresidenz ↑Castelgandolfo) mit dem Privileg der Exterritorialität und der Befreiung von Enteignung und Besteuerung sowie jene Liegenschaften, die von der Enteignung und Besteuerung durch den italienischen Staat ausgenommen sind. Souverän der Vatikanstadt ist der ↑Papst. Ihm steht die volle gesetzgebende, ausführende und rechtsprechende Gewalt über die Vatikanstadt zu. Bei ↑Sedisvakanz übt diese Vollmacht das ↑Kardinals-Kollegium, jedoch mit erheblichen Einschränkungen, aus. ↑Kardinalstaatssekretär

VELKD, Abkürzung für ↑Vereinigte Evangelisch-Lutherische Kirche in Deutschland.

Velum (lat. = Segel, Tuch, Hülle, Schleier, Vorhang), die Hülle für den Mess- ↑Kelch. ↑Mappa

Ven., Abkürzung für lateinisch *venerabilis* = ehrwürdig: Titel und Anrede katholischer ↑Ordens-Frauen und (früher) der ↑Minoristen. Innerhalb eines ↑Beatifikations-Prozesses Titel des/der Seligzusprechenden nach Abschluss des bischöflichen ↑Informativprozesses.

Venia (*legendi, docendi*; lat.), 1. Lehrbefugnis an ↑Universitäten und ↑Hochschulen, die Habilitationsrecht besitzen; 2. in den evangelischen Kirchen die ↑Predigt-Erlaubnis (lat. *Venia concionandi*; ↑Vikar)

Vera Icon (lat. wahre ↑Ikone), in Bayern seit dem 14. Jh. belegtes «wahres Bild» ↑Jesu Christi, das in einem der vier Kuppelpfeiler der römischen Peterskirche verwahrt wird. Nach einer in Rom verbreiteten ↑Legende soll das ↑Andachtsbild entstanden sein, als Veronika (↑Anagramm aus vera icon) Jesus auf dem ↑Kreuzweg ein Schweißtuch reichte. Das «Haupt voll Blut und Wunden», das sich auf diesem Tuch abzeichnete, wurde u. a. in zahlreichen spätgotischen ↑Altären auf der ↑Predella dargestellt, die Legende im 18. Jh. als siebte Kreuzwegstation in die Kreuzwegandacht übernommen. ↑Turiner Grabtuch

Verbrüderungsbuch, seit dem 8. Jh. ein besonders in ↑Klöstern, später auch bei ↑Bruderschaften gebräuchliches ↑Buch, in dem die Mitglieder

der ↑Gebetsverbrüderung festgehalten sind.

Vereinigte Evangelisch-Lutherische Kirche in Deutschland (Abkürzung VELKD), 1948 gegründeter Zusammenschluss von deutschen lutherischen Kirchen. 1968 kam es zur Bildung einer «Vereinigten Evangelischen Lutherischen Kirche in der Deutschen Demokratischen Republik» (↑evangelische Kirchen).

Versehgang (versehen), Gang eines katholischen ↑Geistlichen zur Spendung der Sterbe- ↑Sakramente (Letzte Ölung), auch zur Sakramentenspendung an Kranke. ↑Krankensalbung, ↑Viaticum

Versenkung ↑Beschauung, ↑Mystik, ↑Transzendenz, ↑Vision

Vesper (lat. = Abendstern, Abendzeit; lat. *vespera* = Abend), der Abend- ↑Gottesdienst der katholischen Kirche, einer der ältesten und wichtigsten Teile des ↑Stundengebetes. Sie erhielt im Lauf der Zeit auch den Charakter einer Volks- ↑Andacht am Nachmittag oder Abend der Sonn- und Feiertage, entwickelte hier teilweise andere Stilgesetze und wird ähnlich in vielen reformierten Kirchen gepflegt.

Vesperbild, in Malerei und Plastik die ↑Pietà genannte Darstellung der ↑Gottesmutter mit dem Leichnam Jesu auf dem Schoß. Da Jesus von der «sechsten bis zur neunten Stunde» am ↑Kreuz hing, ist Kreuzabnahme *ad vesperam* (lat. = am späten Nachmittag, gegen Abend) anzuset-

zen; von daher leitet sich der Name Vesperbild ab. ↑Andachtsbild

Vesperhymnus ↑Magnificat

Vesperläuten ↑Angelus

Vetus Latina (lat. = Alte Lateinische [Bibelübersetzung]), frühe (fälschlich als Itala bezeichnete) lateinische Übersetzungen der ↑Bibel vor der ↑Vulgata. Vetus-Latina-Texte werden neu gesammelt und herausgegeben vom 1945 begründeten Vetus-Latina-Institut der Erzabtei Beuron (↑Beuroner Kongregation).

Via antiqua/moderna (lat. = der alte/ moderne Weg). Via antiqua bezeichnet die konservativ-realistische Position der ↑Scholastik im ↑Universalienstreit im Unterschied zur Via moderna der Position des ↑Nominalismus. Beide Richtungen wirkten nach bis tief in das 16. Jh. hinein.

Viaticum (von lat. *via* = Weg), in der katholischen Kirche das ↑Allerheiligste als Wegzehrung, d. h. als Vorbereitung auf die Reise in die Ewigkeit für Schwerkranke und Sterbende (↑Versehgang).

Vicarius Christi (lat. = Stellvertreter Christi), den älteren Titel «Vicarius Petri» (lat. = Stellvertreter Petri) ersetzender Titel des ↑Papstes, der im ↑Reformpapsttum seit Mitte des 12. Jh.s aufkam und seit Innocenz III. (1198–1216) bleibender Bestandteil der päpstlichen Titulatur ist. ↑Servus servorum Dei

Vicarius Petri ↑Vicarius Christi

Vierung, im Kirchenbau die Stelle, an der sich ↑Langhaus und Querhaus (Querschiff) kreuzen (↑Kreuz!). ↑Kanzel

Vierzehn Nothelfer ↑Nothelfer

Vierzigstündiges Gebet, in der katholischen Kirche der alte Brauch einer ununterbrochenen Gebetswache oder des Gebets- ↑Fastens (↑Ewige Anbetung) vor ausgesetztem, d. h. in der ↑Monstranz ausgestelltem ↑Allerheiligsten, besonders während eines ↑Triduums oder zur Sühne während der drei Tage des ↑Karnevals (Sonntag bis Dienstag vor ↑Aschermittwoch).

Vigil (lat. = Wache, Nachtwache), in der Gebetsordnung der ↑Alten Kirche eine nächtliche Gebetszeit, wie sie besonders von den ↑Mönchen im Ablauf des täglichen ↑Stundengebetes gefeiert wurde. Seit dem 12. Jh. verlegte man die Vigilien häufig auf die frühen Morgenstunden oder rückte sie auf die Zeit vor Mitternacht hinauf. Daraus entstand im Spätmittelalter der Brauch, die Vigilien schon am Vorabend zu halten, was man in Chor- und Breviergebet *antizipieren* (lat. = vorwegnehmen) nannte. Die älteste und festlichste der Vigilien war die liturgische Feier der ↑Oster-Nacht, der andere Festvigilien nachgebildet wurden. Die Feier der Osternacht ist seit Mitte des 20. Jh.s überall in der katholischen Kirche neu belebt worden.

Vikar (lat. *vicarius* = Stellvertreter), 1. im katholischen ↑Kirchenrecht der Stellvertreter im geistlichen ↑Amt,

z. B. ↑Apostolischer Vikar, ↑Kardinalvikar, ↑Kapitelsvikar, ↑Generalvikar, Pfarrvikar (↑Pfarrei), regional auch der Hilfsgeistliche und ↑Kaplan (auch ↑Koadjutor, ↑Inkorporation); 2. im evangelischen Kirchenrecht ist der Pfarrvikar/die Pfarrvikarin ein/eine als Gehilfe/Gehilfin des Pfarrers/der Pfarrerin oder als selbständige(r) Verwalter(in) einer Kirchen- ↑Gemeinde anstelle eines Pfarrers tätige(r) Geistliche(r), außerdem Kandidat/Kandidatin der evangelischen ↑Theologie nach dem ersten theologischen Examen mit der ↑Venia (concionandi) im Prediger- ↑Seminar (Predigtamtskandidat, -in; ↑Predigt) oder in der Pfarramtsausbildung.

Vinzentiner ↑Lazaristen

Vinzentinerinnen ↑Barmherzige Brüder und Schwestern

Vinzenzkonferenz, Name für die nach dem hl. Vinzenz von Paul († Paris 1660) benannten, im Rahmen der ↑Caritas-Bewegung vom Studenten Antoine Frédéric Ozanam (1813–1853) 1833 begründeten Gruppen katholischer ↑Laien zur religiösen und sozialen Hilfe in ↑Pfarreien und anderen Einrichtungen. Das weibliche Pendant ist die Elisabethkonferenz.

visio beatifica (lat. = glückseligmachende Schau [↑Vision]). ↑Beschauung, ↑Gral, ↑selig, Seligkeit.

Vision (lat.-frz.), übernatürliche Erscheinung oder Gesicht, bei mystisch begabten religiösen Persönlichkeiten (↑Mystik) als Traumgesicht oder

«Schau» mit richtungweisendem Auftrags-, Offenbarungs- oder prophetischem Charakter; sie ist meist zusammengesetzt aus Bild und innerem Hören (Audition). Der Unterschied zur Halluzination (lat. = Sinnestäuschung, Trugwahrnehmung) ist wissenschaftlich nicht zu klären. Im AT begegnen Visionen bei Propheten, im NT bei Stephanus und Paulus. In der christlichen Tradition ist die «Unterscheidung der Geister» dringend gefordert. ↑Beschauung, Kontemplation, ↑Transzendenz

Visitatio ad limina (Apostolorum), Visitatio (sacrorum) liminum ↑Ad-limina-Besuch

Visitation (lat. = Besuch, Besichtigung), 1. im katholischen ↑Kirchenrecht als ↑kanonische Visitation die Verpflichtung zur persönlichen und regelmäßigen Besichtigung von Personen, Sachen, Anstalten und Orten durch den zuständigen Oberen (↑Bischof, ↑Dekan) zur Erfüllung der Aufsichtspflicht sowie zur Fest- und Abstellung von Mängeln; 2. nach evangelischem Kirchenrecht ein mit seelsorglicher, geschwisterlicher Hilfe und der Aufsicht über die kirchliche Arbeit verbundener Besuchsdienst; 3. die Visitation war bereits in der ↑Alten Kirche bekannt und wurde (unterschiedlich) in allen Jh.en geübt; 4. Visitationsakten (Protokolle über Verlauf und Ergebnisse der Visitation) liefern wertvolles kirchengeschichtliches und volkskundliches Quellenmaterial. ↑Ad-limina-Besuch, ↑Sendgericht, ↑Statusbericht

Vita, Viten (lat.), Leben, Lebenslauf, Lebensbeschreibung(en), ↑Biographie antiker und mittelalterlicher Persönlichkeiten und ↑Heiliger. ↑Hagiographie, ↑Kirchengeschichtsschreibung

Vita communis (lat.), das gemeinsame Leben von Gemeinschaften im ↑Kloster (auch vita canonica = kanonisches, d. h. den ↑Kanones entsprechendes Leben, vita monastica = ↑monastisches, mönchisches Leben).

Vlies (Goldenes) ↑Orden vom Goldenen Vlies

Vogt, Vogtei (lat. *advocatus* bzw. *advocatia ecclesiae*). Vogtei ist der von den christlichen Herrschern des Abendlandes seit dem frühen Mittelalter wahrgenommene Schutz der Kirche, dann auch die von einem Vogt (lat. *advocatus* = Fürsprecher, Vertreter, Anwalt) geübte Gerichts- oder Schirmherrschaft über geistliche Personen und Einrichtungen in weltlichen Angelegenheiten, besonders vor Gericht, als Domvogt (lat. *advocatus burgi* oder *maior*) über eine ↑Dom- oder ↑Bischofskirche, ein ↑Kloster oder ein ↑Stift (auch ↑Eigenkirche). Karl der Große (768–814) schrieb Vögte allen ↑Bistümern und ↑Abteien des Fränkischen Reiches vor. Die Vogtei wurde zu einem entscheidenden Instrument für den Ausbau der Landeshoheit und war wegen der mit ihr verbundenen Rechte und Einkünfte beim Adel äußerst begehrt (↑Immunität). Für Bistümer und Klöster wurde die missbräuchliche, eigensüchtige Übung der Vogteirechte nicht selten zur drückenden Last. Deshalb wuchs seit dem 11./12. Jh. das Bestreben der Klöster, über sich nur König (Kaiser) und ↑Papst als Schützer zu haben, sich von bestehenden Vogteiverhältnissen zu befreien, auch sich loszukaufen oder bei Neugründungen die Vogtei grundsätzlich zu vermeiden. Im Einzelnen verlief die rechtliche Entwicklung der Vogtei über kirchliche Einrichtungen in sehr unterschiedlicher Weise (bis zur Staatskirchenhoheit der ↑Reformation, des ↑Absolutismus und der ↑Aufklärung, verstanden als höchste Schutzinstanz der Kirche, lat. *suprema advocatia ecclesiae*). Der römisch-deutsche König und Kaiser (↑Sakrales Herrschertum) galt bis zum Ende des ↑Heiligen Römischen Reiches (1806) generell als Advocatus Ecclesiae (Schutzherr der ↑Reichskirche), in besonderem Maße als Schützer der Römischen Kirche.

Volksaltar, in der katholischen Kirche seit der ↑Liturgie-Reform im Gefolge des ↑Vaticanum II (1962–1965) volkstümliche Bezeichnung für den neuen Haupt- ↑Altar der Kirche, an dem der ↑Priester der ↑Gemeinde zugewandt (lat. *versus populum*) zelebriert. ↑Hochaltar

Volksfrömmigkeit ↑Brauchtum, ↑Frömmigkeit

Volksmission, in der katholischen Kirche die in ↑Pfarreien (überpfarrlich als Stadt- ↑Mission) durchgeführte religiöse Woche zur religiös-sittlichen Erneuerung der Gläubigen durch ↑Predigt, ↑Beichte und ↑Kommunion. Nach Anfängen in der ↑Katholischen Reform und ↑Gegenreformation des 16./17. Jh.s wurde sie besonders geübt in der Barockzeit und im 19./20. Jh. Ihre Hauptträger waren Ordensleute (↑Jesuiten, ↑Kapuziner, ↑Redemptoristen). In der Gegenwart nur noch sehr selten bzw. gar nicht mehr durchgeführt, ist sie durch andere Formen seelsorglicher Erneuerung ersetzt.

Volksverein für das katholische Deutschland, von Ludwig Windthorst und Franz Hitze 1890 begründete, 1933 vom NS-Regime verbotene Organisation des deutschen Katholizismus mit starkem kulturpolitischen und sozialen Einsatz.

Vorhölle ↑Limbus

vorkonziliar, nachkonziliar, in den Jahren nach dem ↑Vaticanum II (1962–1965) verschiedentlich verwendete Kategorien zur Bezeichnung von Vorgängen und Grundhaltungen im Bereich der ↑Theologie und ↑Kirchengeschichte vor und nach diesem Konzil, wobei die durch das Konzil angestoßenen Veränderungen (z. B. in der ↑Liturgie oder im Hinblick auf die Einstellung zur modernen Welt) besonders betont werden.

Vortragekreuz, ein u. a. bei ↑Prozession und ↑Begräbnis (Leichenzug) vorangetragenes ↑Kreuz.

Votivgabe (von lat. *vovere* = feierlich versprechen, geloben, weihen; ↑Weihe), 1. in Religionen ↑Opfergabe und Weihegeschenk an Götter; 2. im

Christentum an Gott oder Heilige, besonders an ↑Wallfahrts-Orten (↑Votivtafel und plastische Darstellungen u. a. von Körperteilen und Tieren), die ↑ex voto (aus feierlichem Versprechen) gegeben werden.

Votivmesse (wie ↑Votivgabe), eine heilige ↑Messe für ein besonderes Anliegen oder zu einer besonderen Feierlichkeit.

Votivtafel, seit der römischen Antike bezeugte Tafel, die den Göttern als ↑Votivgabe dargebracht wurde; seit dem Spätmittelalter ist sie in den katholischen Gebieten Europas, später auch in Lateinamerika weitverbreitet, besonders in der Barockzeit und teilweise im 19. Jh. Der Brauch besteht an ↑Wallfahrts-Orten in Bayern, Österreich und der Schweiz bis zur Gegenwart. Die Tafeln zeigen meist eine Kombination von ↑Stifterbild und Wunderdarstellung (mit dem ↑Gnadenbild) und sind bedeutende Gegenstände der Volkskunde, -kunst und -frömmigkeit. ↑Dedikationsbild

Vulgata (lat. *editio vulgata* = die allgemein verbreitete, gebräuchliche Ausgabe [↑Edition]; lat. *vulgus* = Volk), in der Neuzeit Name der lateinischen Übersetzung der ↑Heiligen Schrift, die vom ↑Kirchenvater Hieronymus (347–419) auf der Grundlage des hebräisch-griechischen Urtextes zum größten Teil durch Verbesserung älterer Vorlagen erstellt wurde. In der lateinischen Kirche des Mittelalters und der katholischen Kirche der Neuzeit wurde sie *die* Bibelausgabe und war für die Geschichte der ↑Theologie und ↑Frömmigkeit daher von größter Bedeutung. Das Konzil von Trient (1545–1563) erklärte sie zum authentischen Bibeltext, obwohl man die Verbesserungswürdigkeit des überlieferten Textes seit dem 15./16. Jh. erkannt hatte und zunehmend auf den in kritischen Editionen seit dem Zeitalter des ↑Humanismus erstellten hebräisch-griechischen Urtext zurückgriff. Im 20. Jh. wurde eine verbesserte, d. h. dem Urtext noch treuere Version der Vulgata (Neovulgata) erstellt; die revidierte Vulgata ist Grundlage für die lateinische ↑Liturgie der katholischen Kirche (einschließlich des ↑Stundengebets).

W

WA, Abkürzung für ↑Weimarana.

Wahlkapitulationen, 1. allgemein Urkunden, in denen ein Wahlkandidat Versprechungen abgab und sich auf bestimmte Positionen eidlich festlegte; 2. Wahlkapitulationen der ↑Bischöfe (gegenüber den wahlberechtigten) ↑Domkapiteln begegnen in der ↑Reichskirche seit dem 13. Jh. in fast allen ↑Bistümern. Ursachen für ihre Erstellung waren: Bewahrung bischöflicher Güter, ständische Forderungen und Anspruch auf Mitregierung der Domkapitel; von manchen Fürstbischöfen heftig bekämpft, von Papst Innocenz XII. 1695 verurteilt, waren sie dennoch bis zum Ende des ↑Heiligen Römischen Reiches 1806 in Gebrauch; 3. Wahlkapitulationen der ↑Päpste gab es seit 1352, dann fast regelmäßig 1431 bis 1730, obwohl sie von den Päpsten nach der Wahl jeweils aufgehoben und verurteilt wurden. Von Pius X. wurden sie 1904 streng verboten. ↑Constitutio Innocentia

Waldenser (auch Arme von Lyon, Katholische Arme), Anhänger der vom reichen Kaufmann Waldes von Lyon (Valdès, Vaudes, Valdo, vielleicht um 1140–1205/07) seit 1175 begründeten ↑Laienbewegung mit ↑Predigt zur ↑Buße und radikalem Ideal der ↑Armut (↑Humiliaten). Die ordensähnliche Gemeinschaft, deren Armut Papst Alexander III. 1179 lobte, deren Predigt aber verbot, lehnte ↑Liturgie, ↑Sakramente (außer der Buße), ↑Heiligenverehrung, ↑Ablass, ↑Seelenmessen, Eidleistung, Arbeit, Kriegsdienst, Todesstrafe und ↑Hierarchie ab. Ihre endgültige (1184 erstmalige) ↑Exkommunikation erfolgte durch das IV. Laterankonzil 1215. In der Folge mussten sie sich in schwer zugängliche Täler (Piemont, Savoyen, Provence, Kalabrien) zurückziehen und konnten sich auch in Spanien, Deutschland, Österreich und Böhmen verbreiten. Nach dem Ende der Verfolgung (Staatsvertrag 1848) bilden die Waldenser heute (eine vor allem in Italien) verstreute ↑Diaspora-Kirche, deren ↑Pastoren in einer eigenen ↑Theologischen Fakultät in Rom ausgebildet werden.

Wallfahrt, Pilgerfahrt (lat. *peregrinatio*), die Fahrt bzw. Fußwanderung zu heiligen Stätten, Gräbern und ↑Reliquien von ↑Heiligen sowie ↑Gnadenbildern. Das Bild vom «Leben als Pilgerfahrt» ist Ausdruck für die tiefe Sehnsucht des Menschen nach Heil und Gottes Nähe. Der Pilger machte sich zu allen Zeiten auf den beschwerlichen Weg zu weit entfernten heiligen Stätten in dem Bewusstsein, vielleicht nie mehr wieder in seine Heimat zurückzukehren. Er begriff sich als *homo viator* (lat. = Wanderer), als Mensch, der unterwegs ist zu seinem eigentlichen Ziel, um Hilfe zu erflehen in seinen Nöten und Sorgen, um Heilung von Krankheit und Abwendung von Unglück zu erbitten (↑Votivtafeln), um ↑Buße zu tun und von der ↑Sünde befreit zu werden, um nach erlangter Hilfe schließlich dem Geber alles Guten, der ↑Gottesmutter und den Heiligen für mächtige Fürsprache zu danken. Im christlichen Bereich sind Wallfahrten, eng verbunden mit der ↑Heiligenverehrung, in der katholischen Kirche und in allen orthodoxen Kirchen weit verbreitet. Sie begannen frühzeitig mit dem Aufsuchen der heiligen Stätten des Wirkens und Leidens Jesu im ↑Heiligen Land und der Verehrung der ↑Apostel- und ↑Märtyrer-Gräber, anfangs der Gräber der Apostel Petrus und Paulus in Rom. Bald haben ↑Klöster Gräber der Heiligen, Reliquien heiliger Personen und Gnadenbilder in ihren Kirchen besonders gepflegt, auch Erscheinungsorte von Heiligen. Seit dem Spätmittelalter – mit neuem Höhepunkt im Zeitalter des ↑Barock (17./18. Jh.) – wurden Wallfahrts- ↑Feste in Klöstern oder in von Ordensleuten betreuten Kirchen gewöhnlich mehrtägig, häufig ein bis zwei Wochen hindurch gefeiert, verbunden mit religiöser Einkehr (mit ↑Beichte und ↑Kommunion), festlichen ↑Gottesdiensten, ↑Predigten und ↑Prozessionen, aber auch mit vielfachen weltlichen Freuden. In der Neuzeit standen Marienwallfahrtsorte (↑Marienverehrung), welche die mittelalterlichen Fernwallfahrten (↑Jerusalem, ↑Rom, Santiago de Compostela [↑Jakobsweg]) ablösten, weit an der Spitze (z. B. Altötting in Bayern). Die größeren alten Klöster richteten fast regelmäßig im engeren Umkreis eine Wallfahrt ein («Hauswallfahrt»).

Wanderbischof, spezieller Begriff für irische Mönche (↑irisches Mönchtum), die seit dem 6. Jh. vergleichbar den ↑Chorbischöfen als ↑Bischöfe ohne eigenes ↑Bistum missionierend und predigend (↑Mission, ↑Predigt) durch das Fränkische Reich zogen und bischöfliche ↑Weihe-Handlungen vollzogen.

Wanderprediger ↑Bußprediger, ↑Bernhardiner

Wandlung ↑Transsubstantiation

Wappen (mhd. wapen = Waffe, Schildzeichen), ein farbiges Abzeichen, das eine Person, Familie,

Körperschaft oder Institution repräsentiert und nach den Regeln der Wappenkunde (Heraldik) gestaltet sein soll. Der Wappenbrauch begegnet seit dem 12. Jh. im Rittertum in West- und Mitteleuropa; seit dem 13. Jh. begannen auch ↑Prälaten im ↑Siegel, auf Denkmälern, in Kirchen und auf zugehörigen Geräten Wappen anzubringen, ↑Klöster und ↑Orden schlossen sich diesem Brauch an. Dabei ist zwischen dem Wappen der Institution (↑Bistum, ↑Domkapitel, Kloster) und dem persönlichen Wappen des Amtsträgers (↑Papst, ↑Bischof, ↑Abt, ↑Propst) zu unterscheiden, wobei nur der Papst die ↑Tiara auf oder über dem Schild verwenden darf, der vor zwei gekreuzten Schlüsseln (↑Attribut des ↑Apostels Petrus) steht. ↑Infulierte Prälaten zierten ihr Wappen mit ↑Mitra und Stab (↑Ring und Stab), bei geistlichen ↑Reichsständen des ↑Heiligen Römischen Reiches mit Hochgerichtsbarkeit kam dazu noch das Schwert. Die Regeln zum richtigen Wappengebrauch enthält die kirchliche Heraldik.

Wechselgesang ↑Responsorium

Wegzehrung ↑Viaticum

Wehrkirche, Kirchenburg, eine befestigte, mit wehrhaften Einrichtungen (Mauer, Türme) umgebene Kirchenanlage, die in unruhigen, kriegerischen Zeiten auch vorübergehend Zuflucht der Bevölkerung war. Die im Mittelalter sehr verbreiteten Anlagen entwickelten sich v. a. in Siebenbürgen zu Kirchenburgen.

Weihbischof (↑Auxiliarbischof, Hilfs-bischof), ein ↑Bischof, der den regierenden Bischof einer ↑Diözese (Diözesanbischof; ↑Bistum) in seinem Amt unterstützt und *in spiritualibus* (lat. = in geistlichen Dingen) vertritt und bischöfliche ↑Weihe-Handlungen vollzieht. Nach Anfängen im Früh- und Hochmittelalter waren Weihbischöfe seit dem Spätmittelalter in den großen Bistümern der ↑Reichskirche eine bleibende Einrichtung. Bis zur Gegenwart gibt es in sehr zahlreichen Diözesen der katholischen Kirche einen oder mehrere Weihbischöfe (↑Regionalbischof). Weil die lateinische Kirche beim Bischof an der Zuordnung zu einem festen Sitz festhält, werden Nicht-Diözesanbischöfe heute noch grundsätzlich auf einen (ehemaligen, untergegangenen) Bischofssitz geweiht, deshalb auch Titularbischöfe genannt, bis Papst Leo XIII. (1878–1903) mit dem Zusatz i. p. i. (↑in partibus infidelium). ↑Chorbischof

Weihe (ahd. wih = ↑heilig), allgemein eine religiöse, kultische Handlung (↑Religion, ↑Kult), durch die eine Person oder Sache in besonderer Weise in den Dienst Gottes gestellt wird. Dazu gehören in der katholischen Kirche (ähnlich in den orthodoxen Kirchen) z. B. ↑Abts- und ↑Mönchsweihe, ↑Jungfrauenweihe, ↑Kirchweihe, ↑Glocken- und ↑Friedhofsweihe, Häuser-, Brücken- und Fahrzeugweihe, Wasser-, Salz- und Kräuterweihe (an bestimmten Festtagen oder zu besonderen Anlässen). Die Gebete für diese Weihen und ↑Segnungen (↑Sakramentalien) enthält das ↑Rituale (↑Agende), für die dem ↑Bischof vorbehaltenen Weihen und Segnungen das Pontificale (↑Pontifikalien). Von diesen Weihen und Segnungen sind in der katholischen Kirche und den orthodoxen Kirchen klar zu unterscheiden die dem Weihesakrament zugehörigen drei Stufen der ↑Ordination (↑Weihegrade): Diakonat, Presbyterat, Episkopat. ↑Kirchengewalt, ↑Konsekration, ↑Sakrales Herrschertum

Weihegabe ↑Votivgabe

Weihegewalt ↑Kirchengewalt, ↑Ordination

Weihegrade, in der katholischen Kirche, den orthodoxen Kirchen und den in der ↑Apostolischen Sukzession stehenden Kirchen die zum ↑Weihe-↑Sakrament (lat. *sacramentum ordinis*) gehörenden drei Stufen: Diakonat, Presbyterat, Episkopat (Weihe zum ↑Diakon, ↑Priester, ↑Bischof). Diese sakramentale Weihe (↑Ordination) kann nur von einem ordnungsgemäß geweihten, in der Apostolischen Sukzession (Weihenachfolge von den Aposteln her) stehenden Bischof durch Gebet und Handauflegung gespendet werden. Bis zur klar sichtbaren Wiederherstellung dieser Dreigliederung durch das ↑Vaticanum II (1962–1965) und die folgende ↑Liturgie-Reform wurde in der katholischen Kirche (des lateinischen Ritus) die breiter gefächerte Stufenfolge von Weihegraden erteilt, wie sie aus besonderen Funktionen in der

↑Alten Kirche erwachsen waren und der Reihe nach gespendet werden mussten: Den Weihen vorgelagert war die Erteilung der ↑Tonsur (keine Weihe, nur amtliche Aufnahme in den ↑Kleriker-Stand). Niedere Weihen (lat. *ordines minores*): Ostiariat (↑Ostiarier), Lektorat (↑Lektor), Akoluthat (↑Akoluth); höhere Weihen (lat. *ordines maiores*): ↑Subdiakon (entstanden im 3. Jh. als Abzweigung vom Diakon, seit Papst Innocenz III. [1198–1216] zu den höheren Weihen gerechnet, weil mit der Übernahme der Verpflichtung zum ↑Zölibat und ↑Brevier-Gebet verbunden), Diakon, Presbyter. Die Bischofsweihe (Episkopat) ist Vollendung oder höchster Grad des Weihesakramentes. Auch der römische ↑Papst ist der Weihe nach Bischof. ↑Hierarchie, ↑Irregularität, ↑Majoristen, ↑Minoristen

Weiheregister, in der katholischen Kirche ein amtlich oder privat (vom ↑Weihe-Spender) geführtes Verzeichnis der erteilten Weihen, auch ↑Ordinations-Register genannt.

Weihesakrament ↑Ordination, ↑Weihegrade

Weihetitel ↑Titel

Weihnachten (von mhd. *wihe nahte* = ↑Weihe-Nacht), das Fest der Geburt ↑Jesu Christi (lat. *natalis, nativitas Domini*), auch Christtag, Christfest, in allen christlichen Kirchen am 25. Dezember (für die Westkirche 336 in Rom nachweisbar), in der Ostkirche an ↑Epiphanie (6. Januar) gefeiert. Es knüpft wohl an das Fest des unter Kaiser Aurelian 274 als Reichsgott eingeführten *Sol invictus* (lat. = unbesiegbare Sonne) an. Das Weihnachtsfest wird vorbereitet durch ↑Advent und ↑Vigil (Heiliger Abend, ↑Heilige Nacht). In der katholischen ↑Liturgie gibt es drei Weihnachtsmessen (in der Nacht [↑Christmette], am Morgen, am Tag). Weihnachten ist das volkstümlichste christliche Fest mit einem reichen (römisch-germanischen, in die Tradition der Wintersonnwendfeiern inkulturierten) ↑Brauchtum; es entwickelte sich (zunächst in den evangelischen Gebieten) spätestens seit 1600 auch zur häuslichen Feier mit Weihnachts- oder Christbaum, ↑Krippe, Bescherung der Kinder durch das ↑Christkind (heute vermehrt durch den Weihnachtsmann); seit dem 11./12. Jh. begegnen auch Weihnachts- und Krippenspiel als Form des geistlichen ↑Schauspiels sowie Weihnachtsmusik, so Weihnachts- ↑Oratorium (Heinrich Schütz, Johann Sebastian Bach) und zahlreiche Weihnachtslieder, darunter weltweit am bekanntesten «Stille Nacht, heilige Nacht» (Text von Joseph Mohr, Musik von Franz Gruber, 24. 12. 1818).

Weihnachtsmarkt, aus den Wochenmärkten zu bestimmten kirchlichen ↑Festen (↑Kirchweihe, ↑Indult) hervorgegangener Markt während der ↑Advents-Zeit (gewöhnlich spätestens am 24.12. endend) mit Buden und Ständen zum (anfangs noch nicht üblichen) Verkauf von Weihnachtsschmuck, Geschenken, weihnachtlichen Süßigkeiten, von Speisen und Getränken. Die stimmungsvollen Märkte mit ihrem «Budenzauber» begegnen u. a. in München seit 1310 (hier Christkindlmarkt genannt; ↑Christkind), in Dresden seit dem 15. Jh. (Striezelmarkt), in Nürnberg seit Mitte des 16. Jh.s.

Weihrauch (heiliger Rauch, ahd. *wih* = ↑heilig, lat. *thus* = Weihrauch; ↑Thuriferar), ein beim Verbrennen wohlriechendes Harz, das schon in vielen altorientalischen Kulturen und Religionen als Räucherwerk gebraucht wurde. Vom AT und antikem Brauch her ging die Verwendung des Weihrauchs frühzeitig in die ↑Liturgie der Kirche ein. Weihrauch, eingelegt auf glühende Kohlen im ↑Rauchfass, wird im feierlichen Gottesdienst der katholischen Kirche und besonders der orthodoxen Kirchen verwendet, bei ↑Weihen und ↑Segnungen, auch beim ↑Begräbnis.

Weihwasser, in der katholischen Kirche und den orthodoxen Kirchen geweihtes Wasser zur Besprengung (mit Weihwasserwedel, ↑Aspergill) und Selbstbekreuzigung («Weihwasser nehmen»), das auch bei den meisten liturgischen und außerliturgischen ↑Weihen und ↑Segnungen gebraucht wird; früher war die regelmäßige Besprengung der Gläubigen am Beginn (manchmal auch am Ende) des ↑Sonntags- ↑Gottesdienstes üblich. ↑Sakramentalien

Weimarana (lat. Editio Weimarana, Abkürzung WA), kritische Gesamt-

ausgabe (↑Edition) der Werke Martin Luthers (Weimar seit 1883).

Weistum (mhd. *wistuom*), im Mittelalter die Aufzeichnung des Gewohnheitsrechtes in Form von Rechtssprüchen, die rechtserfahrene Männer auf Anfrage abgaben; im engeren Sinn Bauernweistümer, die über die gewohnheitsrechtlichen Beziehungen zwischen Grundherren und Grunduntertanen (↑Lehen) Aufschluss geben, daneben kirchliche Sendweistümer (↑Sendgericht).

Weiße Väter, Weiße Schwestern, nach ihrem weißen ↑Ordenskleid benannte, 1868 vom französischen Erzbischof Charles Martial Allemand Lavigerie von Algier gegründete katholische ↑Kongregation für die Afrika-↑Mission; zu ihrer Ergänzung richtete Lavigerie die Weißen Schwestern für die Missionsarbeit unter den Muslimen ein. Heute sind beide Gemeinschaften in vielen Ländern Europas, Afrikas und Amerikas tätig.

Weißer Sonntag (lat. *dominica in albis*), erster ↑Sonntag nach ↑Ostern, benannt nach den weißen Gewändern der frühchristlichen Täuflinge (↑Taufe) in der Osterwoche; früher gewöhnlich Termin der ↑Erstkommunion.

Weltende ↑Endzeit, ↑Jüngster Tag, Jüngstes Gericht, ↑Weltrichter, ↑Weltreiche

Weltenrichter, Bezeichnung für ↑Jesus Christus, der mit Gott am ↑Jüngsten Tag (↑Endzeit, Weltende) im Weltgericht die Lebenden und Toten richten wird (↑Dies irae). Bildliche Darstellungen aus dem Mittelalter zeigen ihn etwa mit ↑Lilie und Schwert im Mund, ↑Symbol für Rettung bzw. Verdammnis. ↑Himmel, ↑Hölle

Weltgeistlicher, -priester, -kleriker, katholischer ↑Kleriker (Säkularkleriker), der keinem ↑Orden angehört.

Weltgericht ↑Jüngster Tag, Jüngstes Gericht, ↑Weltenrichter

Weltjugendtage, auf Initiative Papst Johannes Pauls II. (1978–2005), der 1985 die Jugendlichen der Welt zu einem Friedenstag nach Rom einlud, in verschiedenen Städten stattfindende mehrtägige Treffen von mehreren hunderttausend Jugendlichen aus allen Kontinenten, die im ↑Bekenntnis zu ihrem Glauben durch soziales und politisches Engagement sowie Solidarität mit den Armen und Entrechteten einen Beitrag zu einer «Kultur der Liebe» leisten wollen. Allein dem Abschlussgottesdienst des 20. Weltjugendtages in Köln 2005 wohnten mehr als eine Million Jugendliche bei.

Weltkirche ↑Ökumene

Weltkirchenrat, Weltrat der Kirchen, ↑Kirchenrat im ↑Ökumenischen Rat der Kirchen.

Weltklerus ↑Weltgeistlicher

Weltpriester ↑Weltgeistlicher

Weltreiche, nach der ↑Vision Daniels (Dan 7) die in Tiergestalten auftretenden vier Reiche der Babylonier, Meder, Perser und Diadochen (Griechen), die durch Gottes Weltgericht vernichtet werden. In der geschichts-theologischen Deutung der Daniels-Vision im Mittelalter (↑Heilsgeschichte) wurde das Römische Reich als das letzte der vier großen Weltreiche verstanden. Die «Lehre» von den vier Weltreichen wurde für das Selbstverständnis der karolingischen und deutschen Herrscherdynastien bedeutsam. Gemäß der «Translatio-Imperii-Theorie» (↑Translation, ↑Sakrales Herrschertum) war nur ein Übergang vom Römischen zum deutschen Reich denkbar, weil im Untergang des Römischen Reiches der Beginn des Weltendes (↑Endzeit, ↑Jüngster Tag, ↑Weltenrichter) gesehen wurde (so etwa Otto von Freising, Zisterzienserabt von Morimund und von 1138 bis 1158 Bischof von Freising, ein Onkel Friedrich Barbarossas, im Vorwort seiner ↑Chronik oder Geschichte zweier Staaten, die den Höhepunkt mittelalterlicher ↑Geschichtsschreibung darstellt). Gleichbedeutend war im Anschluss an den «Gottesstaat» (XXII,30) des Augustinus (354–430; ↑civitas Dei) die noch übliche Einteilung der Geschichte in sechs ↑Zeitalter, deren letztes die Zeit von Christus bis zum Weltende umspannt.

Werk Mariens ↑Fokolare, Fokolar-Bewegung

Werkerei, Vorwurf Martin Luthers (1483–1546) gegen die «Leistungsreligion», d. h. Überbetonung menschlicher Werke (Leistungen, Werkgerechtigkeit) in der ↑Frömmigkeit des Spätmittelalters. ↑Rechtfertigungslehre, ↑sola fide, sola gratia, solus Christus

Wessobrunner Gebet, in einer heute in der Bayerischen Staatsbibliothek in München aufbewahrten Handschrift des Klosters Wessobrunn (bei Weilheim in Oberbayern) aus dem Anfang des 9. Jh.s überliefertes (unvollständiges) stabreimendes althochdeutsches Schöpfungsgedicht. Ein Prosagebet um den rechten Glauben schließt den berühmten Lobpreis Gottes ab, der mit den Zeilen beginnt: «Dat gafregin ih mit firahim firiuuizzo meista/Dat ero ni uuas noh ufhimil» (Das erfuhr ich bei den Menschen als das erstaunlichste Wissen/Dass die Erde nicht war noch das Firmament).

Westfälischer Friede (lat. Pax Westphalica), die 1648 in Münster (Westfalen) und Osnabrück zwischen Kaiser und Reich, Frankreich, Schweden und deren Verbündeten abgeschlossenen Verträge, die den ↑Dreißigjährigen Krieg beendeten. Wichtige Bestimmungen waren u. a.: Wiederherstellung des ↑Augsburger Religionsfriedens von 1555 und des kirchlichen Besitz- und ↑Bekenntnis-Standes nach dem ↑Normaljahr 1624, reichsrechtliche Anerkennung der reformierten Kirche Calvins (↑Calvinismus) neben katholischer Kirche und lutherischer ↑Confessio Augustana. Das Vertragswerk führte zu erheblichen territorialen Veränderungen im ↑Heiligen Römischen Reich und blieb bis zu dessen Ende grundlegend.

Westkirche, im Unterschied zur ↑Ostkirche die ↑lateinische Kirche des ↑Abendlandes. ↑Photianisches Schisma

Westminstersynode (engl. Westminster Assembly of Divines), 1643 vom Langen Parlament berufene ↑Synode, die in ganz England die puritanisch-presbyterianische Kirchlichkeit (↑Puritaner, ↑Presbyterianer) durchsetzen sollte. Sie war besonders für die reformierte Kirche Schottlands wichtig und auch in der Anglikanischen Kirche einflussreich.

Westrom, Weströmisches Reich, die Westhälfte des bis 476 bestehenden Römischen Reiches nach der Teilung durch Kaiser Theodosius I. (379–395), im Unterschied zum Oströmischen, ↑Byzantinischen Reich. ↑Rom

Wettersegen, in der katholischen Kirche vom Fest Kreuzauffindung (3. Mai) bis zum Fest Kreuzerhöhung (14. September) besonders in ländlichen Gegenden bis heute übliches ↑Segens-Gebet zur Abwehr von Unwetter und um günstige Witterung für Feld und Wald am Ende der heiligen ↑Messe, das begleitet wird vom Läuten der (Wetter-) ↑Glocke.

Widem, Widum, Widdum ↑Wittum

Widmung ↑Kirche, Kirchen

Wiederkunft Christi ↑Parusie

Wiedertäufer ↑Täufer

Wiederverheiratung Geschiedener. Nach katholischem Verständnis ist die sakramentale ↑Ehe zwischen zwei Getauften (↑Taufe) Zeichen der unverbrüchlichen Treue Gottes zu den Menschen und der Hingabe Christi an seine Kirche (Eph 5,32). Daraus ergibt sich die Unauflöslichkeit der

Ehe und die Unmöglichkeit der nochmaligen sakramentalen Eheschließung nach Zerrüttung und Scheidung einer ersten Ehe. Die seelsorgliche Begleitung standesamtlich wiederverheiratet Geschiedener ist vordringliche pastorale Aufgabe, ihr offizieller Ausschluss von den ↑Sakramenten ein noch nicht gelöstes Problem.

Wiegendruck ↑Inkunabel

Wiener Kongress, vom 18. 9. 1814 bis 19. 6. 1815 in Wien unternommener Versuch europäischer Herrscher und Staatsmänner einer politischen Neuordnung Europas nach der ↑Französischen Revolution und den Napoleonischen Kriegen. Grundlegende Prinzipien sollten Legalität und Legitimität sein (mit restaurativer Tendenz; ↑Restauration). Hauptvertreter waren Metternich (Österreich), Kaiser Alexander I. (Russland), Hardenberg (Preußen), Talleyrand (Frankreich) und Castlereagh (England). Auch der päpstliche ↑Kirchenstaat wurde auf dem Kongress wiederhergestellt. ↑Heilige Allianz

Wiener Konkordat, 1448 geschlossenes ↑Konkordat zwischen dem römisch-deutschen König Friedrich III. und Papst Nikolaus V. Nach Vorverhandlungen auf dem Aschaffenburger Fürstentag schloss Friedrich III. als Reichsoberhaupt (lat. *pro natione Alamanica)* am 17. 2. 1448 in Wien mit dem Kardinallegaten Carvajal das Vertragswerk, das Nikolaus V. am 19. 3. 1448 als päpstliches ↑Privileg verkündete; im Wesentlichen war

es eine Wiederholung des 1418 in Konstanz mit der deutschen Nation abgeschlossenen, auf fünf Jahre befristeten, nunmehr auf Dauer gültigen Konkordats. Obwohl nicht Reichsgesetz (weil nur vom Papst, nicht reichsrechtlich publiziert), blieb das Wiener Konkordat bis zum Ende des ↑Heiligen Römischen Reiches 1803/06 in Geltung. Um die Zustimmung aller geistlichen und weltlichen ↑Reichsstände zu erhalten, musste die ↑Römische Kurie den Territorialherren in späteren Sondervereinbarungen erhebliche Zugeständnisse machen, was für den Ausbau der ↑Landeskirchen im späten 15. und im 16. Jh. bedeutsam war. Da im Konkordat Bestimmungen zur Kirchenreform fehlten, wuchs die Missstimmung gegen Papst und Kurie; sie schuf sich bald in den ↑Gravamina der deutschen Nation neuen Ausdruck.

Wilhelmiten, 1. von Wilhelm von Vercelli († 1142) gestiftete Gemeinschaft von ↑Benediktiner- ↑Eremiten; 2. Eremiten des hl. Wilhelm des Großen von Maleval (Malavalle, † 1157), die seit Ende des 12. Jh.s in Italien, Frankreich, Deutschland, Böhmen, Ungarn und den Niederlanden verbreitet waren. Ihre ↑Klöster (in Deutschland Grevenbroich und Gräfintal) gingen größtenteils in der ↑Reformation, die letzten im 19. Jh. unter.

Windenschwestern, nach der in Frauenklöstern mit strenger ↑Klausur eingerichteten Drehwinde an der Pforte (zur Entgegennahme und Ausgabe von Gegenständen) benannte Schwestern, die den Verkehr zwischen ↑Kloster und Außenwelt besorgten; heute bestehen vielfache Milderungen.

Windesheimer Kongregation, ausgehend vom ↑Kloster der ↑Augustiner-Chorherren Windesheim bei Zwolle (Niederlande), das auf Initiative Gerhard Grootes, des Vaters der ↑Devotio moderna, 1386 von sechs ↑Brüdern vom gemeinsamen Leben zur Förderung dieser Bewegung und der Reform der Chorherren-Stifte gegründet wurde, breitete sich die ↑Kongregation rasch in den Niederlanden, ganz Deutschland, Frankreich und der Schweiz aus. Während ihrer Blütezeit erreichte der Zusammenschluss, dessen Klöster sich durch beschauliches Leben (↑Beschauung) in der ↑Nachfolge Christi, eifrige ↑Seelsorge und Seelenführung sowie durch gelehrte Bildung auszeichnen, die Höchstzahl von 87 Klöstern (davon acht inkorporierte Frauenklöster), zudem standen fast 300 Klöster unter dem geistigen Einfluss der Kongregation (Konföderation).

Wir sind Kirche ↑Laienbewegung

Wittenberger Konkordie (lat. Concordia Vitebergensis), nach schwierigen Verhandlungen 1536 in Wittenberg beschlossene Kompromissformel (Konkordie, von lat. *concordia* = Übereinstimmung; ↑Konkordienbuch, ↑Konkordienformel) zwischen Martin Luther und Martin Bucer zur ↑Realpräsenz Christi beim Empfang des ↑Abendmahls durch «Unwürdige».

Wittum (Widem, Widum, Widdum), 1. im germanischen Recht die Gabe des Mannes an die Braut bei der Schließung der ↑Ehe, besonders zur Versorgung im Witwenstand; 2. in der kirchlichen Rechtsgeschichte die Ausstattung einer Kirche v. a. mit Grundstücken und zugehörigen Gebäuden (↑Kirchengut); von daher leitet sich auch der Name «Widemhof» für ↑Pfarrhof her.

World Council of Churches ↑Ökumenischer Rat der Kirchen

Wormser Edikt. Mit der ↑Bulle «Decet Romanum Pontificem» hatte Papst Leo X. am 3. 1. 1521 über Martin Luther und seine Anhänger die förmliche ↑Exkommunikation, den Kirchen- ↑Bann, verhängt. Auf dem Reichstag in Worms am 18. 4. 1521 verweigerte Luther den geforderten Widerruf – es sei denn, er werde aus der ↑Heiligen Schrift widerlegt. Danach wurde er als Junker Jörg auf die Wartburg über Eisenach in Sicherheit gebracht. Am 26. 5. 1521 verhängte Kaiser Karl V. über ihn im Wormser ↑Edikt die Reichsacht (↑Acht). Diese Entscheidung fand jedoch wenig Beachtung. Von einzelnen Fürsten, von den Städten und auch von aufständischen Bauern wurden Luthers Sätze in steigendem Maße aufgegriffen. Die reformatorische Bewegung (↑Reformation) erreichte noch in den frühen zwanziger Jahren einen Höhepunkt und ließ sich nicht mehr unterdrücken, auch wenn sich viele Humanisten, an der Spitze Erasmus von Rotterdam, jetzt von Luther abwendeten.

● **Wormser Konkordat** (1122) ↑Bischofswahl, Bischofsbestellung, ↑Investitur, Investiturstreit

Wortgottesdienst, ↑Gottesdienst, in dessen Mitte die Verkündigung und Auslegung des Wortes Gottes steht, wie es in der ↑Heiligen Schrift im Menschenwort überliefert ist, im Unterschied zur heiligen ↑Messe entweder als selbständige Feier, d. h. eigenständiger (auch von beauftragten ↑Laien geleiteter) katholischer Gottesdienst (dann ohne ↑Eucharistiefeier, aber mit ↑Kommunion) oder als evangelischer ↑Predigt-Gottesdienst; Wortgottesdienst (auch Wort-Gottes-Feier) wird seit dem ↑Vaticanum II auch der integrierte Bestandteil jeder ↑sakramentalen Feier genannt.

Wunder, im NT nicht die spektakuläre Durchbrechung von Naturgesetzen, sondern Zeichen (gr. *semeion* [bei Joh]) der anbrechenden Gottesherrschaft in ↑Jesu Predigt und Zuwendung zu den vielfältig kranken und leidenden Menschen (Heilungswunder). Die Naturwunder (z. B. Stillung des Seesturmes) zeigen Jesu Sendungsautorität und göttliche Vollmacht.

Wundmale Christi ↑Stigma, Stigmatisierungen

Würzburger Synode, die seit 1971 in acht Vollversammlungen bis 1975 durchgeführte ↑Synode, die sich zum Ziel setzte, die Erneuerungsimpulse des ↑Vaticanum II (1962–1965) umzusetzen. Zuvor hatten auf dem ↑Deutschen Katholikentag in Essen 1968 progressive Kreise eine deutsche Pastoralsynode nach niederländischem Vorbild gefordert, 1969 die Deutsche Bischofskonferenz einstimmig beschlossen, eine «gemeinsame Synode der Bistümer in der Bundesrepublik Deutschland» abzuhalten.

Wyclifismus, Lehre des englischen Theologen und Kirchenreformers John Wyclif (Wiclif, um 1330–1384). ● Sie enthielt neben einer von ↑Rigorismus geprägten ↑Armuts-Forderung und der Ablehnung der kirchlichen ↑Hierarchie eine radikale (in seiner Haltung im ↑Universalienstreit, in dem er einen extremen Realismus vertrat, wurzelnde) Kritik an der ↑Transsubstantiations-Lehre. Die ↑Konsekration bewirke demnach nur die ↑Heiligung von Wein und Brot, die nicht nur hinsichtlich der Akzidentien, sondern auch substanzhaft Wein und Brot blieben. Durch seine extremen Theorien verlor Wyclif die ihm anfänglich entgegengebrachten Sympathien. Nach verschiedenen kirchlichen Verurteilungen wurden zuletzt 1415 auf dem Konzil von Konstanz (1414–1418) 45 Schlussfolgerungen seiner Lehre verworfen, auf die Jan Hus (↑Hussiten) zurückgriff.

X, Y, Z

XP ↑Christogramm

Young Men's/Women's Christian Association (YMCA/YWCA) ↑Christlicher Verein Junger Männer/Frauen

Zauberei ↑Hexenwahn

Zechpropst (lat. *fabrica ecclesiae* = Zeche), der Kirchen-, Heiligenpfleger oder ↑Heiligenmeister; vom 13. bis Ende des 18. Jh.s Bezeichnung für den ↑Laien, der zusammen mit dem ↑Pfarrer das Kirchenvermögen (↑Kirchengut) verwaltete, heute für den ↑Kirchenpfleger.

Zehnt, ursprünglich der zehnte Teil (lat. *decima pars*; ↑Dezimation) des Ertrages oder Einkommens; seit dem 4. Jh. erhob die Kirche, zunächst vereinzelt und auf freiwilliger Basis, nach Vorbild des AT einen Kirchenzehnten. In der abendländischen Kirche des Mittelalters waren Zehnte ↑Abgaben von Gutserträgen an die Pfarrkirche (↑Pfarrei), die seit der karolingischen Zeit geboten waren. Die Zehntpflicht trug wesentlich zur klaren Abgrenzung der Pfarr- ↑Sprengel bei. Das alte Zehntrecht beendeten die ↑Französische Revolution und ihre Folgen. In einzelnen Orten Deutschlands haben sich aus dem alten Zehntrecht stammende Reichnisse an die Kirche (Naturalien bzw. Geld zur Ablösung) bis in die Gegenwart gehalten, z. B. Getreide-, Hopfen- und Flachszehnt.

Zeitalter. Augustinus (354–430) unterscheidet in seiner Geschichtstheologie (↑Heilsgeschichte) sechs Zeitalter: 1. Von Adam bis zur Sintflut, 2. von Noach bis Abraham, 3. von Abraham bis David, 4. von David bis zur babylonischen Gefangenschaft, 5. von der babylonischen Gefangenschaft bis zu Christus, 6. von Christus bis zur Vollendung der Welt (↑Weltenrichter, ↑Weltreiche). Eine andere Einteilung unterscheidet dreifach in die Zeitalter 1. vor dem Gesetz (lat. *ante legem*), d. h. die Heilsgeschichte vor der Gesetzgebung am Sinai, 2. die Zeit unter dem Gesetz (lat. *sub lege*) und 3. die mit Christus definitiv angebrochene Zeit unter der Herrschaft der ↑Gnade (lat. *sub gratia*). Eine grundlegende Abkehr von der christlichen Geschichtstheologie stellt die Theorie Joachims von Fiore (↑Joachimitismus; ↑Apostoliker) dar, der die Zeitalter des Vaters (Alter Bund) und des Sohnes (Neuer Bund) unterscheidet von einem noch ausstehenden «Dritten Reich» des Heiligen Geistes (↑Trinität), die wirkungsgeschichtlich nicht nur in die Geschichtsphilosophien des deutschen Idealismus und alle späteren Theorien von «dritten Reichen», sondern auch in die innerweltlichen Erwartungen eines ↑Paradieses auf Erden eingegangen sind.

Zeitrechnungen. Die für die ↑Kirchengeschichte wichtigsten sind 1. die

Rechnung nach dem traditionellen Jahr der Gründung Roms (753 vor Christus) und nach römischen Konsulats- und Postkonsulatsjahren, 2. der Cyclus Indictionum, ein Zyklus von je 15 Jahren, der seit Kaiser Diokletian im Jahr 297 bis ins 16. Jahrhundert hinein gebraucht wurde, 3. die Weltära, gerechnet von der Erschaffung der Welt an und in verschiedenen Formen üblich (byzantinisch: Anfang 5509 vor Christus, in Russland bis auf Kaiser Peter den Großen 1700, bei Griechen, Serben und Rumänen bis ins 19. Jahrhundert in Gebrauch; alexandrinisch: Anfang 5492 vor Christus; jüdisch: Anfang 3761 vor Christus). Die christliche Zeitrechnung geht zurück auf den gelehrten ↑Mönch Dionysius Exiguus, der in seiner ↑Ostertafel ab 532 die Jahre nicht mehr mit Kaiser Diokletian, sondern mit der Geburt Christi beginnen ließ, die er mit 754 «ab urbe condita» (seit Gründung der Stadt Rom) etwa sechs bis sieben Jahre zu spät ansetzte. Erst Jahrhunderte später kam diese Jahreszählung in der Christenheit allgemein zur Geltung. Auch die lange bestehenden Unsicherheiten im Hinblick auf den Ostertermin (↑Osterfeststreit) wurden durch die Ostertafel beigelegt, nachdem es schon in frühchristlicher Zeit um den Termin des Osterfestes zum Steit zwischen kleinasiatischen, syrischen und judenchristlichen Gemeinden gekommen war. Wie die Jahresrechnung war auch die Datierung des Jahresanfangs («zwischen den Jahren») lange verschieden (1. Januar; 1. März; 1. September; ↑Weihnachten; Mariä Verkündigung, 25. März); erst seit dem 16. Jahrhundert wurde der 1. Januar allgemein als Jahresanfang üblich. In der Berechnung der Jahresdauer galt bis dahin die Festlegung durch C. Julius Caesar (100–44 vor Christus); Papst Gregor XIII. (1572–1585) führte im Jahr 1582 den nach ihm benannten, bis heute üblichen ↑Gregorianischen Kalender ein. ↑Chronologie, ↑Epoche

Zelebration (lat. *celebrare* = feiern), Vollzug der ↑Liturgie durch ↑Bischof, ↑Presbyter oder ↑Diakon als Repräsentanten Christi (des Hauptes seiner Kirche), im Unterschied zur «tätigen Teilnahme» (lat. *actuosa participatio*) der ↑Laien. Von Konzelebration spricht man, wenn neben einem Hauptzelebranten ein weiterer oder mehrere Priester nach festgelegter Konzelebrationsordnung die Liturgie als Priester mitfeiern. Interzelebration nennt man die nach katholischem ↑Kirchenrecht verbotene (weil theologisch sinnwidrige) gemeinsame ↑Eucharistiefeier von einem katholischen Priester und dem Repräsentanten einer anderen Kirche oder kirchlichen Gemeinschaft.

Zellarium (von lat. *cella*), der Vorratsraum in einem ↑Kloster. ↑Zellerar

Zelle (lat. *cella*), 1. in der Antike zunächst Kammer und Gemach, v. a. der innerste Tempelraum für das Götterbild, dann für einen ↑Grab-Bau; 2. das Christentum übernahm diesen Gebrauch des Wortes, doch wurde cella zur Bezeichnung für den Aufenthaltsort des ↑Mönches, dann für das ganze ↑Kloster.

Zellenbrüder ↑Alexianer, ↑Begarden

Zellerar (lat. *cellerar* = Keller- und Küchenmeister), der «Kellermeister» oder Wirtschaftsverwalter des ↑Klosters, u. a. auch Ökonom, Prokurator, Minister genannt (in den neueren ↑Orden wechselnde Bezeichnungen). In Frauenklöstern lauten die Namen entsprechend. Das Amt des Zellerars ist schon in der ↑Benediktregel vorgesehen.

Zelliten ↑Alexianer, ↑Begarden

Zensur, Begriff für unterschiedliche ↑Lehrbeanstandungen theologischer Systeme durch das kirchliche ↑Lehramt. Ein theologischer Satz ist häretisch (↑Häresie), wenn er einem Glaubens- ↑Dogma widerspricht. ↑Absolution, ↑Imprimatur, ↑Index

Zensus ↑Census

Zentralkomitee der deutschen Katholiken, 1952 als Organisationsform der ↑Katholischen Aktion gegründetes Leitungsgremium der katholischen ↑Laien-Verbände Deutschlands mit Sitz in Bonn-Bad Godesberg; es bereitet den alle zwei Jahre stattfindenden ↑Deutschen Katholikentag vor.

● **Zentrum, Zentrumspartei,** seit 1870 Partei des ↑politischen Katholizismus in Deutschland, der im Parlament die Sitze in der Mitte (im Zentrum) zugewiesen waren. Sie ging aus der ↑katholischen Bewegung hervor und trat in Opposition zu Bismarck. 1911 erhielt sie eine feste Organisation als Deutsche Zentrumspartei; 1920 spaltete sich die Bayerische Volkspartei ab. Seit 1919 maßgebliche Regierungspartei, wurde das Zentrum am 5.7.1933 aufgelöst. Die Neugründung 1945 blieb ohne Bedeutung. Alte Mitglieder traten den neu gegründeten Parteien der CDU bzw. CSU bei (↑christliche Parteien).

Zeremoniale (lat. *Caeremoniale*), ein Buch, das in Ergänzung zum Pontifikale (↑Rituale) die Ordnung des äußeren, formalen Rahmens des (v. a. päpstlichen und bischöflichen) ↑Gottesdienstes enthält, im besonderen die einzelnen Funktionen in der ↑Liturgie (Zeremonie), Räume, Kleidung, Gesten beschreibt und deshalb Zeremonienbuch genannt wird.

Zeugen Jehovas, 1852 in den USA gegründete ↑Sekte, die mit dem Christentum nichts zu tun hat.

Ziborium (von lat. *cibus* = Speise), 1. in der katholischen Kirche seit dem Spätmittelalter der «Speisekelch», ein meist kelchförmiges verschließbares liturgisches Gefäß zur Aufbewahrung der konsekrierten (↑Konsekration) ↑Hostien im ↑Tabernakel. Es ist häufig mit einem kostbaren Seidenmäntelchen umkleidet und wird in dieser Gestalt bei ↑Andachten sichtbar zur Verehrung aufgestellt. Die ↑Aussetzung und ↑Segnung mit dem Ziborium gilt als einfachere Form einer eucharistischen ↑Andacht, die klar von der eigentlichen ↑Eucharistiefeier zu unterscheiden ist. Bei größerer Festlichkeit, v. a. an ↑Fronleichnam, wird die konsekrierte große Hostie in der ↑Monstranz zur Anbetung (↑Adoration) ausgesetzt und in der ↑Prozession mitgetragen. 2. Bezeichnung für den auf Säulen ruhenden ↑Altar-Überbau (Ziborien- oder ↑Baldachin-Altar); das berühmteste Ziborium befindet sich über der ↑Confessio und dem Papstaltar der Peterskirche in Rom.

Ziegenhainer Zuchtordnung. Am 8. 12. 1539 von Martin Bucer entworfen, sollen nach ihr die getauften Kinder nach katechetischer Unterweisung (↑Katechese) ihren Glauben persönlich bekräftigen. Damit war erstmals (zunächst für Hessen) der Konfirmandenunterricht (↑Konfirmation) eingeführt.

Zingulum (lat.), 1. als einfacher Strick oder verziertes Band gebrauchter Gürtel zum Schürzen und Binden der ↑Albe, dann die breitere Binde um den ↑Talar, beim Welt- und Ordensklerus gewöhnlich schwarz, bei Bischöfen und Prälaten violett, bei Kardinälen rot, beim Papst weiß (↑liturgische Gewänder); 2. der von vielen ↑Bruderschaften als ↑Andachts- oder Abzeichen getragene und gesegnete Gürtel.

Zins ↑Census

Zion, Zionismus (Sion), Anhöhe des Tempelberges in ↑Jerusalem, der symbolisch für ganz Jerusalem, ↑Israel (hebr. = Gott wird streiten) und das ganze Volk Gottes, in der ↑Typlogie

für die Kirche (Tochter Sion = ↑Gottesmutter Maria und Kirche) steht. Zionismus ist die von Theodor Herzl (1860–1904) entscheidend vorangetriebene säkular-politische Bewegung zur Rückkehr der ↑Juden aus der Zerstreuung nach Palästina. Er mündete in die Gründung des Staates Israel im Jahr 1948. Der sechsstrahlige Davidstern ist Symbol in der Staatsflagge Israels (↑Hexagramm).

Zirkumskriptionsbulle (lat.), die nach Vereinbarung mit der Staatsregierung ergehende ↑Bulle des ↑Papstes zur Umschreibung (lat. *circumscriptio*) der Grenzen eines kirchlichen ↑Sprengels (↑Bistum, ↑Kirchenprovinz).

Zirkumzellionen ↑Circumcellionen

Zisterzienser, Angehörige eines in den Anfängen sehr strengen, von Weltflucht und Einsamkeit geprägten Reform-↑Ordens der ↑Benediktiner, der aus der großen monastischen Erneuerungsbewegung 1098 hervorgegangen und nach seinem Gründungskloster Cîteaux in Burgund (lat. Cistercium) benannt ist. Der bald ganz Europa erfassende, eigentliche Aufbruch begann, als Bernhard von Clairvaux (1090–1153, ↑Bernhardinisches Zeitalter) im Jahr 1112 mit 30 jungen Männern in das Reform-↑Kloster Cîteaux eintrat. 1118 wurden die Zisterzienser als selbstständiger Orden mit ↑Benediktregel in strenger Auslegung konstituiert, die zentralisierte Verfassung des Ordens in der «Charta Caritatis» (lat. = Urkunde der Liebe) grundgelegt. Eine erste Blütezeit des Ordens, der bis heute einer der großen, weltweit verbreiteten, auch in ↑Seelsorge und Unterricht tätigen ↑Prälatenorden ist, wurde im 12./13 Jh. v. a. in Frankreich, Deutschland, den Ostseeländern und in Skandinavien durch ↑Mission, Bodenkultur, religiösen, geistigen und politischen Einfluss auf Kirche und ↑Kreuzzugsbewegung möglich (↑Gotik). Seit 1132 besteht der weibliche Zweig der Zisterzienserinnen. 1892 verbanden sich Zisterzienser der strengen ↑Observanz zum eigenen Orden der ↑Trappisten. Das ↑Ordenskleid der Zisterzienser ist die weiße (ursprünglich graue) ↑Kukulle, außerhalb des ↑Chors der weiße ↑Habit mit schwarzem ↑Skapulier und ↑Zingulum. ↑Joachimitismus

Zivilehe (bürgerliche Ehe), die nach staatlichen Gesetzen vor dem Standesbeamten geschlossene Verbindung von Mann und Frau und das dadurch begründete Rechtsverhältnis. Die Einführung hat ihre Ursache in der Lehre der ↑Reformatoren, die ↑Ehe sei «ein weltlich Ding» (Martin Luther). Die Zivilehe erscheint zuerst im 16./17. Jh. (als fakultative) in den Niederlanden und in Westfriesland. In der ↑Französischen Revolution wurde sie 1792 in Frankreich verpflichtend eingeführt und in steigendem Maße üblich. In Deutschland ist sie seit 1875/76 (↑Kulturkampf) obligatorisch (Ziviltrauung).

Zivilkonstitution des Klerus (frz. Constitution civile du clergé), am 12. 7. 1790 von der Konstituierenden Versammlung in Paris (↑Französische Revolution) beschlossene Neuorganisation der katholischen Kirche in Frankreich: Die 134 ↑Bistümer wurden entsprechend der neuen Département-Einteilung auf 83 reduziert, die Besetzung der ↑Bischofsstühle und ↑Pfarreien durch politische Wahlkörper angeordnet, die kanonische Institution der ↑Bischöfe den ↑Metropoliten, die Einsetzung der Pfarrer den Bischöfen übertragen, alle Kirchenstellen ohne ↑Seelsorge aufgehoben. In der Tradition des ↑Gallikanismus sollte die katholische Kirche Frankreichs zur ↑Nationalkirche und die Verbindung des ↑Klerus mit dem ↑Papsttum weitgehend gelöst werden. Die Verpflichtung aller Kleriker zur Eidleistung auf diese Konstitution führte zur Spaltung in eine eidleistende (konstitutionelle) Kirche und Eidverweigerer, die hart verfolgt wurden. Nach schwerster Verstörung brachte erst das Napoleonische ↑Konkordat von 1801 eine kanonische Neuordnung.

Zölibat (von lat. *caelebs* = ehelos, unverheiratet), 1. in der katholischen Kirche des lateinischen ↑Ritus die geistliche Standespflicht, in ↑Ehelosigkeit und ↑Keuschheit zu leben. Wesentlich vom Ideal des ↑Mönchtums beeinflusst, auch zur Sicherung des Kirchenvermögens (↑Kirchengut), erhob die lateinische Kirche im Unterschied zu den Ostkirchen nach Ansätzen in der Spätantike im Mittelalter (besonders seit der ↑Gregorianischen Reform) die Zölibatsforderung fortschreitend zum kirchlichen Gesetz für die Weltkleriker der höheren ↑Weihegrade (↑Subdiakon, ↑Diakon, ↑Presbyter [Priester], ↑Bischof). Das katholische ↑Kirchenrecht der Gegenwart (des lateinischen Ritus) legt den Zölibat für Diakon, Presbyter und Bischof fest. Für verheiratete Männer besteht seit 1967 die Möglichkeit der Zulassung zum Ständigen Diakonat ohne Zölibatsverpflichtung. Da die Verpflichtung kirchlichen Rechtes ist, besteht die Möglichkeit einer ↑Dispens oder gesetzlichen Änderung. Zweifel an einer (aus der ↑Bibel nicht herleitbaren) theologischen Notwendigkeit der Verbindung von Priesteramt und keuscher Ehelosigkeit «um des Himmelreiches willen» (Mt 19,12) wurden in jüngster Zeit wiederholt geäußert, auch innerhalb der katholischen Kirche. 2. In den Ostkirchen sind (außer Mönchen und Nonnen) grundsätzlich nur die Bischöfe zum ehelosen Leben verpflichtet; deshalb werden sie in aller Regel aus den Reihen der Mönche gewählt.

Zollfreiheit ↑Quartierfreiheit

Zönobit, Zönobium, zönobitisch (lat. *coenobita* = der im ↑Kloster Lebende), latinisierte Form von ↑Koinobit bzw. koinobitisch.

Zucchetto ↑Pileolus

Zufluchten (Sieben), eine Form katholischer ↑Frömmigkeit der Barockzeit (und des 19. Jh.s), bei der meist auf ↑Altar-Bildern sieben zuverlässige Helfer dargestellt werden: Die heiligste Dreifaltigkeit (↑Trinität), der gekreuzigte ↑Christus, das ↑Allerheiligste, die ↑Gottesmutter Maria, ↑Engel und ↑Erzengel, die ↑Heiligen (besonders Sterbe- ↑Patrone) und die Armen Seelen (↑Allerseelen).

Züricher Bibel, die weitgehend von Huldrych Zwingli (↑Zwinglianismus) 1525 bis 1531 in Zürich nach der ↑Septuaginta unter Rückgriff auf den hebräischen Text erstellte volkstümliche Übersetzung der ↑Bibel.

Zwangsbekehrung, Zwangstaufe ↑Morisken, ↑Schwertmission

Zwei-Gewalten-Lehre (Zwei-Schwerter-Lehre), die im Anschluss an Lk 22,38 von ↑Papst Gelasius I. in einem Schreiben an Kaiser Anastasius I. im Jahr 494 entwickelte Theorie, die von den Päpsten des Mittelalters aufgegriffen und v. a. in der ↑Gregorianischen Reform und im ↑Investiturstreit weiter ausgebaut wurde: «Zwei sind es, erhabener Kaiser, von denen vornehmlich diese Welt regiert wird: die geheiligte Autorität [lat. ↑*auctoritas*] der ↑Bischöfe und die königliche Gewalt [lat. *potestas*]. Von diesen Ämtern ist das der ↑Priester von um so größerem Gewicht, weil sie auch für die Könige der Menschen im göttlichen Gericht werden Rechenschaft ablegen müssen.» Diese Theorie (nie offizielle Lehre) gewann im Mittelalter weiteste Verbreitung im Sinn einer Überordnung der geistlich-päpstlichen über die weltlich-königliche Gewalt (lat. *duae potestates*); man stritt darüber, ob das weltliche Schwert dem König unmittelbar von

Gott oder über den Papst gegeben werde. ↑Kirche und Staat, ↑Regnum und Sacerdotium

Zwei-Reiche-Lehre, ausgehend von der Geschichtstheologie (↑Heilsgeschichte) des hl. Augustinus (354–430, ↑civitas Dei) unterschied Martin Luther (1483–1546) das «Reich zur Rechten» (Herrschen Christi durch sein Wort) und das «Reich zur Linken» (Walten Gottes durch äußere Ordnungen, Gesetz, Staat); der Christ lebe in beiden Reichen, die aber nicht im Sinne eines ↑Dualismus verstanden werden.

Zwei-Schwerter-Lehre ↑Zwei-Gewalten-Lehre

Zweinaturenlehre ↑Dyophysitismus

Zwickauer Propheten ↑Schwarmgeister

Zwinglianismus, auf die ↑Reformation Huldrych Zwinglis (1484–1531) in Zürich zurückgehende Weise des Christseins. Im Unterschied zu Martin Luther, mit dem er 1529 zum ↑Marburger Religionsgespräch zusammentraf, nahm Zwingli nur eine symbolische Gegenwart Christi im ↑Abendmahl an. Der Zusammenschluss der Zwinglianer mit den Anhängern Calvins (↑Calvinismus) 1549 führte zur ↑reformierten Kirche. ↑Züricher Bibel

Zwischen den Jahren ↑Gregorianischer Kalender

Zwölfapostellehre ↑Didache

Zwölfprophetenbuch (gr. *Dodekapropheton*), Bezeichnung für die den Propheten Hosea, Joel, Amos, Obadja, Jona, Micha, Nahum, Habakuk, Zefanja, Haggai, Sacharja und Maleachi zugeschriebenen Bücher des AT, auch zwölf «Kleine Propheten» (im Unterschied zu den «großen Propheten» Jesaja, Jeremia, Ezechiel) genannt; in der jüdischen ↑Bibel sind sie zu einem Buch zusammengefasst.

Anhang

Literaturhinweise

Die nachfolgenden bibliographischen Angaben wollen – bei aller Beschrän-
kung auf das Notwendigste – Zugänge zur eingehenden Beschäftigung mit der
Kirchengeschichte eröffnen. Grundsätzlich muss auf die einzelnen, spezielles
Schrifttum enthaltenden Artikel zur Kirchengeschichte in den neueren über-
greifenden Nachschlagewerken und Lexika verwiesen werden. Umfangreiche
Quellen- und Literaturangaben bringen regelmäßig die Zeitschriften: *Revue d'*
Histoire Ecclésiastique, Löwen 1900 ff. und – speziell auch zur Papstgeschichte
– *Archivum Historiae Pontificiae,* Rom 1963 ff. Zuletzt erschienen die Spezial-
bibliographien: *Bücherverzeichnis zur Kirchengeschichte. Eine kommentierte*
Bibliographie. Hg. und bearbeitet von Lutz E. von Padberg und Michael von
Fürstenberg unter Mitwirkung von Karl Dienst, Karl Hengst, Stephan Holt-
haus, Hans-Walter Stork und Carsten Peter Thiede (= Amateca – Repertoria
1), Paderborn 1999; Manfred Heim, *Einführung in die Kirchengeschichte*
(C. H. Beck Studium), München 2000 (italienisch Turin 2002). Auf diese Quel-
len- und Literaturverzeichnisse verweisend, werden im Folgenden Arbeiten zu
einzelnen Epochen und Gegenständen nicht genannt; seither erschienene übergreifende Literatur ist berücksichtigt.

Übergreifende Nachschlagewerke und Lexika

Dictionnaire d'Histoire et de Géographie Ecclésiastiques, Paris 1912 ff.
Dictionnaire de Spiritualité Ascétique et Mystique. Doctrine et Histoire,
    17 Bände, Paris 1932–1995 (auf CD-ROM Paris 2001).
Albert Sleumer, Kirchenlateinisches Wörterbuch, Limburg a. d. Lahm 1926
    [Nachdruck Hildesheim – Zürich – New York 1990].
Reallexikon für Antike und Christentum. Sachwörterbuch zur Auseinanderset-
    zung des Christentums mit der antiken Welt, Stuttgart 1941 ff.
Lexikon für Theologie und Kirche, 10 Bände, Freiburg im Breisgau 1930–
    1938; 2. Auflage Freiburg im Breisgau 1957–1967 [Sonderausgabe 1980];
    3. Auflage, 11 Bände, Freiburg – Basel – Rom – Wien 1993–2001 (Sonder-
    ausgabe 2006).
Die Religion in Geschichte und Gegenwart. Handwörterbuch für Theologie
    und Religionswissenschaft, 6 Bände, Tübingen 1909–1913; 2. Auflage,
    6 Bände, Tübingen 1927–1932; 3. Auflage, 7 Bände, Tübingen 1957–1965
    (Taschenbuch-Neuauflage [= UTB. Große Reihe 8113], Tübingen ²1987;
    auch auf CD-ROM); 4. Auflage, 8 Bände, Tübingen 1998–2005 (Studien-
    ausgabe 2008).

Biographisch-Bibliographisches Kirchenlexikon. Begründet und hg. von Friedrich Wilhelm Bautz. Fortgeführt von Traugott Bautz, 25 Bde., Herzberg 1975–2005.

Theologische Realenzyklopädie, 36 Bände, Berlin – New York 1977–2004 (Studienausgabe: 36 Bände in 3 Teilen, 2006).

Lexikon des Mittelalters, 9 Bände und Registerband, München – Zürich 1980–1999 (Studienausgabe Stuttgart 1999; auch auf CD-ROM Stuttgart 2000; als Taschenbuchausgabe [9 Bände] München 2002).

Staatslexikon. Recht, Wirtschaft, Gesellschaft. Hg. von der Görres-Gesellschaft, 7 Bände, Freiburg – Basel – Wien ⁷1985–1993.

Evangelisches Kirchenlexikon. Internationale Theologische Enzyklopädie. Hg. von Erwin Fahlbusch/Jan Mili Lochmann/John Mbiti/Jaroslav Pelikan/Lukas Vischer, 4 Bände und Registerband, Göttingen ³1986–1997.

Evangelisches Staatslexikon, 2 Bände, Stuttgart ³1987.

Sachwörterbuch der Mediävistik. Hg. von Peter Dinzelbacher (= Kröners Taschenausgabe 477), Stuttgart 1992.

Handbuch Religiöse Gemeinschaften. Freikirchen, Sondergemeinschaften, Sekten, Weltanschauungen, Missionierende Religionen des Ostens, Neureligionen, Psycho-Organisationen. Für den VELKD-Arbeitskreis Religiöse Gemeinschaften im Auftrage des Lutherischen Kirchenamtes hg. von Horst Reller/Manfred Kießig/Helmut Tschoerner, Gütersloh ⁴1993.

Oswald Eggenberger, Die Kirchen, Sondergruppen und religiösen Vereinigungen. Ein Handbuch, Zürich ⁶1994.

Eugen Haberkern/Joseph Friedrich Wallach, Hilfswörterbuch für Historiker. Mittelalter und Neuzeit, I – II (= Uni-Taschenbücher 119–120), Tübingen ⁸1995.

Erich Bayer/Frank Wende, Wörterbuch zur Geschichte. Begriffe und Fachausdrücke (= Kröners Taschenausgabe 289), Stuttgart ⁵1995.

Wörterbuch des Christentums. Hg. von Volker Drehsen/Hermann Häring/Karl-Josef Kuschel/Helge Siemers in Zusammenarbeit mit Manfred Baumotte, München 1995 (Sonderausgabe).

Konrad Fuchs/Heribert Raab, Wörterbuch zur Geschichte (= dtv 3364), München ¹⁰1996.

Andreas Rössler, Kleine Kirchenkunde. Ein Wegweiser durch die christlichen Konfessionen und Sondergemeinschaften, Stuttgart 1997.

The Oxford Dictionary of the Christian Church. Edited by F. L. Cross/E. A. Livingstone, Oxford ³1997.

Lexikon der deutschen Geschichte. Ereignisse, Institutionen, Personen. Von den Anfängen bis zur Kapitulation 1945. Unter Mitarbeit von Historikern und Archivaren hg. von Gerhard Taddey, Stuttgart 1998.

Lexikon der antiken christlichen Literatur. Hg. von Siegmar Döpp/Wilhelm Geerlings, Freiburg – Basel – Wien ²1999.

Hans Koepf, Bildwörterbuch der Architektur. Dritte Auflage überarbeitet von Günther Binding (= Kröners Taschenausgabe 194), Stuttgart ³1999.

Der Glaube der Christen. Ein ökumenisches Wörterbuch, 2 Bände. Hg. von Eugen Biser/Ferdinand Hahn/Michael Langer, München – Stuttgart 1999.

Metzler Lexikon christlicher Denker. 700 Autorinnen und Autoren von den Anfängen des Christentums bis zur Gegenwart. Hg. von Markus Vinzent, Stuttgart – Weimar 2000.

Manfred Becker-Huberti, Lexikon der Bräuche und Feste. 3000 Stichwörter mit Infos, Tipps und Hintergründen, Freiburg im Breisgau 2001.

Theologen, Ketzer, Heilige. Kleines Personenlexikon zur Kirchengeschichte. Hg. von Manfred Heim, München 2001.

Friedrich Hauck/Gerhard Schwinge, Theologisches Fach- und Fremdwörterbuch. Mit einem Verzeichnis von Abkürzungen aus Theologie und Kirche (= Kleine Vandenhoeck-Reihe 1480), Göttingen ¹⁰2002.

Mönchtum, Orden, Klöster. Von den Anfängen bis zur Gegenwart. Ein Lexikon. Hg. von Georg Schwaiger (Beck'sche Reihe 1554), München 2003.

Deutsche Biographische Enzyklopädie der Theologie und der Kirchen. Hg. von Bernd Moeller mit Bruno Jahn, 2 Bände, München 2005.

Peter Hawel, Lexikon zur Kunst und Geschichte abendländischer Kultur, München 2005.

Grundbegriffe der Theologie. Hg. von Matthias Viertel, München 2005.

Wörterbuch der christlichen Ikonographie. Hg. von Hannelore Sachs/Ernst Badstübner/Helga Neumann, Regensburg ⁹2005.

Taschenlexikon Religion und Theologie. Hg. von Friedrich Wilhelm Horn/ Friederike Nüssel, Göttingen ⁵2007.

Richard Puza (Hg.), Lexikon kirchlicher Amtsbezeichnungen der Katholischen, Evangelischen und Orthodoxen Kirchen in Deutschland, Stuttgart 2007.

Handwörterbuch zur deutschen Rechtsgeschichte. 2., völlig überarbeitete und erweiterte Auflage, Berlin 2008 ff.

Umfassende Gesamtdarstellungen, Handbücher und Reihen

Handbuch der Kirchengeschichte. Hg. von Hubert Jedin, Freiburg – Basel – Wien 1962–1979 (Taschenbuch-Sonderausgabe: Freiburg – Basel–Wien 1985, 1999, auch auf CD-ROM, Berlin 2000; ungekürzte Sonderausgabe in 10 Bänden, Freiburg – Basel – Wien 2001).

Die Kirche in ihrer Geschichte. Ein Handbuch. Begründet von Kurt Dietrich Schmidt und Ernst Wolf. Hg. von Bernd Moeller, Göttingen ²1966 (Band 1) ff.

Karl Kupisch, Kirchengeschichte (= Urban-Taschenbücher 168–172), 5 Bände, Berlin – Stuttgart – Köln 1973–1974 (einzelne Bände in 2. Auflage).

Gestalten der Kirchengeschichte, 14 Bände. Hg. von Martin Greschat, Stuttgart – Berlin – Köln – Mainz 1981–1986 (Taschenbuch-Neuauflage Stuttgart – Berlin – Köln 1994).

Kirchengeschichte in Einzeldarstellungen, Berlin – Leipzig 1985 (Band 1) ff.

Zugänge zur Kirchengeschichte, Göttingen 1987 ff.

Grundkurs Theologie, Stuttgart – Berlin – Köln 1989 ff.

Ökumenische Kirchengeschichte. Hg. von Raymund Kottje/Bernd Moeller, Mainz – München, 3 Bände, ⁵1989, ⁵1993, ⁴1989.

Leitfaden Theologie, Bände 8, 14, 17, 20, Düsseldorf ⁴1992 –²1997.

Kohlhammer Studienbücher Theologie, Stuttgart – Berlin – Köln 1991 ff.

Die Geschichte des Christentums. Religion – Politik – Kultur. Hg. von Jean-Marie Mayeur/Charles Pietri/André Vauchez/Marc Venard. Deutsche Ausgabe hg. von Norbert Brox/Odilo Engels/Georg Kretschmar/Kurt Meier/Heribert Smolinsky, 14 Bände, Freiburg – Basel – Wien 1992–2004.

Die Bistümer des Heiligen Römischen Reiches. Von ihren Anfängen bis zur Säkularisation. Ein historisches Lexikon. Hg. von Erwin Gatz unter Mitwirkung von Clemens Brodkorb und Helmut Flachenecker, Freiburg im Breisgau 2003.

Gerhard Köbler, Historisches Lexikon der deutschen Länder. Die deutschen Territorien vom Mittelalter bis zur Gegenwart. Siebente, vollständig überarbeitete Auflage, München 2007.

Einzeldarstellungen

Karl Heussi, Abriß der Kirchengeschichte, Weimar ⁴1956.

Joseph Lortz, Geschichte der Kirche in ideengeschichtlicher Betrachtung, 2 Bände, Münster 1962–1964.

Bernhard Kötting (Hg.), Kleine deutsche Kirchengeschichte. Mit Beiträgen von Remigius Bäumer, Eduard Hegel, Erwin Iserloh, Bernhard Kötting, Georg Schwaiger, Ludwig Volk, Freiburg – Basel – Wien 1980.

Heinrich Bornkamm, Zeittafeln zur Kirchengeschichte, Gütersloh ⁴1980.

Kurt Dietrich Schmidt/Gerhard Ruhbach, Chronologische Tabellen zur Kirchengeschichte. Bearbeitet von Horst Reller (= Göttinger Theologische Lehrbücher), Göttingen ⁵1986.

Wolfgang Schnabel, Grundwissen zur Theologie- und Kirchengeschichte. Eine Quellenkunde. I –V, Gütersloh 1988–1997.

Kurt Dietrich Schmidt, Grundriß der Kirchengeschichte. Mit Ergänzungen zum Konzil und zur Ökumene von Erwin Fahlbusch, Göttingen ⁹1990.

Karl Heussi, Kompendium der Kirchengeschichte, Tübingen ¹⁸1991.

Kurt Aland, Kirchengeschichte in Zeittafeln und Überblicken (= Göttinger Taschenbücher Siebenstern 1411), Gütersloh ²1991.

Kurt Aland, Geschichte der Christenheit. I: Von den Anfängen bis an die Schwelle der Reformation; II: Von der Reformation bis in die Gegenwart, Gütersloh ²1991.

Karl Hartmann, Zwanzig Jahrhunderte Kirchengeschichte. Vom Anfang bis zur Gegenwart erzählt. Mit erläuternden Karten, Skizzen und Tabellen, Lahr 1992.

Roland Fröhlich, Große illustrierte Kirchengeschichte. Die Erfahrung von 2000 Jahren, Freiburg – Basel – Wien 1992.

Josef Lenzenweger/Peter Stockmeier/Johannes B. Bauer/Karl Amon/Rudolf Zinnhobler (Hg.), Geschichte der katholischen Kirche, Graz – Wien – Köln ³1995.

Wolf-Dieter Hauschild, Lehrbuch der Kirchen- und Dogmengeschichte. I: Alte Kirche und Mittelalter; II: Reformation und Neuzeit, Göttingen 1995–1999.

Winfried Becker/Günter Christ/Andreas Gestrich/Lothar Kolmer, Die Kirchen in der deutschen Geschichte. Von der Christianisierung der Germanen bis zur Gegenwart. Schriftleitung: Peter Dinzelbacher (= Kröners Taschenausgabe 439), Stuttgart 1996.

Karl Bihlmeyer/Hermann Tüchle, Kirchengeschichte. I – III (= UTB 1919), Paderborn – München – Wien – Zürich ²⁰1996 (unveränderter Nachdruck der Ausgabe ¹⁸1966–1969).

Kurt Nowak, Das Christentum. Geschichte – Glaube – Ethik (= Beck'sche Reihe 2070: C. H. Beck Wissen), München 1997.

Wolfgang Sommer/Detlef Klahr, Kirchengeschichtliches Repetitorium. Zwanzig Grundkapitel der Kirchen-, Dogmen- und Theologiegeschichte (= UTB 1796), Göttingen ²1997.

Ekkehard Mühlenberg, Epochen der Kirchengeschichte (= UTB 1046), Heidelberg-Wiesbaden ³1999.

Stephan Pauly (Hrsg.), Kirche in unserer Zeit, Stuttgart – Berlin – Köln 1999.

Leo Strohm, 2000 Jahre Christentum. Eine Religion verändert die Welt, Stuttgart – München 1999.

Theodor Brandt, Basiswissen Kirchengeschichte. Kirche im Wandel der Zeit (= RBtaschenbücher), Mannheim 1999.

August Franzen, Kleine Kirchengeschichte. Hg. von Remigius Bäumer. Durchgesehen und erweitert bis in die Gegenwart von Roland Fröhlich, Freiburg – Basel – Wien 2000.

Stephan Kotzula, Kirchengeschichte in Daten und Fakten, Leipzig ³2002.

Herbert Gutschera/Joachim Maier/Jörg Thierfelder, Geschichte der Kirchen. Ein ökumenisches Sachbuch mit Bildern, Freiburg im Breisgau 2003.

Martin Schwarz Lausten, Abendländische Kirchengeschichte. Grundzüge von den Anfängen bis zur Gegenwart, Frankfurt am Main u. a. 2003.

Gerhard Hartmann, Daten der Kirchengeschichte (= Topos plus Taschenbücher 476), Kevelaer 2003.

Roland Fröhlich, Kleine Geschichte der Kirche in Daten, Freiburg – Basel – Wien 2004.

Bernhard Schütz, Klöster. Kulturerbe Europas, München 2004.

Bernd Moeller, Geschichte des Christentums in Grundzügen (= UTB 905 S), Göttingen [8]2004.

Guy Bedouelle, Große illustrierte Kirchengeschichte. Menschen – Themen – Bilder. Aus dem Französischen von Afra Hildebrandt und Michael Durst, Freiburg – Basel – Wien 2005.

Georg Schwaiger/Manfred Heim, Kleines Lexikon der Päpste (Beck'sche Reihe 1615), München [2]2005.

Manfred Heim, Kirchengeschichte in Daten (Beck'sche Reihe), München 2006.

Manfred Sitzmann/Christian Weber/Martin Greschat/Jörg Ulrich/Uta Heil, Basiswissen Kirchengeschichte. Daten, Fakten, Zusammenhänge von den Anfängen bis heute. CD-ROM, Göttingen 2007.

Georg Schwaiger/Manfred Heim, Orden und Klöster. Das christliche Mönchtum in der Geschichte (= C. H. Beck Wissen in der Beck'schen Reihe 2196), München [3]2008.

Eduard Lohse, Das Urchristentum. Ein Rückblick auf die Anfänge, Göttingen 2008.

Manfred Eder, Kirchengeschichte. 2000 Jahre im Überblick, Düsseldorf 2008.

Karl Hausberger, Reichskirche – Staatskirche – «Papstkirche». Der Weg der deutschen Kirche im 19. Jahrhundert, Regensburg 2008.

Chronologische Papstliste

Weil in der Geschichte des Papsttums auf weiten Strecken keine völlig eindeutige, allgemeine Übereinstimmung darüber bestand, unter welchen Umständen
die Wahl und Weihe des Bischofs von Rom (auch dessen Absetzung oder Amtsverlust) gültig seien, muss darauf verzichtet werden, die Zahl der zweifelsfrei
«rechtmäßigen» Päpste festzulegen. Bei manchen Namen muss offen bleiben,
ob sie den Päpsten oder Gegenpäpsten oder auch keiner der beiden Kategorien
zuzurechnen sind. Die mit * bezeichneten Namen sind – unter Berücksichti-
gung der genannten Unsicherheiten – nicht als rechtmäßige, anerkannte Bischöfe von Rom zu betrachten. Die Angaben unmittelbar nach den Namen bezeichnen die Regierungszeiten.

Petrus	† 64/67?	Dionysius	260(259?) – 267(268?)
Linus	64/67 –79?	Felix I.	268(269?) – 273(274?)
Anaklet I. (Anenkletos)	79? – 90/92?	Eutychianus	274(275?) – 282(283?)
Clemens I.	90/92? – 99/101?	Gaius (Caius)	282(283?) – 295(296?)
Evaristus	101? –107?	Marcellinus	295(296?) – 304
Alexander I.	107? –116?	Marcellus I.	307? – 308?(309?)
Sixtus I. (Xystus)	116? –125?	Eusebius	308(309?,310?)
Telesphorus	125? –136?	Miltiades	
Hyginus	136/38? –140/42?	(Melchiades)	310(311?) – 314
Pius I.	142? –155?	Silvester I.	314–335
Anicetus	155? –166?	Marcus	336
Soter	166? –174?	Julius I.	337–352
Eleutherus	174? –189?	Liberius	352–366
Victor I. _Quanto chiz._	189? –198?	*Felix (II.)	355–358
Zephyrinus	198? – 217?	Damasus I.	366–384
Calixtus I. (Kallistos)	217? – 222	*Ursinus	366–367
*Hippolyt	217? – 235	Siricius	384–399
Urban I.	222–230	Anastasius I.	399–402
Pontianus	230–235	Innocenz I.	402–417
Anterus	235–236	Zosimus	417–418
Fabianus	236–250	Bonifatius I.	418–422
Cornelius	251–253	*Eulalius	418–419
*Novatianus	251–258?	Cölestin I.	422–432
Lucius I.	253–254	Sixtus III. (Xystus)	432–440
Stephan I.	254–257	Leo I.	440–461
Sixtus II. (Xystus)	257–258	Hilarus	461–468

Simplicius	468–483	Sergius I.	687–701
Felix II. (III).	483–492	Johannes VI.	701–705
Gelasius I.	492–496	Johannes VII.	705–707
Anastasius II.	496–498	Sisinnius	708
Symmachus	498–514	Constantinus I.	708–715
*Laurentius	498–507	Gregor II.	715–731
Hormisdas	514–523	Gregor III.	731–741
Johannes I.	523–526	Zacharias	741–752
Felix III. (IV.)	526–530	*Stephan (II.)	752
Dioskur	530	Stephan II.	752–757
Bonifatius II.	530–532	Paul I.	757–767
Johannes II.	533–535	Constantinus II.	767–768
Agapet I.	535–536	*Philippus	768
Silverius	536–537	Stephan III.	768–772
Vigilius	537–555	Hadrian I.	772–795
Pelagius I.	556–561	Leo III.	795–816
Johannes III.	561–574	Stephan IV.	816–817
Benedikt I.	575–579	Paschalis I.	817–824
Pelagius II.	579–590	Eugen II.	824–827
Gregor I.	590–604	Valentinus	827
Sabinianus	604–606	Gregor IV.	827–844
Bonifatius III.	607	*Johannes (VIII.)	844
Bonifatius IV.	608–615	Sergius II.	844–847
Deusdedit (Adeodatus I.)	615–618	Leo IV.	847–855
Bonifatius V.	619–625	Benedikt III.	855–858
Honorius I.	625–638	*Anastasius (III.)	855
Severinus	640	Nikolaus I.	858–867
Johannes IV.	640–642	Hadrian II.	867–872
Theodor I.	642–649	Johannes VIII.	872–882
Martin I.	649–653	Marinus I. (Martin II.)	882–884
Eugen I.	654–657	Hadrian III.	884–885
Vitalianus	657–672	Stephan V.	885–891
Adeodatus II.	672–676	Formosus	891–896
Donus	676–678	Bonifatius VI.	896
Agatho	678–681	Stephan VI.	896–897
Leo II.	682–683	Romanus	897
Benedikt II.	684–685	Theodor II.	897
Johannes V.	685–686	Johannes IX.	898–900
Konon	686–687	Benedikt IV.	900–903
*Theodor	687	Leo V.	903
*Paschalis	687	Christophorus	903–904

Sergius III.	904–911
Anastasius III.	911–913
Lando	913–914
Johannes X.	914–928
Leo VI.	928
Stephan VII.	929–931
Johannes XI.	931–935/36
Leo VII.	936–939
Stephan VIII.	939–942
Marinus II. (Martin III.)	942–946
Agapet II.	946–955
Johannes XII.	955–964
Leo VIII.	963–965
Benedikt V.	964
Johannes XIII.	965–972
Benedikt VI.	973–974
*Bonifatius VII. (Franco)	974
Benedikt VII.	974–983
Johannes XIV.	983–984
Bonifatius VII. (Franco)	984–985
Johannes XV.	985–996
Gregor V.	996–999
*Johannes XVI.	997–998
Silvester II.	999–1003
Johannes XVII.	1003
Johannes XVIII.	1003(1004?) – 1009
Sergius IV.	1009–1012
Benedikt VIII.	1012–1024
*Gregor (VI.)	1012–1013
Johannes XIX.	1024–1032
Benedikt IX.	1032–1045
Silvester III.	1045–1046
Gregor VI.	1045–1046
Clemens II.	1046–1047
*Benedikt IX.	1047–1048
Damasus II.	1048
Leo IX.	1049–1054
Victor II.	1055–1057
Stephan IX.	1057–1058
Benedikt X.	1058–1060
Nikolaus II.	1059–1061
Alexander II.	1061–1073
*Honorius (II.)	1061–1064
Gregor VII.	1073–1085
*Clemens III.	1084–1100
Victor III.	1086–1087
Urban II.	1088–1099
Paschalis II.	1099–1118
*Theoderich	1100–1101
*Albert	1101
*Silvester (IV.)	1105–1111
Gelasius II.	1118–1119
*Gregor (VIII.)	1118–1121
Calixtus II.	1119–1124
*Cölestin (II.)	1124
Honorius II.	1124–1130
Innocenz II.	1130–1143
*Anaklet II.	1130–1138
*Victor (IV.)	1138
Cölestin II.	1143–1144
Lucius II.	1144–1145
Eugen III.	1145–1153
Anastasius IV.	1153–1154
Hadrian IV.	1154–1159
Alexander III.	1159–1181
*Victor (IV.)	1159–1164
*Paschalis (III.)	1164–1168
*Calixtus III.	1168–1178
*Innocenz (III.)	1179–1180
Lucius III.	1181–1185
Urban III.	1185–1187
Gregor VIII.	1187
Clemens III.	1187–1191
Cölestin III.	1191–1198
Innocenz III.	1198–1216
Honorius III.	1216–1227
Gregor IX.	1227–1241
Cölestin IV.	1241
Innocenz IV.	1243–1254
Alexander IV.	1254–1261
Urban IV.	1261–1264
Clemens IV.	1265–1268

Clemens IV. 1265–1268 *(handwritten)*

Sedisvakanz 1268–1271! *(handwritten, left margin)*

Avignoner Exil *(handwritten, left margin)*

Gregor X.	1271–1276	Calixtus III.	1455–1458
Innocenz V.	1276	Pius II.	1458–1464
Hadrian V.	1276	Paul II.	1464–1471
Johannes XXI.	1276–1277	Sixtus IV.	1471–1484
Nikolaus III.	1277–1280	Innocenz VIII.	1484–1492
Martin IV.	1281–1285	Alexander VI.	1492–1503
Honorius IV.	1285–1287	Pius III.	1503
Nikolaus IV.	1288–1292	Julius II.	1503–1513
Cölestin V. *Engelpapst*	1294	Leo X.	1513–1521
Bonifatius VIII. *Aragon*	1294–1303	Hadrian VI.	1522–1523
Benedikt XI.	1303–1304	Clemens VII.	1523–1534
Clemens V.	1305–1314	Paul III.	1534–1549
Johannes XXII.	1316–1334	Julius III.	1550–1555
*Nikolaus (V.)	1328–1330	Marcellus II.	1555
Benedikt XII. *Katharer*	1334–1342	Paul IV.	1555–1559
Clemens VI.	1342–1352	Pius IV.	1559–1565
Innocenz VI.	1352–1362	Pius V.	1566–1572
Urban V.	1362–1370	Gregor XIII.	1572–1585
Gregor XI. → *Rom*	1370–1378	Sixtus V.	1585–1590
		Urban VII.	1590

Philipp d. Schöne *(handwritten, left margin, near Bonifatius VIII.)*

Großes Abendländisches Schisma
(1378–1417)

		Gregor XIV.	1590–1591
		Innocenz IX.	1591
		Clemens VIII.	1592–1605
Urban VI. (Rom)	1378–1389	Leo XI.	1605
Bonifatius IX. (Rom)	1389–1404	Paul V.	1605–1621
Innocenz VII. (Rom)	1404–1406	Gregor XV.	1621–1623
Gregor XII. (Rom)	1406–1415	Urban VIII.	1623–1644
Clemens VII. (Avignon)	1378–1394	Innocenz X.	1644–1655
Benedikt XIII. (Avignon)	1394–1417	Alexander VII.	1655–1667
*Clemens VIII.	1423–1429	Clemens IX.	1667–1669
*Benedikt XIV.		Clemens X.	1670–1676
(Bernard Garnier)	1425–1430	Innocenz XI.	1676–1689
*Benedikt XV.		Alexander VIII.	1689–1691
(Jean Carrier)	1430–1433	Innocenz XII.	1691–1700
Alexander V. (Pisa)	1409–1410	Clemens XI.	1700–1721
Johannes XXIII. (Pisa)	1410–1415	Innocenz XIII.	1721–1724
		Benedikt XIII.	1724–1730
Martin V.	1417–1431	Clemens XII.	1730–1740
Eugen IV.	1431–1447	Benedikt XIV.	1740–1758
*Felix V.	1439–1449	Clemens XIII.	1758–1769
Nikolaus V.	1447–1455	Clemens XIV.	1769–1774

Renaissancepapsttum *(handwritten, lower left, underlining Nikolaus V.)*

Pius VI.	1775–1799	Benedikt XV.	1914–1922
Pius VII.	1800–1823	Pius XI.	1922–1939
Leo XII.	1823–1829	Pius XII.	1939–1958
Pius VIII.	1829–1830	Johannes XXIII.	1958–1963
Gregor XVI.	1831–1846	Paul VI.	1963–1978
Pius IX. *32 Jahre*	1846–1878	Johannes Paul I.	1978
Leo XIII.	1878–1903	Johannes Paul II.	1978–2005
Pius X.	1903–1914	Benedikt XVI.	seit 2005

Ökumenische (Allgemeine) Konzilien

Vorliegendes Verzeichnis der Ökumenischen (Allgemeinen) Konzilien folgt der Zählung und Anerkennung durch die katholische Kirche – von den orthodoxen Kirchen werden nur die ersten sieben Konzilien als ökumenisch anerkannt – und enthält die jeweils wichtigsten Verhandlungsgegenstände.

1. Nizäa (325, auch Nikaia, Nicaea, Nicäa): Christologie, Arianismus
2. Konstantinopel I (381): Bekräftigung des nizänischen Glaubens, Trinität, Heiliger Geist, Ehrenprimat des Bischofs von Konstantinopel – nach dem Bischof von Rom
3. Ephesus (431): Christologie, Nestorianismus
4. Chalkedon (451, auch Chalcedon): Christologie
5. Konstantinopel II (553): Christologie, Monophysitismus
6. Konstantinopel III (680/81): Monophysitismus; in den orthodoxen Kirchen mit dem Trullanum/Quinisextum in Konstantinopel (692)
7. Nizäa II (787): Beilegung des Bilderstreites
8. Konstantinopel IV (869/70): Streit der Patriarchen Ignatius und Photius von Konstantinopel, Eingreifen der Päpste Nikolaus I. und Hadrian II. in den Streit

Die folgenden Konzilien blieben auf die lateinische Kirche des Westens beschränkt:

9. Lateran I (1123): Bestätigung des Wormser Konkordats von 1122 zum Abschluss des Investiturstreits, Bekräftigung der Forderungen der «Gregorianischen Reform»
10. Lateran II (1139): Beendigung des Papstschismas von 1130, Reformdekrete, u. a. Weihen von Bischöfen, Priestern, Diakonen und Subdiakonen als trennendes Ehehindernis erklärt, damit kirchenrechtliche Verankerung des Zölibats
11. Lateran III (1179): Papstwahl, Reformdekrete
12. Lateran IV (1215): Lateinisches Kaiserreich von Konstantinopel und Kreuzzüge, Verurteilung der Katharer und Waldenser, Reformdekrete, Eucharistie
13. Lyon I (1245): Gericht über Kaiser Friedrich II.
14. Lyon II (1274): Heilige Stätten in Palästina, Union mit den Griechen/Konstantinopel
15. Vienne (1311/12): Untergang des Templerordens
16. Konstanz (1414–18): Beendigung des Abendländischen Schismas, Verur-

teilung von J. Wyclif und J. Hus, Dekrete «Haec sancta» und «Frequens», Konkordate

17. Basel–Ferrara–Florenz–Rom (1431–45): Reformdekrete, Union mit den Griechen/Konstantinopel

18. Lateran V (1512–17): Reformdekrete

19. Trient (1545–63, Tridentinum): Festlegung wesentlicher katholischer Glaubenslehren gegen Angriffe der Reformatoren, Reformdekrete

20. Vaticanum I (1869/70): Primat des Papstes mit Unfehlbarkeit in Glaubens- und Sittenlehren

21. Vaticanum II (1962–65): Aufgaben der Kirche in der gegenwärtigen Welt, Ökumene

Namen und Abkürzungen der biblischen Bücher

Nach dem «Ökumenischen Verzeichnis der biblischen Eigennamen nach den Loccumer Richtlinien», Stuttgart ²1981; in Klammern die in der Tradition der Lutherbibel stehenden Namen.

Altes Testament (AT)

Gen	Das Buch Genesis (Das erste Buch Mose)	Ijob	Das Buch Ijob (Das Buch Hiob)
Ex	Das Buch Exodus (Das zweite Buch Mose)	Ps	Die Psalmen
Lev	Das Buch Levitikus (Das dritte Buch Mose)	Spr	Das Buch der Sprichwörter (Die Sprüche Salomos)
Num	Das Buch Numeri (Das vierte Buch Mose)	Koh	Das Buch Kohelet (Der Prediger Salomo [Pred])
Dtn	Das Buch Deuteronomium (Das fünfte Buch Mose)	Hld	Das Hohelied (Das Hohelied Salomos)
Jos	Das Buch Josua	Weish	Das Buch der Weisheit (Die Weisheit Salomos)
Ri	Das Buch der Richter	Sir	Das Buch Jesus Sirach
Rut	Das Buch Rut	Jes	Das Buch Jesaja
1 Sam	Das erste Buch Samuel	Jer	Das Buch Jeremia
2 Sam	Das zweite Buch Samuel	Klgl	Die Klagelieder
1 Kön	Das erste Buch der Könige	Bar	Das Buch Baruch
2 Kön	Das zweite Buch der Könige	Ez	Das Buch Ezechiel (Das Buch Hesekiel [Hes])
1 Chr	Das erste Buch der Chronik	Dan	Das Buch Daniel
2 Chr	Das zweite Buch der Chronik	Hos	Das Buch Hosea
Esra	Das Buch Esra	Joël	Das Buch Joël
Neh	Das Buch Nehemia	Am	Das Buch Amos
Tob	Das Buch Tobit (Das Buch Tobias)	Obd	Das Buch Obadja
Jdt	Das Buch Judit	Jona	Das Buch Jona
Est	Das Buch Ester	Mi	Das Buch Micha
1 Makk	Das erste Buch der Makkabäer	Nah	Das Buch Nahum
		Hab	Das Buch Habakuk
		Zef	Das Buch Zefanja
2 Makk	Das zweite Buch der Makkabäer	Hag	Das Buch Haggai
		Sach	Das Buch Sacharja
		Mal	Das Buch Maleachi

Neues Testament (NT)

Mt	Das Evangelium nach Matthäus	2 Thess	Der zweite Brief an die Thessalonicher
Mk	Das Evangelium nach Markus	1 Tim	Der erste Brief an Timotheus
Lk	Das Evangelium nach Lukas	2 Tim	Der zweite Brief an Timotheus
Joh	Das Evangelium nach Johannes	Tit	Der Brief an Titus
Apg	Die Apostelgeschichte	Phlm	Der Brief an Philemon
Röm	Der Brief an die Römer	Hebr	Der Brief an die Hebräer
1 Kor	Der erste Brief an die Korinther	Jak	Der Brief des Jakobus
		1 Petr	Der erste Brief des Petrus
2 Kor	Der zweite Brief an die Korinther	2 Petr	Der zweite Brief des Petrus
		1 Joh	Der erste Brief des Johannes
Gal	Der Brief an die Galater	2 Joh	Der zweite Brief des Johannes
Eph	Der Brief an die Epheser	3 Joh	Der dritte Brief des Johannes
Phil	Der Brief an die Philipper		
Kol	Der Brief an die Kolosser	Jud	Der Brief des Judas
1 Thess	Der erste Brief an die Thessalonicher	Offb	Die Offenbarung des Johannes

Abkürzungen ausgewählter Ordensbezeichnungen

Abkürzungen für Ordensbezeichnungen begegnen uneinheitlich seit dem späten Mittelalter. In der nachfolgenden Auswahl bedeuten (der Beugungsfall ist nicht kenntlich gemacht):

B.M.V. = Beata Maria Virgo
C. = Congregatio
Can. = Canonicus
Cl. = Clerici
I. = Institutum
Miss. = Missionarius
O. = Ordo
Reg. = Regularis
S. = Sanctus
Soc. = Societas

AA	C. Augustinianorum ab Assumptione: Assumptionisten
C(an)R(eg)	Regulierte Chorherren
CASH	Cl. Apostolici S. Hieronymi: Jesuaten
CCF	C. Caritatis Fratrum: Barmherzige Brüder
CCRRMM	O. Cl. Reg. Minorum: Caraccioliner (Mindere Regularkleriker)
CFA	C. Fratrum Alexianorum: Alexianer
CJ	C. Jesu: Englische Fräulein
CMF	Cordis Mariae Filii: Claretiner
CMM	C. Miss. de Mariannhill: Mariannhiller Missionare
CP	C. Passionis Iesu Christi: Passionisten
CPPS	C. Miss. Pretiosissimi Sanguinis: Missionare vom Kostbaren Blut
CR	O. Cl. Reg. vulgo Theatinorum: Theatiner
CRS	O. Cl. Reg. a Schomascha: Somasker
C(R)SA	Can. Reg. S. Augustini: Augustiner-Chorherren
CSA	Canonissae Reg. S. Augustini: Augustiner-Chorfrauen
CRSP	C. Cl. Reg. S. Pauli Decollati: Barnabiten
CSsR	C. Sanctissimi Redemptoris: Redemptoristen CVUOSB (C. Vallis Umbrosae O. S. Benedicti): Vallombrosaner
FMA	Filiae Mariae Auxiliatricis: Mariahilfschwestern, Salesianerinnen Don Boscos
FMS	I. Fratrum Maristarum a Scholis: Maristen-Schulbrüder

FSC	I. Fratrum Scholarum Christianarum: Schulbrüder
MAfr	Miss. Africae, Patres Albi: Weiße Väter
MD	O. Patrum Excalceatorum B. M. V. de Mercede: Unbeschuhte Mercedarier
MI	O. Cl. Reg. Ministrantium Infirmis: Kamillianer
OAD	O. Augustiniensium Discalceatorum: Augustiner-Barfüßer
OAnnM	O. de Annuntiatione B. M. V.: Annunziaten
OC/OCarm	O. Fratrum B. M. V. de Monte Carmelo: Karmeliten
OCart	O. Cartusiensis: Kartäuser
OCD	O. Fratrum Discalceatorum B. M. V. de Monte Carmelo: Unbeschuhte Karmeliten
OCist	O. Cisterciensis: Zisterzienser
OCR/OCSO	O. Cisterciensium (Reformatorum seu) Strictioris Observantiae: Trappisten
OdeM	O. B. M. V. de Mercede: Mercedarier
OFM	O. Fratrum Minorum: Franziskaner
OFMCap	O. Fratrum Minorum Capuccinorum: Kapuziner
OFMConv	O. Fratrum Minorum Conventualium: Minoriten
OH	O. Hospitalarius S. Joannis de Deo: Barmherzige Brüder vom hl. Johannes von Gott
OM	O. Minimorum: Paulaner (Minimen)
OP	O. Praedicatorum: Dominikaner
OPraem	Candidus et Can. O. Praemonstratensis: Prämonstratenser
Or	I. Oratorii S. Philippi Nerii: Oratorianer
OSA	O. Fratrum S. Augustini: Augustiner (bis 1969 Augustiner-Eremiten (OESA)
OSB	O. S. Benedicti: Benediktiner
OSC	O. S. Crucis: Kreuzherren
OSCl	O. S. Clarae: Klarissen
OSM	O. Servorum Mariae: Serviten
OSPPE	O. Fratrum S. Pauli Primi Eremitae: Pauliner
OSSalv	O. Sanctissimi Salvatoris: Birgitten
OSST	O. Sanctissimae Trinitatis: Trinitarier
OSU	O. S. Ursulae: Ursulinen
OT	O. Fratrum Domus Hospitalis S. Mariae Teutonicorum in Jerusalem: Deutscher Orden
PSS	Soc. Presbyterorum a S. Sulpitio: Sulpizianer
RSM	Religious Sisters of Mercy, Sorores a Misericordia: Barmherzige Schwestern
SAC	Soc. Apostolatus Catholici: Pallottiner
SCVP	Sorores Caritatis S. Vincentii a Paul: Vinzentinerinnen

SDB	Soc. S. Francisci Salesii: Salesianer Don Boscos
SDS	Soc. Divini Salvatoris: Salvatorianer
SI/SJ	Soc. Iesu/Jesu: Gesellschaft Jesu, Jesuiten
SM	Soc. Mariae: Maristen, Marianisten
S(ch)P	O. Cl. Reg. Pauperum Matris Dei Scholarum Piarum: Piaristen
SSND	C. Pauperum Sororum Scholarum Nostrae Dominae: Arme Schulschwestern
SSS	C. Presbyterorum a Sanctissimo Sacramento: Eucharistiner
SVD	Soc. Verbi Divini: Steyler Missionare

Sonstige Abkürzungen

ahd.	althochdeutsch	mhd.	mittelhochdeutsch
aram.	aramäisch	nhd.	neuhochdeutsch
AT	Altes Testament	n. Chr.	nach Christus
byz.	byzantinisch	NT	Neues Testament
d. h.	das heißt	port.	portugiesisch
dt.	deutsch	S/S./St/St.	Saint, Sainte/San, Sant',
engl.	englisch		Santa, Santo, Sanctus,
frz.	französisch		Sancta/Saint, Sainte/
germ.	germanisch		Sankt
gr.	griechisch	slaw.	slawisch
hebr.	hebräisch	span.	spanisch
Hl./hl.	Heilig, Heilige, Heiliger,	u. a.	unter anderem, unter
	heilig		anderen, und andere
it.	italienisch	v. a.	vor allem
Jh.	Jahrhundert	v. Chr.	vor Christus
lat.	lateinisch	z. B.	zum Beispiel

Kirchengeschichte in C.H.Beck Wissen

Hartmut Leppin
Die Kirchenväter und ihre Zeit
Von Athanasius bis Gregor dem Großen
2., durchgesehene und aktualisierte Auflage. 2006.
126 Seiten mit 8 Abbildungen im Text. Paperback
C.H.Beck Wissen in der Beck'schen Reihe Band 2141

Georg Denzler
Das Papsttum
Geschichte und Gegenwart
2., aktualisierte Auflage. 2004. 128 Seiten. Paperback
C.H.Beck Wissen in der Beck'schen Reihe Band 2065

Georg Schwaiger/Manfred Heim
Orden und Klöster
Das christliche Mönchtum in der Geschichte
3., durchgesehene Auflage. 2008. 128 Seiten mit 2 Abbildungen und 1 Karte.
Paperback
C.H.Beck Wissen in der Beck'schen Reihe Band 2196

Friedrich Wilhelm Graf
Der Protestantismus
Geschichte und Gegenwart
2006. 127 Seiten. Paperback
C.H.Beck Wissen in der Beck'schen Reihe Band 2108

Christoph Auffarth
Die Ketzer
Katharer, Waldenser und andere religiöse Bewegungen
2005. 128 Seiten mit 5 Abbildungen. Paperback
C.H.Beck Wissen in der Beck'schen Reihe Band 2383

Martin Tamcke
Das orthodoxe Christentum
2., durchgesehene Auflage. 2007. 112 Seiten mit 5 Abbildungen. Paperback
C.H.Beck Wissen in der Beck'schen Reihe Band 2339

Verlag C.H.Beck München